U0112366

HOW TO THINK WHEN YOU DRAW

洛伦佐绘画创作教程

机械 · 生活 · 建筑 · 构图

[英] 洛伦佐 · 埃瑟林顿◎著　　聂　槃◎译

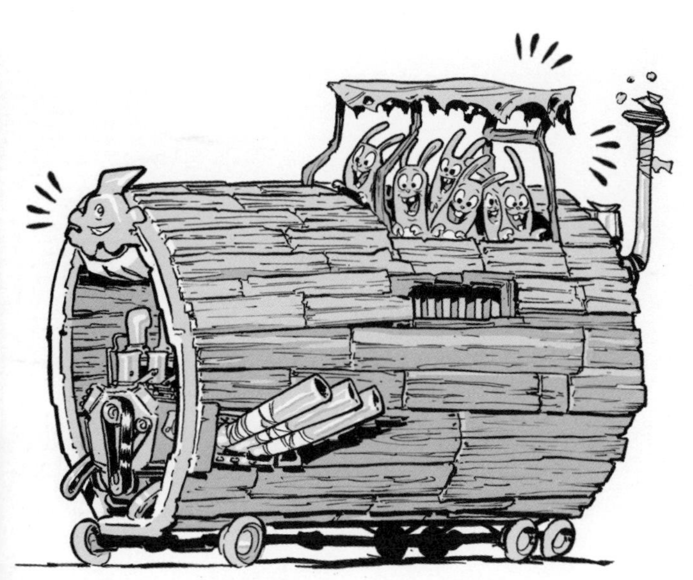

北京科学技术出版社

著作权合同登记号　图字：01-2023-0196

图书在版编目（CIP）数据

洛伦佐绘画创作教程：机械·生活·建筑·构图 /（英）洛伦佐·埃瑟林顿著；聂槃译. —北京：北京科学技术出版社，2023.5（2023.6 重印）

书名原文：How to Think When You Draw

ISBN 978-7-5714-2870-9

Ⅰ. ①洛… Ⅱ. ①洛… ②聂… Ⅲ. ①绘画技法—教材 Ⅳ. ①J21

中国国家版本馆 CIP 数据核字（2023）第 012805 号

策划编辑：刘寻美
责任编辑：李雪晖
图文制作：边文彪
封面设计：异一设计
责任校对：贾　荣
责任印刷：吕　越
出 版 人：曾庆宇
出版发行：北京科学技术出版社
社　　址：北京西直门南大街 16 号
邮政编码：100035
电话传真：0086-10-66135495（总编室）
0086-10-66113227（发行部）
网　　址：www.bkydw.cn
印　　刷：北京博海升彩色印刷有限公司
开　　本：889 mm × 1194 mm　1/20
字　　数：200 千字
印　　张：14.8
版　　次：2023 年 5 月第 1 版
印　　次：2023 年 6 月第 3 次印刷
ISBN 978-7-5714-2870-9

定　　价：148.00 元

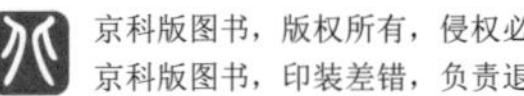

作者简介

洛伦佐 · 埃瑟林顿（Lorenzo Etherington），插画家、漫画家、电影创作者，与兄弟罗宾共同创立了埃瑟林顿兄弟（The Etherington Brothers）漫画与设计品牌。他们曾与华特迪士尼公司、梦工厂工作室、阿德曼动画公司等合作，并参与《星球大战》《功夫熊猫》《驯龙高手》等项目的制作。

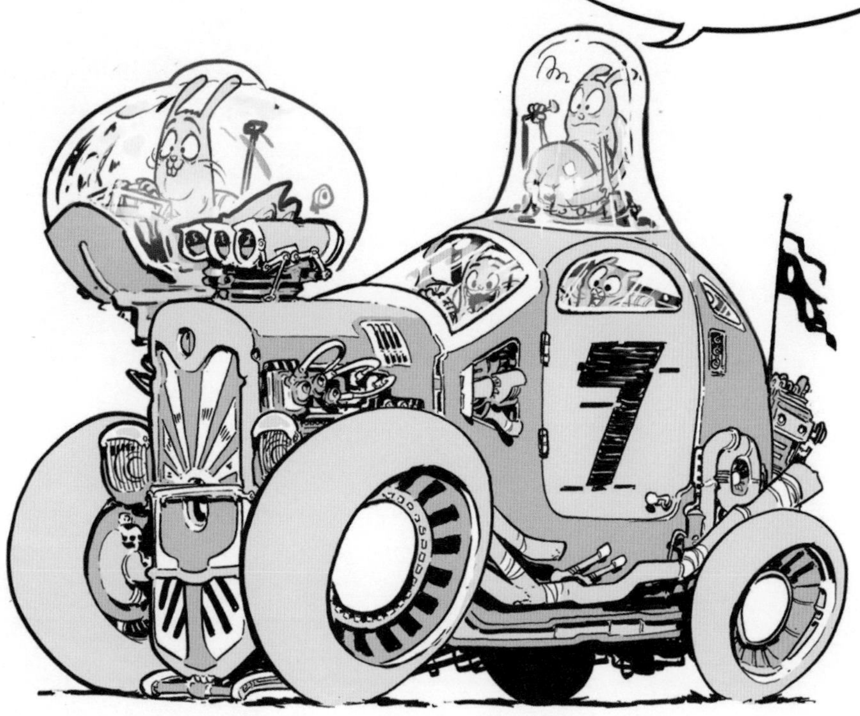

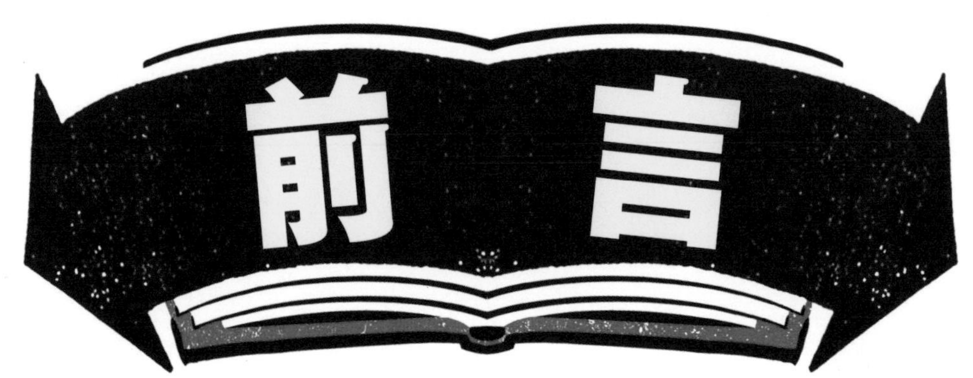

前言

欢迎打开本书！

对很多人而言，昂贵的付费艺术教育课程如同一堵高墙，阻挡了他们追求艺术的脚步。因此，我想为他们提供一项替代方案，让更多人无须支付高昂的学费即可接受优质的艺术教育。于是，《洛伦佐绘画创作教程》(*How to Think When You Draw*) 系列教程诞生了，本系列线上教程将永远对所有人免费开放。

目前，《洛伦佐绘画创作教程》系列教程仍在持续更新。它是一个庞大的“绘画素材库”，为成千上万的艺术创作者提供了丰富的绘画素材。

我由衷地感谢每一位喜欢本系列教程的朋友。如果没有你们的使用与宣传，那么本系列教程的价值就无法实现。感谢你们在百忙之中对本系列教程的支持与帮助。

在日常生活中，有太多事情会干扰我们的创作，有时连找个空闲、找个地方坐下来画画都很难。我们总是在生活的责任、义务与约束，以及内心深处对创作的渴望二者之间摇摆，寻求平衡。

如果你正为此而困扰，觉得自己好像永远没有时间进行艺术创作，那么不妨试试下面这个方法。

几年前，我发行了我的第三本 600 页的速写书。有人问我如何能画这么多画，并且还是我的漫画专业之外的作品。当我为其描述这本书的创作过程时，我发现，这种时间管理方法普适于任何人。

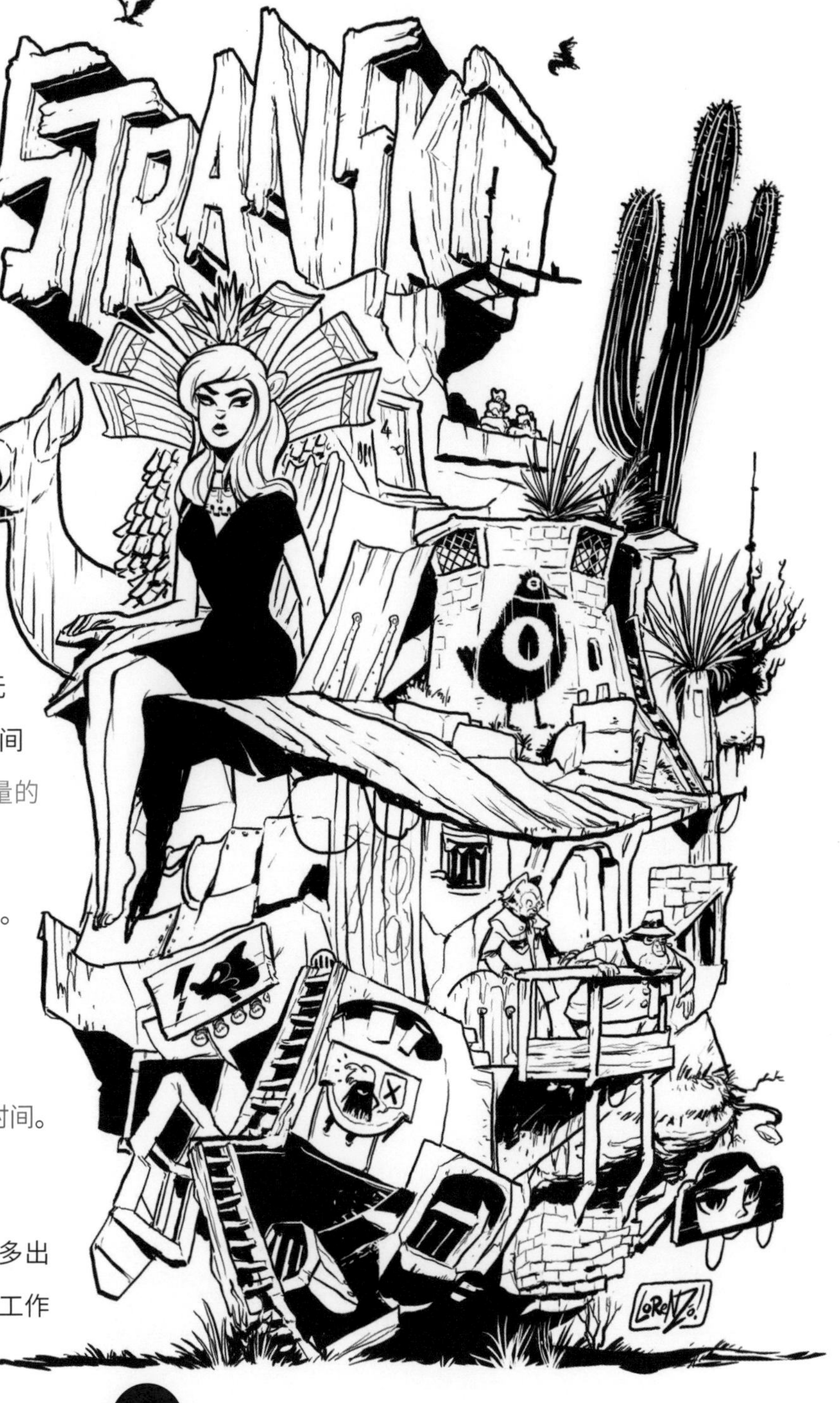

简而言之，每天都有小块的碎片时间，无论当天发生什么事，我们都要用这些碎片时间去画画。点滴的碎片时间加起来，便成了大量的绘画时间。

下面是一个每个人都可以尝试的通用模式。

1. 早起 15 分钟。

2. 午餐时间减少 10 分钟。

3. 减少 15 分钟看电视、上网、玩游戏的时间。

4. 提前 10 分钟结束晚上的工作。

把这些碎片时间都用在绘画上，每天就多出了 50 分钟，一年便多出 304 小时。假设一个工作日有 7 小时的实际工作时间，这就相当于给了我们 43 个工作日的绘画时间！

这不会改变我们原有的生活方式，还能让我们有足够的时间创造伟大的作品，甚至完成一个完整的项目，比如写一本书，画一本漫画，设计一个游戏，完成一个动画的分镜，等等。

当然，这只是一个起点。持续下去，绘画和创作会成为一种难以打破的习惯，你的技艺会加速提升，抱负会越发不凡，艺术创作也将炉火纯青。

最重要的是，你会像我一样，发现不积跬步，无以至千里，不积小流，无以成江海。

感谢你的支持！

LoRENZo!

洛伦佐·埃瑟林顿

2021 年　春

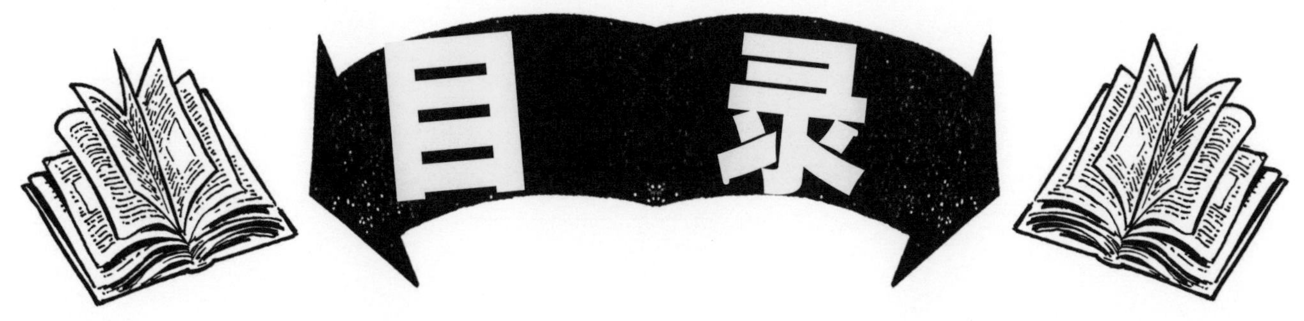

第一章 交通工具与机械

第二章 食物与生活用品

第三章 建筑与城市景观

第四章 构图技巧与场景

第五章 透视与整体设计

第一章

交通工具
与机械

车辆贯通线

贯通线通常用于人物造型，但它们也可以使车辆设计变得不那么呆板。

贯通线是贯穿绘制对象核心的一条单线。为了快速掌握它，让我们从一些随机线条开始试验：

1 绘制随机线条形状

2 添加车轮

接下来，以单线的走向为基础绘制车身。

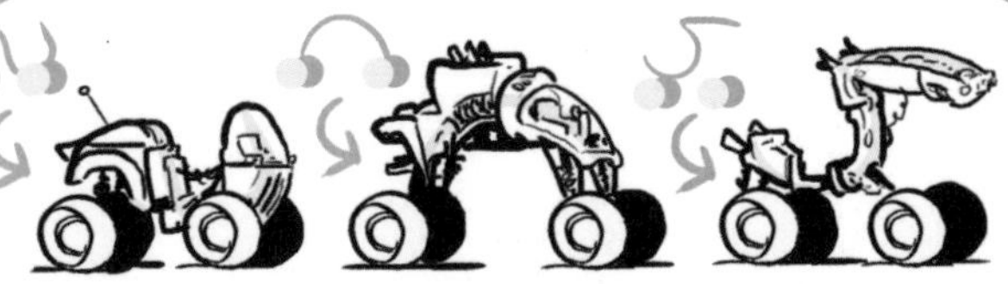

现在让我们添加第二条贯通线，用它支撑起第一条线：

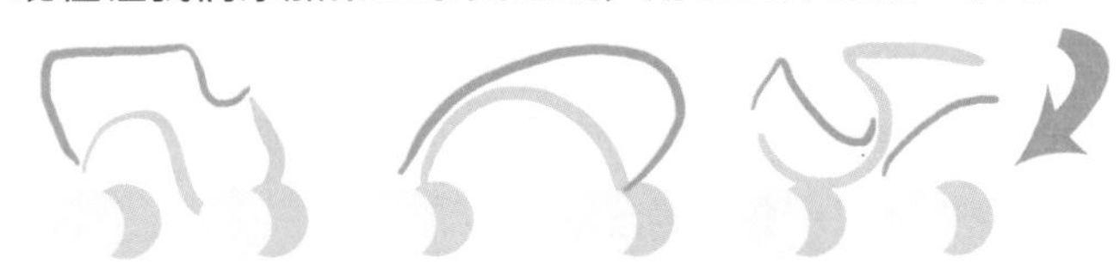

尝试由这两条线引出新的车身设计：

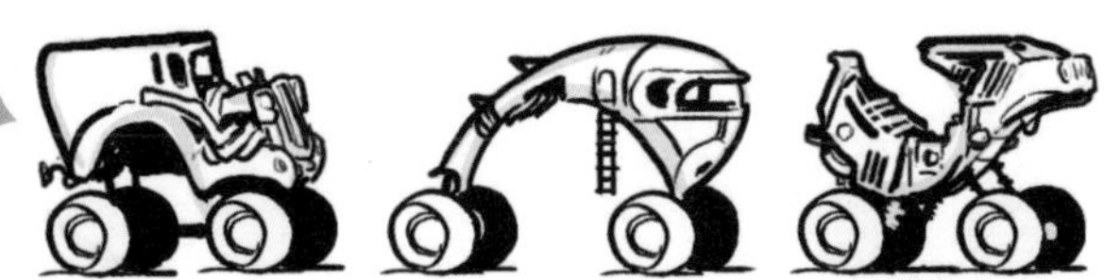

另一种方法：让第二条线形成与第一条线相反的形状。

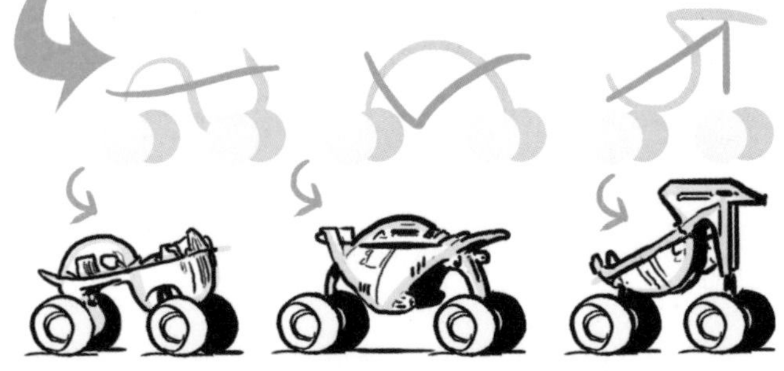

以上每一种方法都会让你得到一辆不同的车。不管这辆车有多么不寻常，贯通线都可以确保它的每个部分都结合在了一起，而不是若即若离。这就是贯通线的作用！

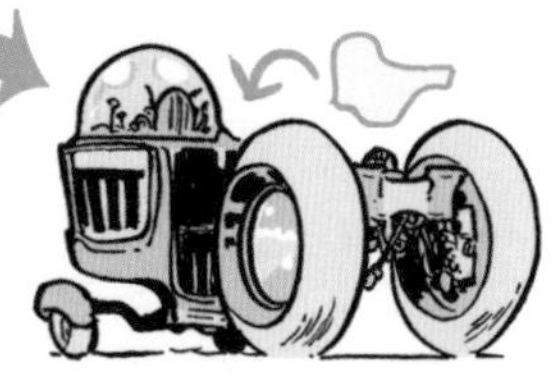

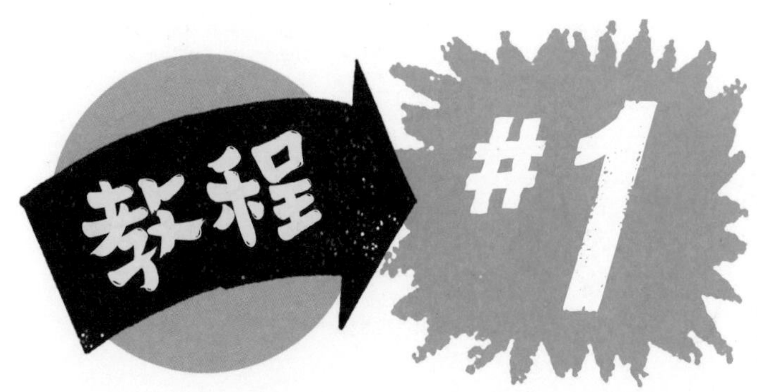

现在我们来为车辆添加驾驶舱。尝试将它放置在两条或多条贯通线的交叉点上。

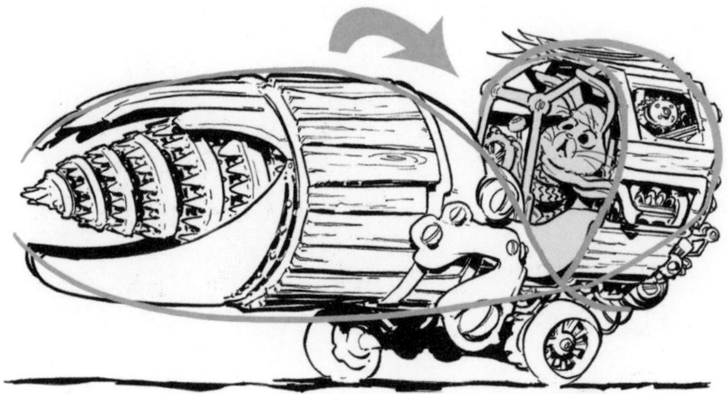

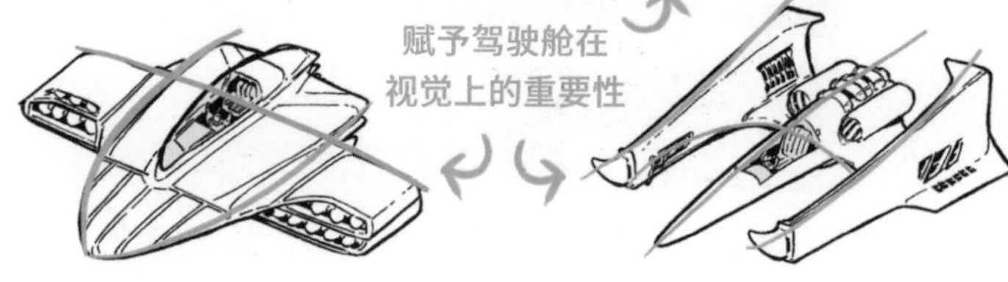

如果你希望车辆有更多变化，不妨利用垂直线切分水平方向的贯通线！

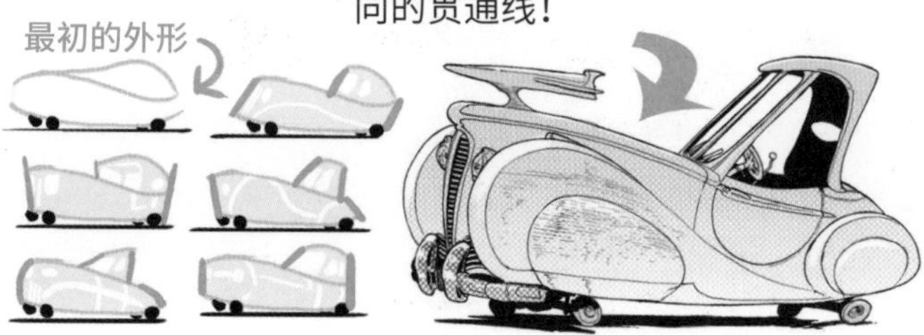

你还可以通过为流线增加例外来创建对比。

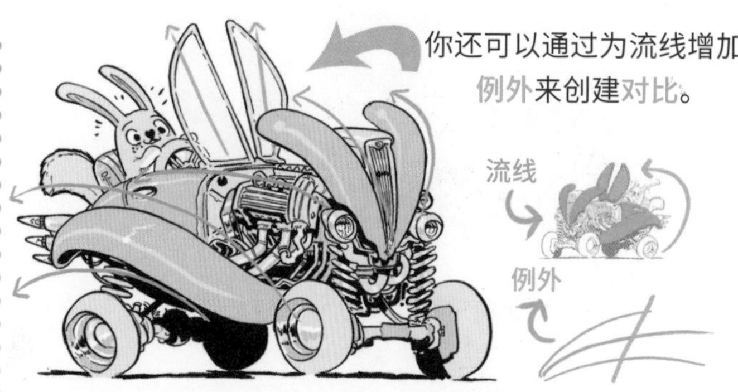

或是用面板线来加强贯通线。

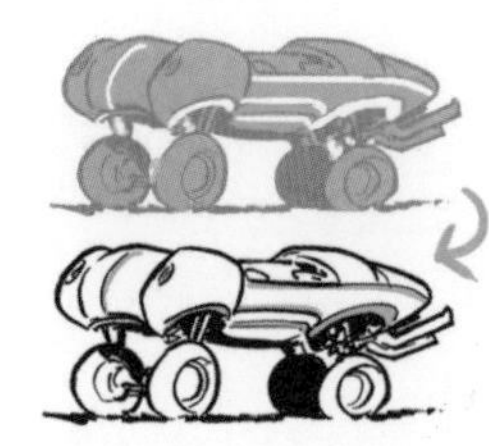

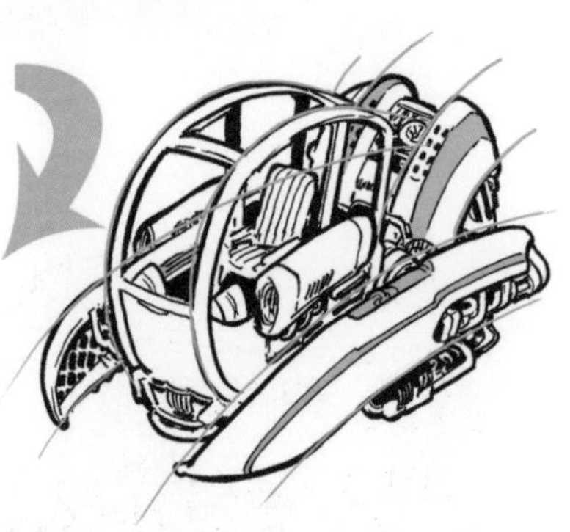

不同的贯通线组合传达了不同的信息，想想哪个组合最适合车辆的特点。

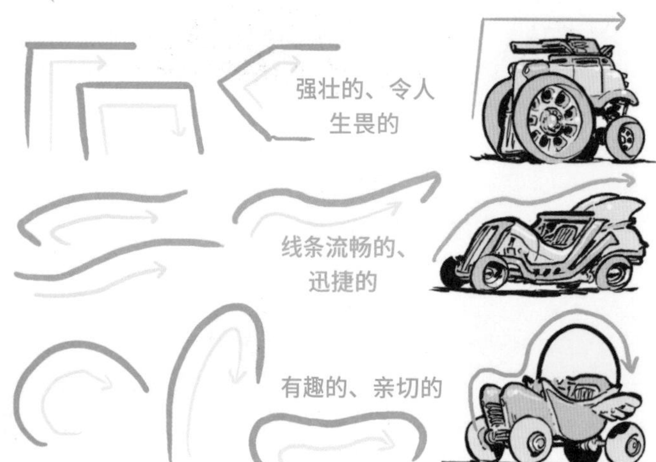

车辆的姿态

设计车辆时最重要的元素之一是其姿态。

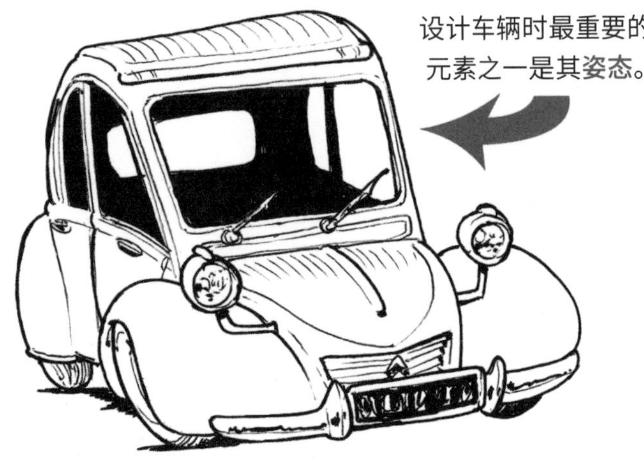

车辆的姿态可以看作是车体和车轮之间的关系。

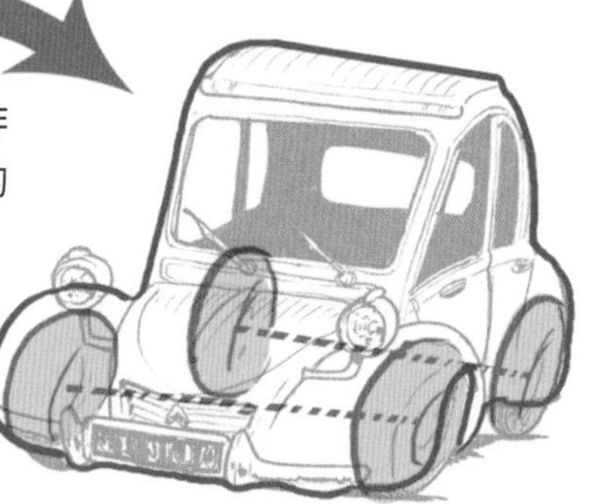

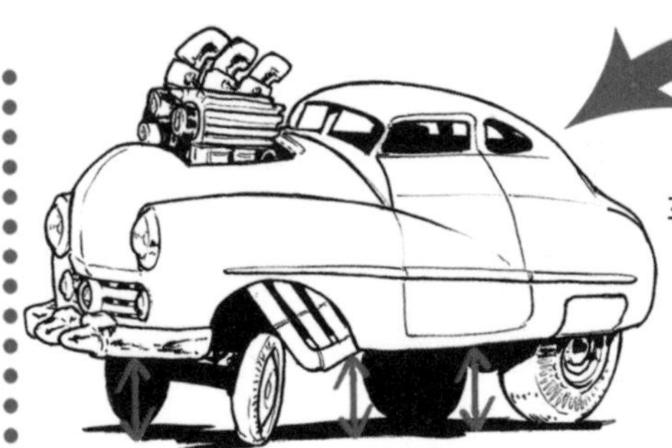

首先要考虑的是车辆的底盘高度，它决定了车辆的特性以及移动方式。

当我们同时增加轮胎直径和轮胎与车身的间距时，车辆会变得有趣但不稳定；

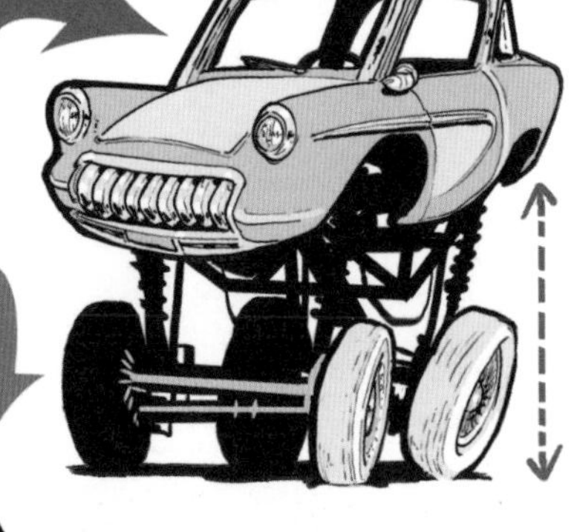

如果只是增加轮胎的直径，车辆则会显得粗犷且可靠；

而如果都不增加，直接采用标准高度，车辆会显得安全但呆板乏味；

如果降低底盘至贴地，又会怎样呢？这会很刺激，但受限颇多。

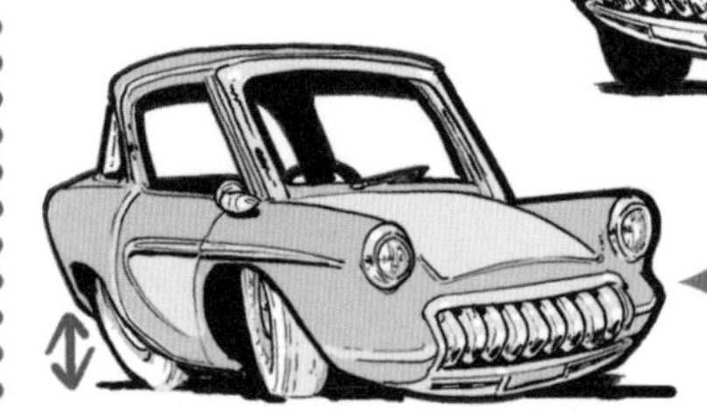

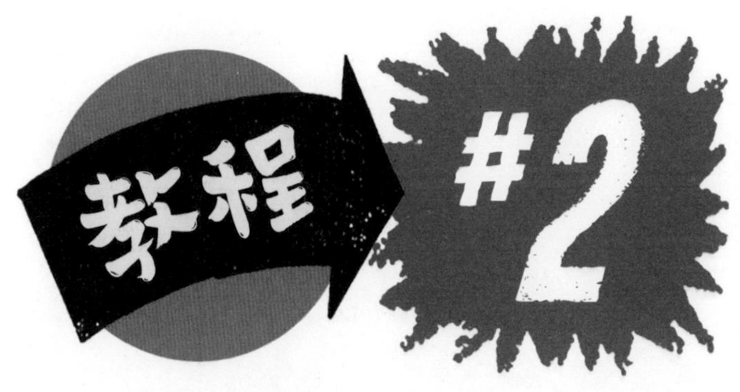

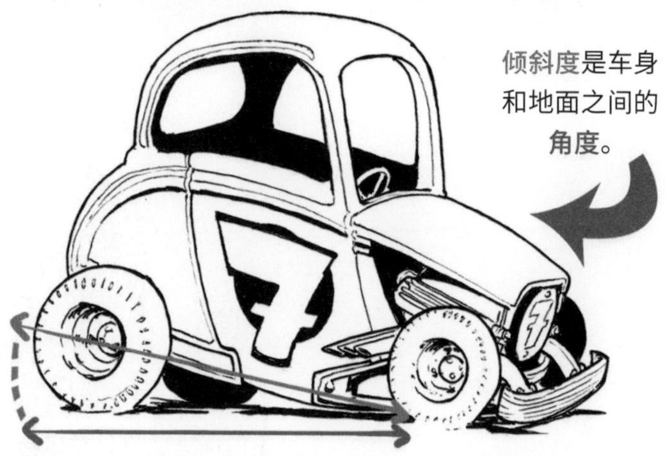

倾斜度是车身和地面之间的角度。

我们可以使用汽车的所有结构来加大这个角度。

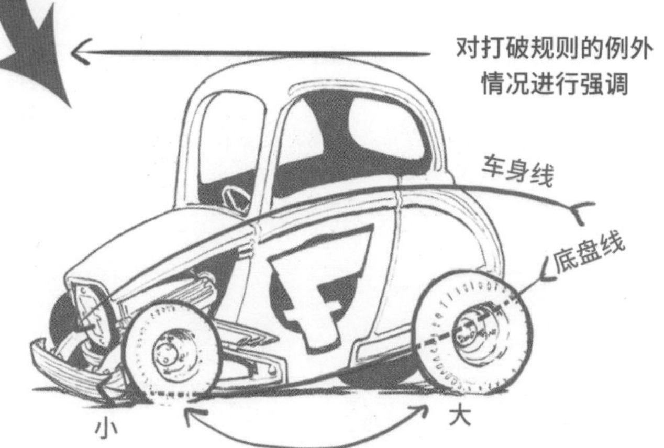

轮距是指车辆两侧车轮之间的距离。

一辆更宽的车看起来会更低，降低车顶会进一步放大这种效果。

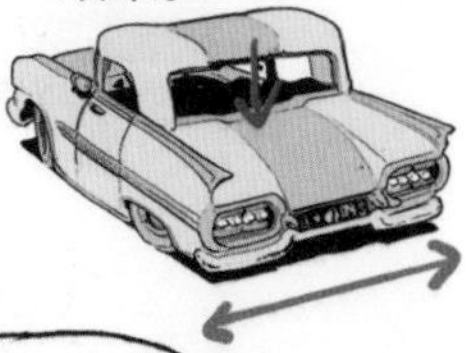

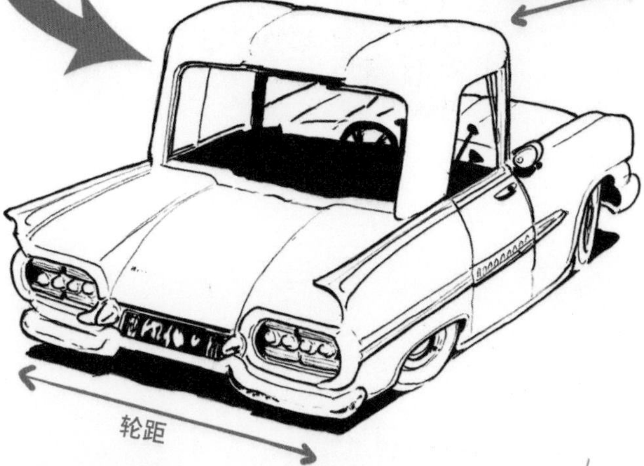

轮距

为车辆的垂直线条增加倾斜度会让车辆更加生动。

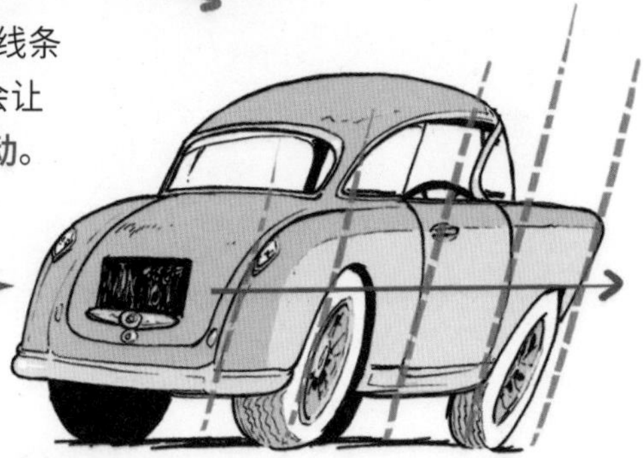

压缩轴距则会在视觉上增加车顶高度。

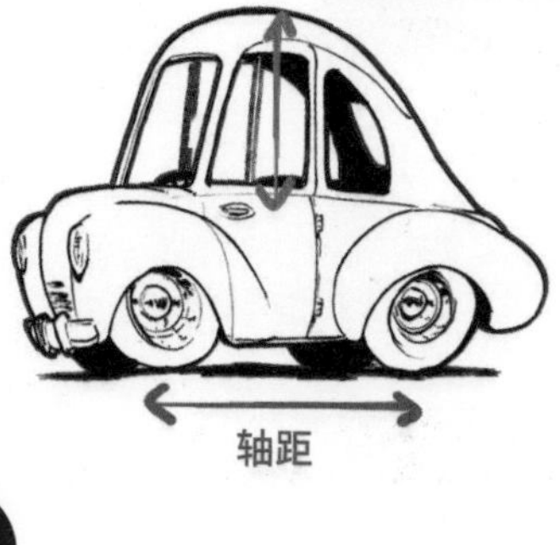

轴距

车辆的姿态

素材集

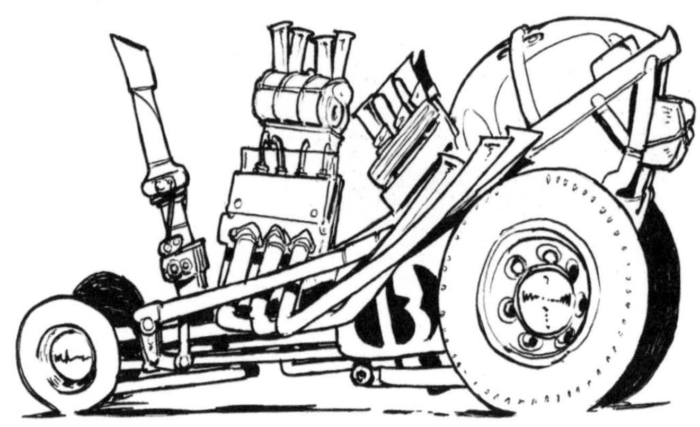

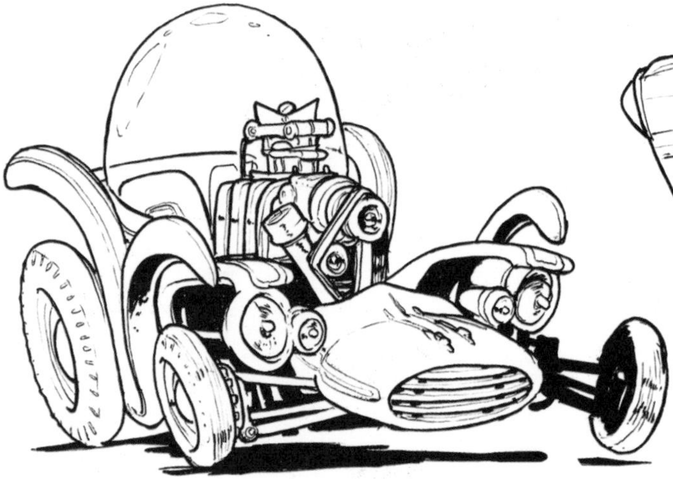

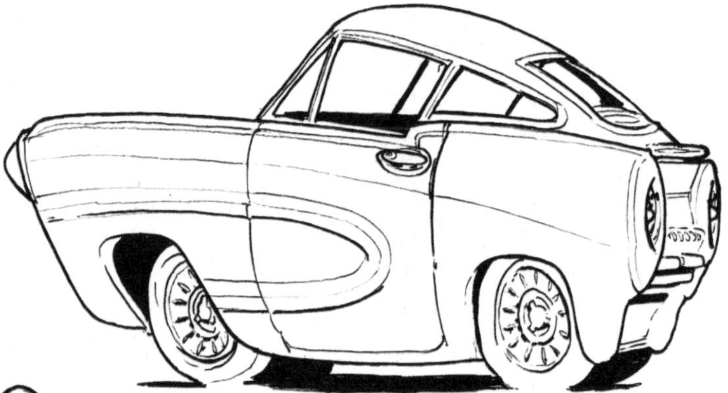

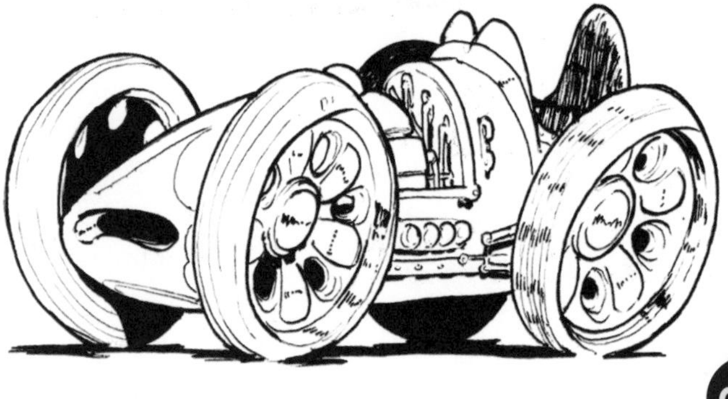

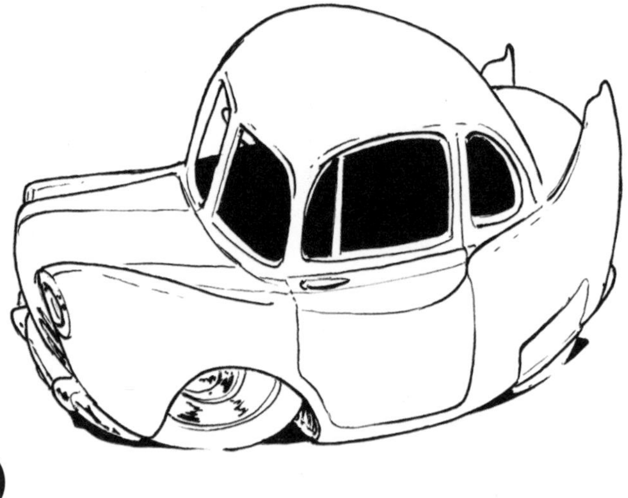

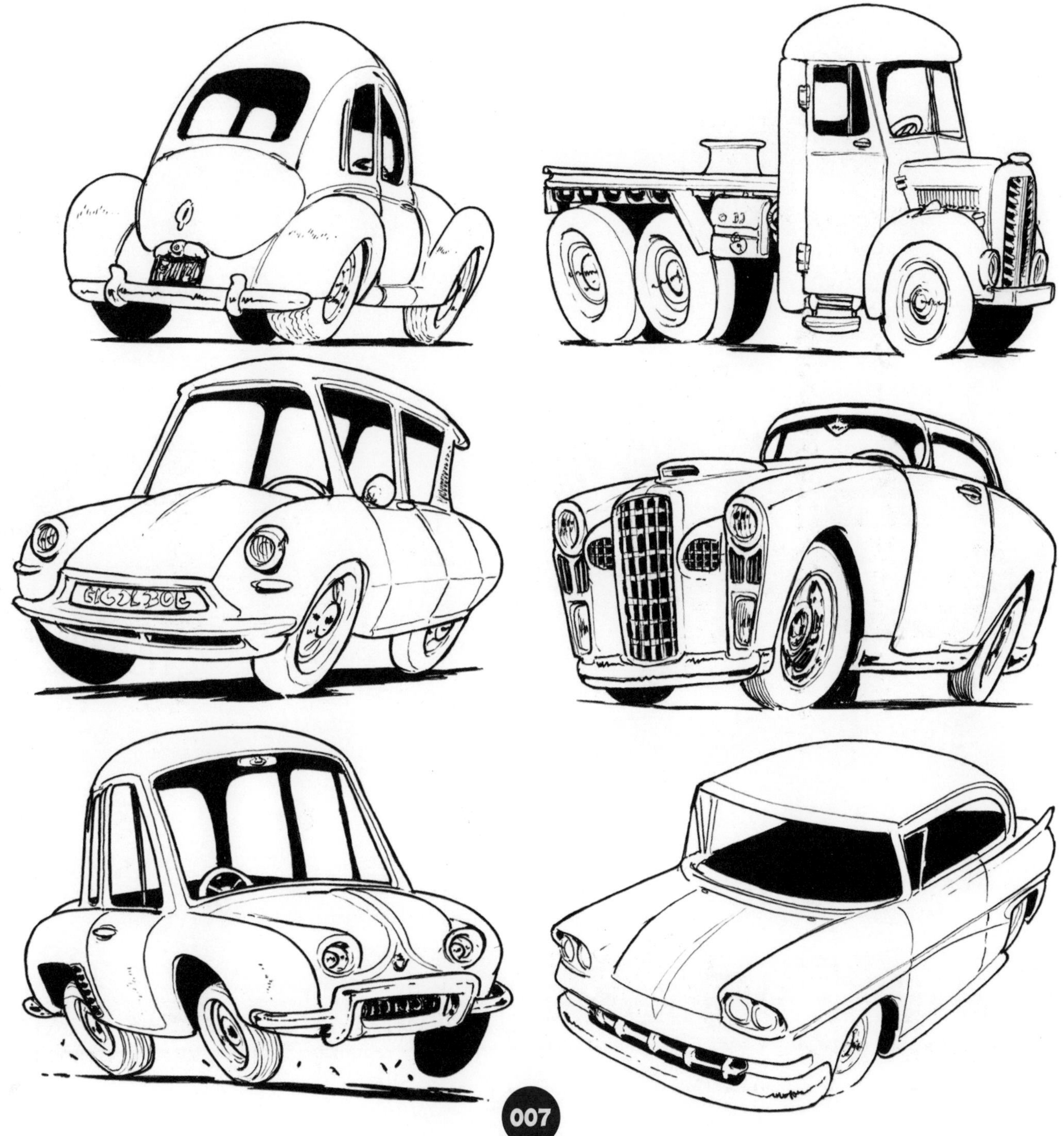

车轮

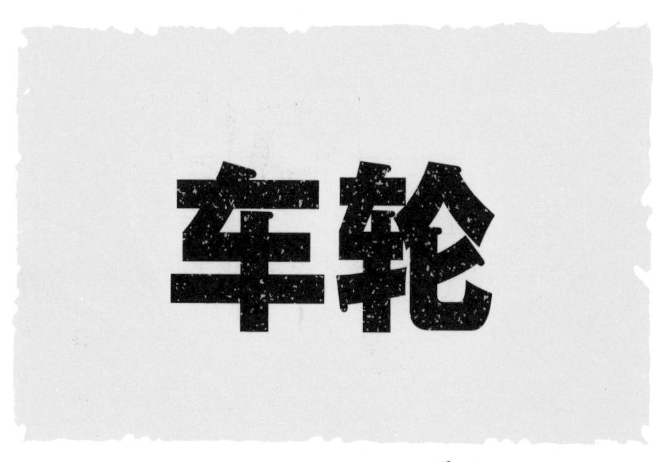

轮子可以为交通工具增加许多活力，并使它们更好地融入你所创造的世界中。

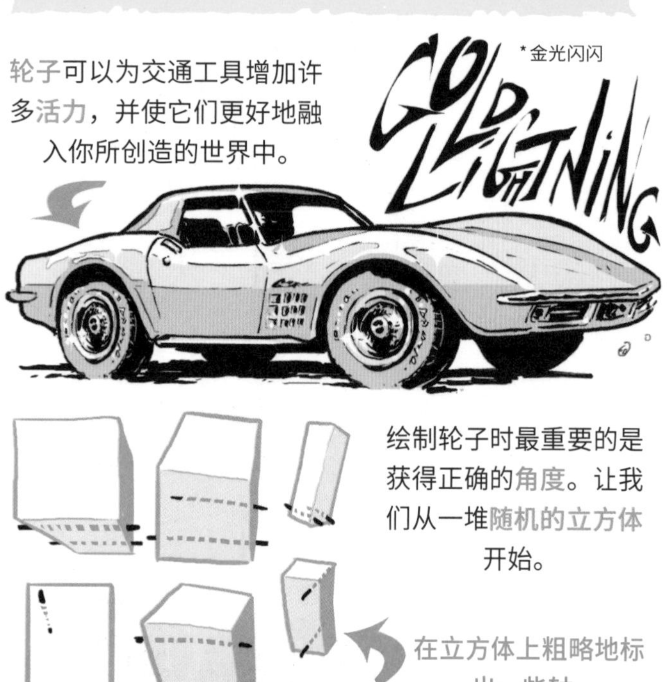

绘制轮子时最重要的是获得正确的角度。让我们从一堆随机的立方体开始。

在立方体上粗略地标出一些轴。

这个立方体非常有用，因为它给出了三条轴线以定位轮子。

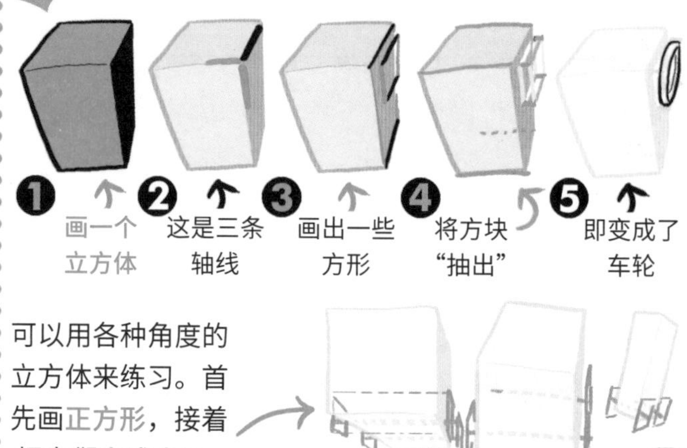

可以用各种角度的立方体来练习。首先画正方形，接着把它们变成盒子，最后草绘出轮子。

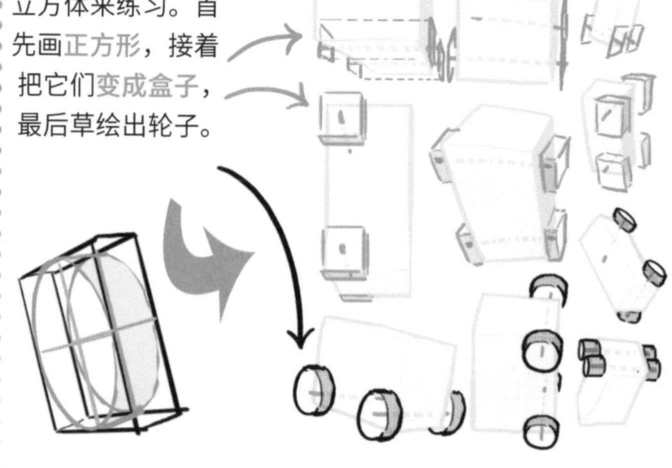

为了让前轮转动，我们要让其稍微内扣或外展。

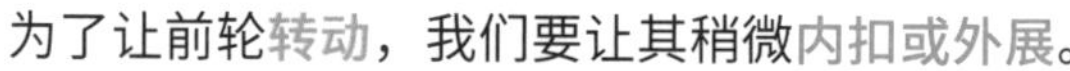

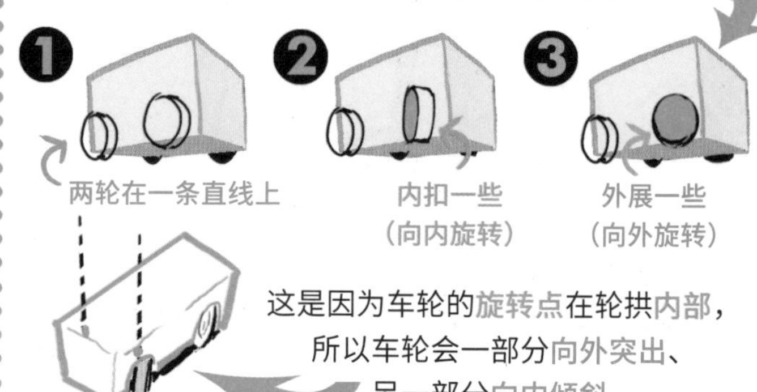

这是因为车轮的旋转点在轮拱内部，所以车轮会一部分向外突出、另一部分向内倾斜。

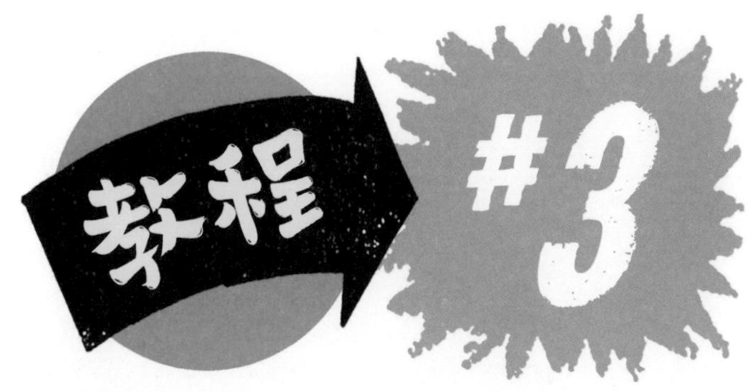

不管要绘制车轮的种类和角度如何，都可以用一个椭圆来表现出整个结构。

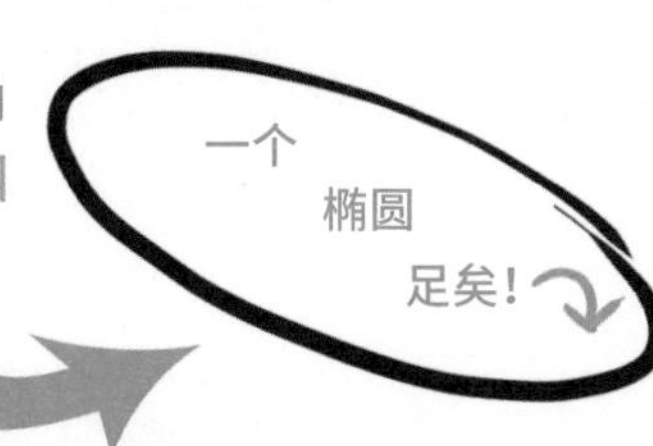

以下便是使用椭圆来绘制车轮的步骤：

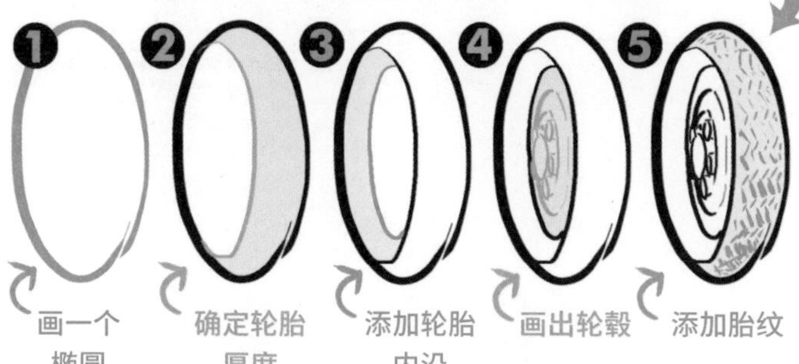

我们可以快速调整结构：

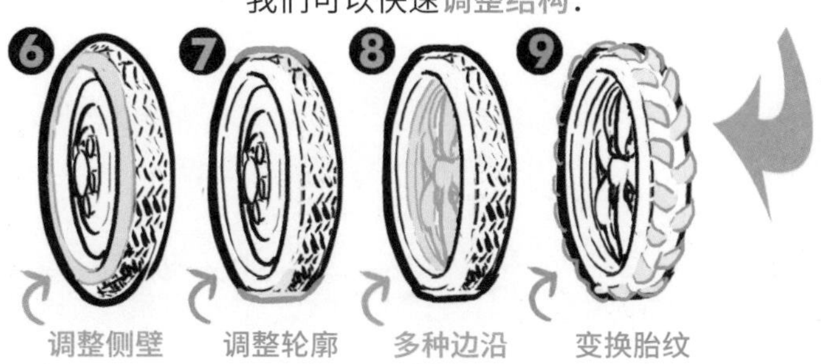

当你掌握了上述“用椭圆画轮胎”的方法，就可以尝试变换椭圆的形状和角度。

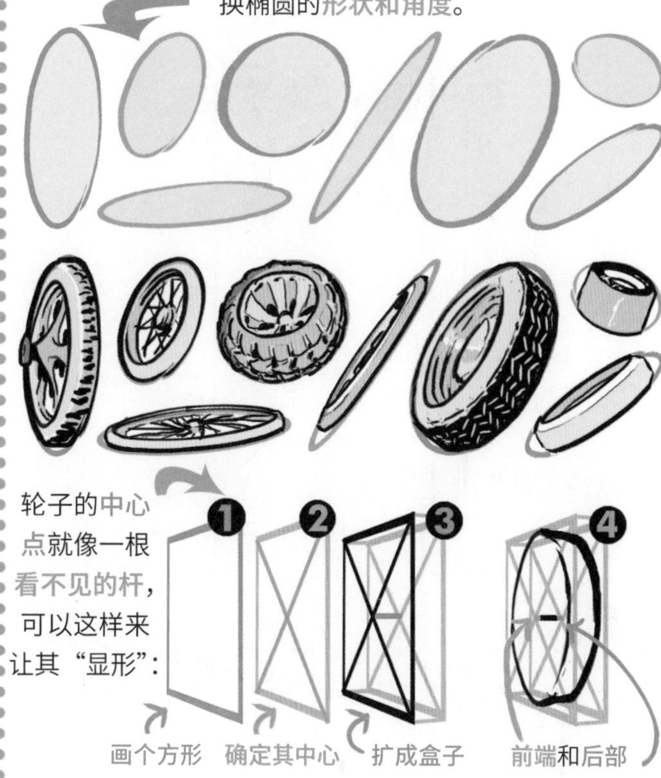

了解中心点如何移动将有助于表现车轮中心凹陷和凸起两种状态。

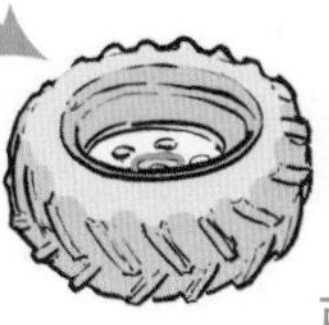

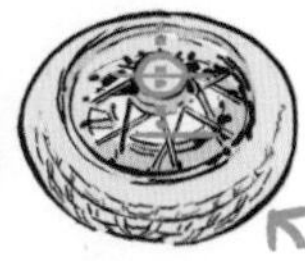

可将轮毂凸出

将车轮“装配”到车身上时，注意综合考虑底盘高度、轮拱与车轮的契合度以及车轮的间距。

车轮

素材集

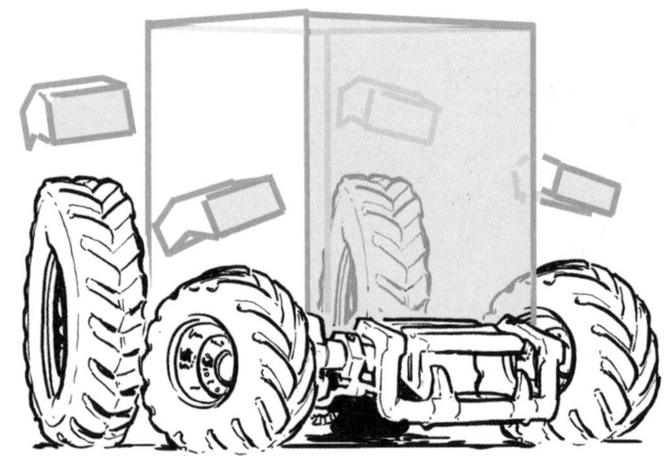

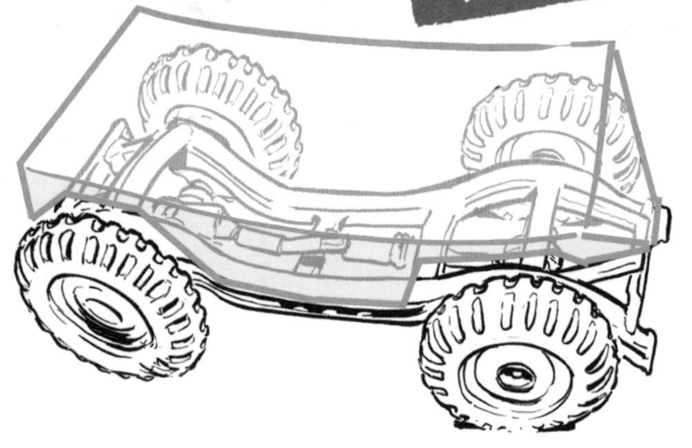

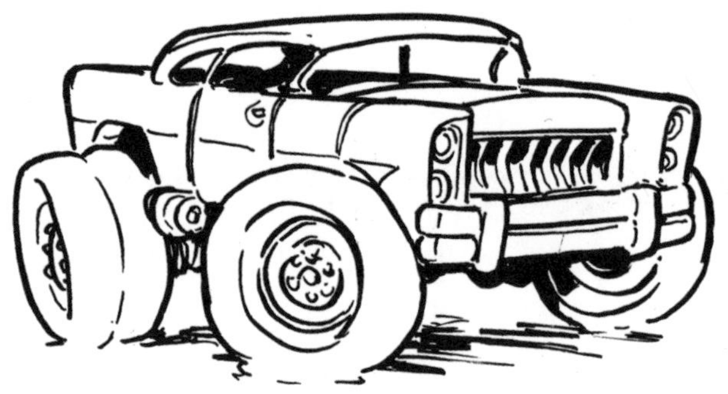

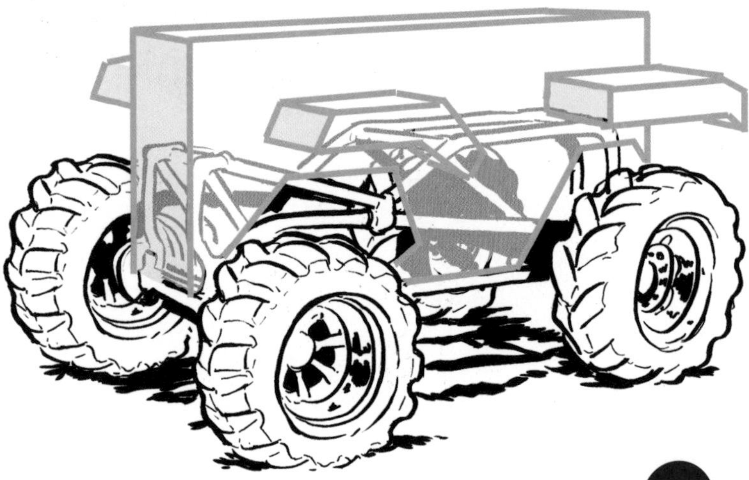

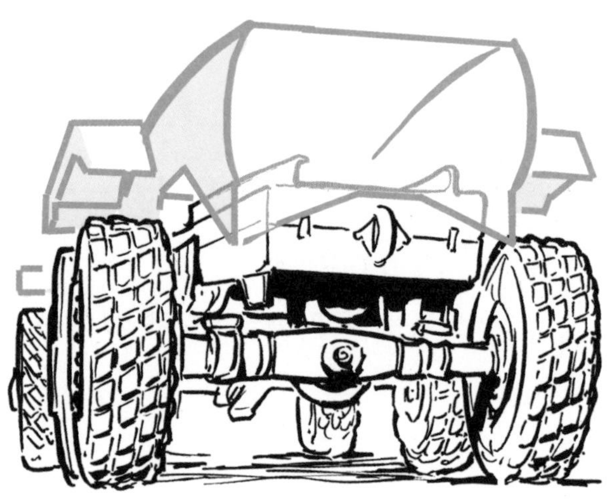

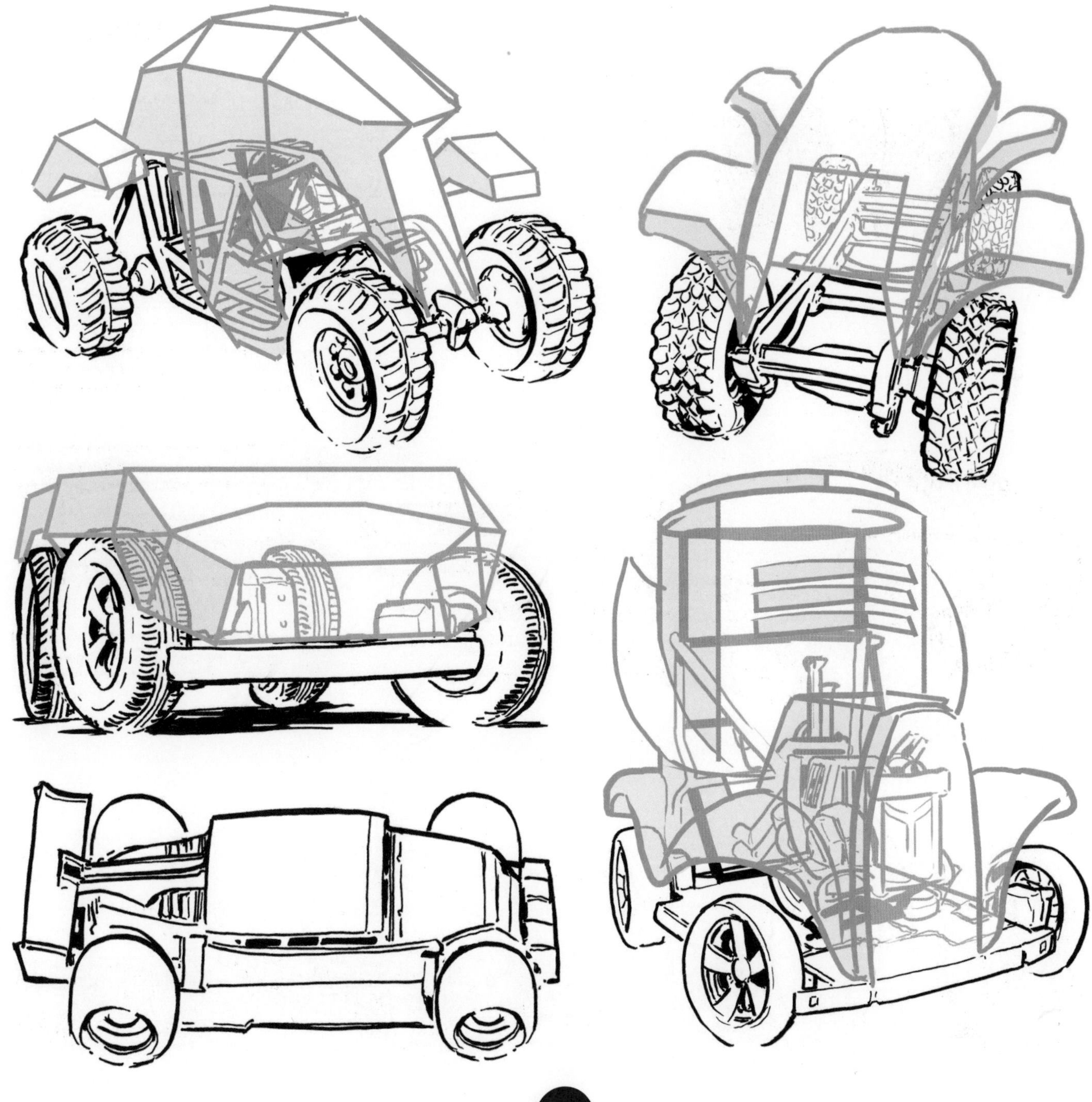

镀铬

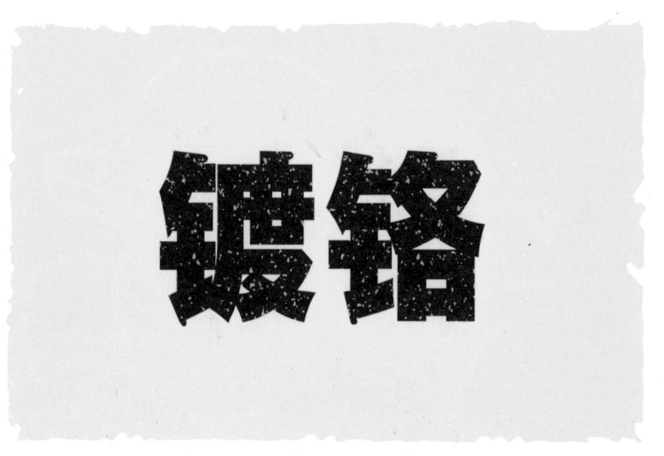

由于镀铬可以反射周围环境的光线，所以可以利用它来为作品添加活力。

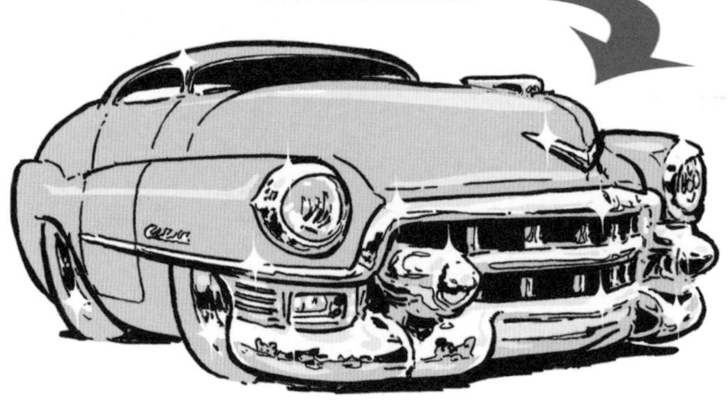

记住：任何反光材料反射的都是正对着它们的东西。

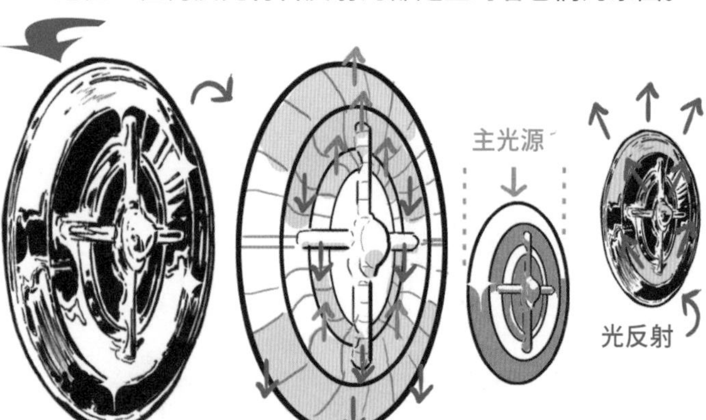

反射光是收缩还是拉伸，取决于镀铬表面是凸面还是凹面。

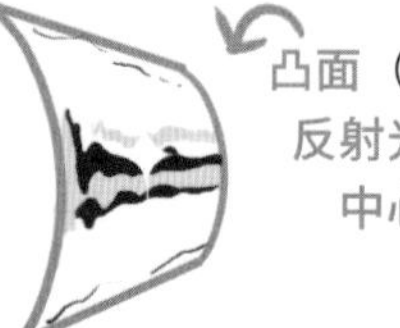

凸面（向外弯曲）：反射光会收缩到中心线附近

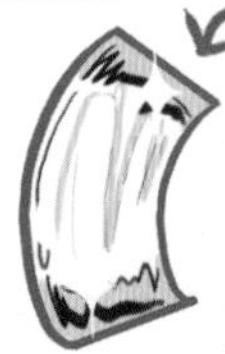

凹面（向内弯曲）：想想洞穴，反射光会拉伸至顶部和底部

在大多数情况下，你不需要操心具体反射了些什么，描绘出它们大体的形状即可。

反射外部的基本形式：

像这样的标记适用于描绘反射

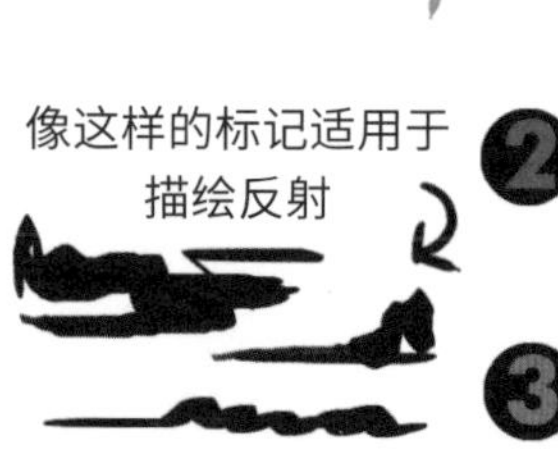

1 在中线附近会有一些暗反射，用一些凹凸不平的线条来表示

2 将地面的轻度阻挡考虑在内

3 顶部边缘往往有斑驳的光痕

4

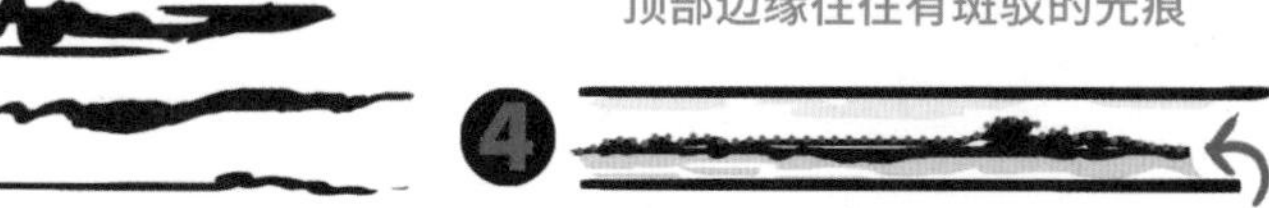

将最暗和最亮的区域放在一起，这种高对比度会产生更强的光泽感

闪光实际上是对光源（如太阳）的直接反射。

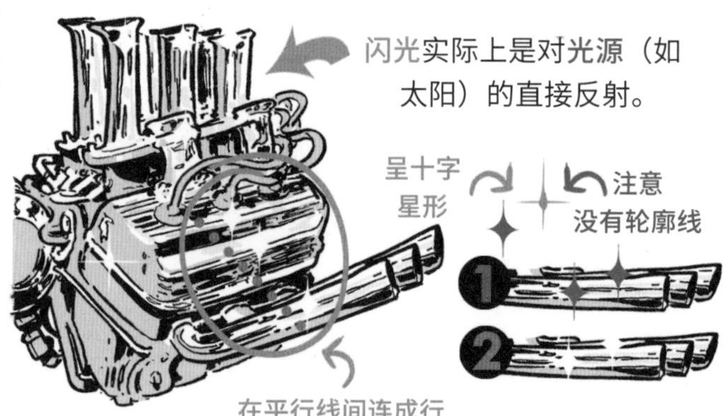

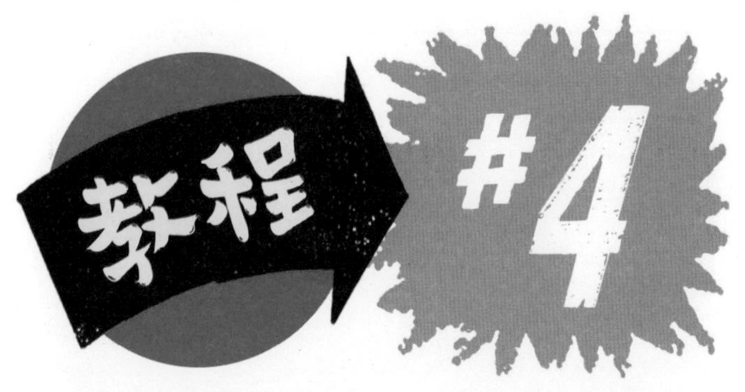

镀铬、闪烁和光泽都会在视觉上起到强调的作用，这意味着要克制地使用它们，以避免喧宾夺主。

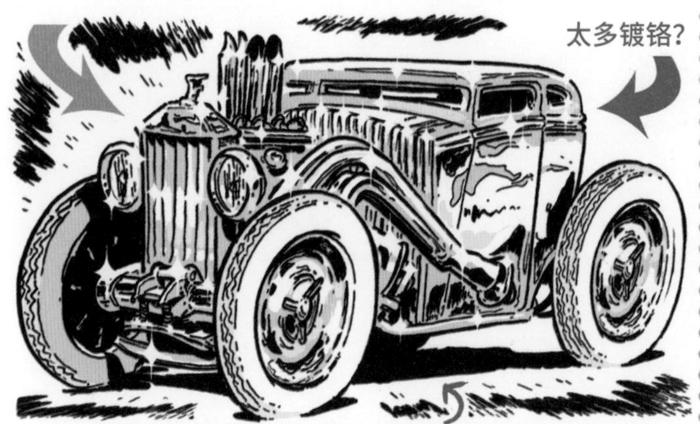

当然，如果作品的重点就是俗气地炫富，那也没问题

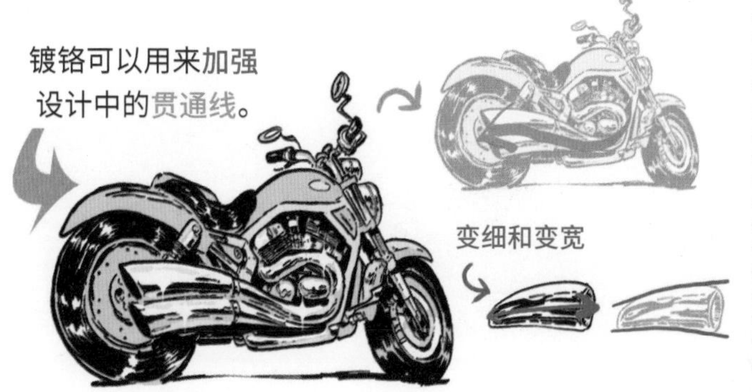

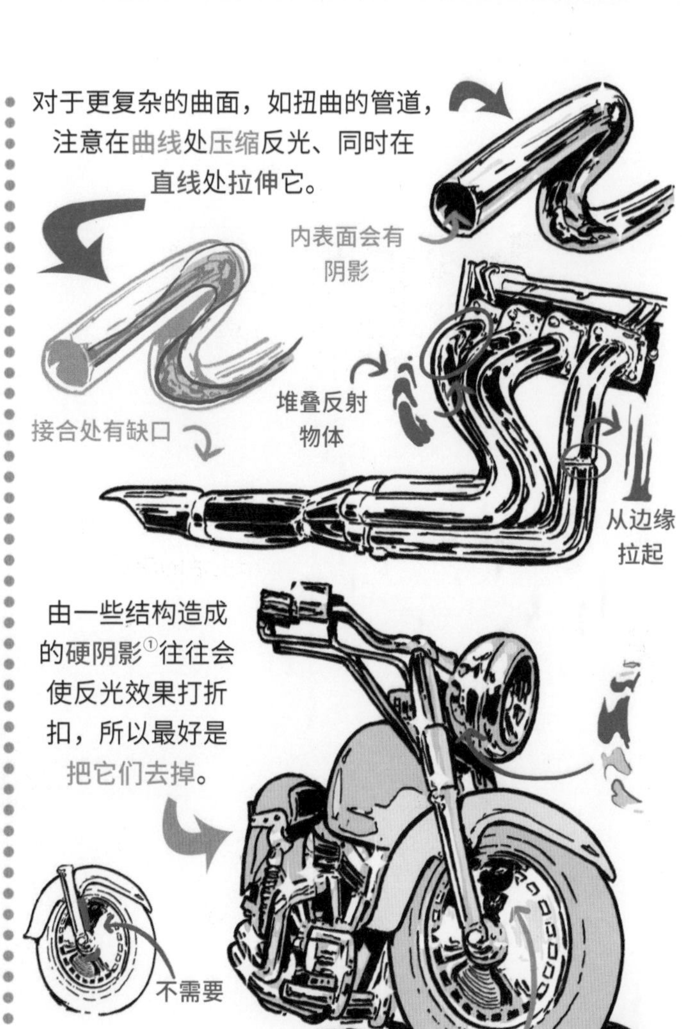

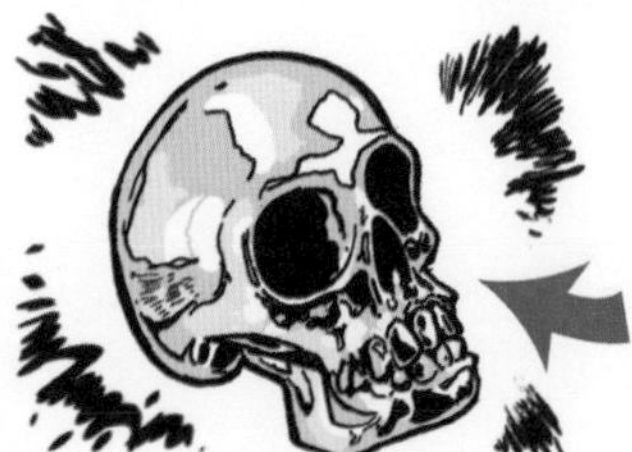

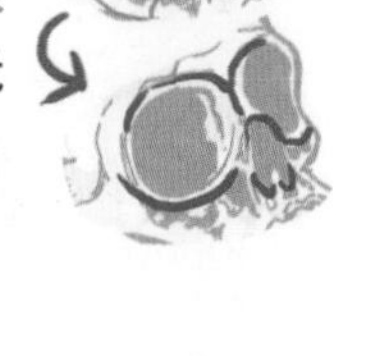

① 是指由理想光源(即聚光性能较好的单一光源)产生的边界清晰的阴影。——译者注

快餐车

快餐车是对城市环境很好的补充。它们不仅可以提供一个社交集聚点，还可以打破城市生活的单调乏味，为其增添生气。

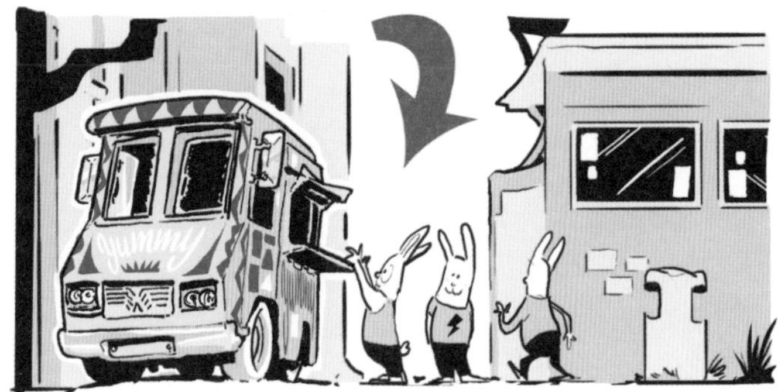

为了从任何角度都能绘制出一辆生动的快餐车，你可以尝试先画一个悬浮的盒子。

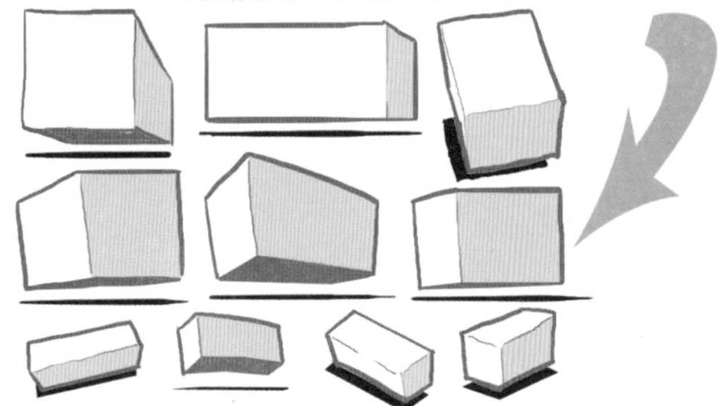

接下来，试着把一个简单的卡车设计放进这些盒子里。

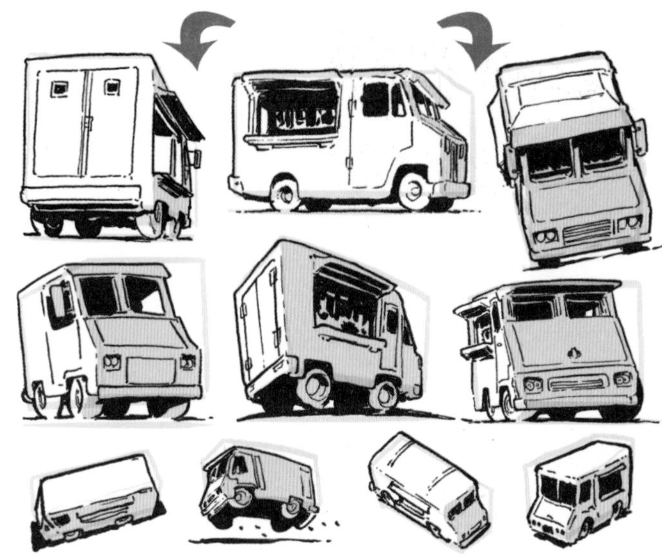

如果你想让餐车更吸引人，那就选择一部分作为焦点视觉元素。这个元素可以是车身部分、餐厅部分，也可以是餐车整体的造型。

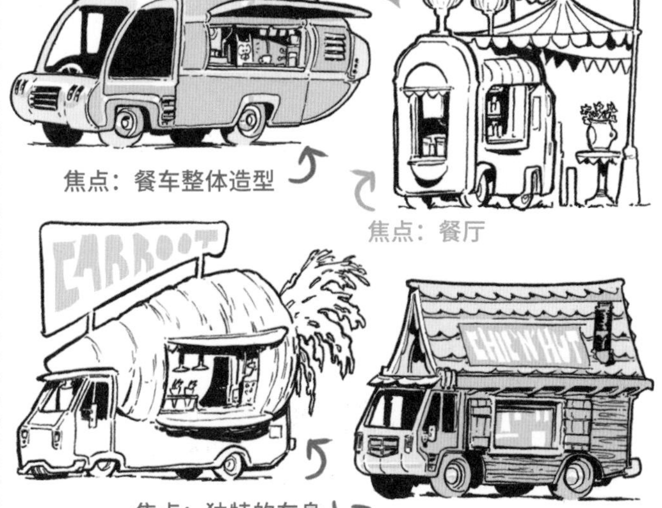

教程 #5

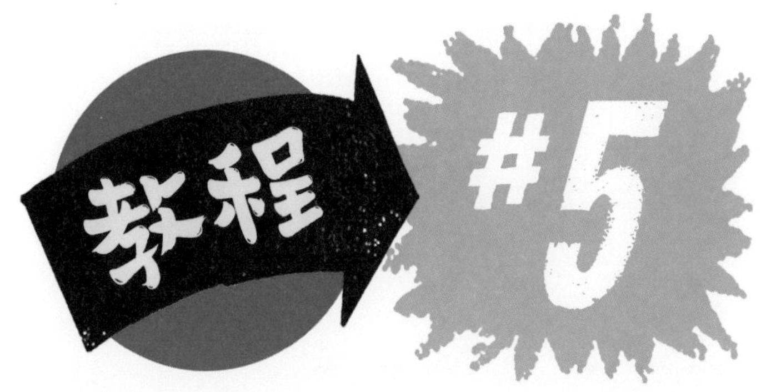

你可以在快餐车的车身上“涂”上一些文字或图案，使其贯穿整个车体，以吸引人们对售餐窗口的注意。

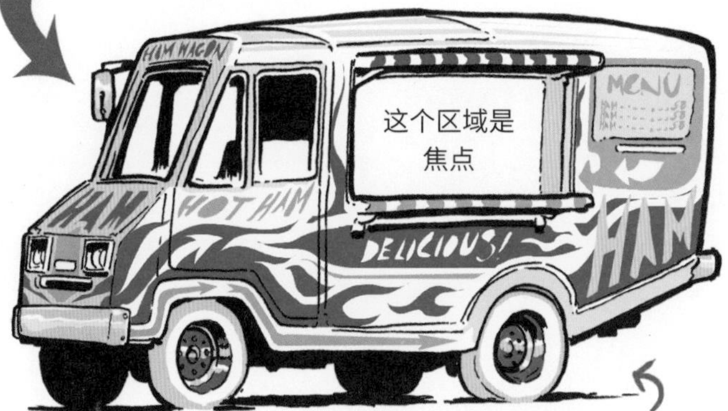

不要让车身太花哨（虽然几乎不可能）

各种不同的装饰方法：

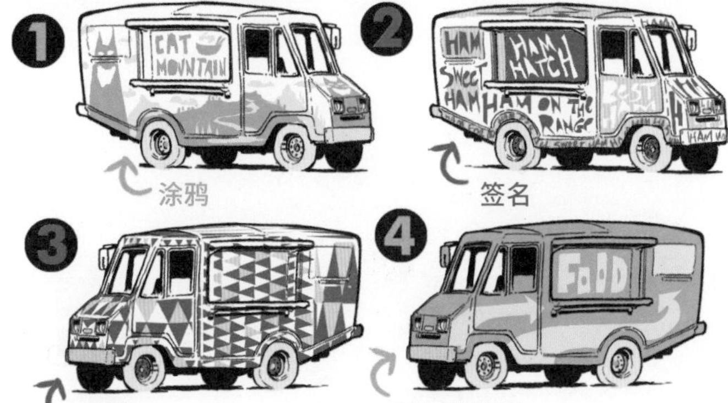

通过增加厨师真正所需的设备来为快餐车增加真实性。

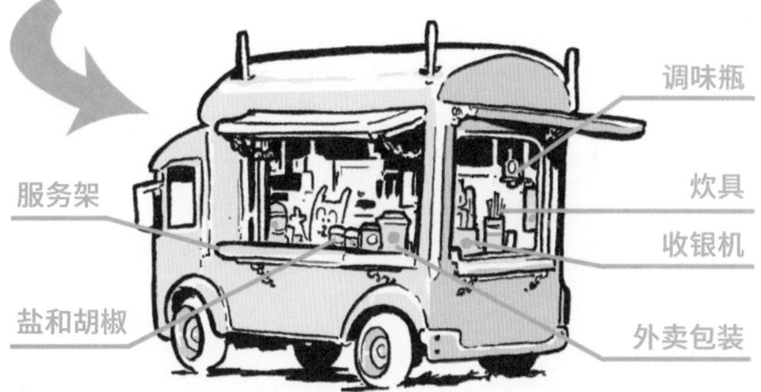

还要确保所有这些东西都是可以合理地装进卡车内部的（哪怕没有全部展示出来）！

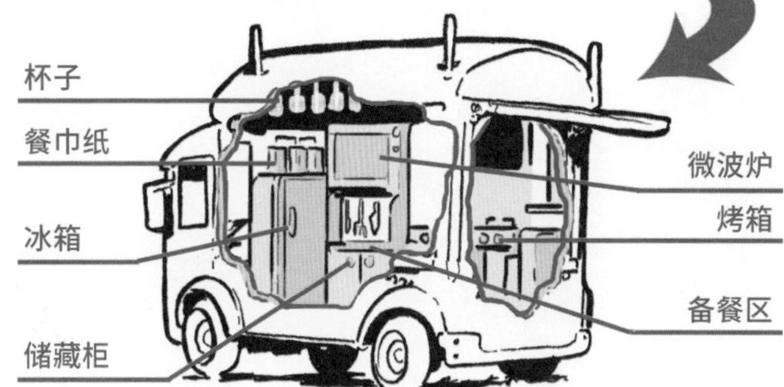

下面是一些快餐车的构思，供你参考！

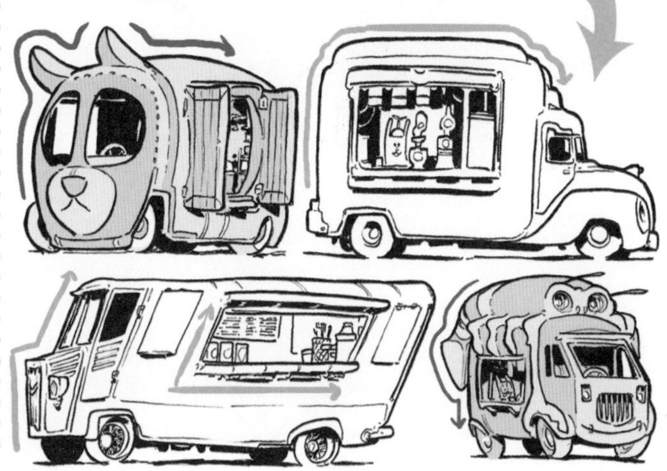

大脚车

大脚车是一个很好的绘画题材，因为它们拥有夸张的外形和比例。而且，你懂得，就因为它们是大脚车！

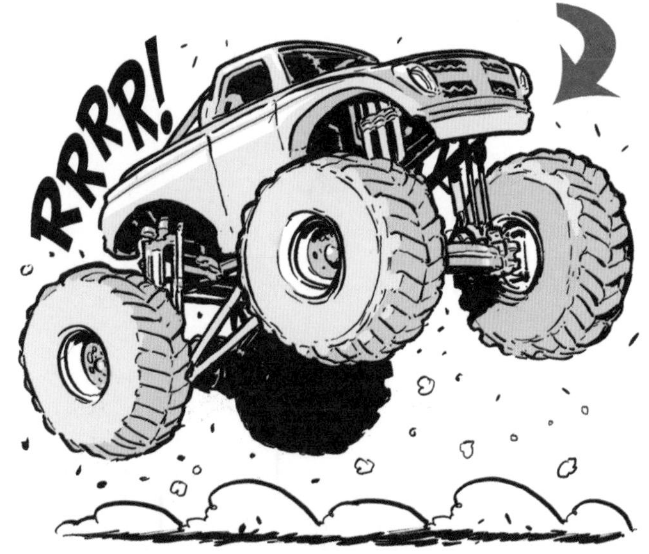

首先，画出那些巨大的轮子。使用透视盒进行练习会有所帮助。

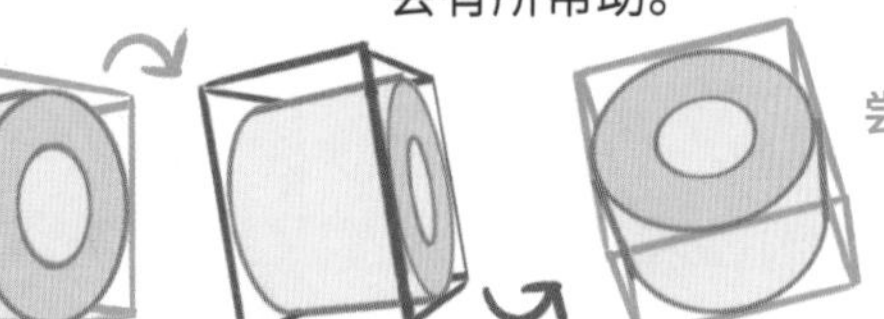

尝试多种视角

轮胎上的胎纹是围绕着轮胎本身的，所以在画的时候要让其不断变换角度。

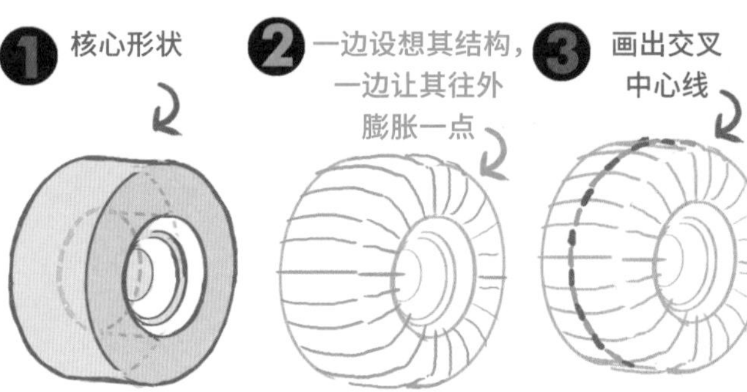

4 以对角线方式标记出胎纹边缘

5 连接

6 绘制轮廓和边缘

记住：从车前面看时，胎纹是朝下的，从车后面看时，胎纹则要朝上。

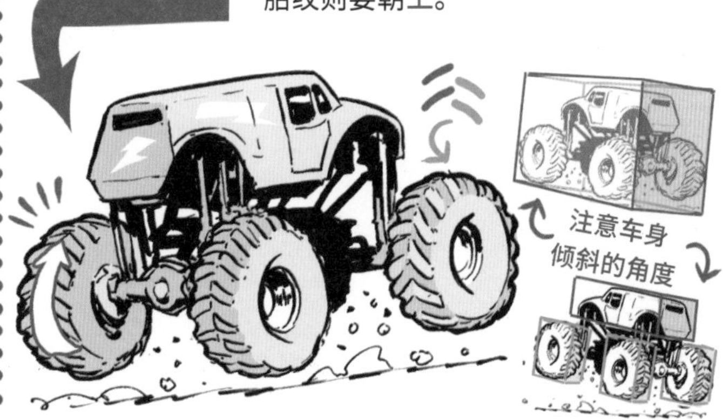

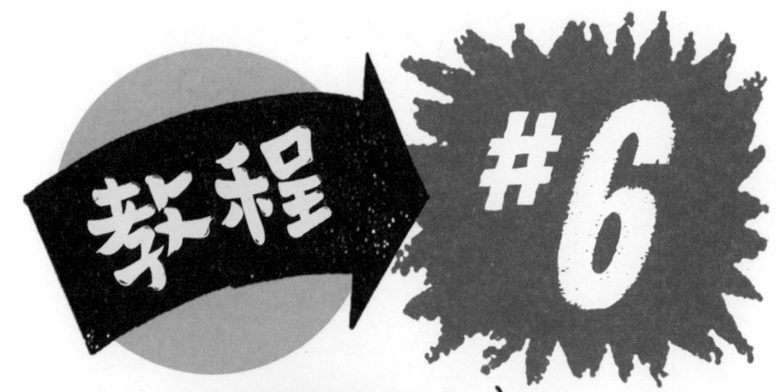

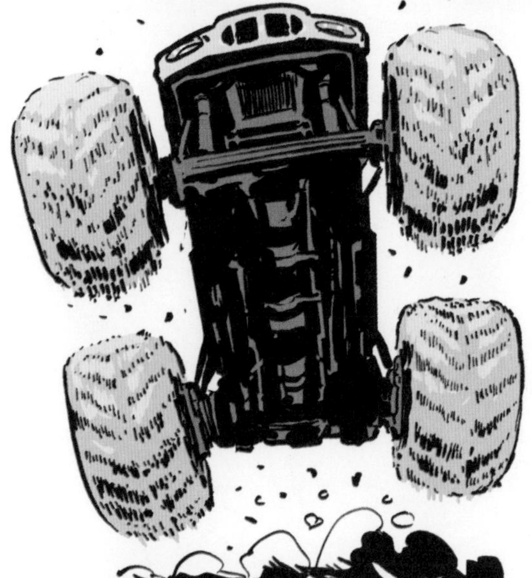

要让大脚车看起来真的在动，需要表现出车轮的快速转动。

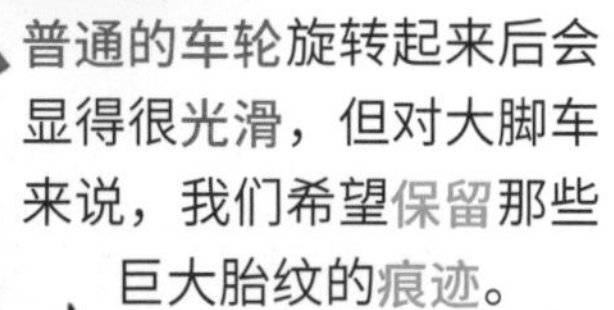

普通的车轮旋转起来后会显得很光滑，但对大脚车来说，我们希望保留那些巨大胎纹的痕迹。

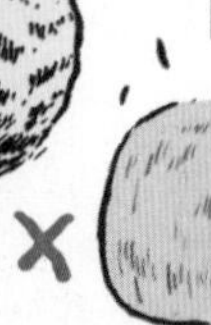

悬架的巨大行程（即悬架可伸缩的幅度）允许车轮朝多个方向运动！

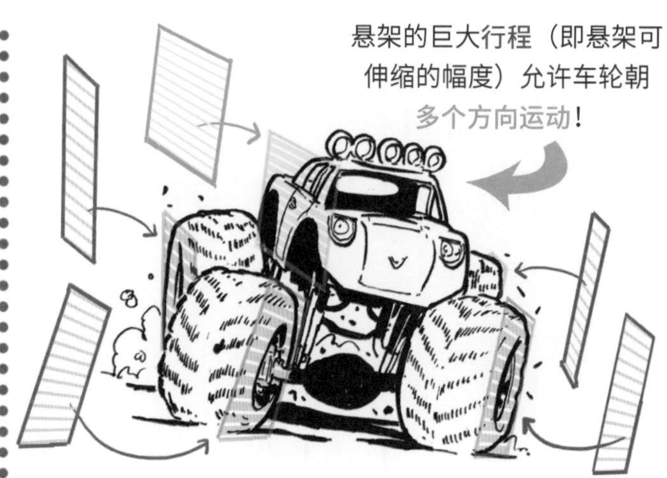

推动前后悬架之间的扭转可以为大脚车增加很多姿态。

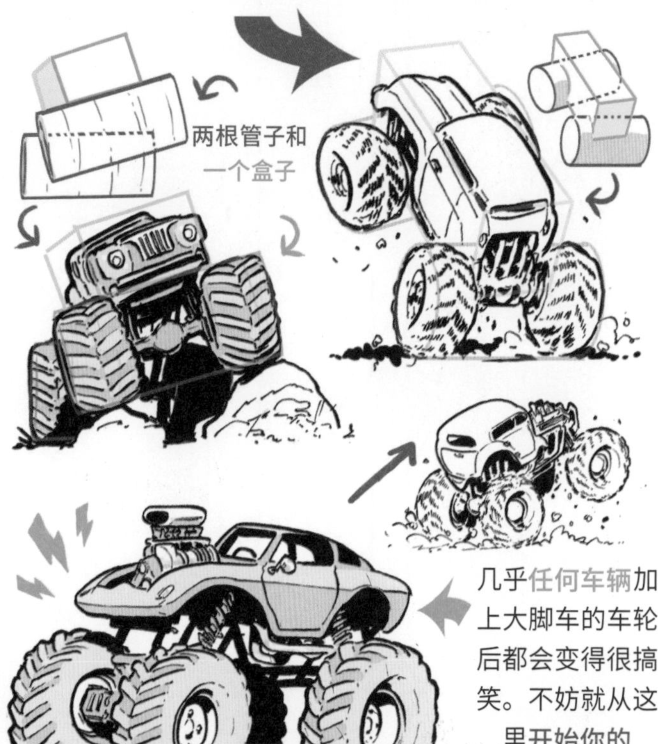

几乎任何车辆加上大脚车的车轮后都会变得很搞笑。不妨就从这里开始你的创意吧！

大脚车

素材集

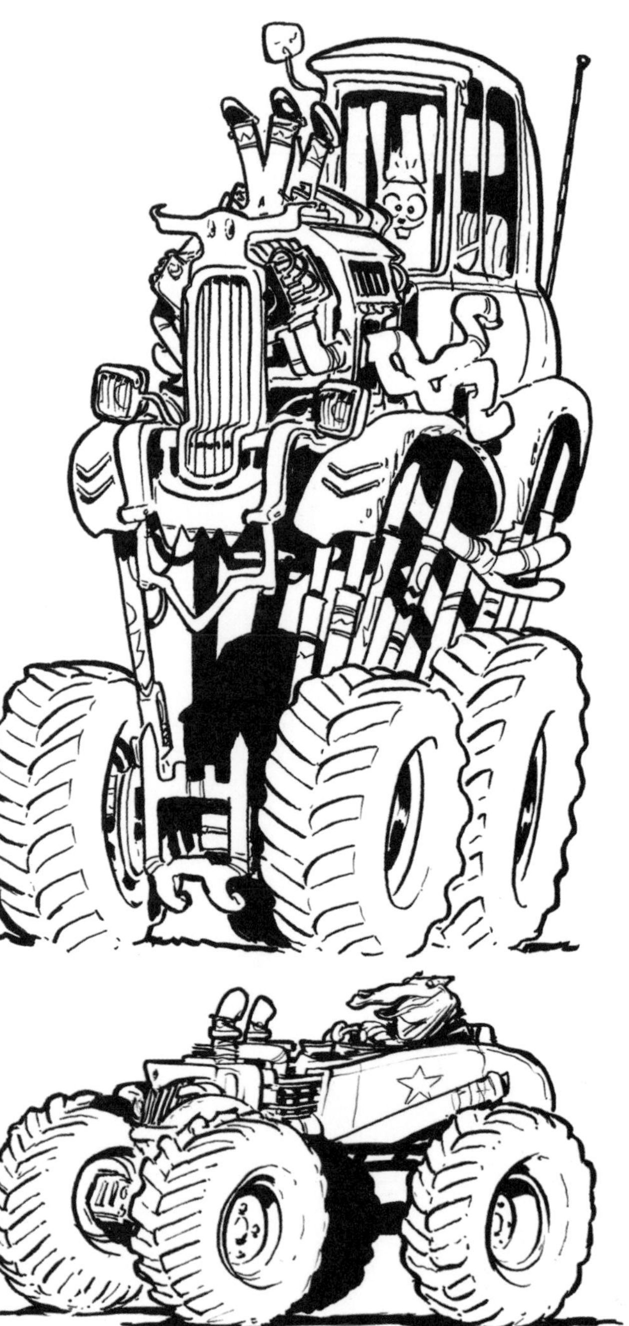

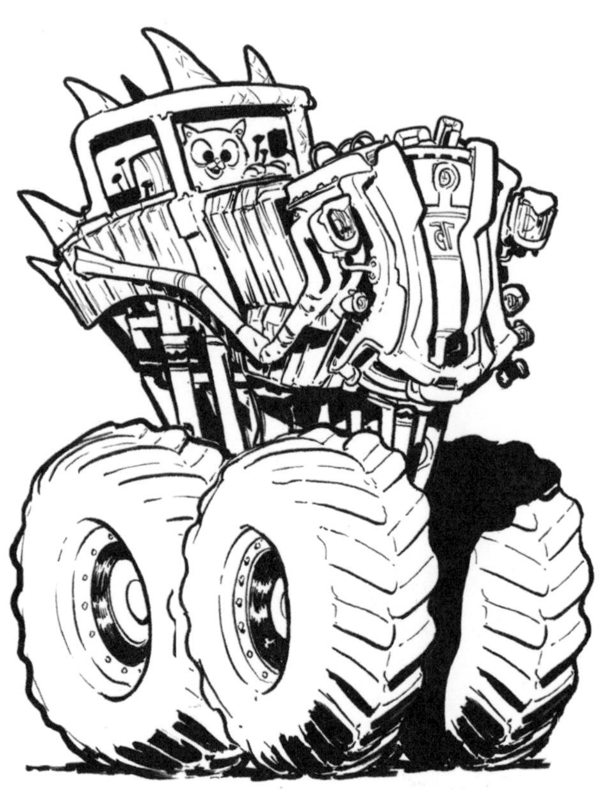

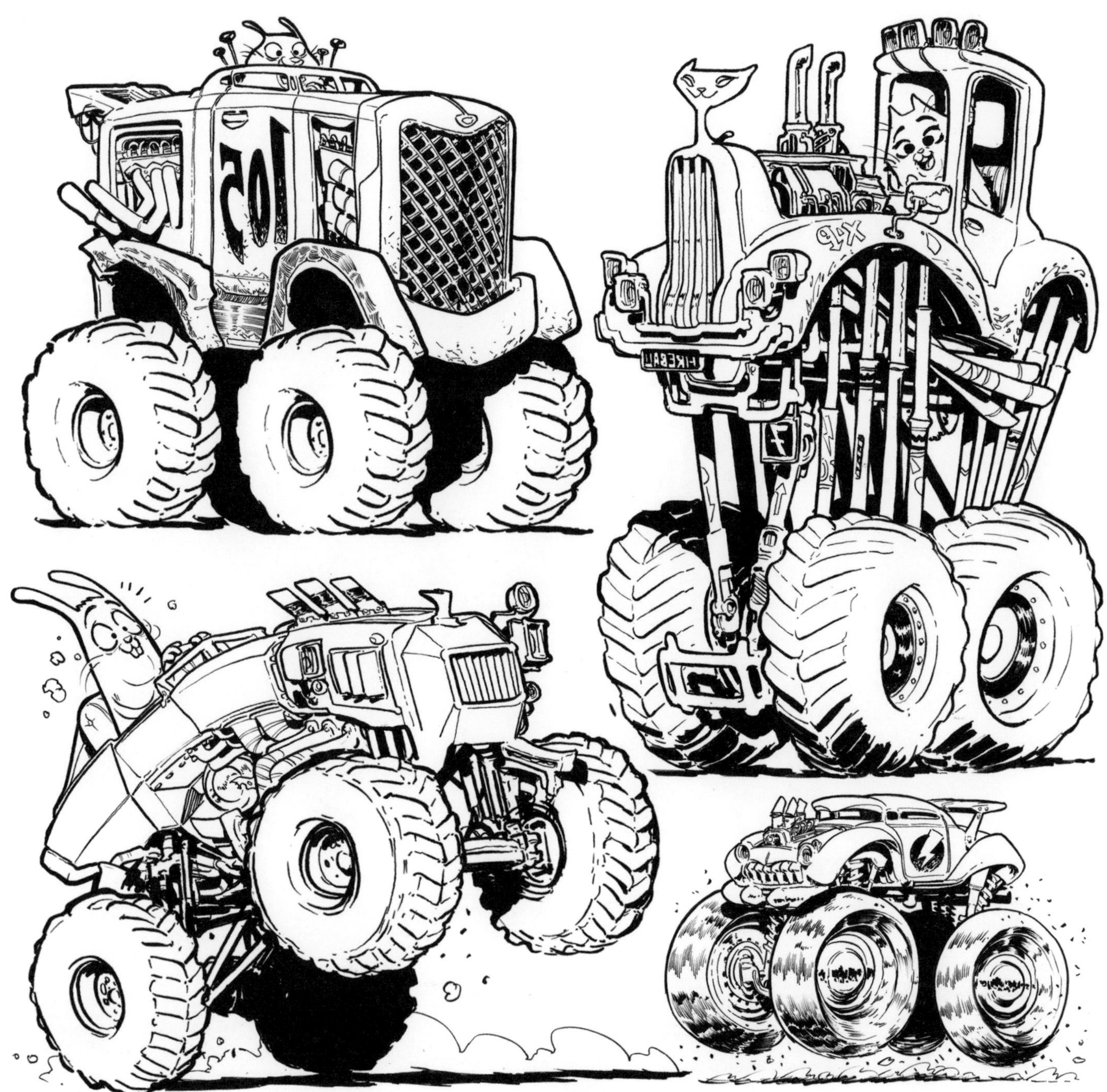
105

肌肉车

在这一节的教程中，我们不会关注单个的肌肉车（事实上，许多有关插图都是夸张、混杂或虚构的模型），相反，我们将看看定义这种汽车设计美学的关键要素。

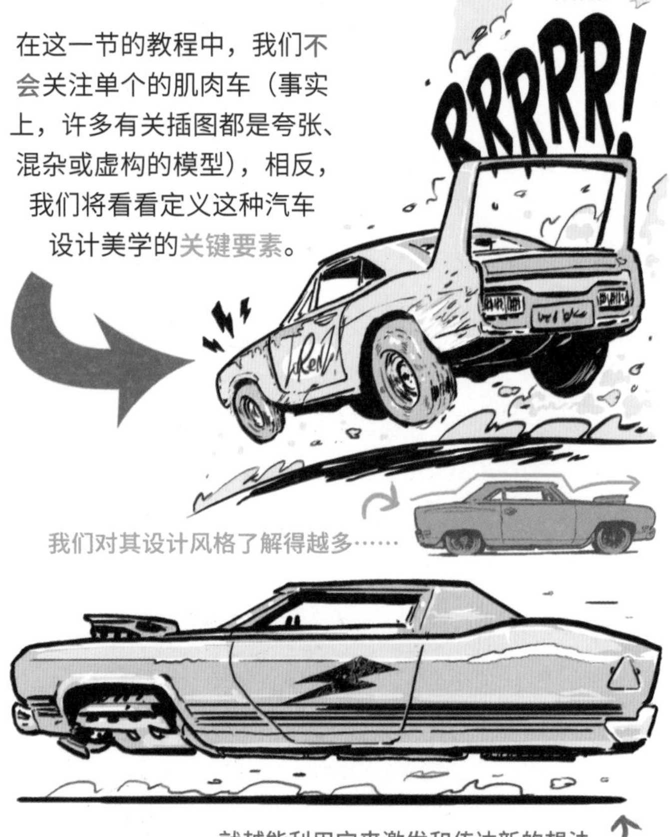

*轰轰轰
RRRRR!
我们对其设计风格了解得越多……
就越能利用它来激发和传达新的想法

大多数人都会同意，肌肉车在直道上跑得非常快，但不要把它想象成跑车，而要想象成一个大锤子。首先，它具有一块厚实的车身侧板。

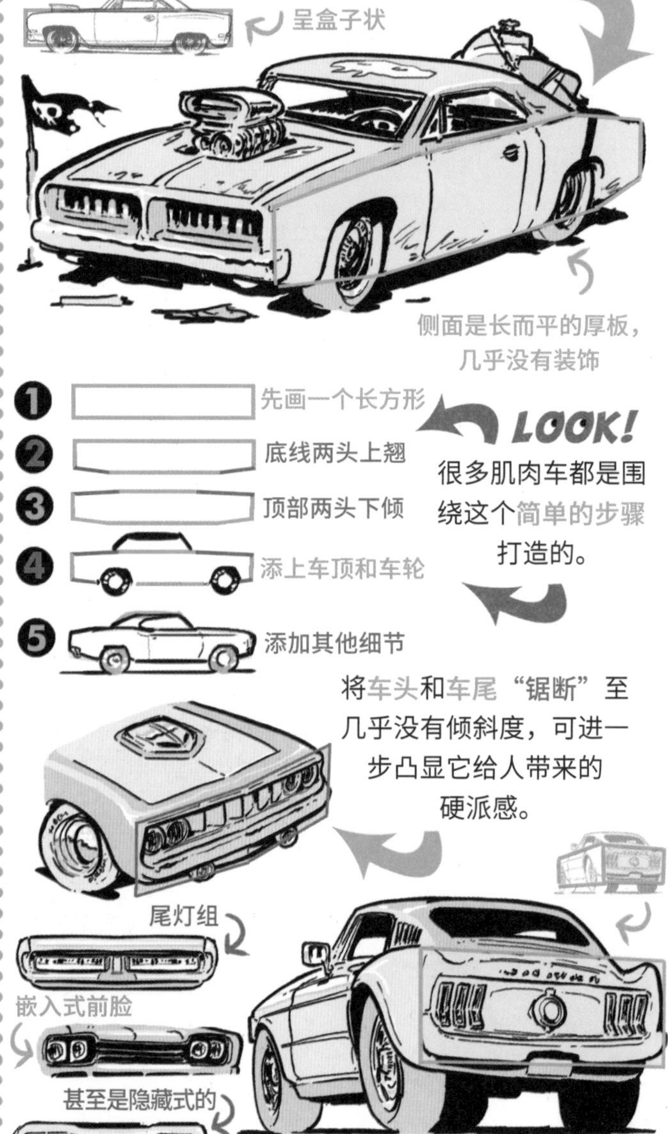

教程 #7

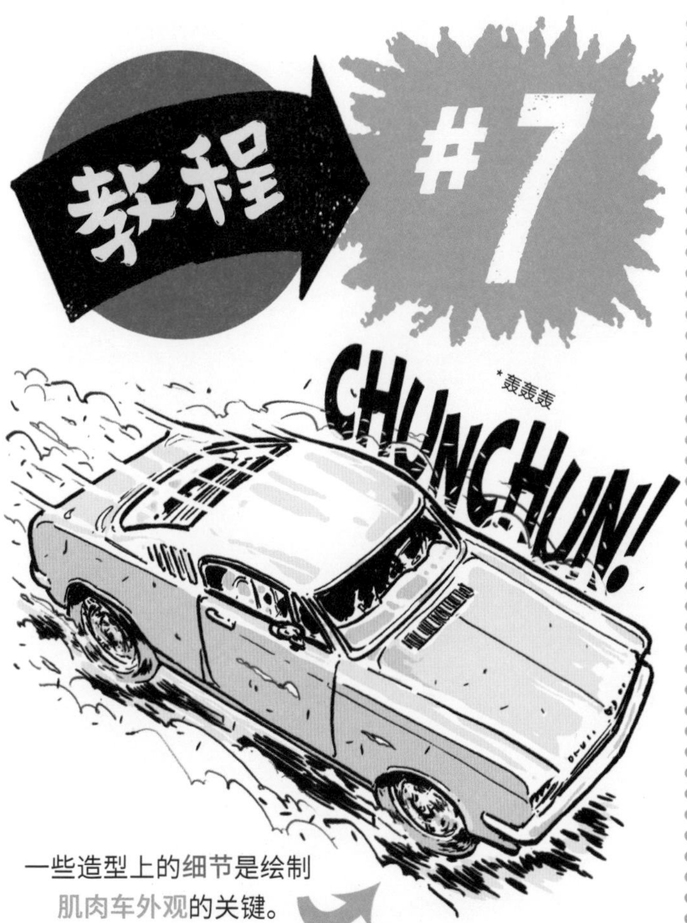

一些造型上的细节是绘制肌肉车外观的关键。

比如，你经常会看到肌肉车的后翼“翘起”并截断了车身的线条。

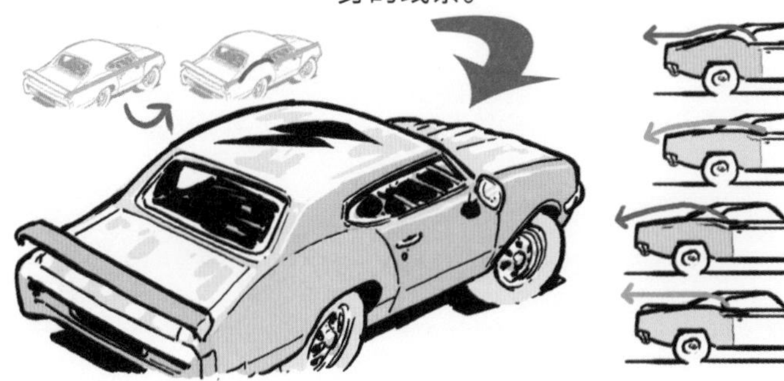

再比如，肌肉车的挡风玻璃往往向后倾斜的角度很大，即使它搭配的是四四方方的车身。

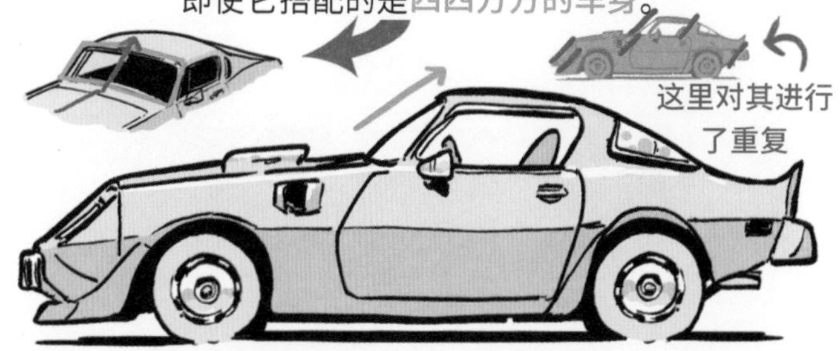

此外，许多肌肉车是双门的，车顶线条以小角度向后倾斜，形成溜背和糖勺状车尾。

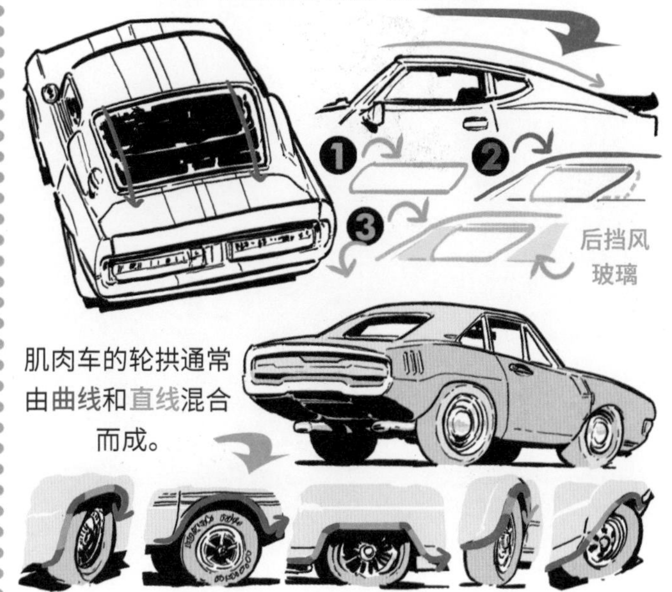

肌肉车的轮拱通常由曲线和直线混合而成。

长引擎盖与短车尾的对比突出了发动机的重要性！

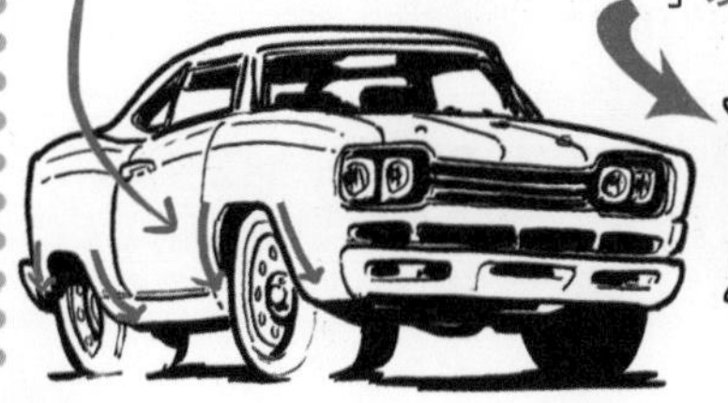

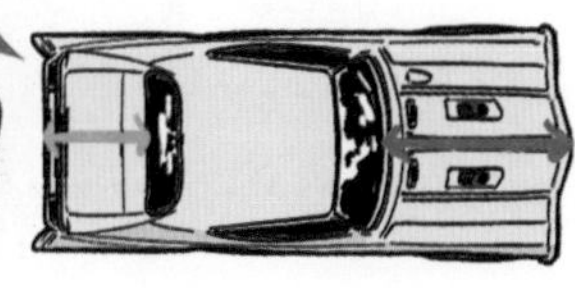

玻璃罩

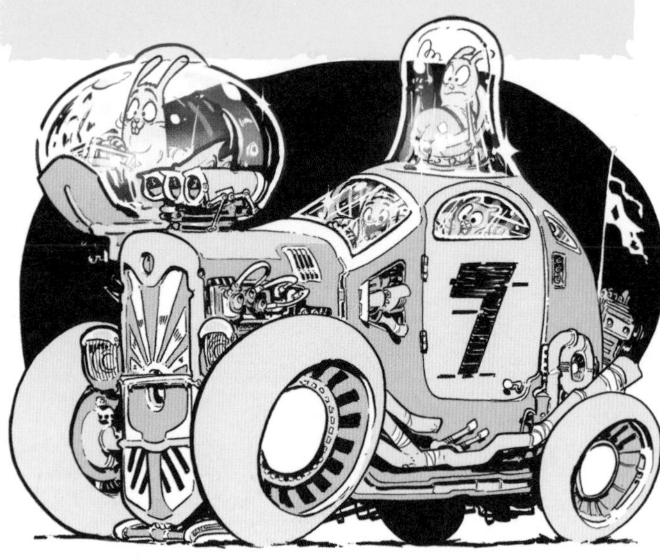

画玻璃罩 50% 是关于外部反射，50% 是关于从视觉上柔化玻璃罩内部的东西。

让我们从一些圆顶形状开始，从而有更大范围的设计选择。

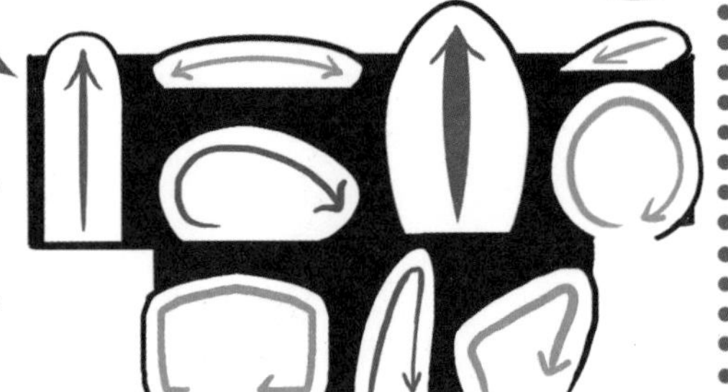

玻璃圆顶可以用许多不同的方式进行设置。想想基础结构、其他块面将如何接入这个结构，以及你想如何“切开”圆顶。

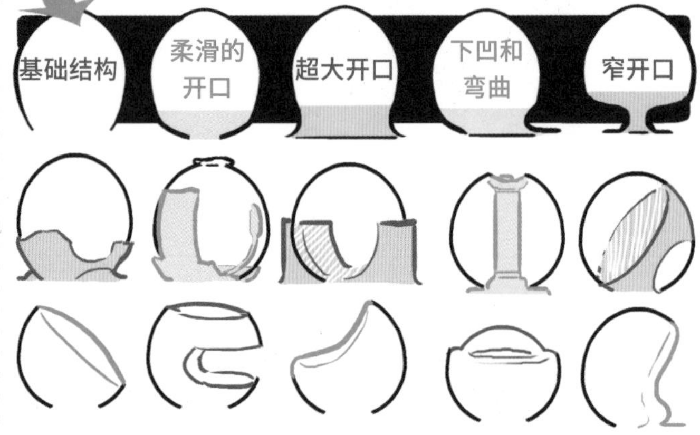

显示玻璃材质的最简单、最快捷的方法之一，就是在玻璃罩内部添上少许白色笔触。

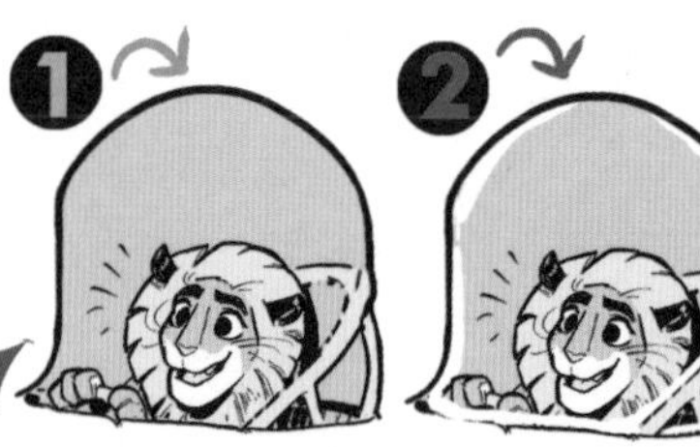

沿玻璃罩边线和所有边缘添加笔触

再在玻璃罩顶部放置大约三个倾斜的椭圆形光点——一个大号的、一个中号的和一个小号的。

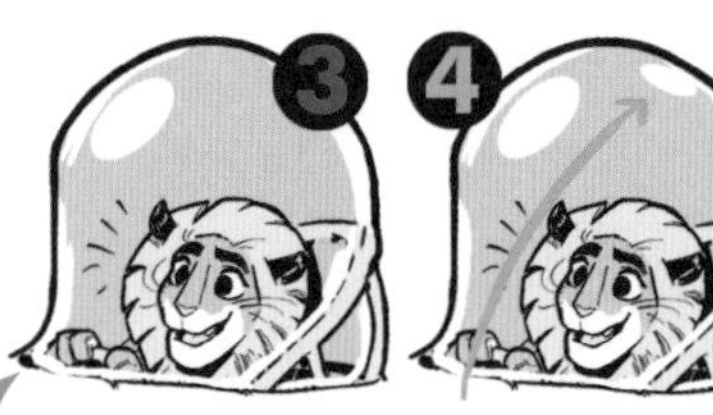

让其中一个椭圆与白色笔触连在一起

接下来，建议把玻璃里面的对象模糊化一点，比如让其从底部开始逐渐褪色。

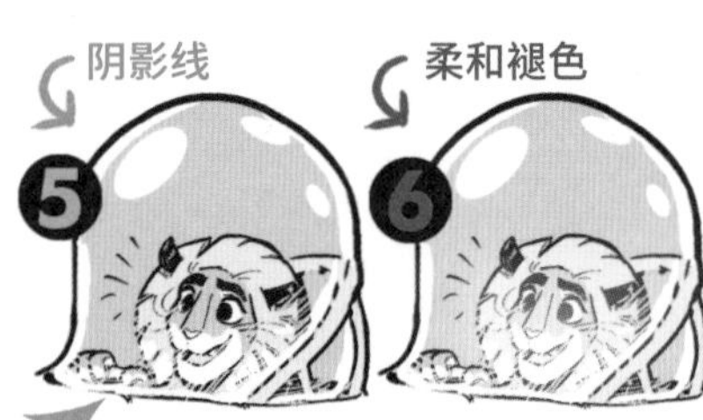

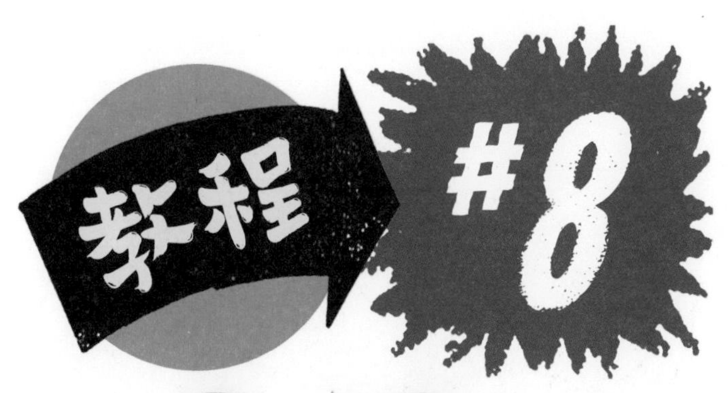

教程
#8

玻璃罩上的反射要按此原则来设计：既能表现出玻璃的构造，又不会模糊内在物体的观感。

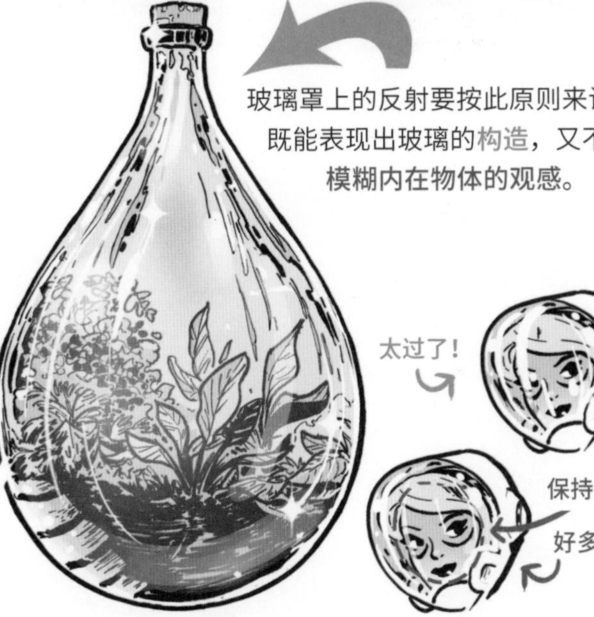

太过了！
保持清晰
好多了

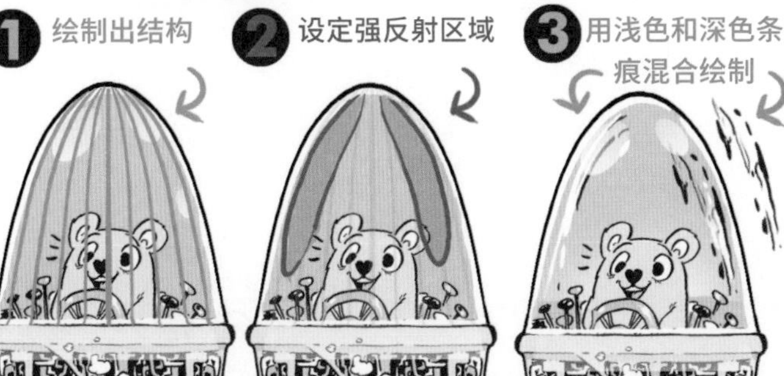

1 绘制出结构
2 设定强反射区域
3 用浅色和深色条痕混合绘制

在圆顶的下半部分集中布置一些较暗的反光。

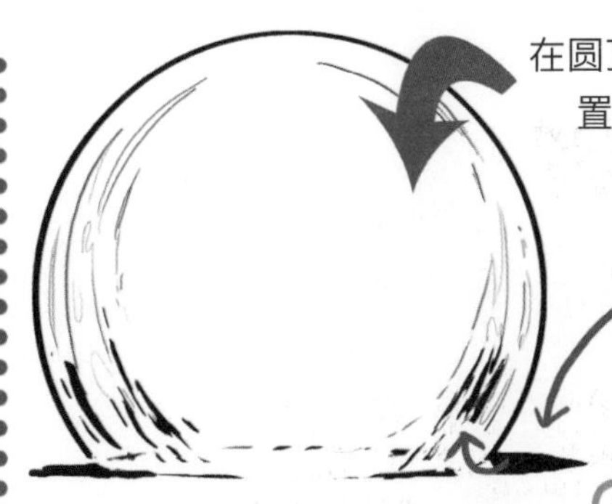

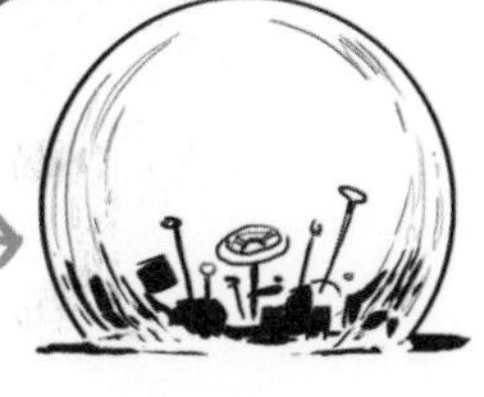

反射附近的阴影
内部的阴影可以增加视觉上的重量感和对比度

在圆顶的中心添加更宽的、长条状的柔光。

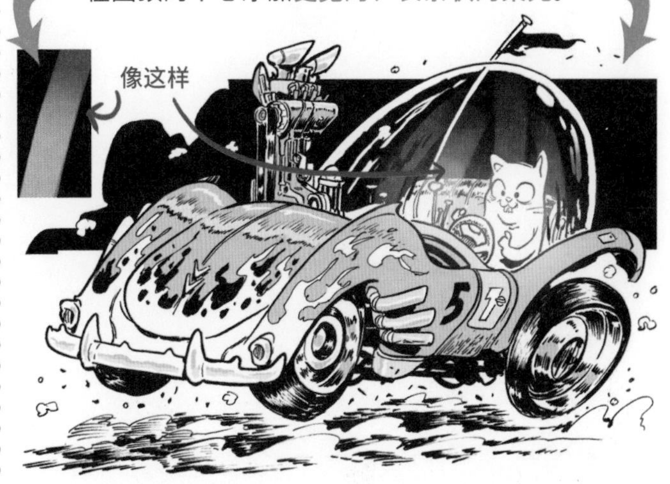

像这样

高光可以沿着柔光的边缘添加，而闪烁和光斑可以挨着高光添加。

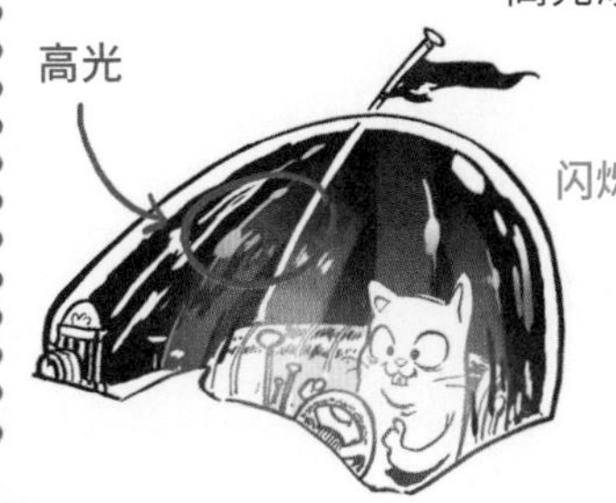

高光
闪烁+光斑

复古太空车

复古太空车的设计融合了复古美学和未来技术，关键在于二者的平衡。

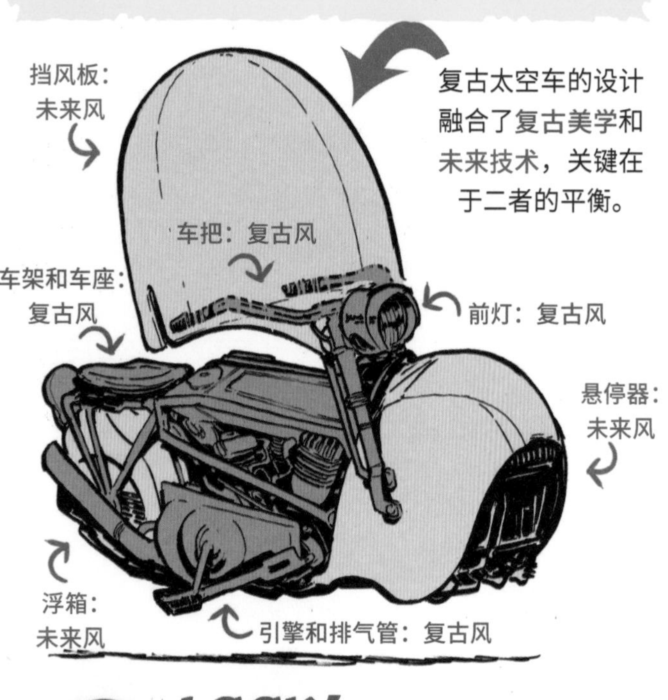

LOOK! 最佳的混搭比例是50%复古风格：50%未来主义！

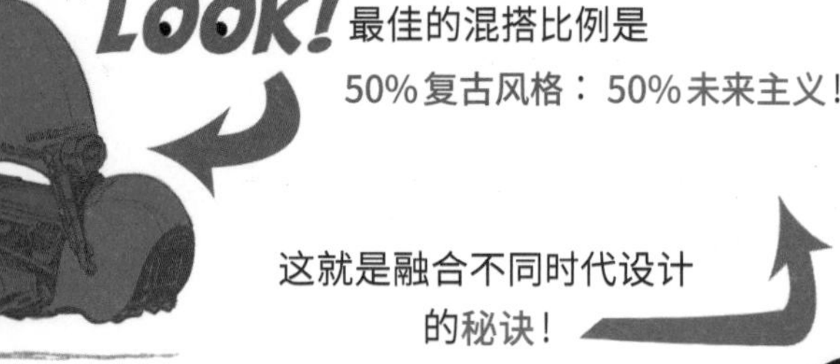

这就是融合不同时代设计的秘诀！

选择你想描绘的时代风格的关键特征。

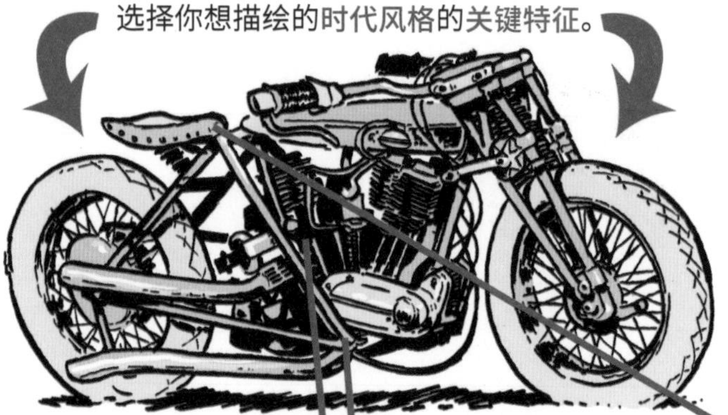

例如，许多老式车的特点是：

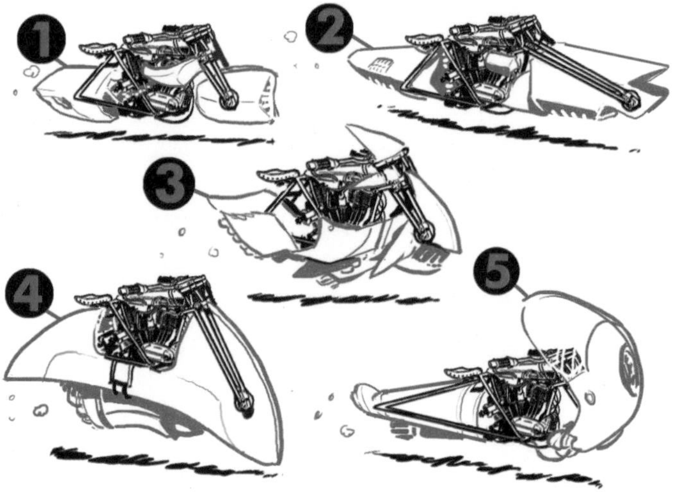

薄壁管车架
低悬挂车座
裸露的引擎

1 2 3 4 5

只要时代风格的关键细节设计到位，你可以添加任何你想要的未来元素，同时保留复古的味道。

快速练习：对车辆现有部件进行“二次加工”，做成新的部件！

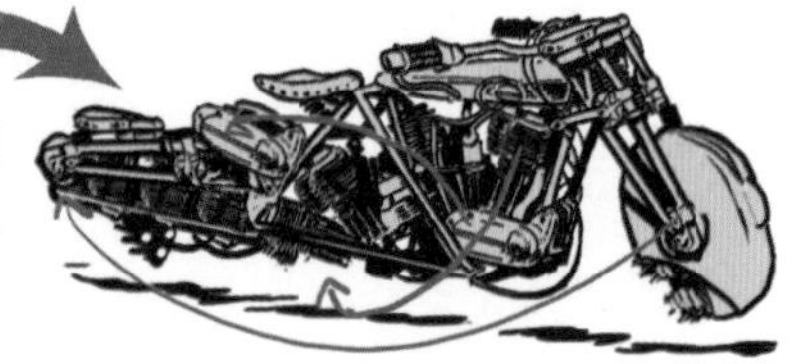

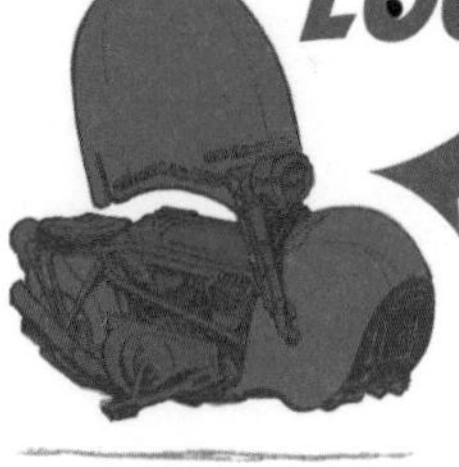

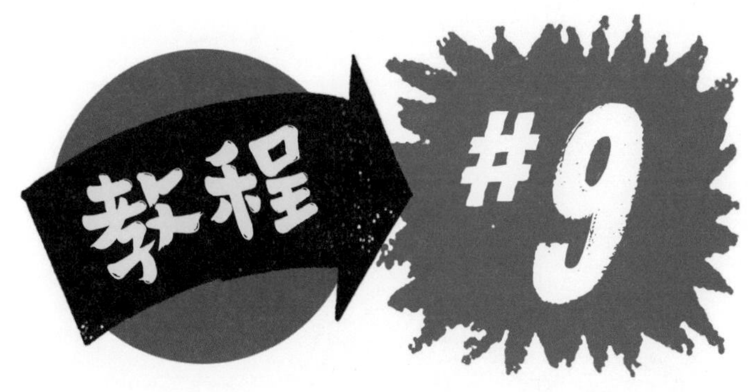

即使你几乎百分之百地保留了车辆的核心部分，只要加入一点点新鲜的或改进过的元素，设计就会有效果（尽管它可能少了点原创性）。

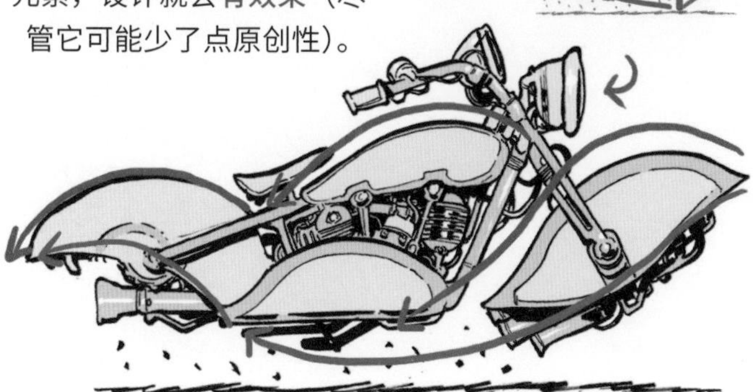

尽量使每个新元素都与设计的贯通线相联结。

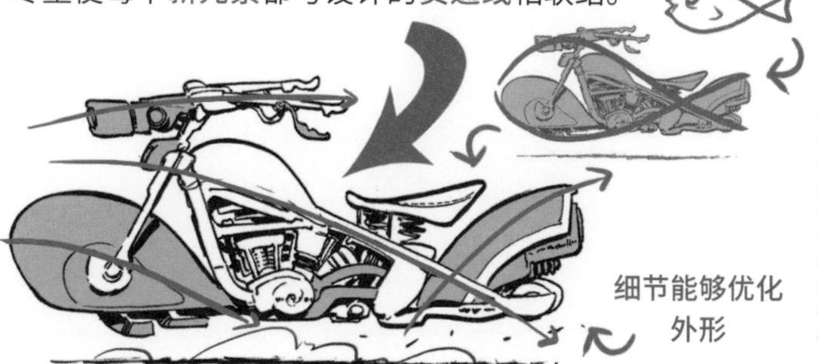

你还可以用不太显眼的手法来暗示过去的时代，这会产生更有意思的效果。

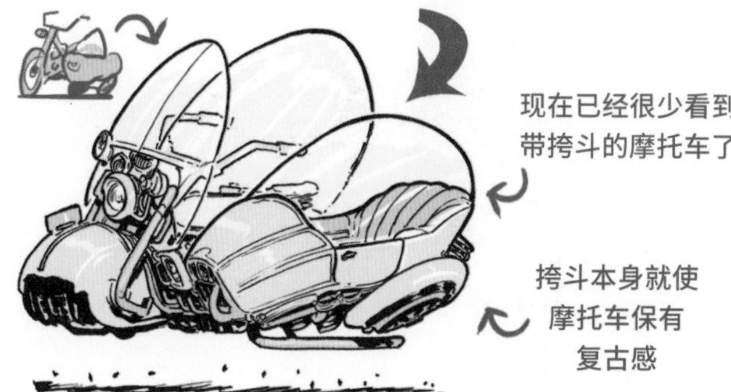

另一种创意的方法是融合同一时期其他交通工具的元素。

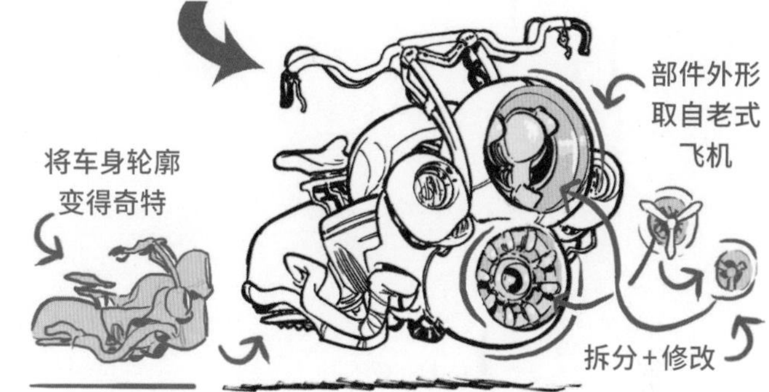

有时只需一两个明显的细节就能产生复古感。

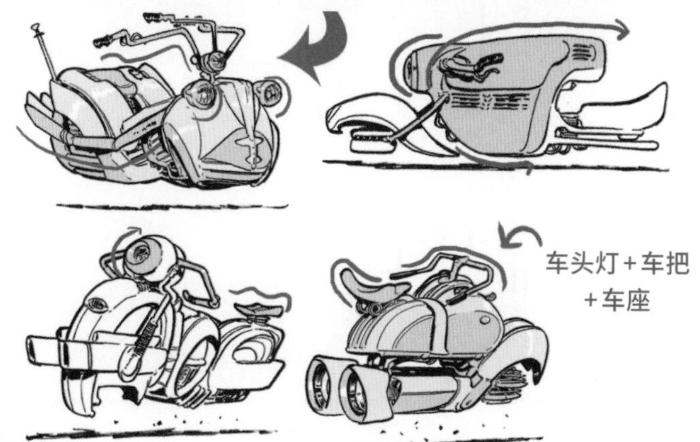

履带

无论是绘制拖拉机履带（卡特彼勒式履带）还是坦克履带，都要遵守一些共同的规则。

有很多选择！

从选择履带轮廓的形状开始。

升高型

攀爬型

倒置型

两轮型

坦克型

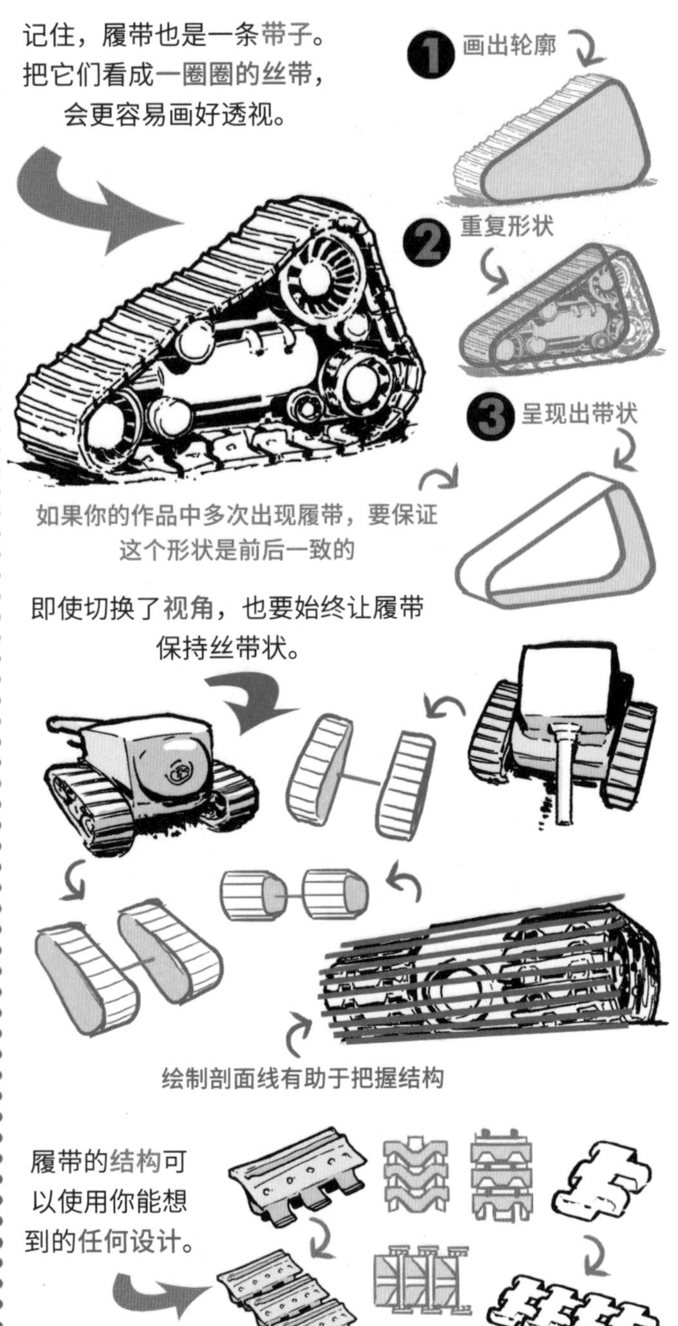

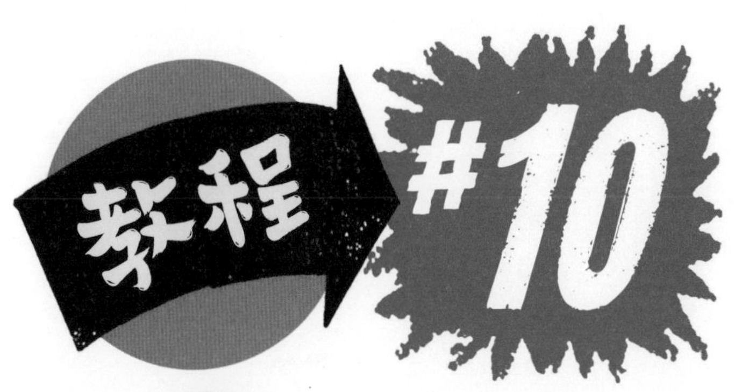

当你往履带上安装车轮和齿轮时，试着从视觉上强调履带的重量以及车辆的重量。

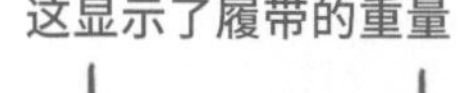

这显示了履带的重量

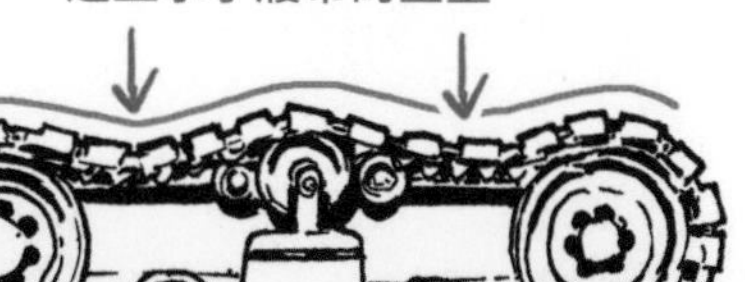

这显示了车辆的重量

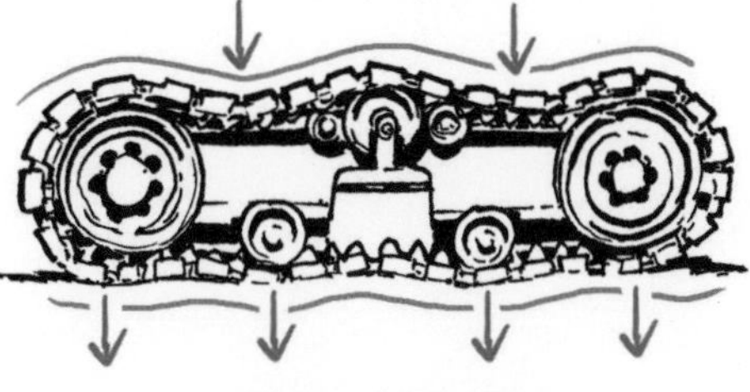

为履带增加下坠感是为固定式履带车辆增加真实性和个性的最佳方式。

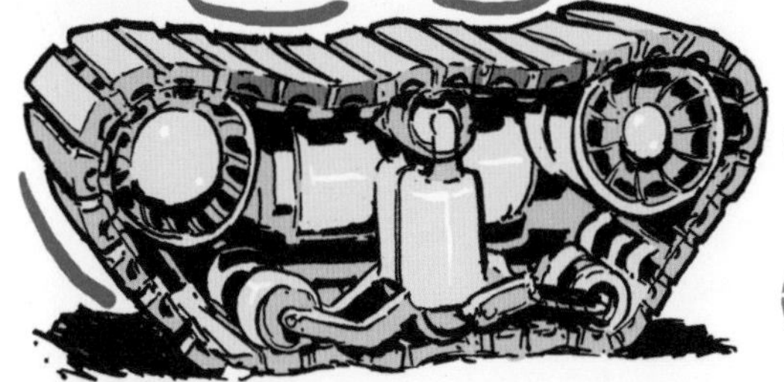

还行

更好

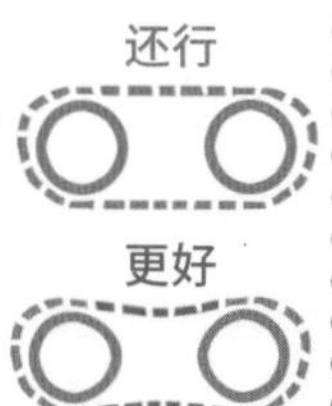

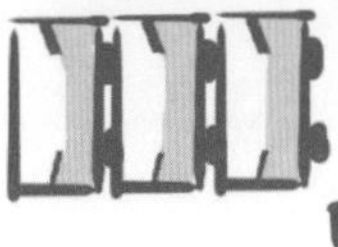

规则：在两个车轮之间，每隔 2~3 节履带，就要在其空隙中添加一点下坠感

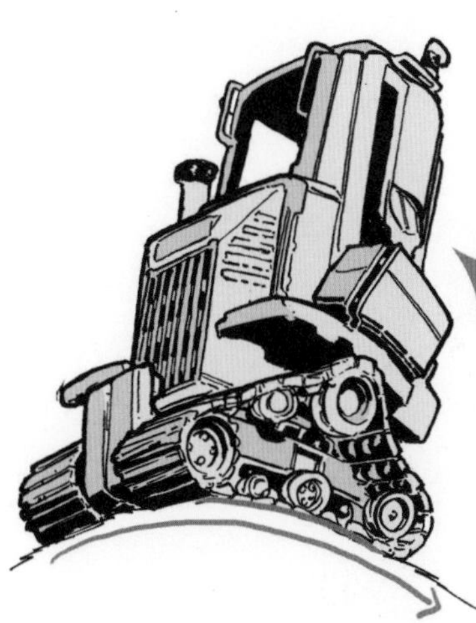

履带的一个特性是可以自适应地形地势，所以不妨把它当作一种有机结构，从而赋予它更多的生命力。

让履带变得“软”一点

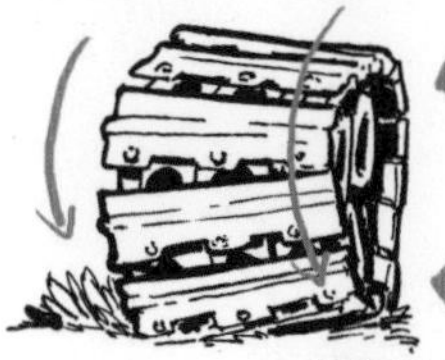

在转弯时增加一点扭动

你可以增加大量的扭曲和反扭曲

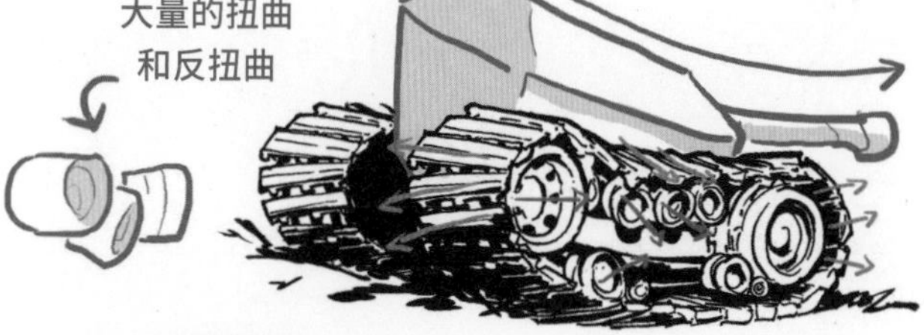

在高速行驶中让履带变得松弛。

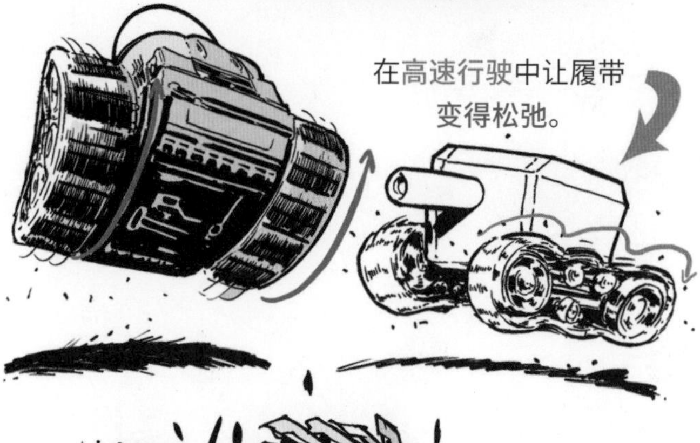

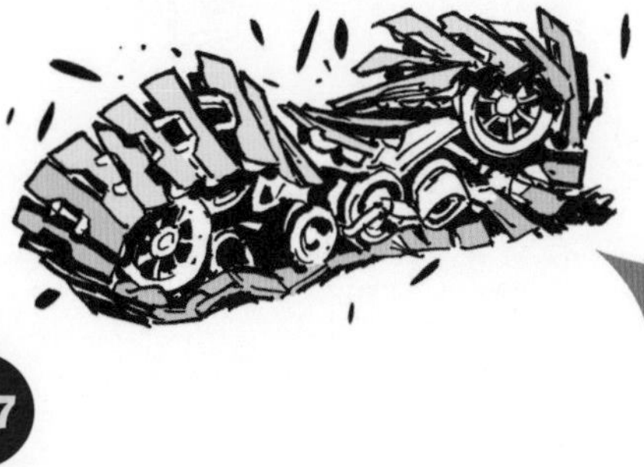

我们还会在以后的教程中研究车辆毁坏的问题！

渔船

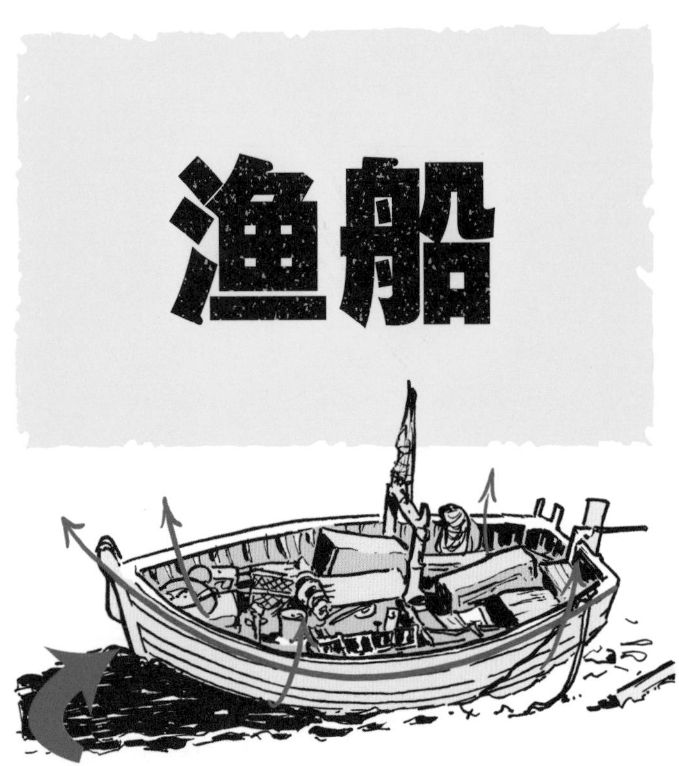

不管画什么样的渔船，都要从这个部分开始：船体的形状。它看似简单，背后却隐藏着多条立体的复合曲线。

让我们先四面观察一下基础的船体结构是怎样的：

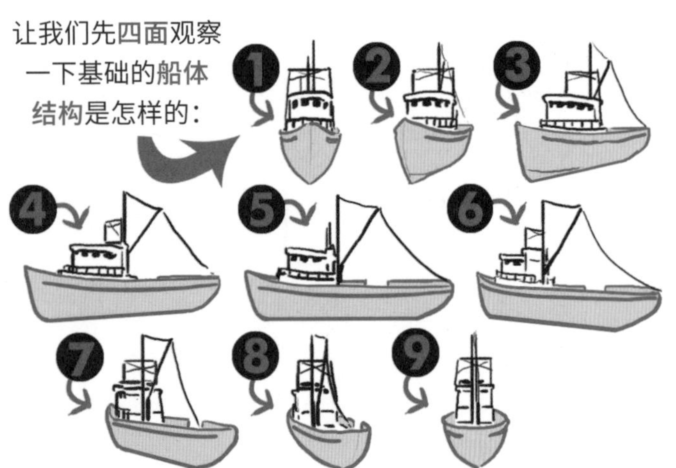

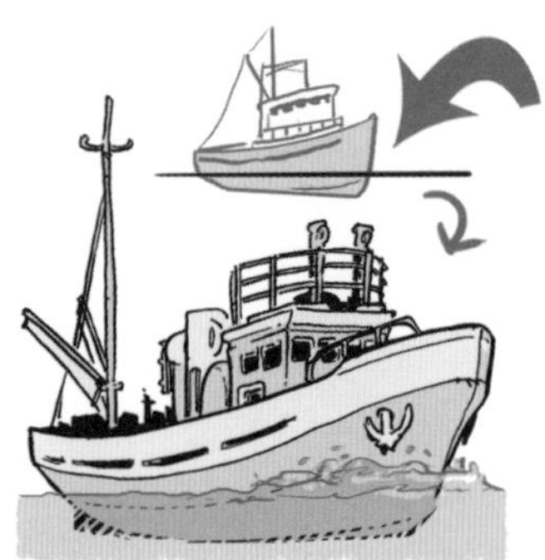

练习绘制整个船体（而不仅仅是水面以上的部分）会让你对船体结构有更好的了解，这对以后变换更复杂的视角来说是必不可少的。

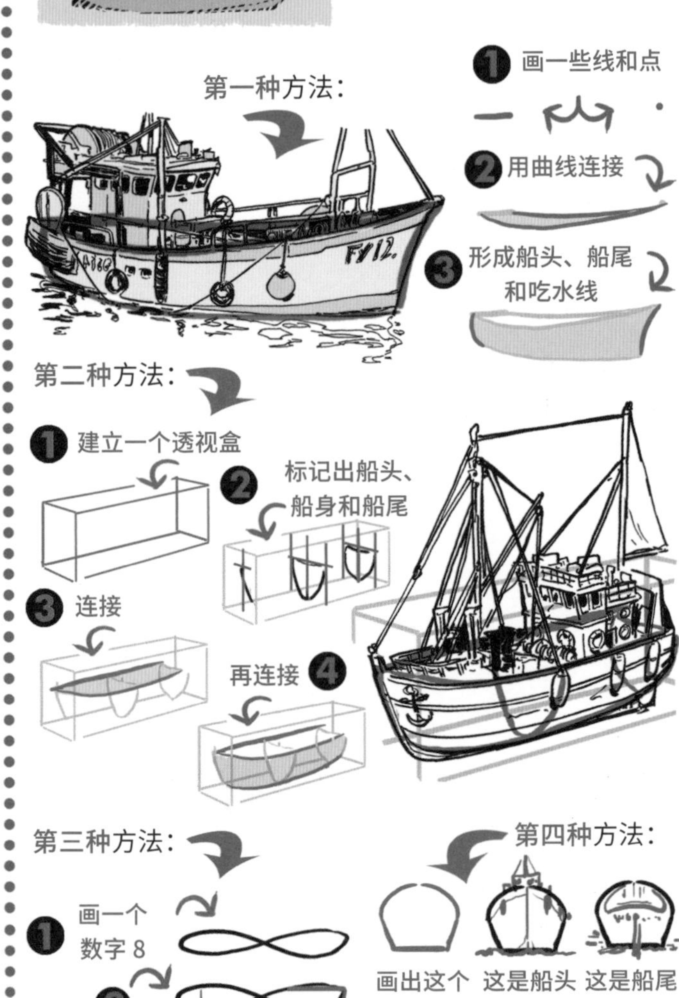

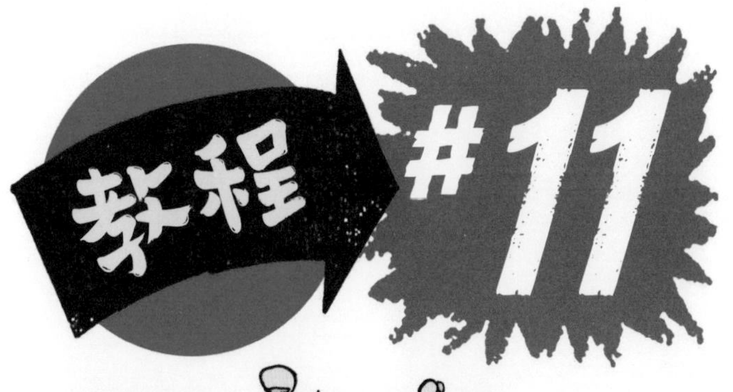

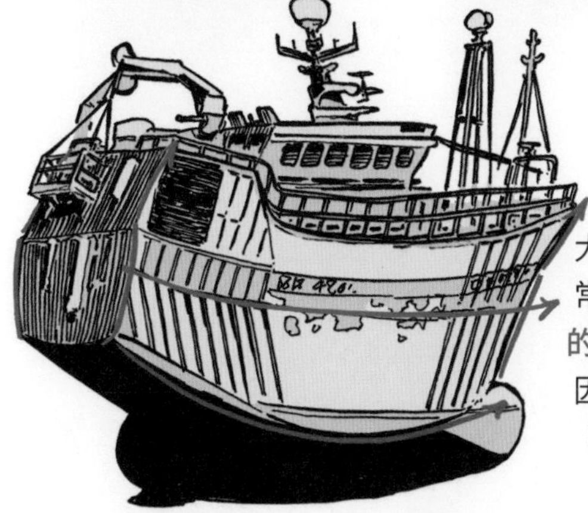

大型商用渔船通常会有一个较深的船舱用于存货，因此它的整体结构看起来像被压缩了似的。

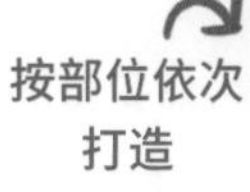

按部位依次打造

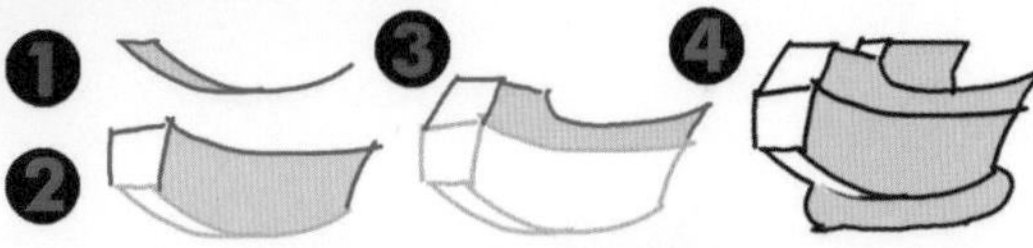

另一种设计思路是从两条平行线和两个浅“S”形开始。

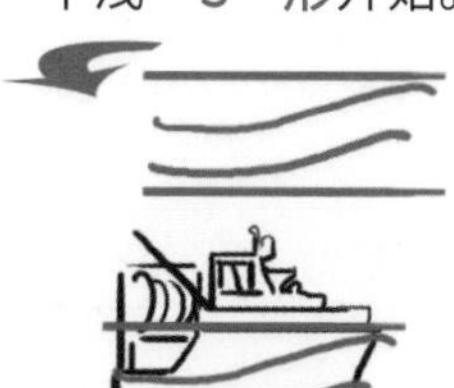

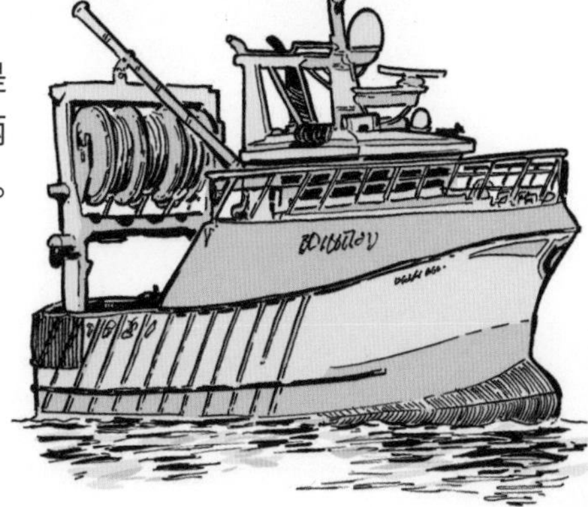

画出中心线和横跨甲板线将有助于你在透视中正确画出桅杆和缆绳。

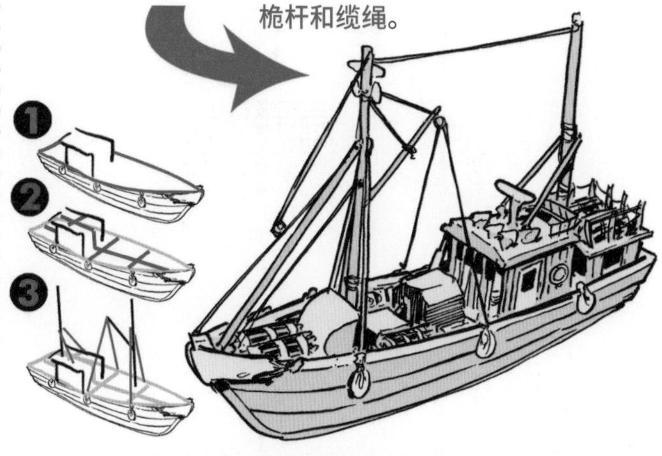

船舱的形状和船身的倾斜度都会影响浮标、龙虾篮、绳索、救生圈等在船上的悬挂方式。

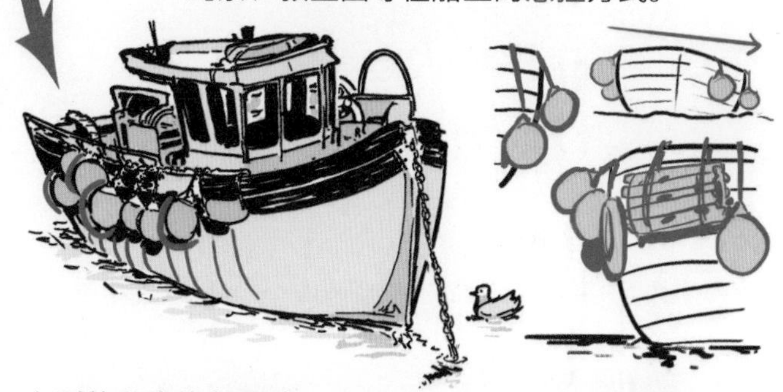

小型的私家渔船是真正的作业船，绘制时要让它显得乱中有序。

添加船体被风化侵蚀的样子

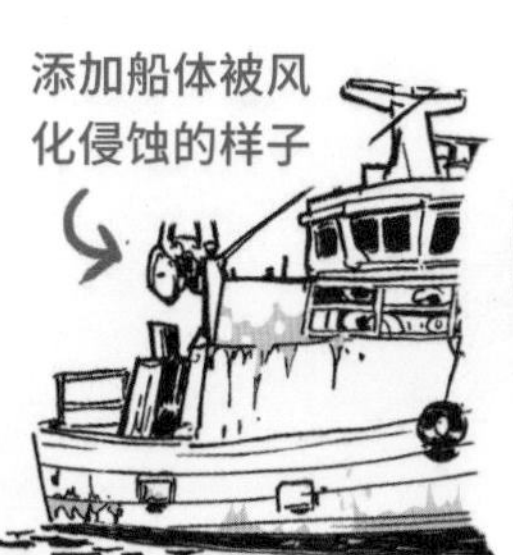

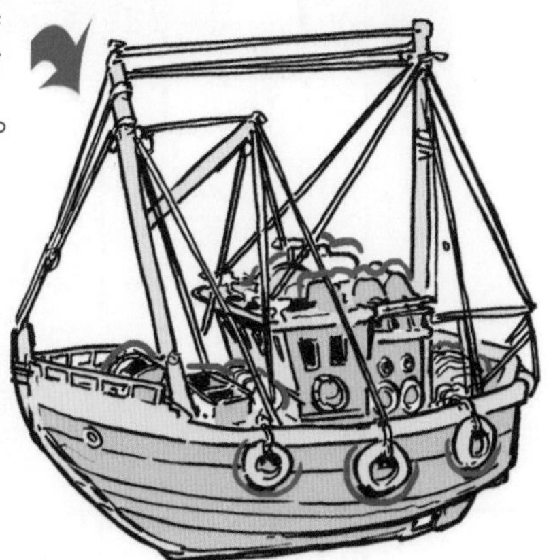

海盗船

海盗船并无定式，可以有各种形状和大小。从本质上来说，它们只是由海盗驾驶的船！

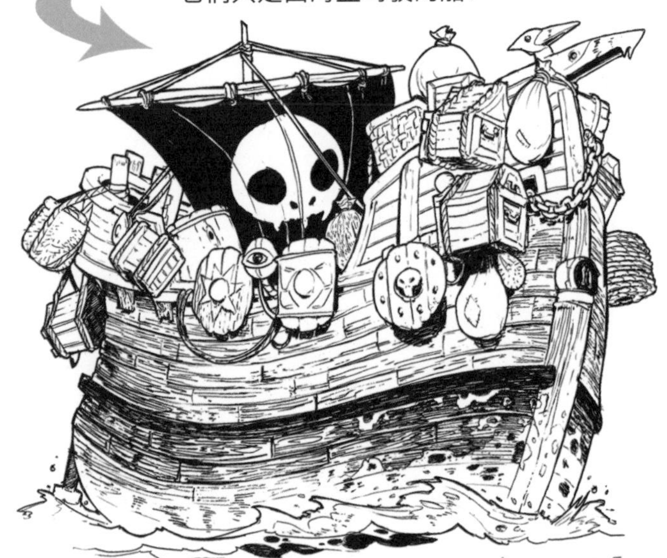

不过，比起谈论怎么设计具体的船型，我还是想更多地谈论一下如何让整艘船更有“海盗感”！

这里没有海盗

啊哈！

海盗船是海上的“改装车”。首先，也是最重要的，是考虑船的姿态。

我们想要这种感觉

1 基础船型

2 提升船尾高度、倾斜船侧、并抬起船头

3 倾斜桅杆

4 加大船帆的尺寸并收拢它们

这里给出了一个程式化的、放大的船身姿态

通过加厚并压缩结构来获得更结实的外观。

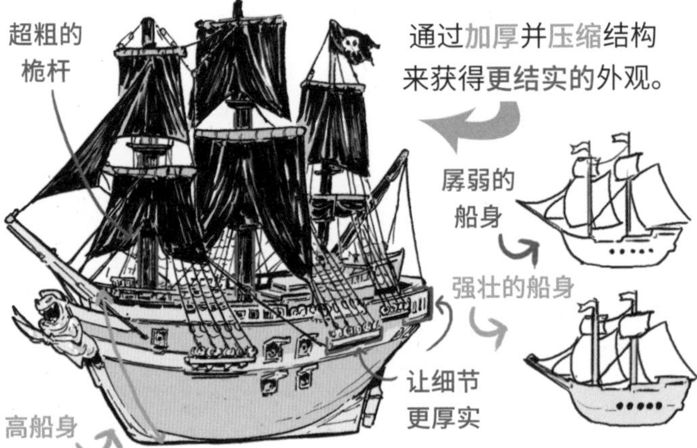

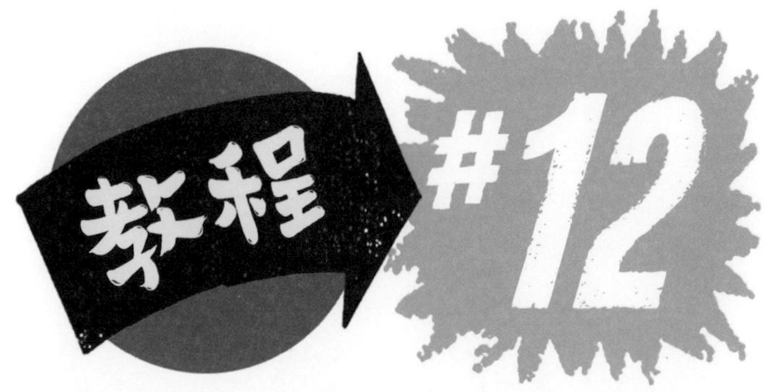

在船身的图像和装饰上发挥创造力，是构建具有原创性的海盗船的关键。

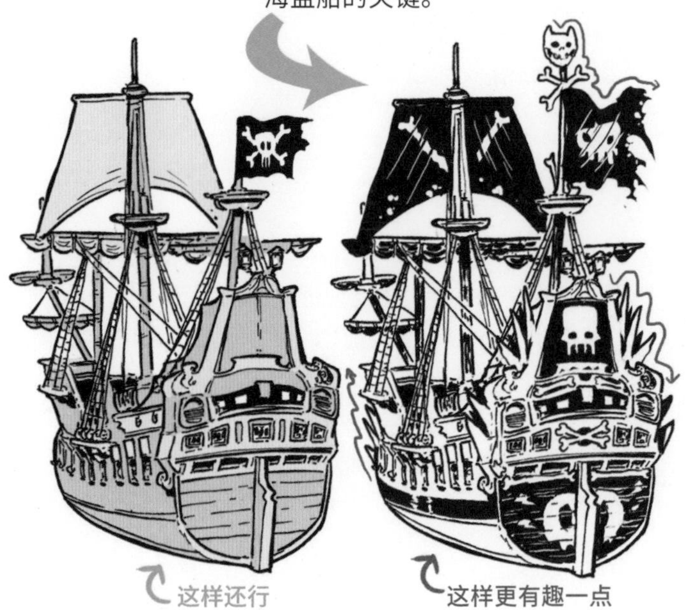

在船体的主要结构上安排重点的细节元素。

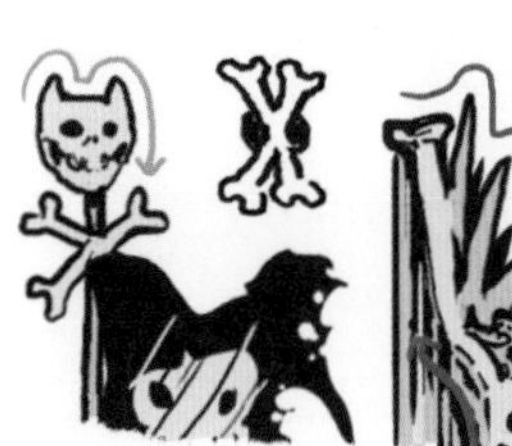

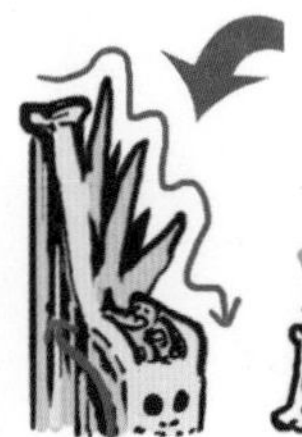

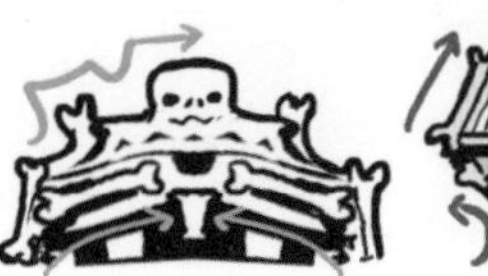

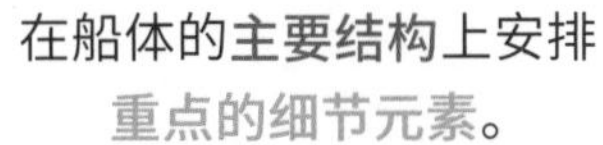

用战利品，如箱子、木桶等，来充实平淡无奇的甲板。

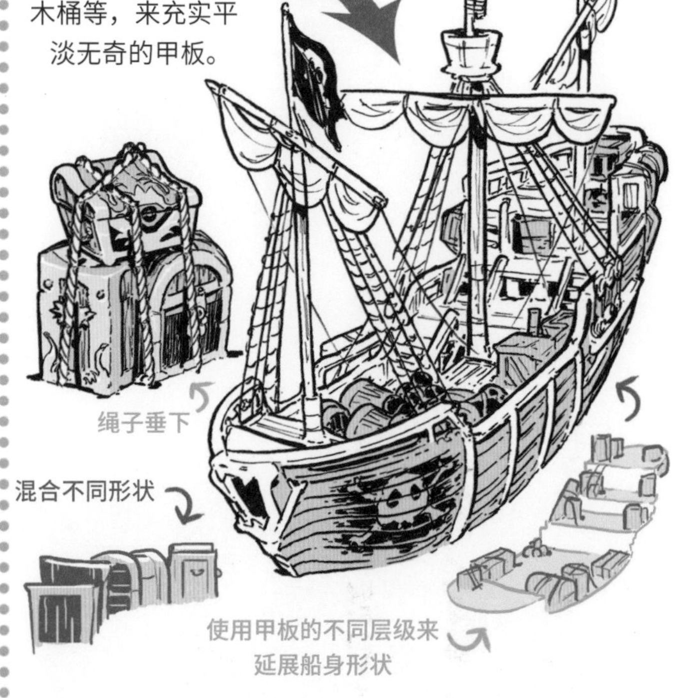

用低视角来帮助海盗船稳定地航行在海面上。

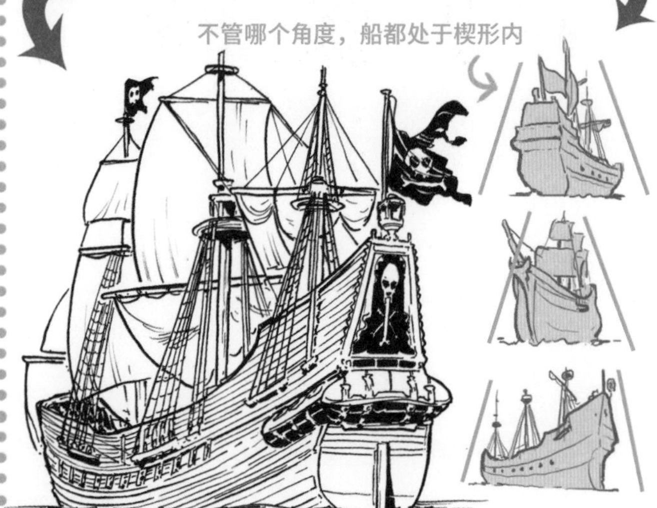

复古飞机

绘制飞机需要对透视法有一个基本的了解。

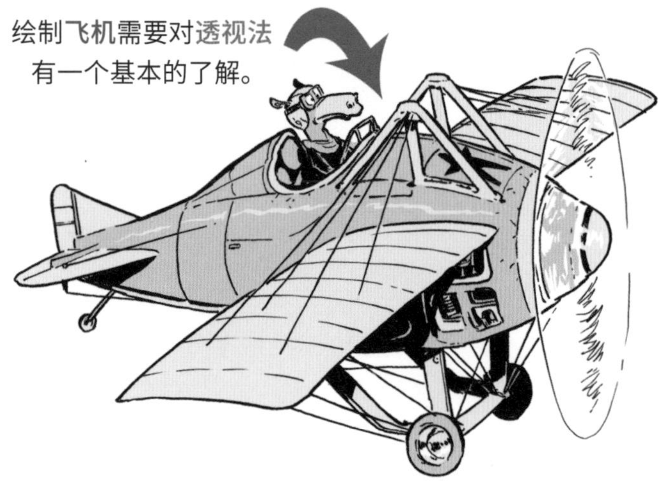

练习从多个角度画一把直尺和一卷厨房卷纸，这样可以熟悉机翼和机身之间的关系。

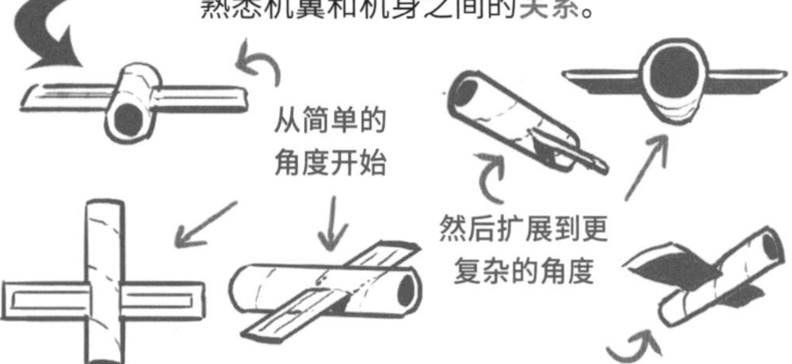

这个练习能教给你所有你需要的东西

如果把机翼大致定位在机身四等分的第 2 节处，那么几乎任何形状，只要从机翼位置开始逐渐变细直到尾部，都可以看起来像一架飞机！

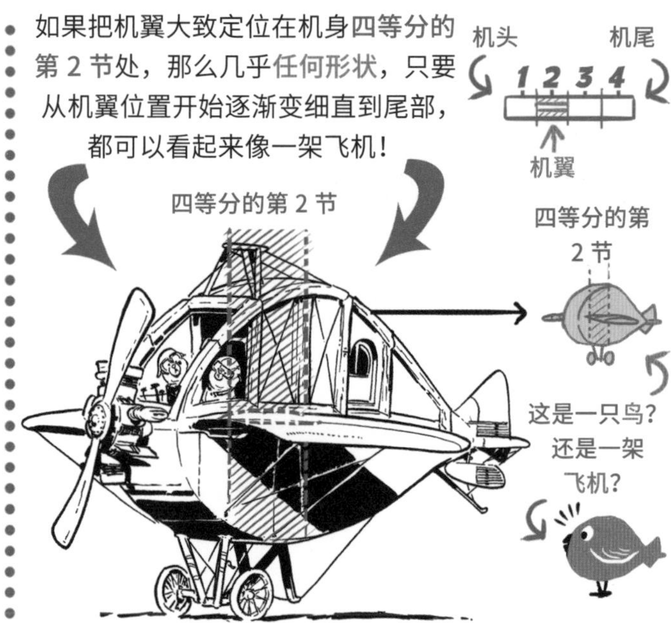

大多数机翼都是一个呈拱形的立体结构（而不是一个平板）。使用面板线有助于更好地描绘其结构。

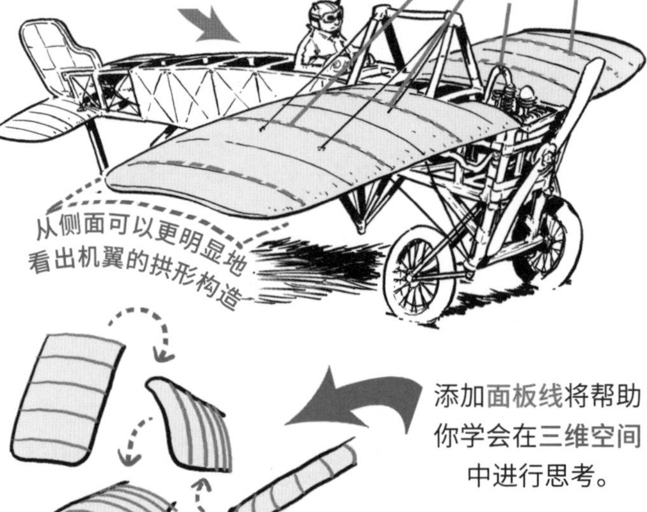

添加面板线将帮助你学会在三维空间中进行思考。

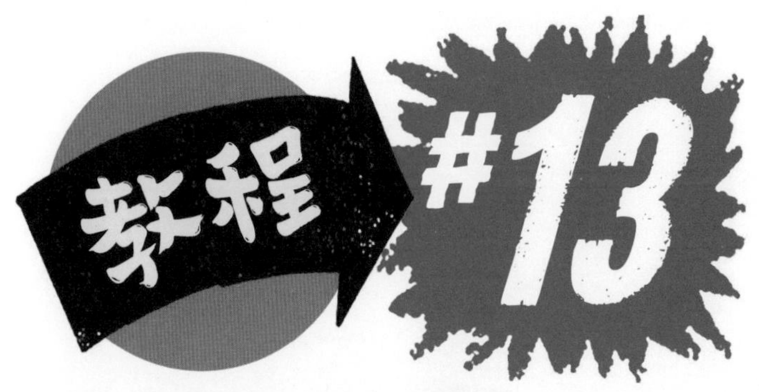

绘制飞行中的飞机时，可以对其各个部分都稍加扭曲，以更好地表现出运动感。

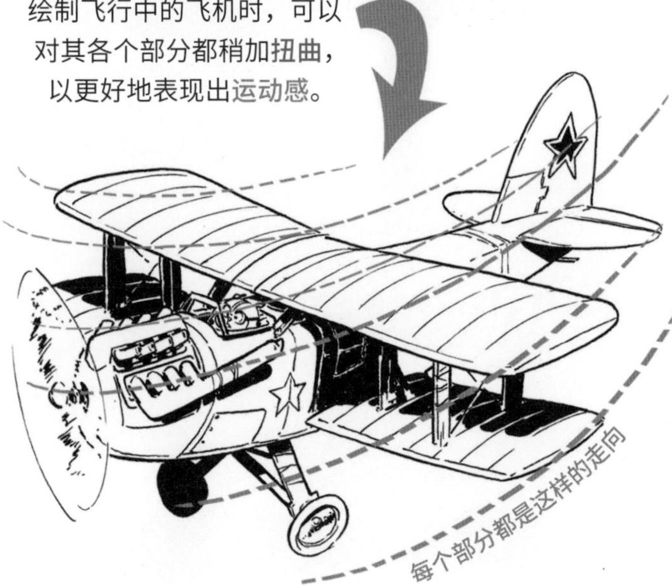

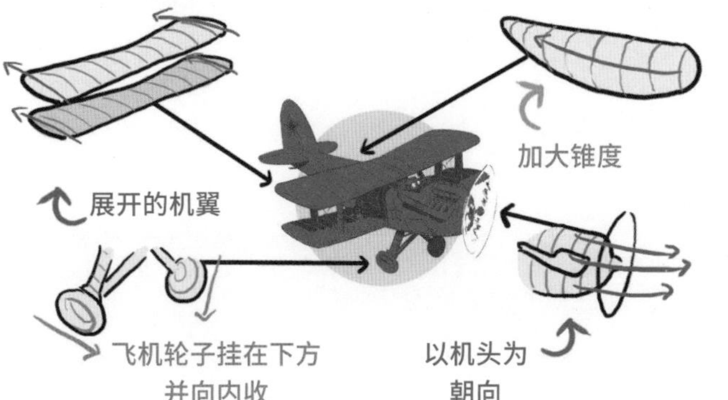

你可以完全按照自己的想法推动飞机的飞行方向！

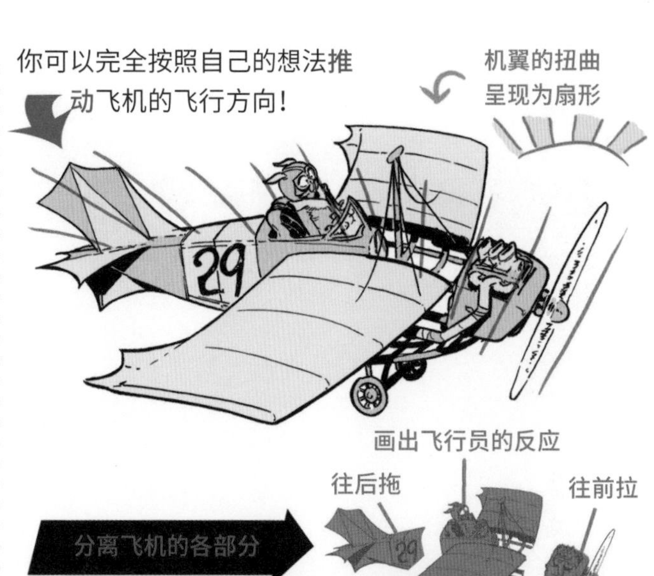

一些形状需要格外注意：

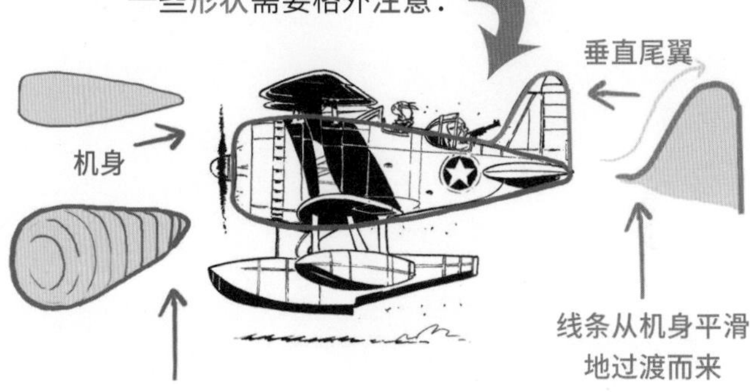

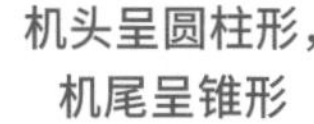

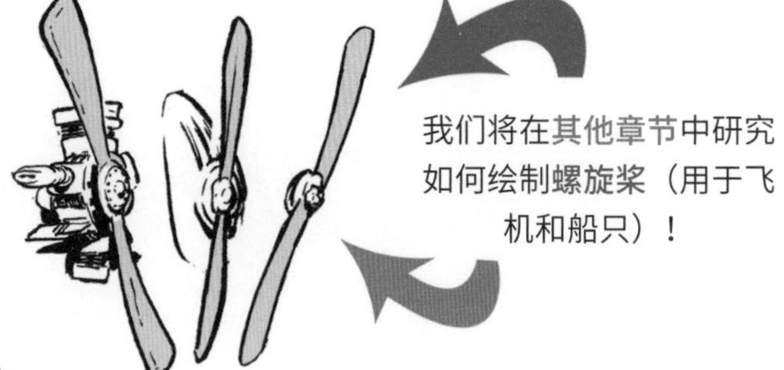

我们将在其他章节中研究如何绘制螺旋桨（用于飞机和船只）！

复古飞机

素材集

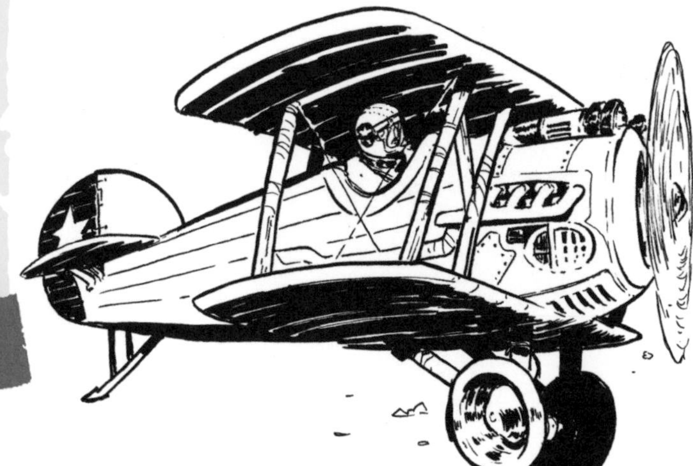

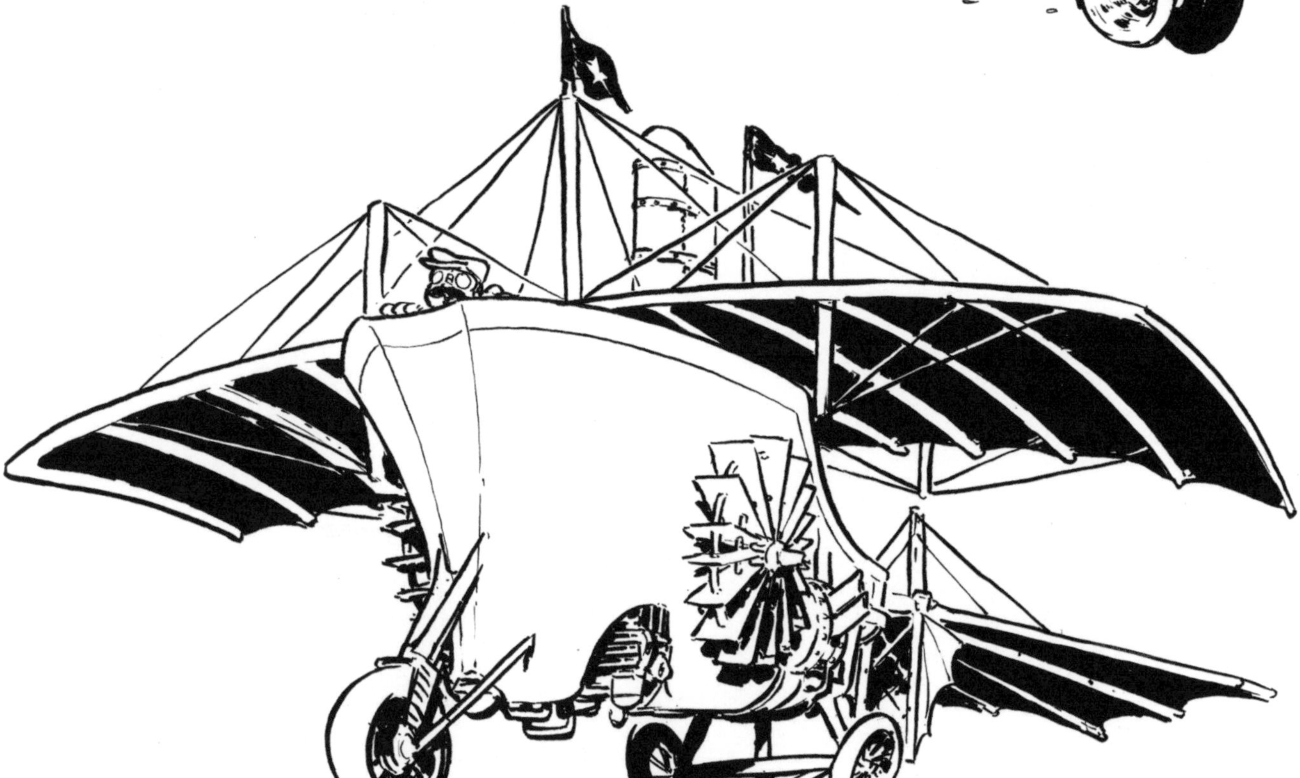

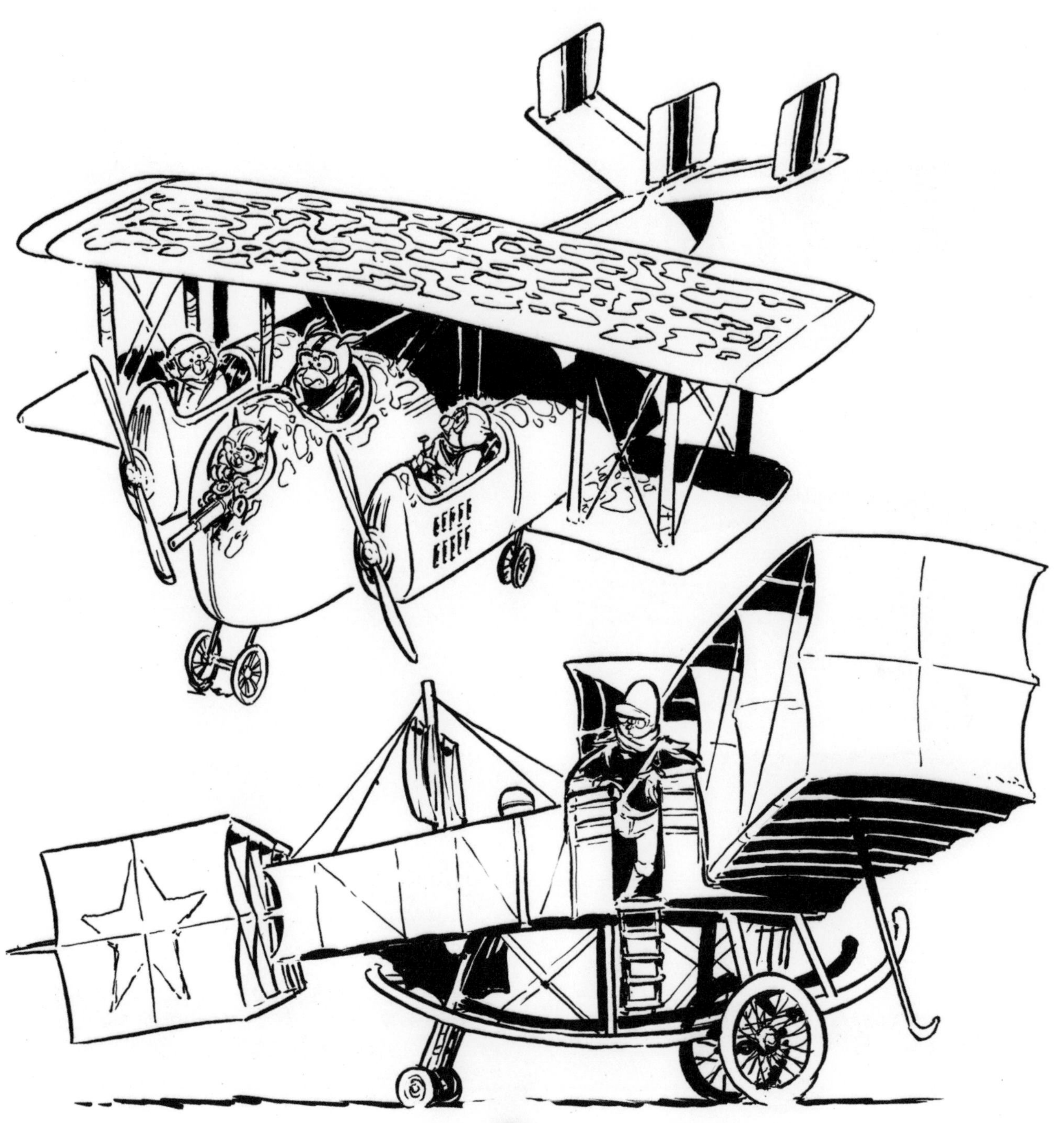

直升机

设计一架属于你自己的直升机是很有趣的，因为直升机是一组不寻常的重要元素的组合。

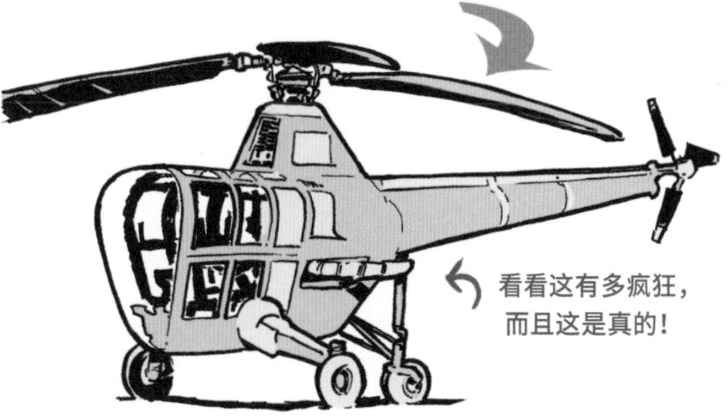

设计任何东西时，研究一些实物的例子总是非常有用的，它们可以帮你发现哪些元素对你来说是有美感的。

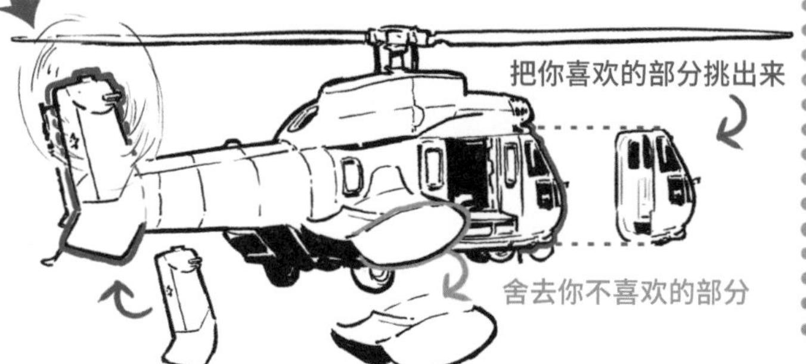

就关键结构而言，小型直升机通常由 4 个主要部分组成：

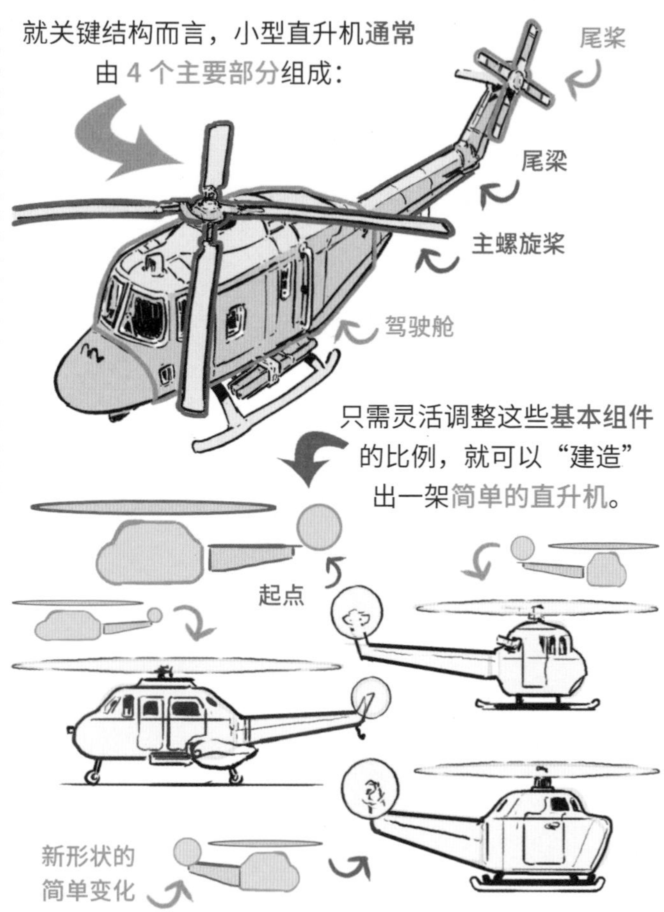

当然，在现实世界中，这些元素有着非常丰富的变化！

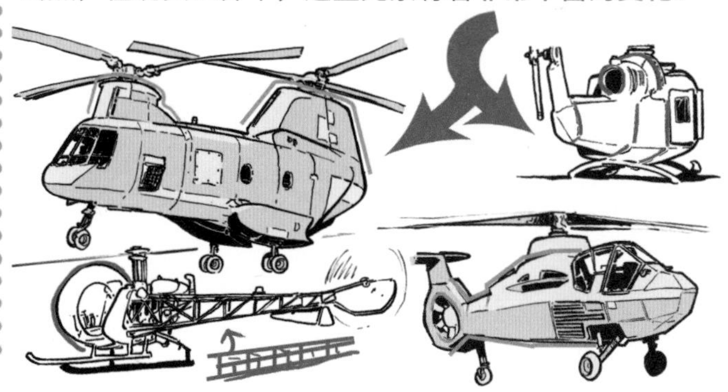

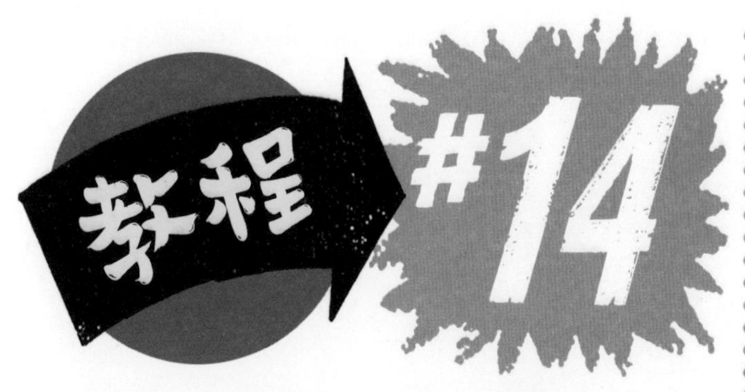

现在是时候变得更有创造力了！

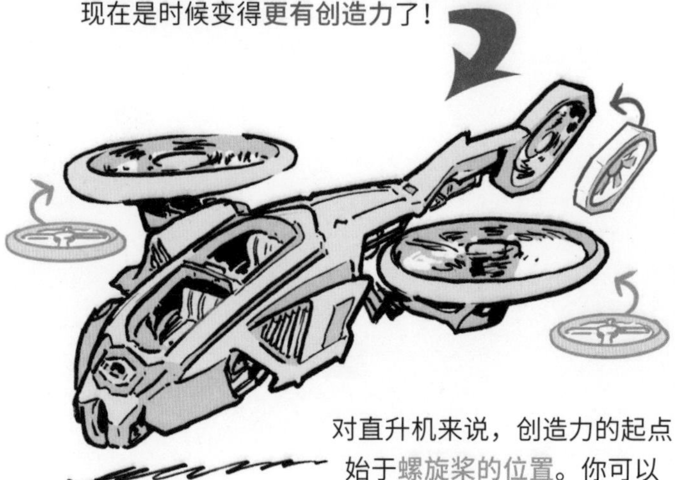

对直升机来说，创造力的起点始于螺旋桨的位置。你可以随机指定一些位置！

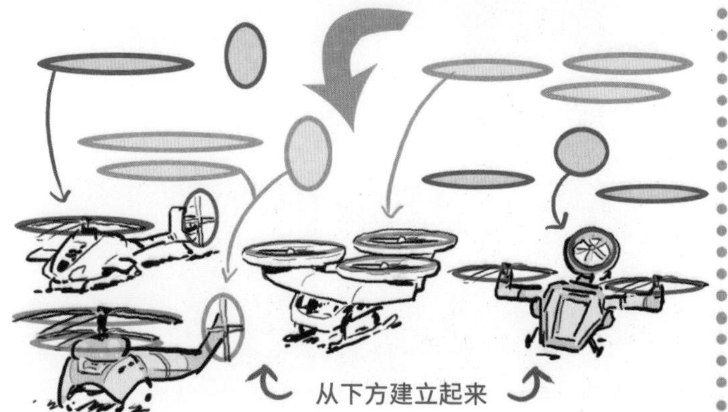

下面用一个简单的方法来创建结构——拼合法：

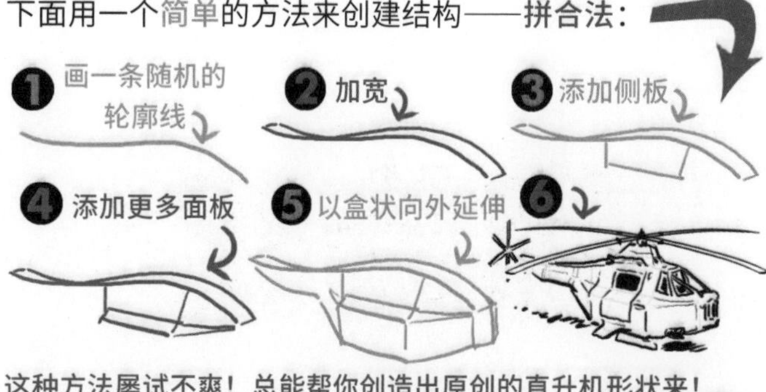

这种方法屡试不爽！总能帮你创造出原创的直升机形状来！

布置好驾驶舱和主螺旋桨后，就可以开始添加次要细节了。尝试创建不同组合，大胆地将各种形式融合在一起吧！

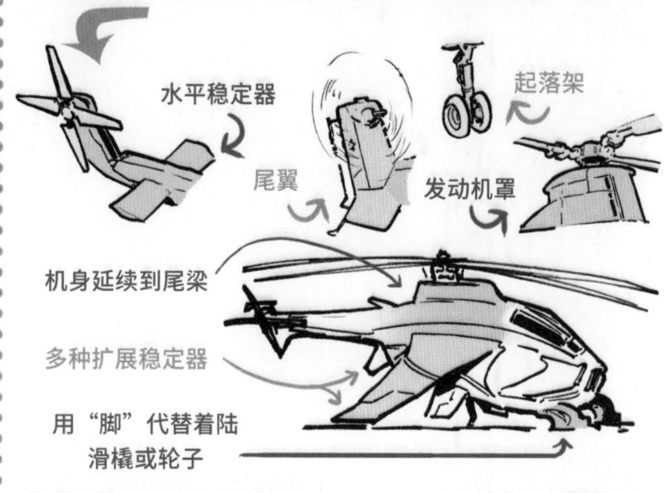

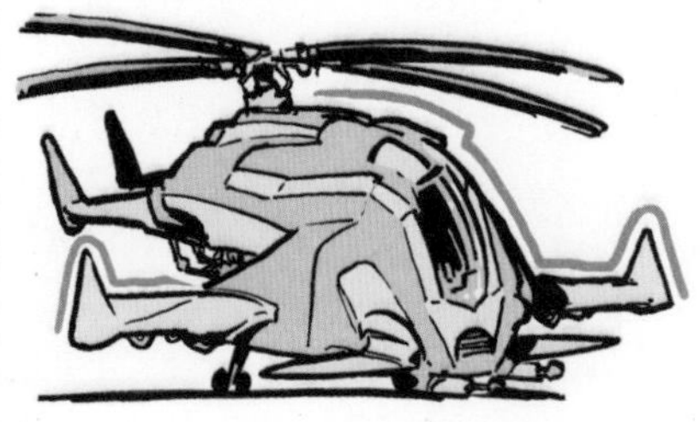

无论是改变驾驶舱的位置、增加额外的尾梁，还是围住旋翼外壳、增强机身的肌肉感，都不成问题！

螺旋桨

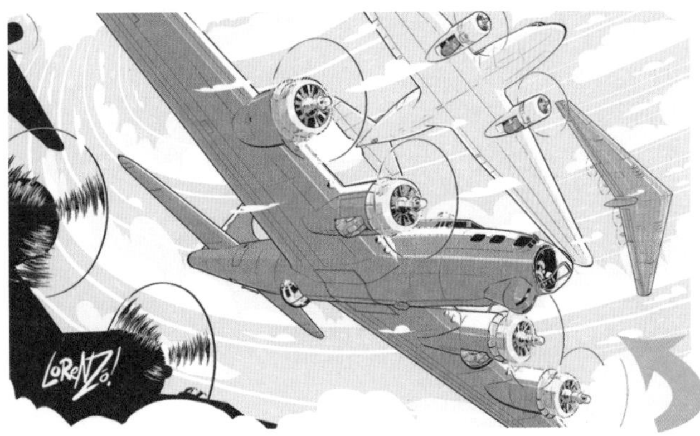

螺旋桨在艺术创作中有两种表现方式，要么是由许多复合曲线组成的复杂形状，要么是一个几乎看不清的模糊的状态，这两种形式都很有挑战性。

让我们从一个基础的船只螺旋桨开始。

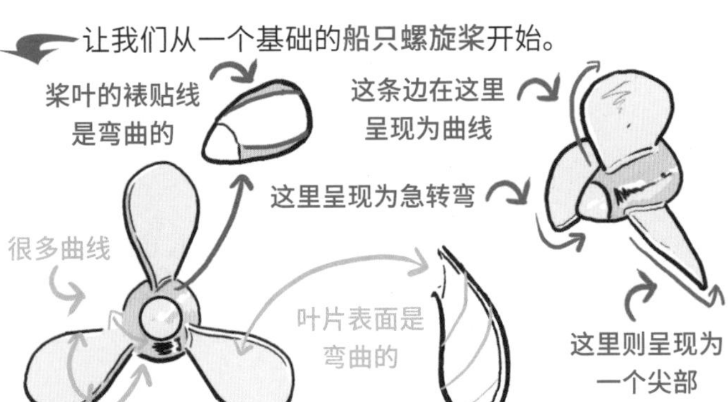

通过观察一个正在转动的螺旋桨，可以更好地看到桨叶的形状是如何变化的。

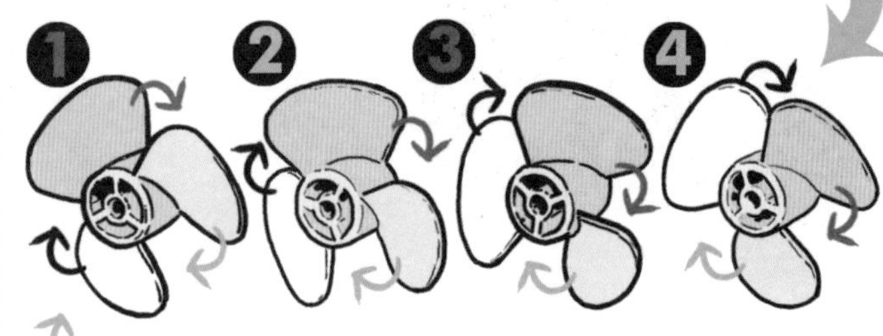

注意叶片的形态在不同位置是如何发生变化的

下面是一些结构线的分解图：

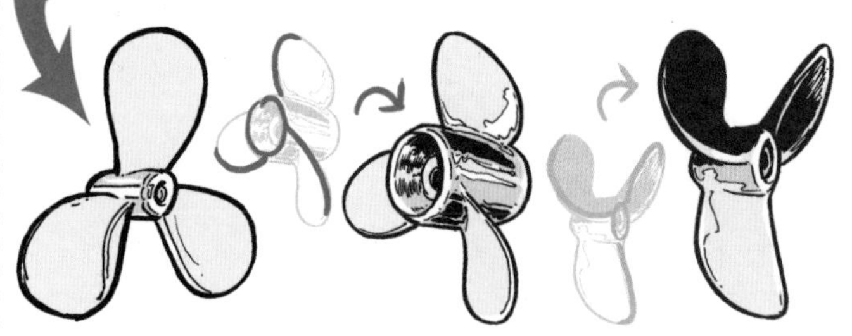

接下来，让我们来看看一些水下螺旋桨产生的气泡类型。

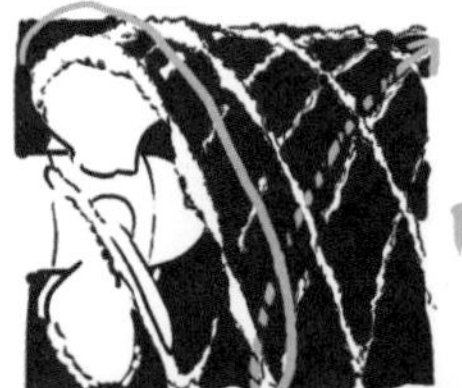

叶片快速转动产生的低压区域会导致海水沸腾（尽管这些海水没有被加热）

这被称为“气穴现象”

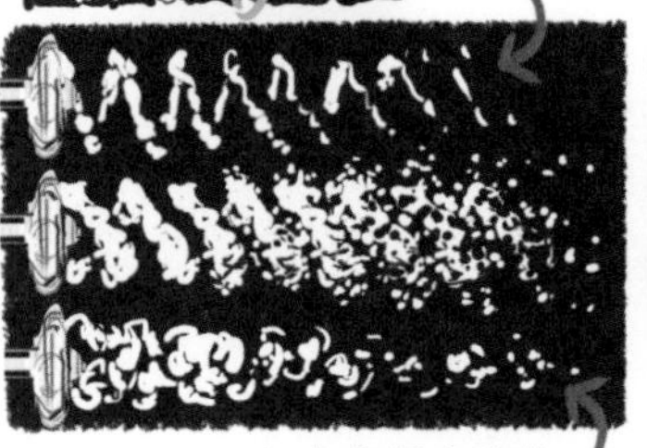

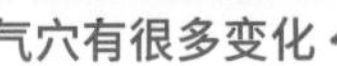

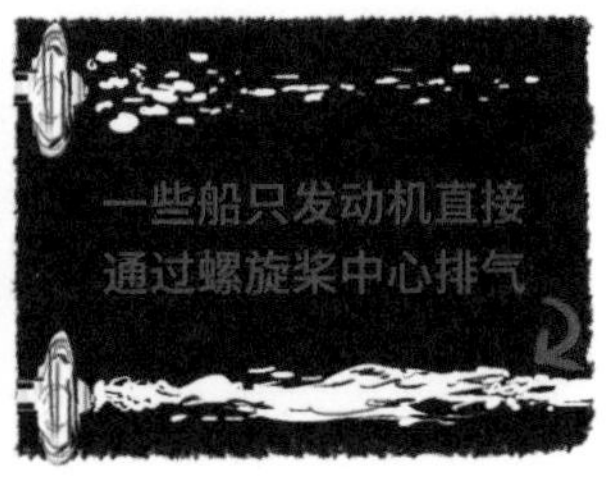

教程 #15

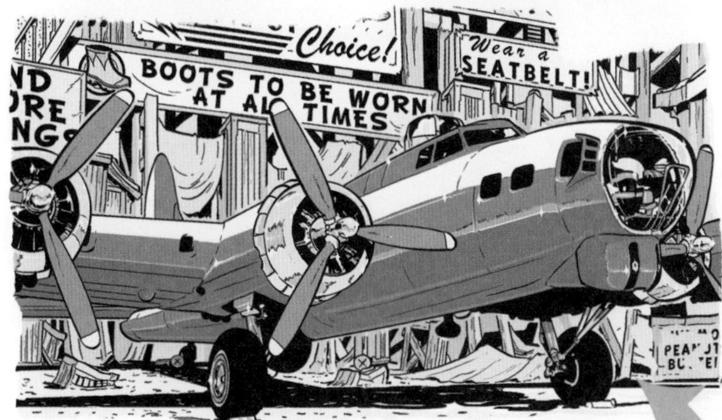

飞机螺旋桨有很多种不同的类型，以下是几种常见的形式：

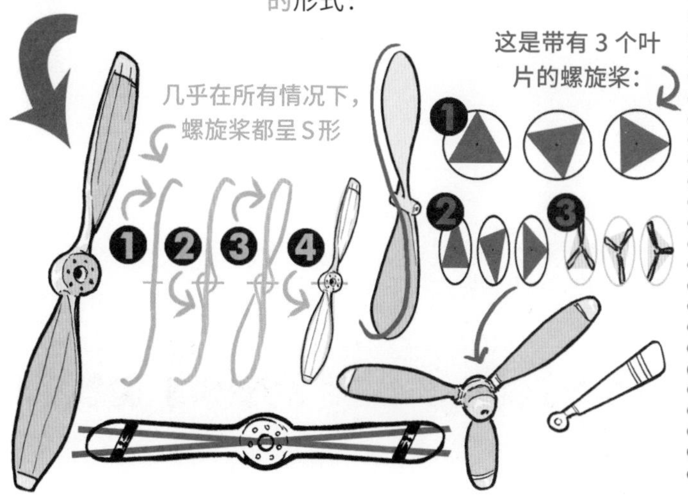

下面是让螺旋桨**旋转起来**的4种方法！

1 只是一个圆圈*

在阴影中为白色

不是实心圆！

中断线条

*参见“单点透视”教程（第258—261页），帮助你从任何角度画圆

2 具有精细的运动线条

从宽到窄

锯齿形

螺旋桨叶片数

2

3

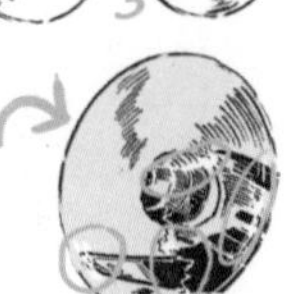

螺旋桨后面的物体看上去略微残破

3 厚叶片形状

给人一种转速稍慢的感觉

叶片头部是模糊的

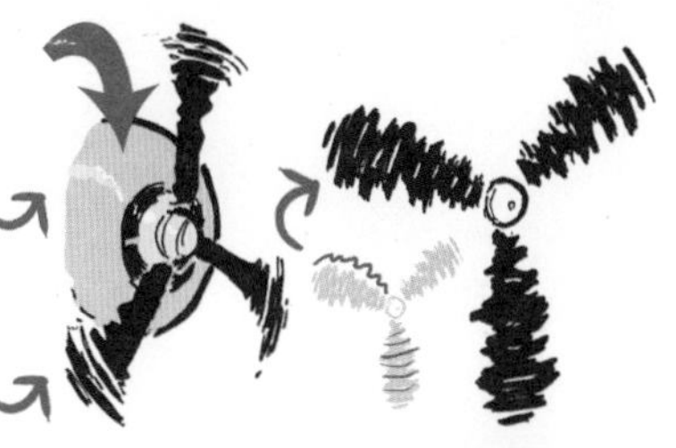

4 从叶片中心向外逐渐变细

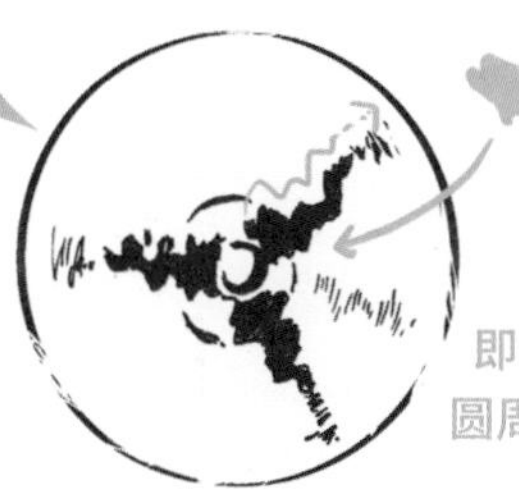

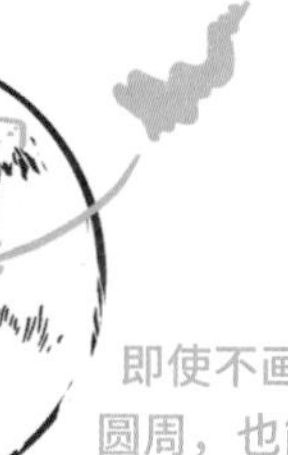

即使不画出叶片尖形成的圆周，也能看出来它在转动

火箭发射

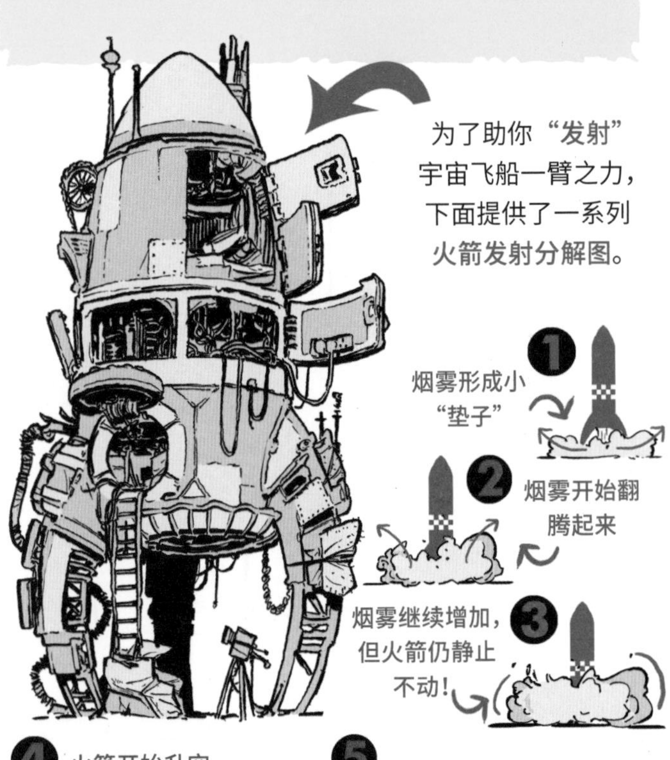

为了助你“发射”
宇宙飞船一臂之力，
下面提供了一系列
火箭发射分解图。

1 烟雾形成小“垫子”

2 烟雾开始翻腾起来

3 烟雾继续增加，但火箭仍静止不动！

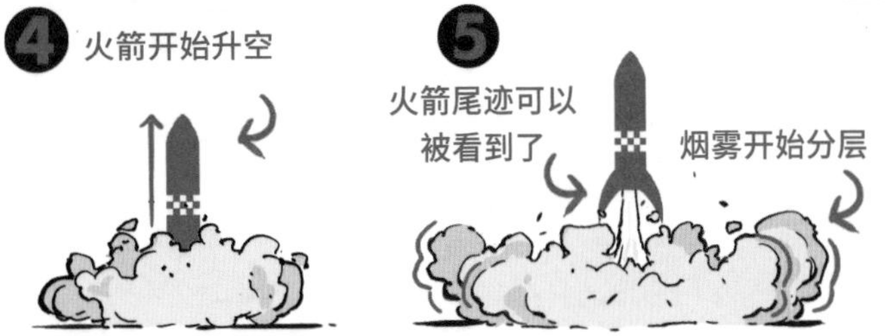

4 火箭开始升空

5 火箭尾迹可以被看到了　烟雾开始分层

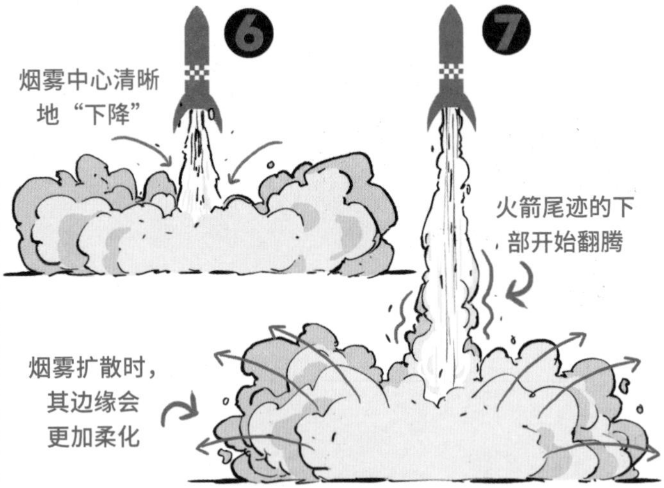

6 烟雾中心清晰地“下降”

7 火箭尾迹的下部开始翻腾

烟雾扩散时，其边缘会更加柔化

如果我们为火箭增加一点推力，并俯瞰烟雾，
可以看到更多细节：

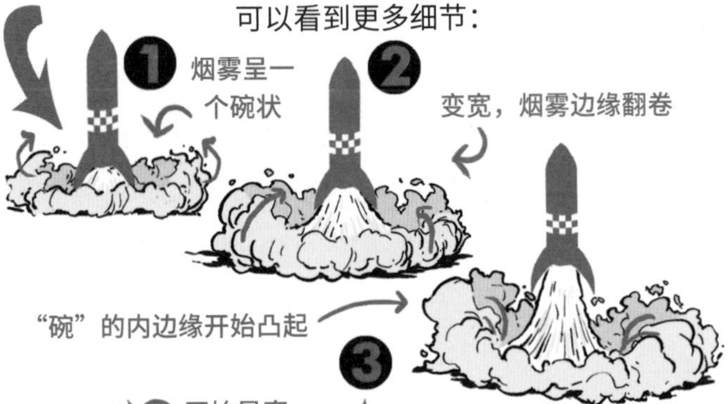

1 烟雾呈一个碗状

2 变宽，烟雾边缘翻卷

3 “碗”的内边缘开始凸起

下面是火箭起飞时尾迹的样子：

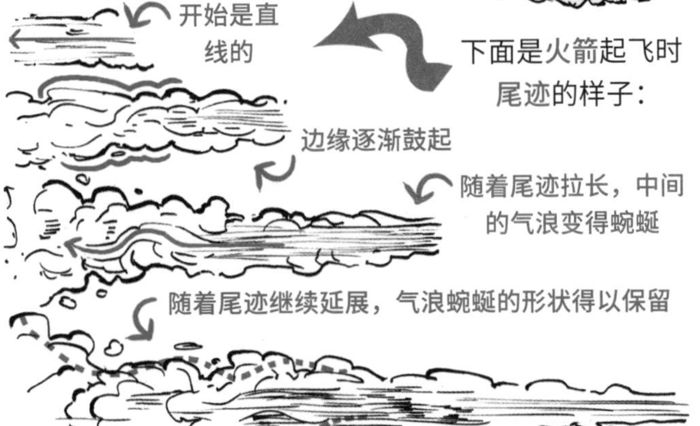

开始是直线的

边缘逐渐鼓起

随着尾迹拉长，中间的气浪变得蜿蜒

随着尾迹继续延展，气浪蜿蜒的形状得以保留

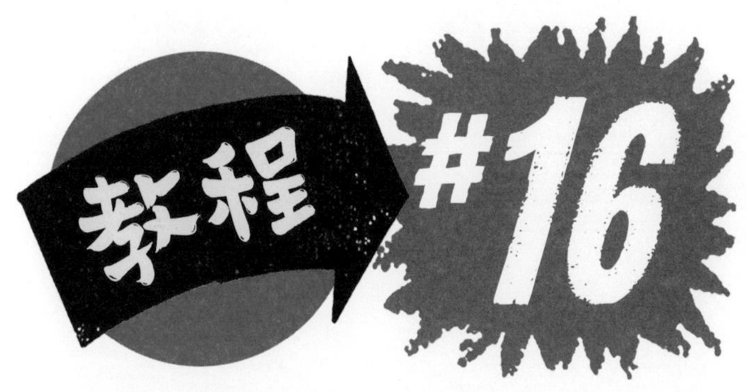

给烟雾增加更多的方向和能量，可以使火箭起飞显得更快速、更具爆发性。

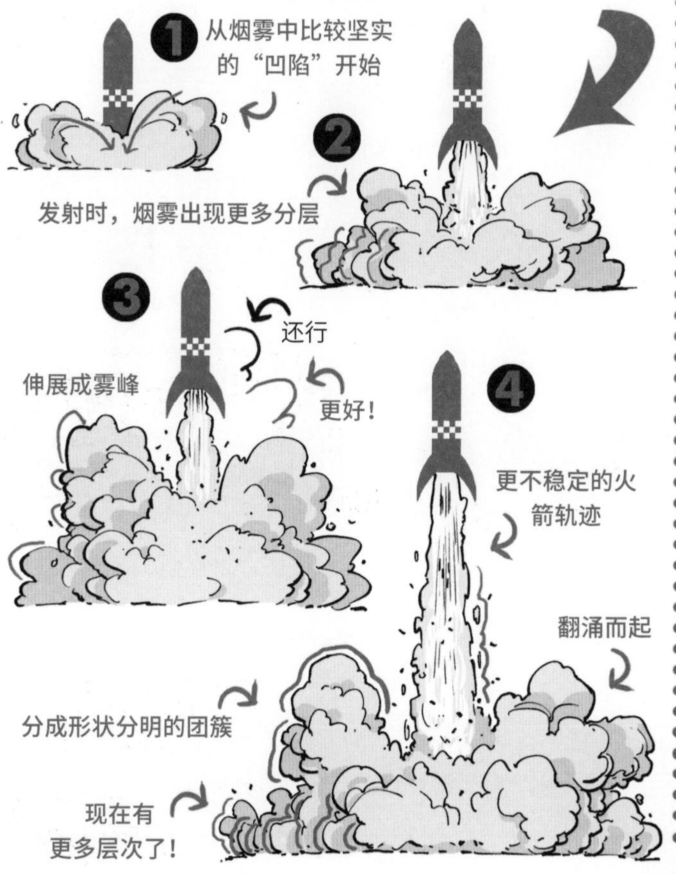

下面将展示如何画出随着烟雾的增加而愈加明显的火箭尾迹。

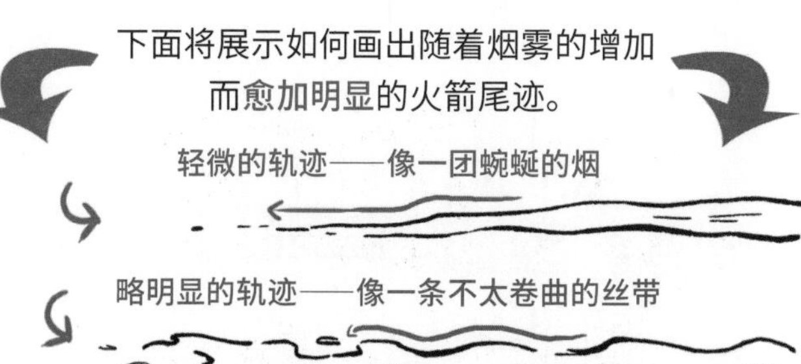

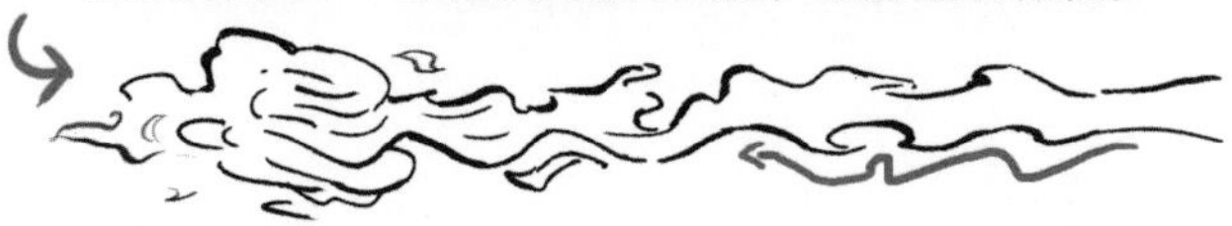

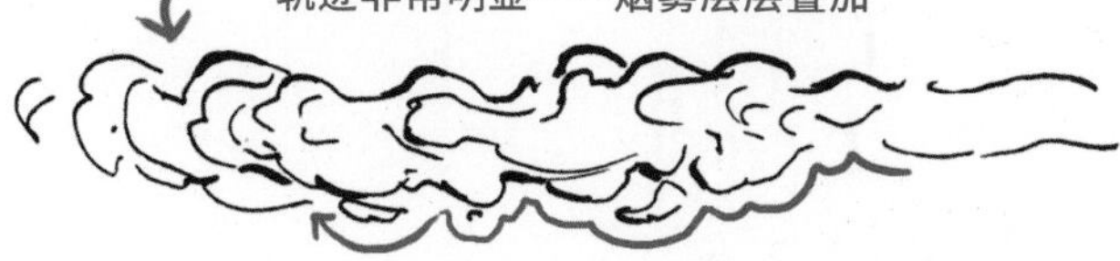

你还可以创造性地“推动”火箭轨迹，使其拥有鲜明的个性！

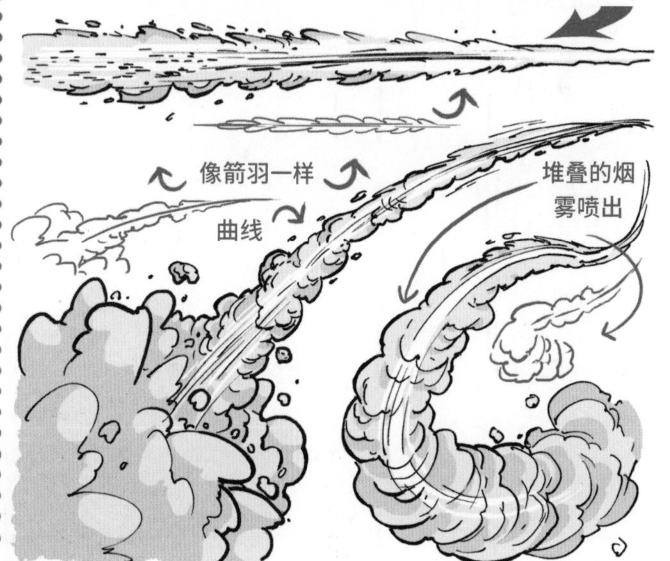

大型宇宙飞船

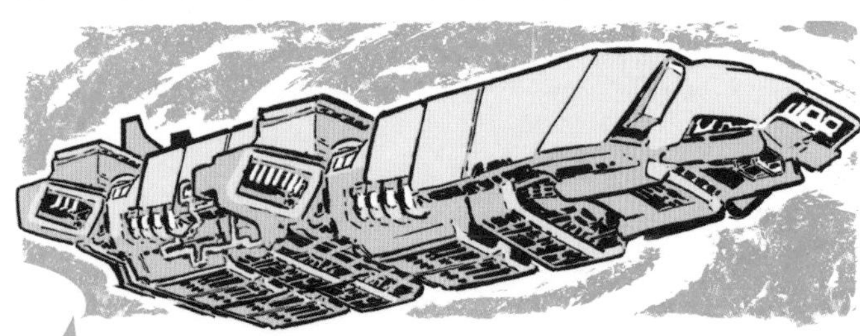

宇宙飞船经常被置于无边无际的太空中，这让人难以估量其大小。为了让它们看起来非常巨大，我们必须通过细节来表现规模。

❶ 一个单独的物体是很难展现出其尺寸的

❷ 添加环境会有所帮助

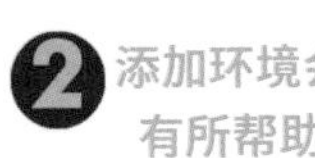

❸ 但是在太空中，这种对比又消失了

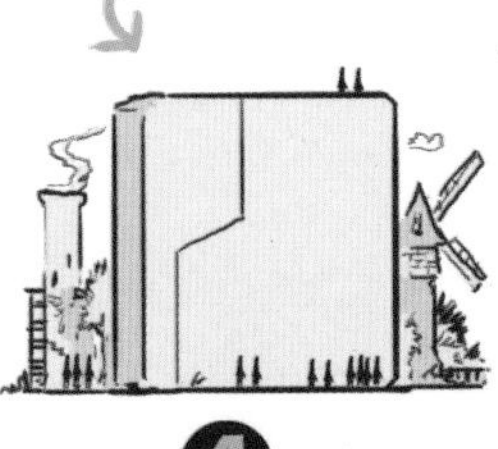

❹

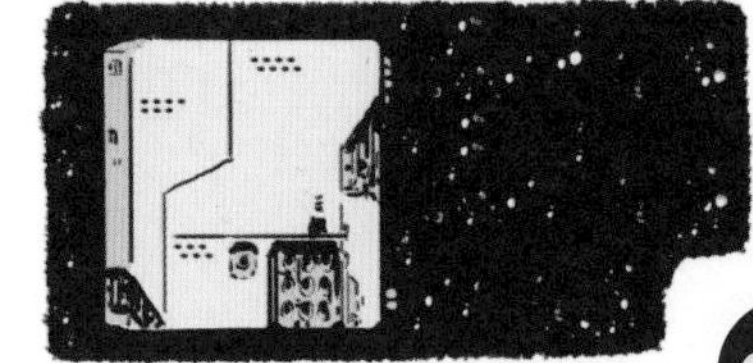

但我们仍可以在飞船之中建立对比——为船体点缀一些细节元素。其中一些要简单且可识别，如窗户、梯子，等等

把飞船想象成一辆汽车，车身大部分被车板覆盖，但有些部分可以看到机械部件。

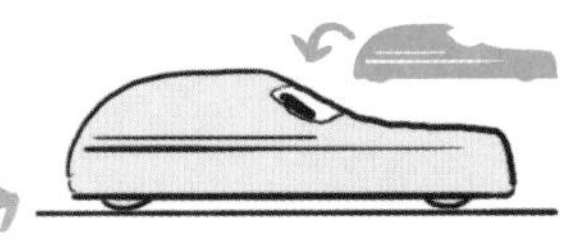

当车辆看起来像这样时，我们感受不到它的真实性，也看不出它们的功能

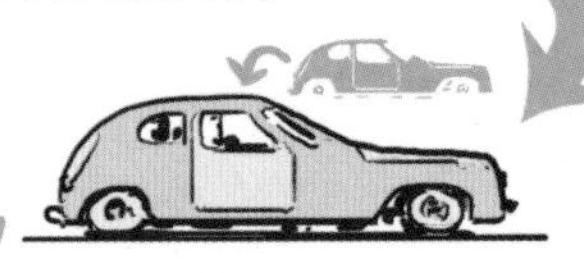

但如果它能展示出一些机械部件和内部空间，它的真实性就大大增加了

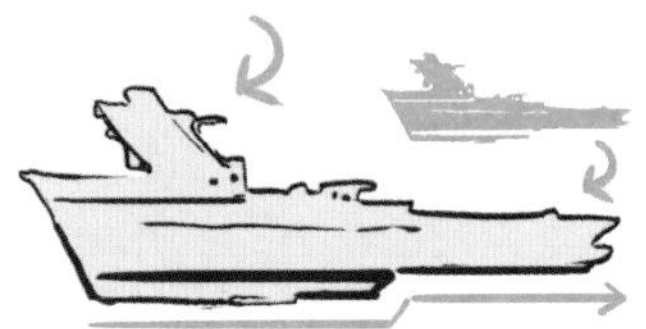

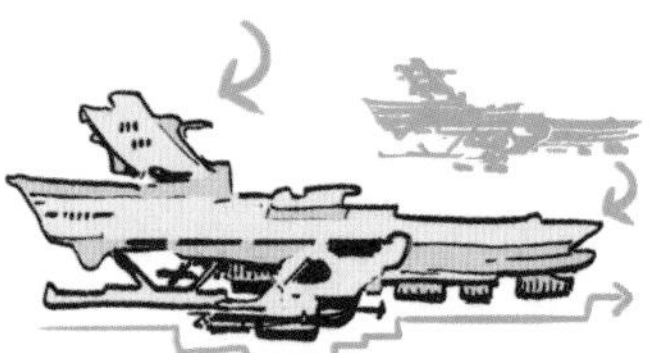

平衡船体设计的最佳起始比例是 65% 的镶板、35% 的机械部分和内部装饰细节。

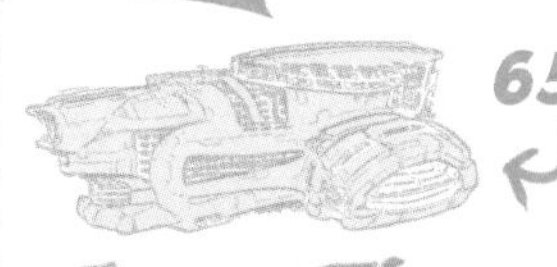

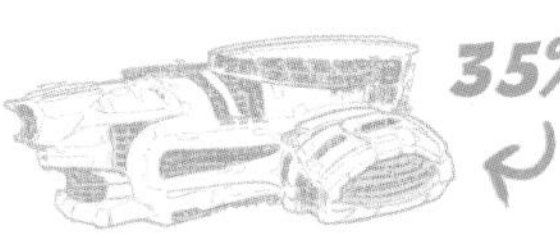

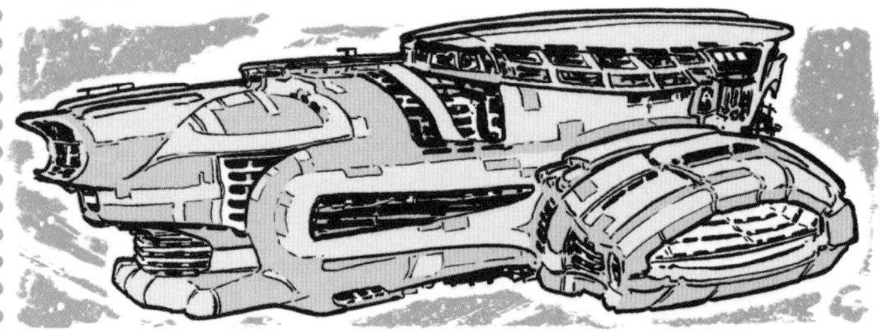

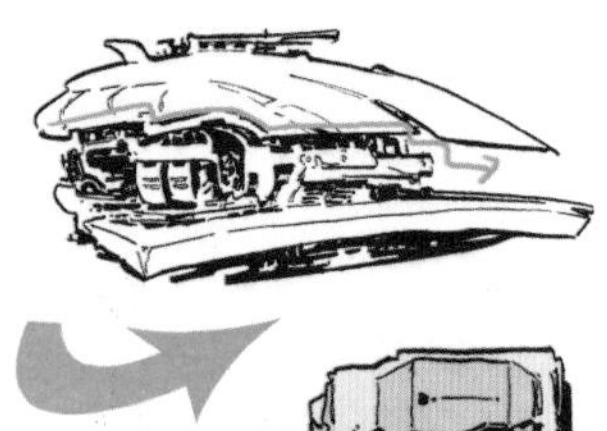

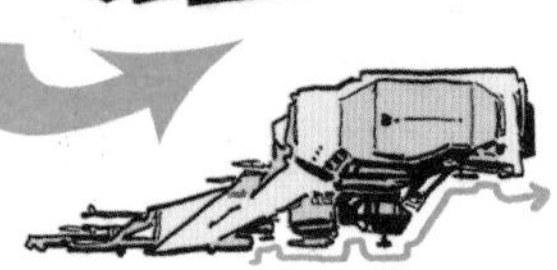

之所以要保留大约 2/3 的表面镶板，是因为这让我们能够把握飞船的整体结构。装饰细节有助于我们对其规模、结构和功能了解得更多。

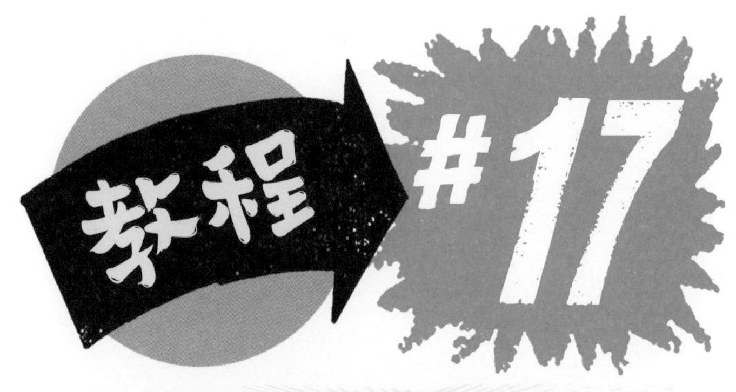

下面是为飞船设计有趣的构造样式的 5 种方法！它们既快速又简单。

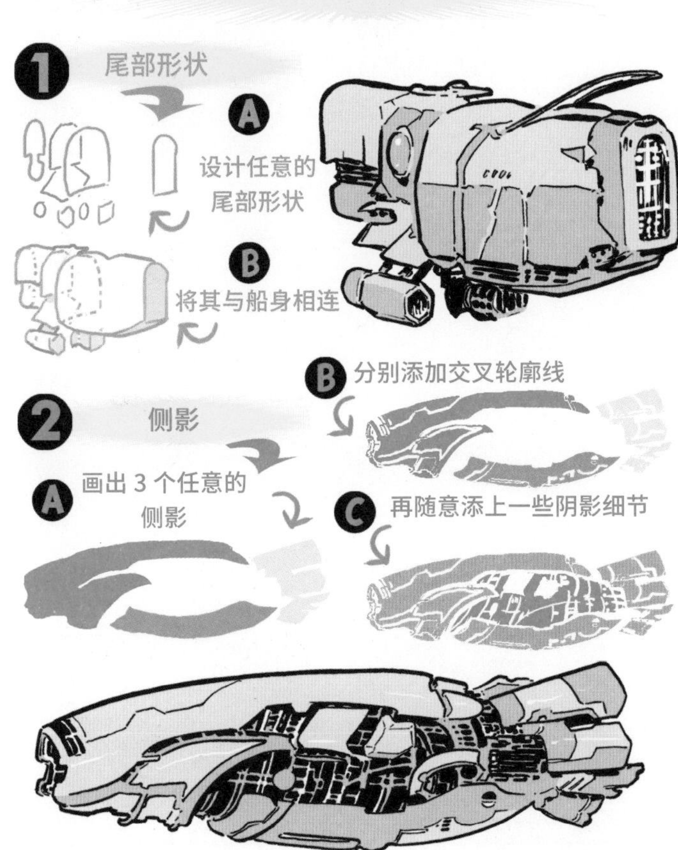

3 雕刻

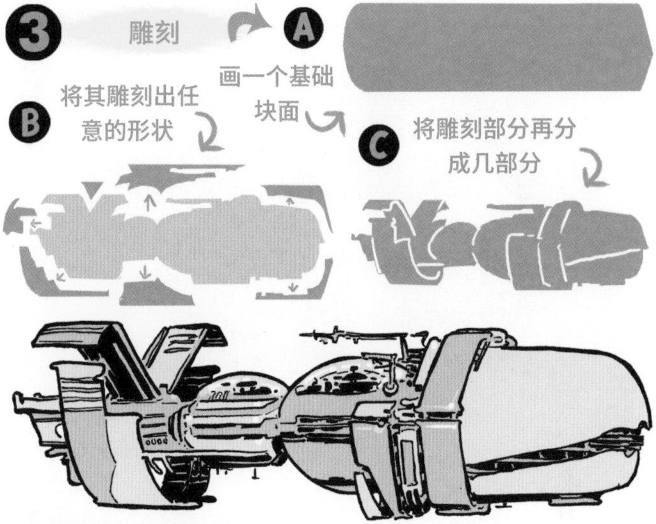

A 画一个基础块面

B 将其雕刻出任意的形状

C 将雕刻部分再分成几部分

4 整体造型

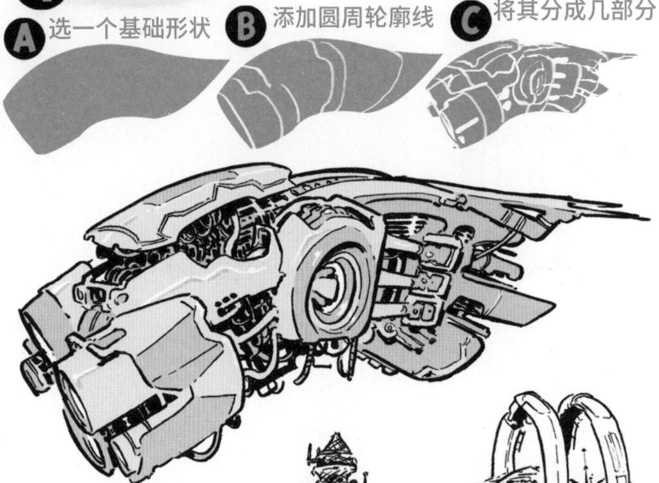

A 选一个基础形状

B 添加圆周轮廓线

C 将其分成几部分

5 堆叠结构

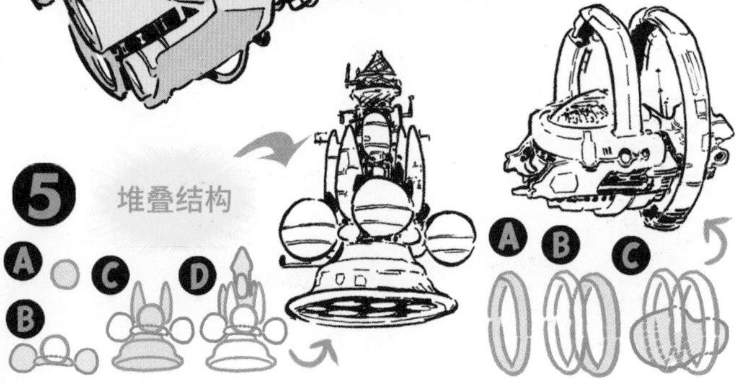

A B C D

A B C

大型宇宙飞船

素材集

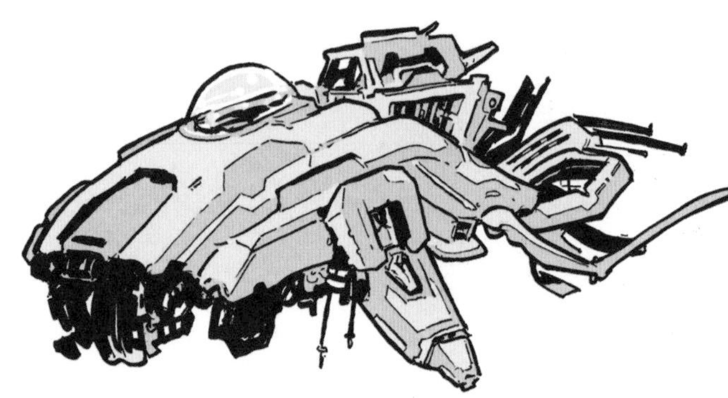

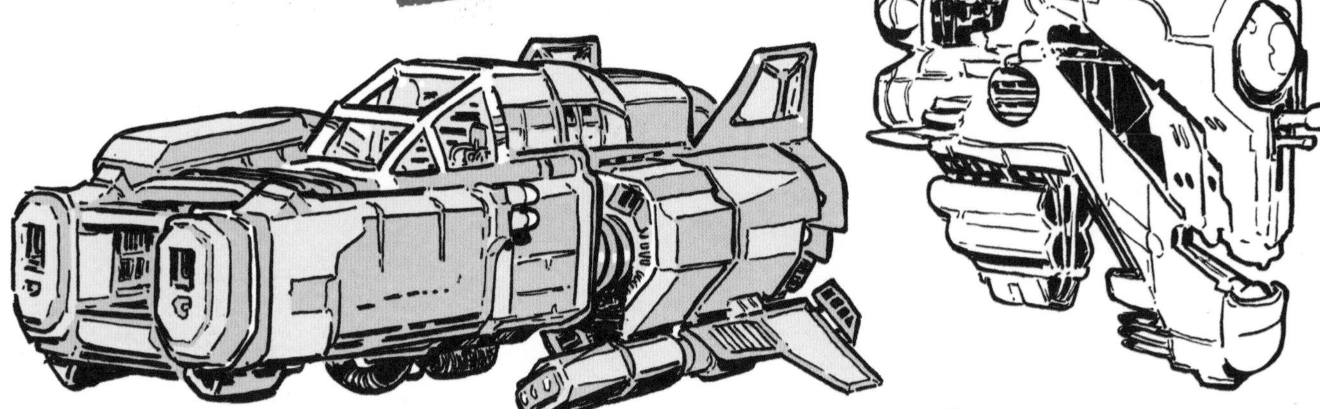

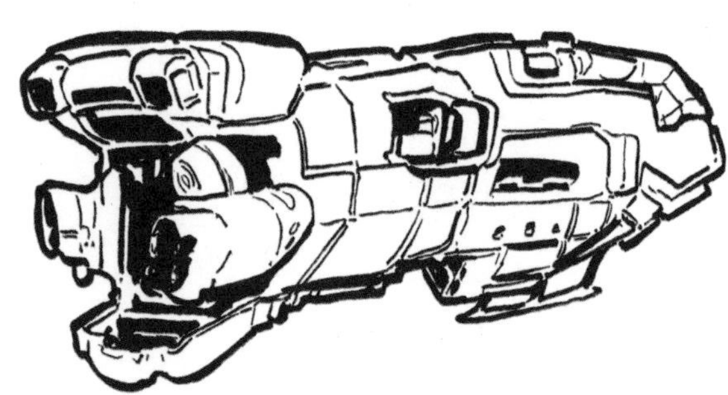

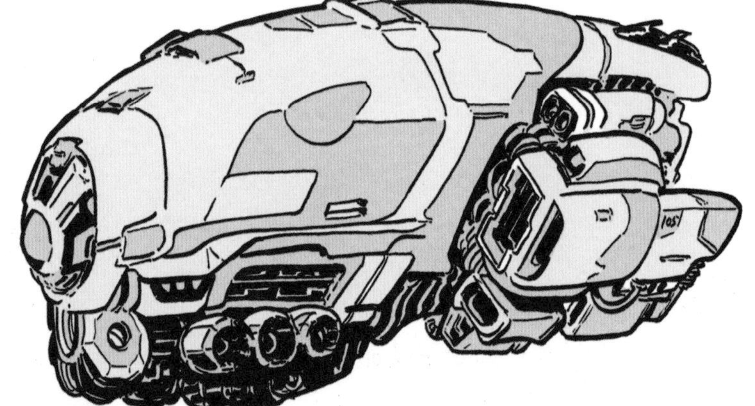

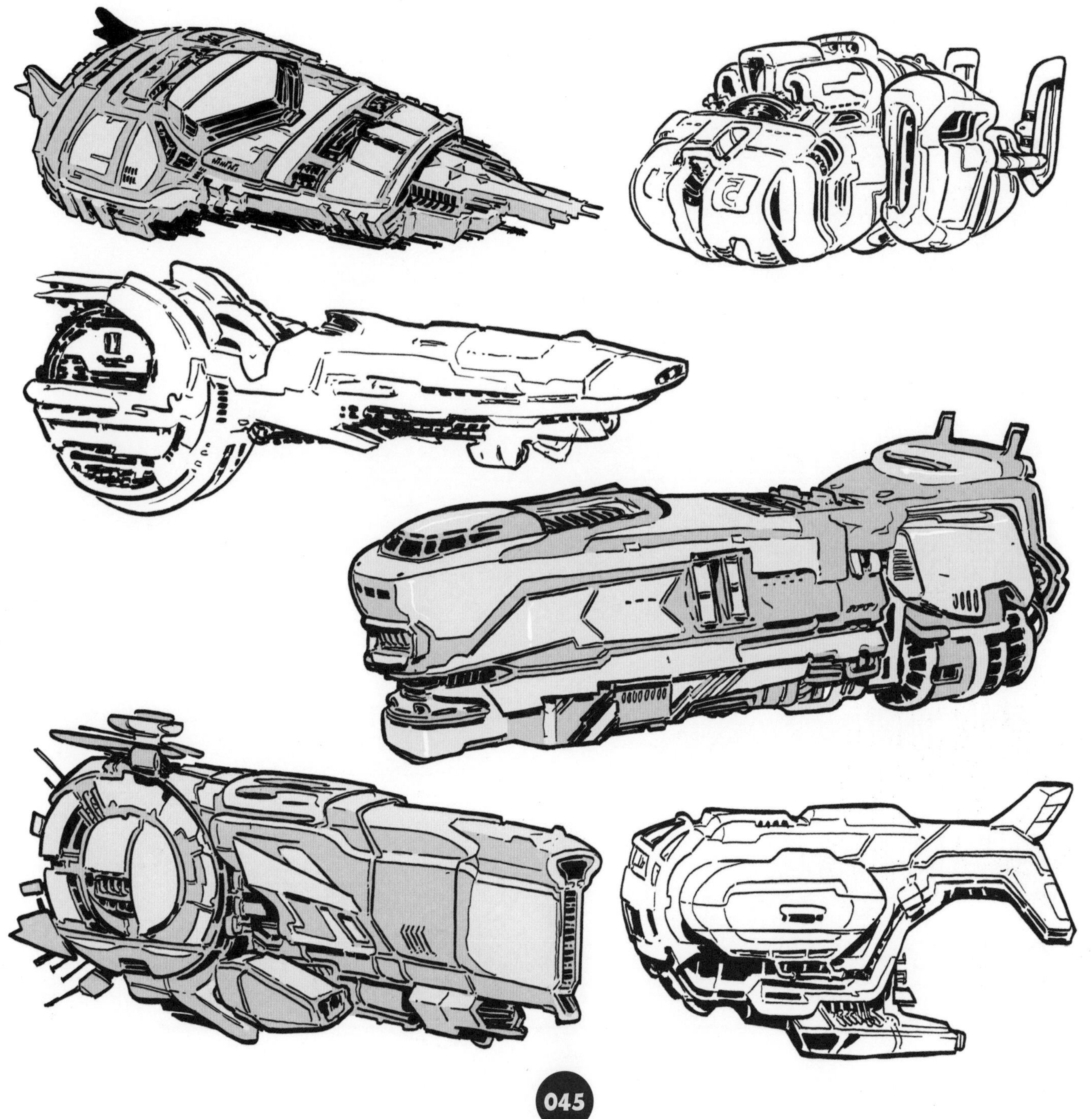

机械设计

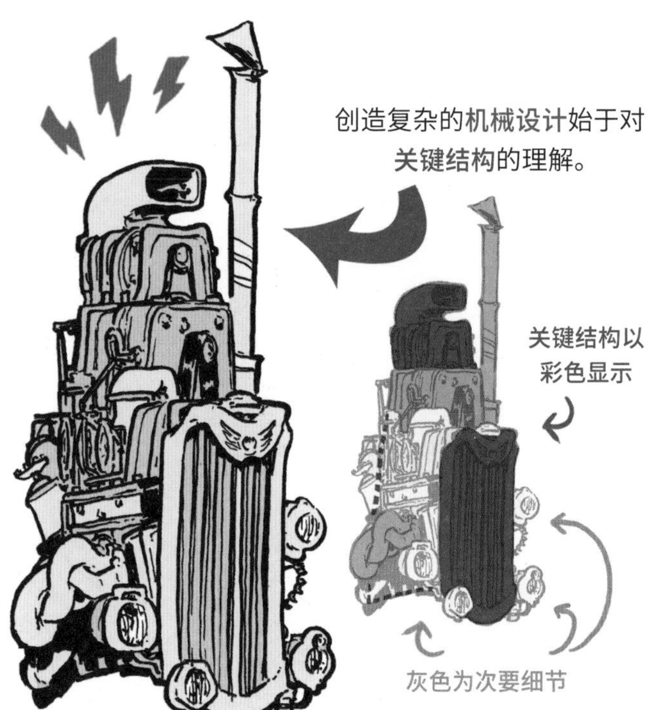

关键结构是设计的基础，先保证其准确性，再开始进行细节的设计。

一旦你开始构建细节，首先要关注的是它们的层次。下面这个简单的练习将帮你理解这一点。记住：在这个阶段，不必在意设计是否符合实际或足够炫酷，只需专注于分层。

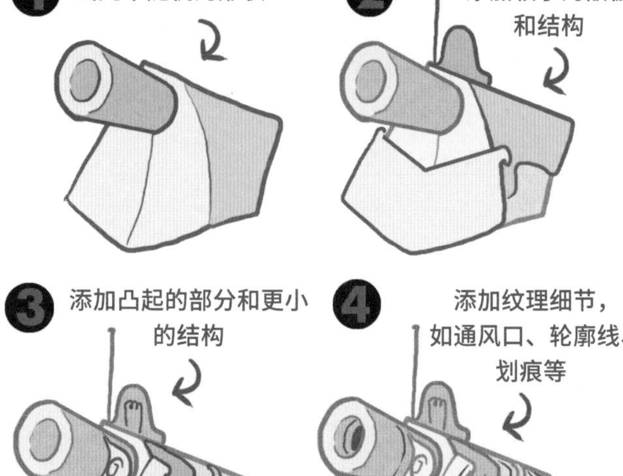

现在你学会分层了！还要记住：将细节体现于设计中的重点区域。

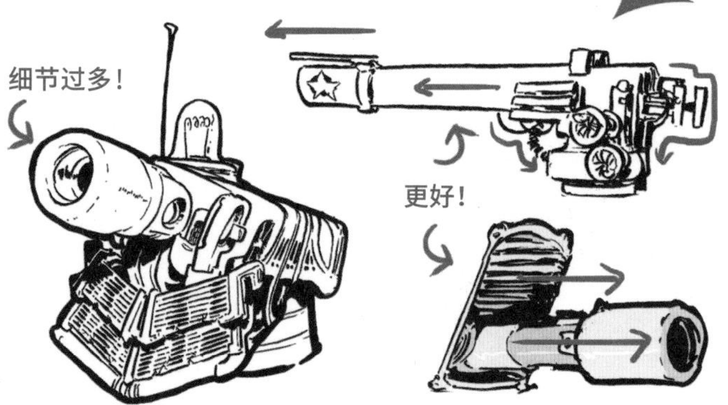

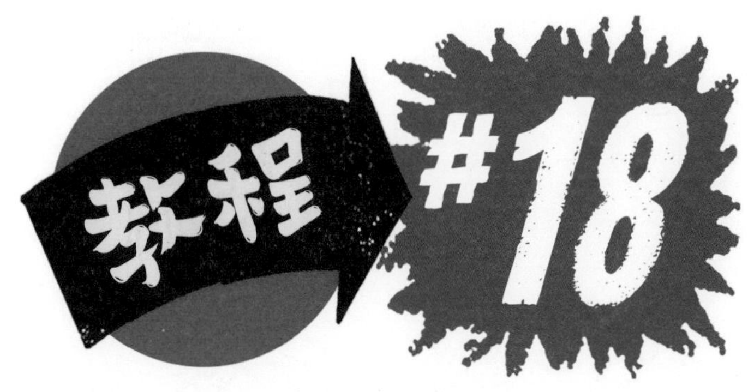

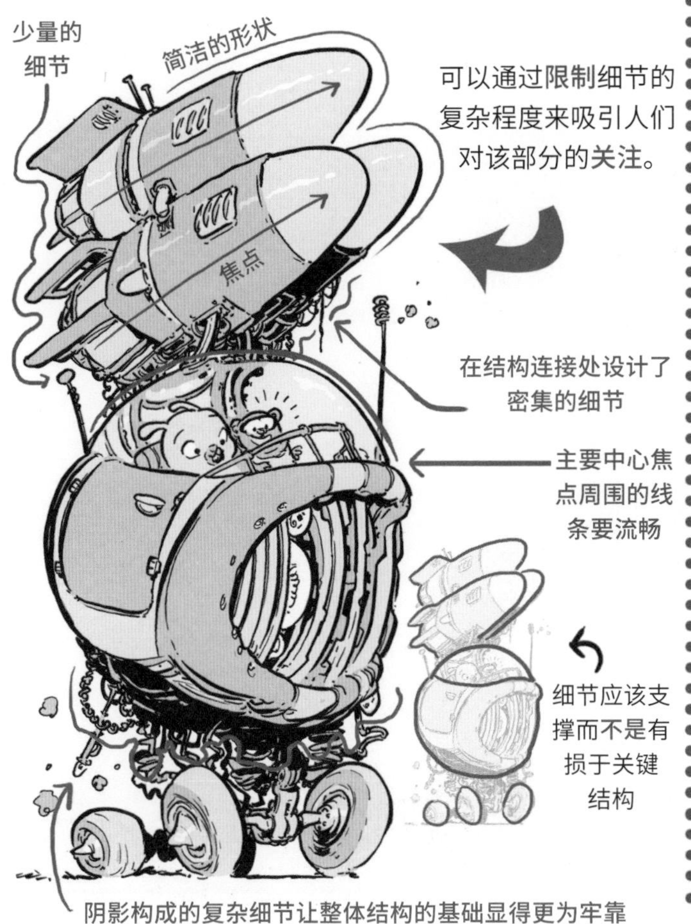

功能性的细节，如活动杆、链条、灯、齿轮等，可以为虚构的机器增加真实感。

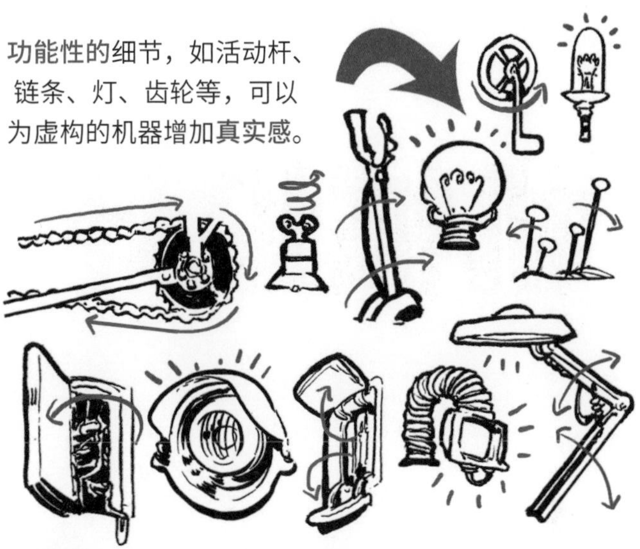

松散的电线和电缆会给机器带来一种“使用过”的感觉，这些小细节会让冰冷的机械显得更有活力。

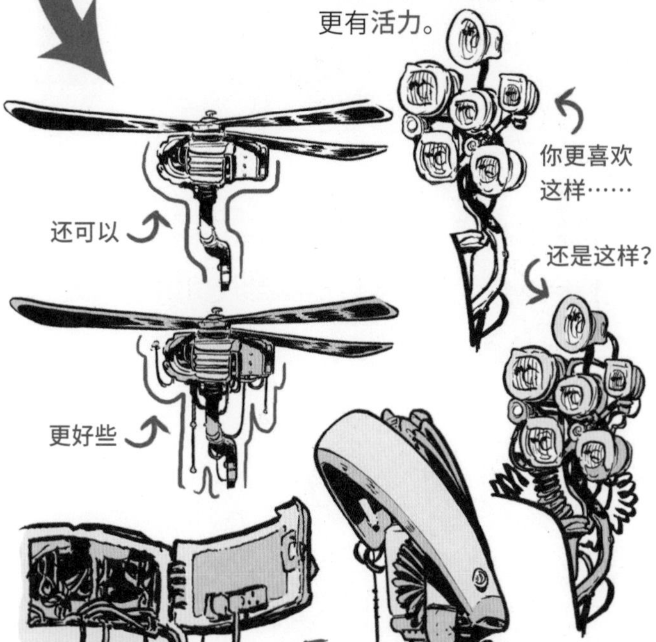

还可以

更好些

你更喜欢这样……

还是这样？

更贴近现实

机械设计

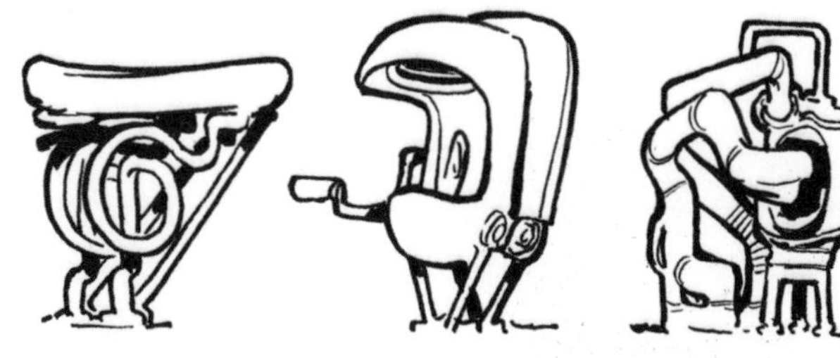

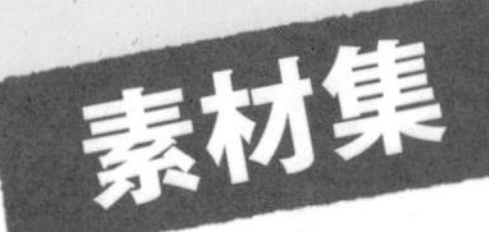

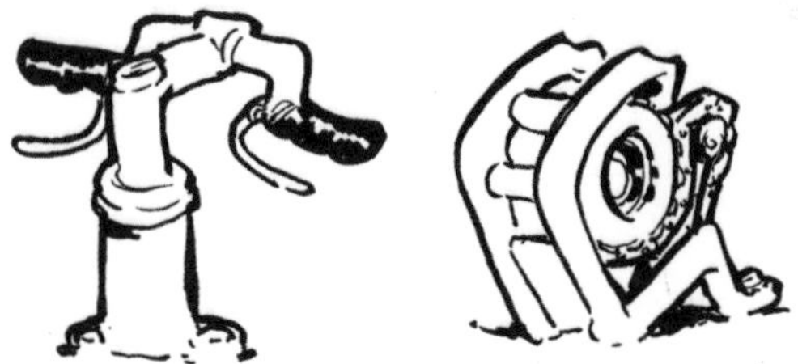

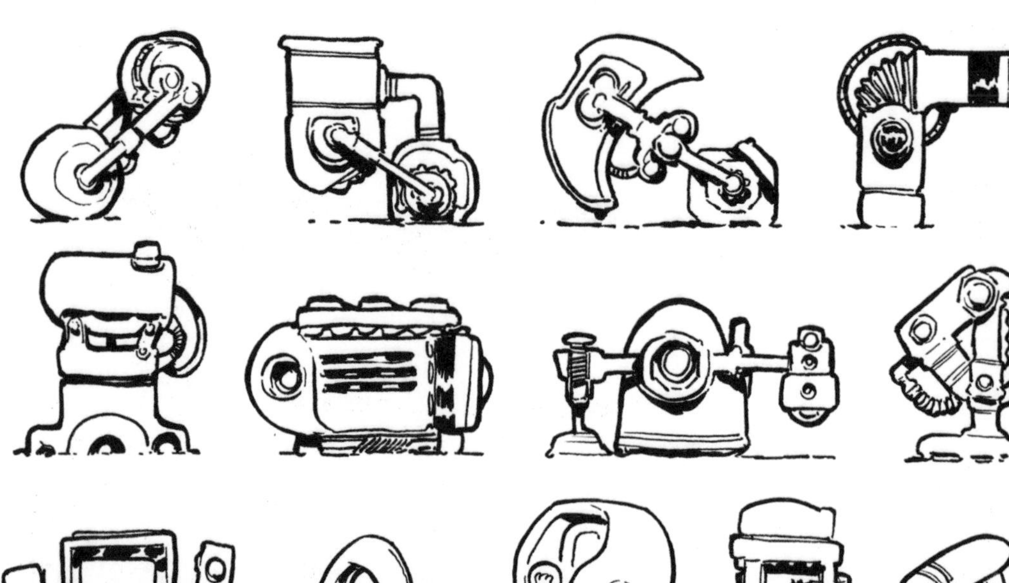

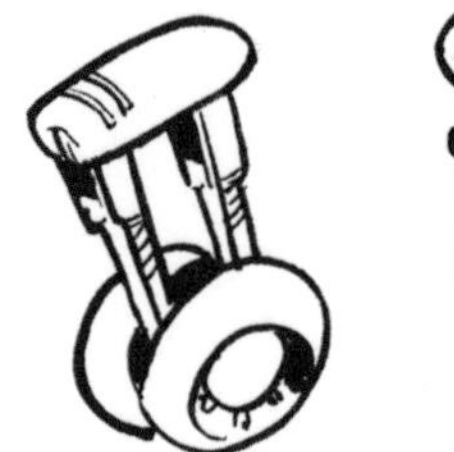

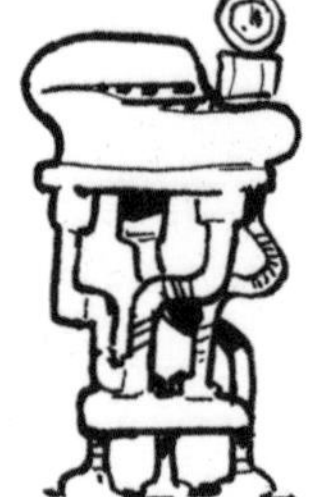

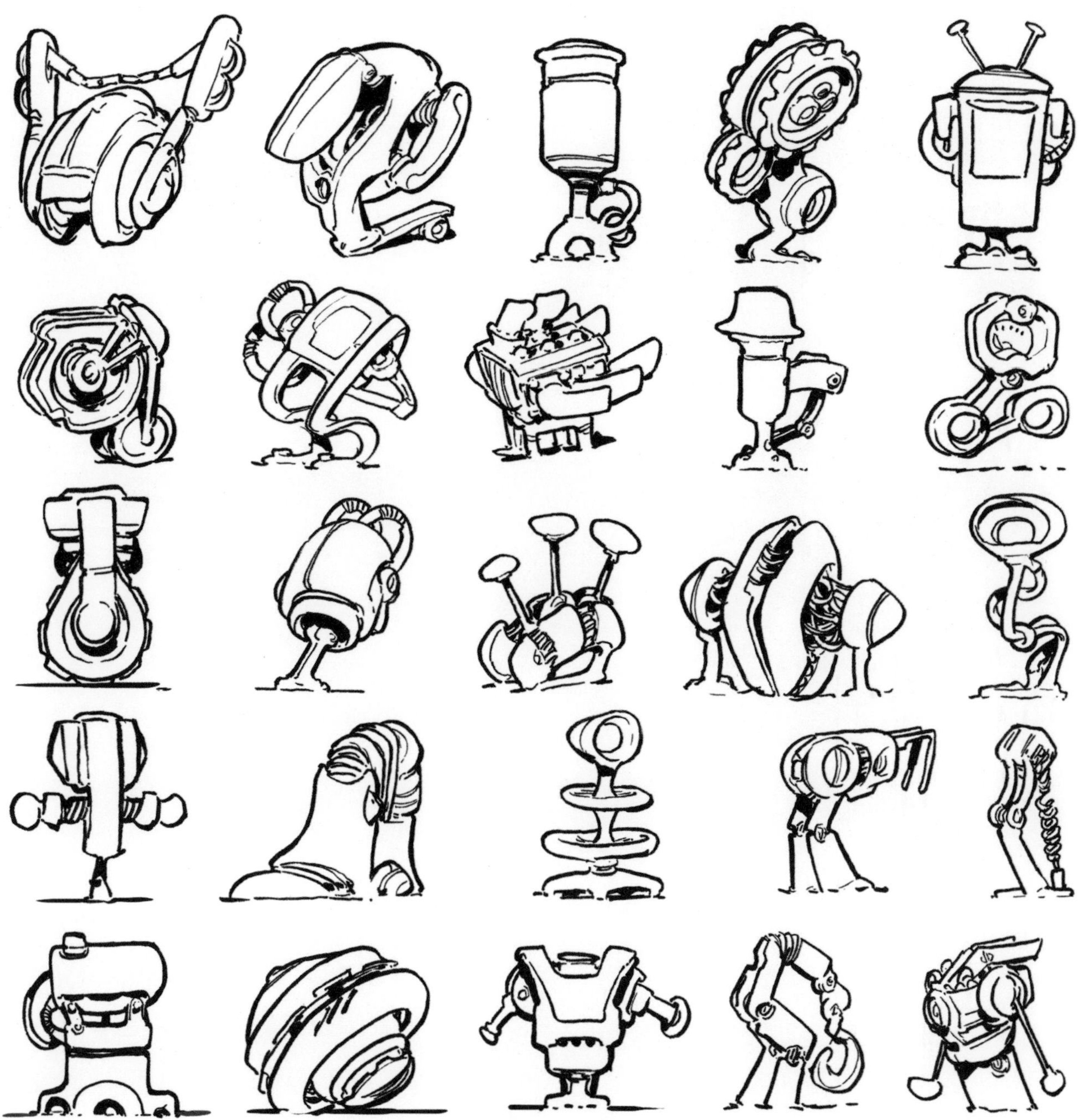

传动装置、齿轮和发条

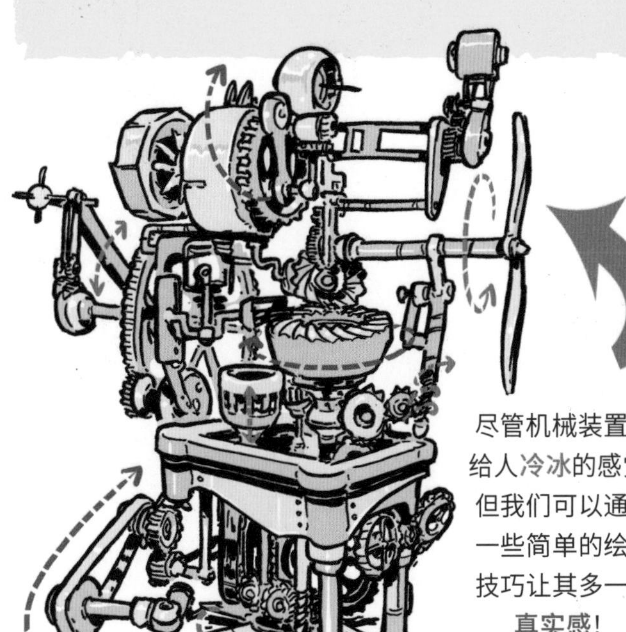

尽管机械装置常给人冷冰的感觉，但我们可以通过一些简单的绘画技巧让其多一点真实感！

我们将重点关注传动装置、齿轮和发条装置。这些部件都非常精细，要注意避免显得单调。

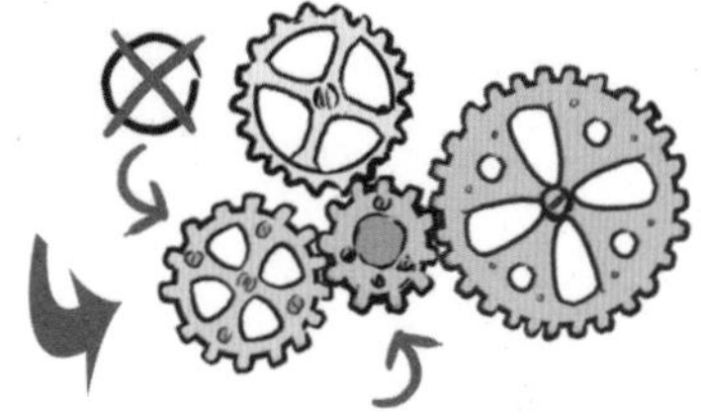

这感觉有些单调

绘制虚构的机械装置是一种艺术化的创造。提高创造技巧最快的方法就是熟记一系列的机械细节，之后只要按照设计需求对其进行混合即可。

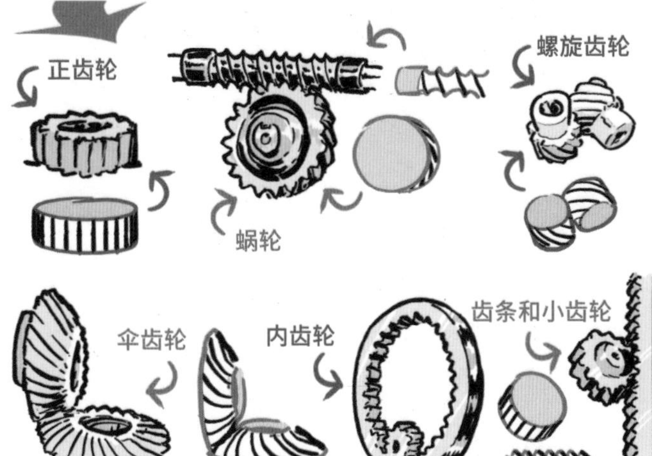

不要把齿轮当成圆片，记住：不管有多薄，它们都是一段圆柱体。这将帮助你把它们当作一个三维物体，而不仅仅是一个二维图形。

练习为复杂齿轮布局有一个简单的方法——堆放盒子。

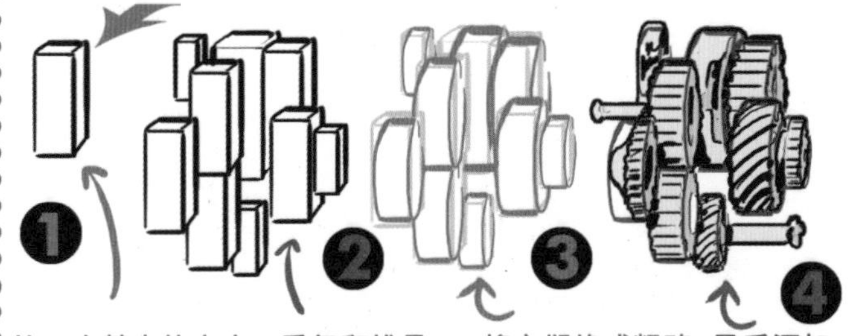

从一个基本的立方体或矩形开始　重复和堆叠，并混合不同尺寸　将它们修成粗略的圆柱体　最后添加细节

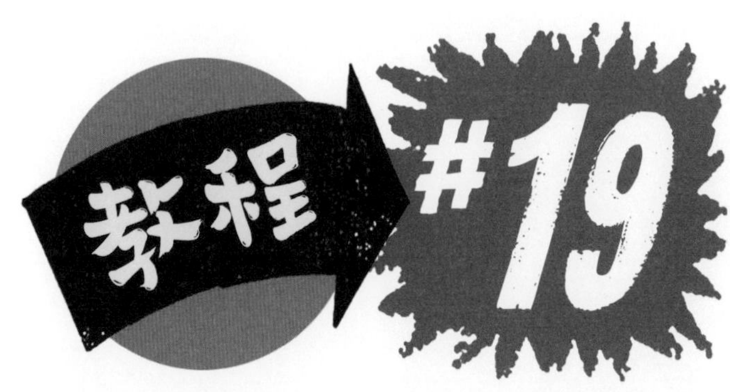

使用透视和间距来建立层次，让装置更具立体感和独立感。

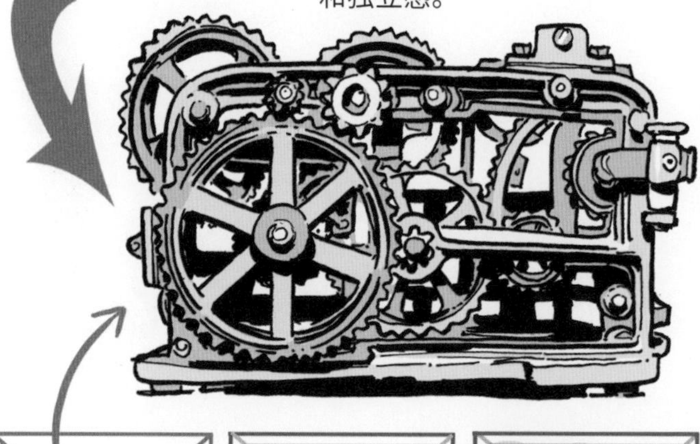

1 画一个俯视的盒子

2 在其内部划分出多个层面

3 将齿轮放置在不同的层面上

4 赋予离自己更近的齿轮以更深的边线，并使所有齿轮的边缘向中心倾斜

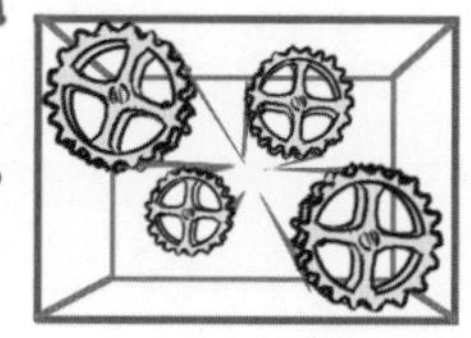

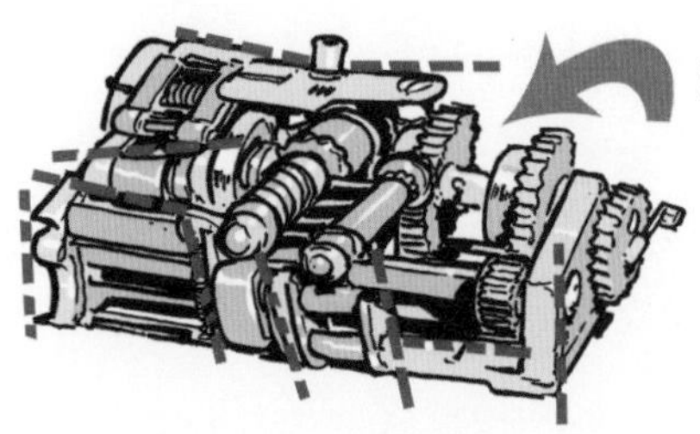

避免过于明显的直角。通过增加一点不稳定的感觉，赋予装置更多的个性。

对于手表和时钟内部而言，要注意区分两种设计元素：齿轮本身，以及它们所附着的板、面和臂。

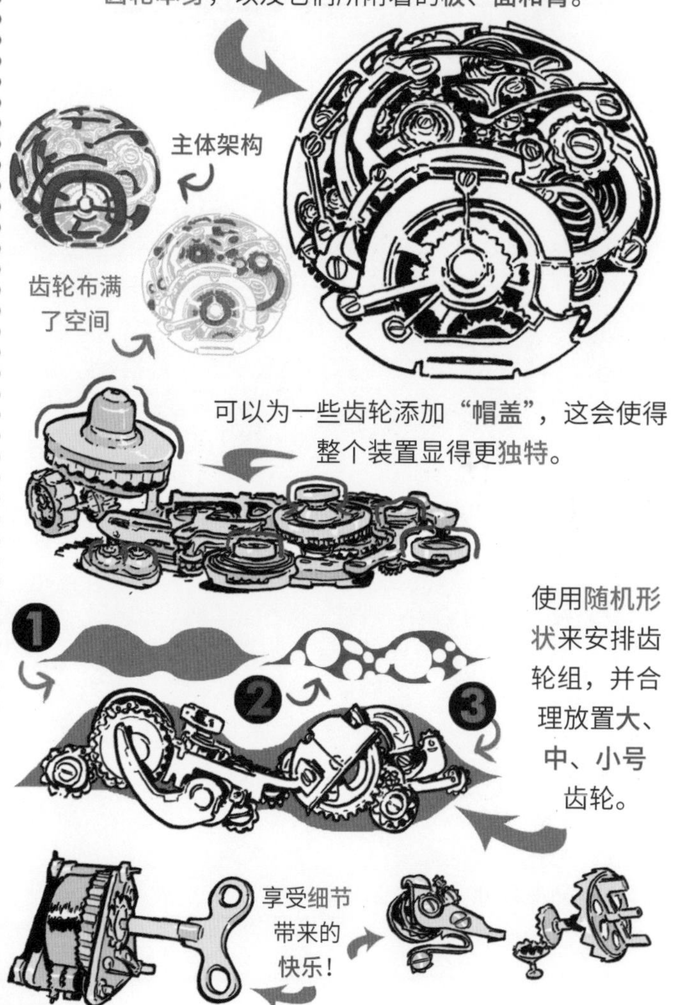

可以为一些齿轮添加“帽盖”，这会使得整个装置显得更独特。

使用随机形状来安排齿轮组，并合理放置大、中、小号齿轮。

机器人的手臂

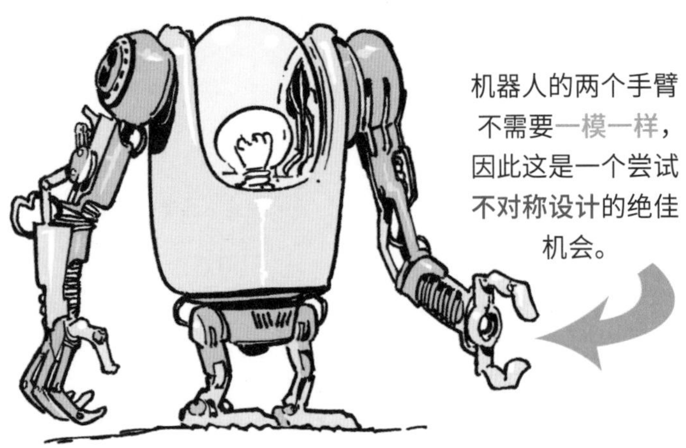

机器人的两个手臂不需要一模一样，因此这是一个尝试不对称设计的绝佳机会。

机械肢体可以有比人类肢体大得多的关节组合。

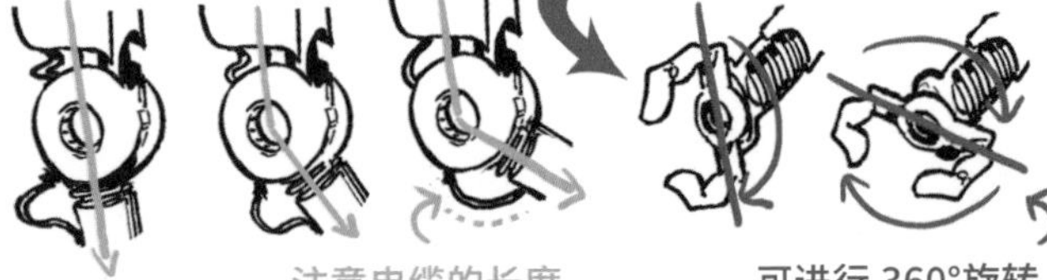

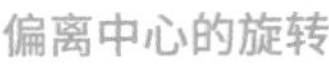

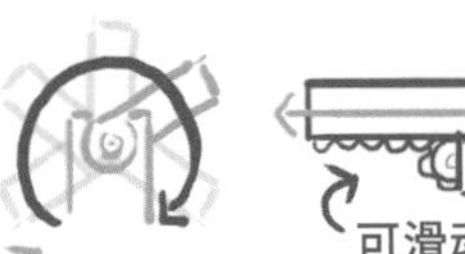

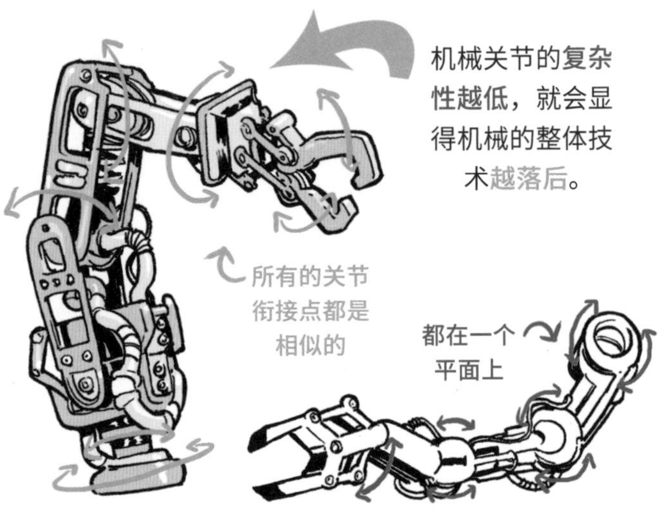

机械关节的复杂性越低，就会显得机械的整体技术越落后。

如果你想设计出原创的机械手臂，可以参考下面这个简单的思路：

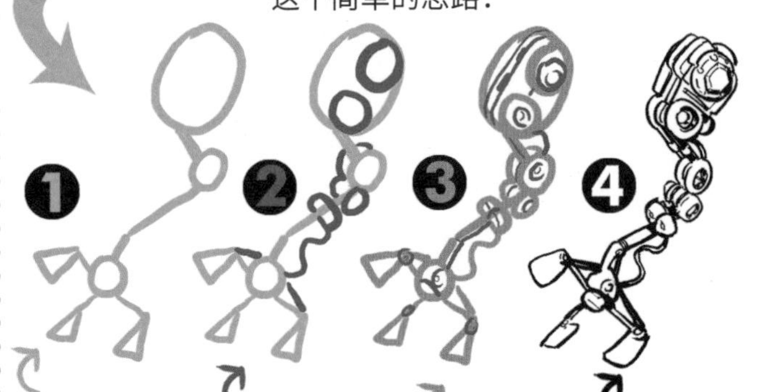

1. 画出一些由线条连接的基本形状
2. 添加一些小元素和连接线（或连接杆）
3. 用辅助线标出手臂各部分的轮廓
4. 添加一些细节

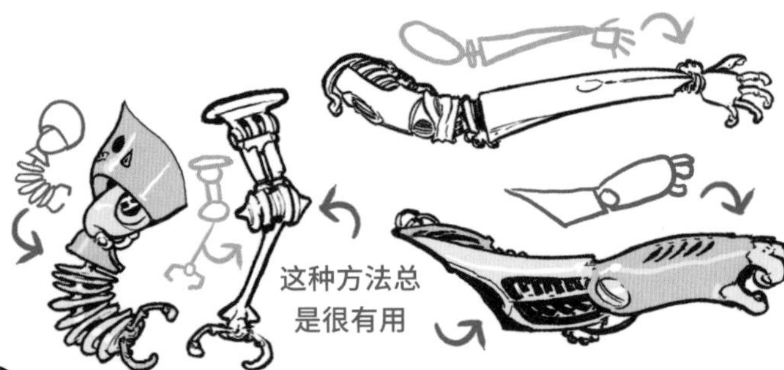

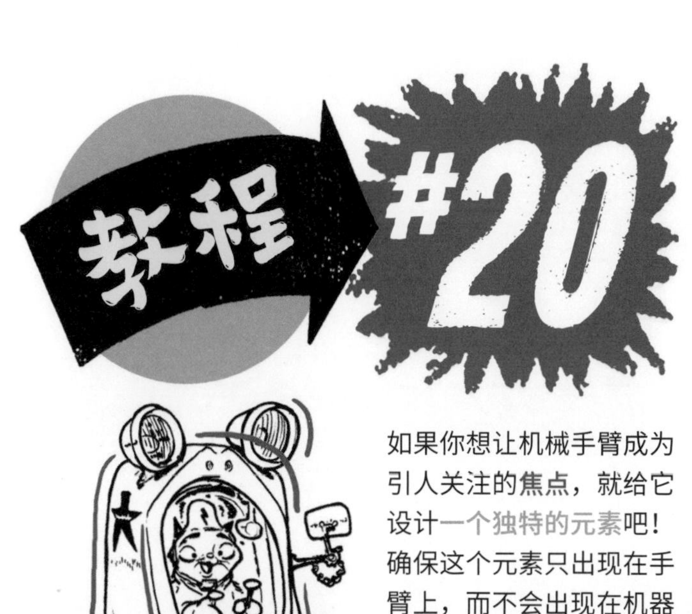

如果你想让机械手臂成为引人关注的焦点，就给它设计一个独特的元素吧！确保这个元素只出现在手臂上，而不会出现在机器人身上的任何其他部位。

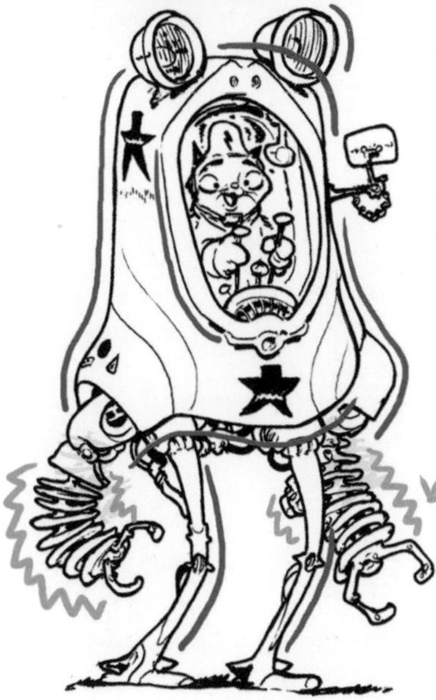

例外总会格外显眼

当你为机械手臂的骨架套上“外壳”时，记住要为它的活动留出余地。

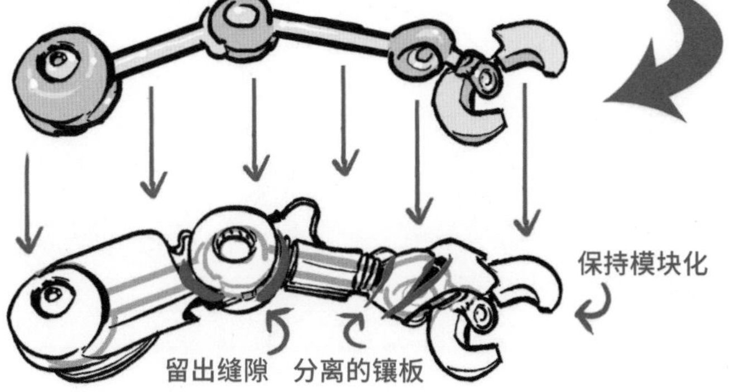

如果你是以人体构造为基础设计机器人的手臂的，可以尝试对局部进行夸张。

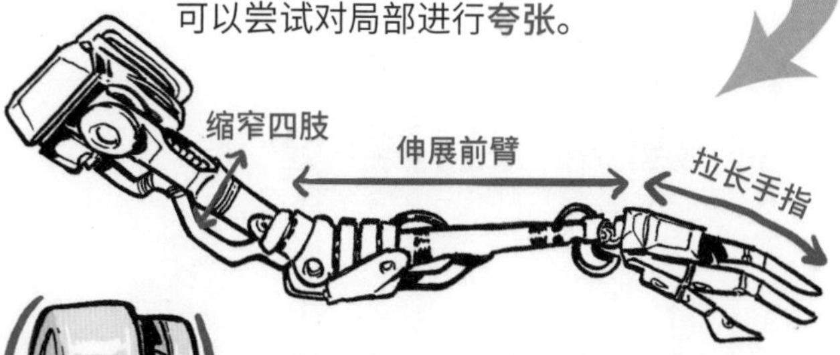

缩窄四肢
伸展前臂
拉长手指

通过重复镶板的形状，可以实现统一的设计。

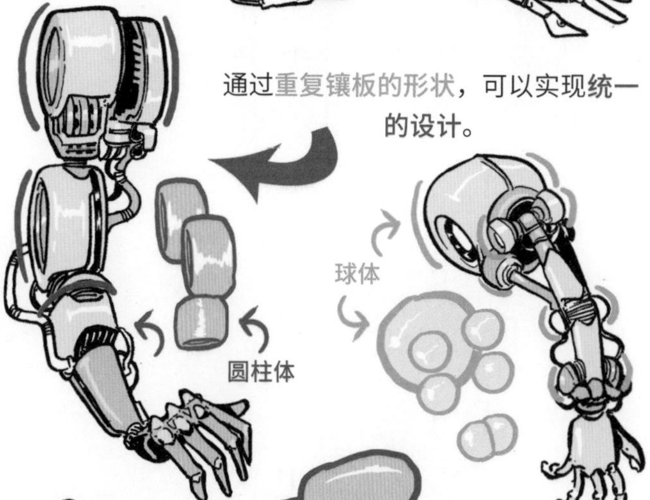

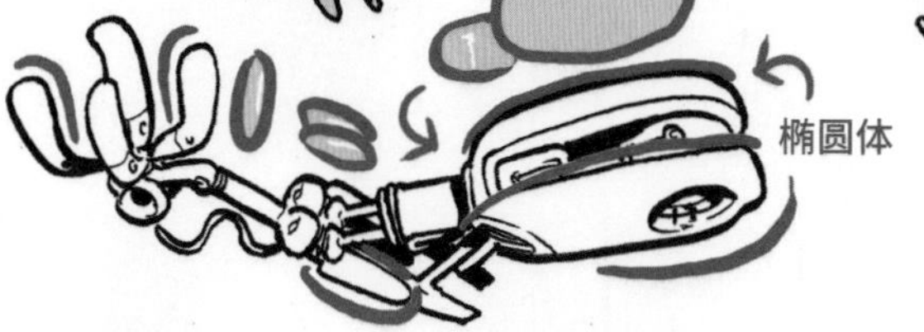

圆柱体
球体
椭圆体

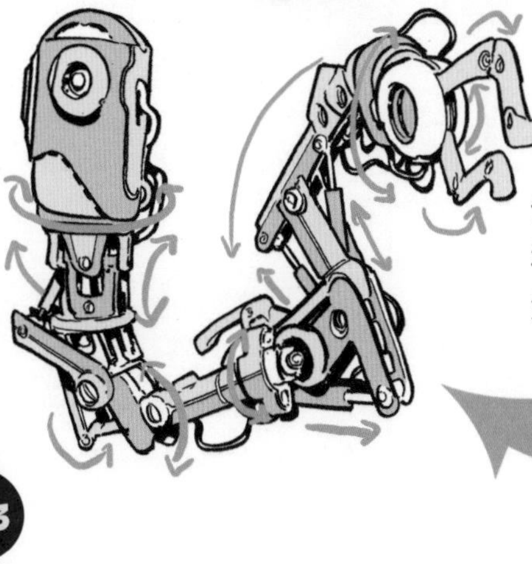

你还可以通过混合和匹配多种设计元素，获得超级复杂的设计！

机器人

素材集

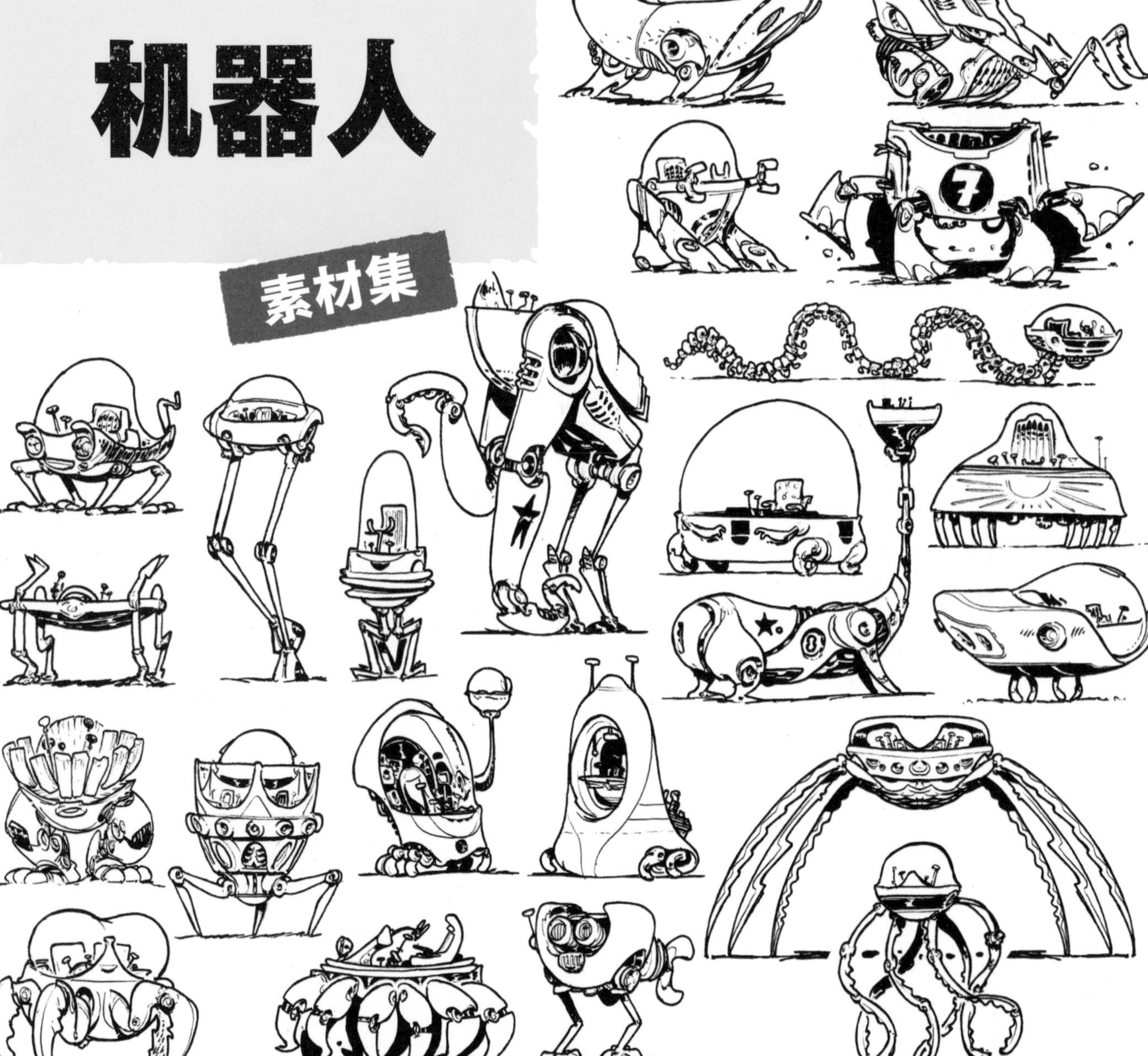

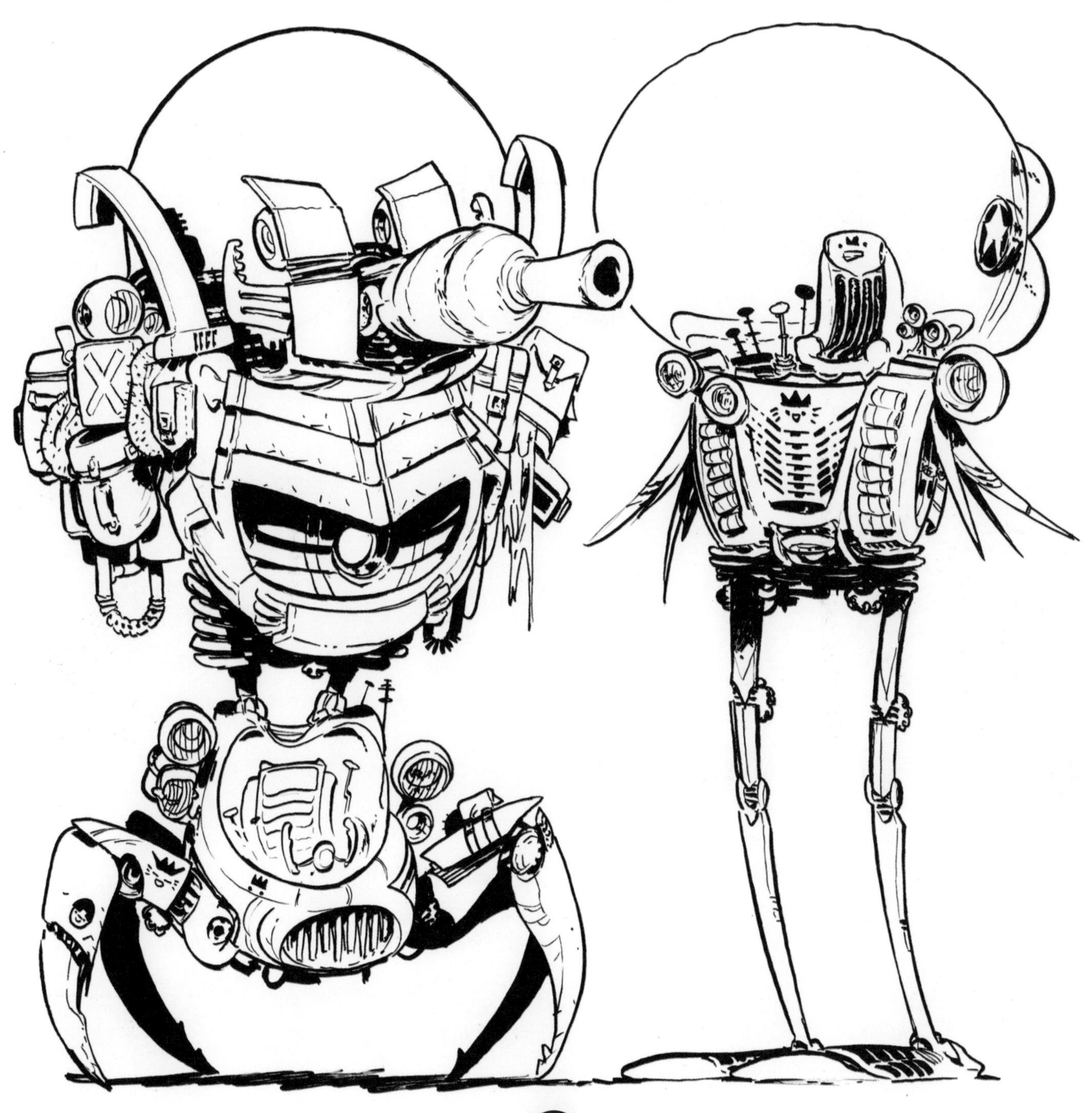

机械手

机械手可以展示平时看不到的手部骨骼结构。不仅如此，它还允许我们运用不同的面板、关节组件等来重新设计骨骼。

如果你想让机械手模拟人手的动作，可以使用人手的照片来练习。

1. 按照手部的图画或照片进行描摹
2. 将其分割成多个可活动部分
3. 用机械材质分别替换这些部分

这只是一种探索机械手结构的有趣方式，因此无须担心其是否符合真实的人手构造

这种方法既简单又快速，还可以极大地激发你的想象力。

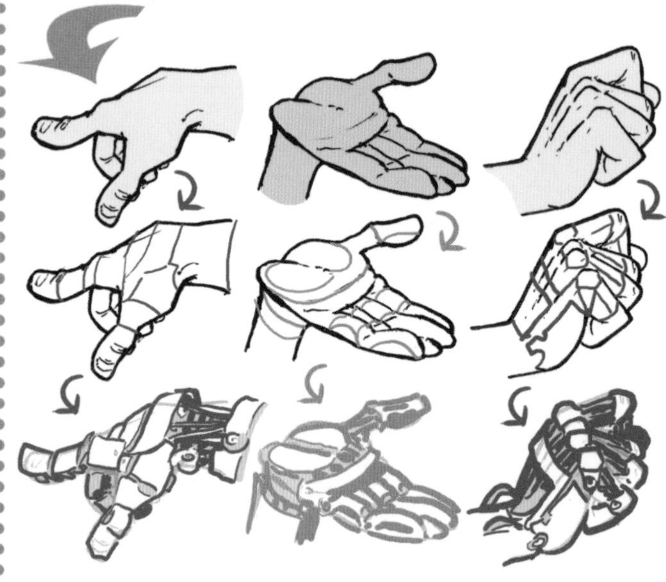

此外，我们还可以研究自己的手是如何运动的：哪些关节是铰合的、哪些关节是旋转的，哪些关节运动受限。然后，将研究结果应用到对机械手的关节和隔板的设计中。

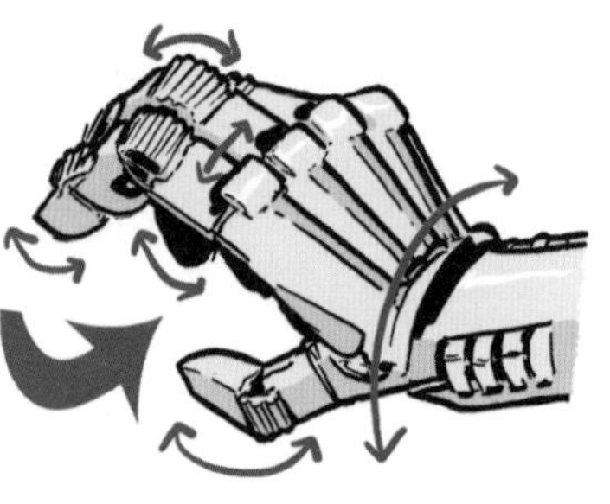

我们可以用厚一些的成型钢板来统合设计。

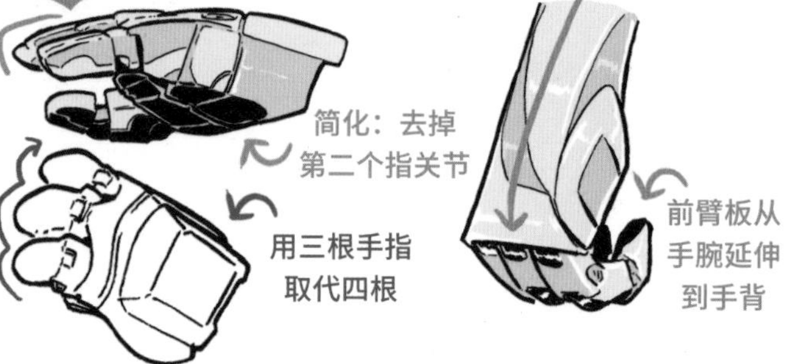

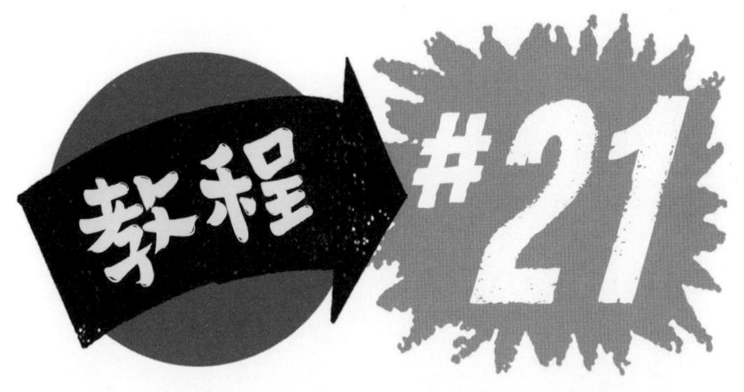

如果机械手上的某个重要部分意外脱落了会怎样呢？不妨花一点时间想象一下，这将有助于你处理机械手套的细节。

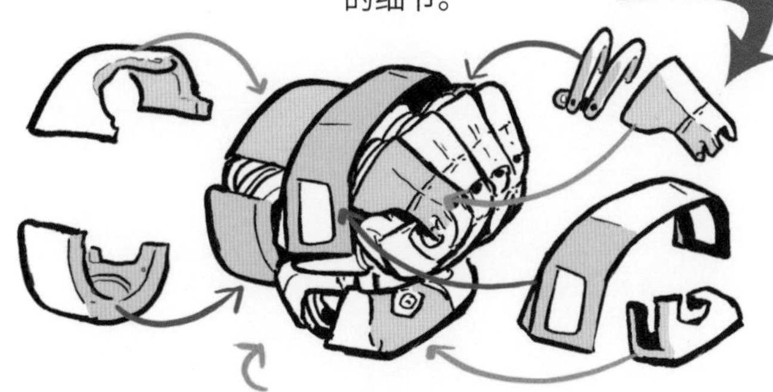

考虑一下各个部件是如何组合在一起的

尝试为机械表面设计一些缺口（尽量优雅一些），以揭示其内部的功能性机械骨架。

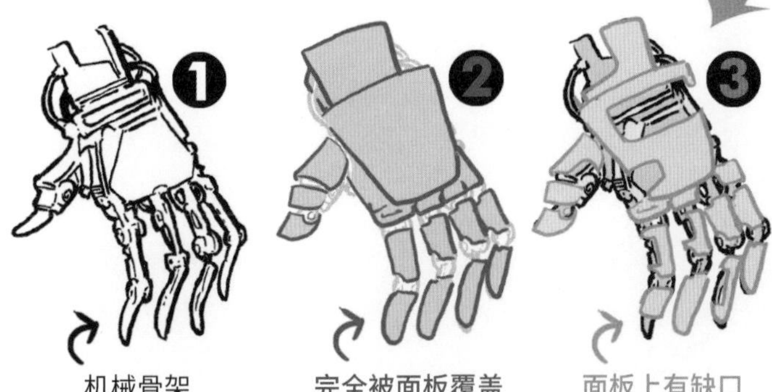

可以通过重复一两种面板形状，为整个设计建立起一种“形状语言”。

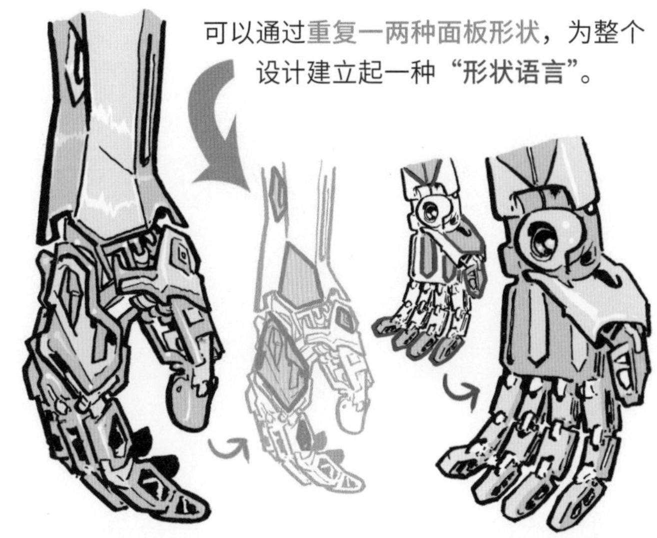

机械部分暴露得越多，就越会给人冷酷的感觉，因为人和机器之间的差别被强化了。

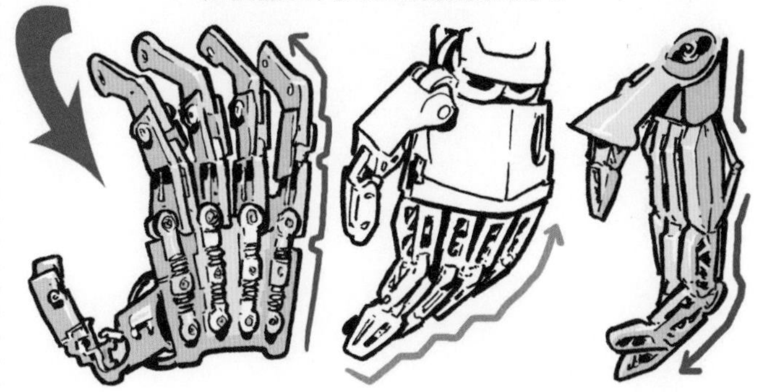

这里再展示几种机械手的设计，供你参考！

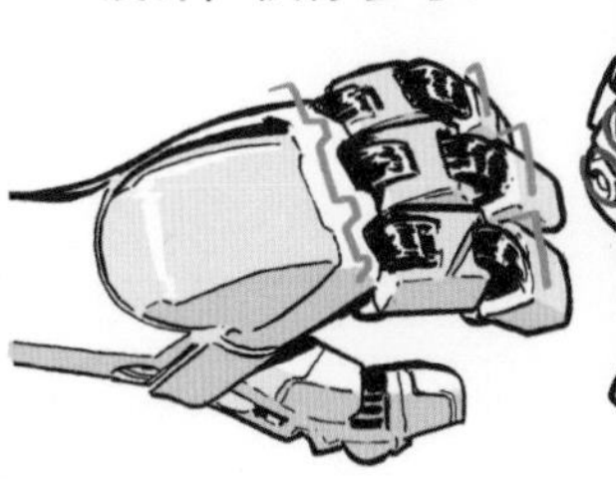

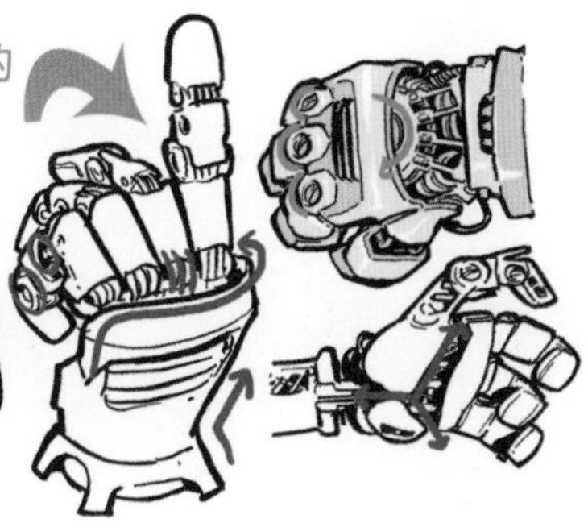

电缆和电线

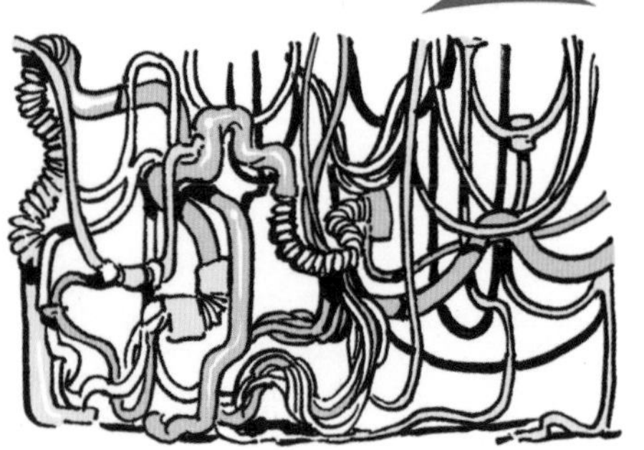

虽然电缆看起来只是一条线，但它穿梭于三维空间之中，这使它具有不可思议的作用。

下面这个练习将有助于你想象电缆在三维空间中的样子。

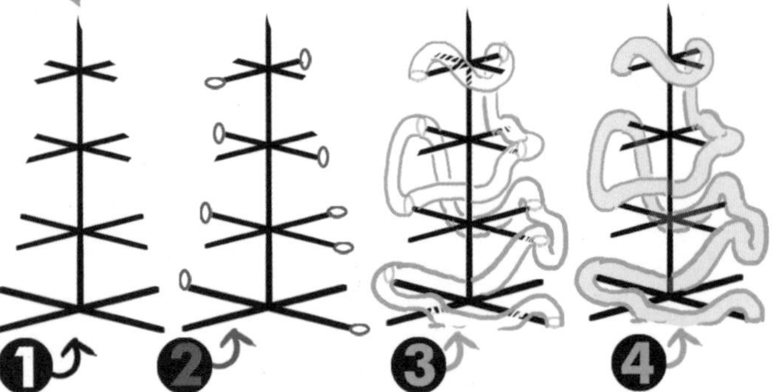

1 画一个有 4 个十字交叉的立杆

2 在十字交叉的两端随意添加直立或放平的椭圆

3 把椭圆当作横截面，依次将其连接起来

4 一条电缆就这样挂好了！

即使是看上去没那么立体的短线，我们也可以通过增添一些变化来让观众觉得更有趣。

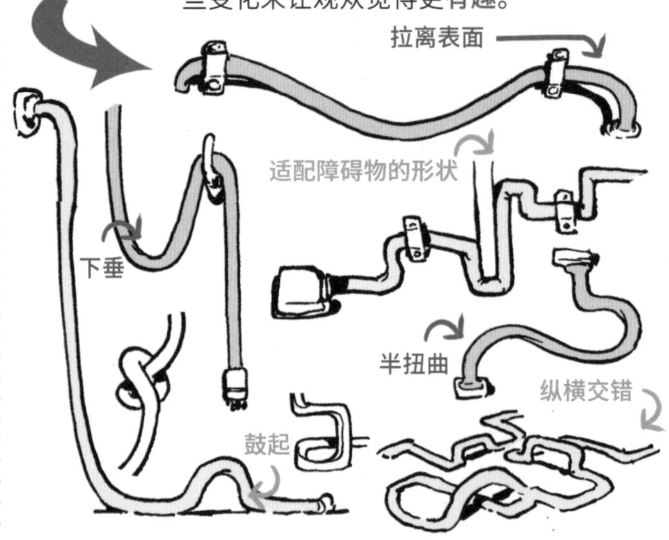

关于电缆最重要的一点是，它可以作为外显的轮廓线，帮助你勾勒那些大的、没有特征的形状。

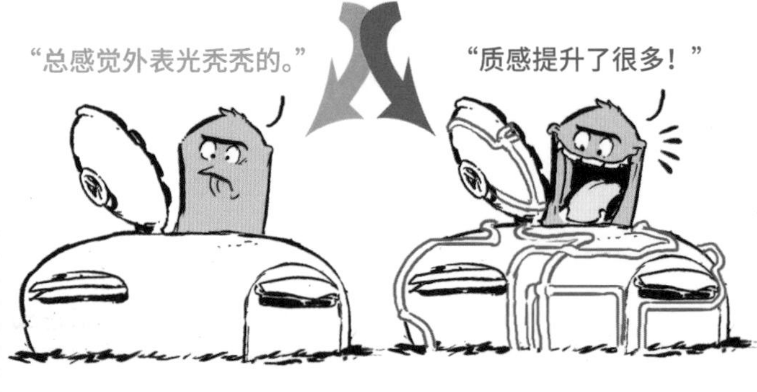

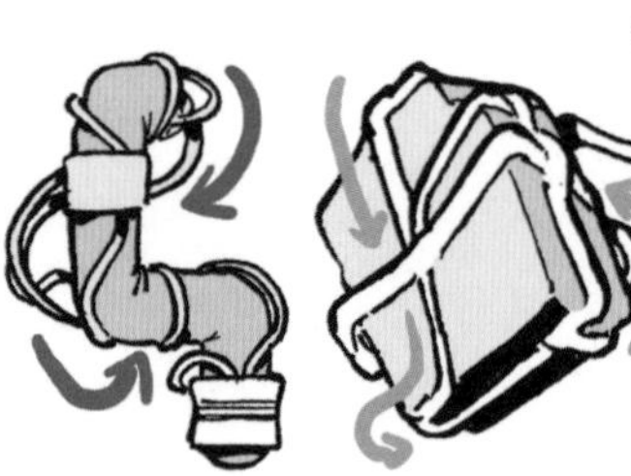

哪怕是最简单的形状，搭配上电缆后也会显得更加有趣。

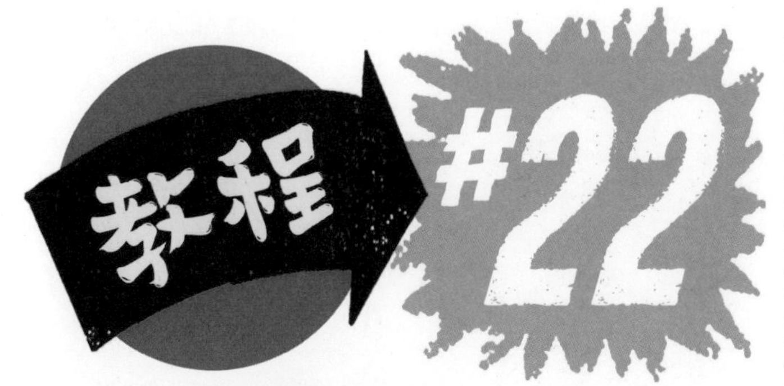

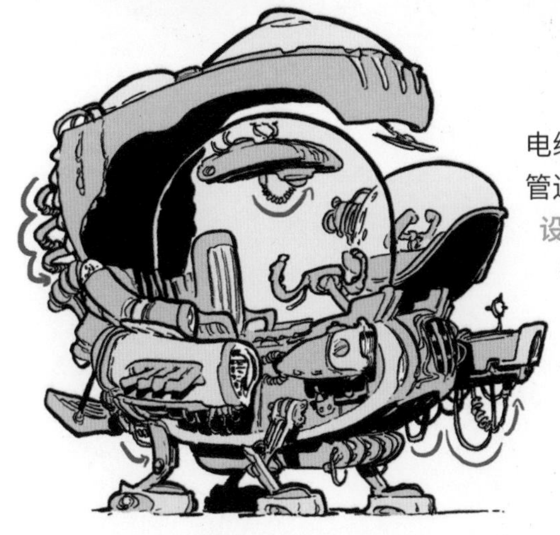

电缆、电线和软管还可以为工业设计添加一些有机元素。

当你把电缆想象成有生命的物体，它们就会表现得更加生动而有个性。

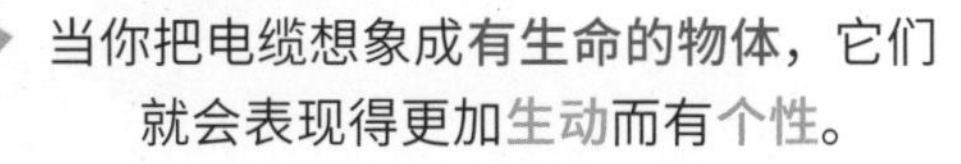

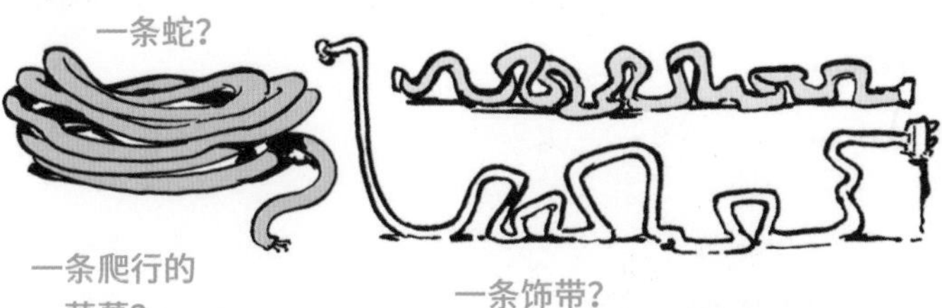

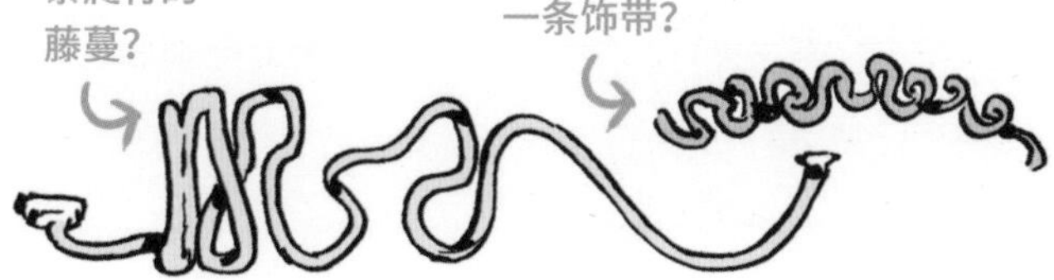

可以设计多种不同的缠结方式。

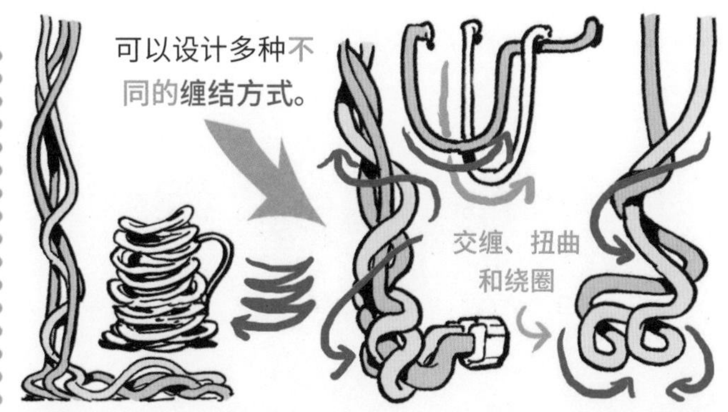

下面是如何让线缆相互交织以制成一条粗绳。

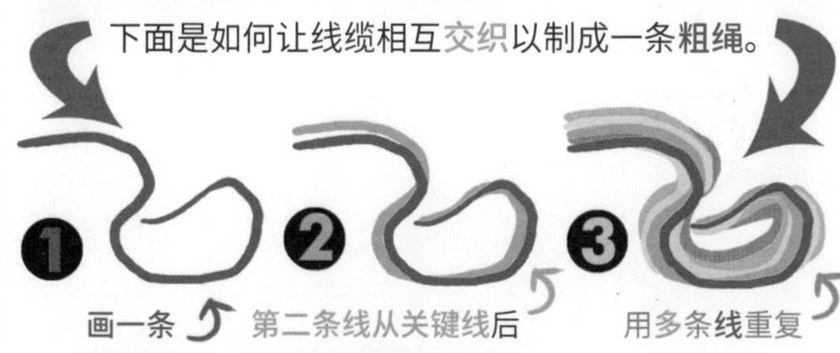

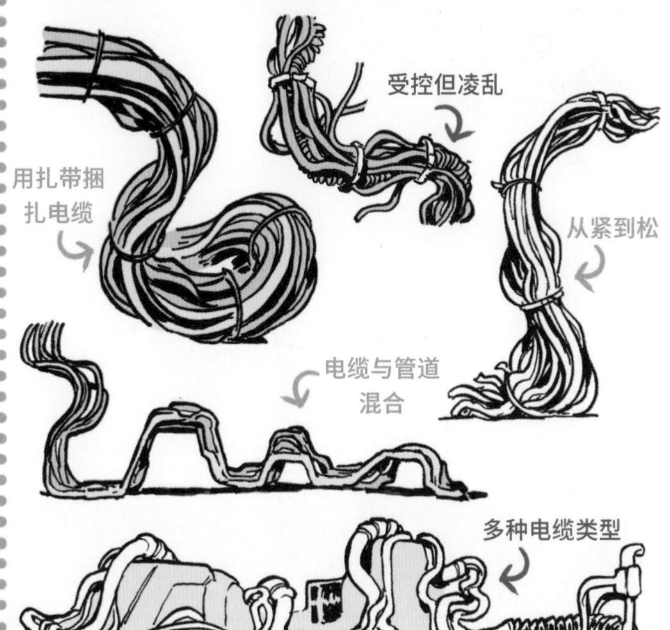

攻城武器

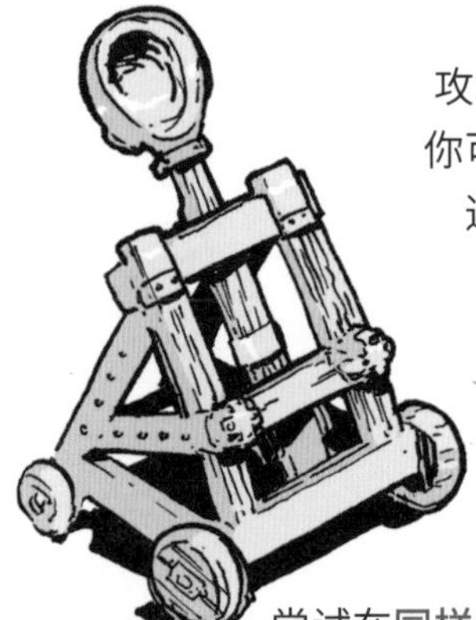

攻城武器画起来很有趣，因为你可以为它们设计不同的功能。通过放大它们的某个特点，以使每个设计都很独特。

尝试在同样大小的盒子里创造武器。让武器的主体保持在盒子内，同时让一个元素突出这个盒子，这将有助于同时构建起一致性和变动性。

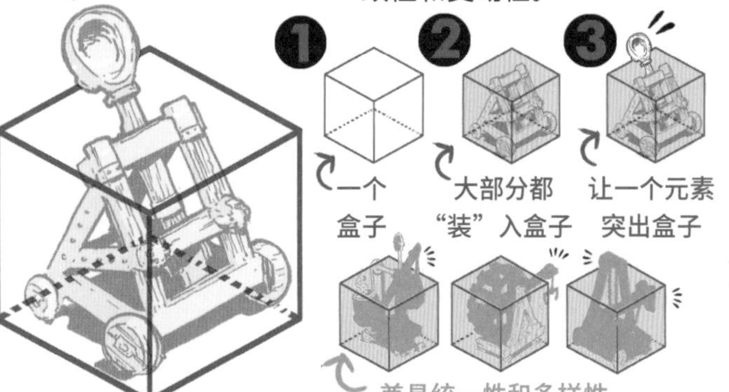

围绕两个关键框架形状来构建武器，这样可以保持整体结构的简洁和醒目。

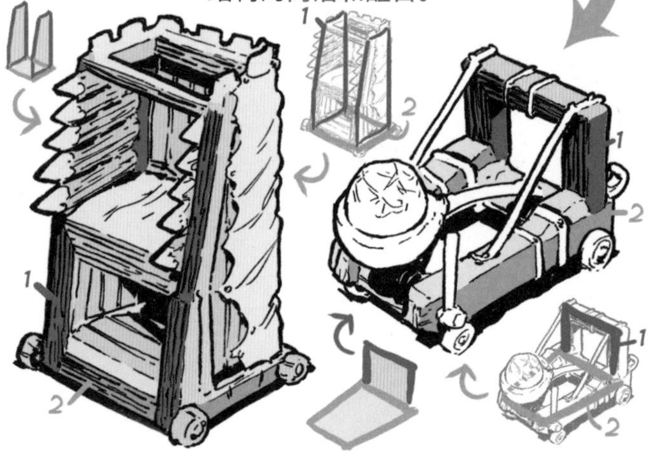

1
2

当你为武器增加轮子时，注意不同的尺寸所传达的机动性。

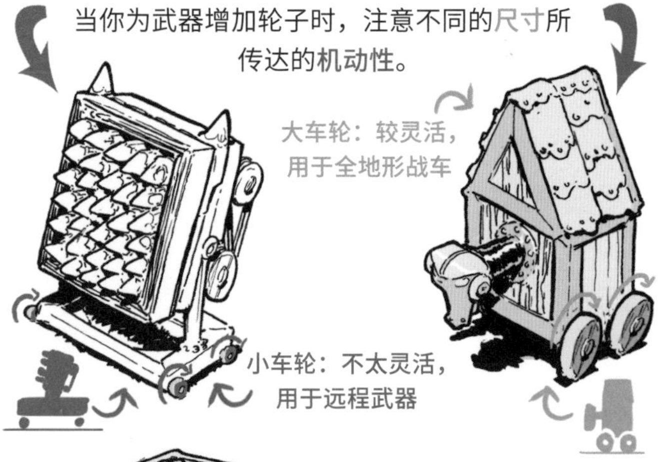

大车轮：较灵活，用于全地形战车

小车轮：不太灵活，用于远程武器

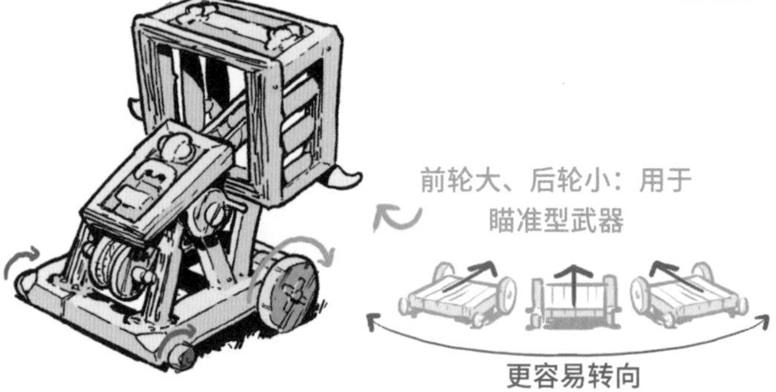

前轮大、后轮小：用于瞄准型武器

更容易转向

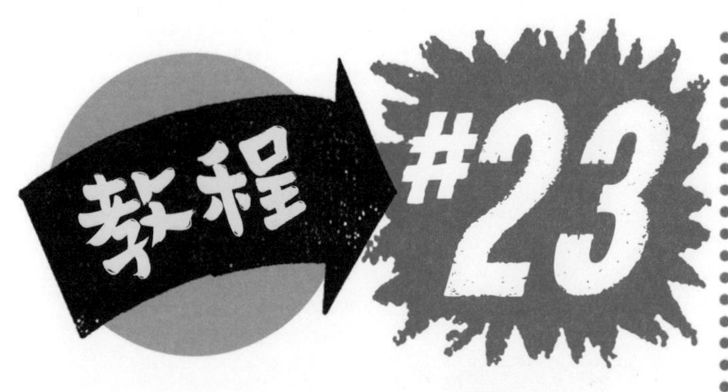

许多攻城武器都有大型的活动部件，要确保给它们留出摆动的空间。

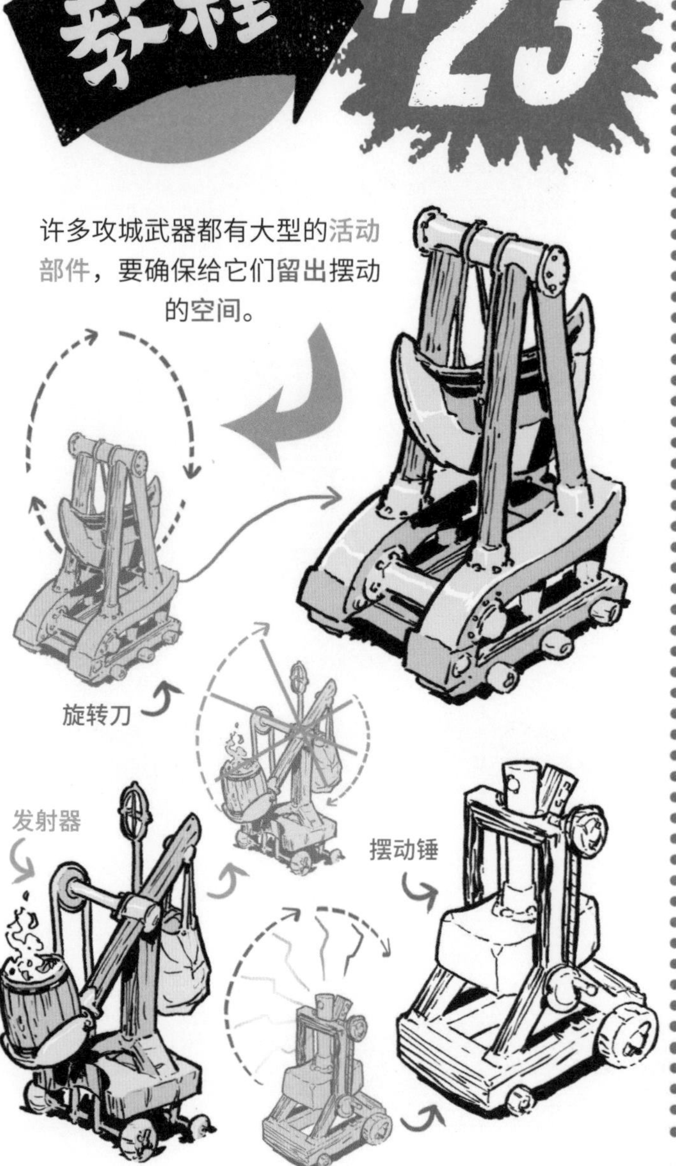

添加一些非武器装备，这样可以给攻城场景增加真实感。

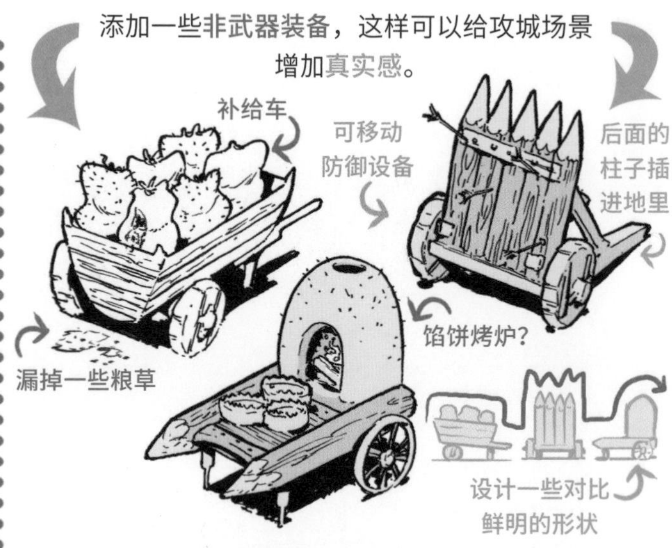

尝试将攻城武器中的活动部件夸张地放大，这会很有趣！

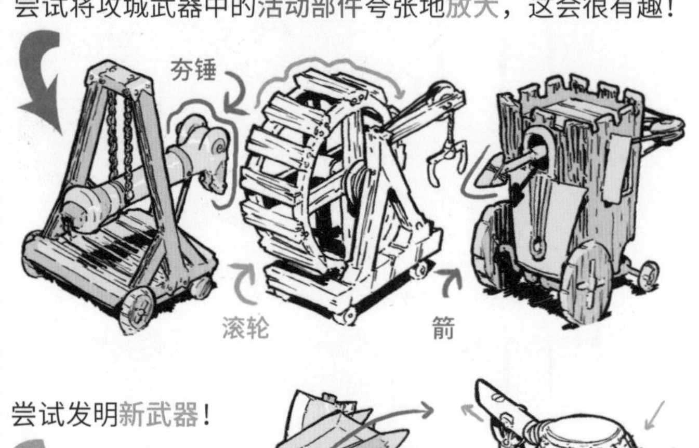

尝试发明新武器！

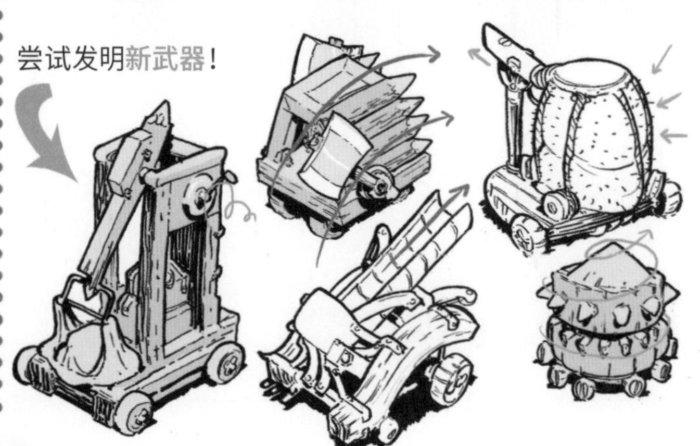

机体损伤

机体损伤会给绘制对象增添一种视觉上的历史感。而如果你描绘的是正在进行中的战斗，机体的损伤程度可以用来暗示战斗的激烈程度。

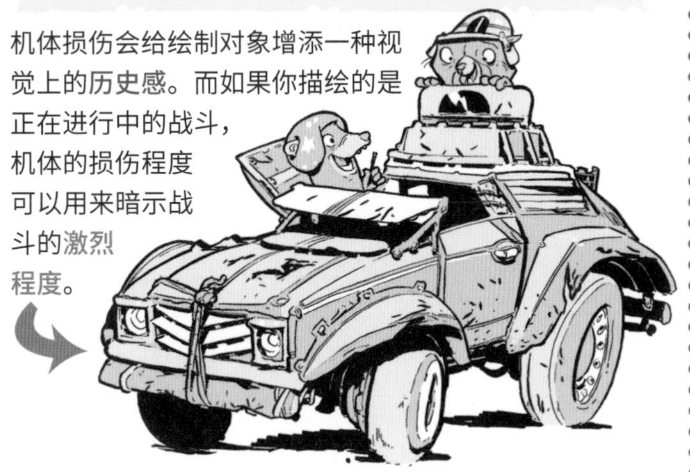

最轻微的损伤形式是划痕和擦痕，不妨把它们想象成印刻在机体表面上的纹理。

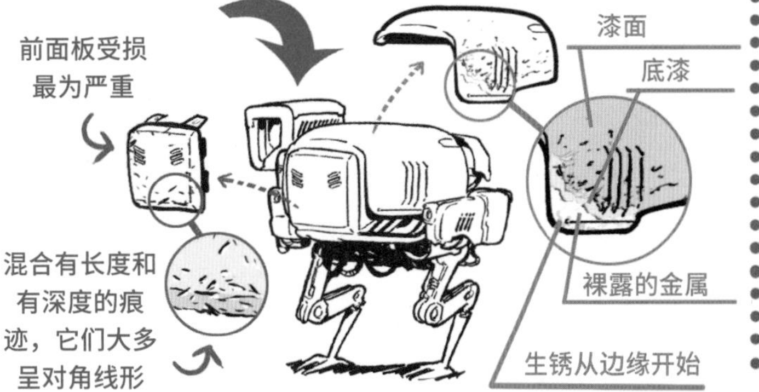

稍大一点的撞击会导致凹陷。

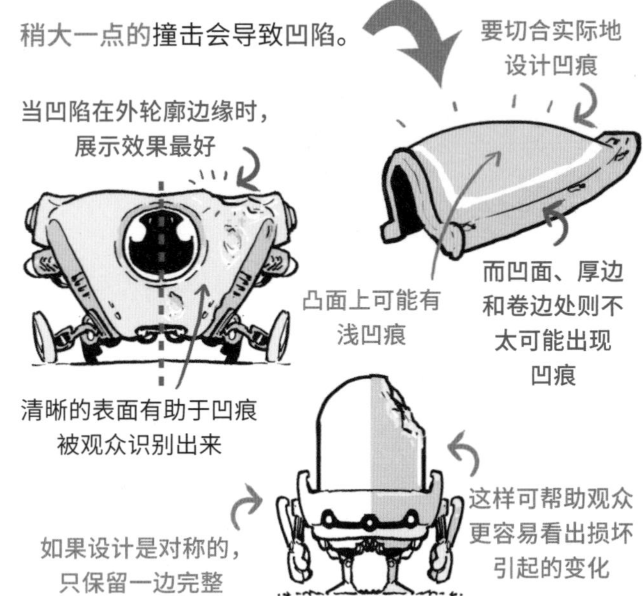

另有一种不明显的损伤是面板错位。

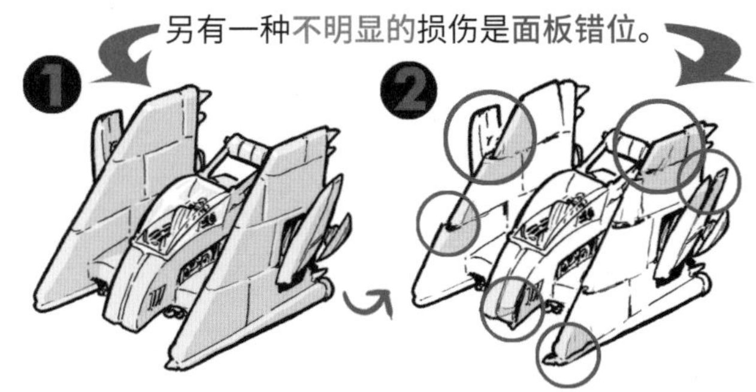

当你“压皱”面板时，请记住多米诺骨牌效应，即每个部分都要向后推。

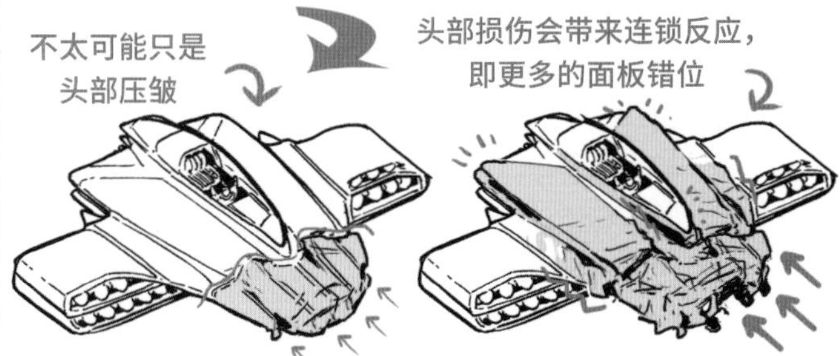

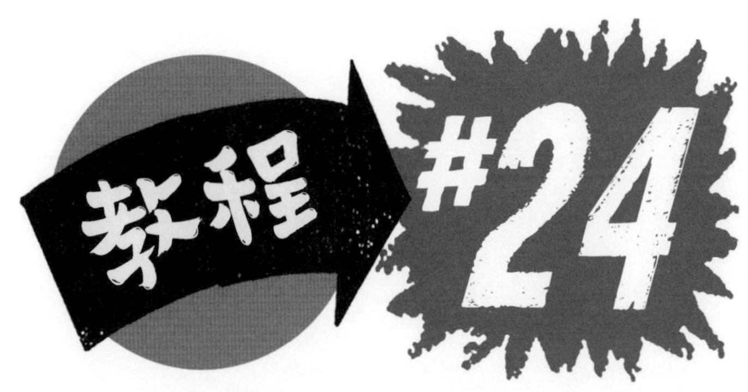

为机体加上一些维修用的材料可以用来强调损伤程度，同时可以暗示受损及维修的背景故事。

下面提供了 8 个维修构思：

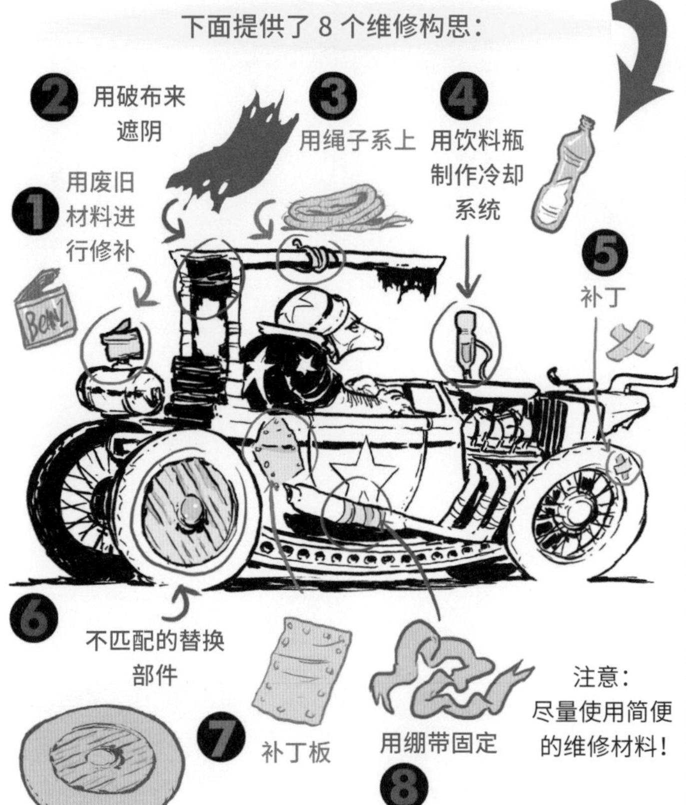

如果机体的损伤是由于战斗造成的，绘制时注意以下几点：

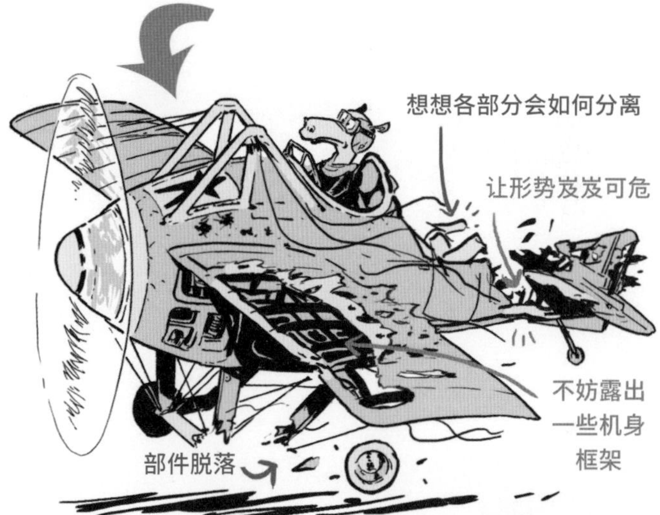

想想各部分会如何分离

让形势岌岌可危

不妨露出一些机身框架

部件脱落

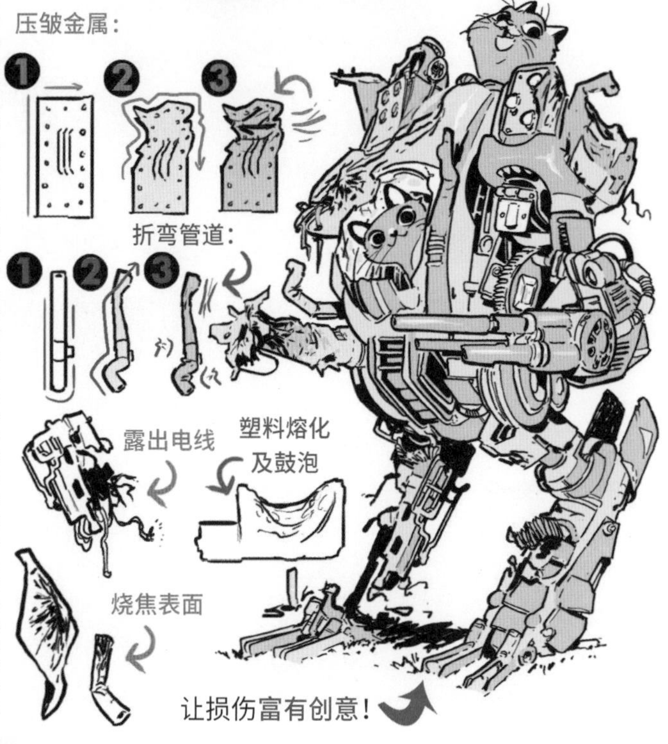

压皱金属：

1 2 3

折弯管道：

1 2 3

露出电线

塑料熔化及鼓泡

烧焦表面

让损伤富有创意！

机体损伤

素材集

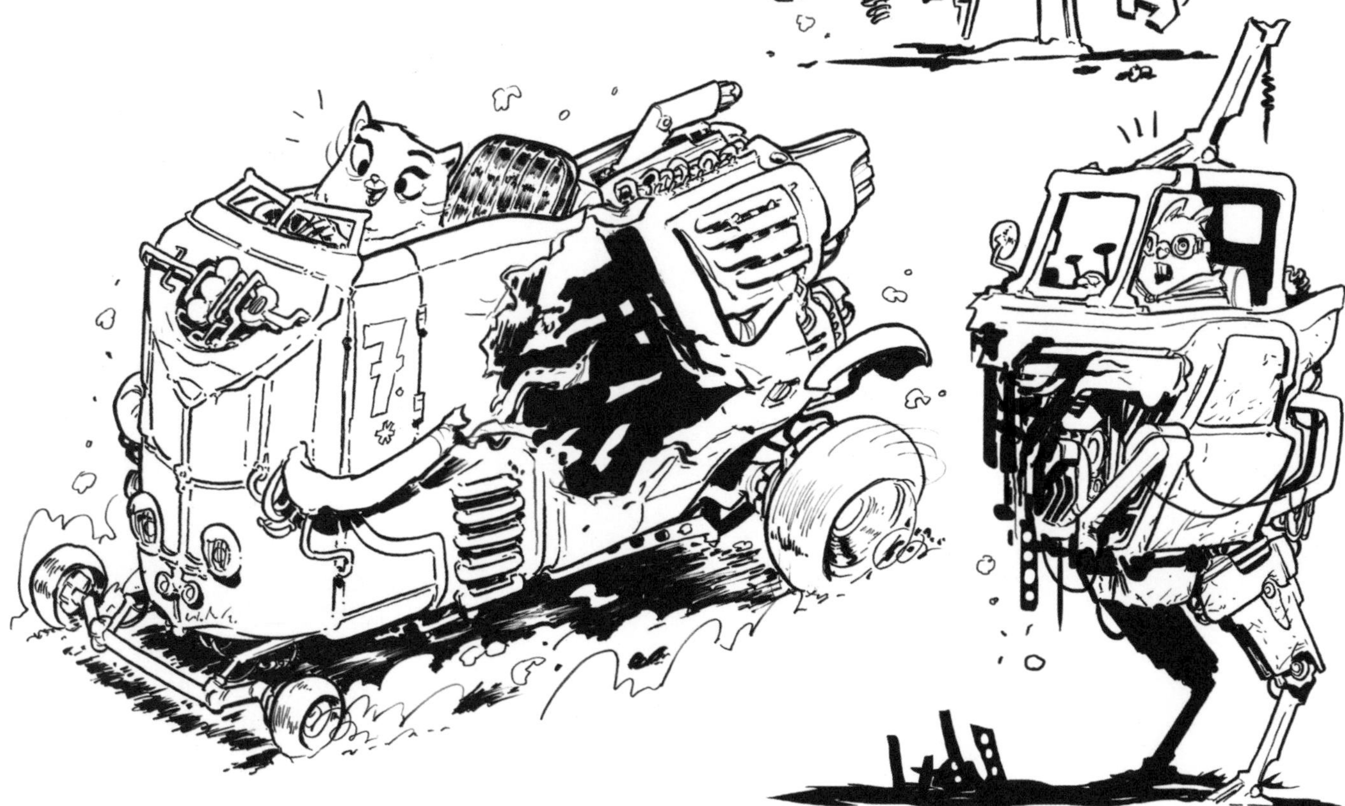

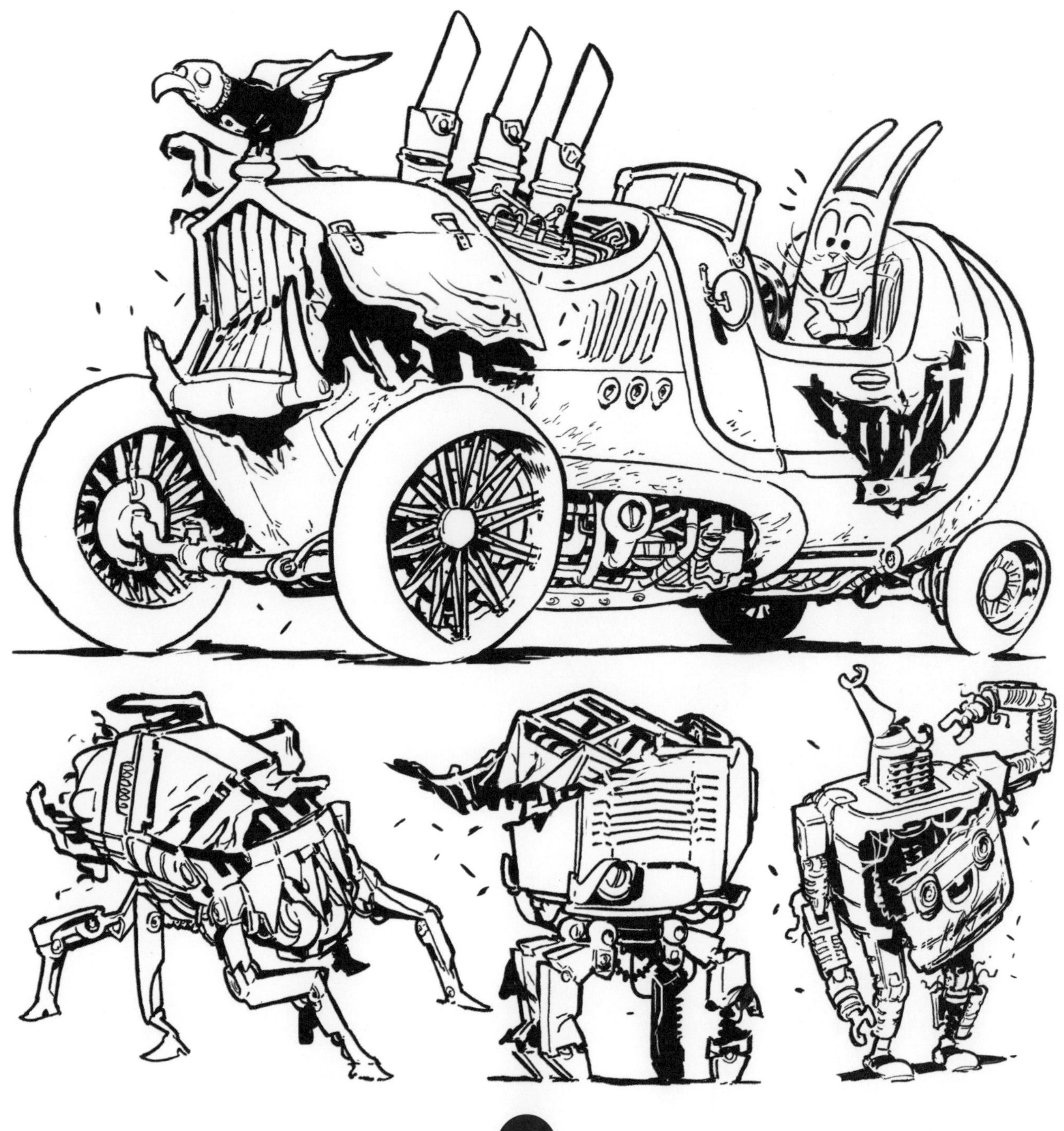

第二章

食物与
生活用品

巧克力和巧克力甜点

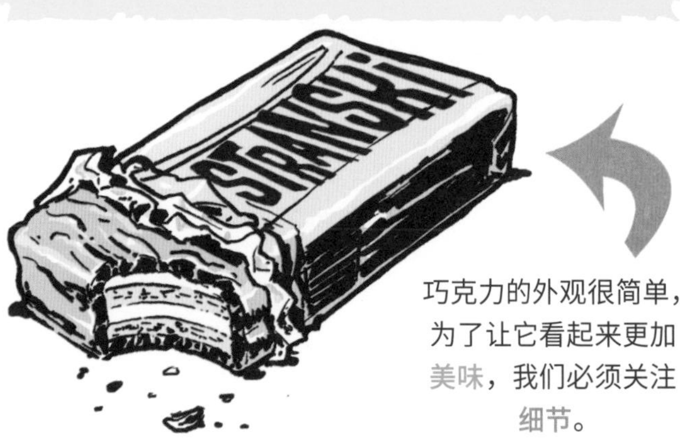

巧克力的外观很简单，为了让它看起来更加美味，我们必须关注细节。

让我们从掰下一块的板状巧克力开始。

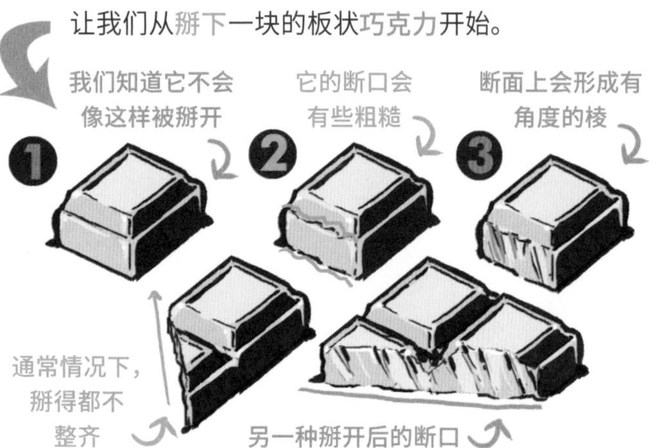

让我们花一点时间来看看如何用线切割固体。

1. 画一个普通的长方体
2. 先标出一条线
3. 沿着线切下去
4. 补画出切割面

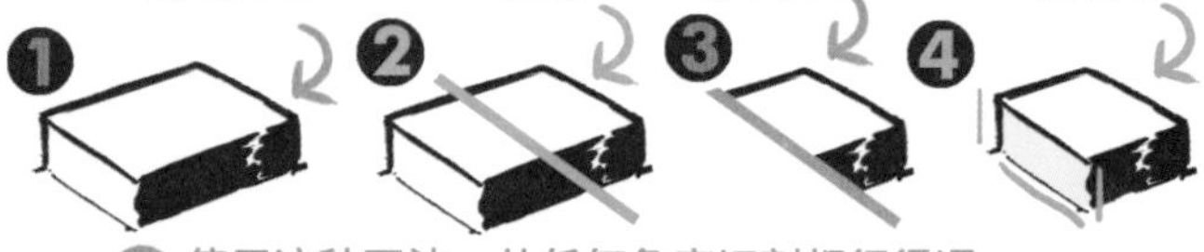

使用这种画法，从任何角度切割都行得通

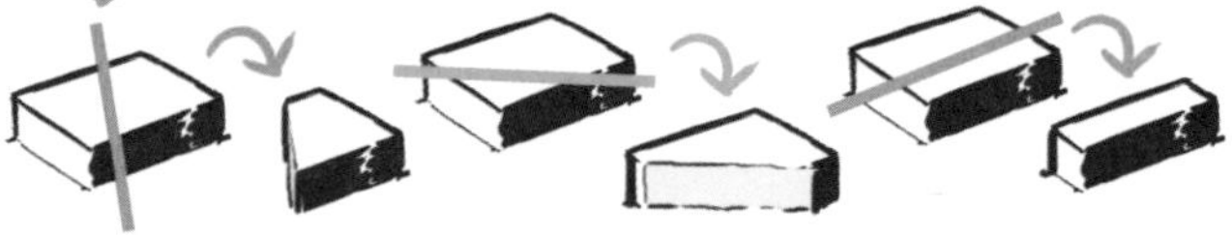

然而，绘制板状巧克力要比这更复杂一点，因为我们必须考虑横截面。

1. 切割的是这个形状
2. 将横截面可视化
3. 切口处保留横截面 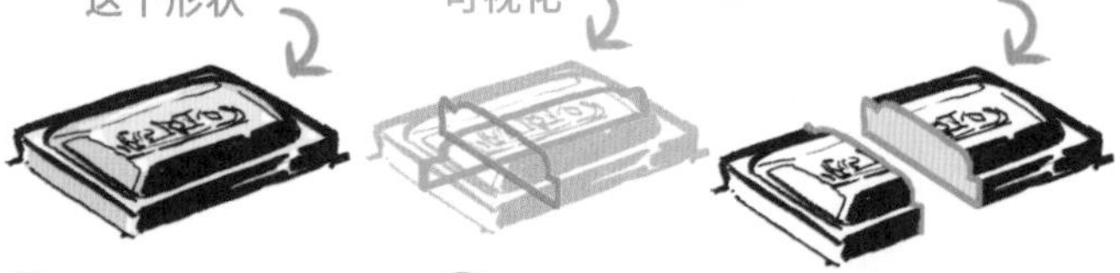
4. 尝试一下对角线切割
5. 只需拉长横截面！
6. 大功告成！

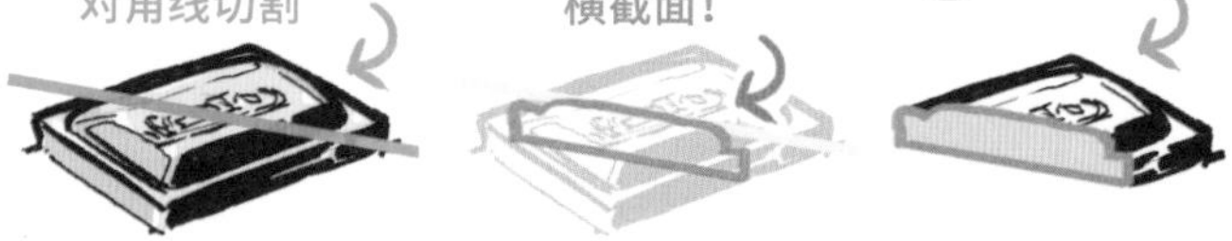

尝试将这种技巧应用到板状巧克力的各个部分吧！

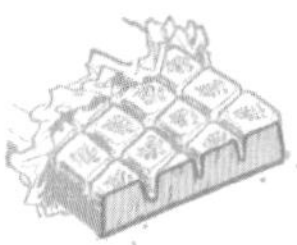

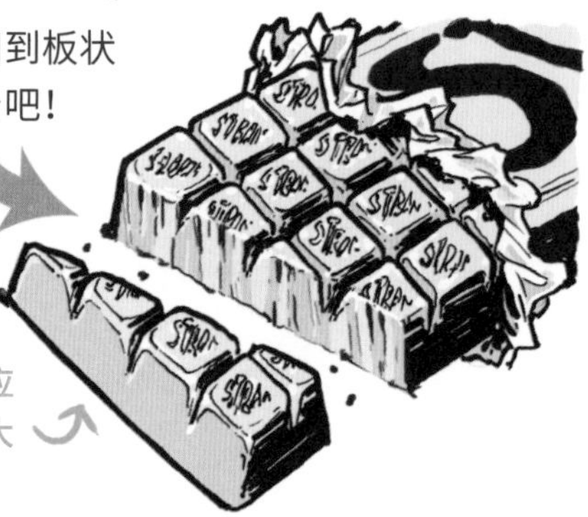

这展示了这个方法的应用，但其实巧克力不大可能像这样断开

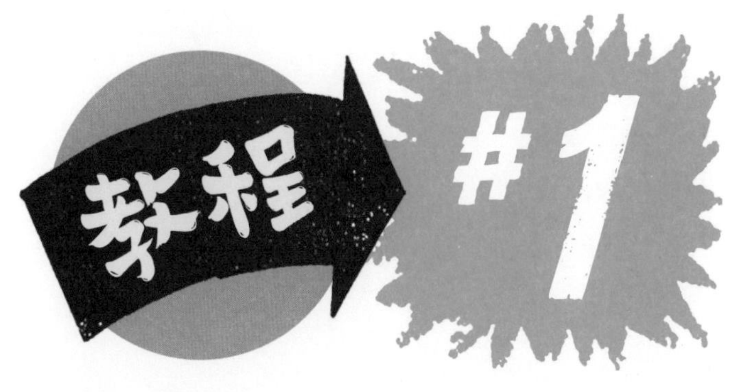

要想画出生动的巧克力饼干，其表面纹理是关键。

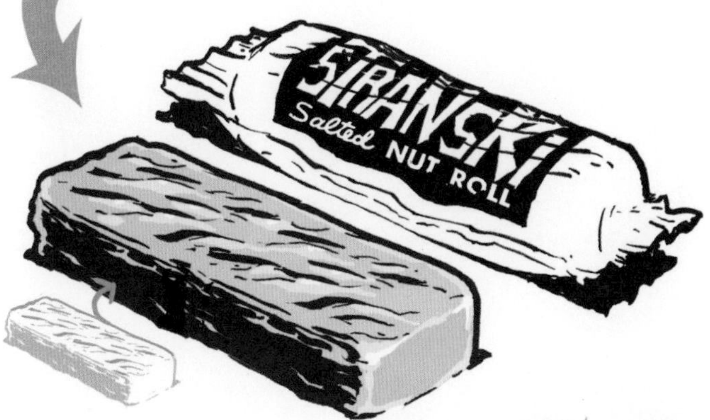

先用随意的网格线划分表面，再将粗阴影线和细致的边缘以相对一致的间隔放置在网格内。

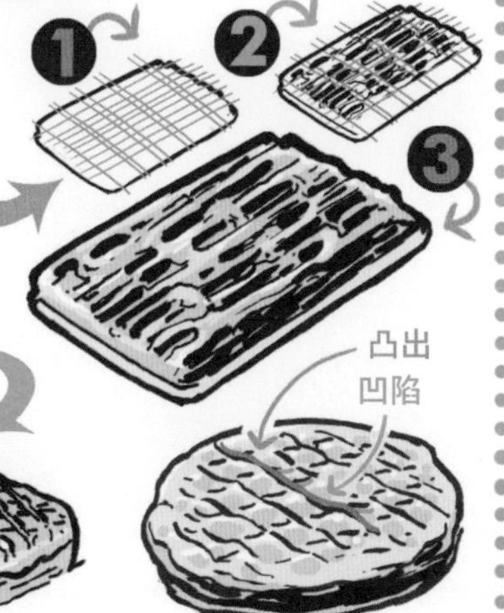

凸出
凹陷

在横截面中添加一些厚厚的夹心层，会使巧克力饼干看起来更加美味！

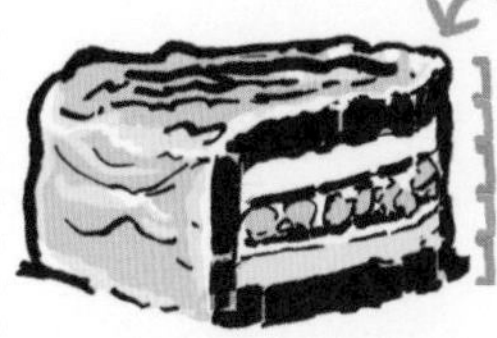

清晰区分的夹层

放大敦实感

单块的巧克力蛋糕或甜点就像珠宝，它们都应该是定制的、独一无二的！

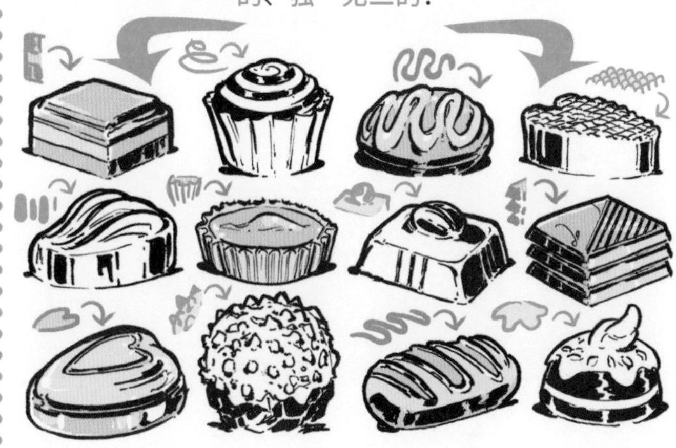

液体巧克力流动起来就像稀释的熔岩一样。

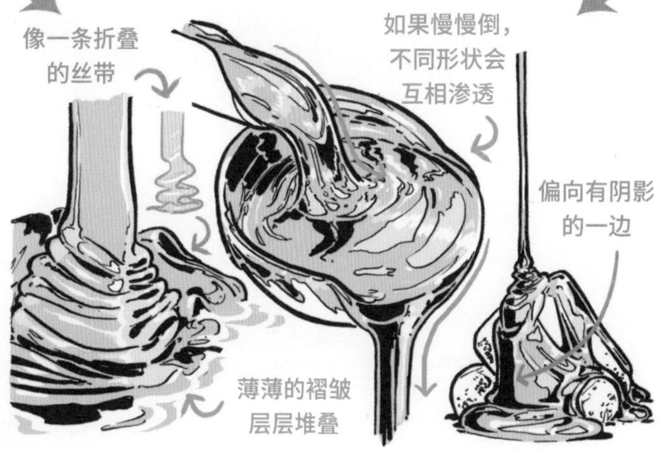

蛋糕和甜点

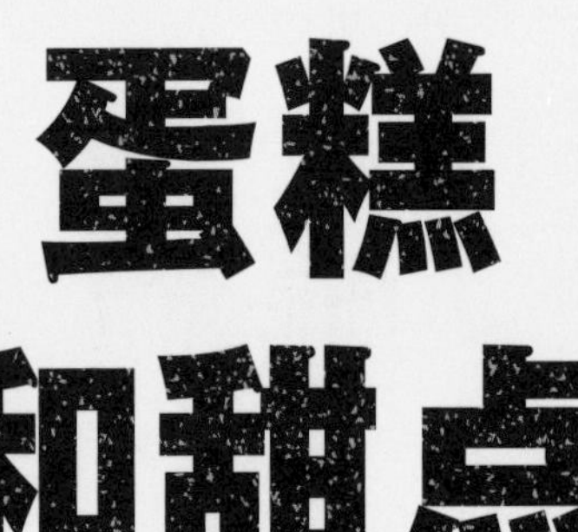

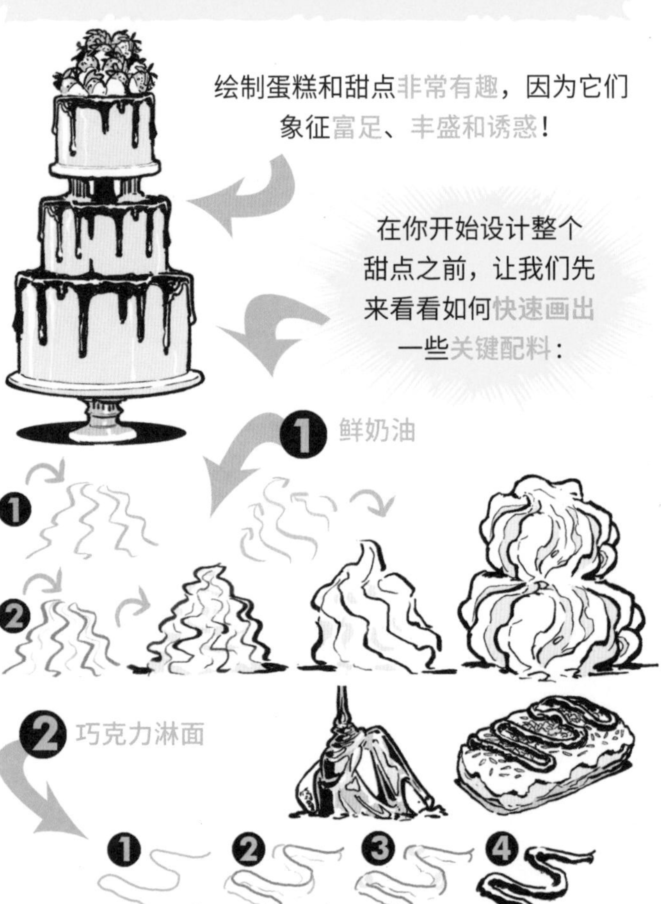

绘制蛋糕和甜点非常有趣，因为它们象征富足、丰盛和诱惑！

在你开始设计整个甜点之前，让我们先来看看如何快速画出一些关键配料：

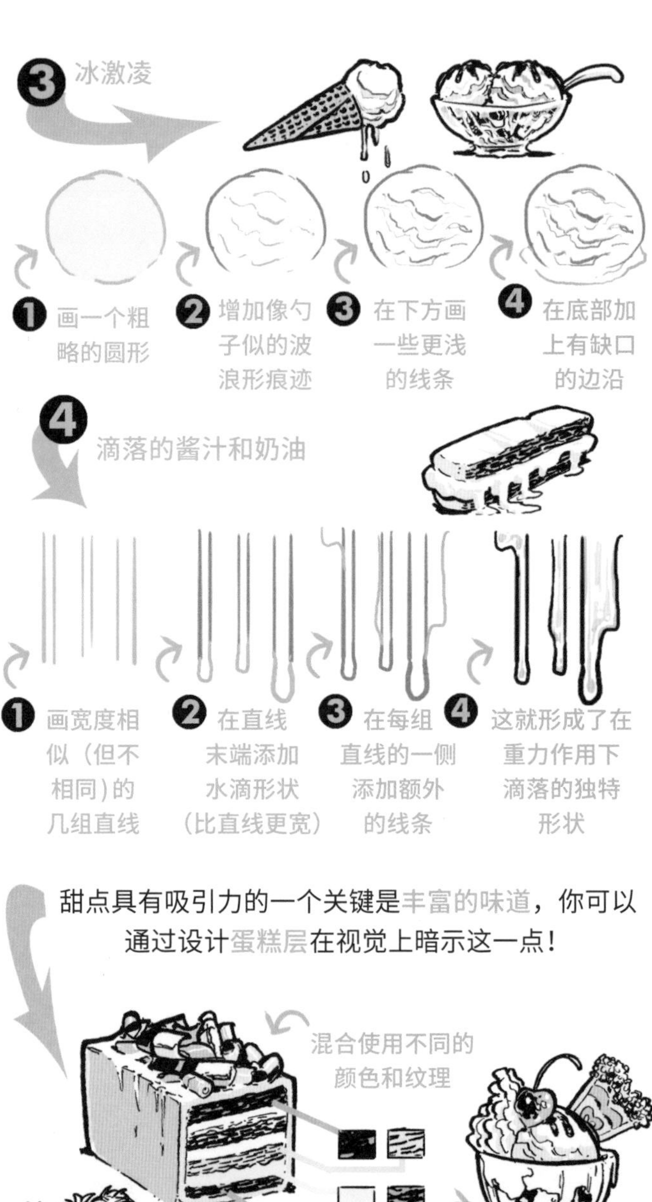

甜点具有吸引力的一个关键是丰富的味道，你可以通过设计蛋糕层在视觉上暗示这一点！

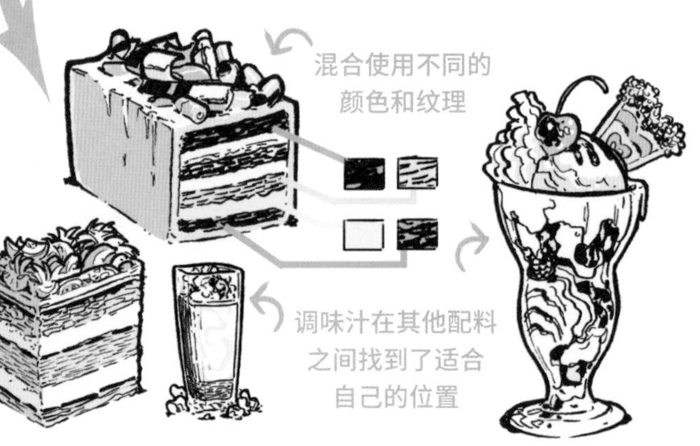

混合使用不同的颜色和纹理

调味汁在其他配料之间找到了适合自己的位置

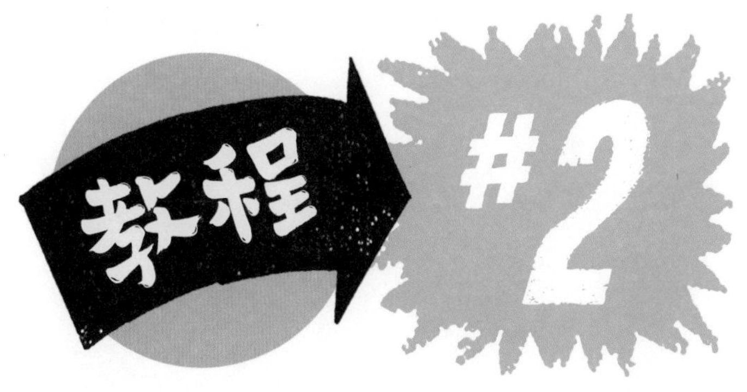

把配料集中画在一起，可以赋予甜点满满的美味感！

还行

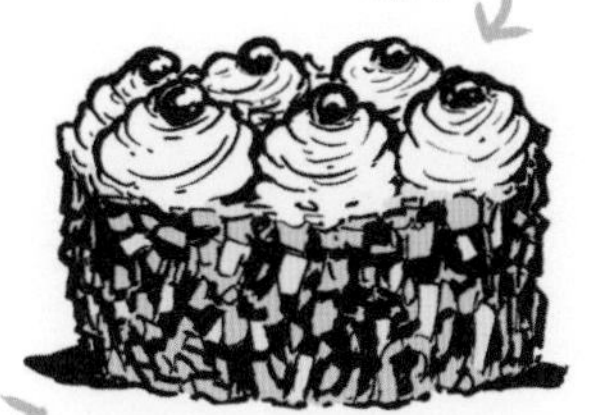

这里的刨花和奶油裱花很小，间隔却很大

但在这里，它们是膨胀的、成堆的以及重叠的！

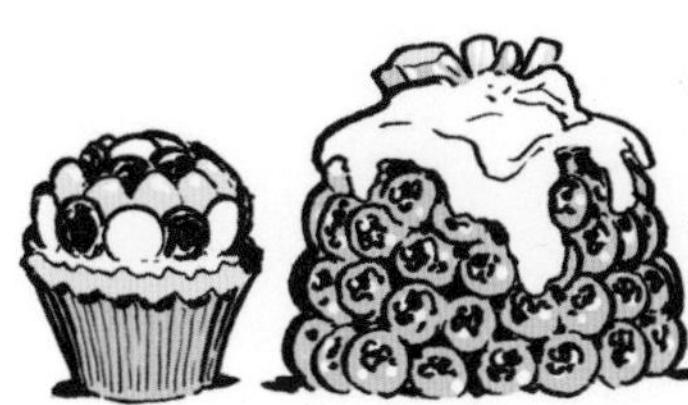

堆叠总是能有效地表现丰盛

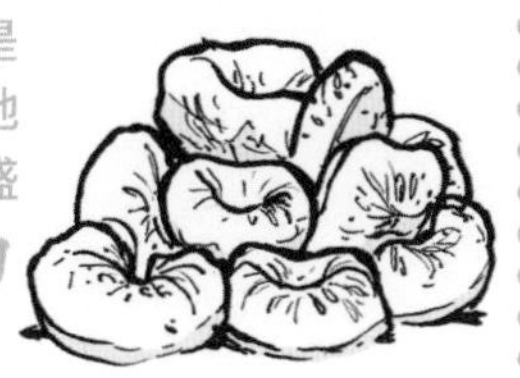

水果对暗示新鲜非常有用。

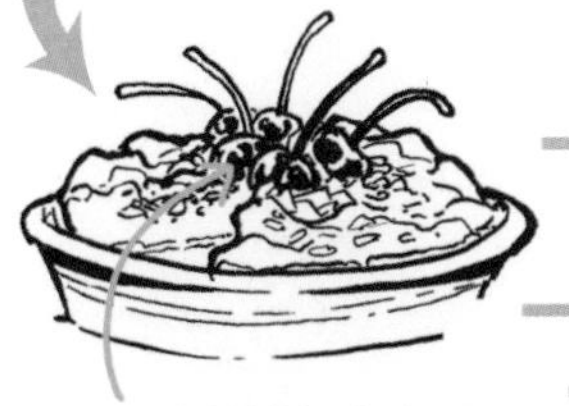

让樱桃极富光泽

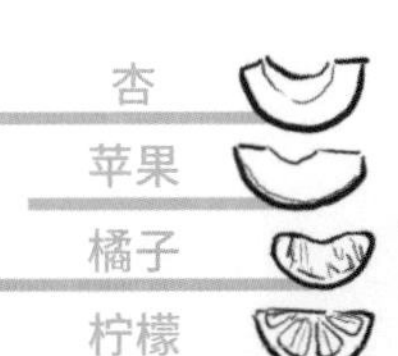

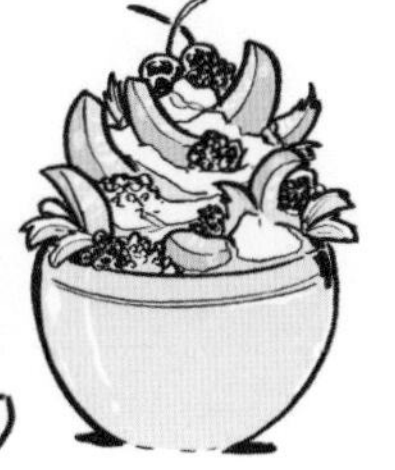

强有力的设计总是可以被分解成具有清晰辨识度的组成部分，甜点也不例外。

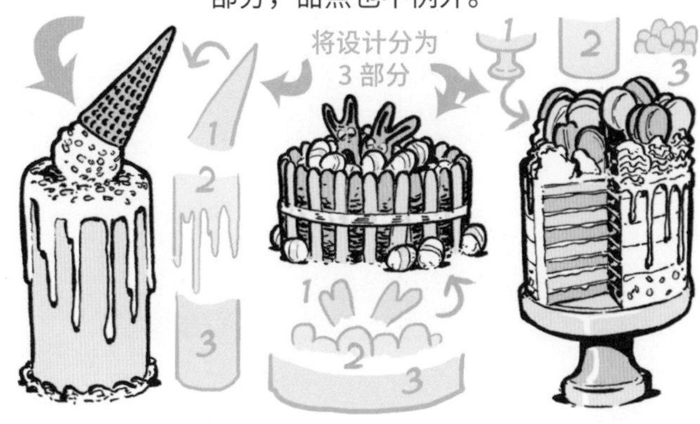

试着围绕两个对比鲜明的特征进行设计：

厚/薄

加工/天然

柔软/酥脆

当然，如果你想表现一道极其丰盛的甜点，可以把所有东西都塞进去！

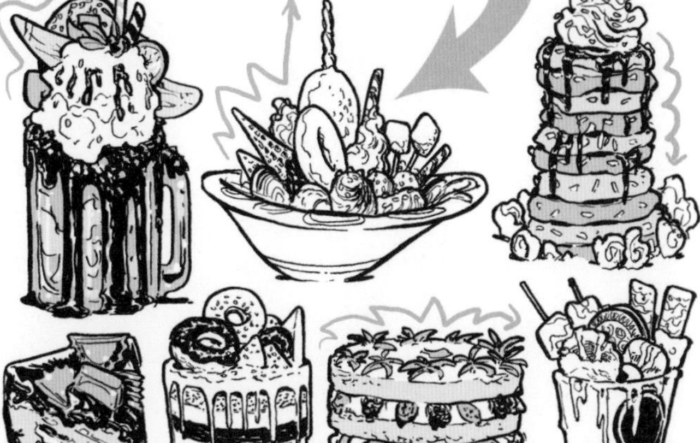

蛋糕和甜点

素材集

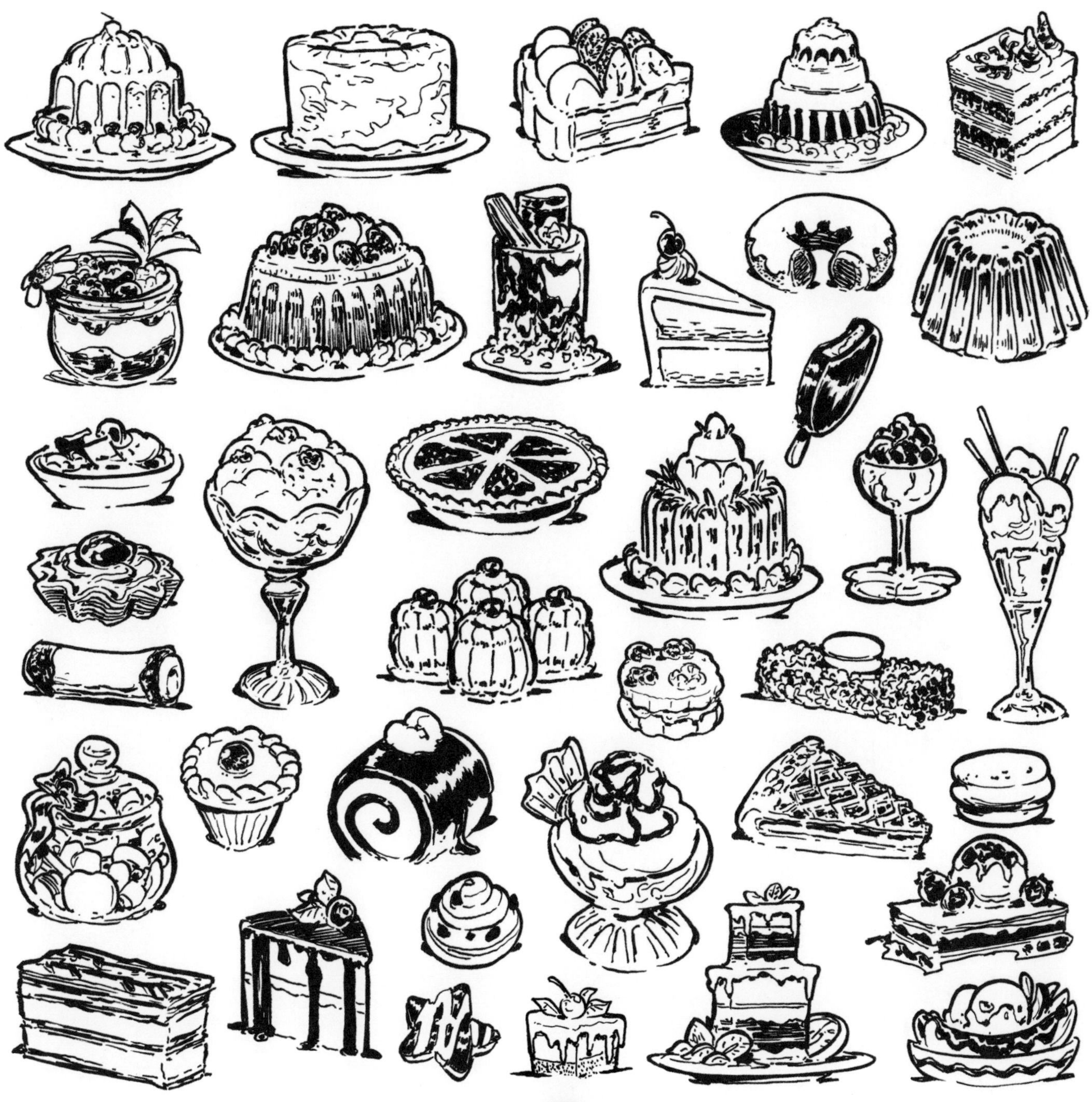

肉类和奶酪

肉类和奶酪是大量具有雕塑感的元素集合，它们适用于任何餐桌场景。

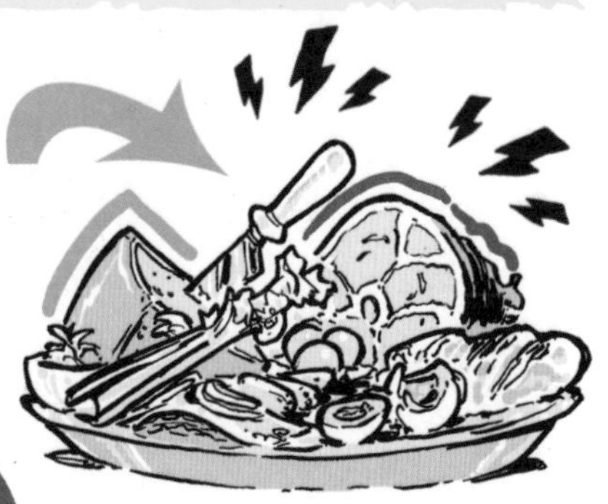

让我们先从画一块牛肉开始：

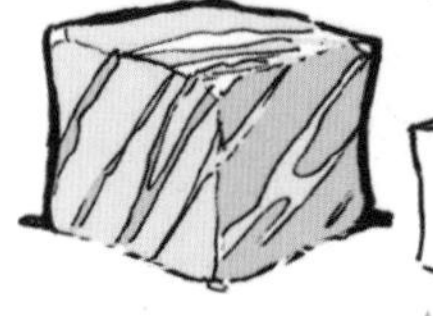

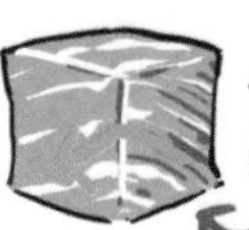

两边有点下陷

像木纹一样的交叉纹路

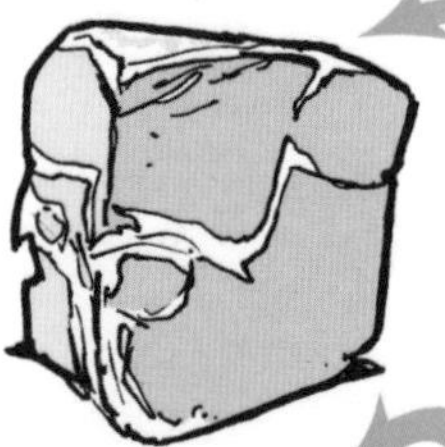

这是一块牛臀肉，在它的多个切面上都能看到白色的脂肪条纹。

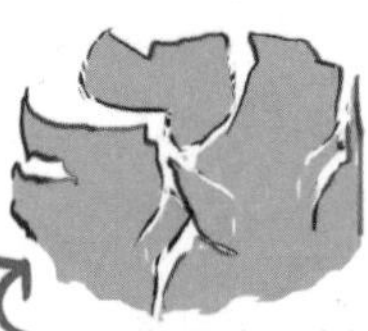

条纹像闪电一样

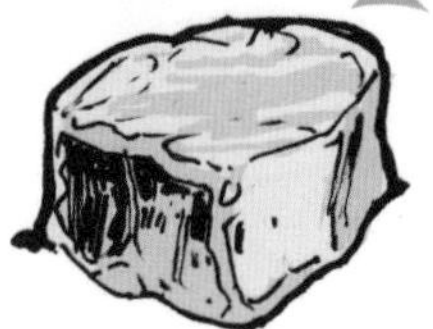

牛里脊肉的条纹通常更少，整体纹理的分布更均匀。

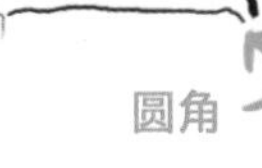

圆角

许多切片（牛排）的外层包围着一圈脂肪或一些软骨，这些脂肪往往呈现出大理石般的纹路。

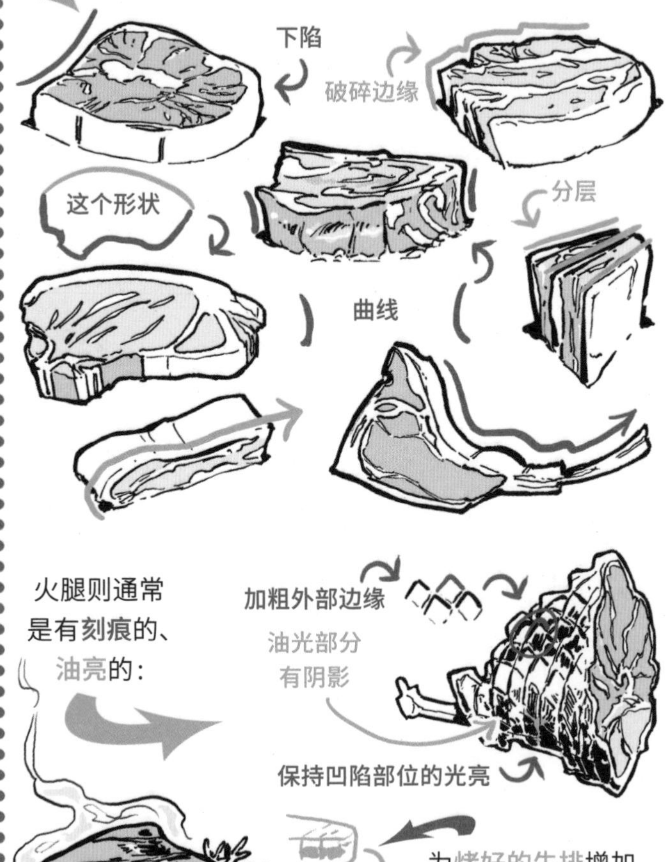

火腿则通常是有刻痕的、油亮的：

为烤好的牛排增加一点光泽，可体现其美味多汁。

火腿、熏肉等薄肉片尽管也有重量，却因缺乏支撑力而总是想要“躺平”。

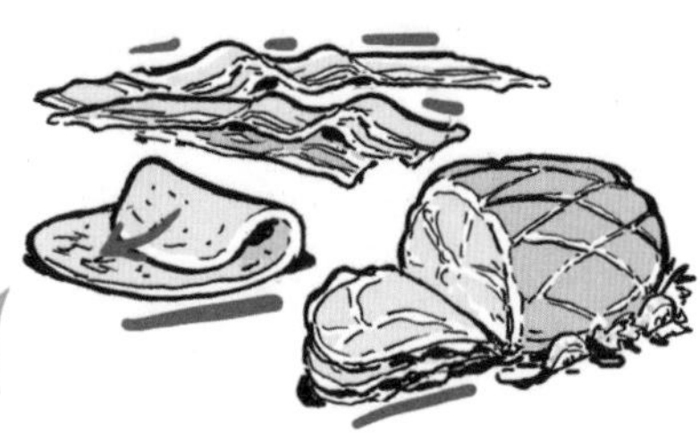

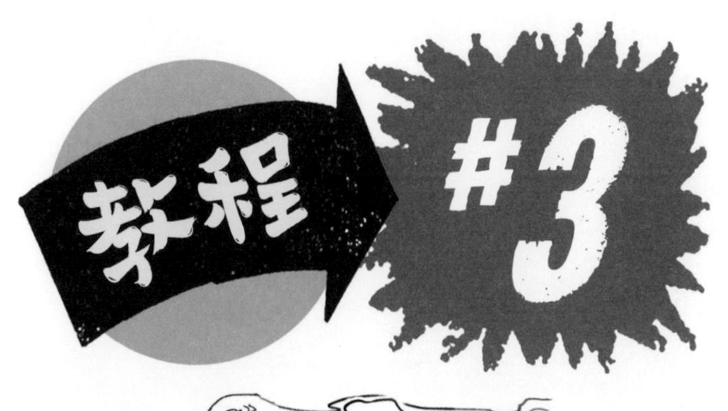

你会画的食物种类越多越好。

绘制任何尺寸相似的物体时都要记住：形状的多样性就是一切。

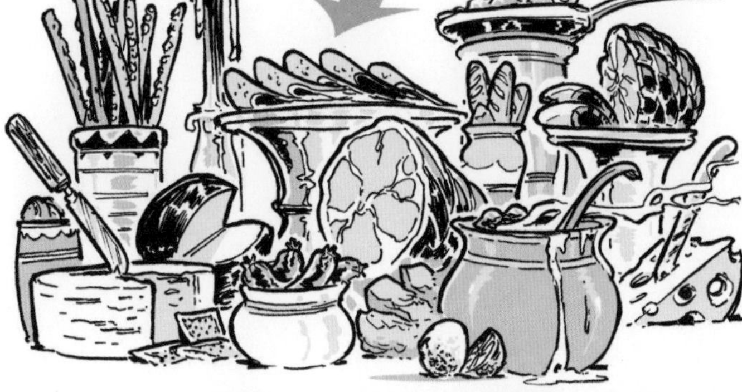

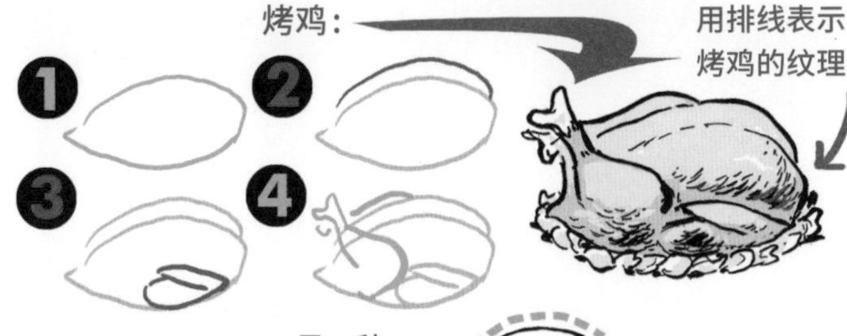

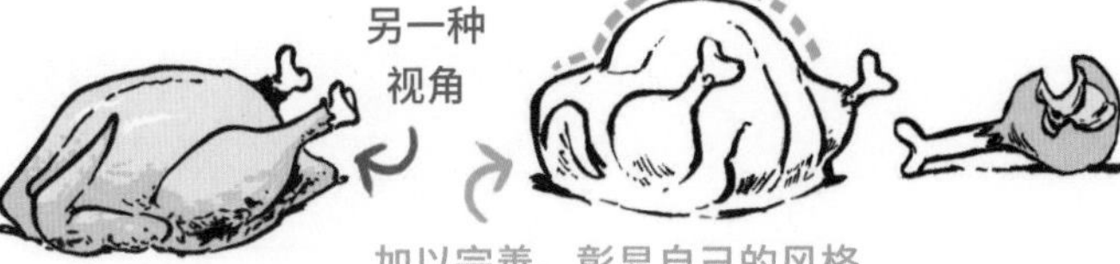

香肠的形状非常简单，为了让它们看起来更加美味，需要将它们稍微扭转一下。

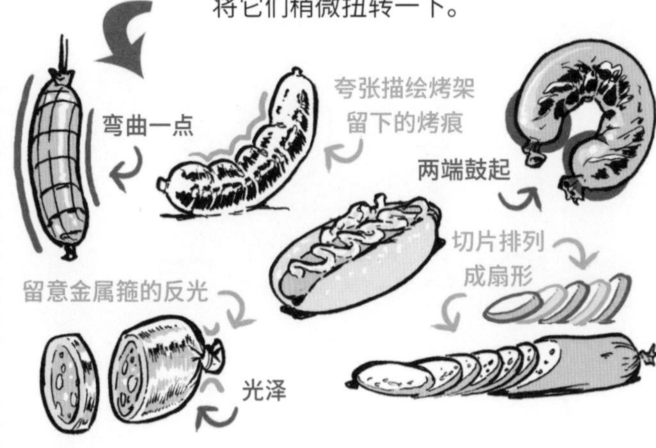

奶酪！

让我们从一个经典的卡通形象——瑞士奶酪画起，绘制的重点是合理而巧妙地安排奶酪上的孔洞。

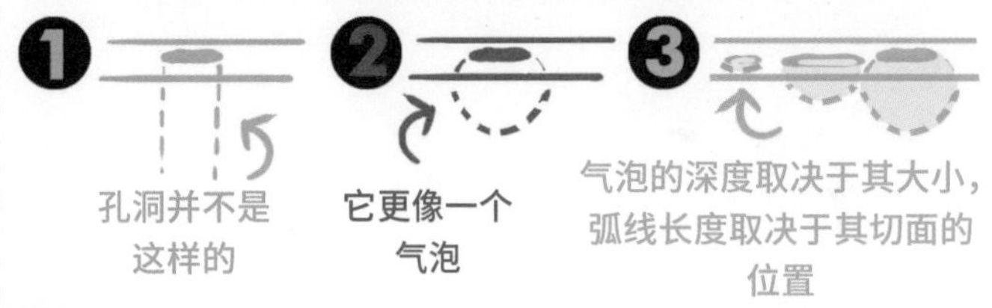

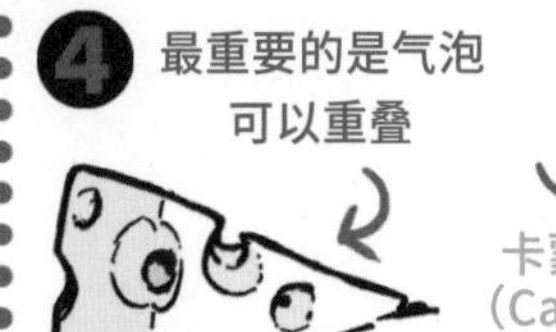

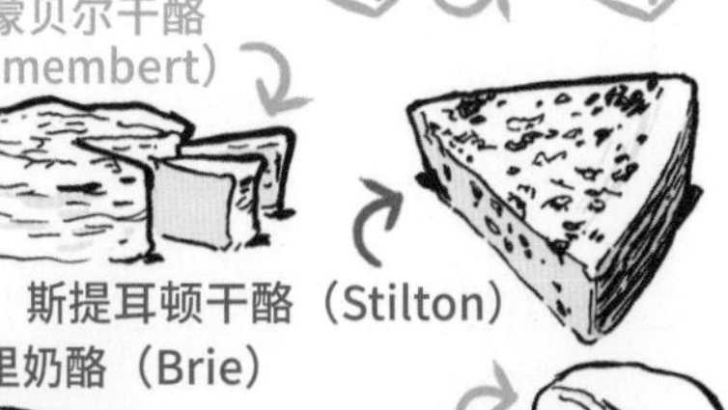

艾丹姆奶酪（Edam）

布里奶酪（Brie）

马苏里拉奶酪（Mozzarella）

书籍

书籍是一种既简单又有效的道具，它可以使几乎所有的室内环境变得富有人情味。

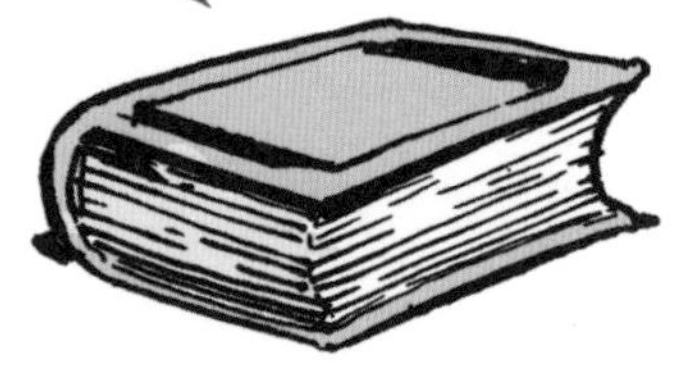

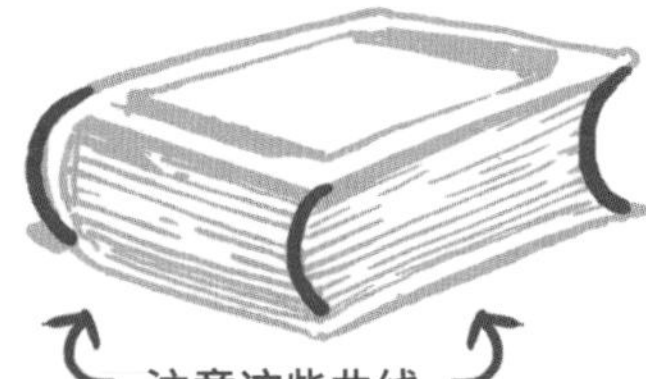

注意这些曲线

书籍的外皮（封面和封底）通常是硬的，内文部分则更软、更复杂、也更富有动态。

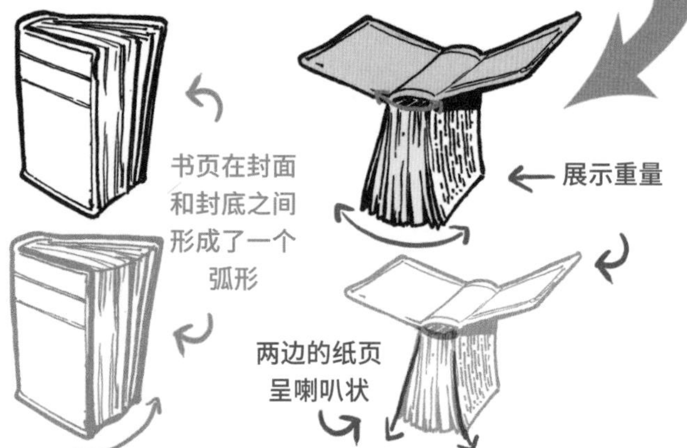

书页是被固定在书脊上的，这限制了它们的活动范围。

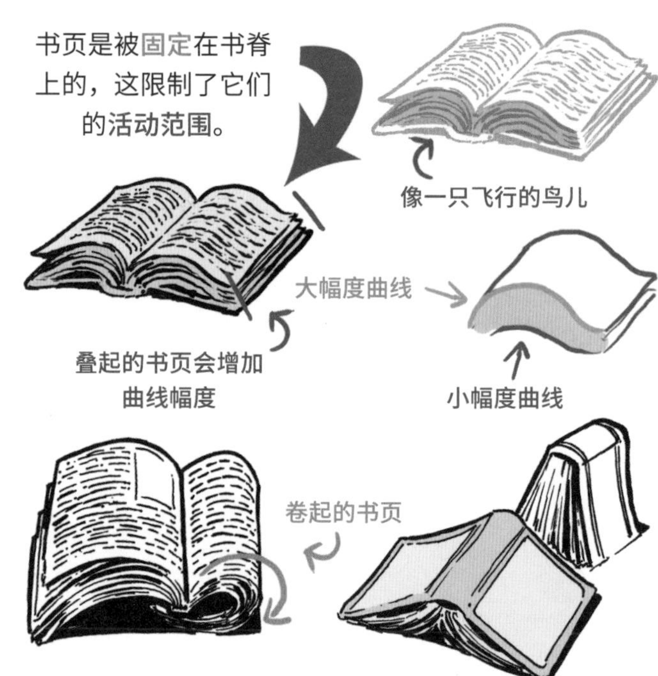

当书页翻开呈扇形时，可为它加上更多的特征和动感。

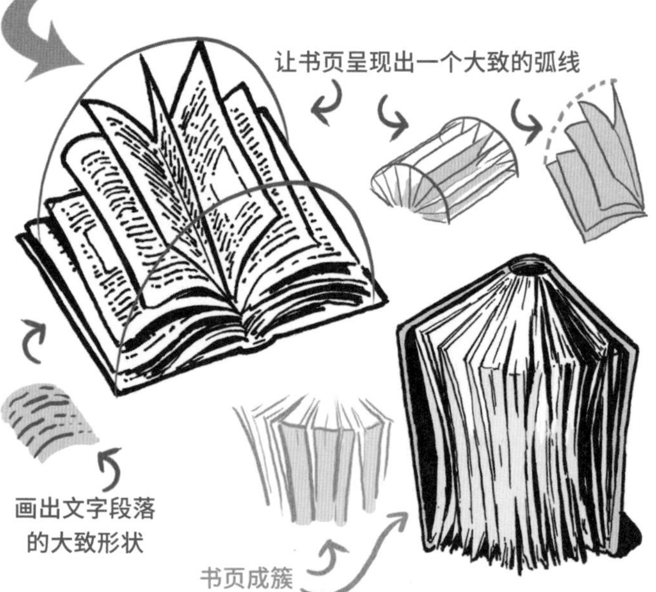

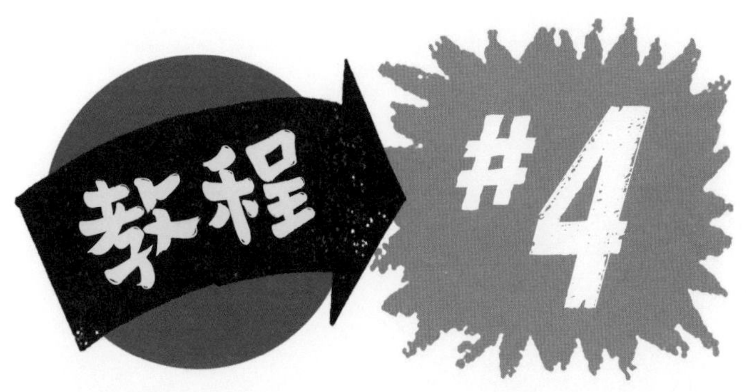

当你绘制一堆书时，最好让它们不尽相同。你可以改变它们的类型、位置和年代。

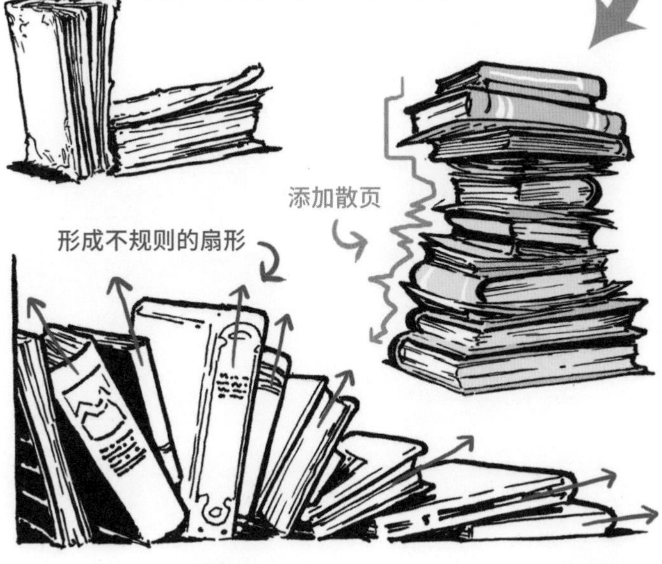

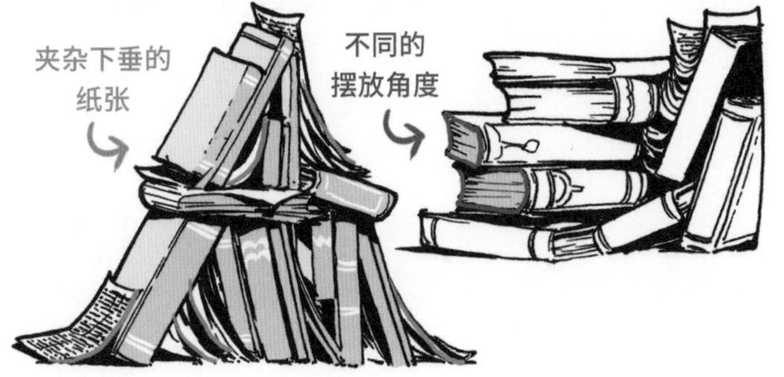

一旦你了解了书的动态特征，就可以把它们画得栩栩如生。

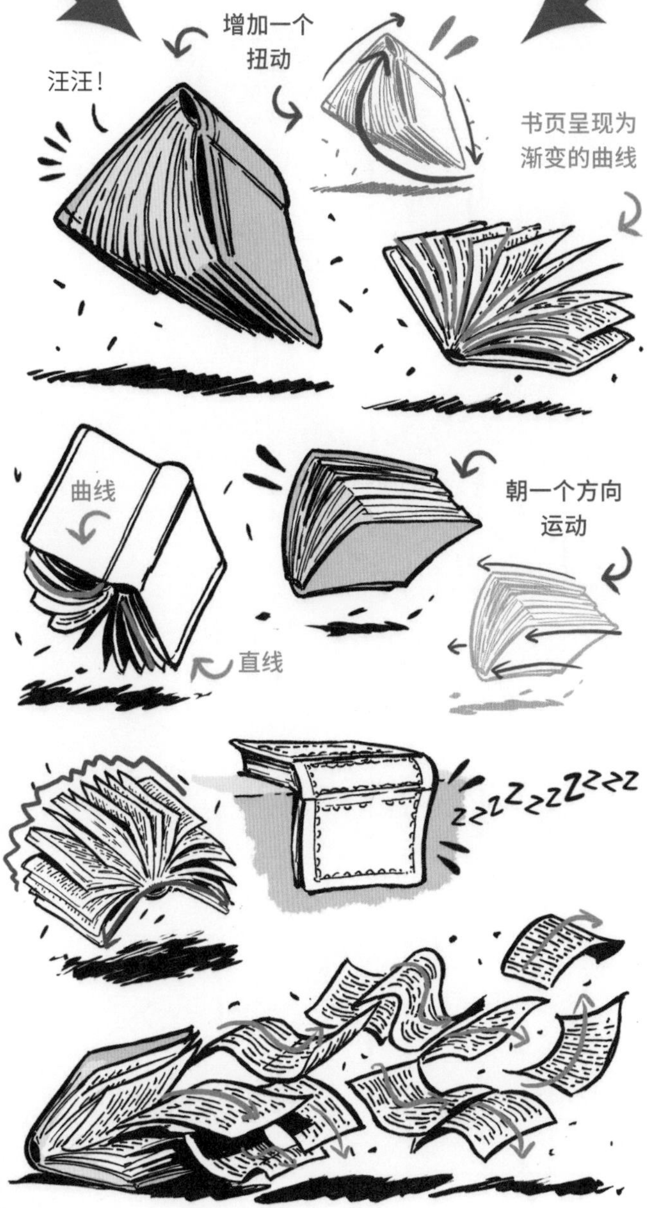

增加一个扭动

汪汪！

书页呈现为渐变的曲线

曲线

直线

朝一个方向运动

ZZZZZZZZZZZZ

报纸

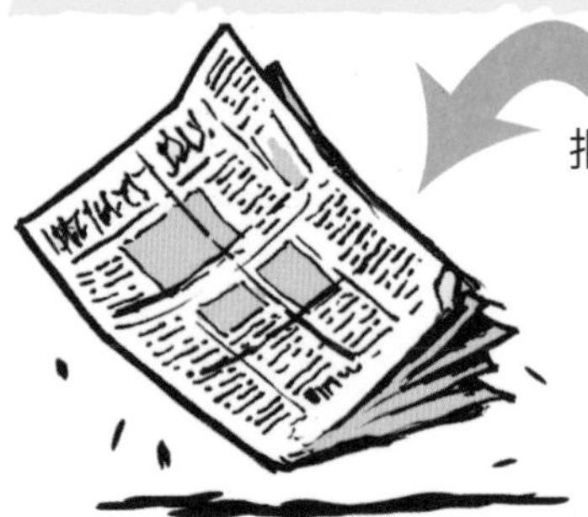

报纸是一种神奇的环境元素，
它可以同时唤起氛围感、
时代感和运动感！

先练习单张报纸，纸张的折痕和厚度可以帮助我们熟悉报纸的形状。

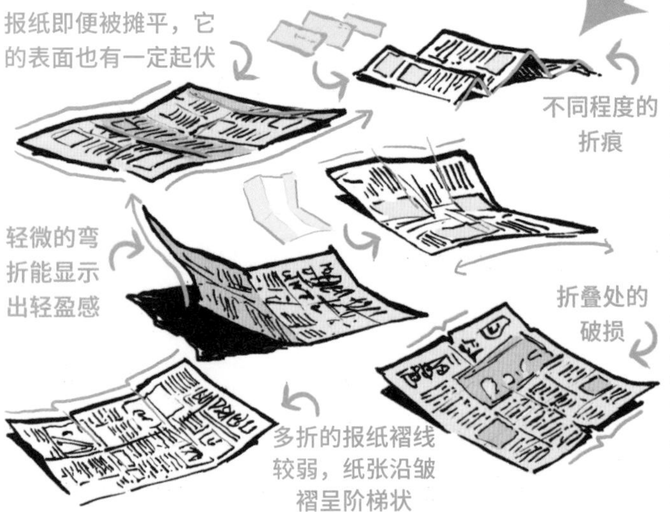

要想把单张纸揉得有特色，可以想想摆拍人物的姿态。

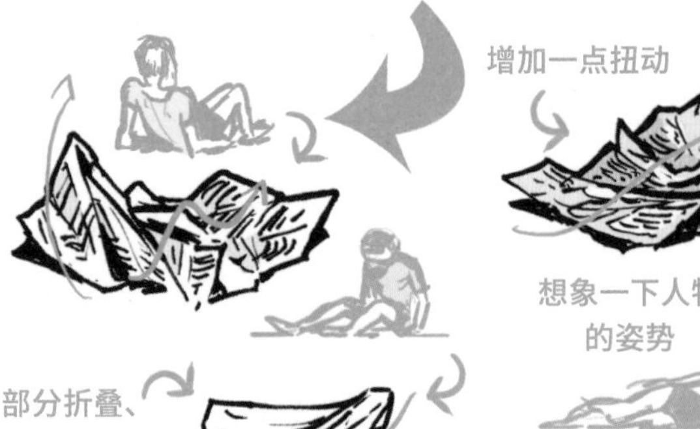

画整份报纸时，尽可能让页面起伏并形成扇状。

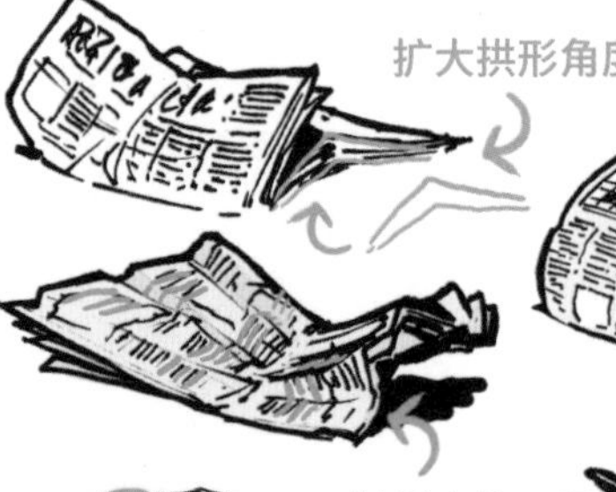

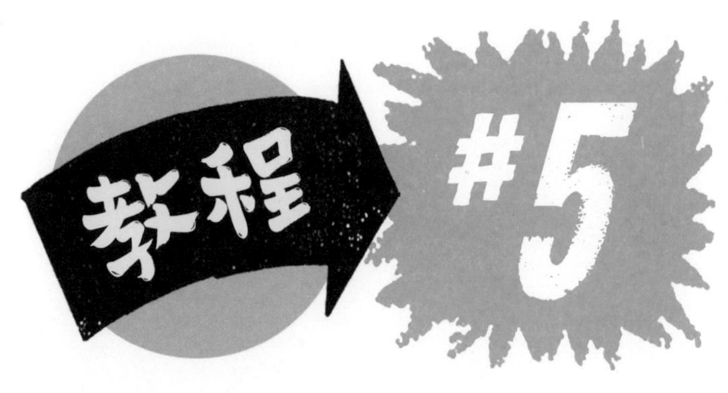

教程 #5

画成捆的报纸时，要考虑到每张纸的厚度及其对整体的影响。

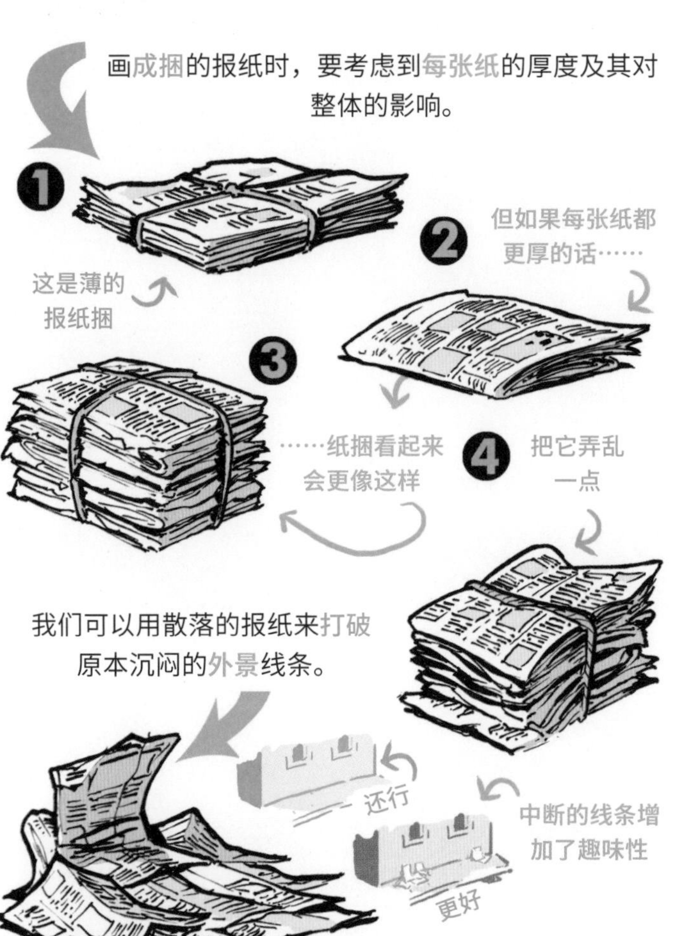

我们可以用散落的报纸来打破原本沉闷的外景线条。

有很多方法可以堆叠报纸，你可以尝试组合不同的形状，让堆叠方式更有创造性。

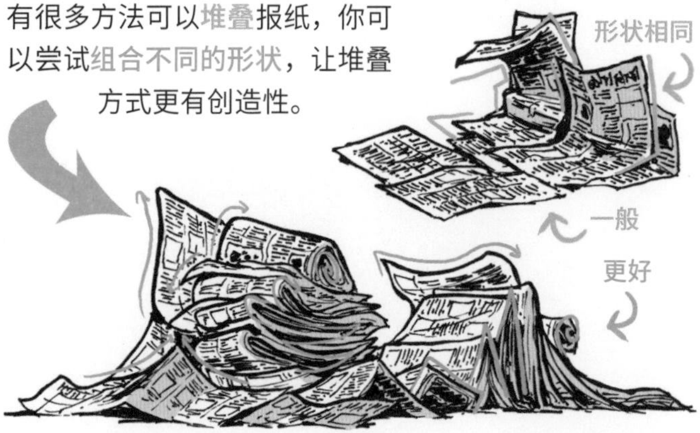

形状相同

一般

更好

微风中的报纸通常可以保持被掀起时的弧度。

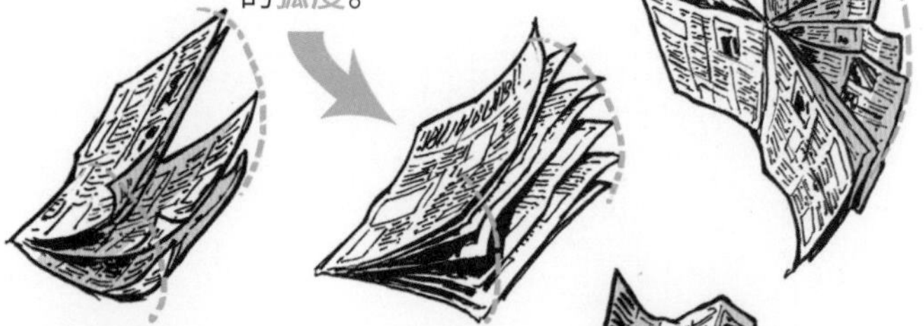

我们可以通过报纸的散落来表现风的方向和强度。

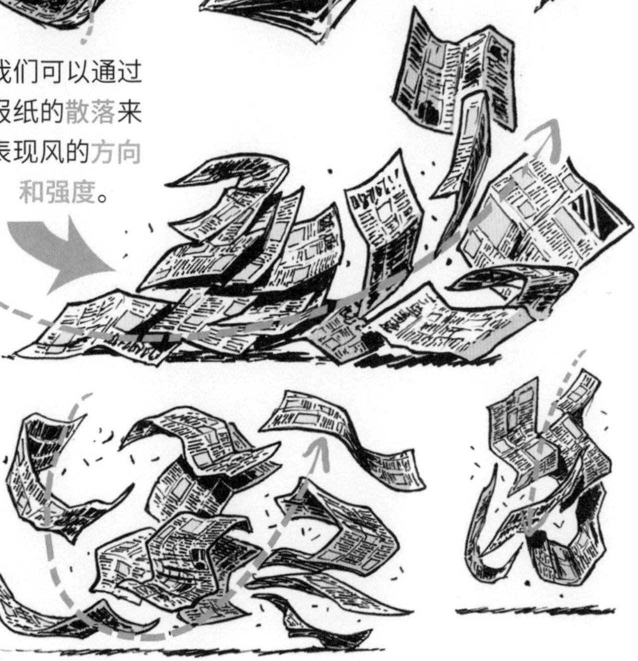

卷轴

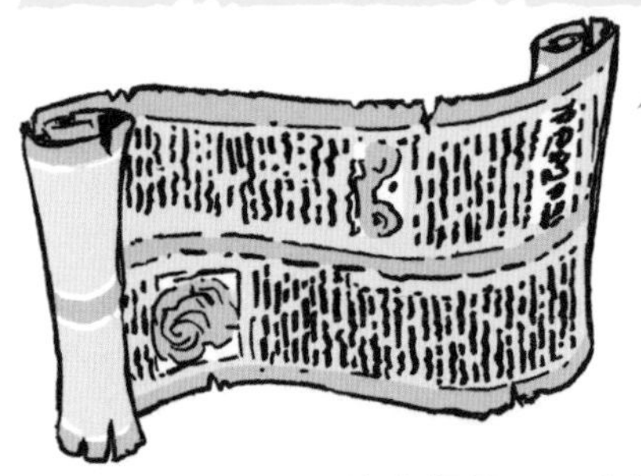

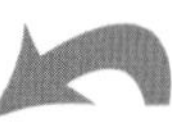

画卷轴要遵循一套类似于绘制丝带时使用的简单规则。

让我们从画一条纸带开始：

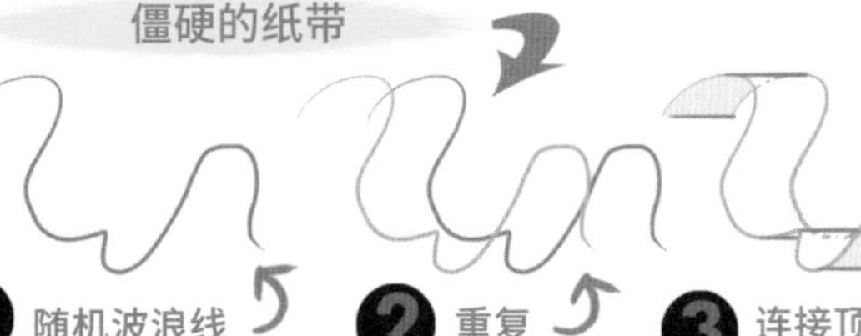

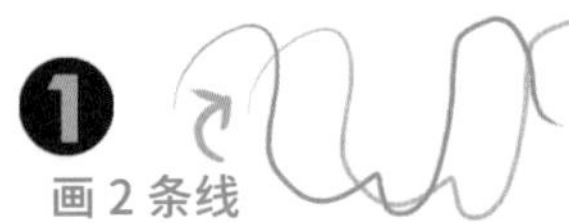

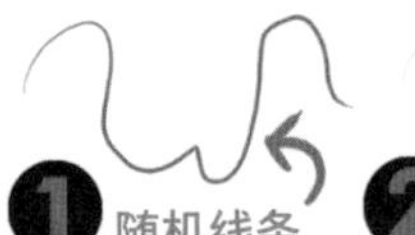

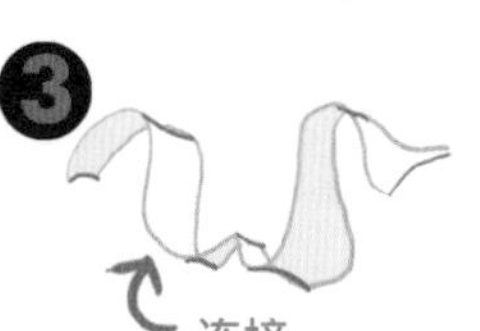

绘制卷轴少不了透视，不妨通过折叠边缘来展示变化的角度。

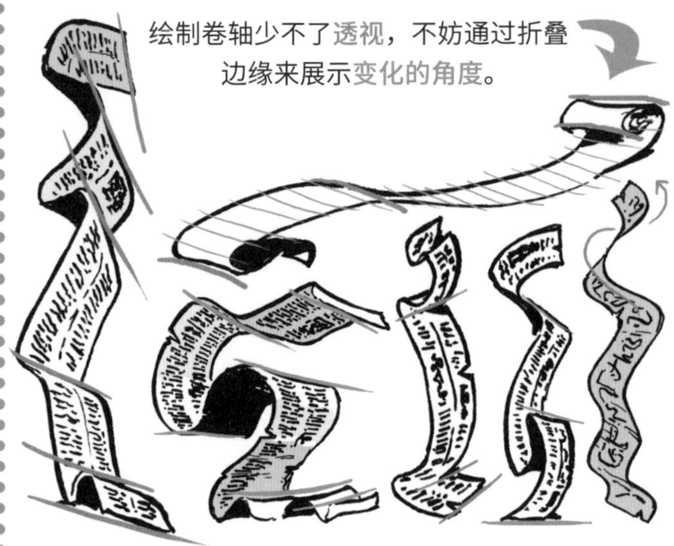

陈旧的纸张可考虑添加以下 6 种小细节：

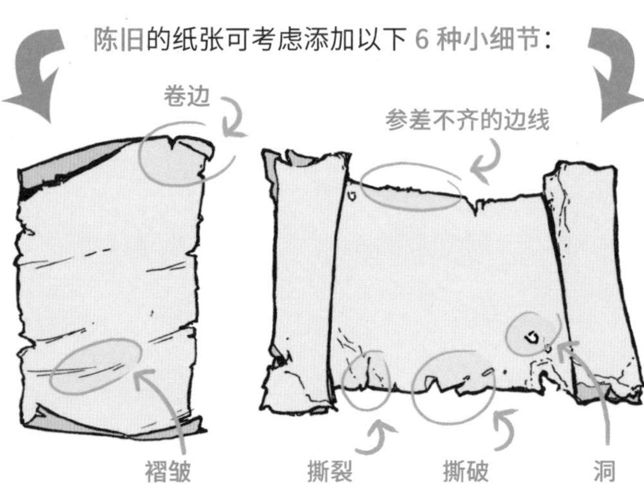

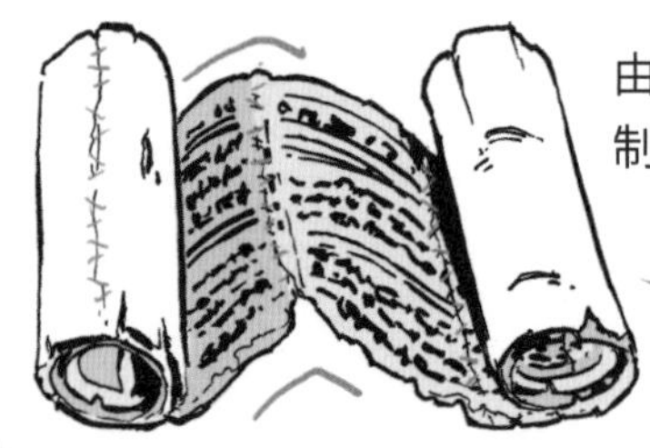

由单独的纸张连接在一起制成的卷轴通常会在连接处弯折而非卷曲。

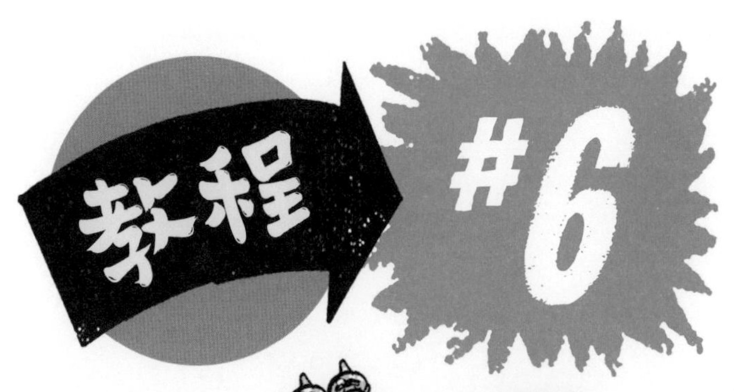

画卷起来的卷轴时，尽量不要画得太整齐！

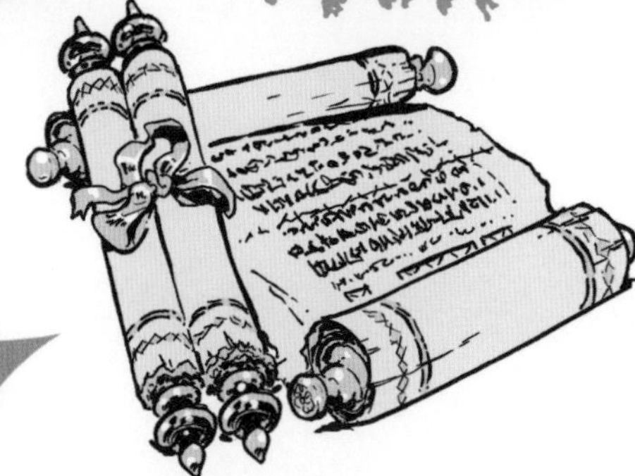

这样的卷起方法更吸引人：

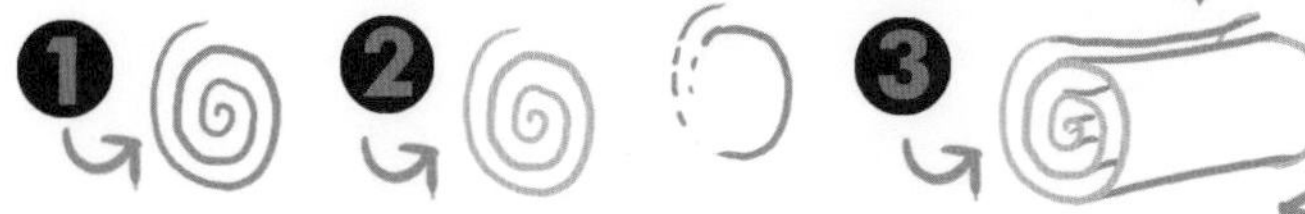

还行，但是螺旋上如此均匀的间距让人感觉有点太整齐了

一个更有趣的方法：

1 2 3 4

画出松散、粗糙的线卷

添加一些裂口

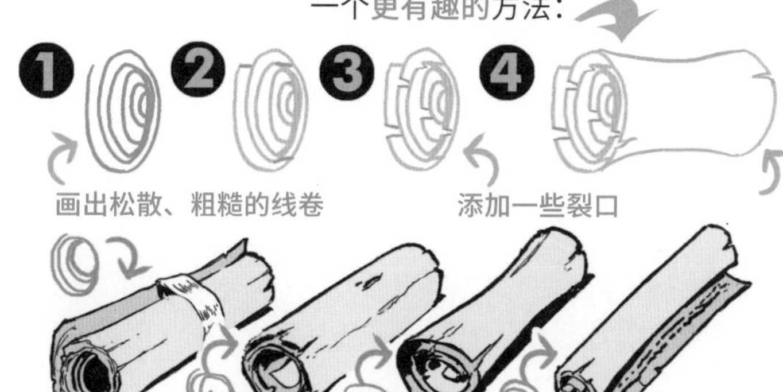

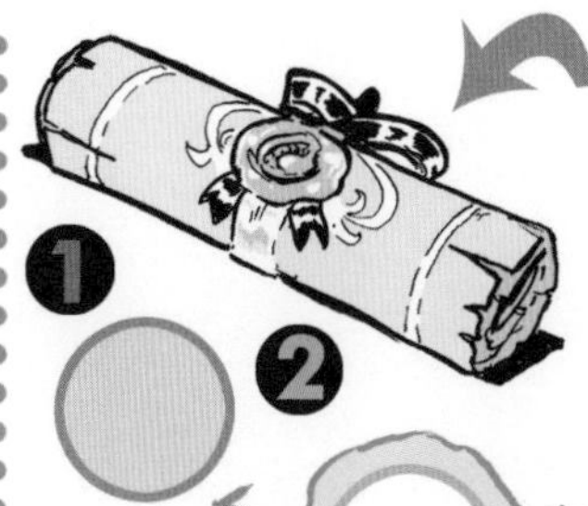

蜡封可以成为卷轴的设计中心，绘制它们的关键同样是保持不完美。

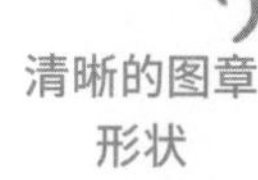

1 清晰的图章形状

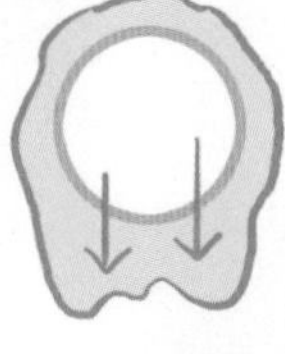

2 在重力作用下，蜡痕大致是这样

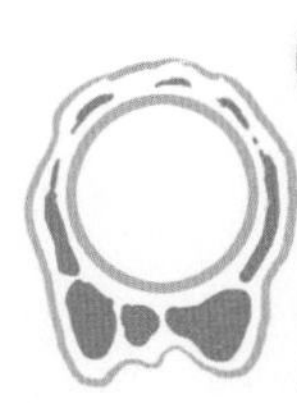

3 阴影呈斑点状

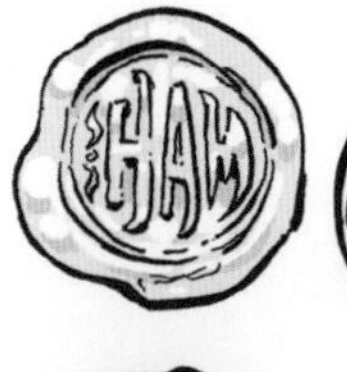
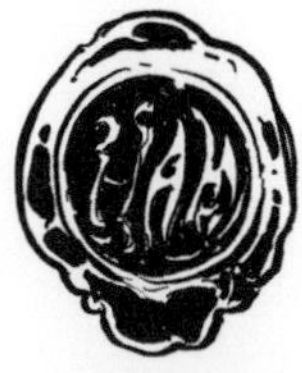
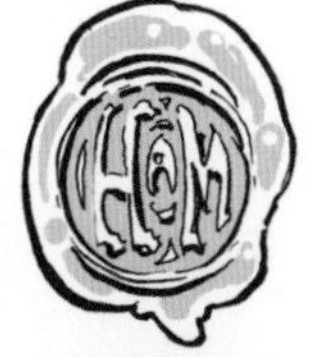
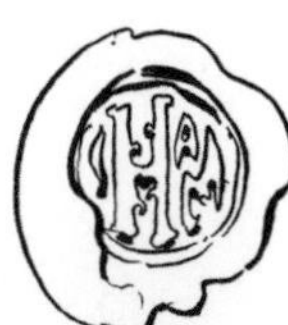
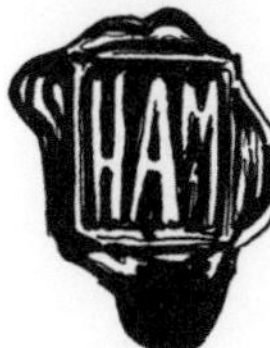
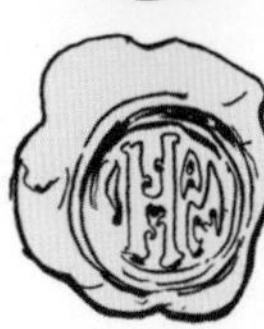
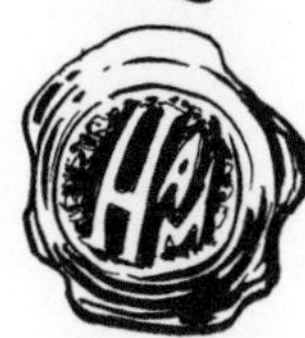
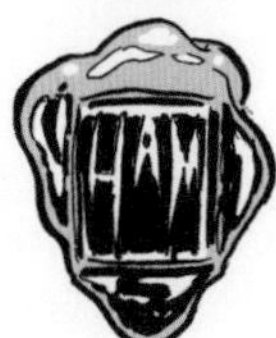

成捆的卷轴会从紧塞的那端向两边散开，我们可以利用这种“弹性”创造出凹凸不平的轮廓线。注意留出几个“不合群”的卷轴，这样画面才不会太单调。

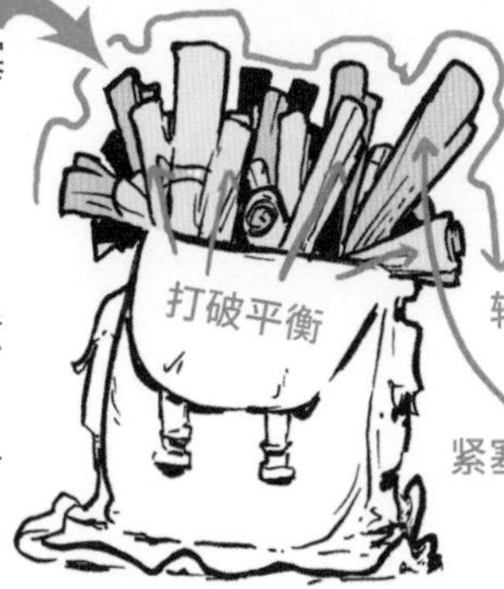

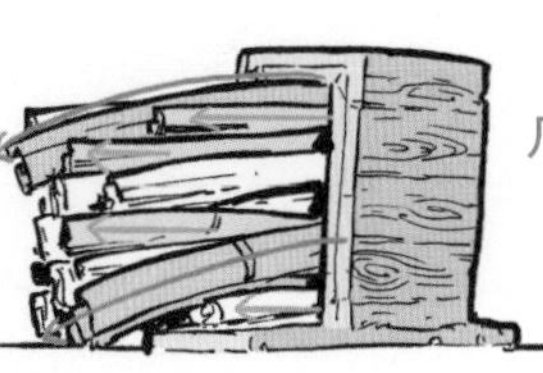

几条曲线伴随着大量直线

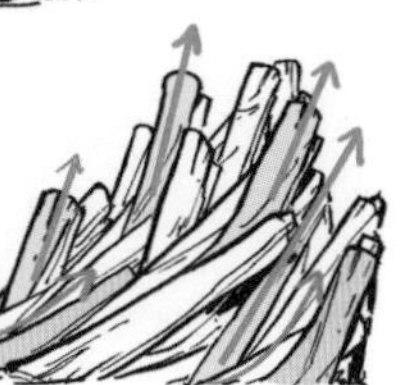

瓶子和玻璃杯

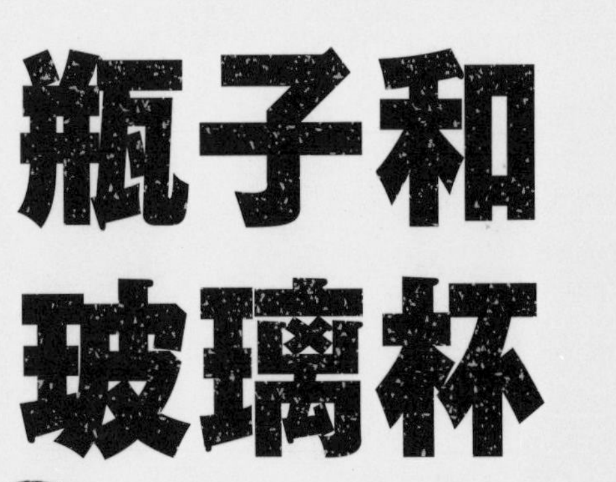

画好瓶子首先要会透视图。之后还要注意区分瓶身的颜色（透明、浅色或深色），它决定了我们是要着重展现瓶身表面反射的细节，还是要暗示瓶子的不透明性。

那么，让我们先来看看如何绘制一个常规玻璃瓶的透视图。

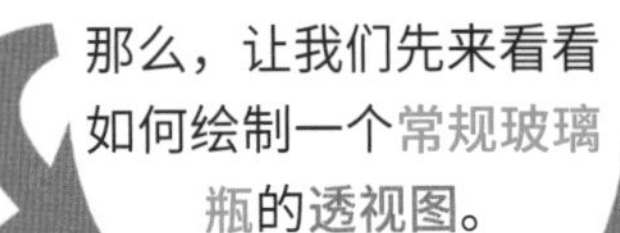

1 画出 4 条等距的直线，再在之间画一个圆

2 标出中线及多重环线

3 勾勒出瓶身的外轮廓

4 通过勾画细节来调整线条

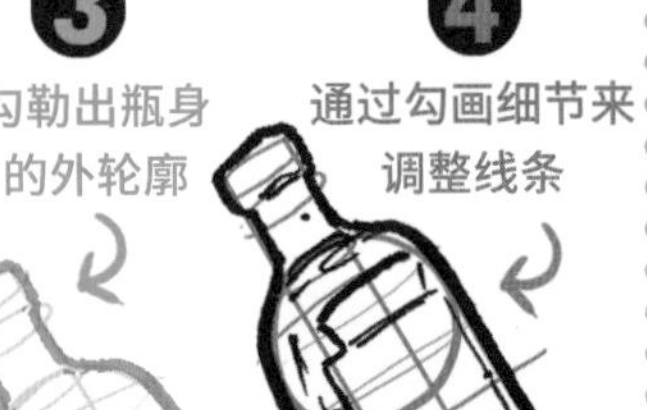

如果你想绘制其他角度的瓶子，只需要简单地堆叠形状——在这个案例中，是圆圈。

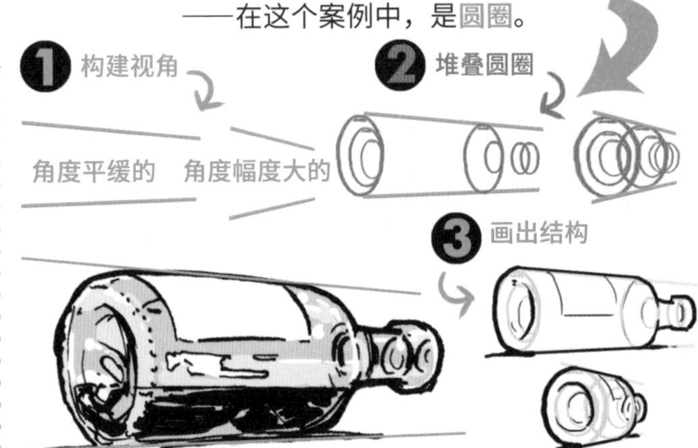

对于有形状改变的瓶子，试着想象一个中点横截面。

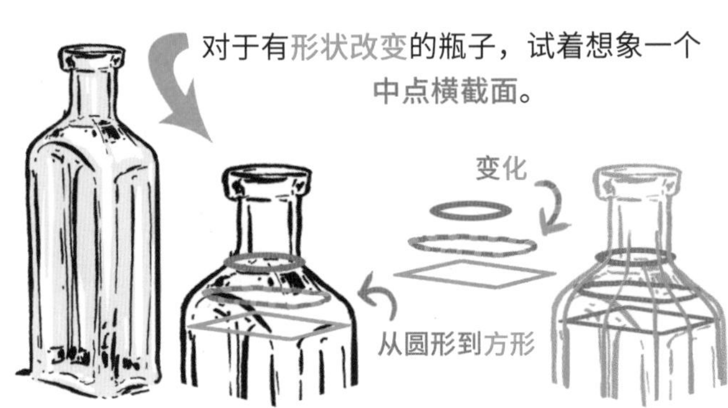

浅色玻璃瓶（空瓶）的反射率较低，所以可以着重表现它们的半透明性。

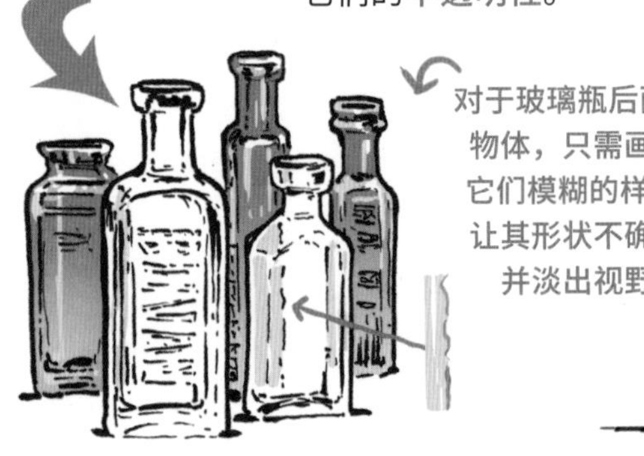

对于玻璃瓶后面的物体，只需画出它们模糊的样子，让其形状不确定并淡出视野

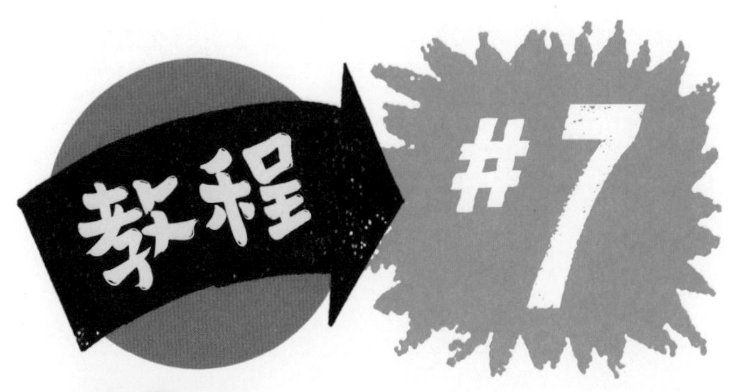
教程
#7

画装满深色液体的瓶子时，要着重表现液体的反射。

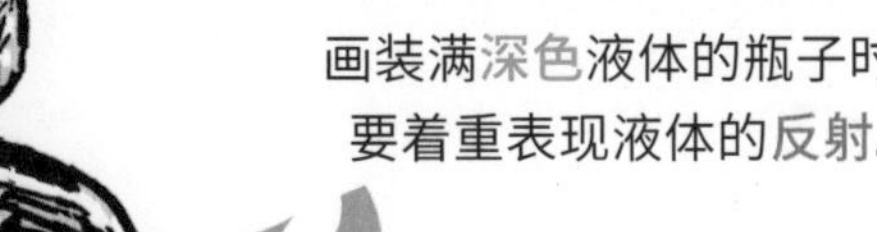

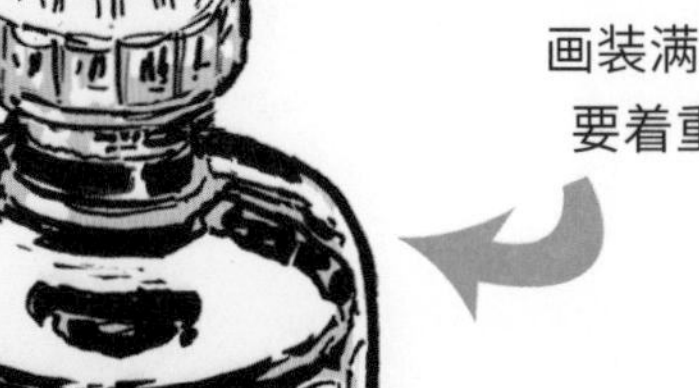

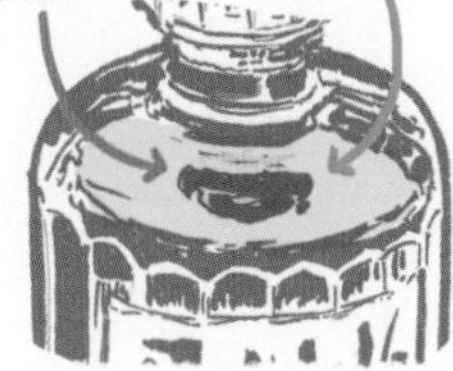
液体表面会反射光线
瓶盖的倒影
底部的阴影也会显现出来

深色玻璃瓶（空瓶）会反射出浓重的阴影。

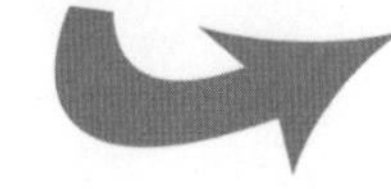

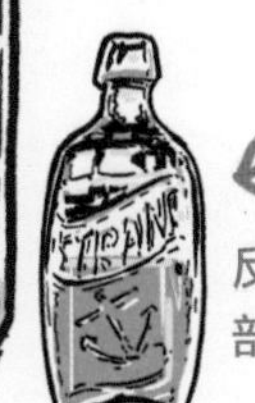
附近的物体会反射出深色的形状
背面标签像这样显现出来
反射出内部液体的颜色
底部阴影为实心，穿插有下方凹面曲线的边缘

当我们从侧面观察盛放透明液体的玻璃杯时，会发现杯子底部的阴影向上折射到了表面。

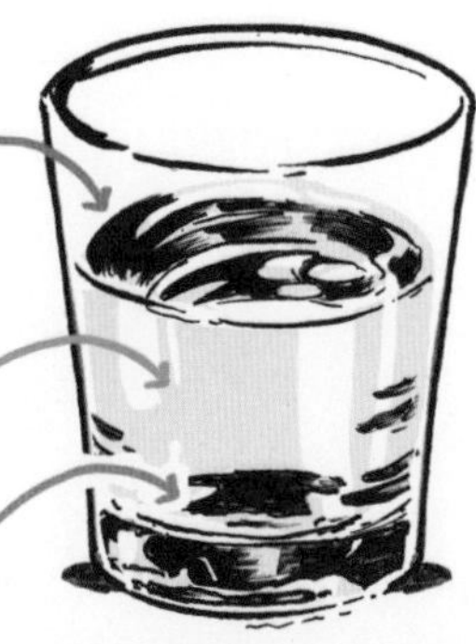
主阴影折射
液体的侧视图是清晰的
主阴影（底部阴影）

这种反射可见于大多数玻璃器型。

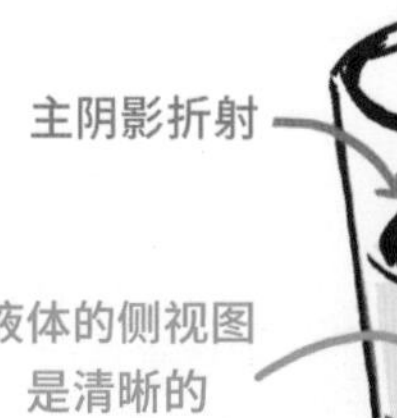

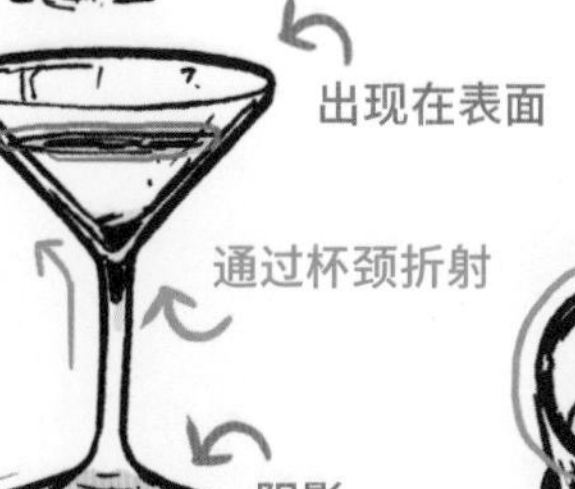
出现在表面
通过杯颈折射
阴影

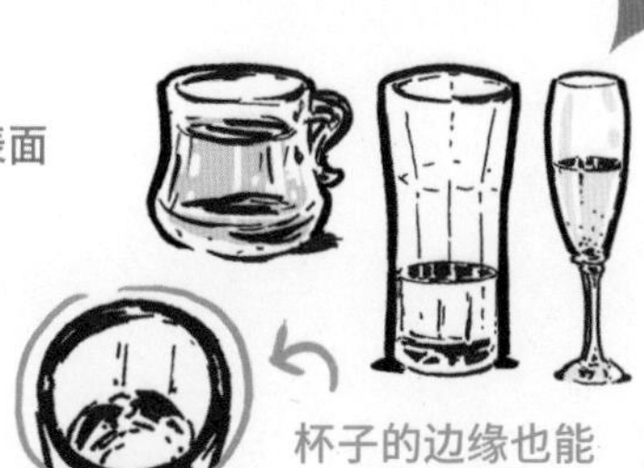
杯子的边缘也能看到阴影

外景反射到玻璃杯上时，在杯侧呈收缩状，在正面则呈扩大状。

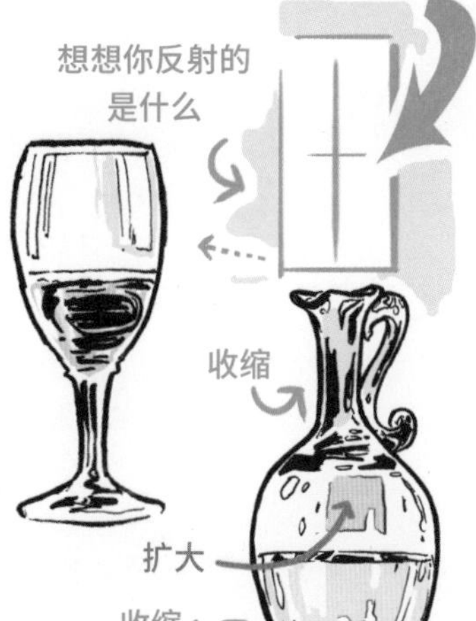
想想你反射的是什么
收缩
扩大
收缩

下面给出了更多另外的诀窍。

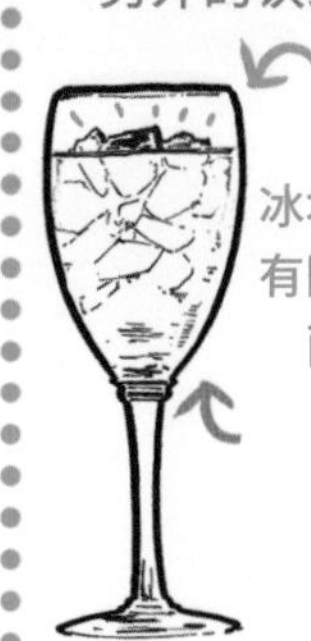
冰块在表面上方有阴影，但在下面是透明的

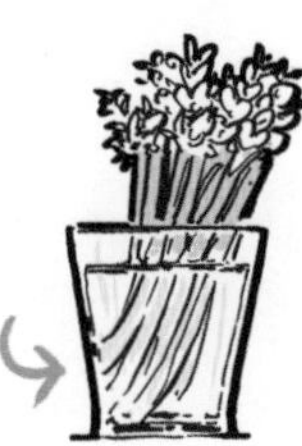
杯中之物在液面下是扭曲的

篮子

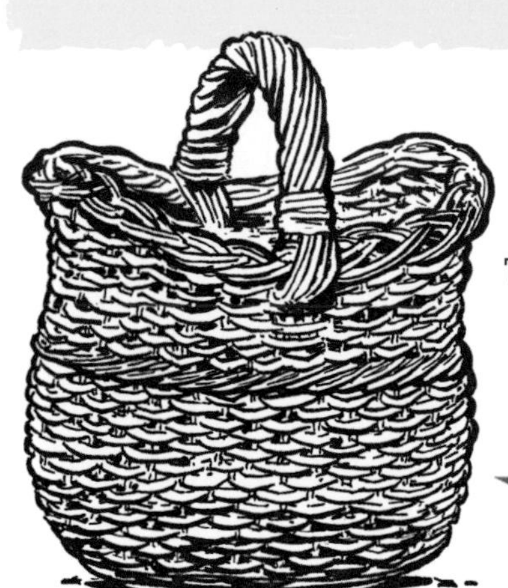

篮子是一种独特的物品，它融合了强与弱、天然与人造、功能性与装饰性等多种对比于一身。

篮子的编织样式有很多，这里仅举一例，看看如何将其分解绘制。

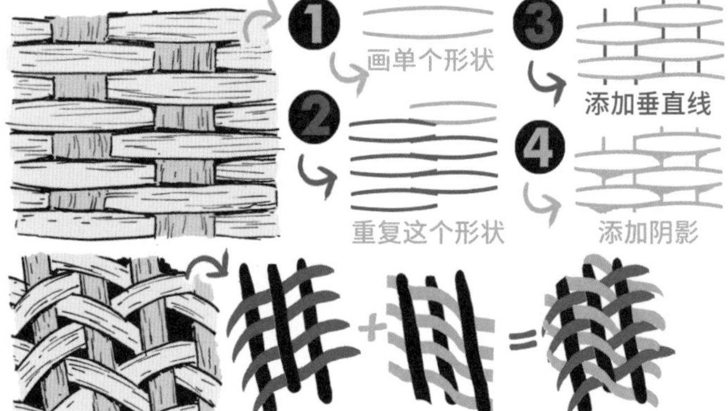

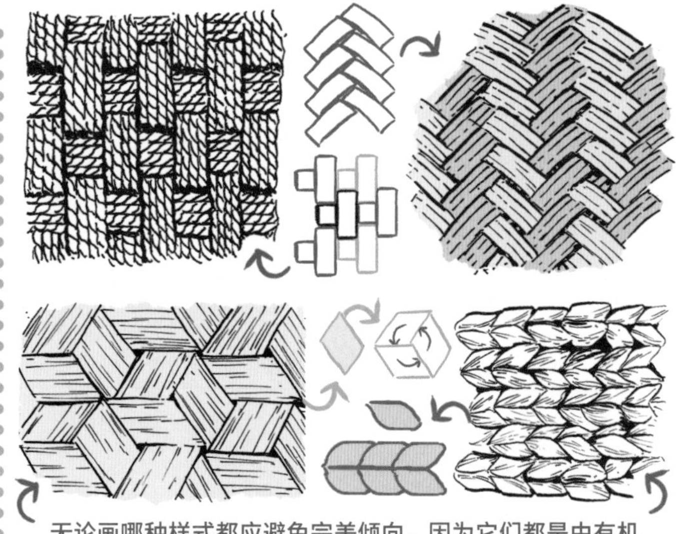

无论画哪种样式都应避免完美倾向，因为它们都是由有机材料构成的，理应呈现出一些不规则

画篮子时，要考虑编织中的每个形状在曲面上如何变化，这将极大地增加篮子的立体感。

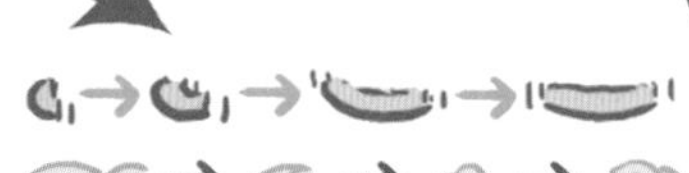

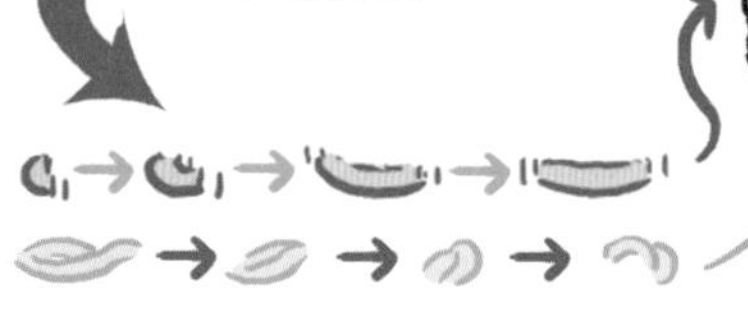

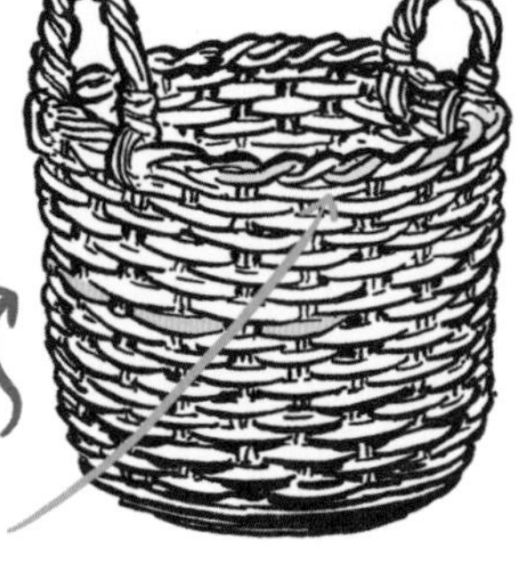

扭曲边缘的基本形状

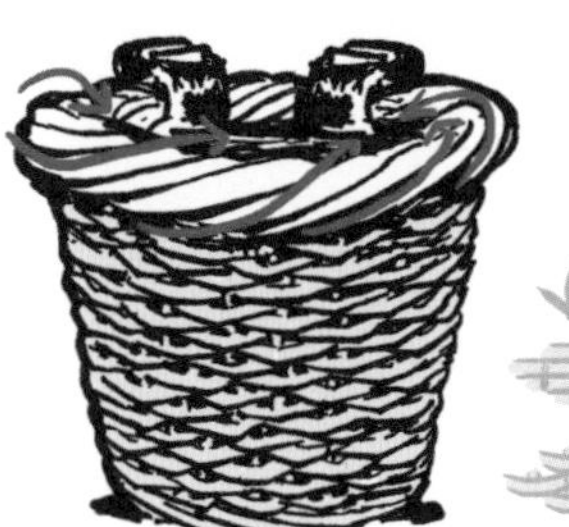

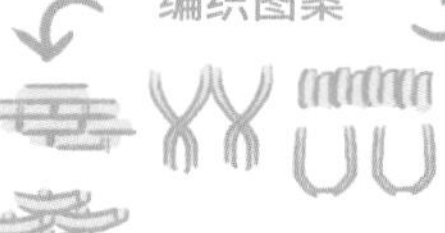

试着在同一个篮子里混合不同的编织图案

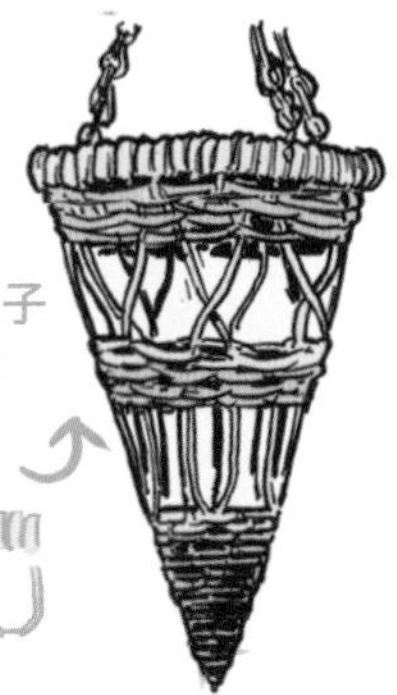

教程 #8

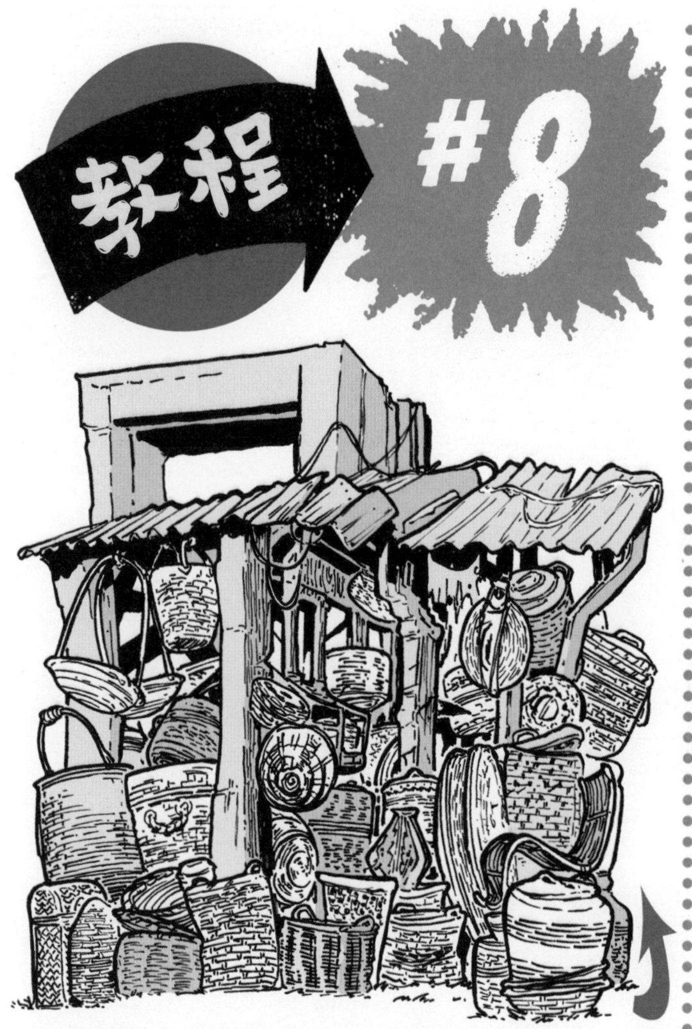

画一堆篮子时，怎样让它们既能被看清、又不至于让人眼花缭乱呢？诀窍有两点：一是画不同织法的篮子，二是适当简化它们的纹路，不必过于细致！

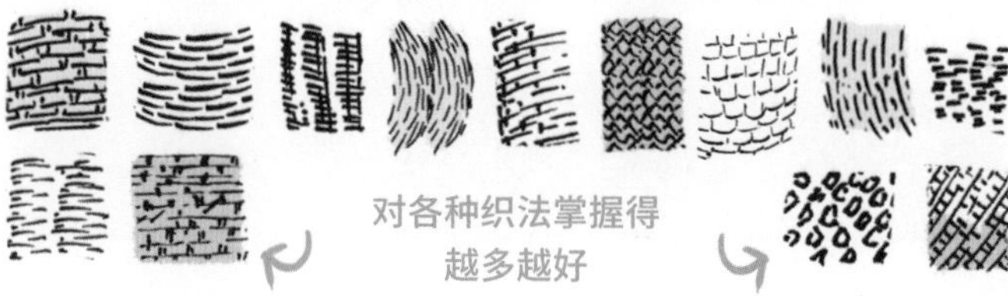

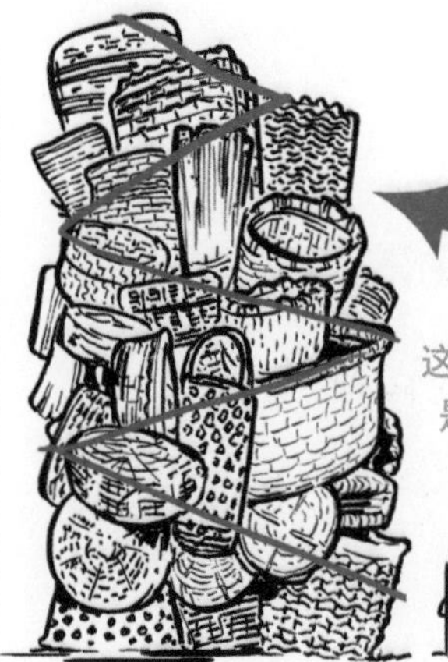

将一堆篮子按“之”字形堆叠，可以展现它们不稳固的样子。

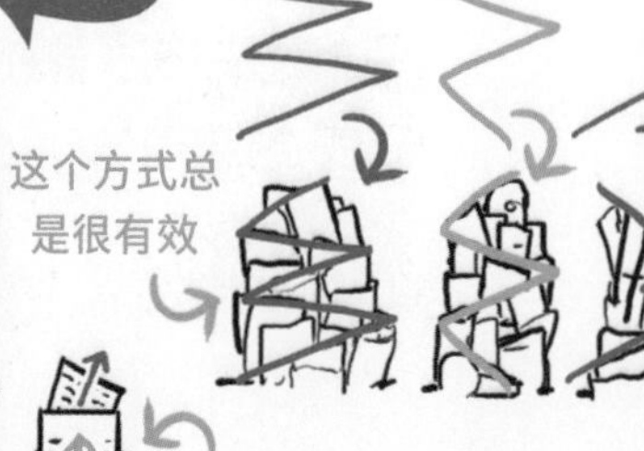

为了清楚起见，可以将篮子堆分成 3 层。

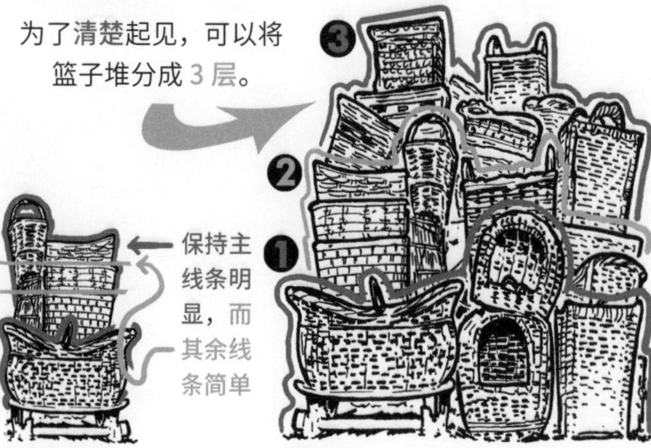

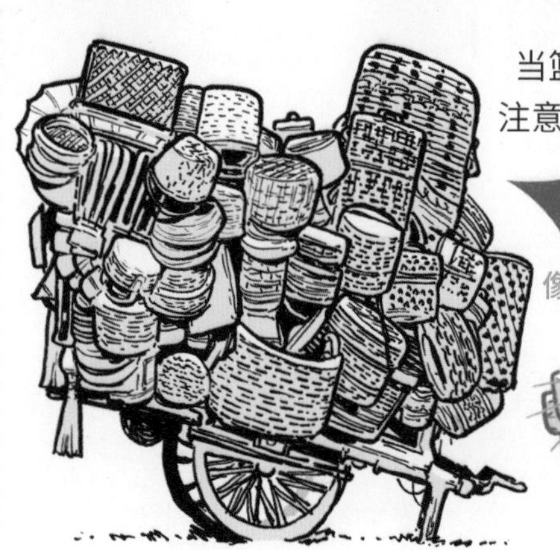

当篮子被钩挂起来时，注意让它们倾斜并重叠。

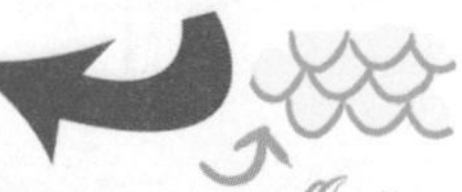

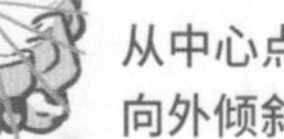

篮子

素材集

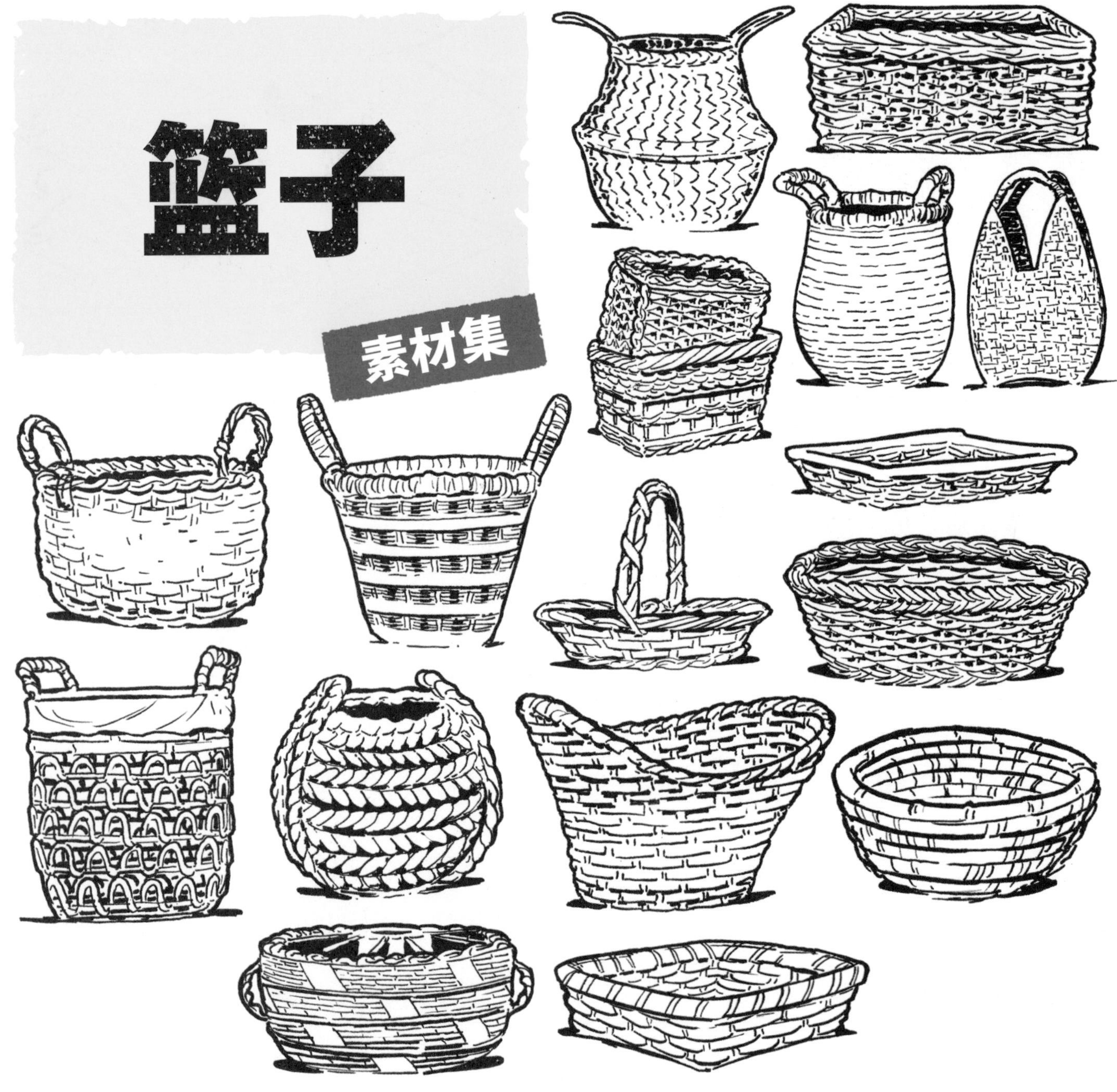

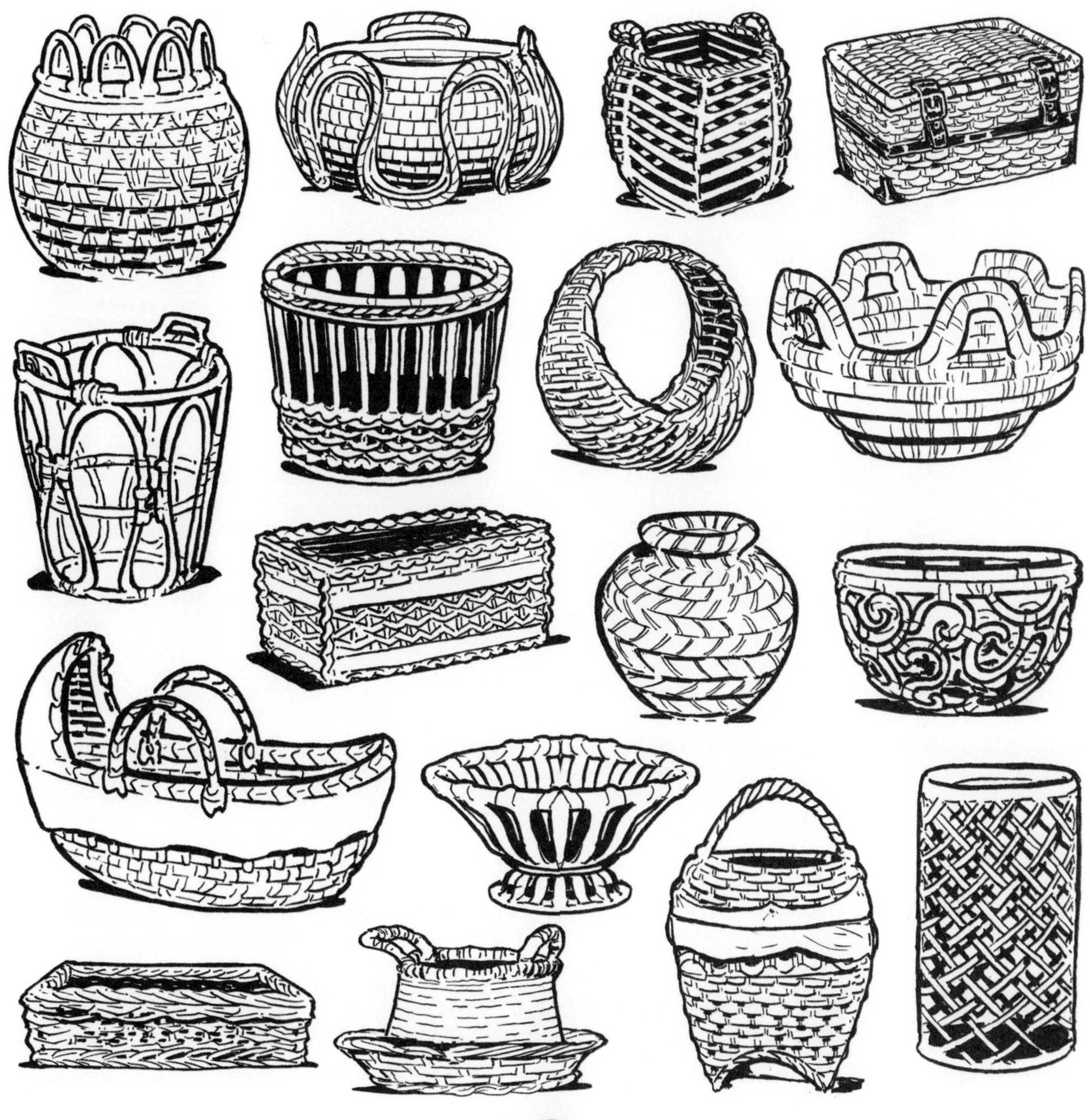

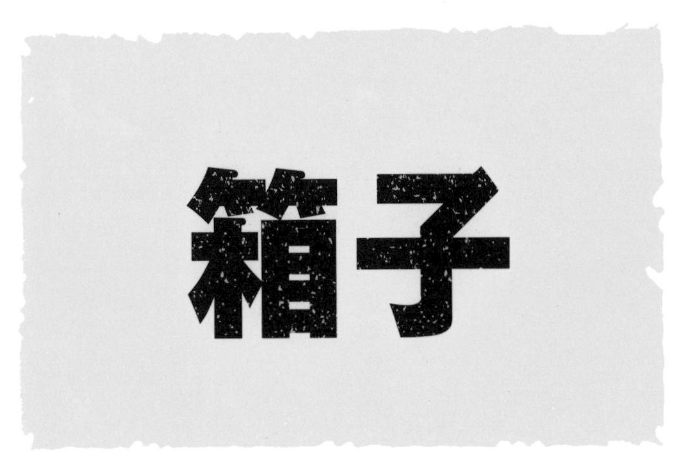

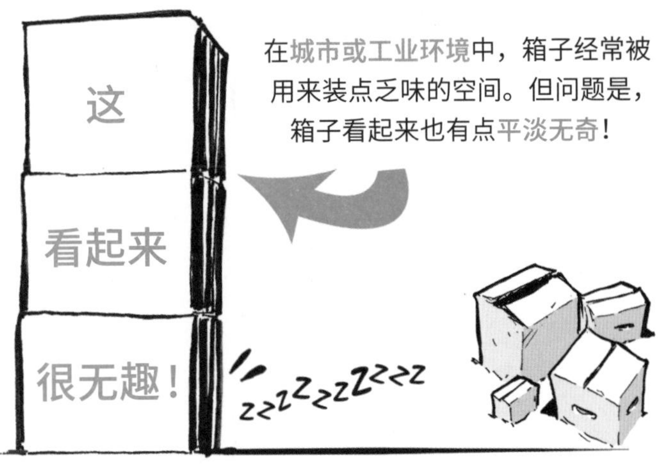

在城市或工业环境中，箱子经常被用来装点乏味的空间。但问题是，箱子看起来也有点平淡无奇！

为了打破原有的形状，我们要做的第一件事是改变箱子的直线排列。

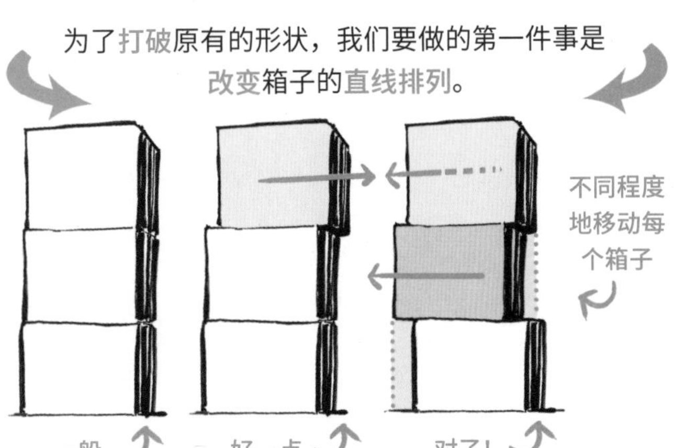

使用下面 5 种变化形式，可以进一步丰富箱子堆的整体造型。

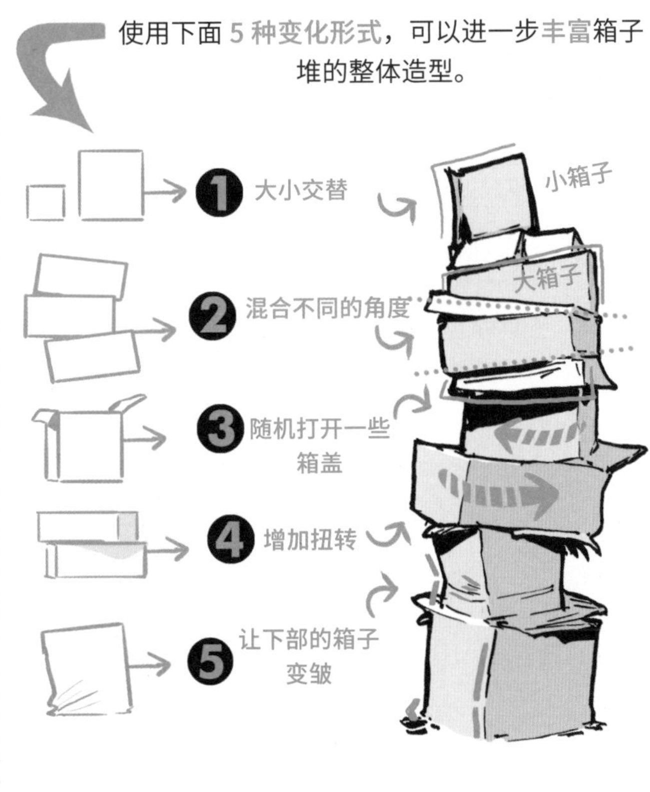

即使不将箱子堆叠起来，只要不把所有的箱子都设计为正方形，也可以实现造型的变化！

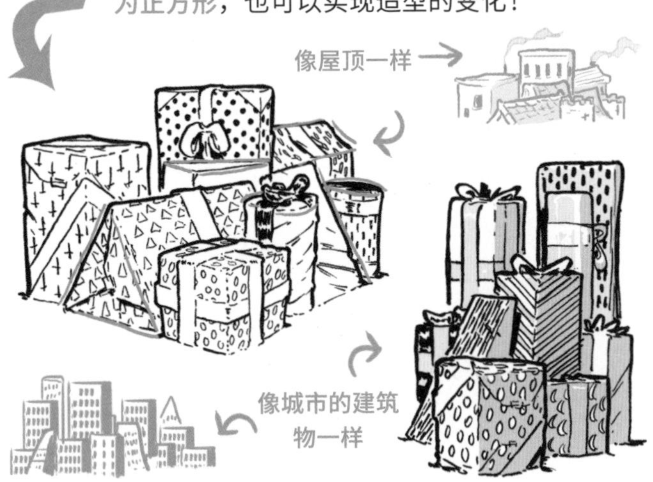

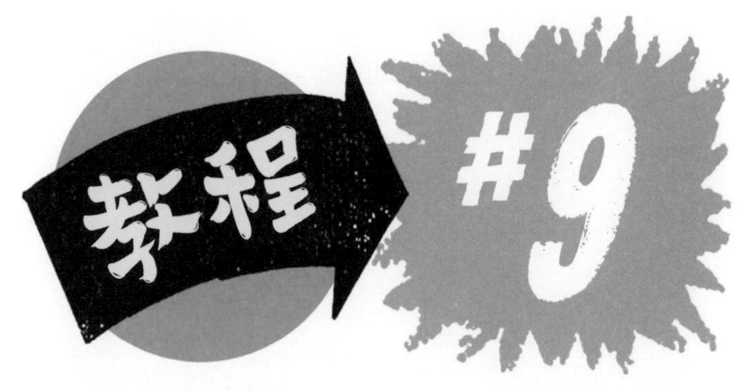

把每个箱子（或包裹）都看作具有自己特点和故事的独立元素，可以极大地提升画面的氛围感。

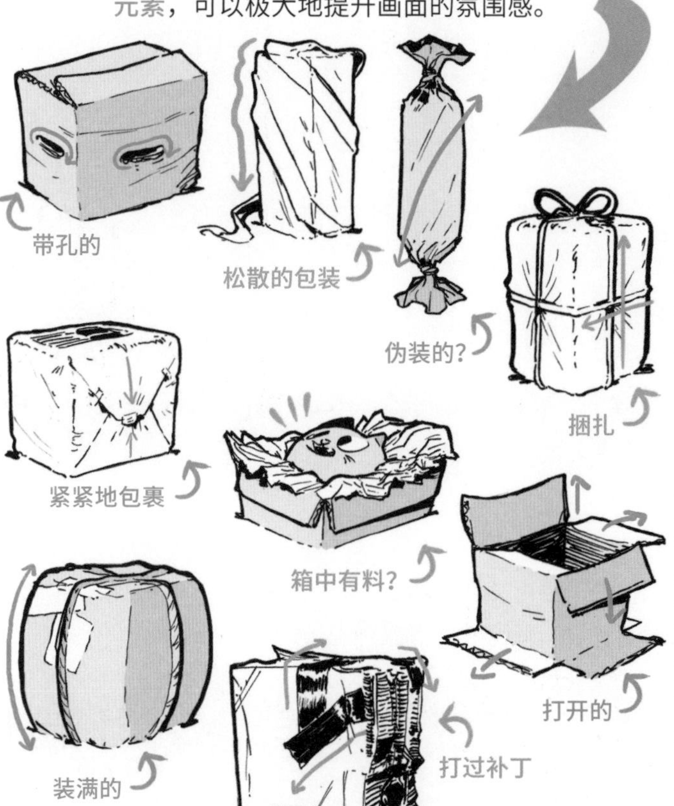

箱子有一个有趣的特点：它可以既坚固又脆弱。

由于箱子在轻巧之余又有一定的硬度，所以非常适合展现撞击。

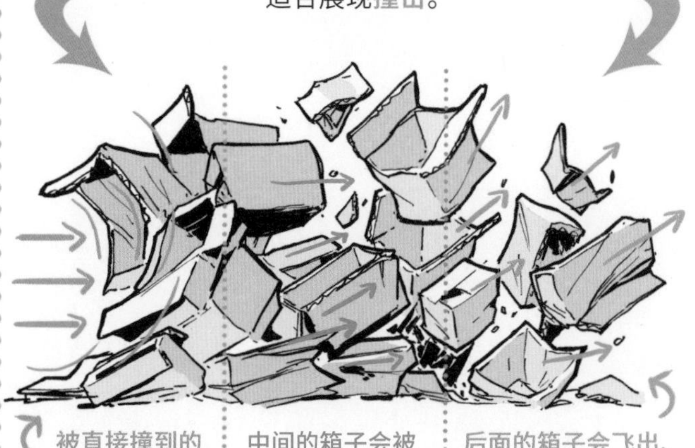

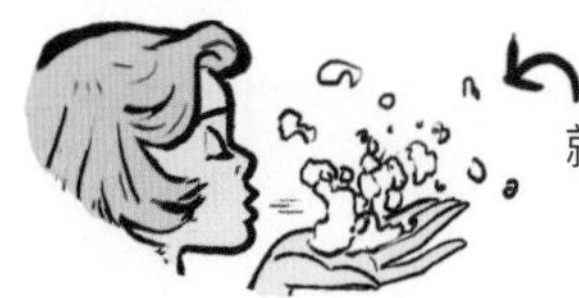

箱子可以记录下一场撞击。

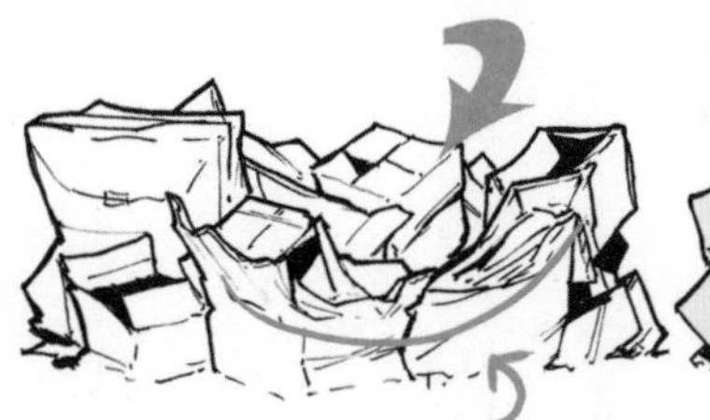

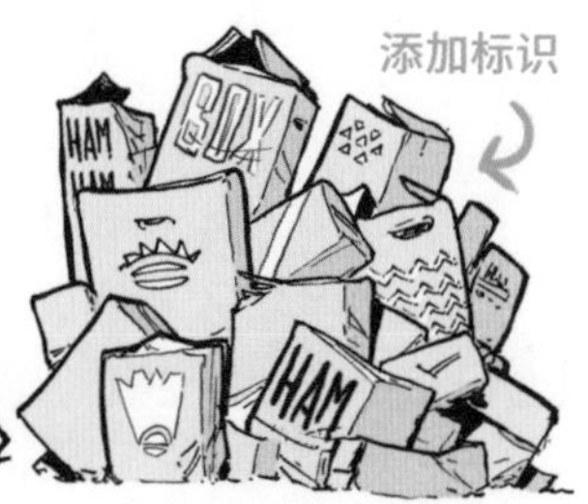

绳子

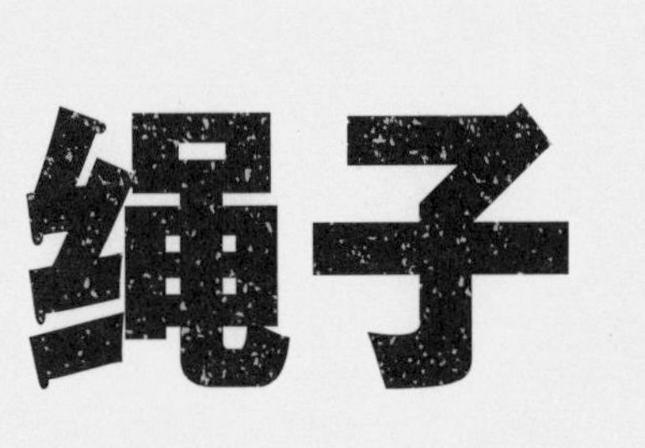

绳子有多种类型，这一节我们将着重讲解粗重、经典的股绳。

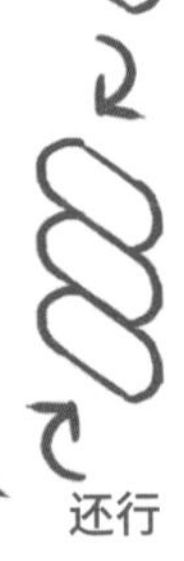

还行

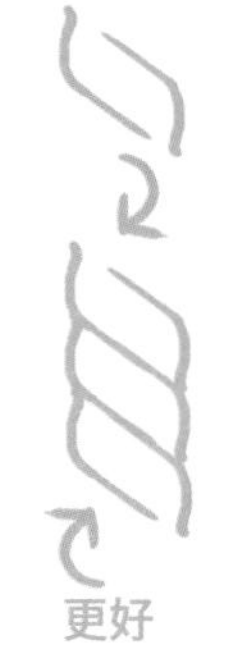

更好

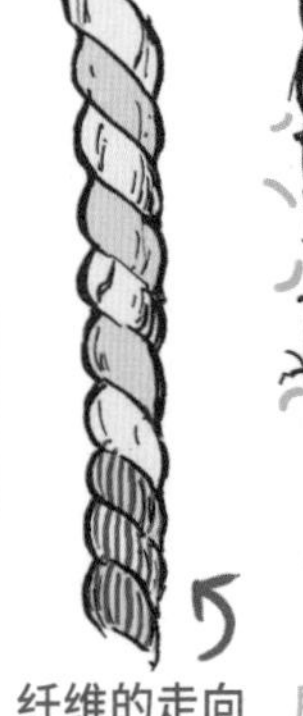

纤维的走向像这样

所以绳子会像这样磨损

绳子一般由 3~4 股主绳股组成。

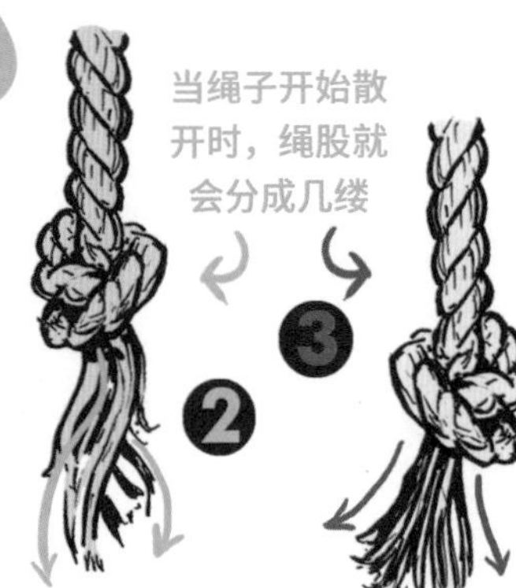

随着时间的推移，主绳股会自行散开

当绳子开始散开时，绳股就会分成几缕

绳子经过长时间的磨损后才会断裂。

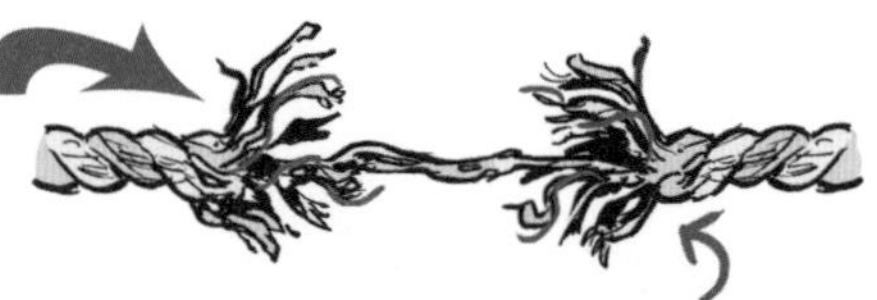

呈现出波浪状的起伏，并伴有扭转

沿着绳长方向看时，扭转的模式发生了变化。

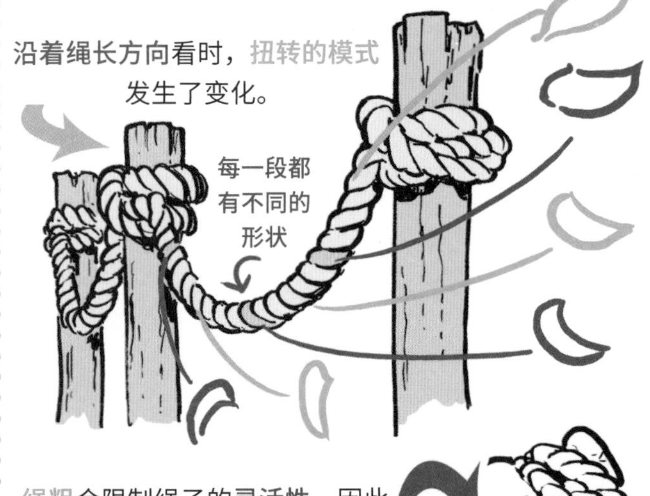

每一段都有不同的形状

绳粗会限制绳子的灵活性，因此粗绳需要看起来十分坚实。

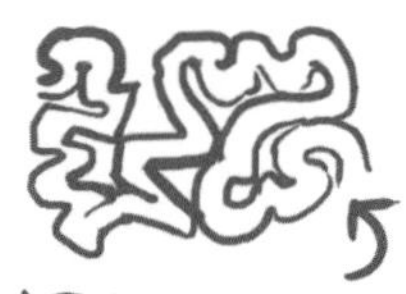

“弯曲”太多

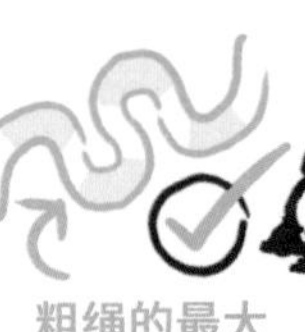

粗绳的最大弯曲度

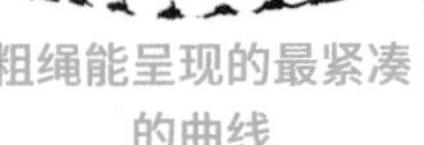

粗绳能呈现的最紧凑的曲线

设计成堆的粗绳时也别忘了这一点：粗绳的弹力是有限的。

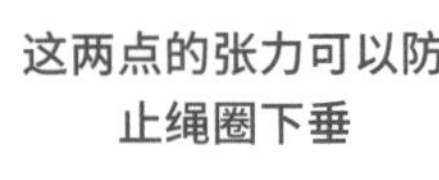

这两点的张力可以防止绳圈下垂

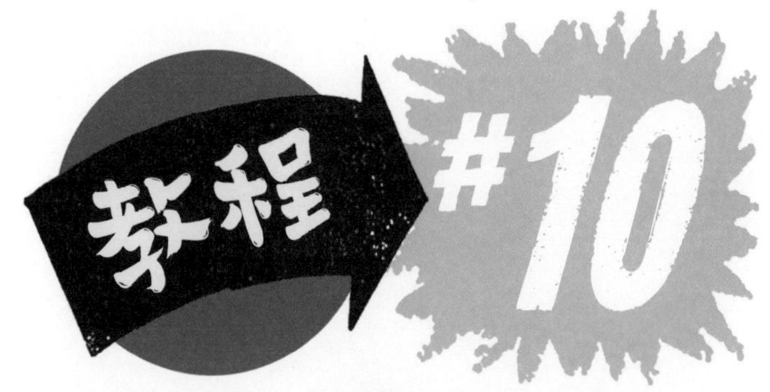

对！事情变得有点复杂了。开始画更错综复杂的绳圈时，我们必须清楚地掌握交织的形式。

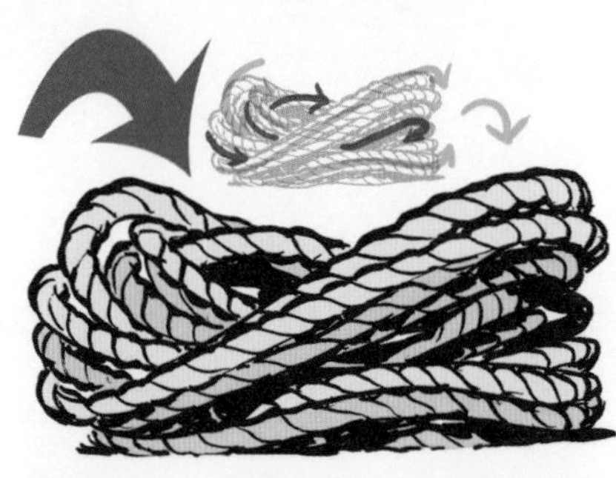

从有点混乱的绳圈开始，就像这样：

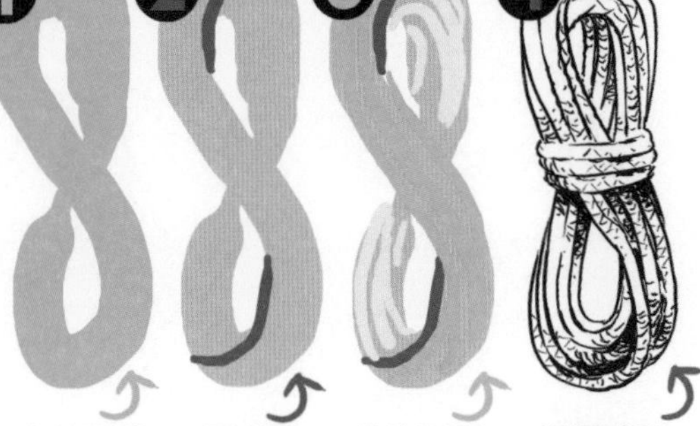

绳圈就像一段摇摇晃晃的楼梯，相互交叠。

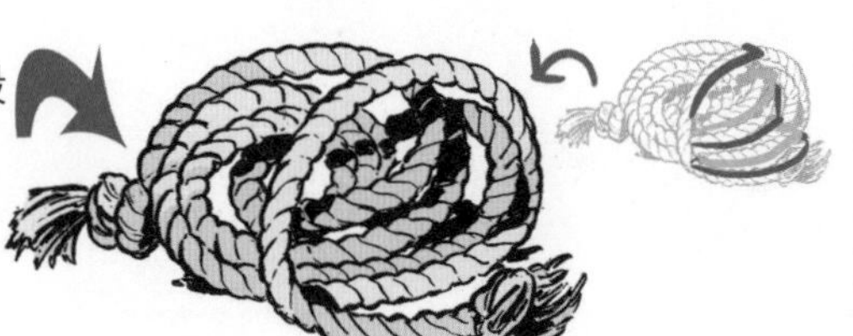

对于松散的绳圈，重力发挥了重要作用，它也是让单个绳圈正确下坠的关键。

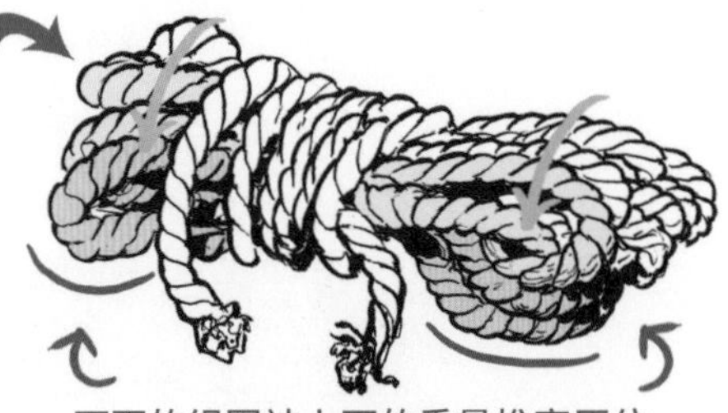

就像一本翻开的书

混合各种角度。

还行

更好

去制造一些小混乱，让一卷卷盘绕的绳索有被人使用过的感觉。在这里，无序是一种美。

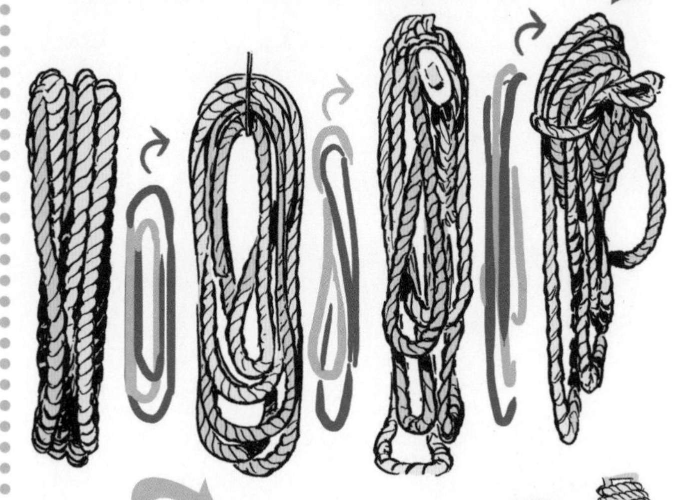

如果你想用绳子将木杆拴在一起，这里有几种方法供你参考。

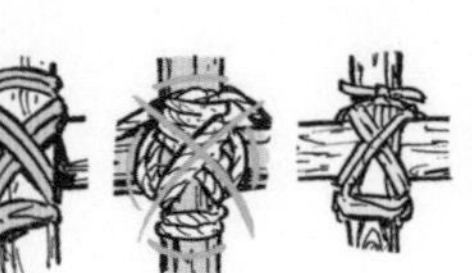

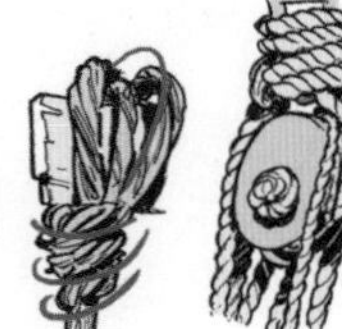

绳子

素材集

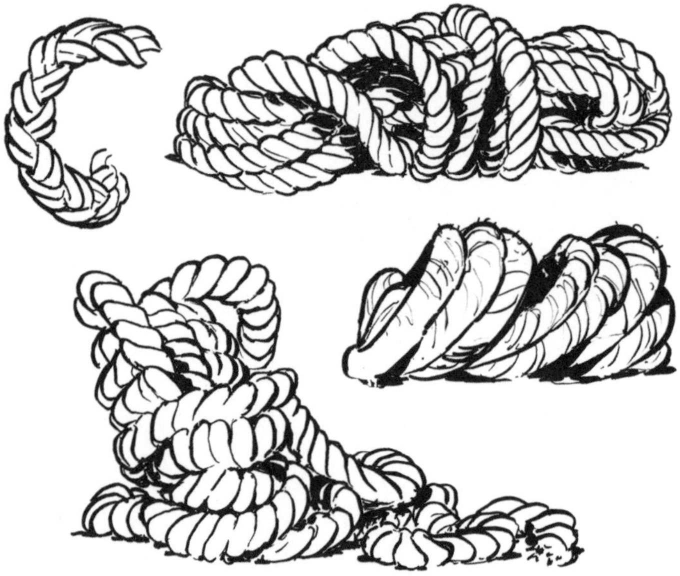

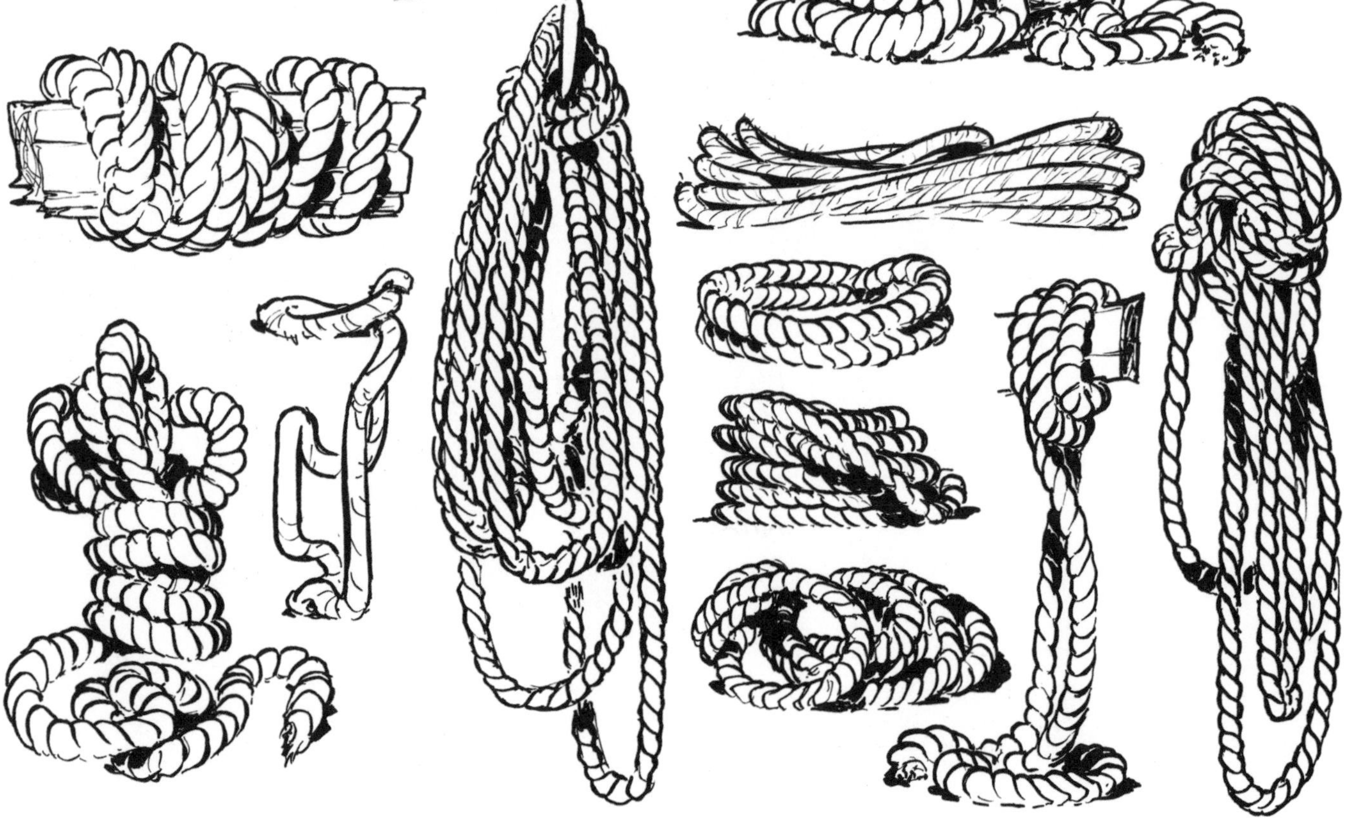

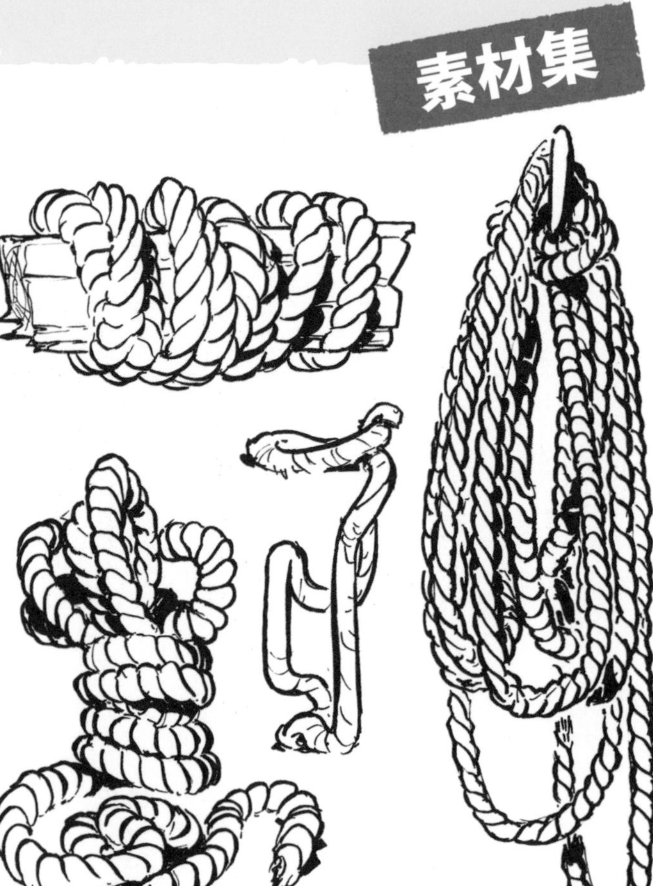

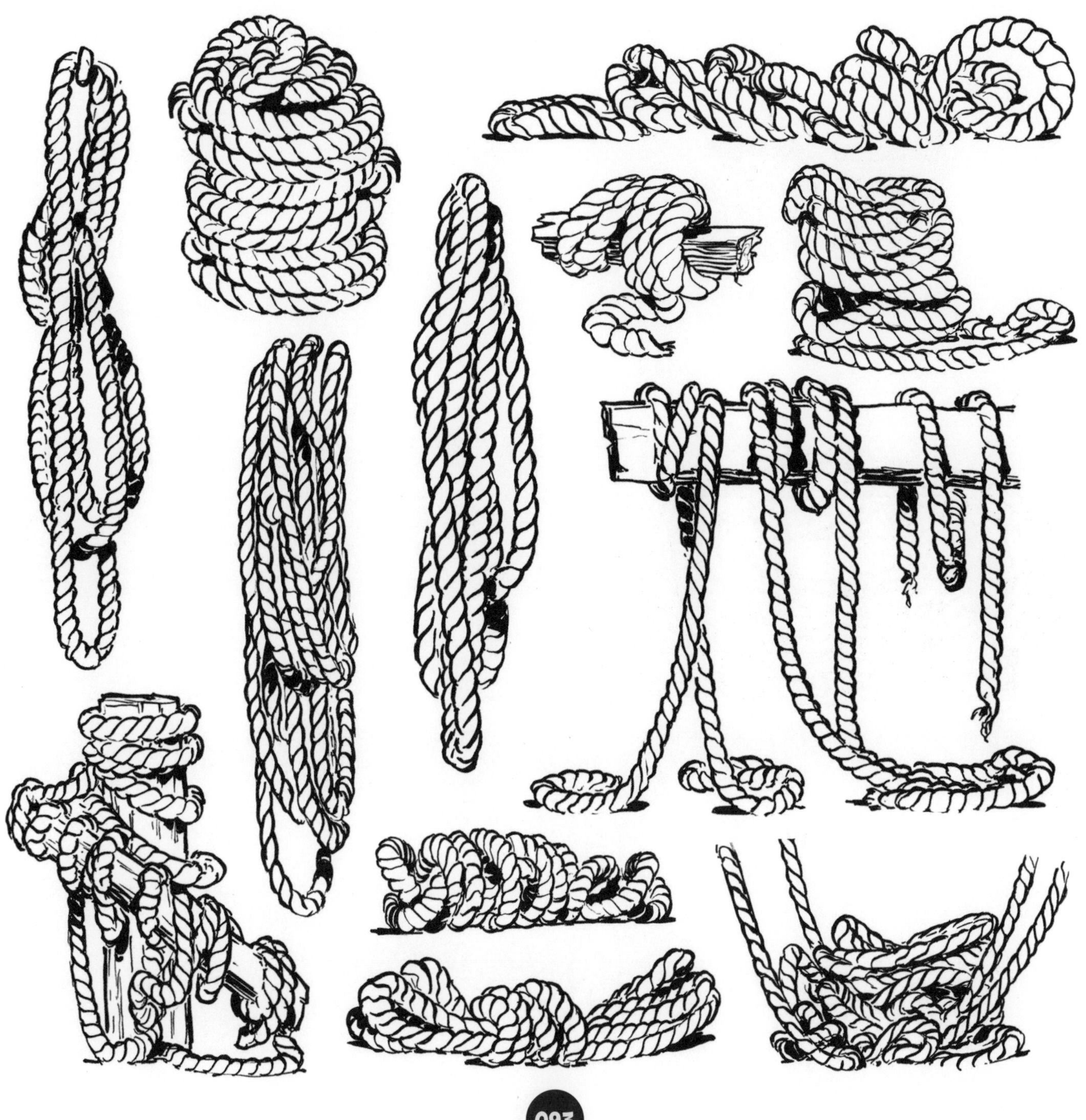

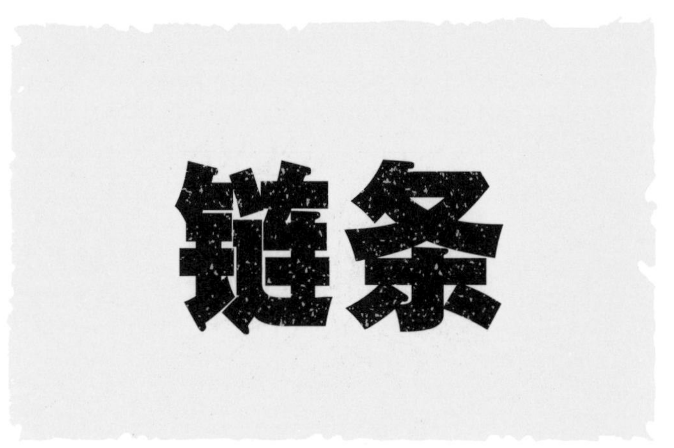

链条

绘制链条需要我们处理复杂的、不断变化的结构，并注意表现出它的重量！

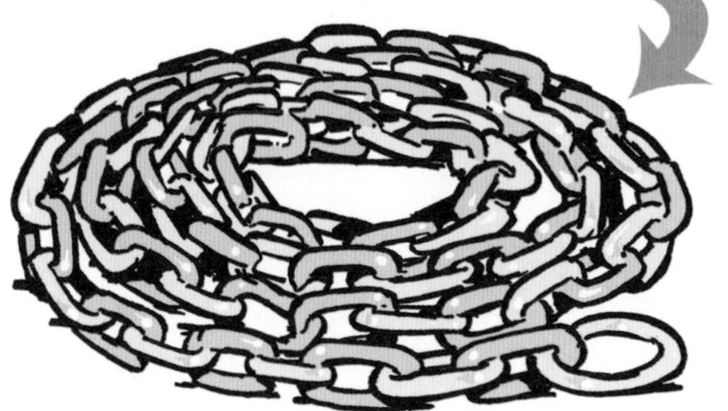

下面分享一个快速绘制链条的方法。

1 画一条引导线

2

3

4

5 有选择地添加阴影

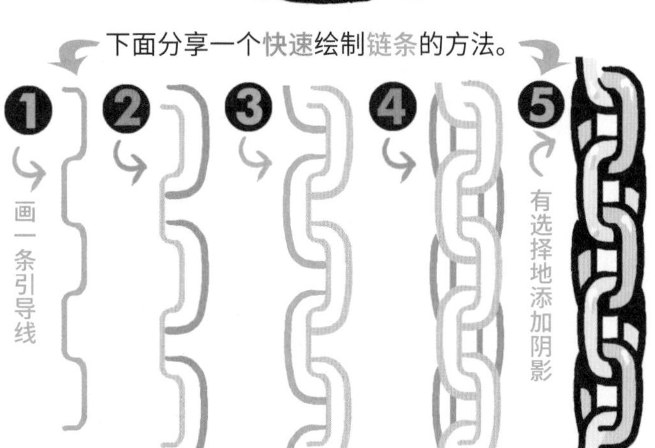

虽然这种方法能让你熟悉链条的构造，但它也有局限性，因为本质上我们只是在绘制一个模板。

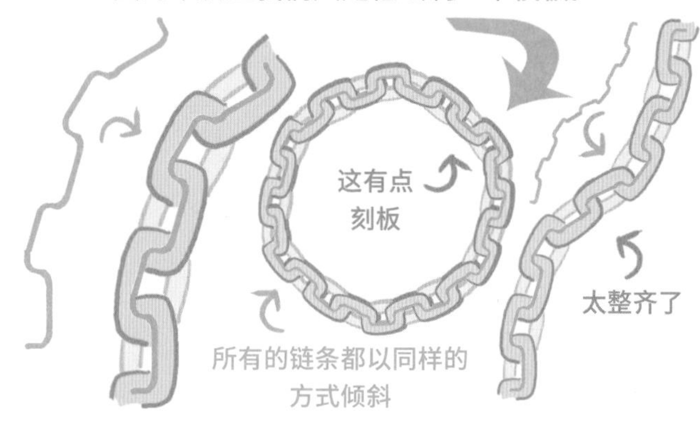

一整条链条可能会复杂得让人望而却步，但单个环扣却并不复杂。如果你能画出下面的形状，就能画出任何链条！

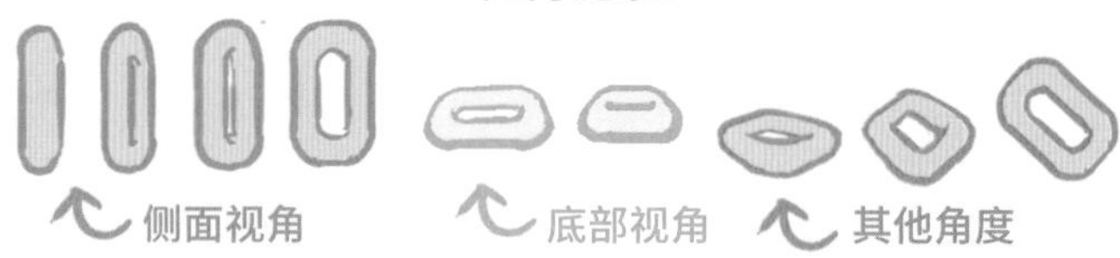

现在我们有了真正的链条，可以进一步为其添加两个新元素：扭曲和聚拢！

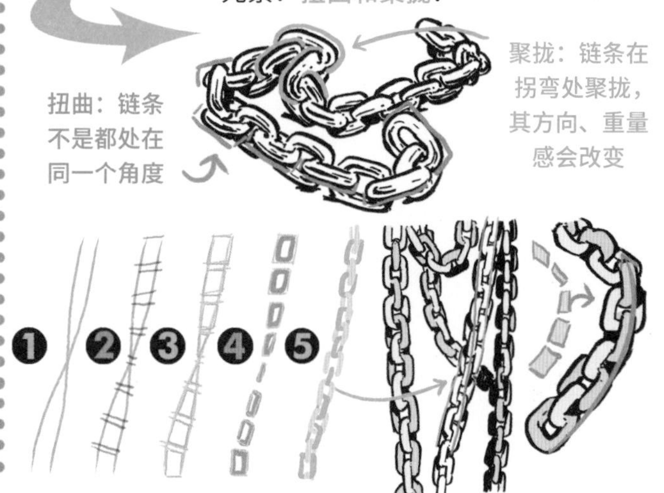

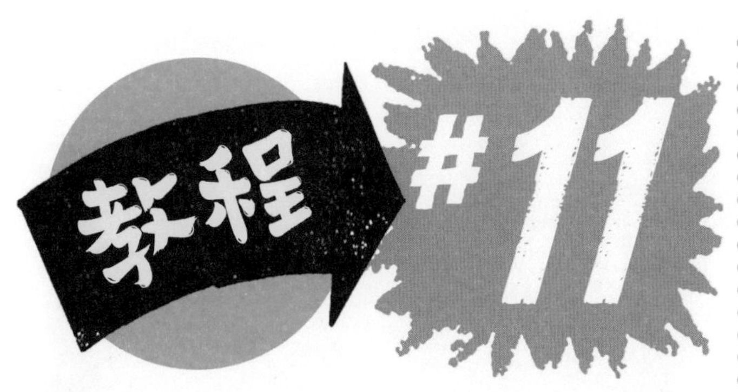

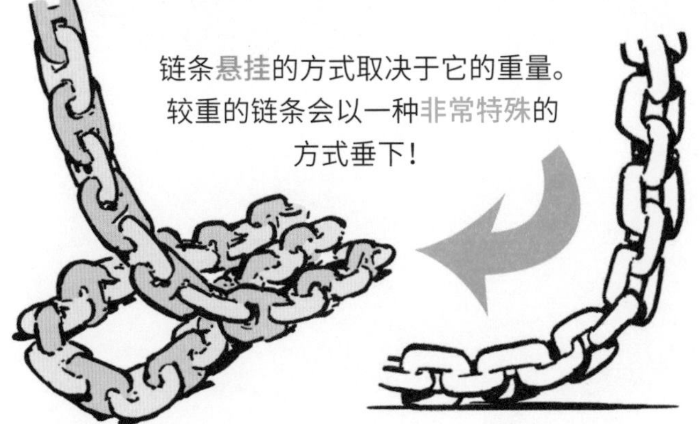

链条悬挂的方式取决于它的重量。较重的链条会以一种非常特殊的方式垂下！

一条悬挂的绳子可能是这样

底部更加弯曲

但是一条悬挂着的沉重链条可能是这样

直线部分更长，曲度更小

当链条笔直垂下时，它们经常在接触地面的地方弯曲。

还行

尾部反向弯曲

更好

如果链条很重，即使它被拴得很紧，也仍然会下垂！

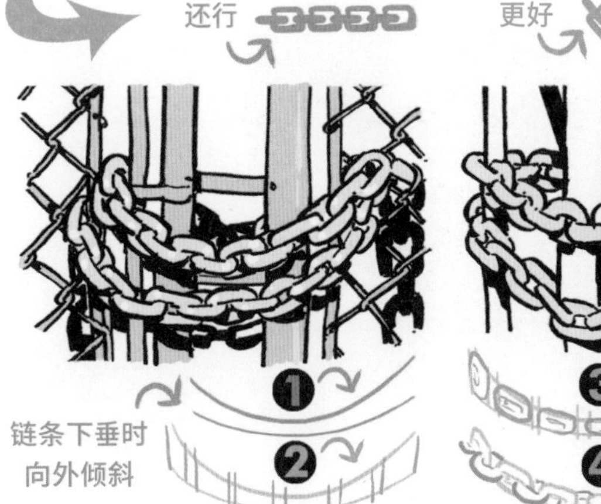

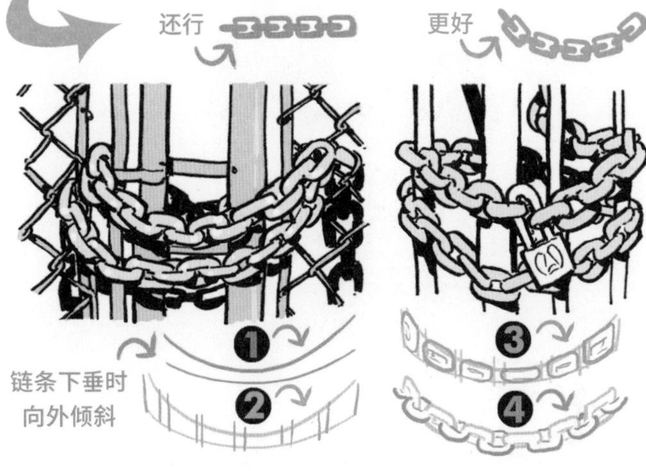

下面是各种各样的链条，它们扣环的形状不同、所在场景不同、下垂的角度也不同，你还可以尝试画更多的种类！

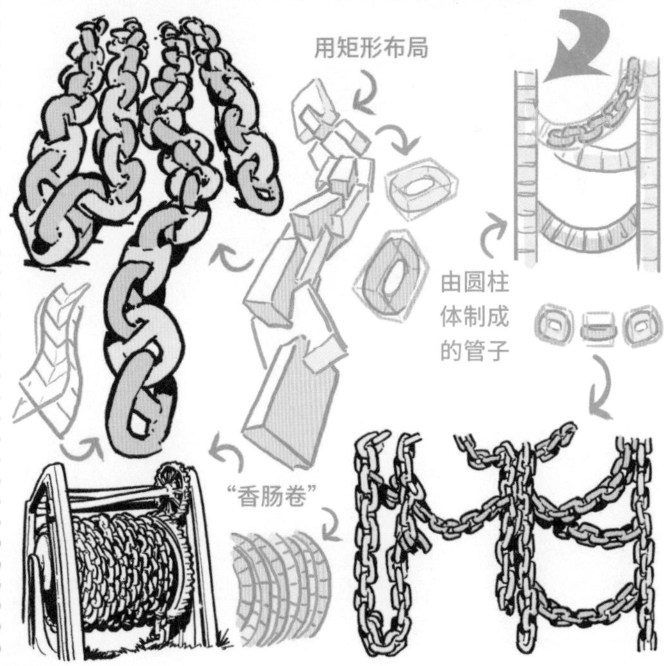

枕头和靠垫

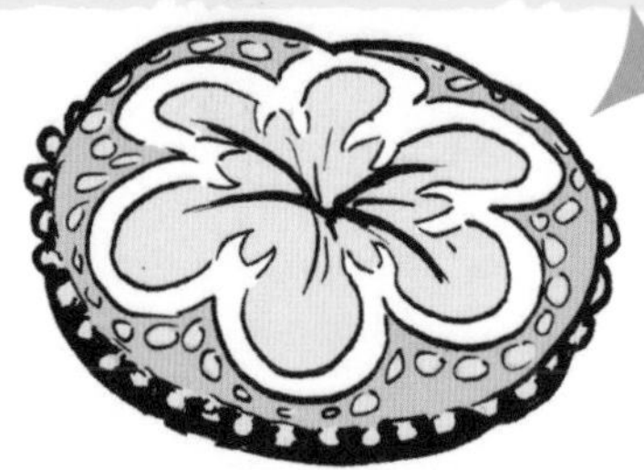

没有什么比一个可爱的靠垫更能给室内环境带来温馨的感觉和柔和的线条了！

人们会对一个被塞得满满的垫子的外形有两种截然不同的想象——

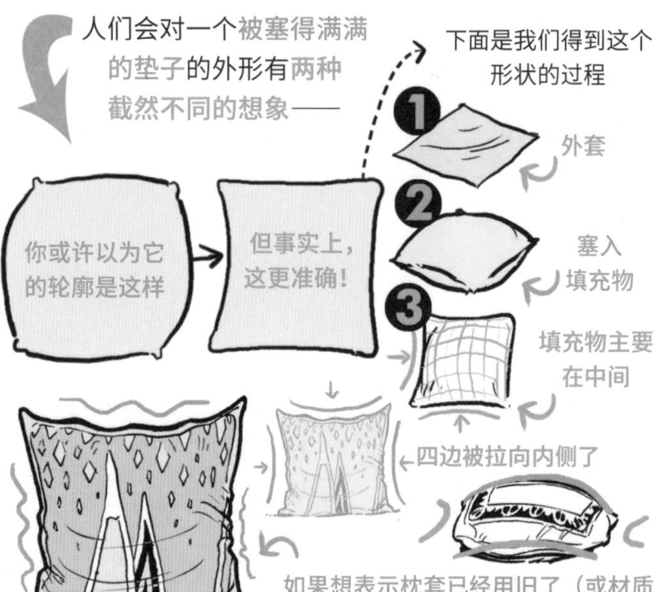

即使垫子已经变形了，也应试着保持其体量。

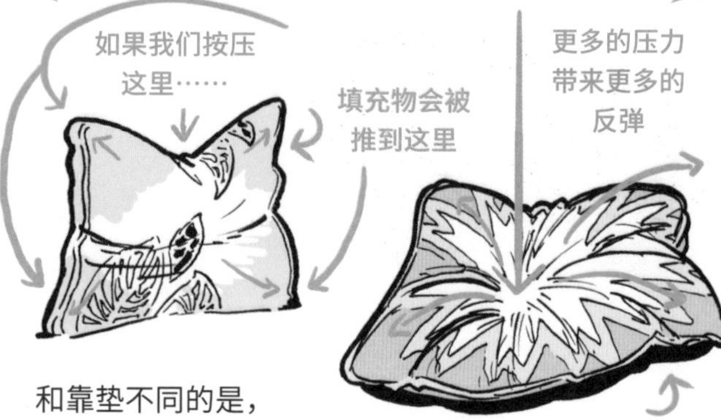

和靠垫不同的是，沙发垫有着结实的绲边，可以将其结构固定住。

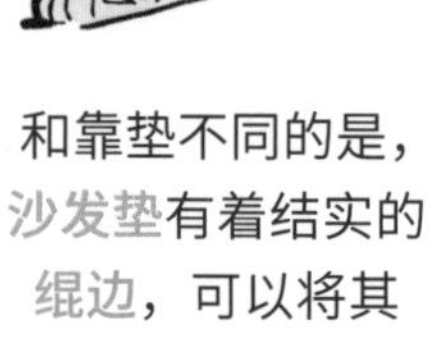

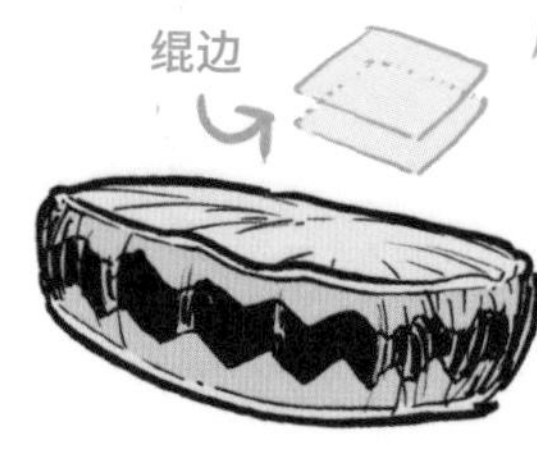

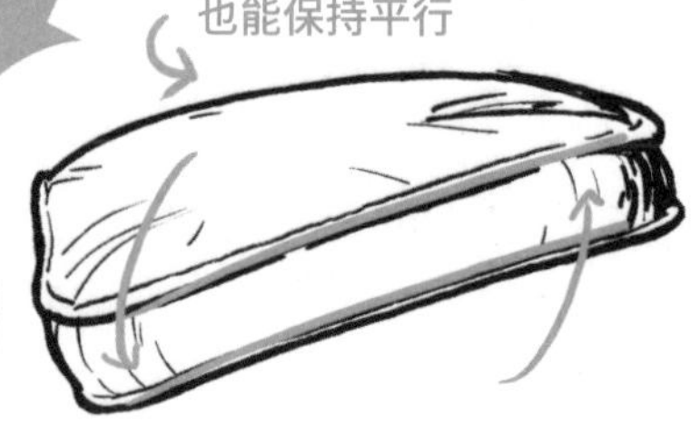

建议用两三个关键的深折来表现体积和重量。

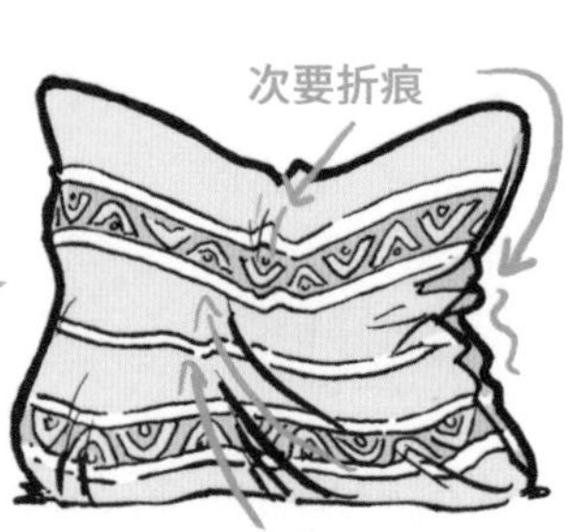

一个扣好的垫子会有紧密的半封锁式褶皱。

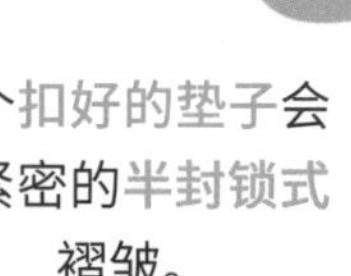

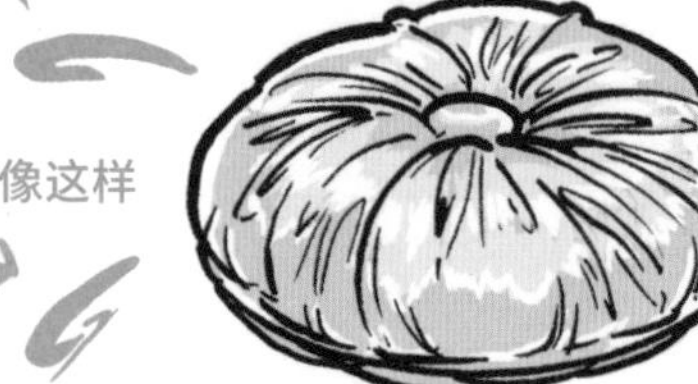

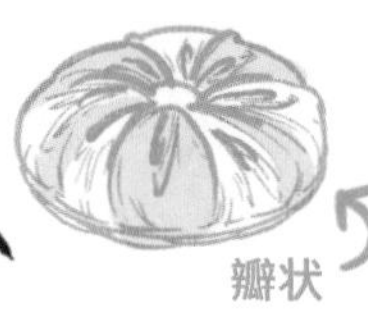

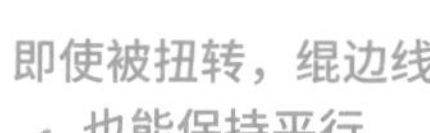

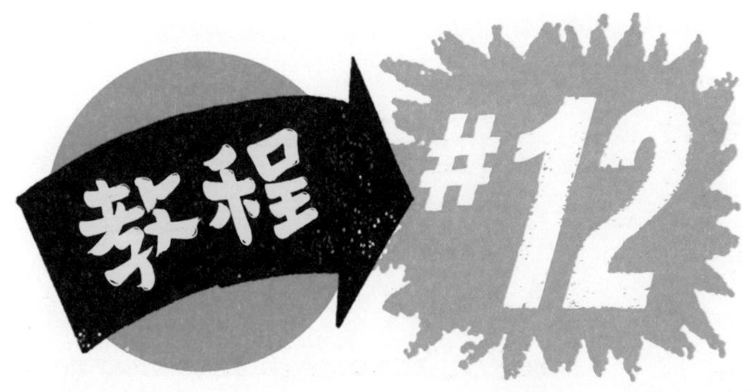

靠垫中的填充物不同，靠垫的重量也不同。

轻软的填充物

没有太多的挤压

羽毛或羽绒填料更重

图案有助于更好地描绘出靠垫的结构。

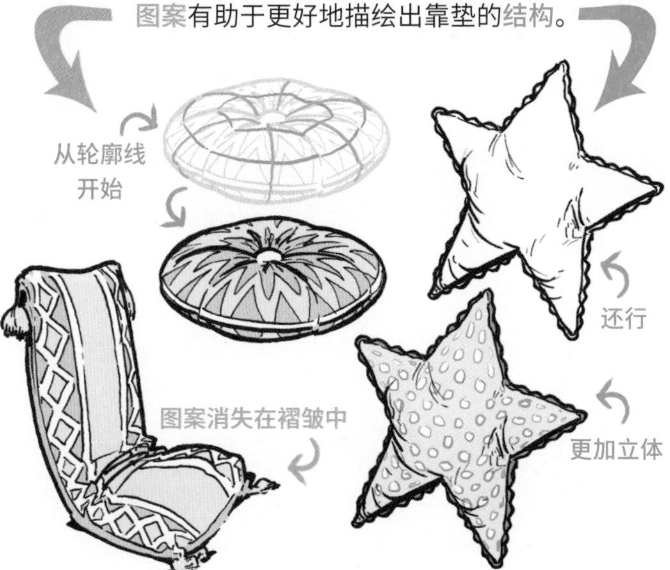

枕套又软又薄，里面的填充物有更多的活动空间，因而枕头更容易弯折。

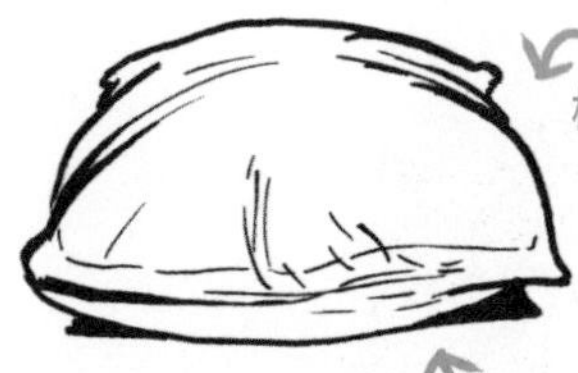

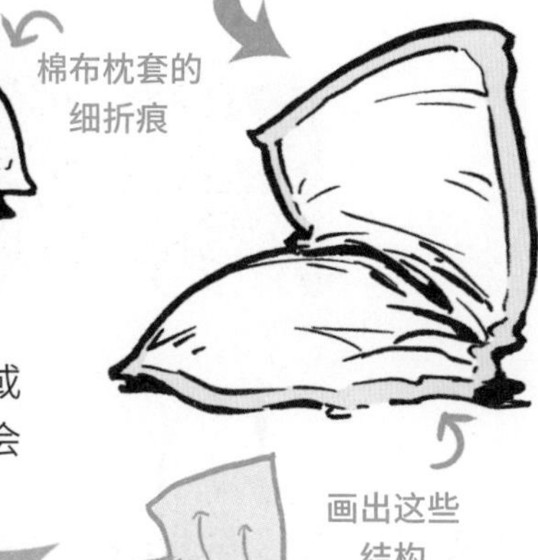

一般来说，当你扭曲或折叠一个枕头时，它会形成两大团。

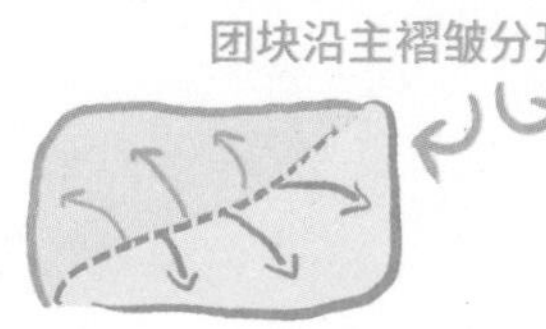

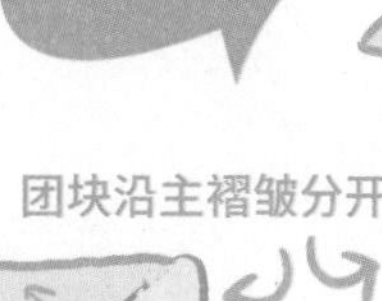

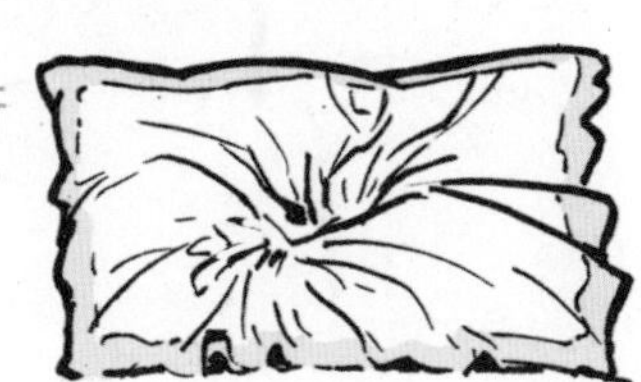

了解团块是如何分布的可以帮助我们确定折痕的方向。

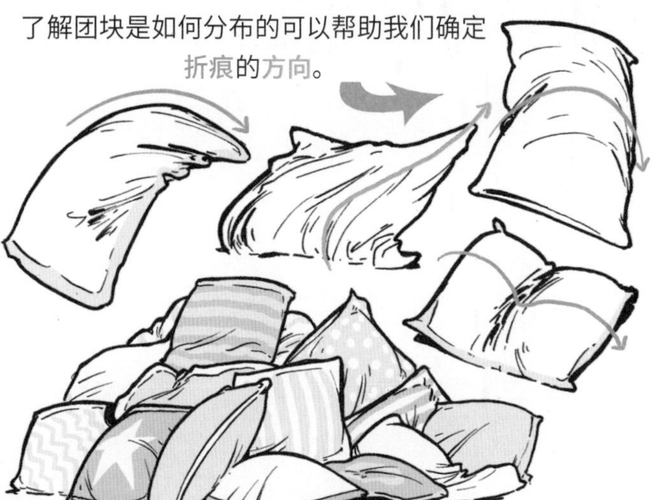

床单

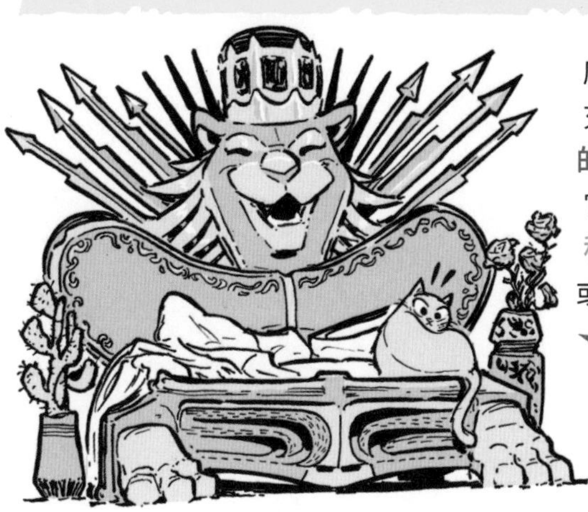

床单是一个充满氛围感的细节元素，它可以暗示秩序、混乱或乱而有序。

让我们从一张铺好的床开始。注意那些不对称的小细节，它们是让画面“活”起来的关键。

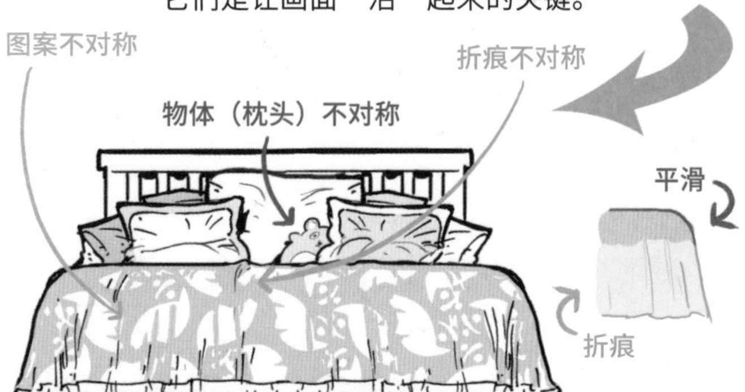

我们可以继续创造更多的不完美，如通过添加一些小的元素（比如一条没叠的毯子）来强化不对称。

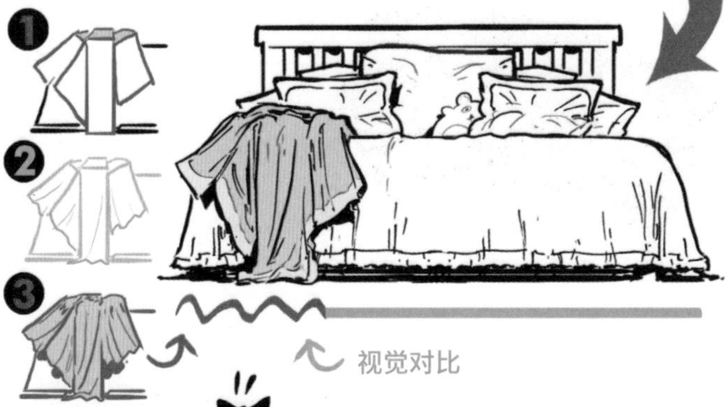

1

2

3

视觉对比

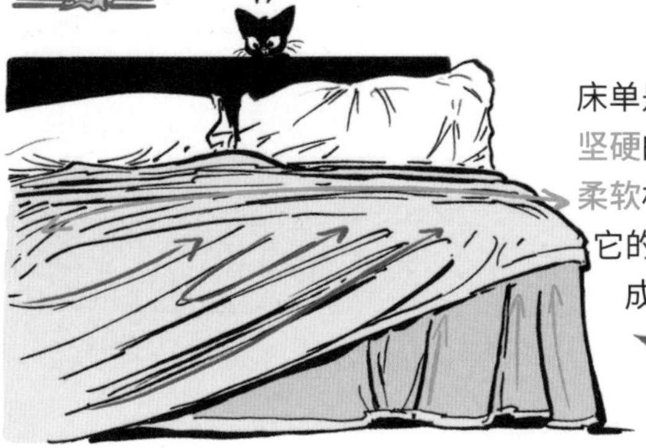

床单是铺在相对坚硬的物体上的柔软材料，因而它的表面会形成张力点。

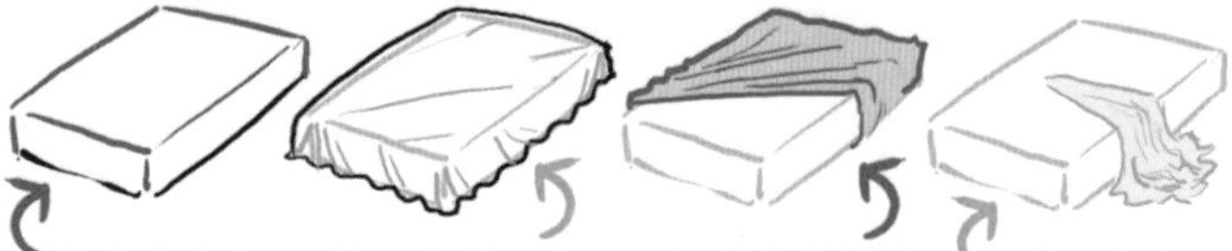

张力点在角落和边缘

甚至在整理好的床上也能看到这一点

如果床单处在拉紧的状态，张力就更大

重量也会产生张力

现实主义风格就来源于多层次张力的混合。

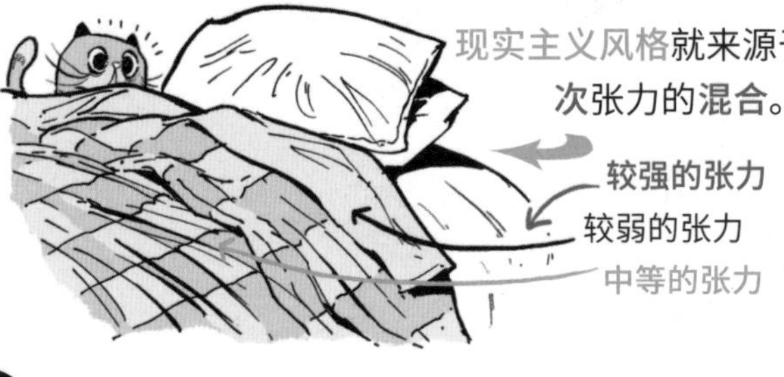

较强的张力

较弱的张力

中等的张力

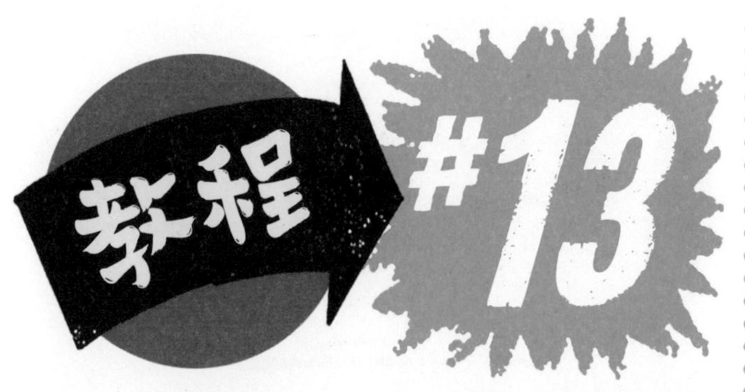

如果你想建立一个兼顾混乱和优雅的混搭时尚风格，最需要的是平衡。

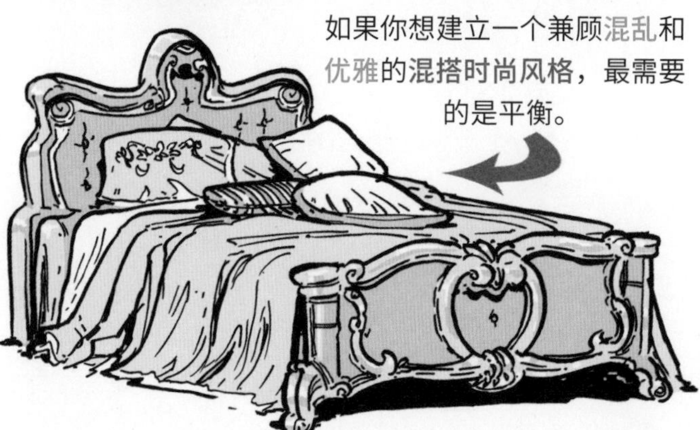

平衡，简单来说就是合适的比例。

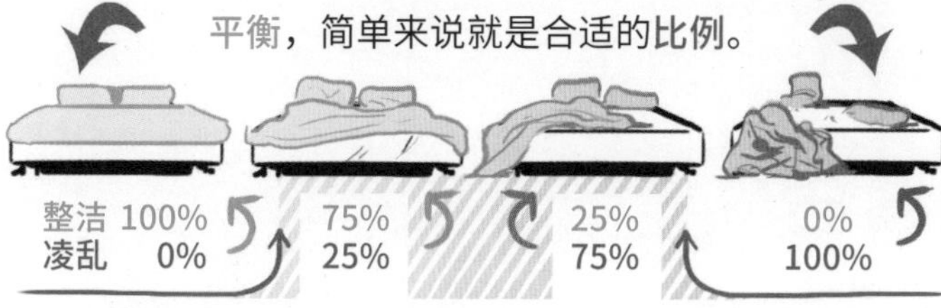

要避免 50：50，尽量保持在 75：25，这样感觉会更自然

右边展示了快速弄皱床单和毯子的方法：

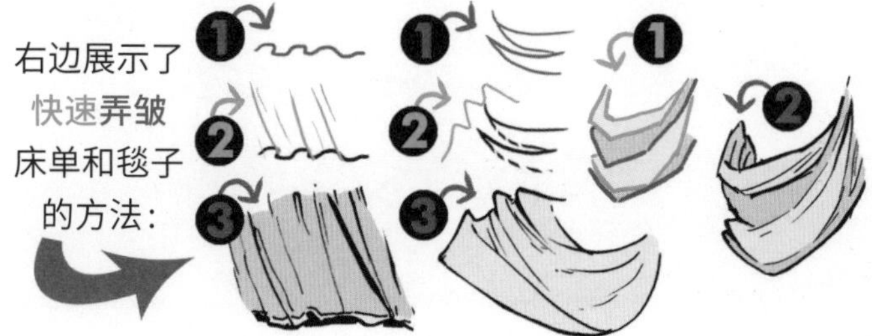

羽绒被等较厚的覆盖物会形成浓淡不均的几何线条。

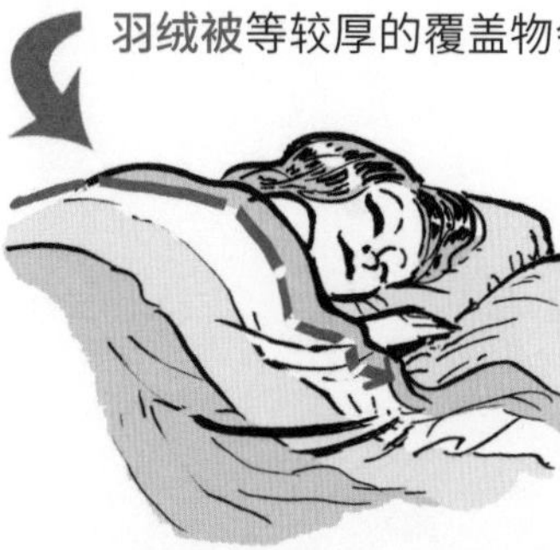

薄的覆盖物盖在一个物体上时则像这样。

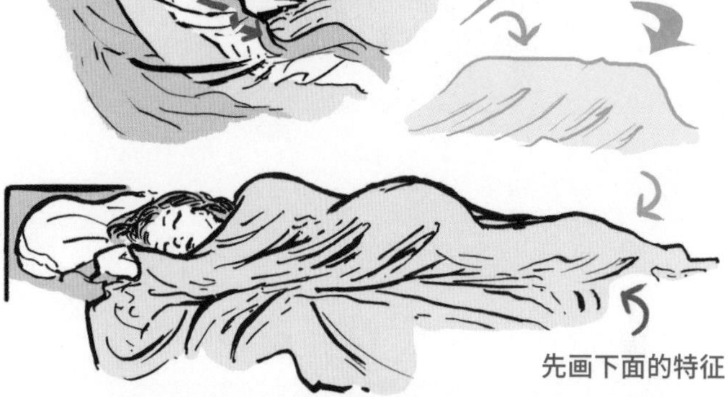

先画下面的特征

还有更多画褶皱和折叠的方法可以尝试。

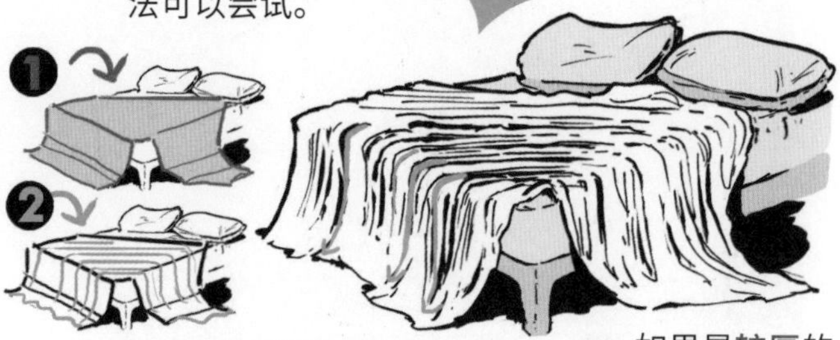

1

2

如果是较厚的材料……

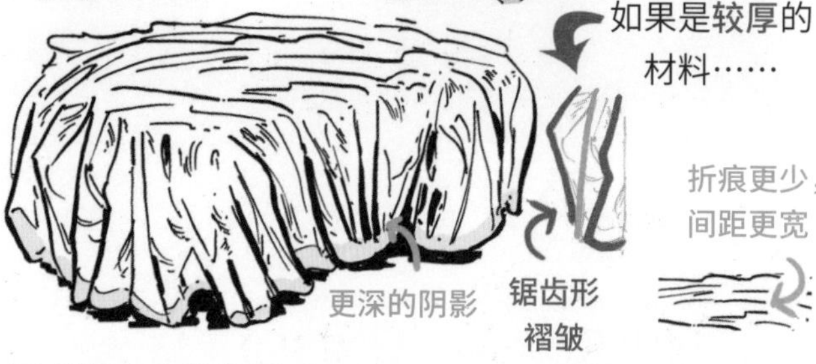

折痕更少，间距更宽

更深的阴影

锯齿形褶皱

你可以混合多种类型的床上用品。

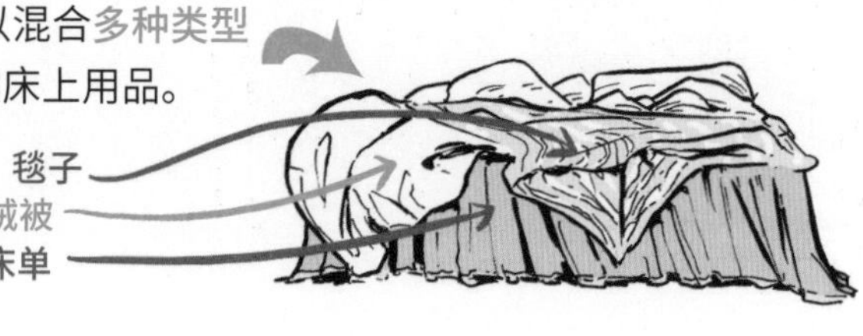

毯子

羽绒被

床单

床单

素材集

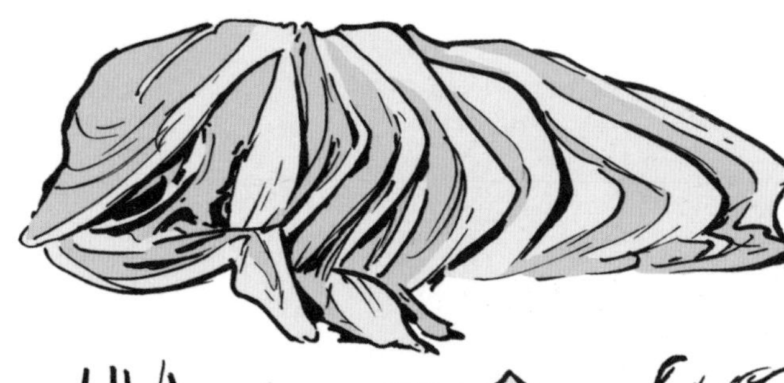
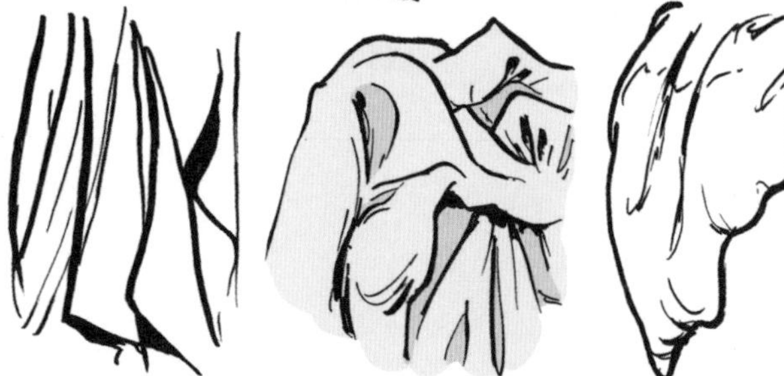
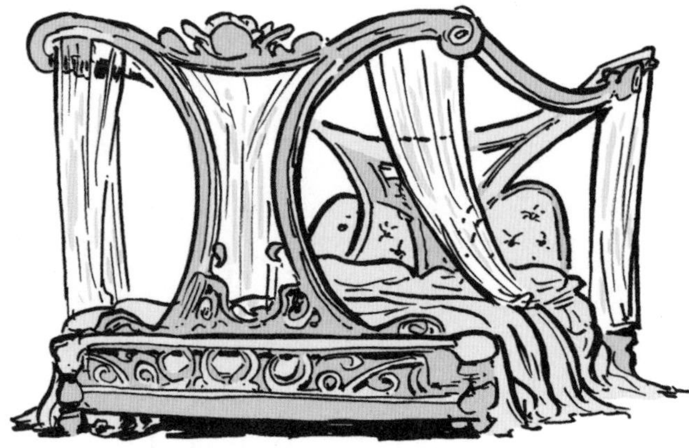
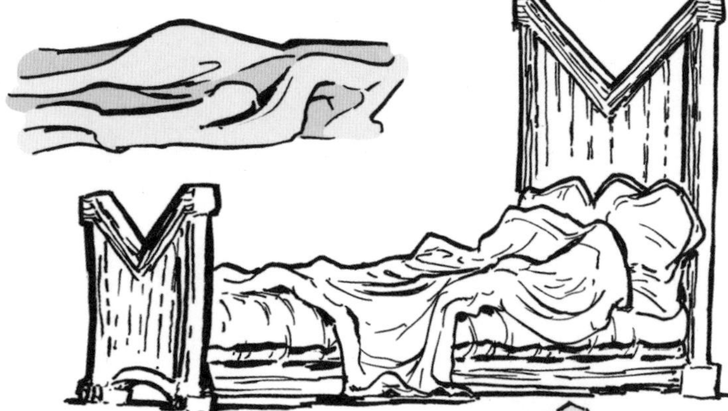
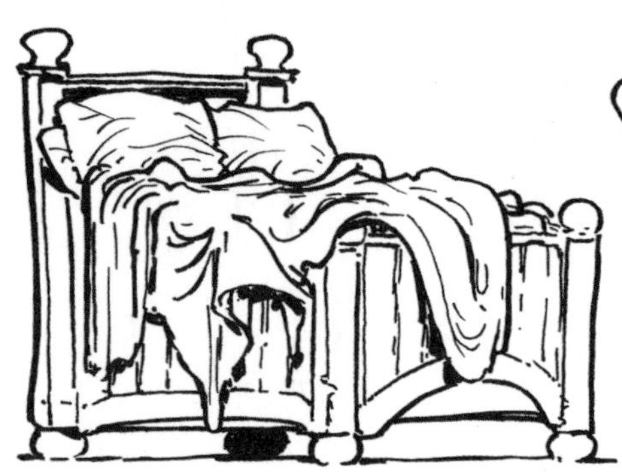
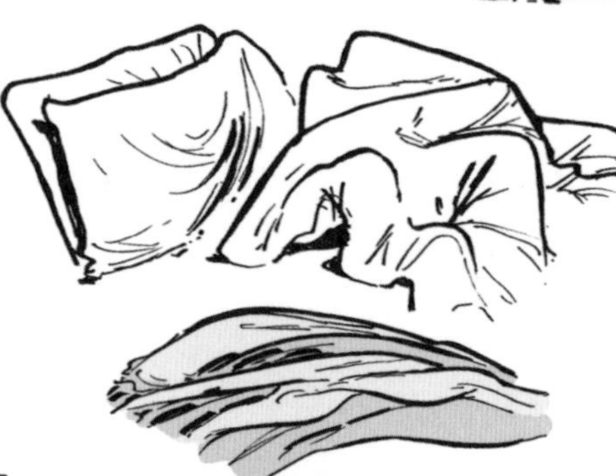
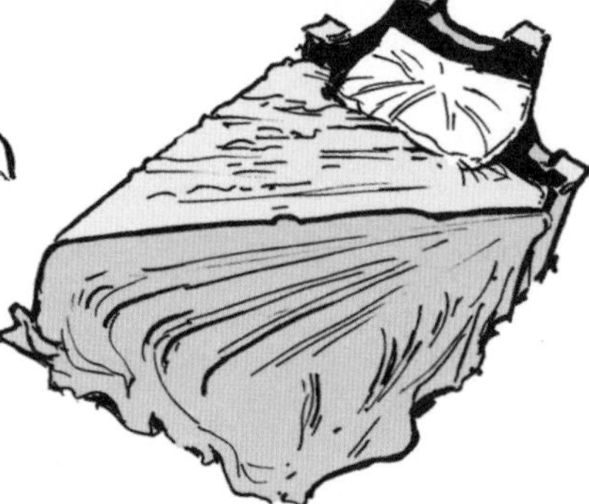

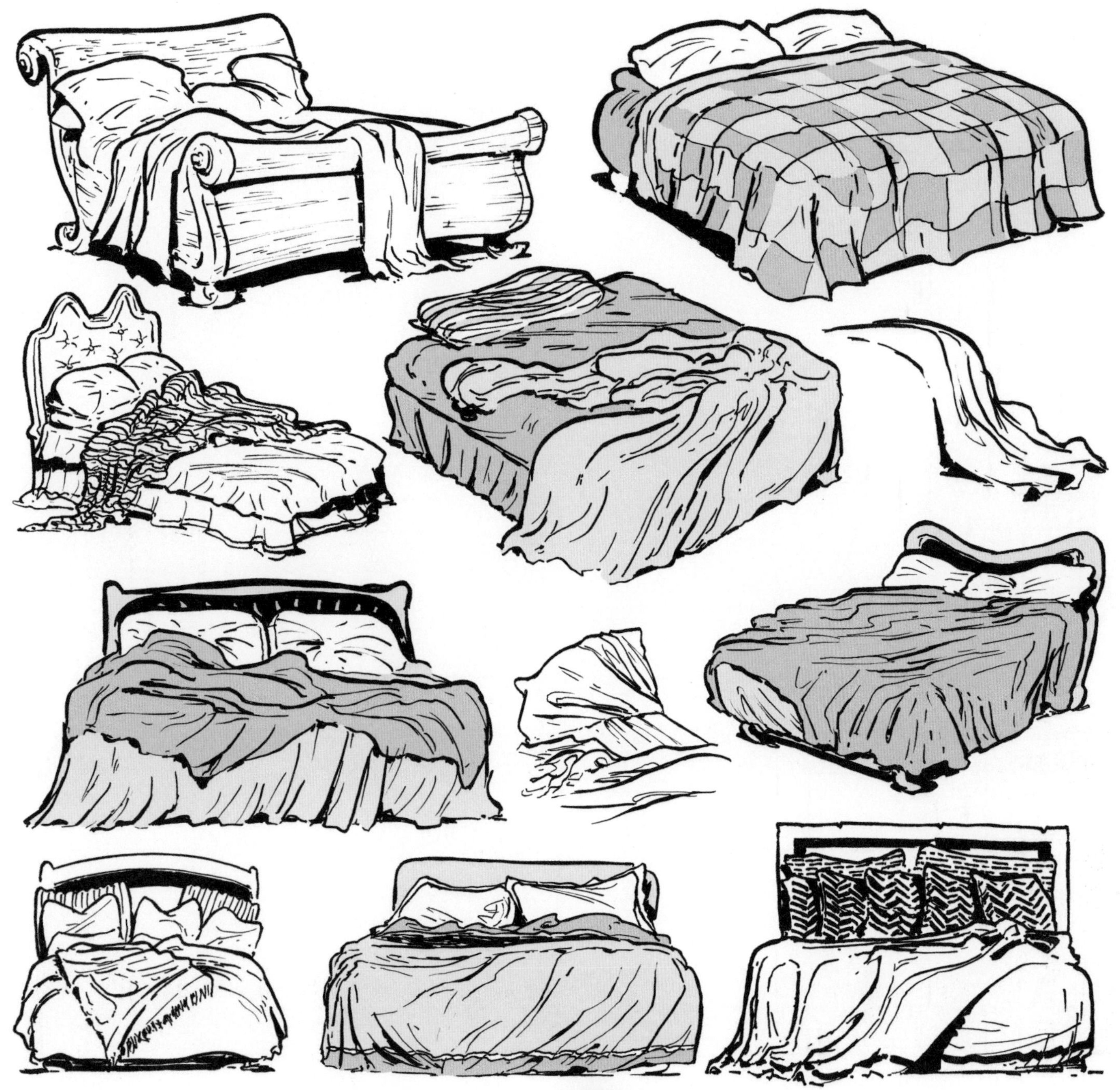

室内设计

有很多技巧可以帮助我们生动地描绘室内。首先，让我们来看一看：

对于设计和绘制出生动的室内场景最有帮助的 6 大技巧！

1 不要从一个长方形开始！

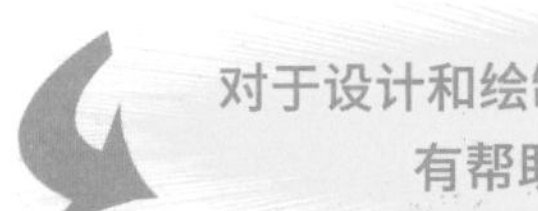

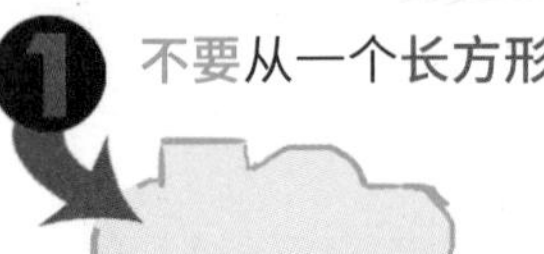

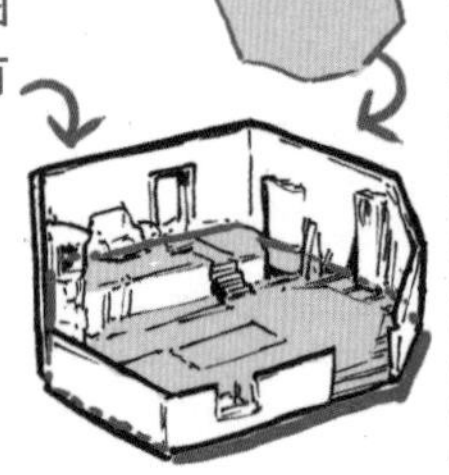

这是创意室内设计的第一步

将室内平面图设计为一个有趣的形状

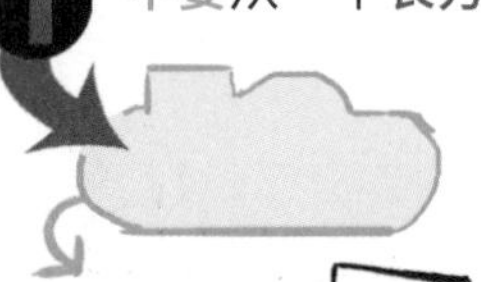

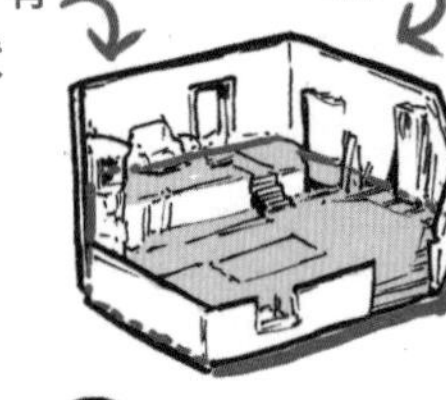

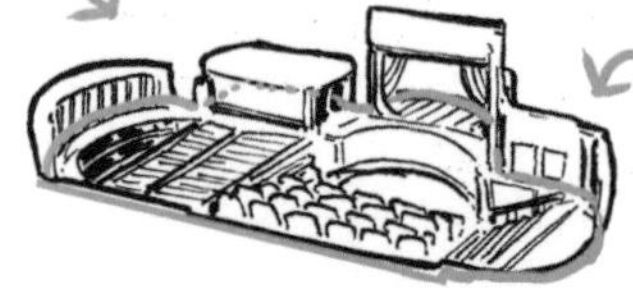

2 创造一个建筑的视觉中心点！

选择轮廓突出的元素，或故事中重复出现的元素，总之是最能引人注目的

3 进行多层次设计！

因为单层是非常单调的

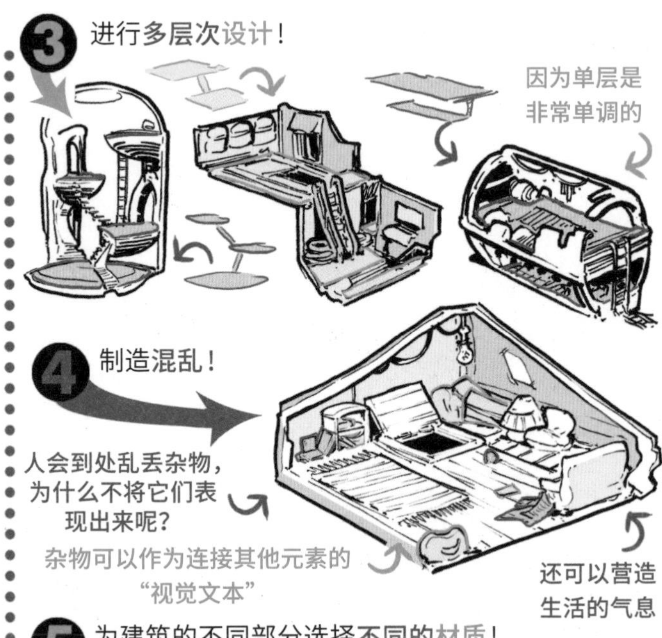

4 制造混乱！

人会到处乱丢杂物，为什么不将它们表现出来呢？

杂物可以作为连接其他元素的“视觉文本”

还可以营造生活的气息

5 为建筑的不同部分选择不同的材质！

更多的纹理=更强的立体感

6 绘制一条通路。

指引方向

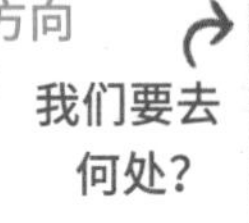

我们要去何处？

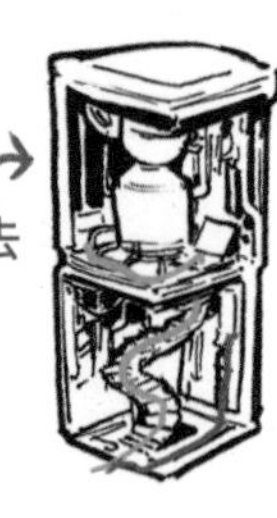

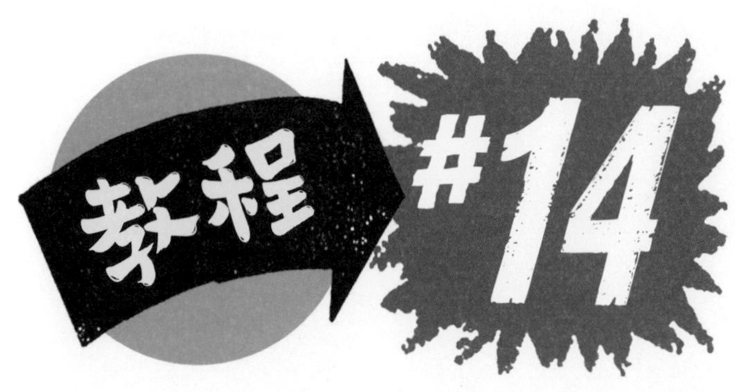

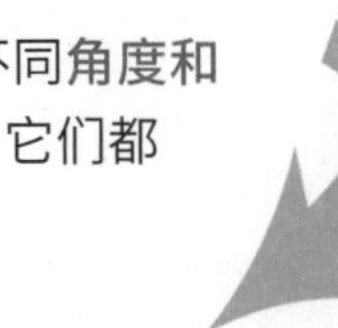

为室内取景时，你可以运用不同角度和构图。这里有 16 种方案，它们都非常实用！

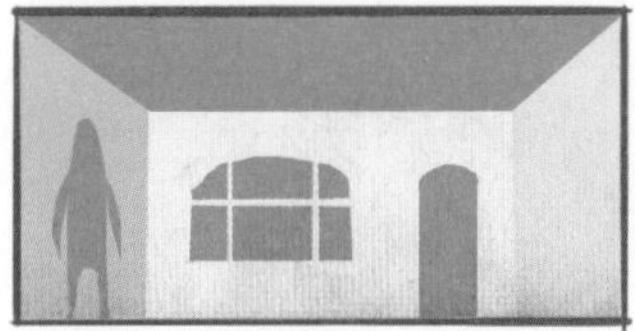
侧视

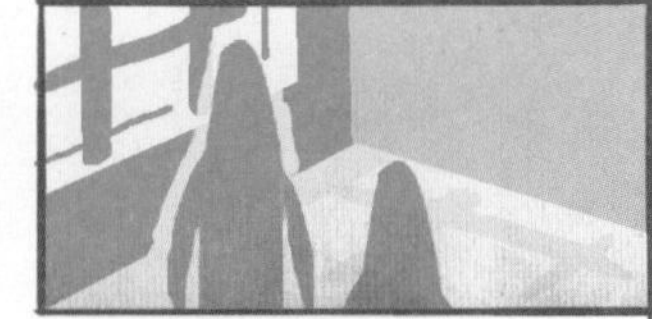
俯视（高视角）

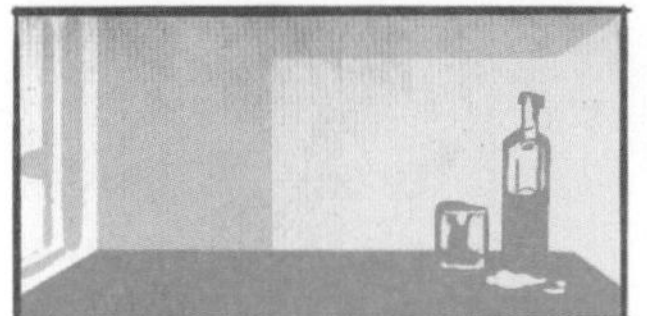
聚焦前景中的家具

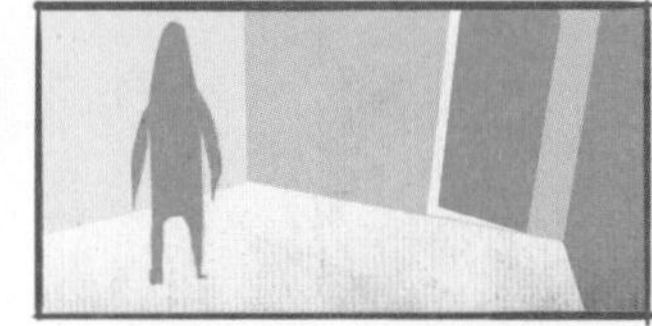
中高位置的倾斜角度

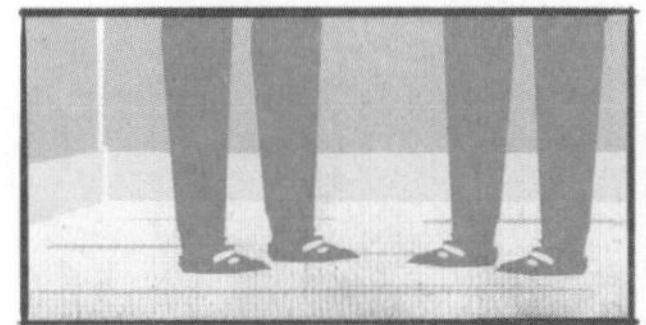
剪裁低层空间

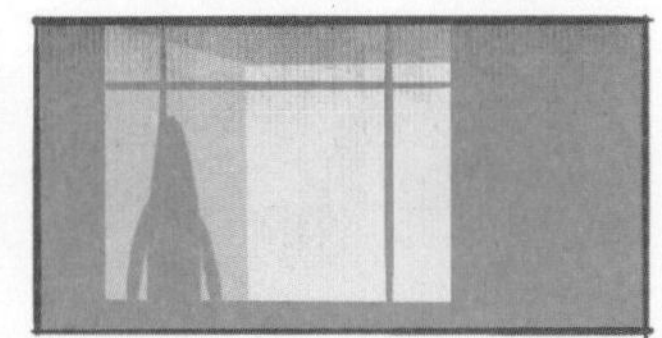
透过窗户

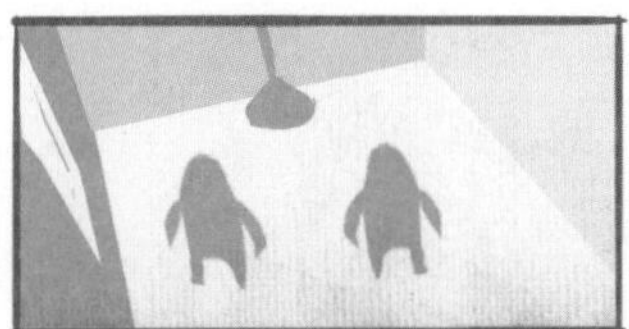
俯视（头顶视角）

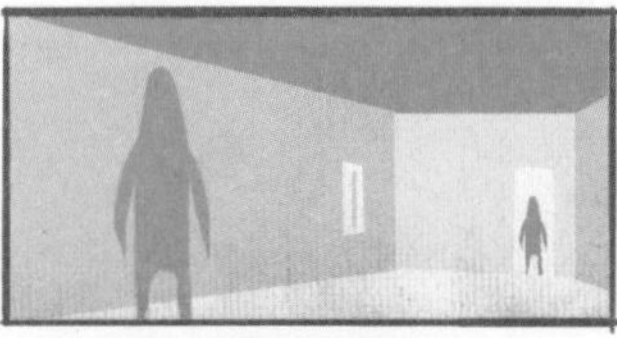
放大纵深

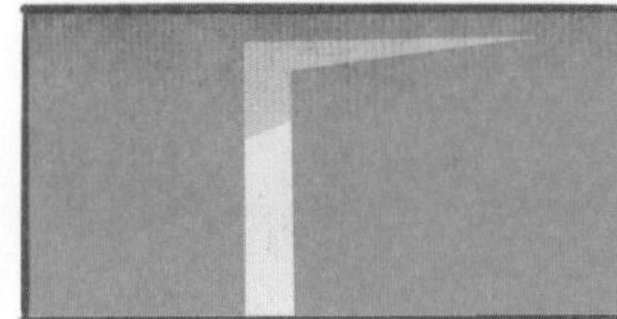
门口偷窥

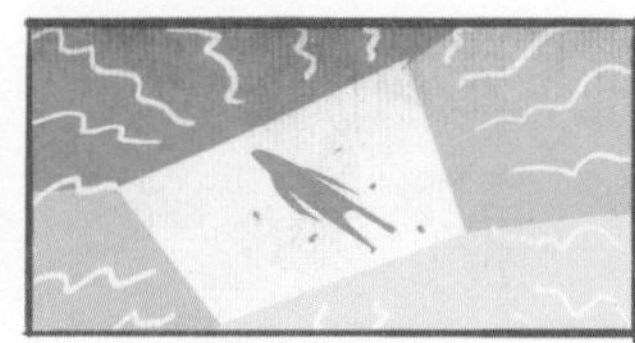
倾斜且歪斜

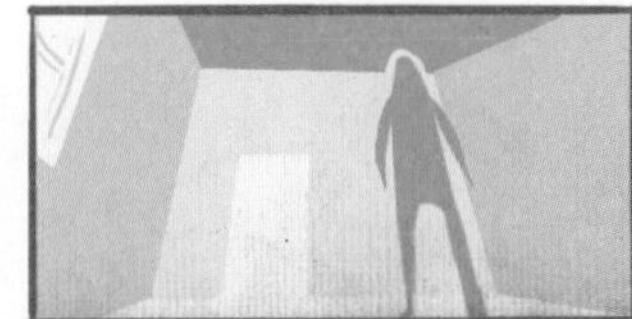
仰视（地面视角）

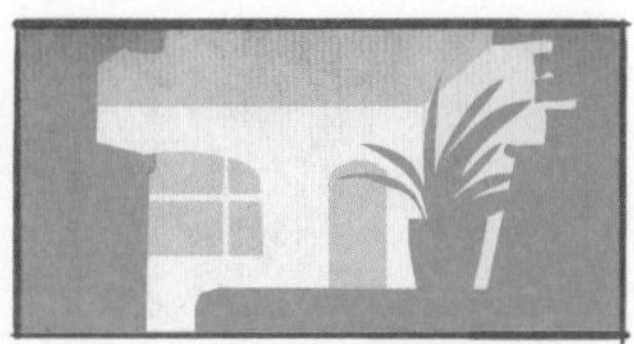
以家具为框架

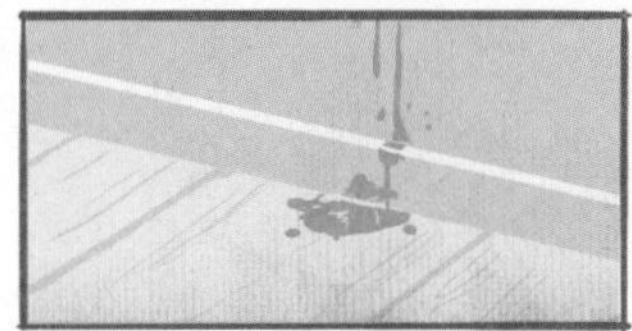
聚焦小细节

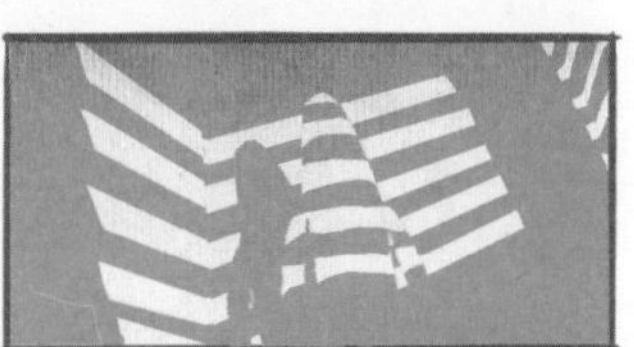
创造光影形状

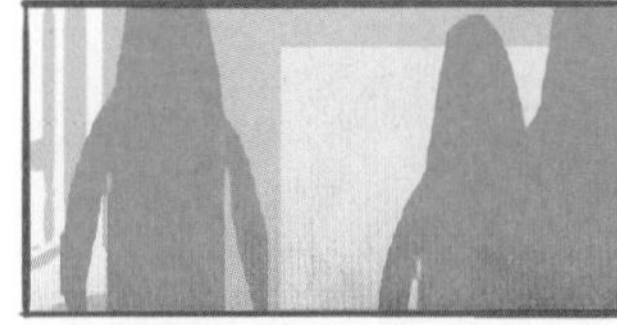
以人物为框架

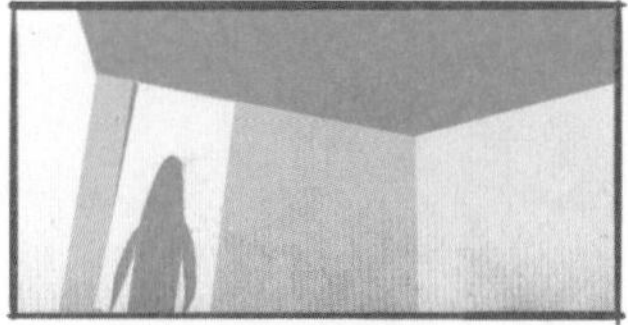
倾斜的仰视

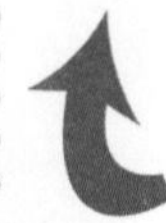

我们将在后面的章节中关注构图、透视和更多的内容！

内饰

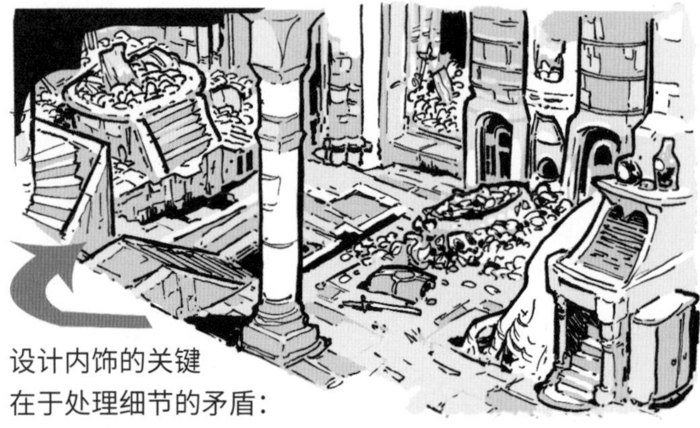

设计内饰的关键
在于处理细节的矛盾：
既杂乱，又清晰；既多种多样，又主次分明。

让我们先开始练习划分细节的等级。先用两条线把一个长方形分成 4 个大小不一样的区域。

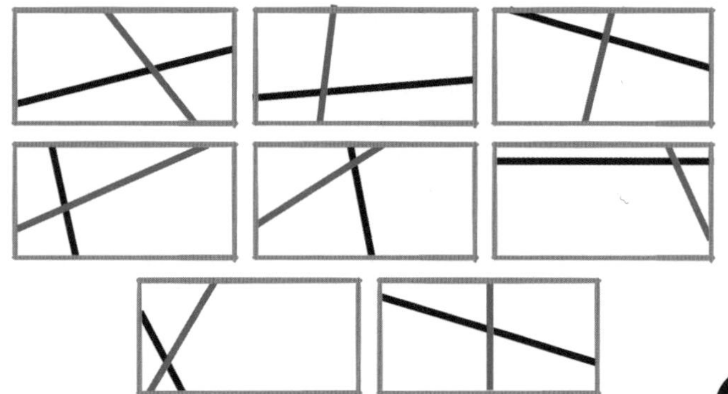

现在想象这些线是房间的一部分，如地板边缘、天花板、墙壁的一角等。

接下来，在 4 个区域里粗略地填充一些物品（种类任意）。其中两个区域的物品需要大量细节，另一个区域的物品有一些细节，最后一个区域的物品则只有少许细节。

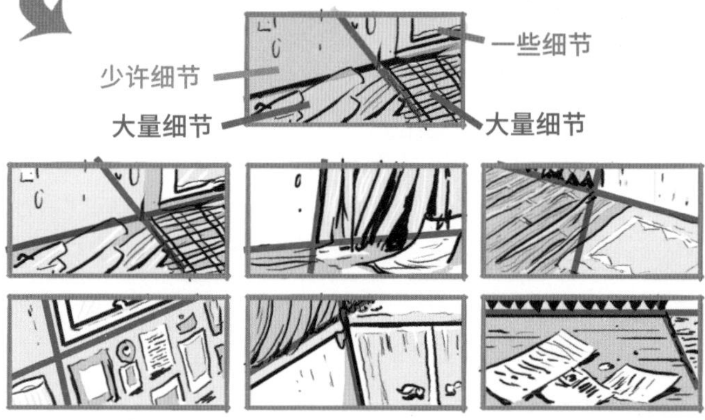

这就是平衡复杂室内布局的基础：各个区域之间有较为清晰的分界线，且每个区域的物品细节等级不尽相同。

重度、中度、轻度的理想比例为 2 ： 1 ： 1

（或 50% ： 25% ： 25%）。

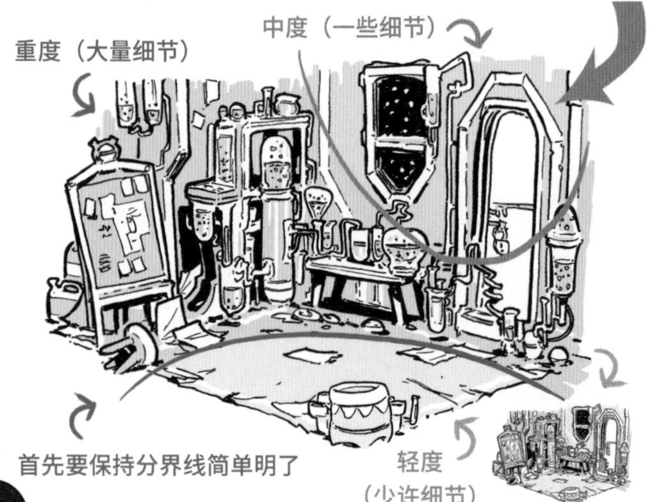

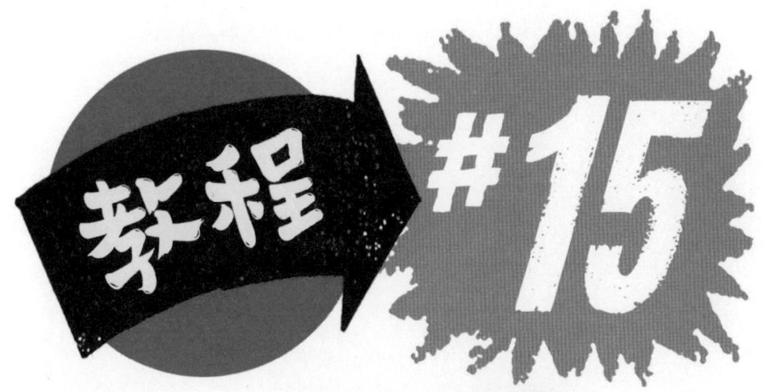

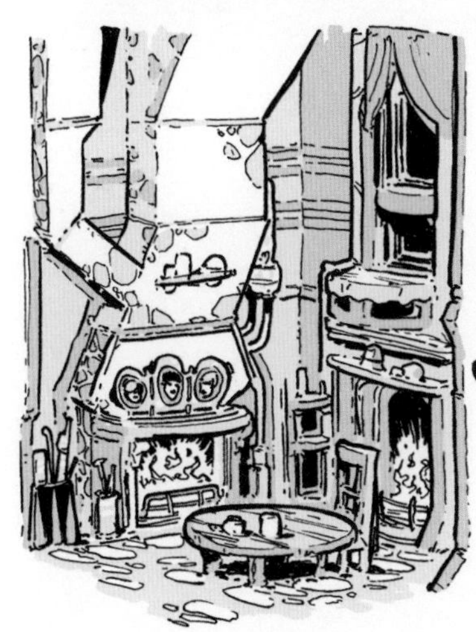

我们已经探索了大量、一些、少许细节的基本组合，接下来让我们进一步运用这一技法。

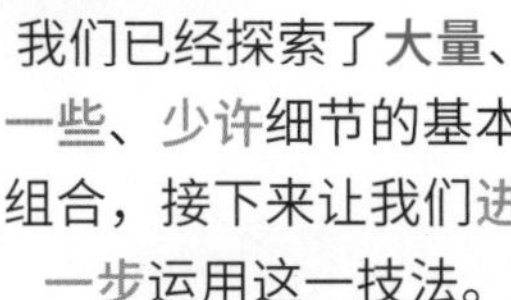

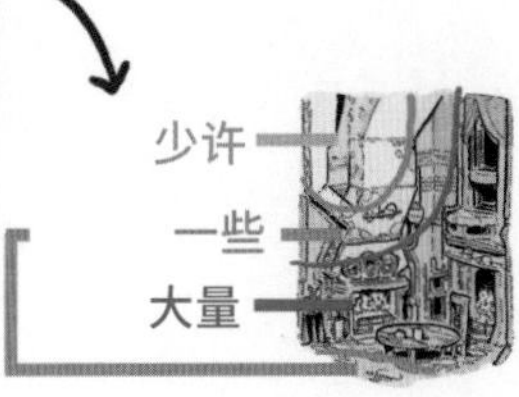

你可以将细节等级划分到各自不同的区域里，也可以将它们分散于整个构图中：

四周的大量细节

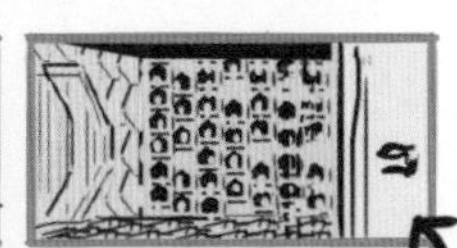
前景中的大量细节

前景中的少许细节

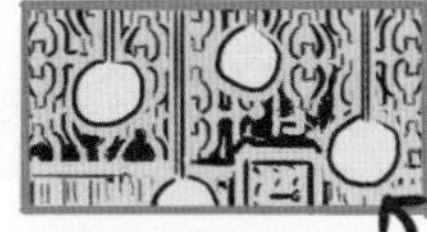
散布出来的少许细节

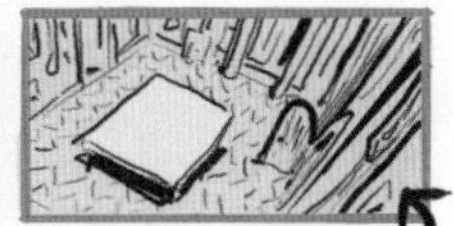
不同细节类型相互渗透

在构图中，出现最少的设计元素往往最突出。

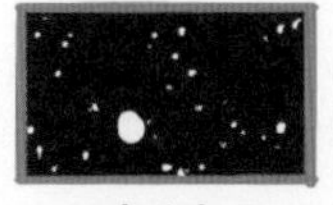
大/小

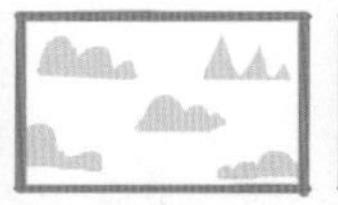
形状

方向

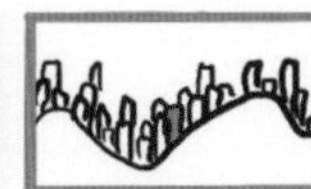
颜色

对细节丰富的室内来说，简洁的空间是有限的，所以这些空间会成为焦点，你可以用它来突出关键物体或区域。

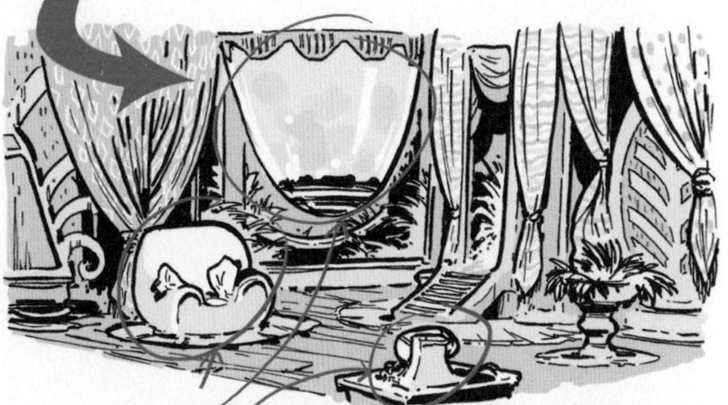
在一个繁复的环境中，焦点是那些简洁的物品

反过来说，如果你想让室内装饰不那么突出，那就让人物表现出更丰富的细节吧！

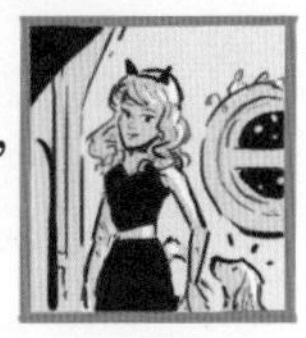

记住：细节丰富不仅仅意味着物品的数量多！它还可以是——

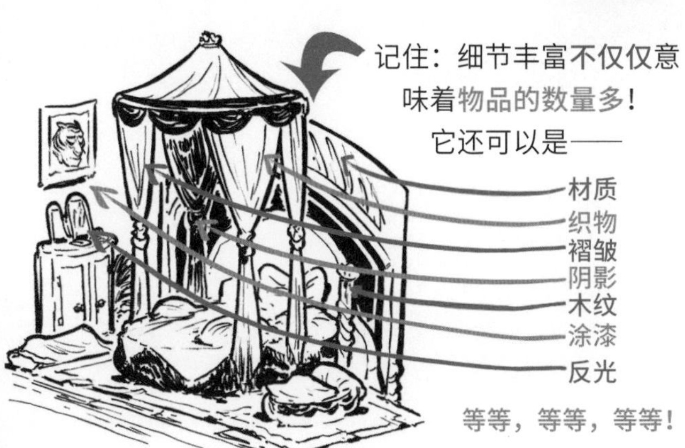

等等，等等，等等！

内饰

素材集

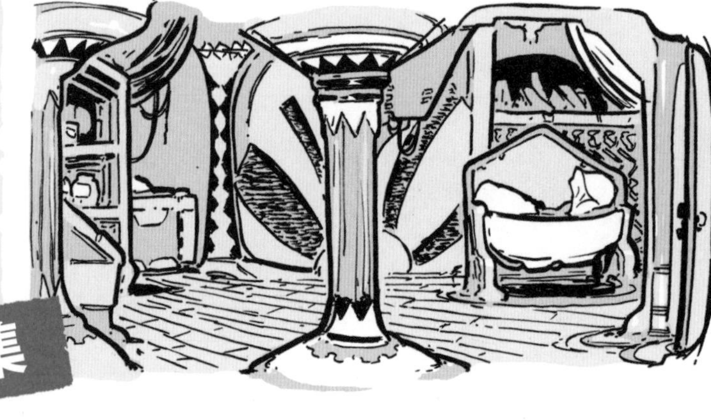

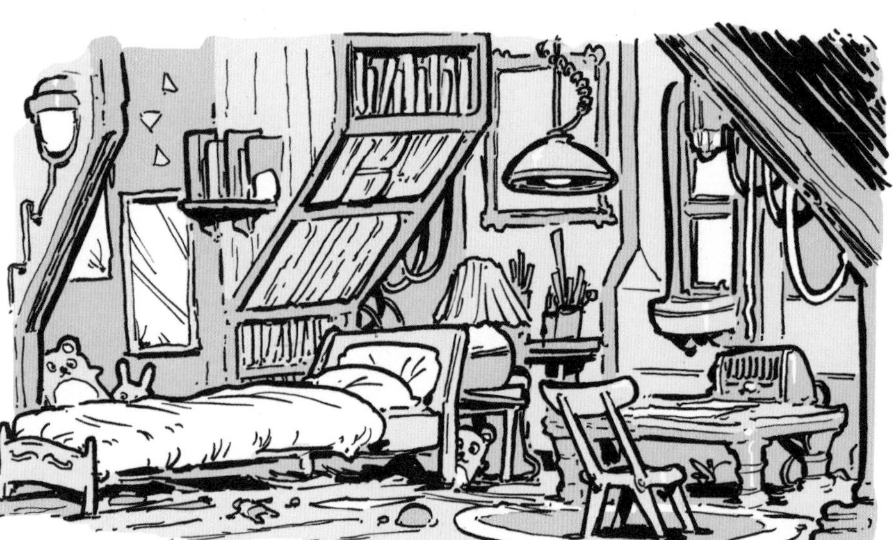

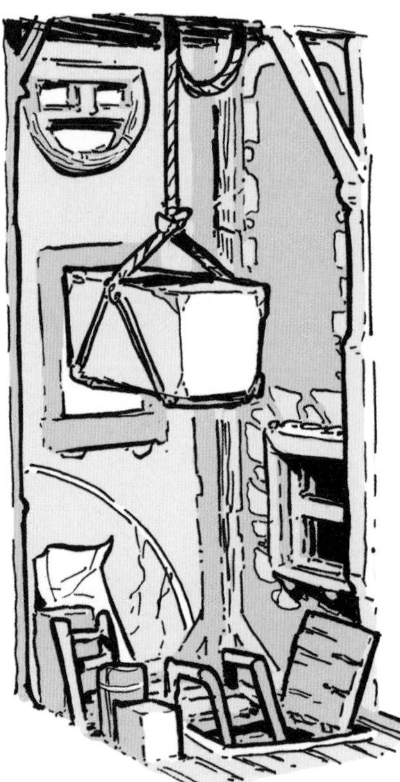

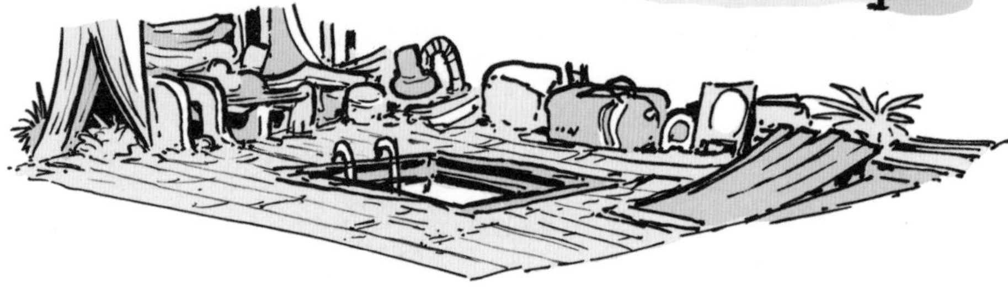

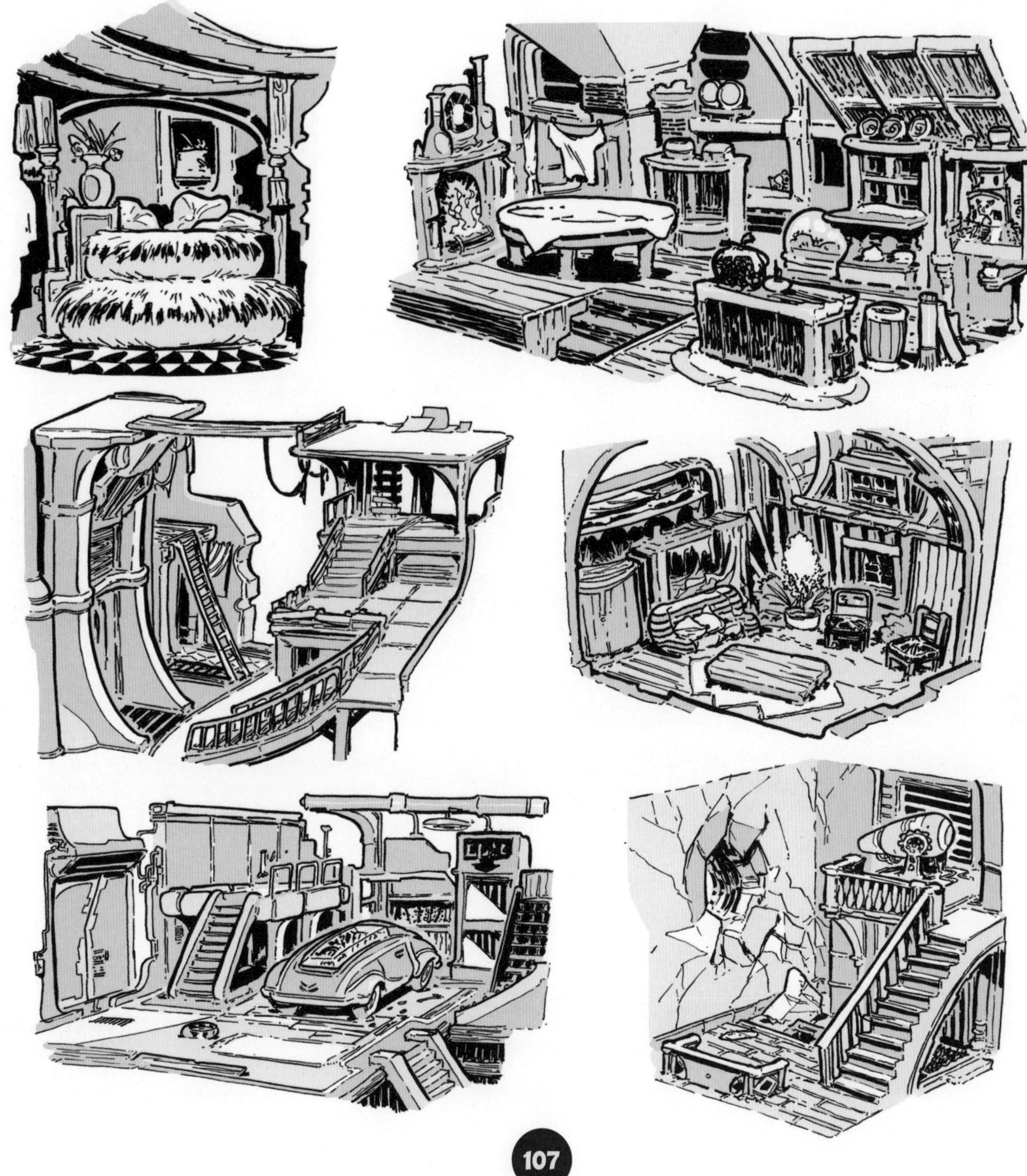

宝箱

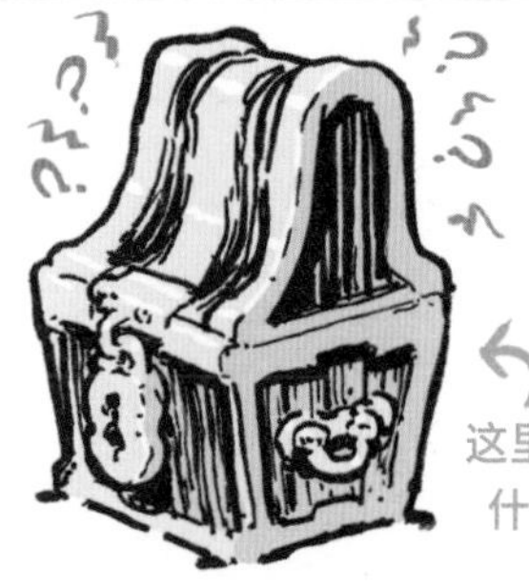

宝箱在视觉叙事中的功能是激发观众的想象力和好奇心！

这里面是什么？

就像其他包装好的箱子一样，我们首先注意到的是箱子的整体尺寸。

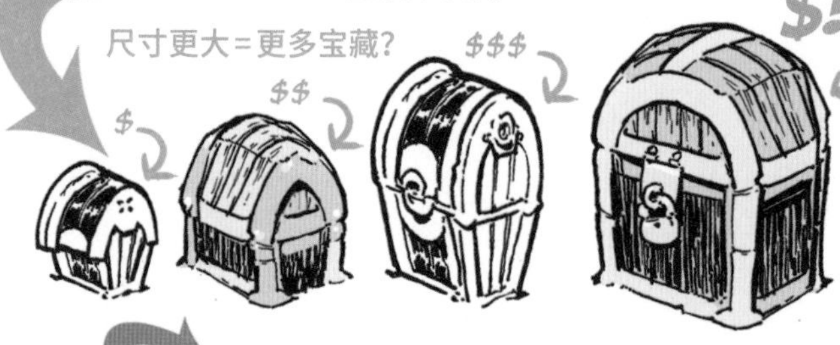

然而，我们可以通过对比来暗示宝箱里宝藏的不同价值！

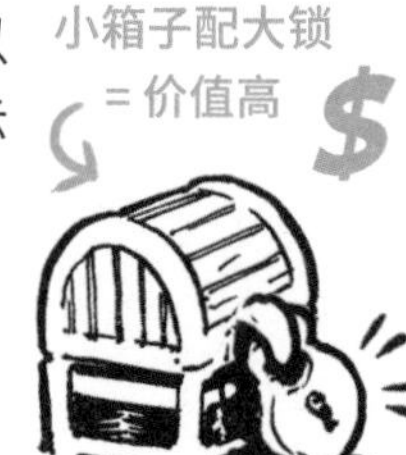

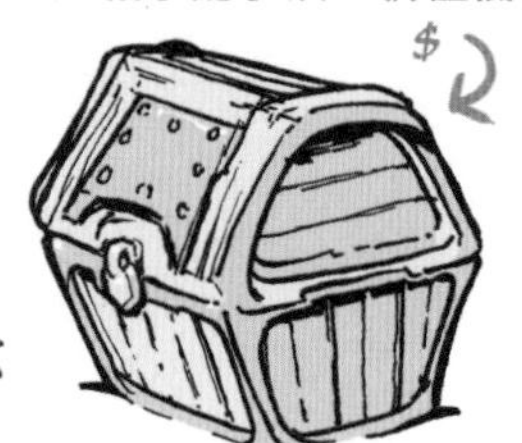

坚固性是暗示箱子里东西贵重程度的另一个关键因素！

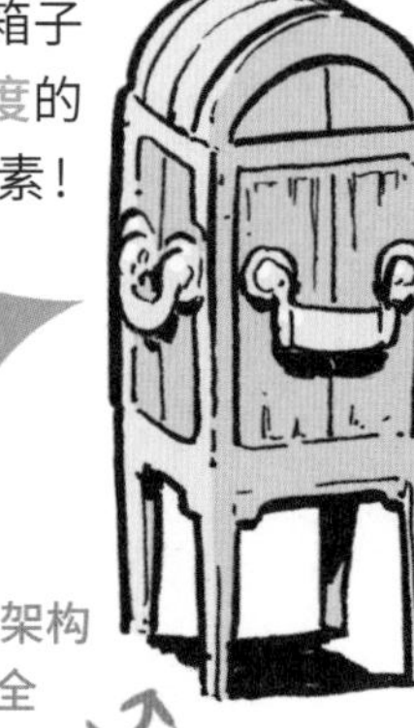

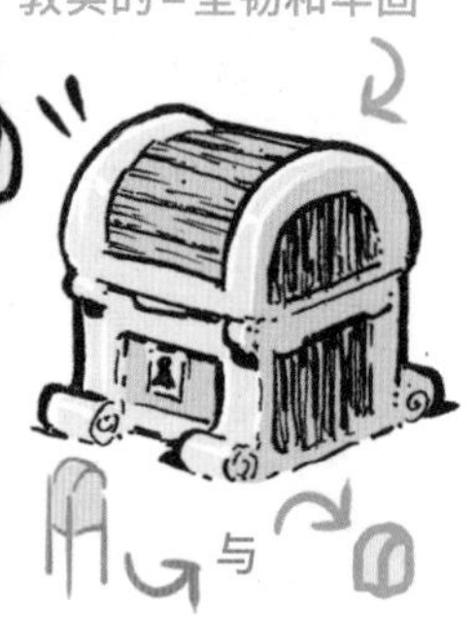

用不寻常的形状暗示宝物具有异国情调或特别的属性。

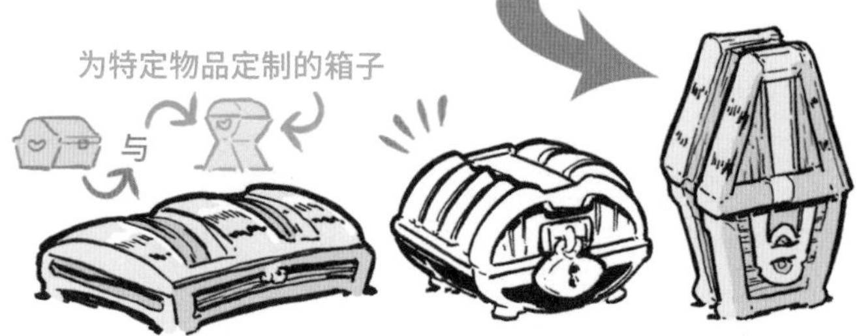

锁可以设计得坚不可摧，甚至是难以捉摸！

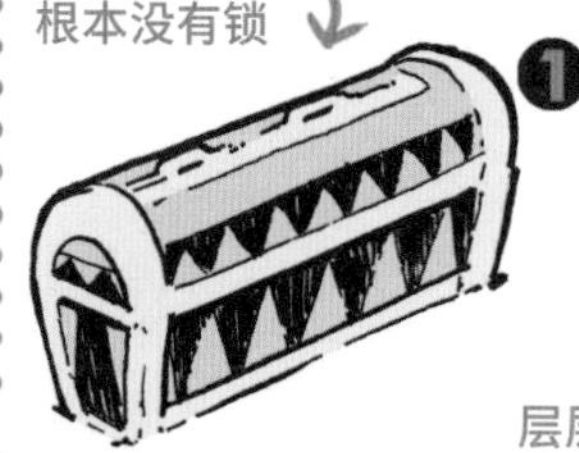

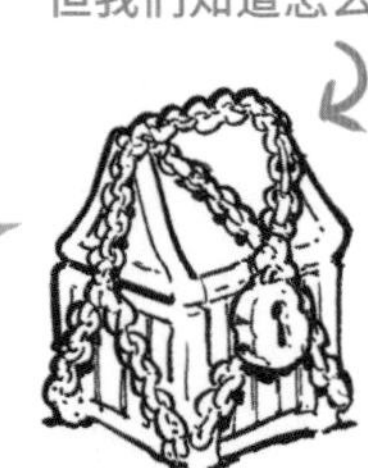

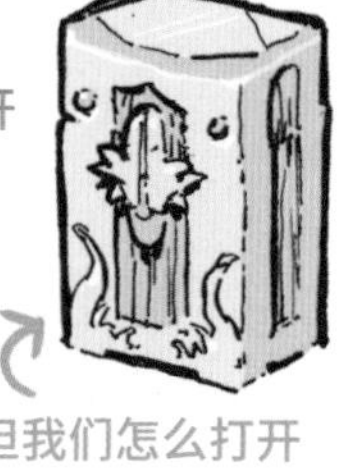

根本没有锁

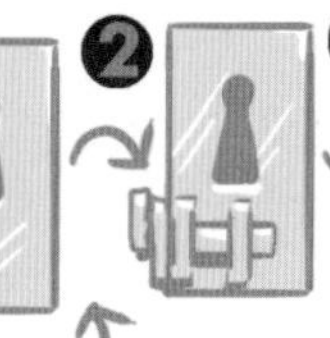

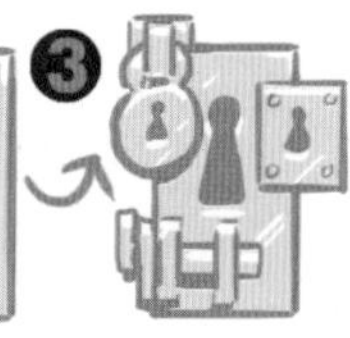

层层锁住

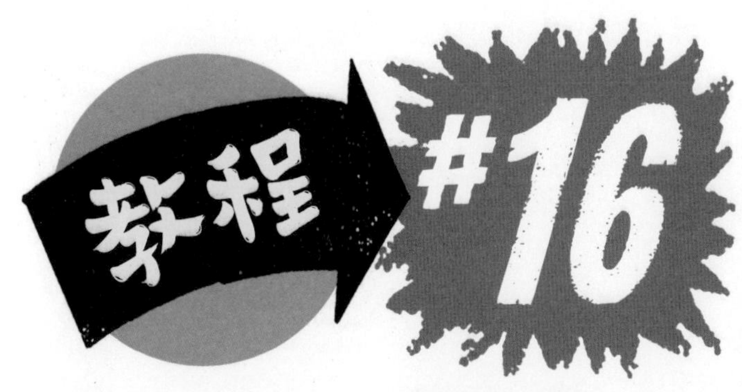
教程
#16

另一种暗示箱子里有巨额宝藏的方法是用精致、昂贵的装饰品来装饰它。

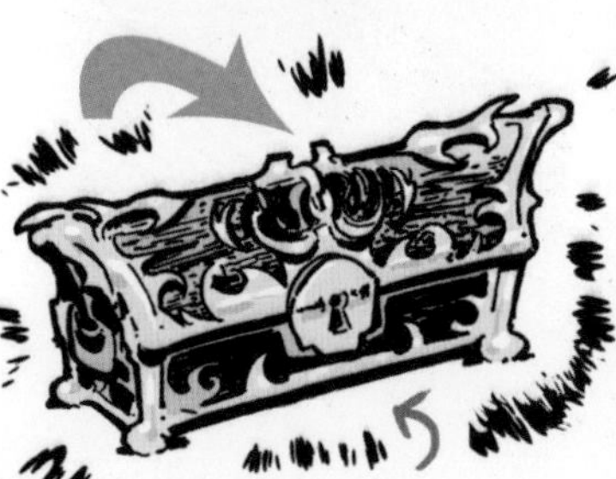

如此华丽的箱子，里面装的是什么呢？

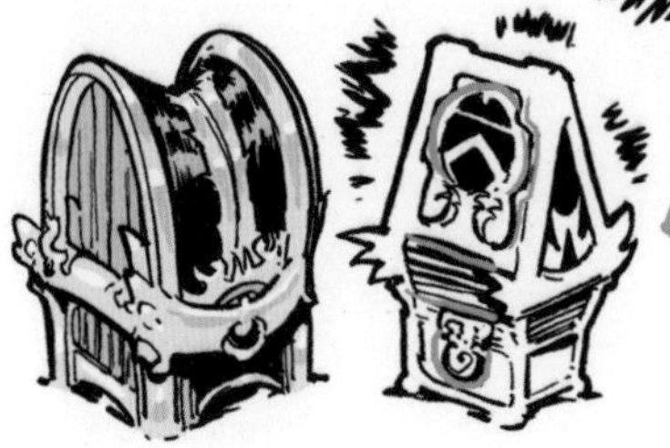

为了显示其华丽而使用大量的材料

让宝藏实实在在地溢出来，可以进一步增加丰富感！

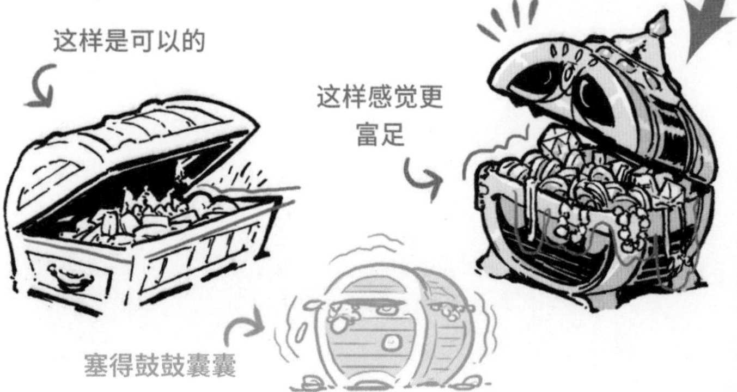
这样是可以的
这样感觉更富足
塞得鼓鼓囊囊

记住，宝箱可以用多种方式打开！

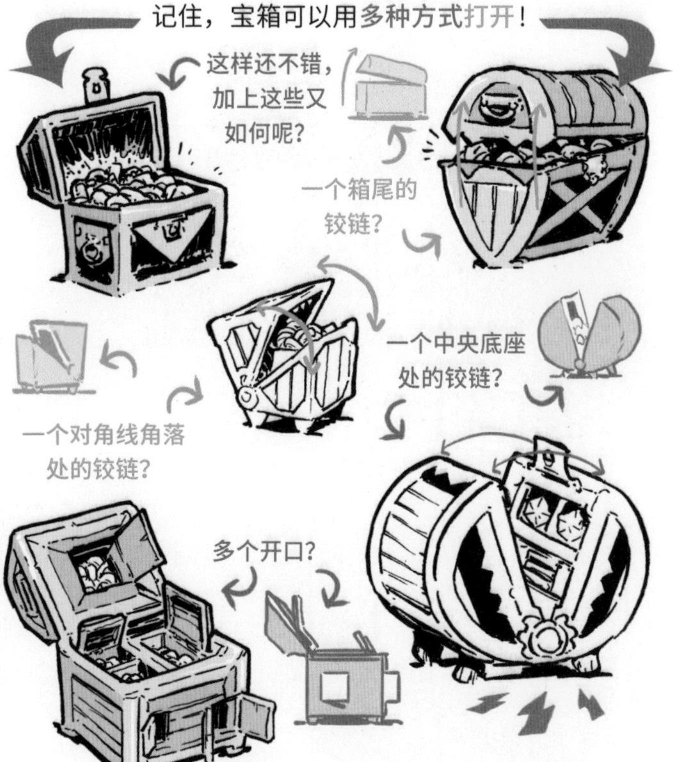

这样还不错，加上这些又如何呢？

一个箱尾的铰链？

一个中央底座处的铰链？

一个对角线角落处的铰链？

多个开口？

试着为箱子添加箱体装饰，以展示其材质和背景。

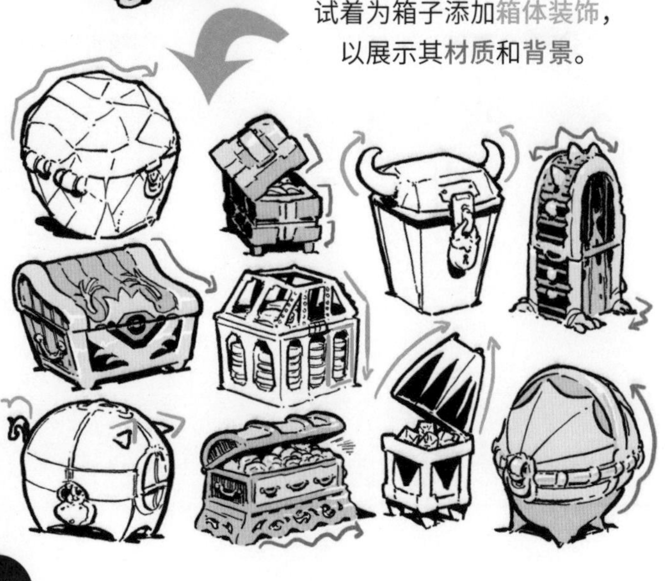

金钱和财宝

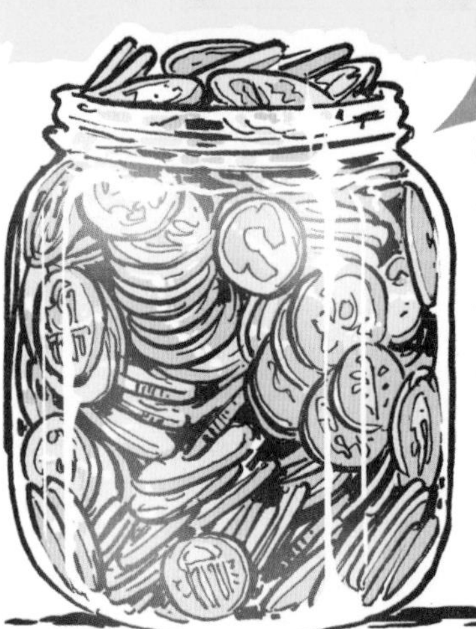

硬币和纸币都是具有重大价值的小物品。最重要的是，它们是那种日常频繁使用的物品，因此，它们显示出被使用感，即没那么完美时反而会显得更加可信。

我们也可以完美地堆叠硬币，但这会显得太呆板了。

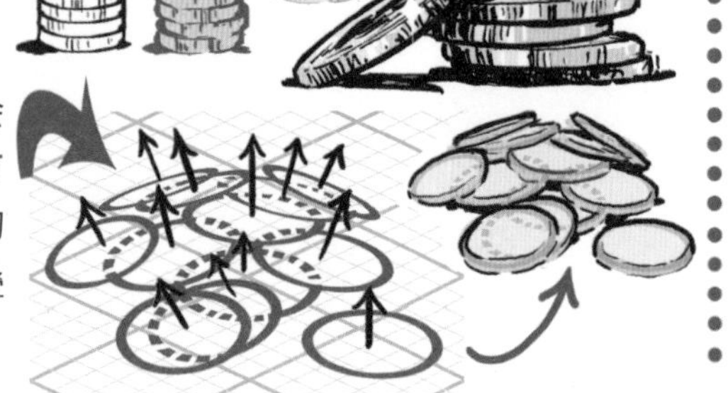

松散的硬币堆会倾倒并向各个方向散落，绘制的时候可以从堆叠椭圆形开始。

金钱可以用作一个国家的视觉隐喻，展示其力量、遗产、适应能力等。

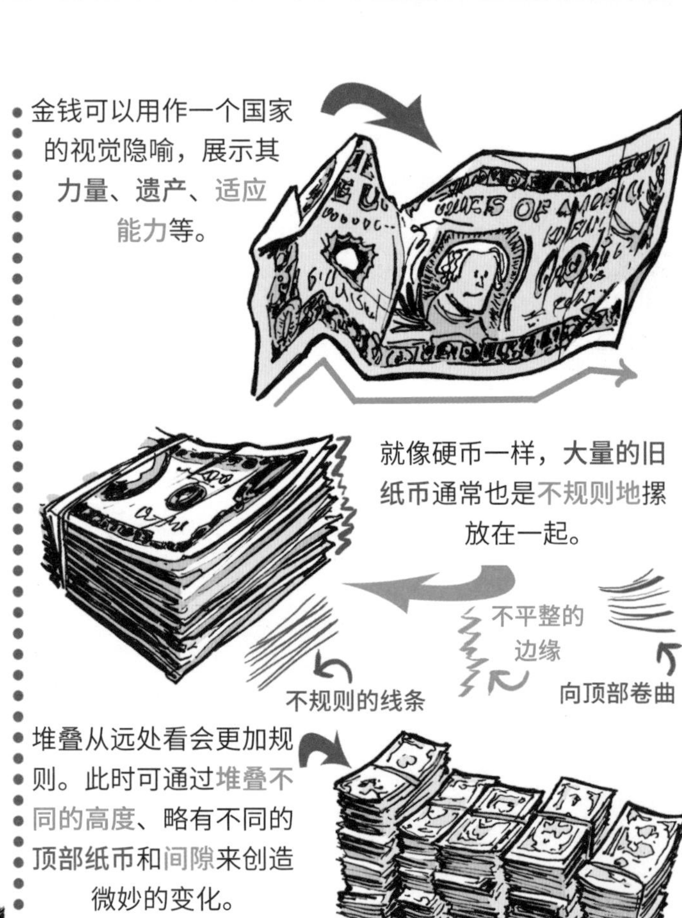

就像硬币一样，大量的旧纸币通常也是不规则地摆放在一起。

堆叠从远处看会更加规则。此时可通过堆叠不同的高度、略有不同的顶部纸币和间隙来创造微妙的变化。

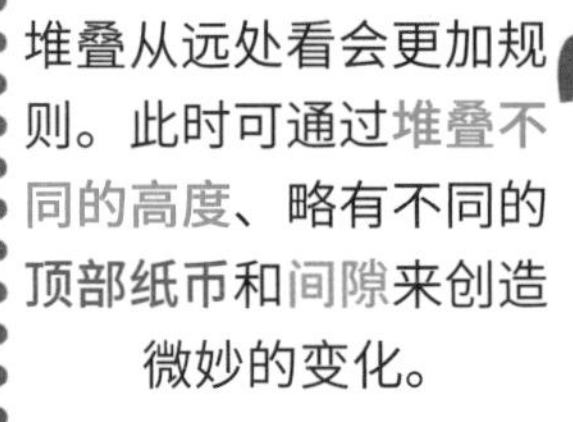

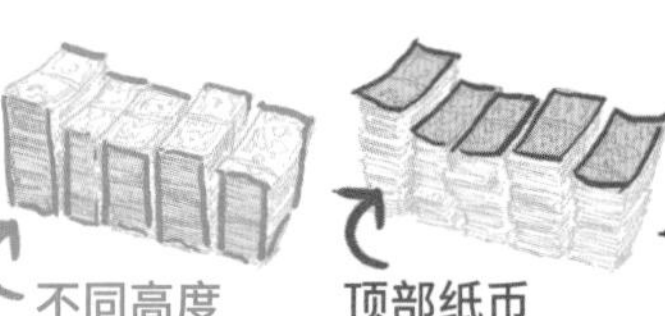

顶部纸币的卷曲可为画面进一步增加一些小小的变化。

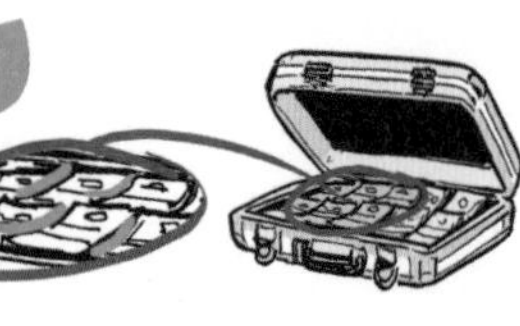

教程 #17

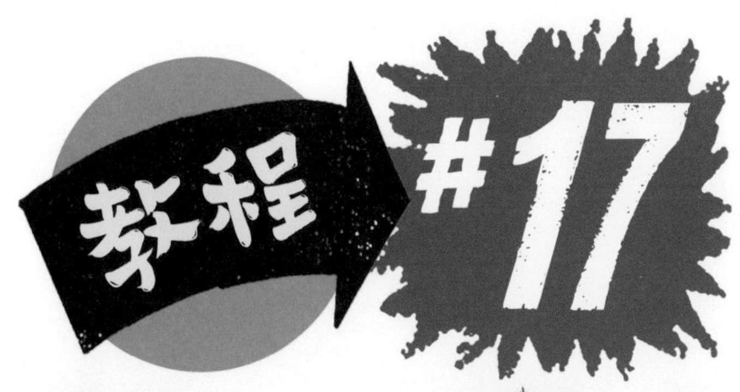

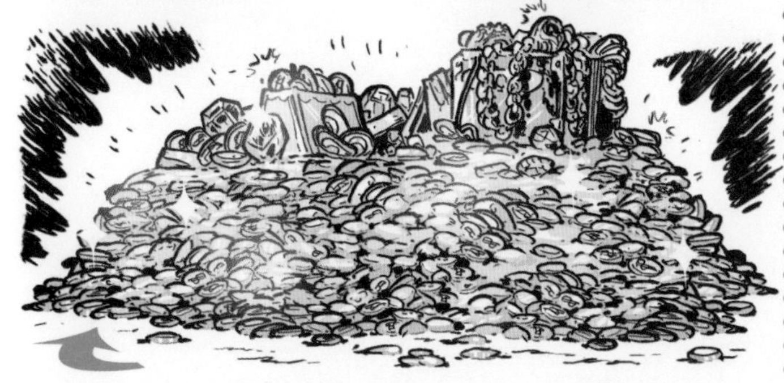

画成堆的财宝非常有趣，诀窍是把它们想象成微缩景观。

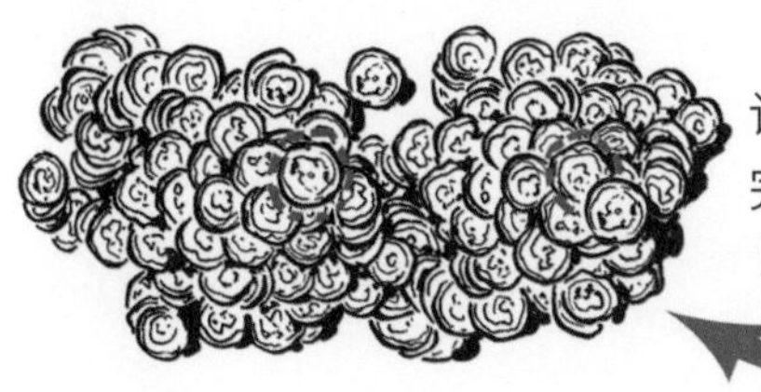

记住：古代的金币不是完美的圆形，也没有两枚金币是完全相同的。

像创造一个环境那样创造硬币堆。

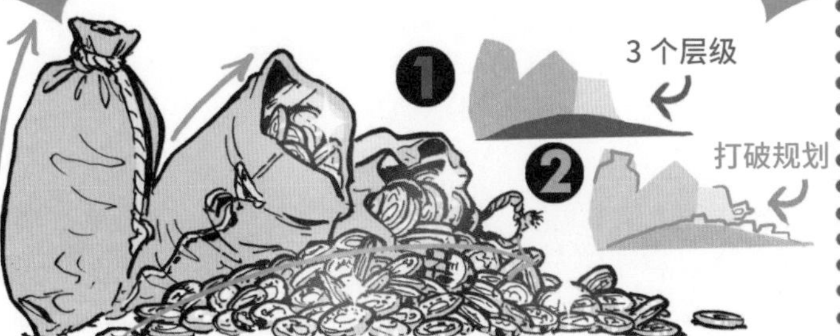

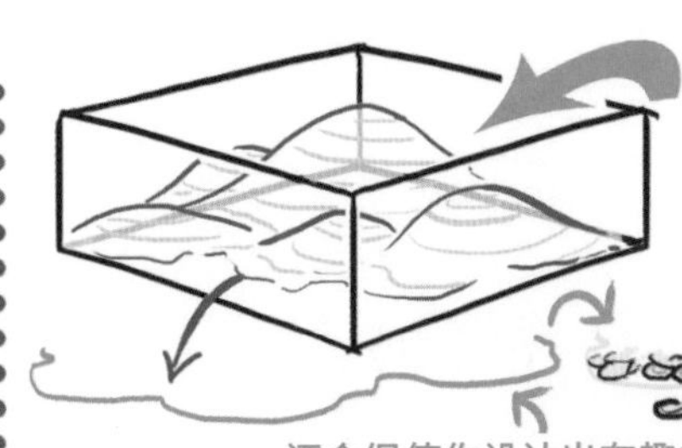

在一个简单的透视箱中可视化这些“景物”，将有助于你规划出不同层级。

还会促使你设计出有趣的底部线条

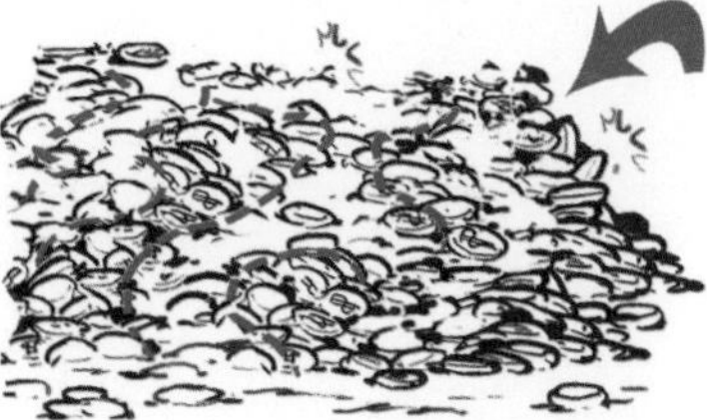

你不需要画出所有金币！只需在几条“蜿蜒小路”上画出少许细节即可。可以添加一些反光来暗示金币。

别忘了在财宝堆的底部周围放置一小堆松散的金币。

还行

更好

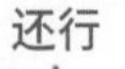

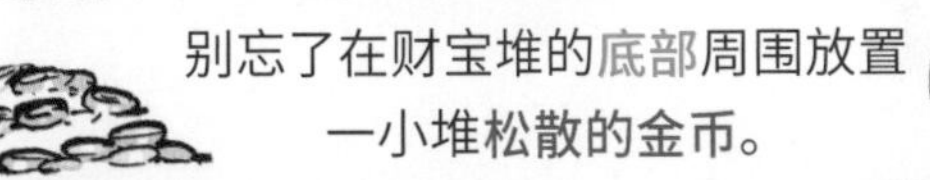

硬币堆里可能藏有一些古董。

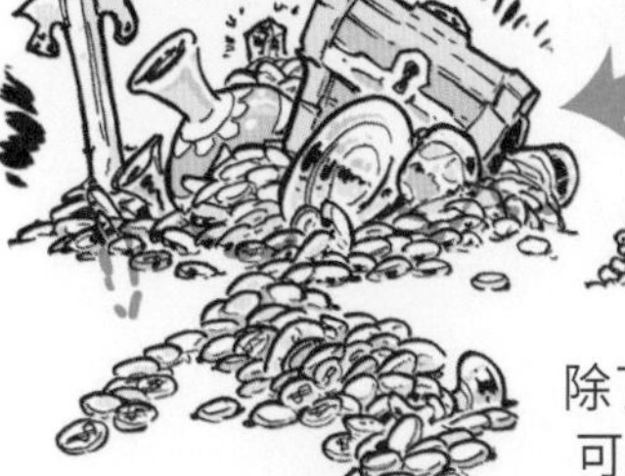

除了硬币，财富还可以有多种形式。

溢出=丰富。

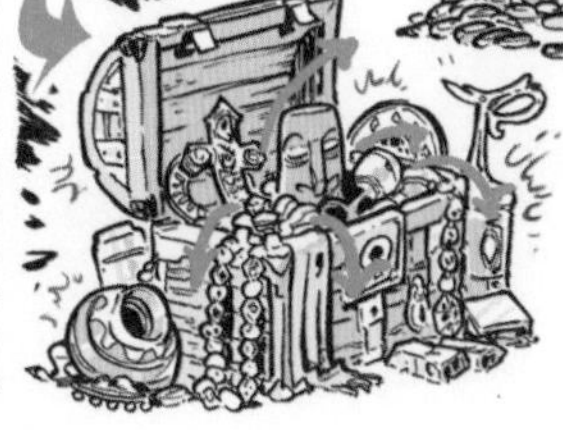

混合各种角度以形成对比。

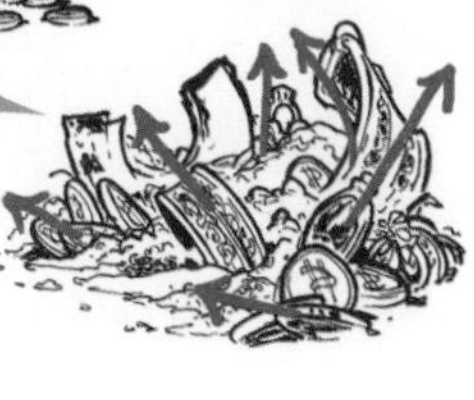

第三章

建筑与
城市景观

木板

A 部分

就像岩石等材料一样，木头是环境设计中非常常见的一个部分，以至于我们很容易将它视为一种平淡无奇的建筑元素。

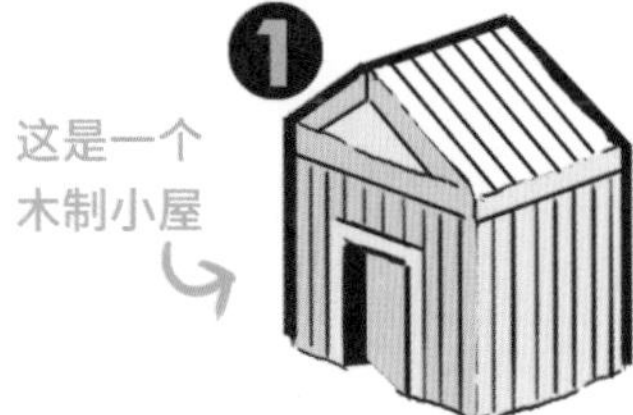

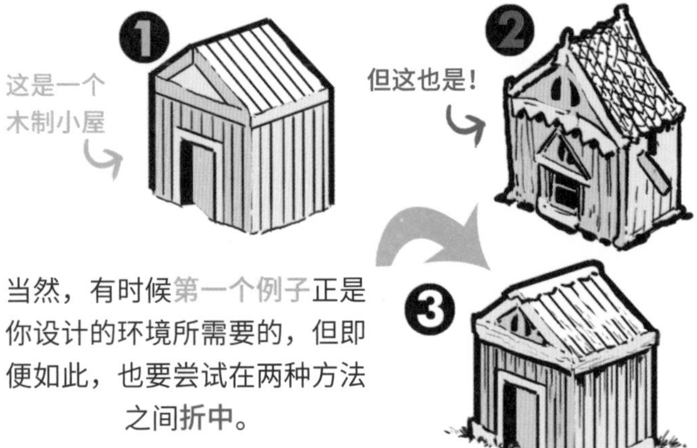

1 这是一个木制小屋

2 但这也是！

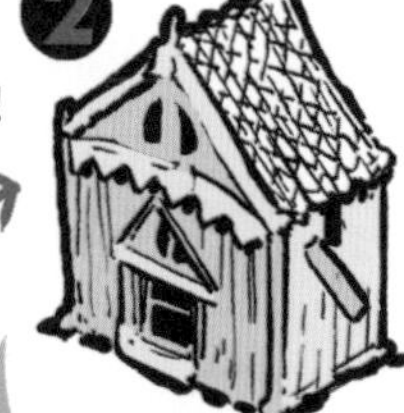

当然，有时候第一个例子正是你设计的环境所需要的，但即便如此，也要尝试在两种方法之间折中。

3

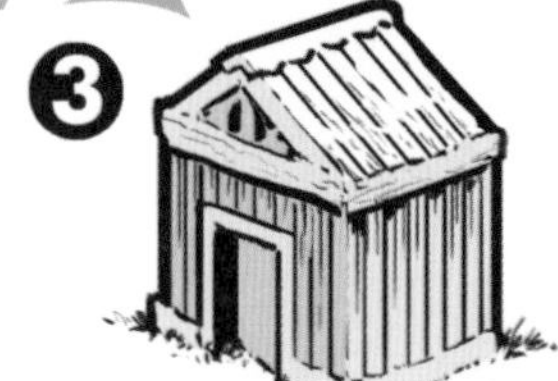

木纹不只是装饰，它还可以强调或说明一些信息。

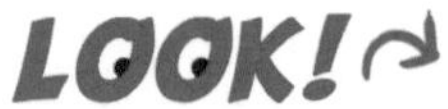

不要漫不经心地使用常见的纹理，而要积极考虑哪种细致程度最匹配你的风格

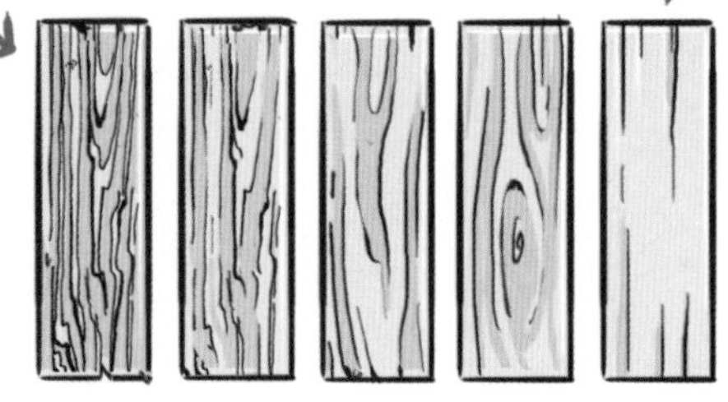

细致程度是一把“可滑动的标尺”

以下是 5 种快速画出木纹的方法：

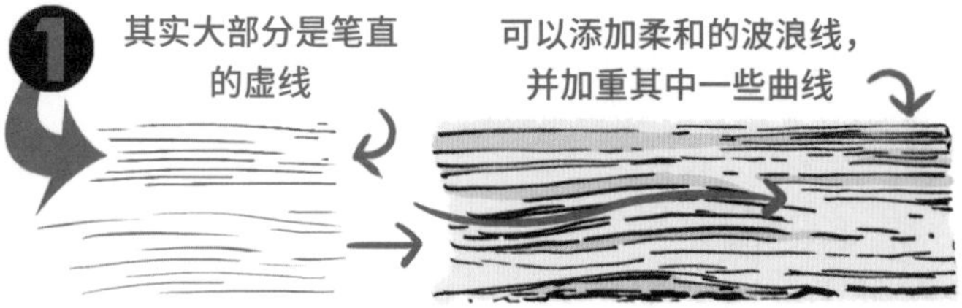

1 其实大部分是笔直的虚线

可以添加柔和的波浪线，并加重其中一些曲线

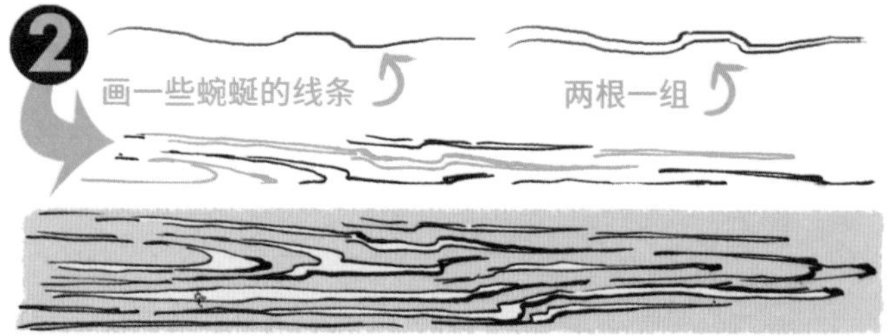

2 画一些蜿蜒的线条

两根一组

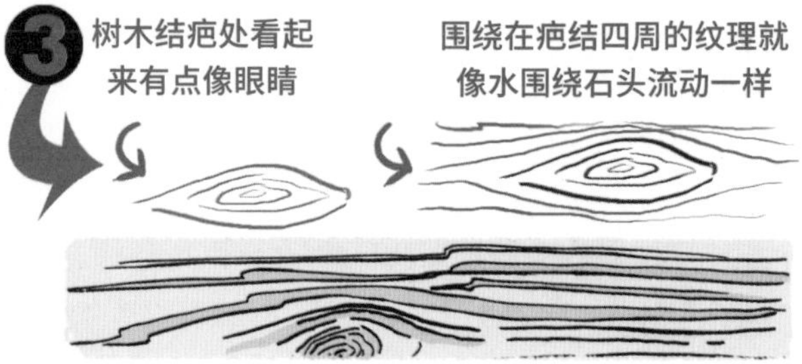

3 树木结疤处看起来有点像眼睛

围绕在疤结四周的纹理就像水围绕石头流动一样

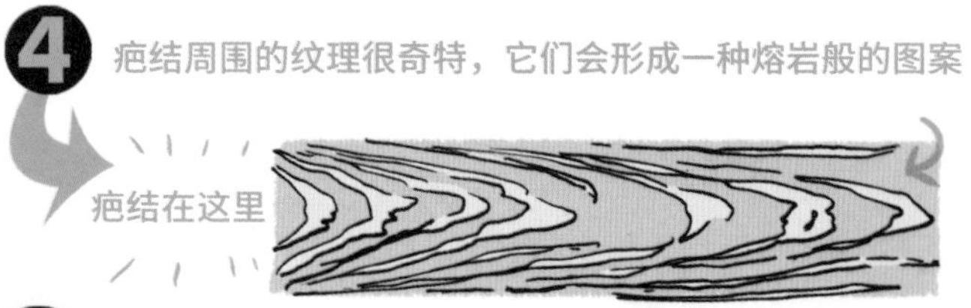

4 疤结周围的纹理很奇特，它们会形成一种熔岩般的图案

疤结在这里

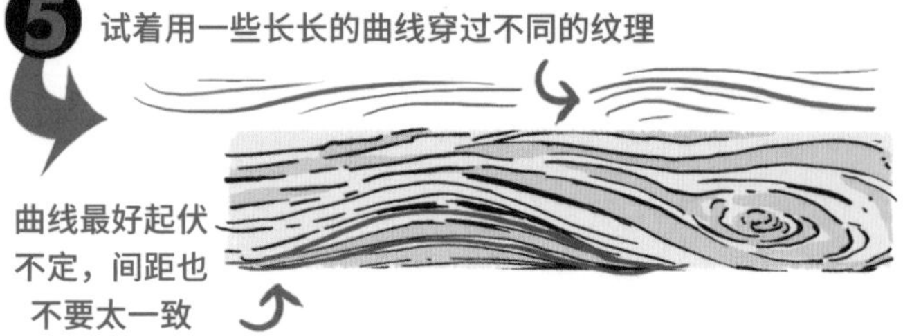

5 试着用一些长长的曲线穿过不同的纹理

曲线最好起伏不定，间距也不要太一致

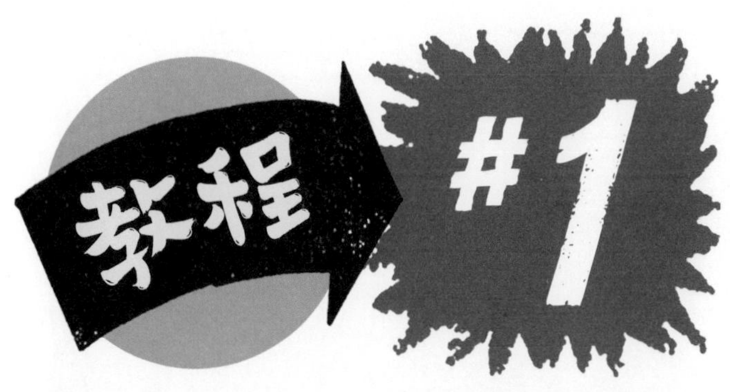

虽然大多数木板一开始都很齐整，但它们不一定要一直保持原样。

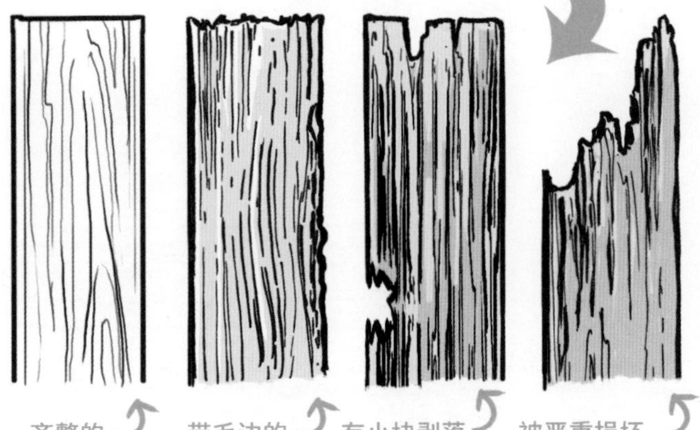

以上每个效果都暗示了一个不同的故事！想想你设计的木材是如何老化或损坏的。

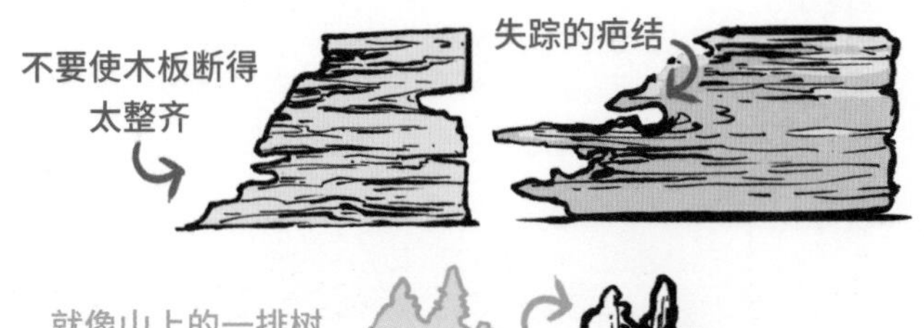

随着风化，木材的纹理会变得更加明显。

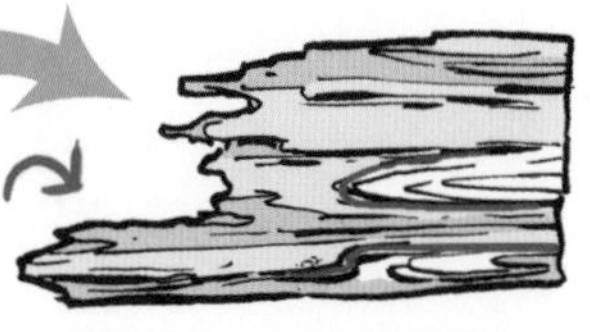

我们在木板末端看到的纹理横截面不一定是简单的直线。

或许最常见的绘制方式是这样的

根据木板从树上被切割下来时选取的方向，最终的纹理会非常不同。

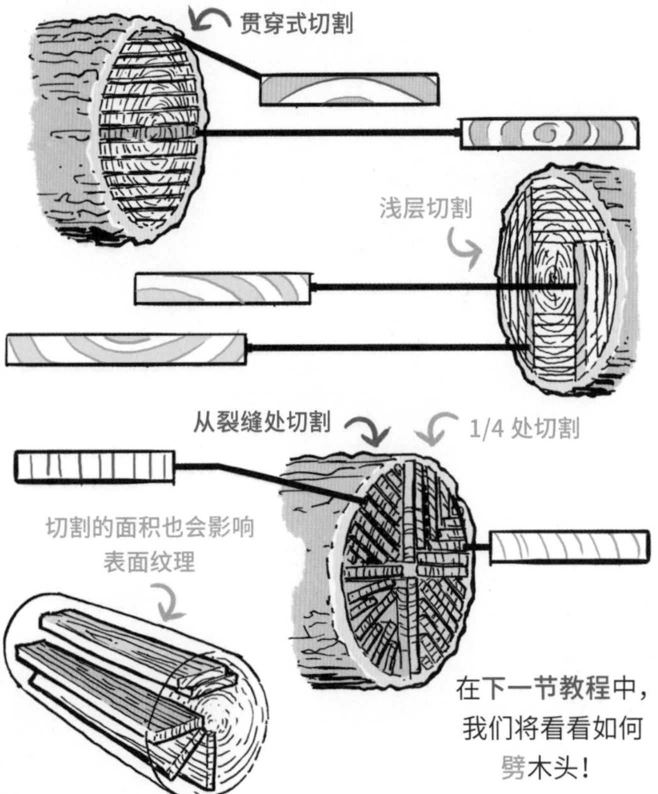

在下一节教程中，我们将看看如何劈木头！

木板

B部分

在上一节中，我们讨论了木板的创作，这一节让我们继续讨论木柱和木梁。

想想这些纹理是如何从一个侧面跑到另一个侧面的。

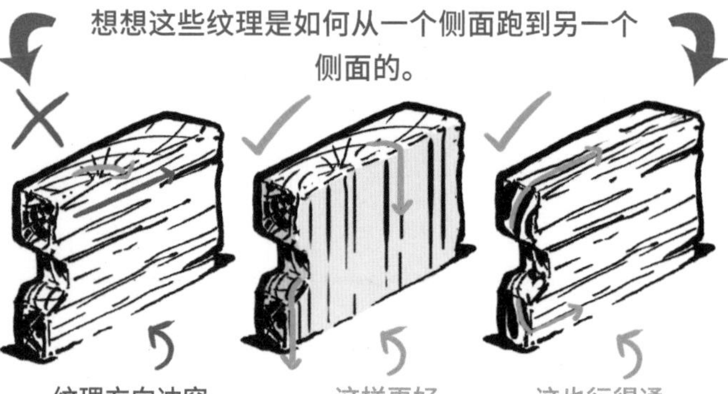

纹理是一种轮廓线，它对于呈现角度和突显造型非常有用。

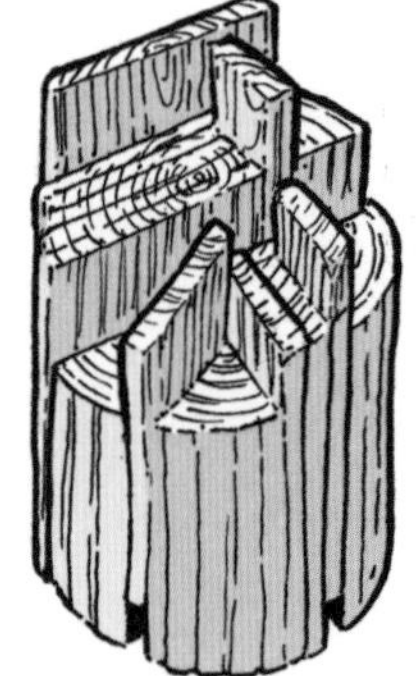

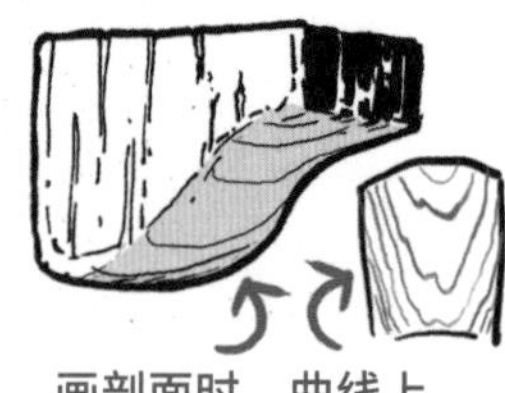

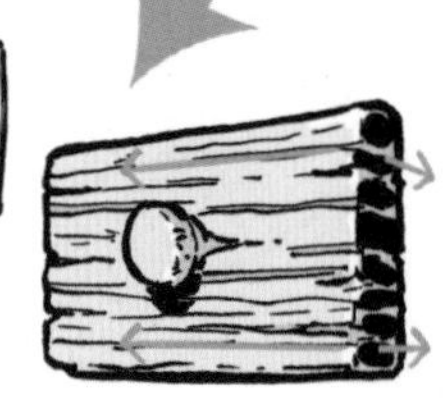

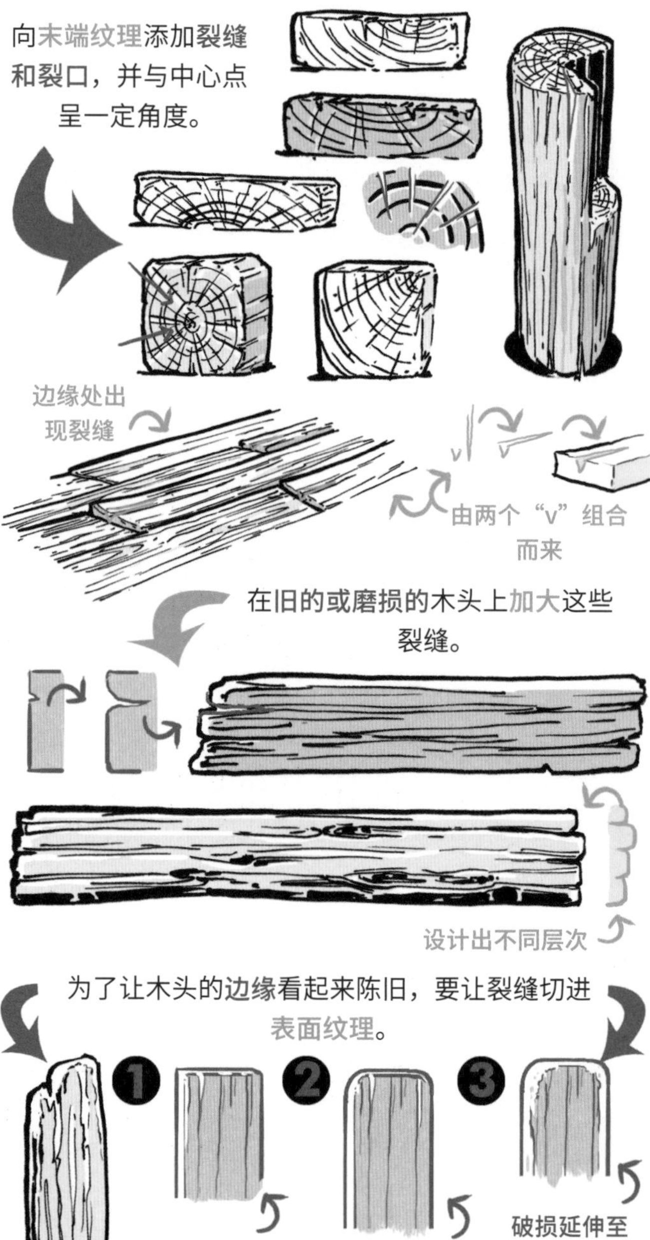

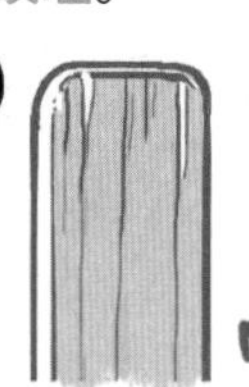

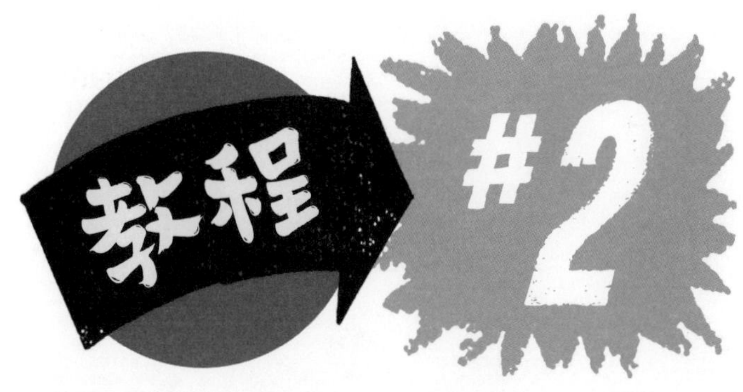

当你给更粗的木头增加损伤和磨损时，把它的纹理想象成岩石棍上的字。

岩石棍是英国的一种棒棒糖，它的特点是吃下的每一口都能看到字

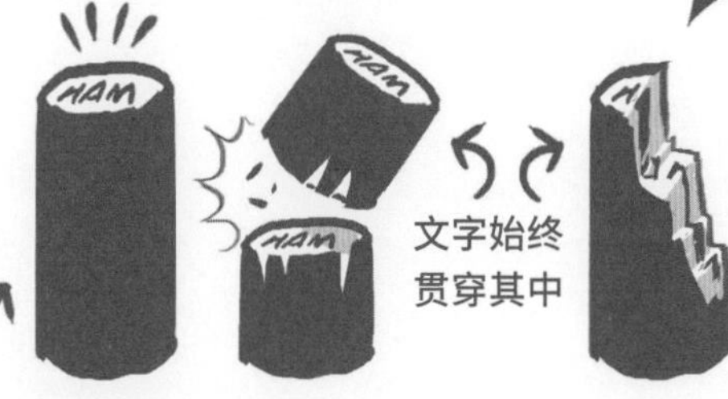

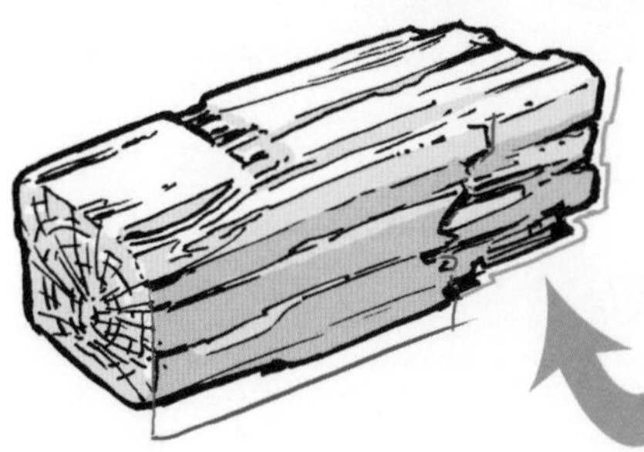

当你切割厚木头时，记得要延续木头的纹理，同时注意不要与表面一模一样。

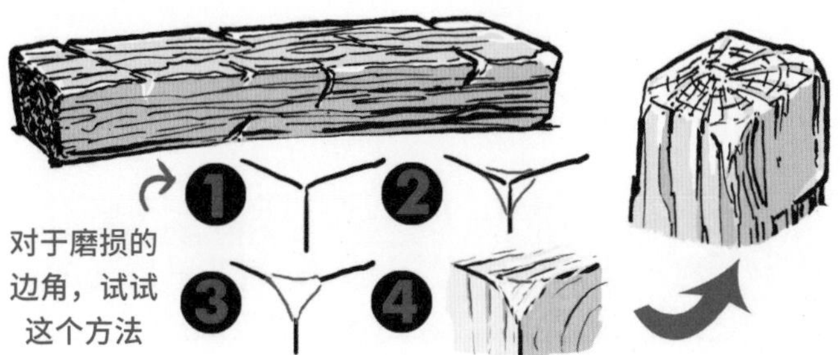

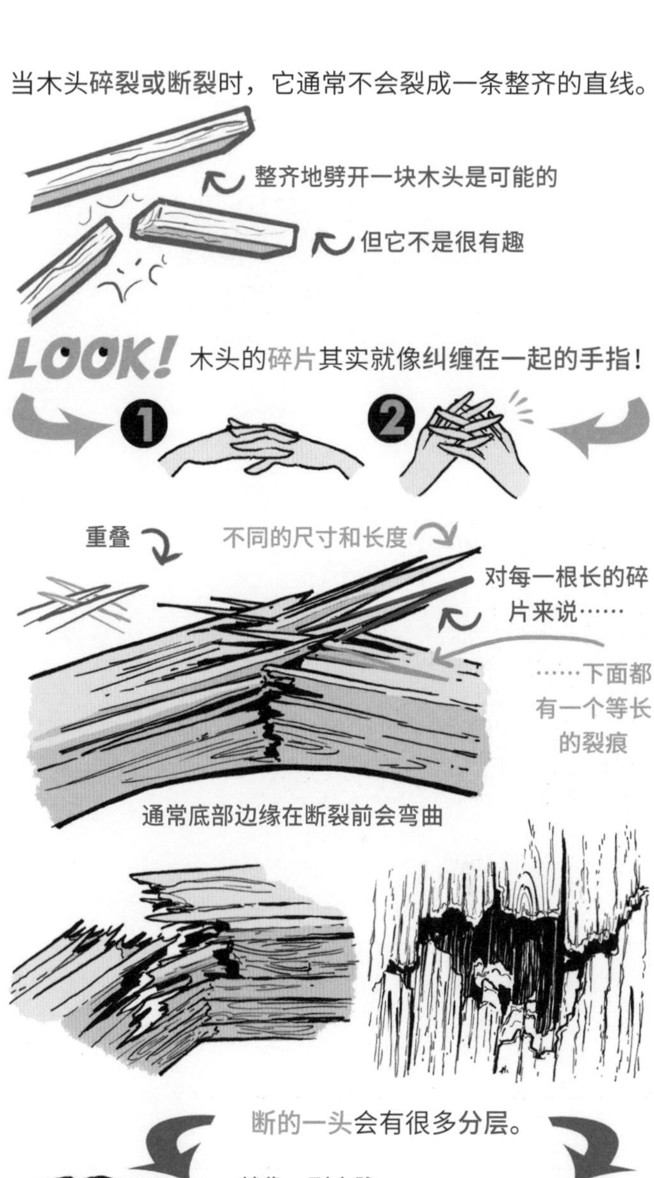

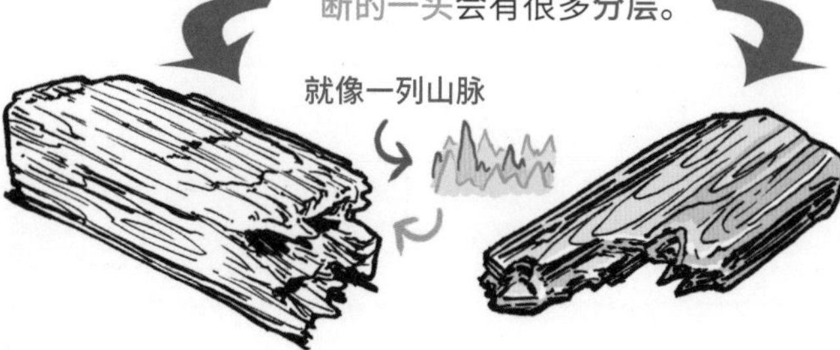

栅栏

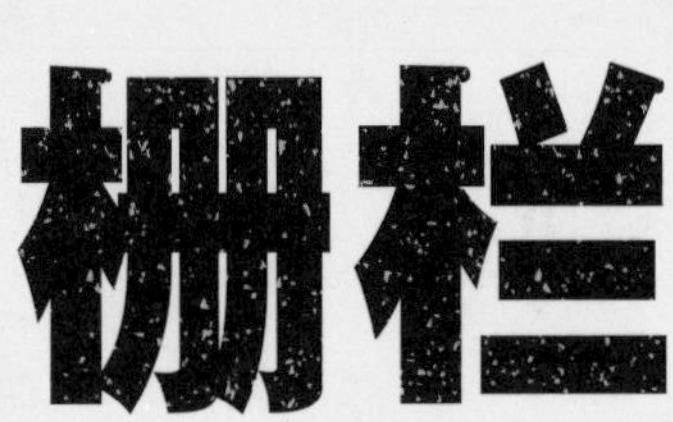

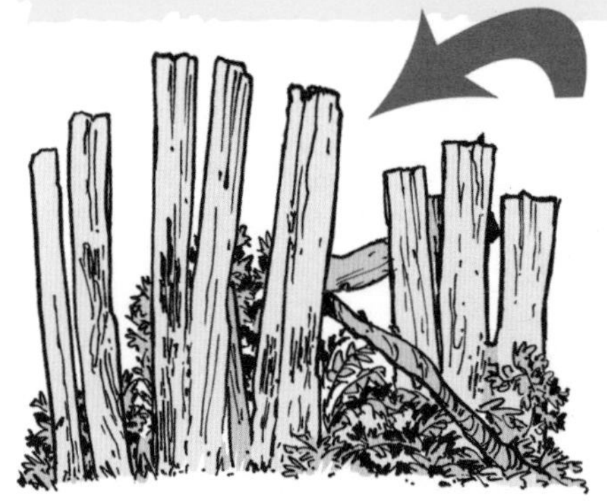

栅栏可以是许多强有力主题的视觉隐喻，如人类的入侵和自然的主体性、界限、安全等。

如果你把栅栏和其他元素一起置于景观中，它们就会更像环境的一部分。

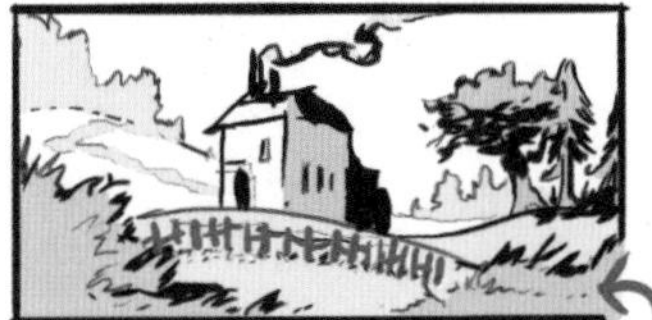

还行，但是栅栏感觉有点孤立

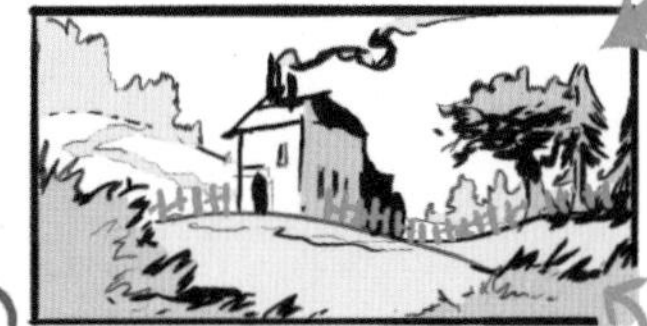

好一点，栅栏被其他事物截断

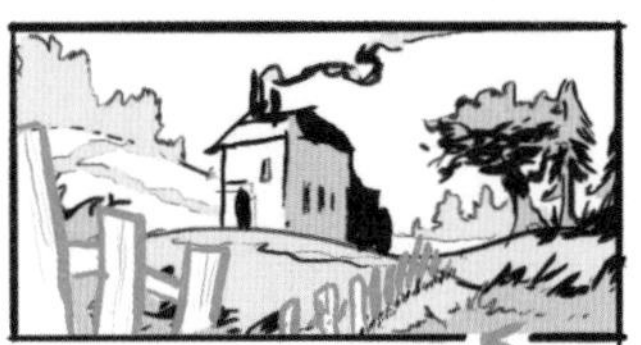

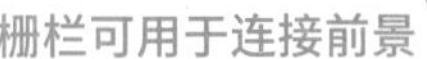

栅栏可用于连接前景

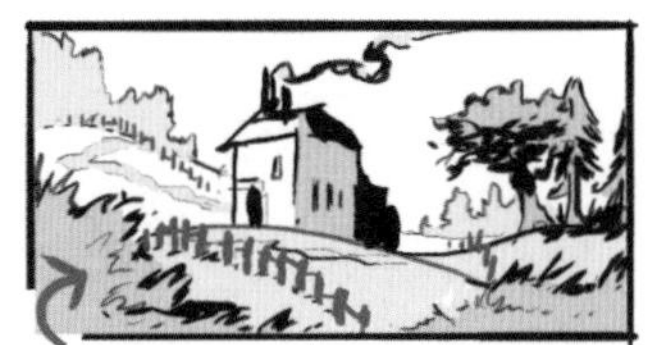

还可用于突显环境轮廓

从各种角度快速绘制栅栏柱的练习：

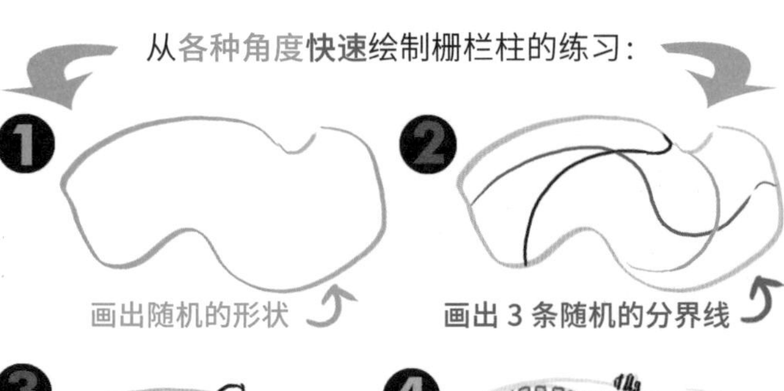

画出随机的形状

画出 3 条随机的分界线

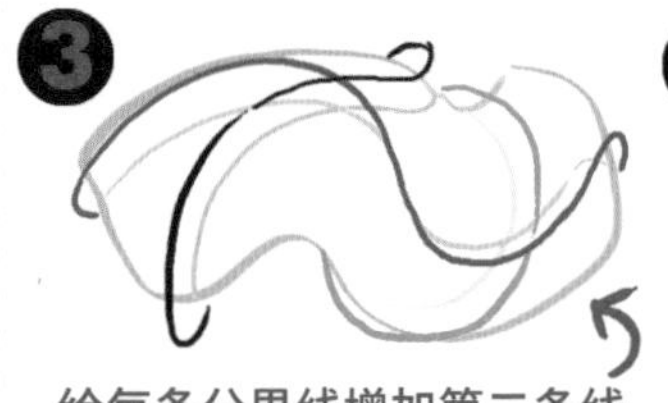

给每条分界线增加第二条线

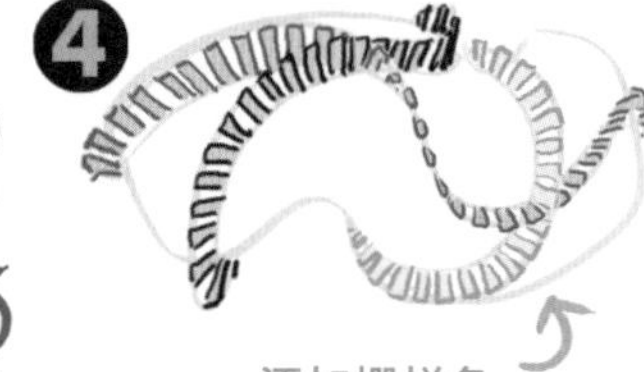

添加栅栏条

栅栏条大多是竖直的，你可以方便地将它们安排在你喜欢的任何曲面上：

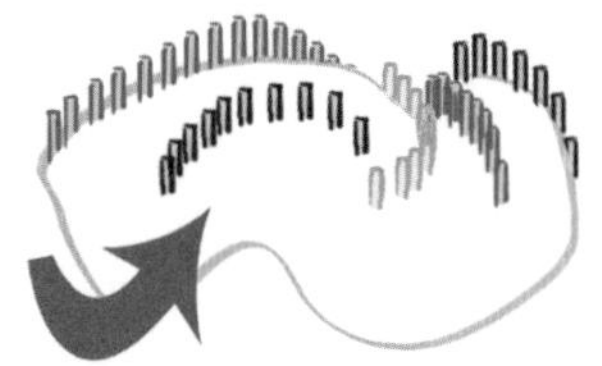

栅栏的规律性可能会让它看起来缺乏艺术感，但它实际上为我们提供了一个巨大的机会，以进行绘制不同主调和变化的尝试。

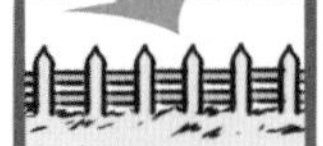

"主调"

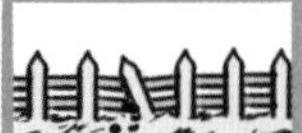

单一变化

多重变奏

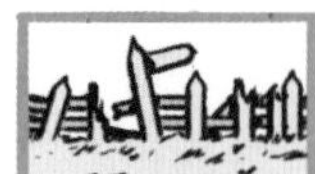

所有都变化

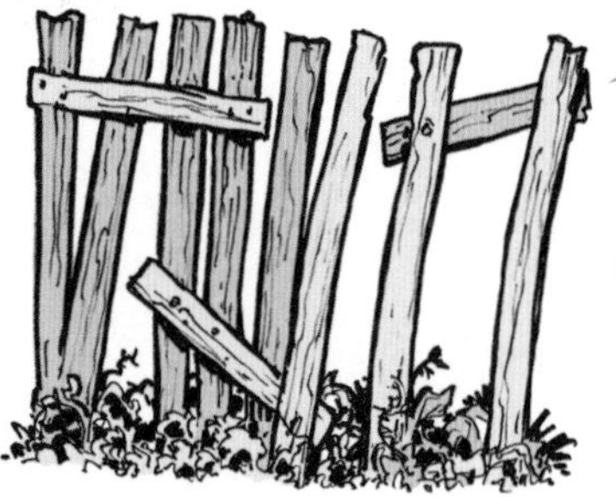

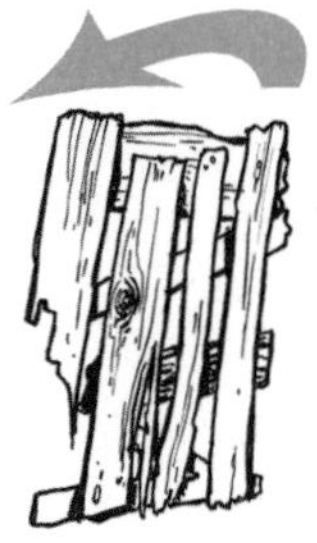

这个方法搭配前面的木板教程，可以有无限种组合！

教程 #3

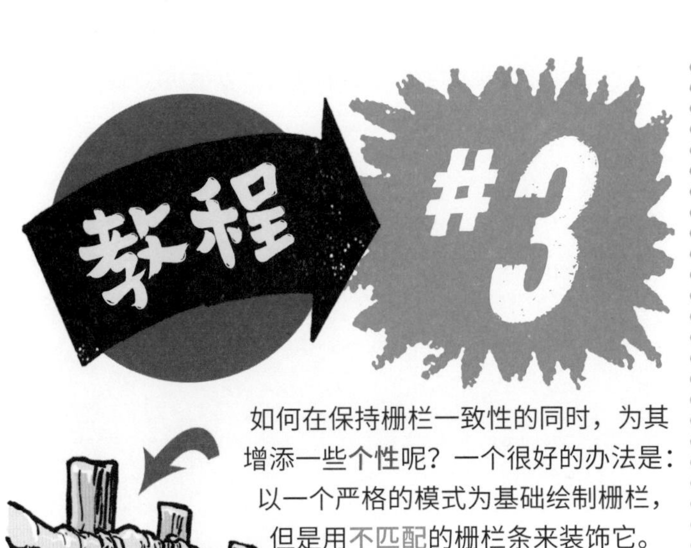

如何在保持栅栏一致性的同时，为其增添一些个性呢？一个很好的办法是：以一个严格的模式为基础绘制栅栏，但是用不匹配的栅栏条来装饰它。

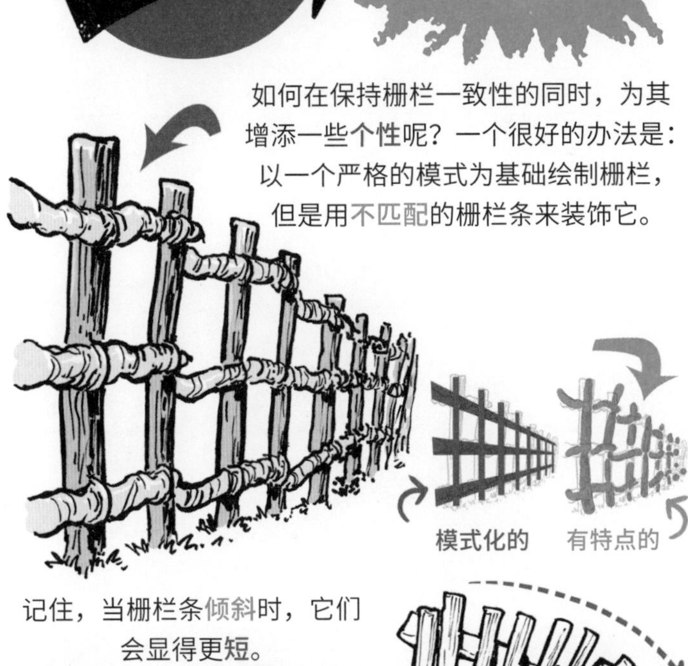

记住，当栅栏条倾斜时，它们会显得更短。

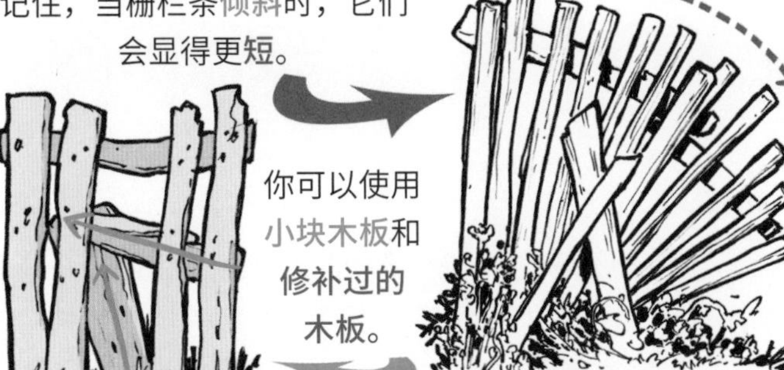

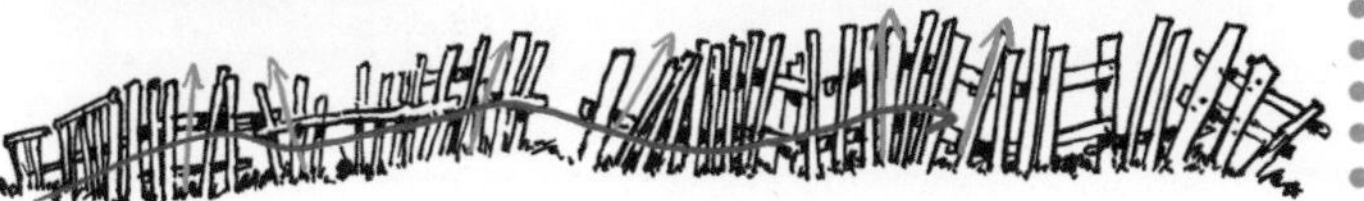

绘制铁丝网围栏：

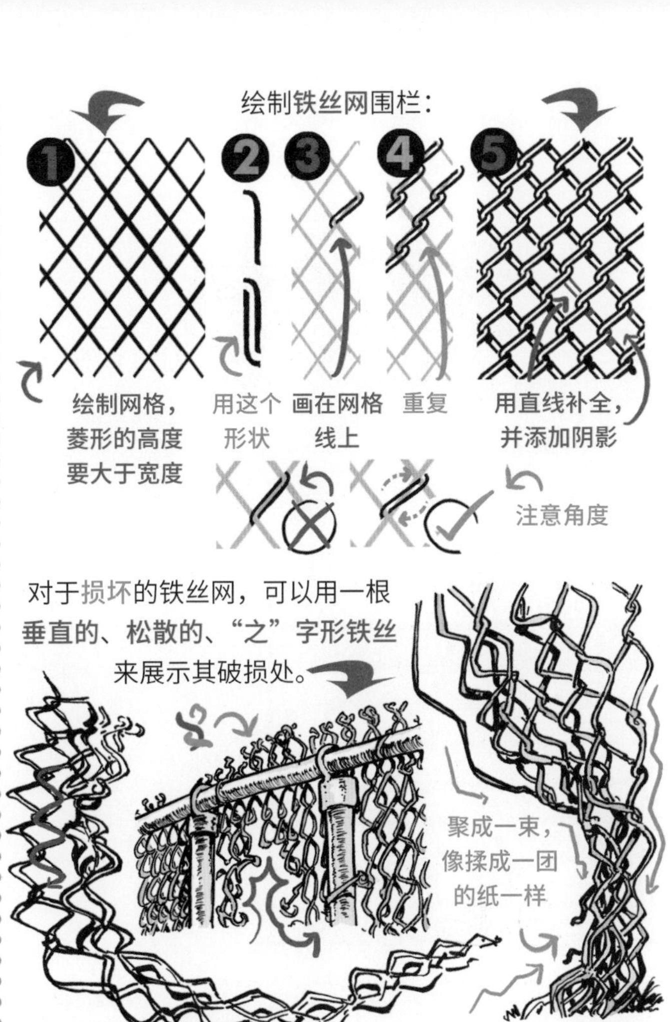

对于损坏的铁丝网，可以用一根垂直的、松散的、“之”字形铁丝来展示其破损处。

通过让有倒刺的铁丝网保持原有形状而不下垂，以暗示它比一般铁丝更坚固。

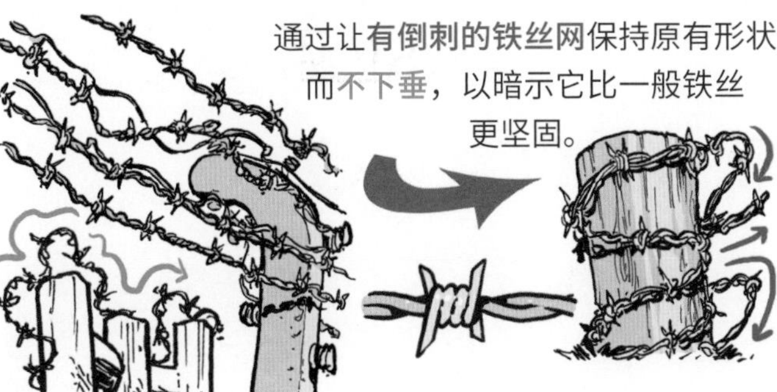

砖块

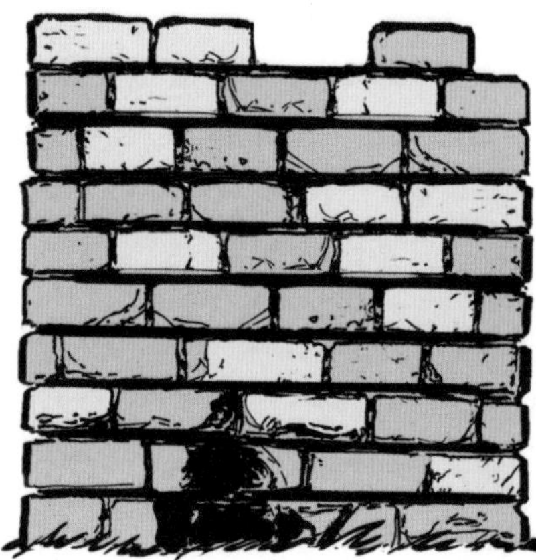

尽管现实中的砖块只是一种很普通的材料，但作为我们的设计元素时，它的功能可多着哩！

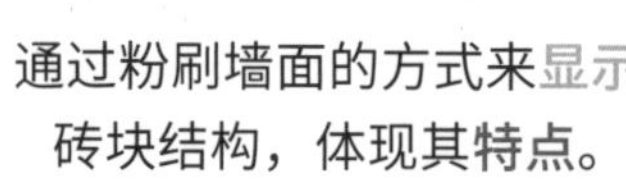

通过粉刷墙面的方式来显示砖块结构，体现其特点。

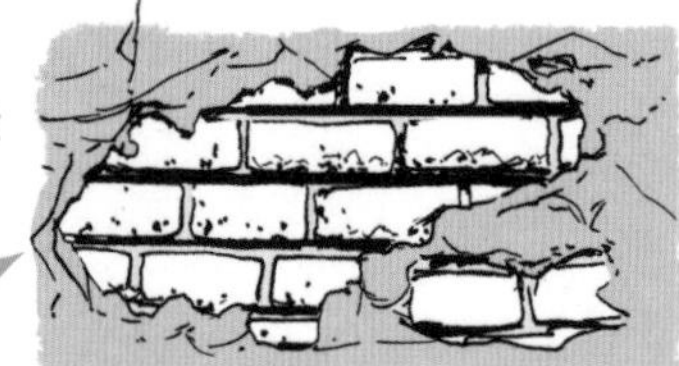

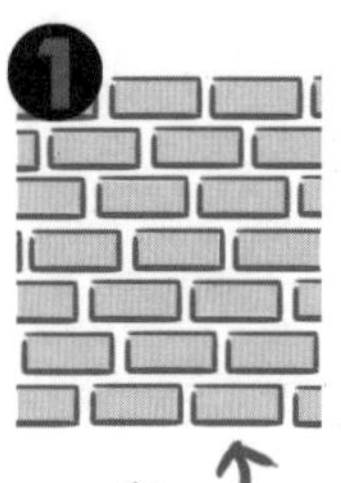

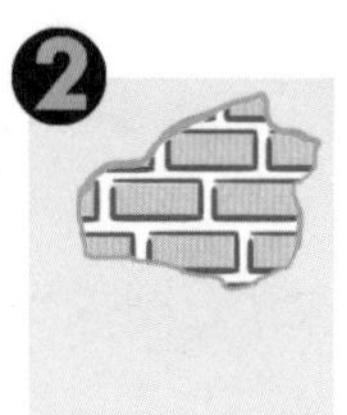

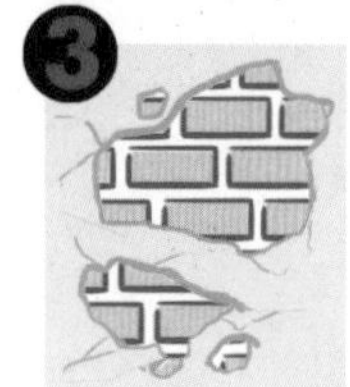

大小不一的显露部分增加了视觉上的趣味性

试着将砖块排列成不同图案，并将它们用于墙面、步道等。

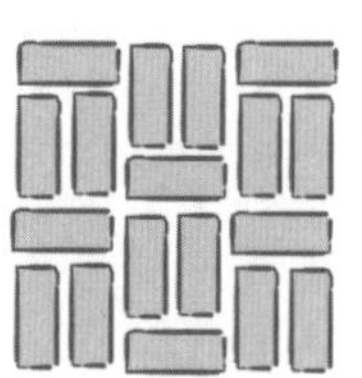

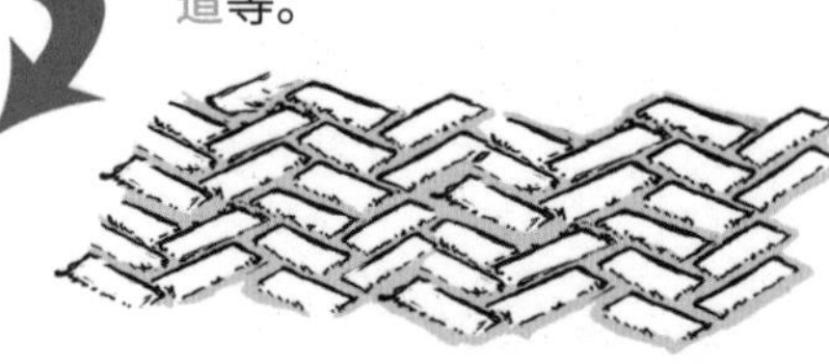

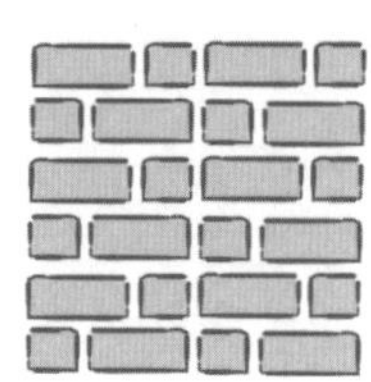

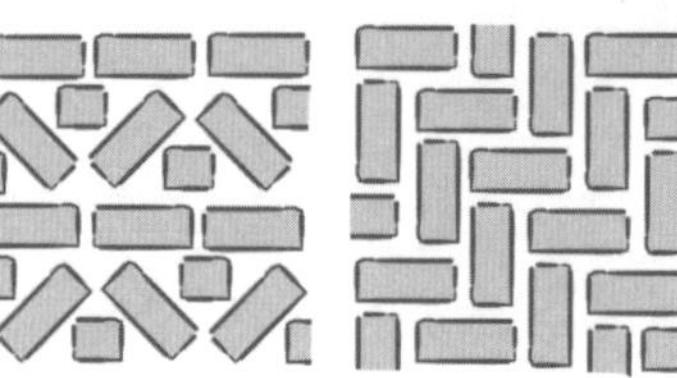

排列方法如此之多！

砖块能非常好地展现墙体的内部构造，因为砖块之间的接缝恰好显示出了轮廓线。

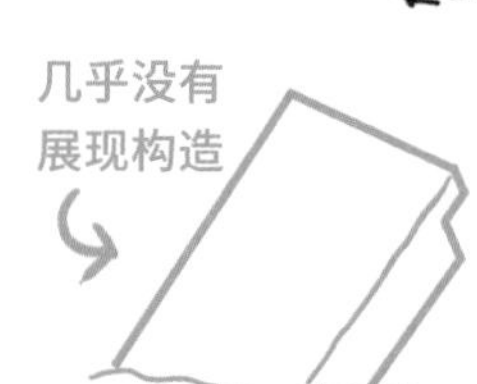

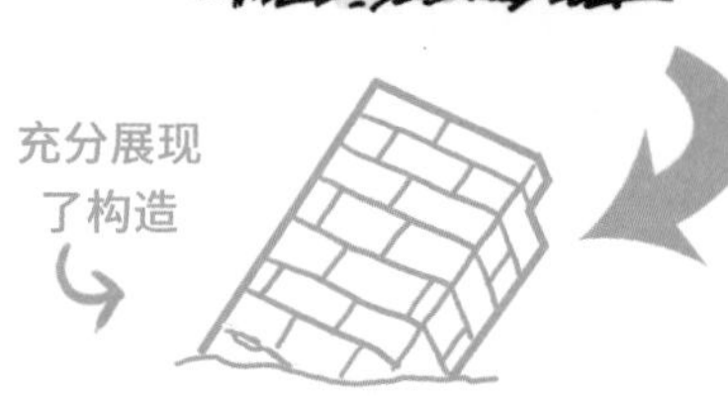

墙体的形状越复杂、观看角度越独特，就越能利用轮廓线来展示。

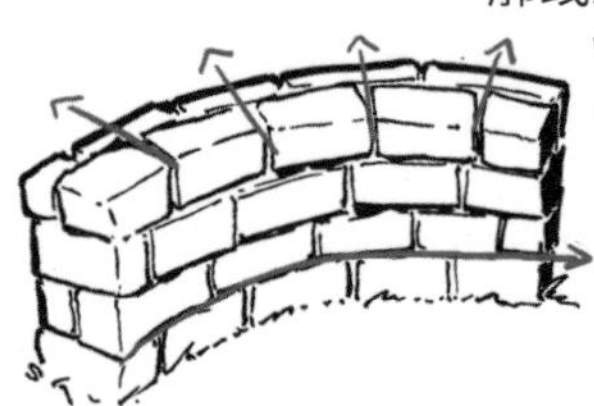

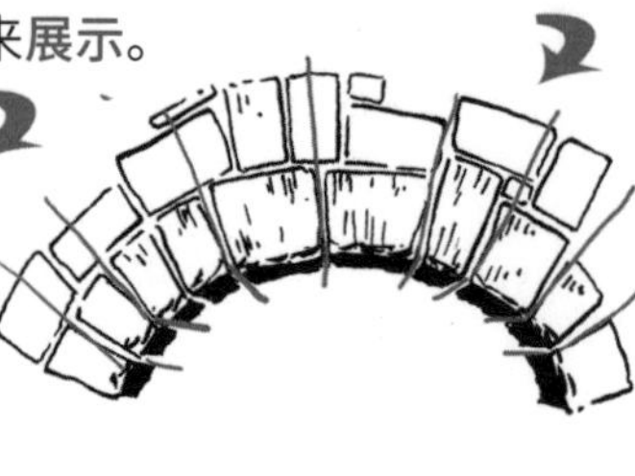

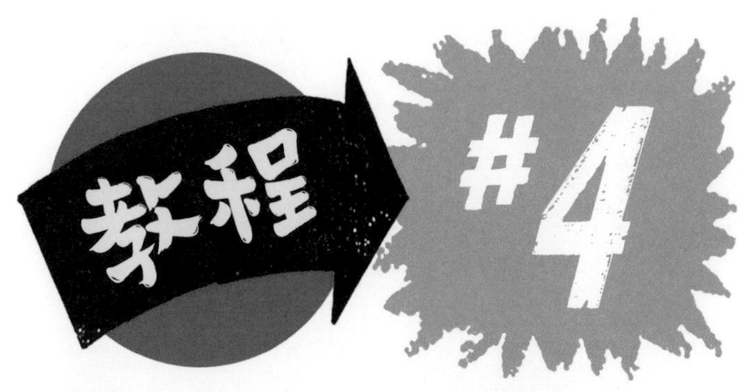

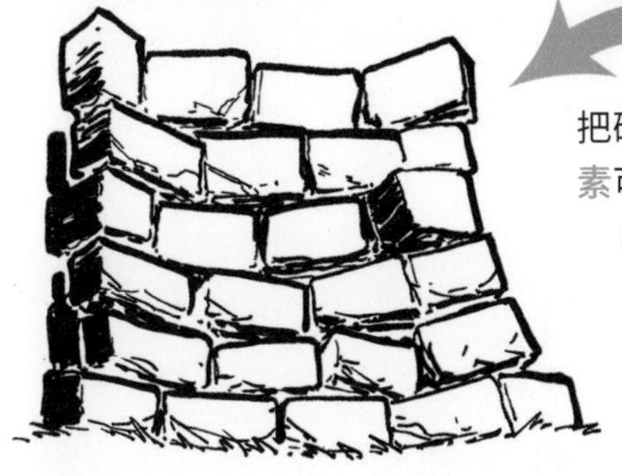

把砖块看作单独的元素可以让墙体更容易地凹陷和变形。

砖块有以下 3 种运动轴。

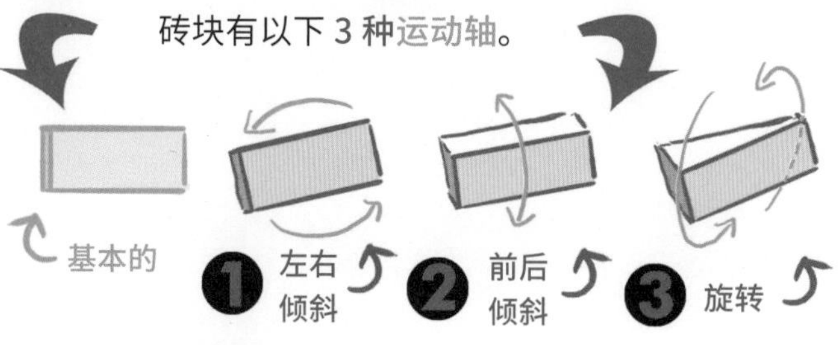

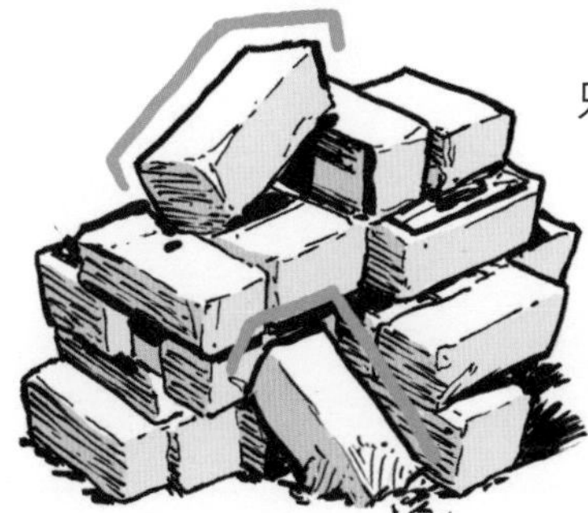

只要将一两块砖错位，就能增加画面的趣味！此外，还能通过打破规则、展现例外，来强调墙体原本的结构。

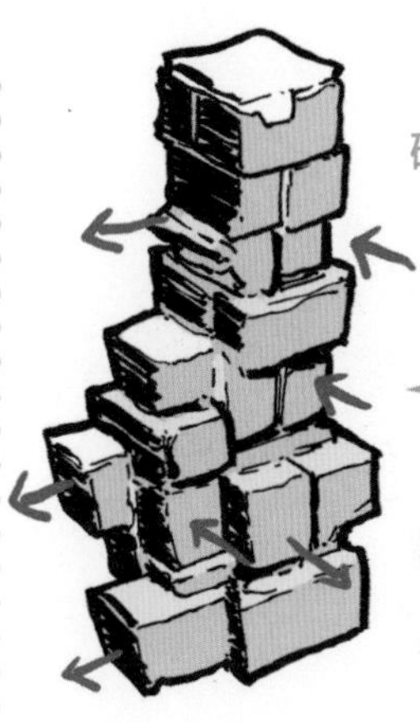

你还可以推、拉砖块，并略微改变砖块的大小（但尺寸变化不要太大，否则会看起来像石块）。

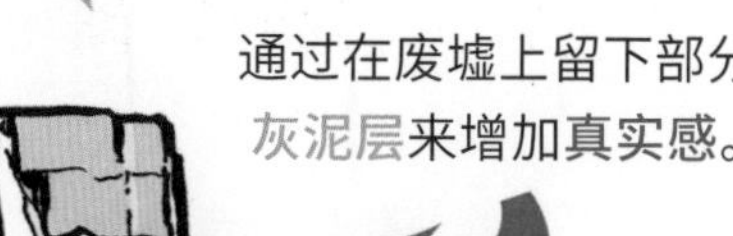

通过在废墟上留下部分灰泥层来增加真实感。

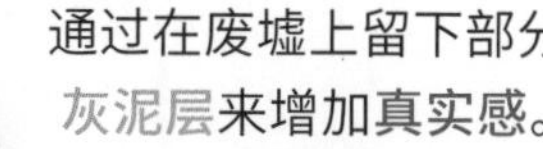

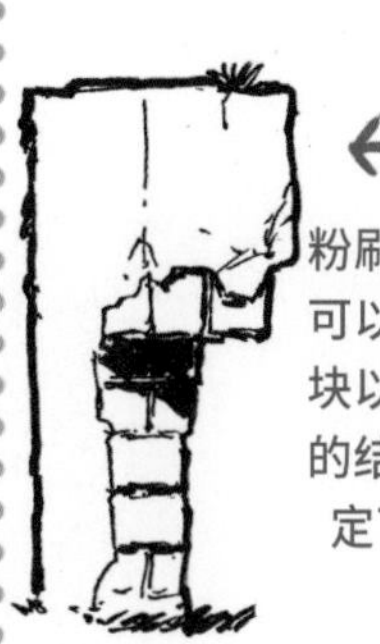

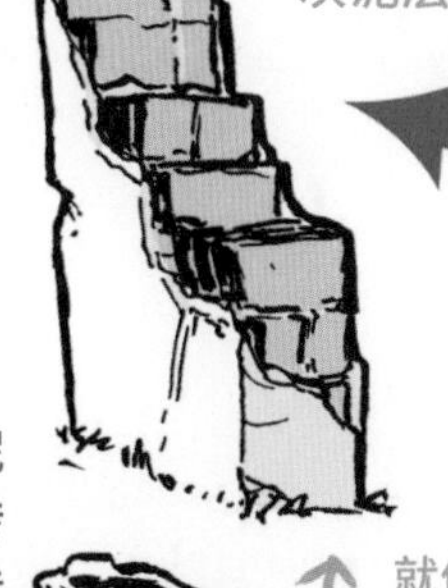

粉刷灰泥可以将砖块以奇特的结构固定下来

就像吃了一半、包着一半的巧克力

“装扮”每块砖块

结合所有这些技巧，给砖块赋予重量和个性吧！

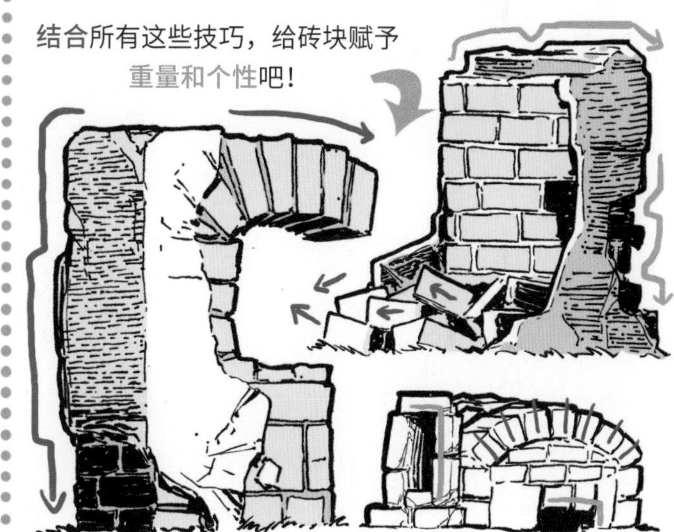

墙壁纹理

墙壁的材料似乎不是砖块就是石头，没什么花样。其实不然，你可以为墙壁设计不同的表面纹理，使它与众不同！

表面纹理总是能让事物变得更有深度，也更有个性。即使是像墙壁这样看似普通的东西，也有丰富的表面处理方式可供选择。

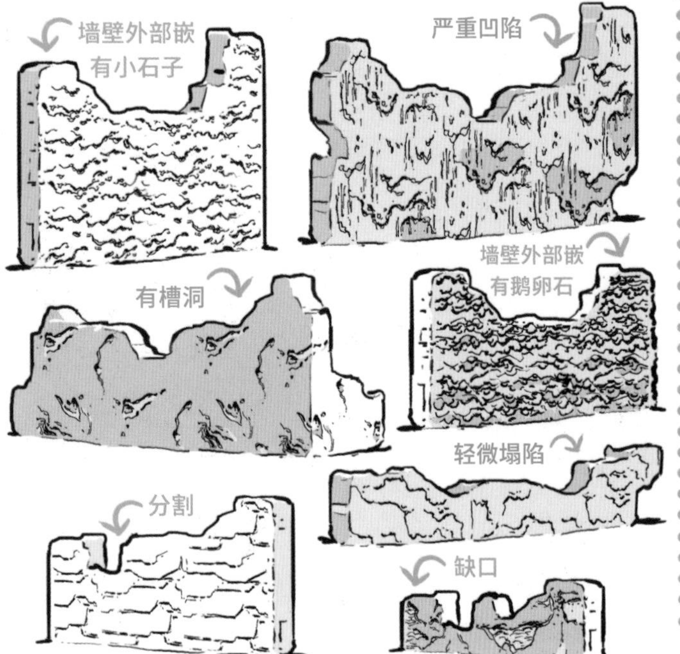

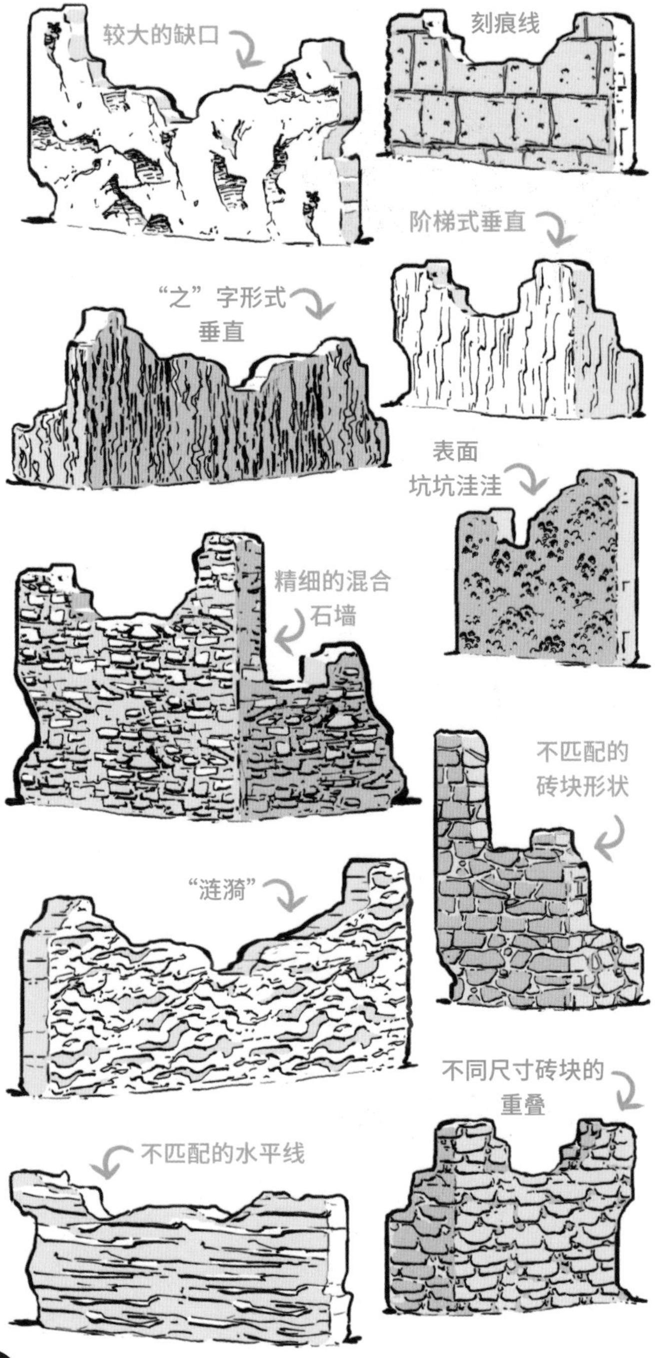

较大的缺口

刻痕线

阶梯式垂直

“之”字形式垂直

表面坑坑洼洼

精细的混合石墙

不匹配的砖块形状

“涟漪”

不同尺寸砖块的重叠

不匹配的水平线

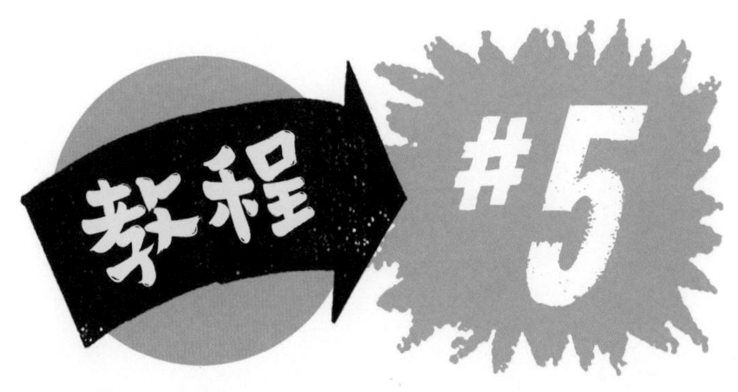

混合材料、显示裂缝、增加风化……你可以做任何事情来破坏墙壁表面。创造一些浅浮雕式的纹理将赋予墙壁生命力和氛围感。

下面是更多的墙壁创意！

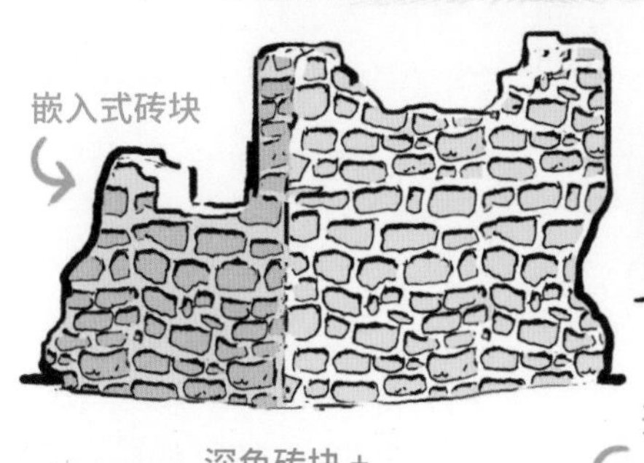

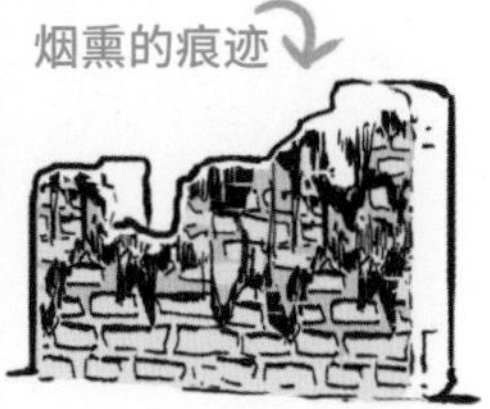

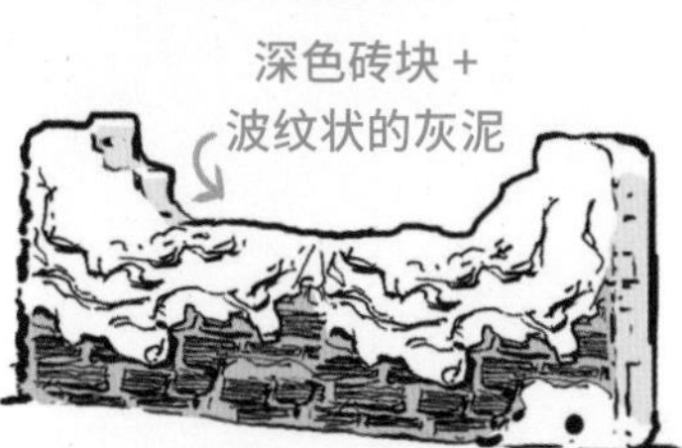

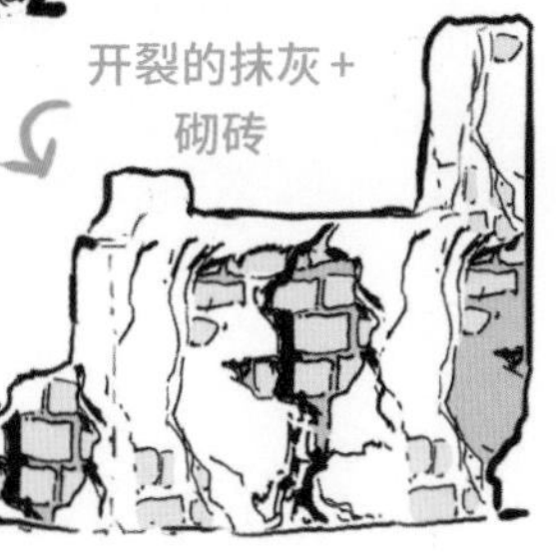

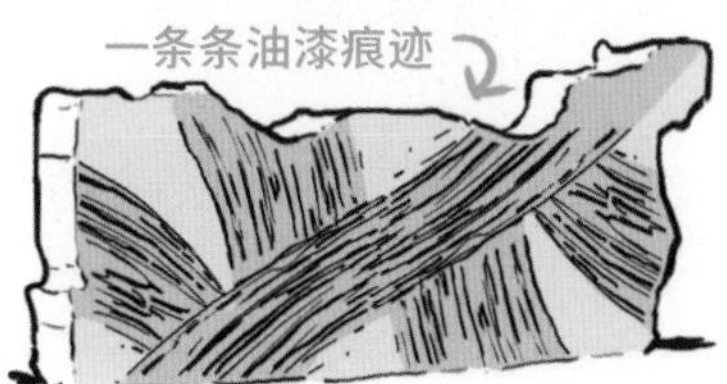

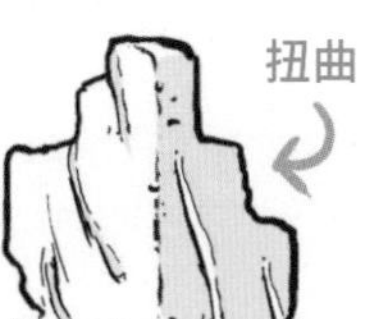

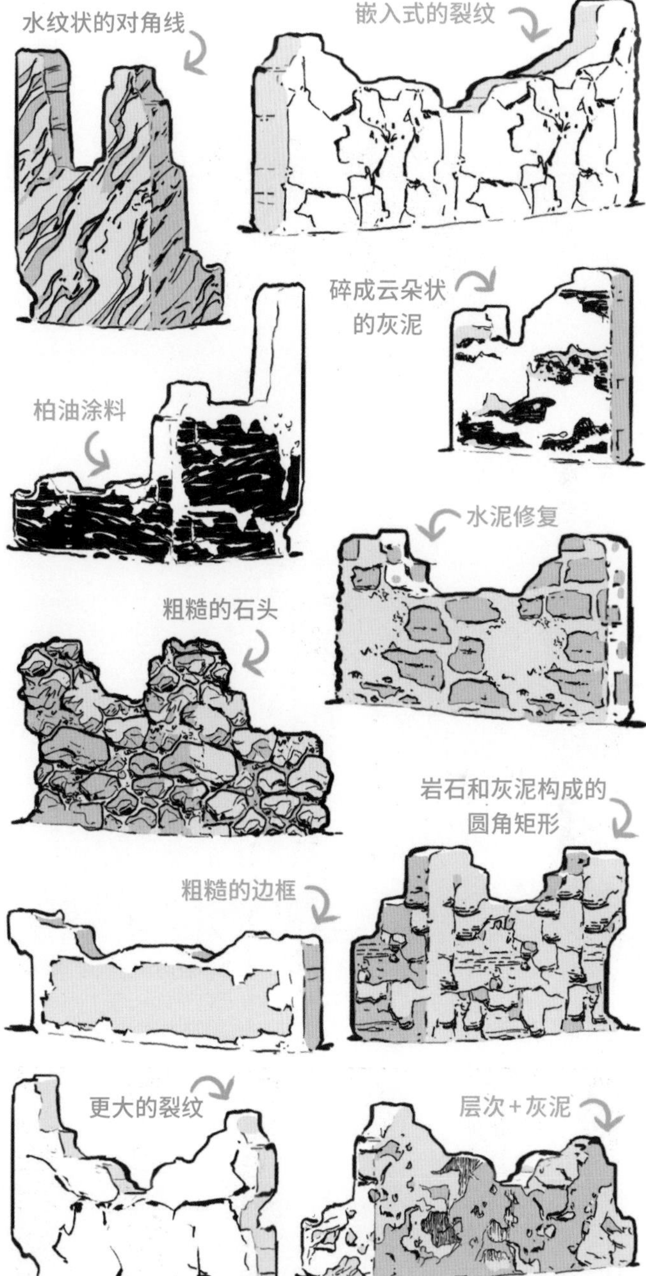

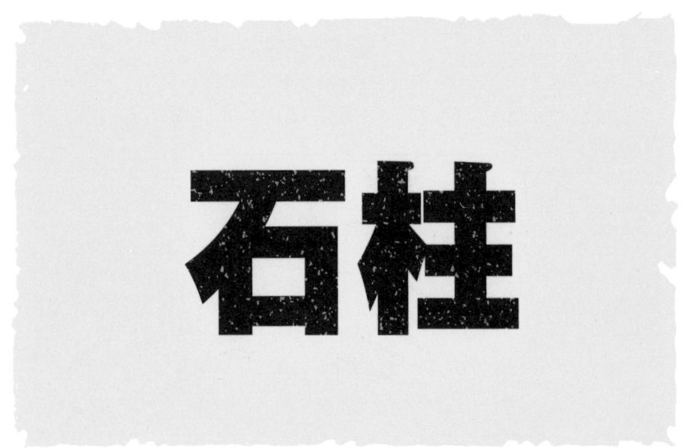

石柱是一种独特的建筑元素，因为它既阻断了一个空间，又保持了开放性。

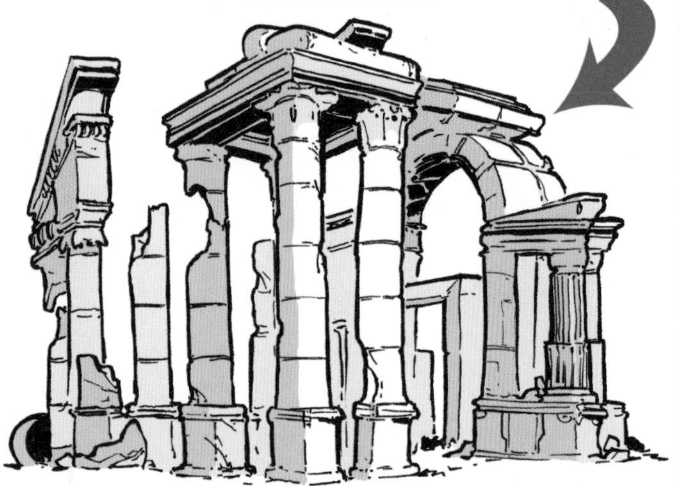

石柱可以成为一个突出的取景装置。

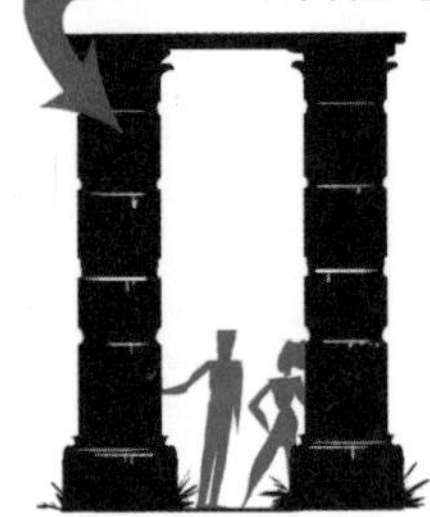

人物

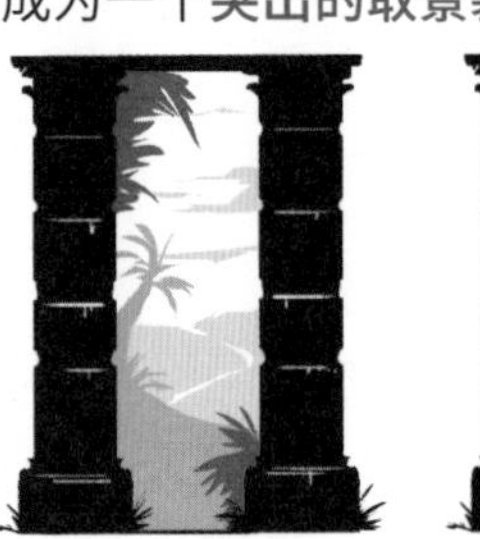

风景

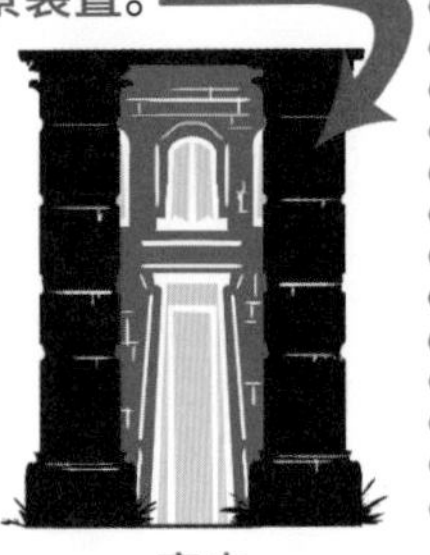

室内

下面是借助地平线快速绘制石柱的练习。

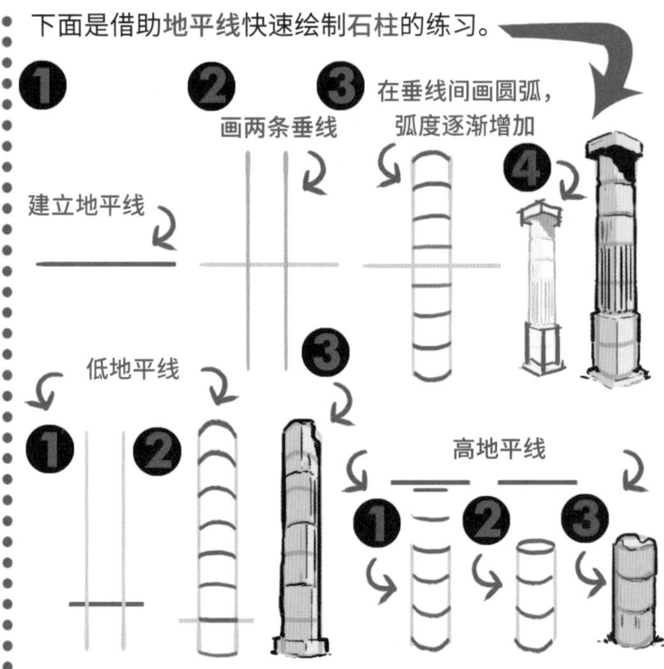

柱子通常平淡无奇，如果只是如实绘制，往往会让它们感觉不够真实。下面提供了 3 个方法，有助于增加柱子的真实感。

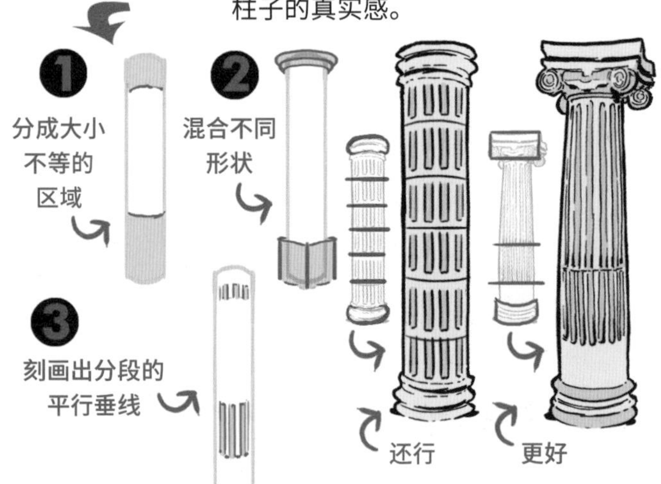

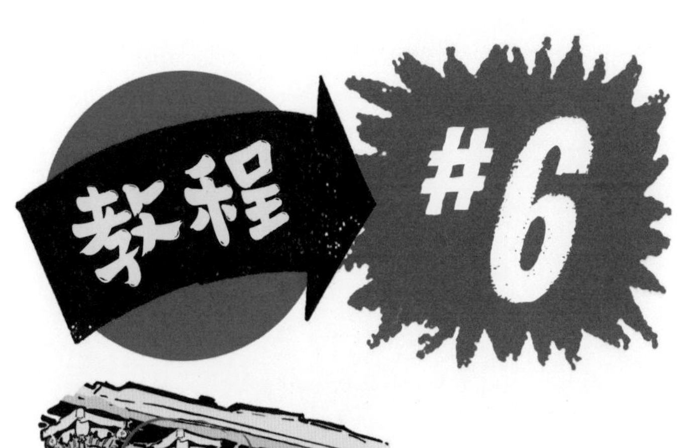

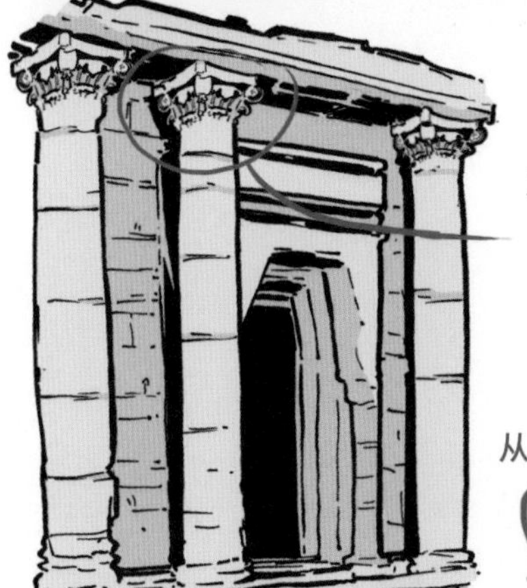

石柱顶端的石块被称为柱头，我们可以为其添加许多装饰。

从容易绘制的整体造型开始

细部总是卷曲的

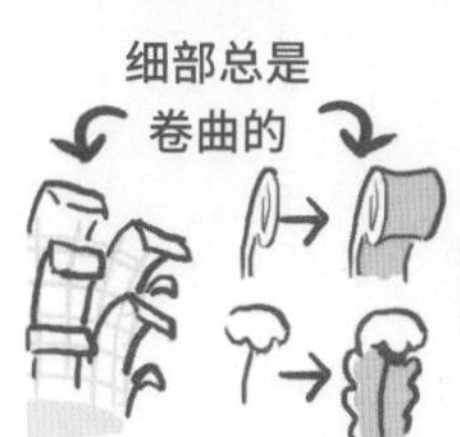

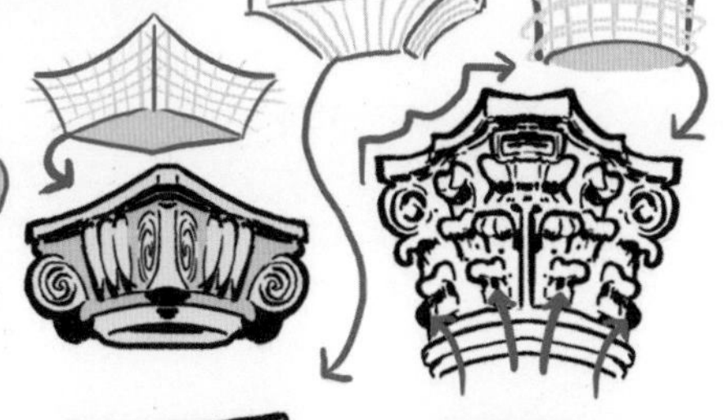

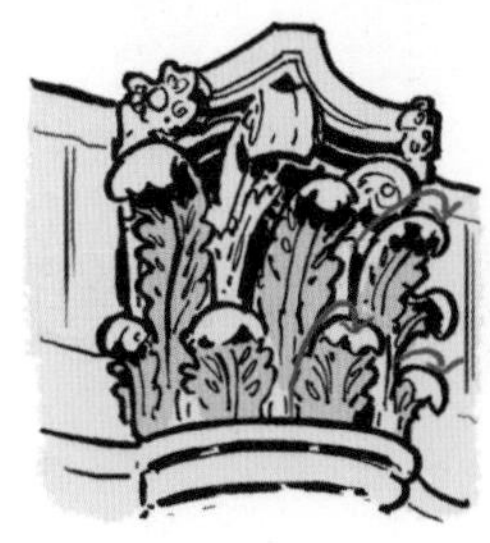

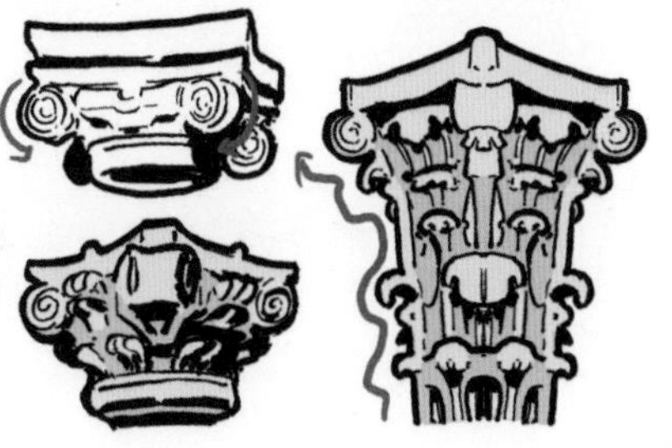

如果想表现破损或破败的石柱，可以使用以下 4 种元素的一种或多种：

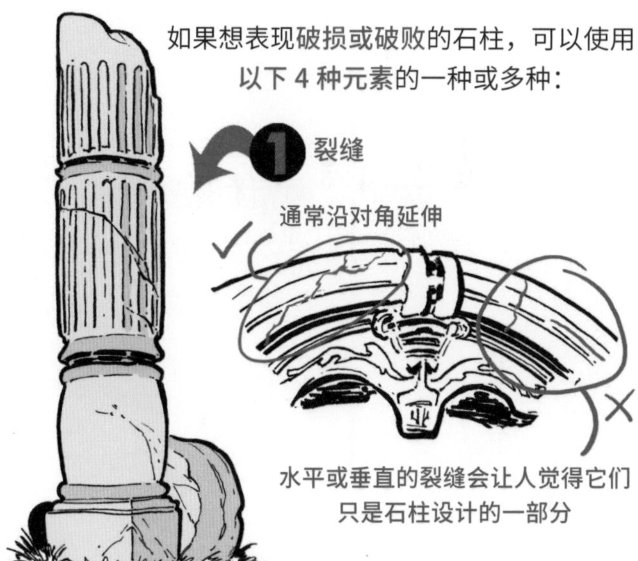

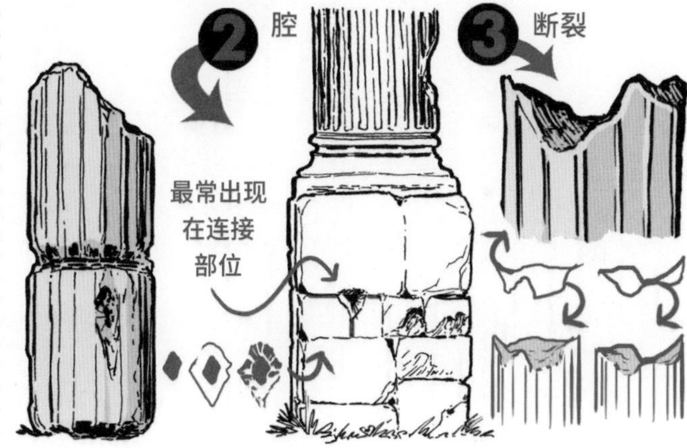

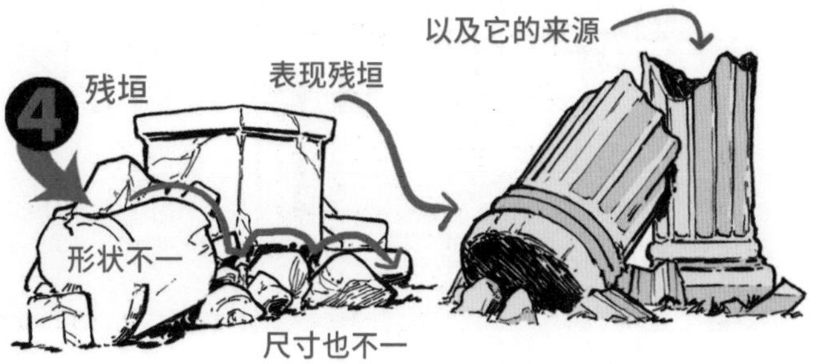

石柱

素材集

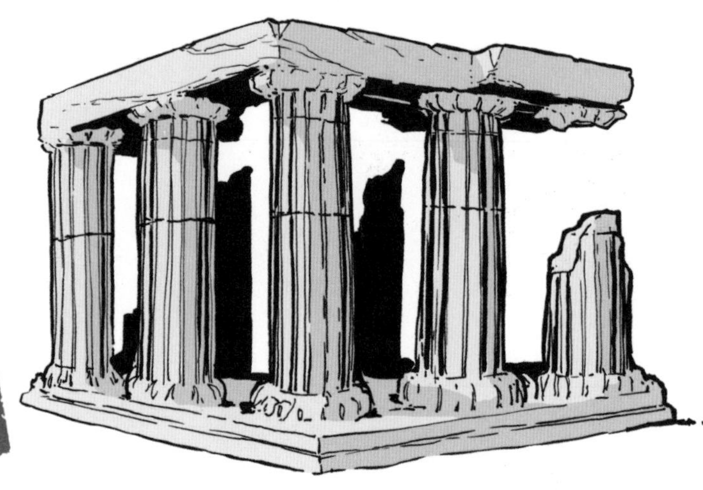

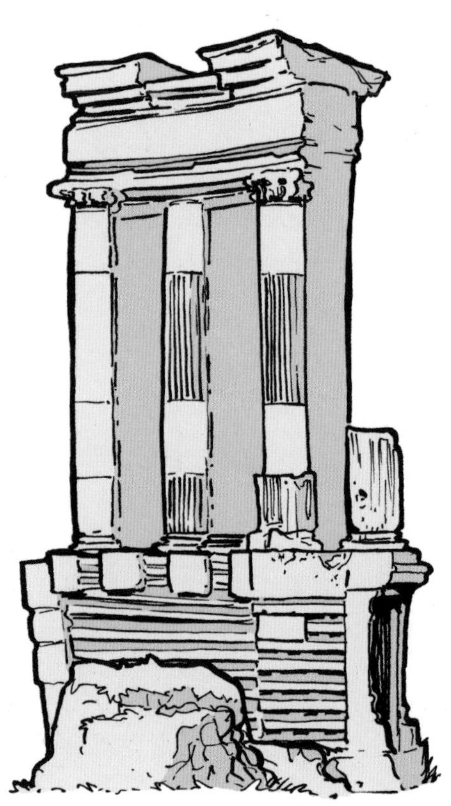

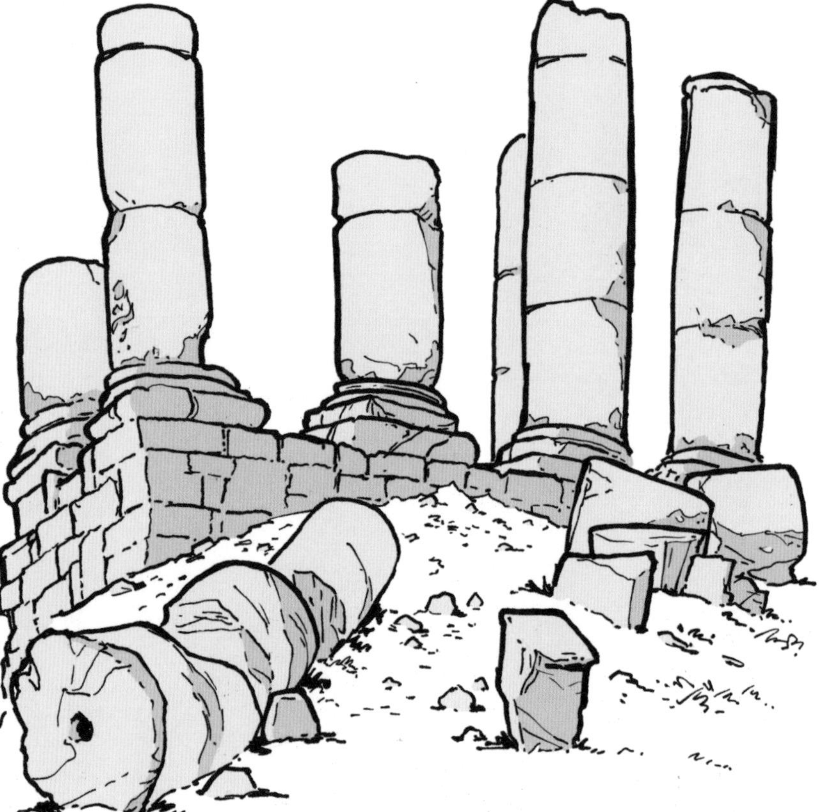

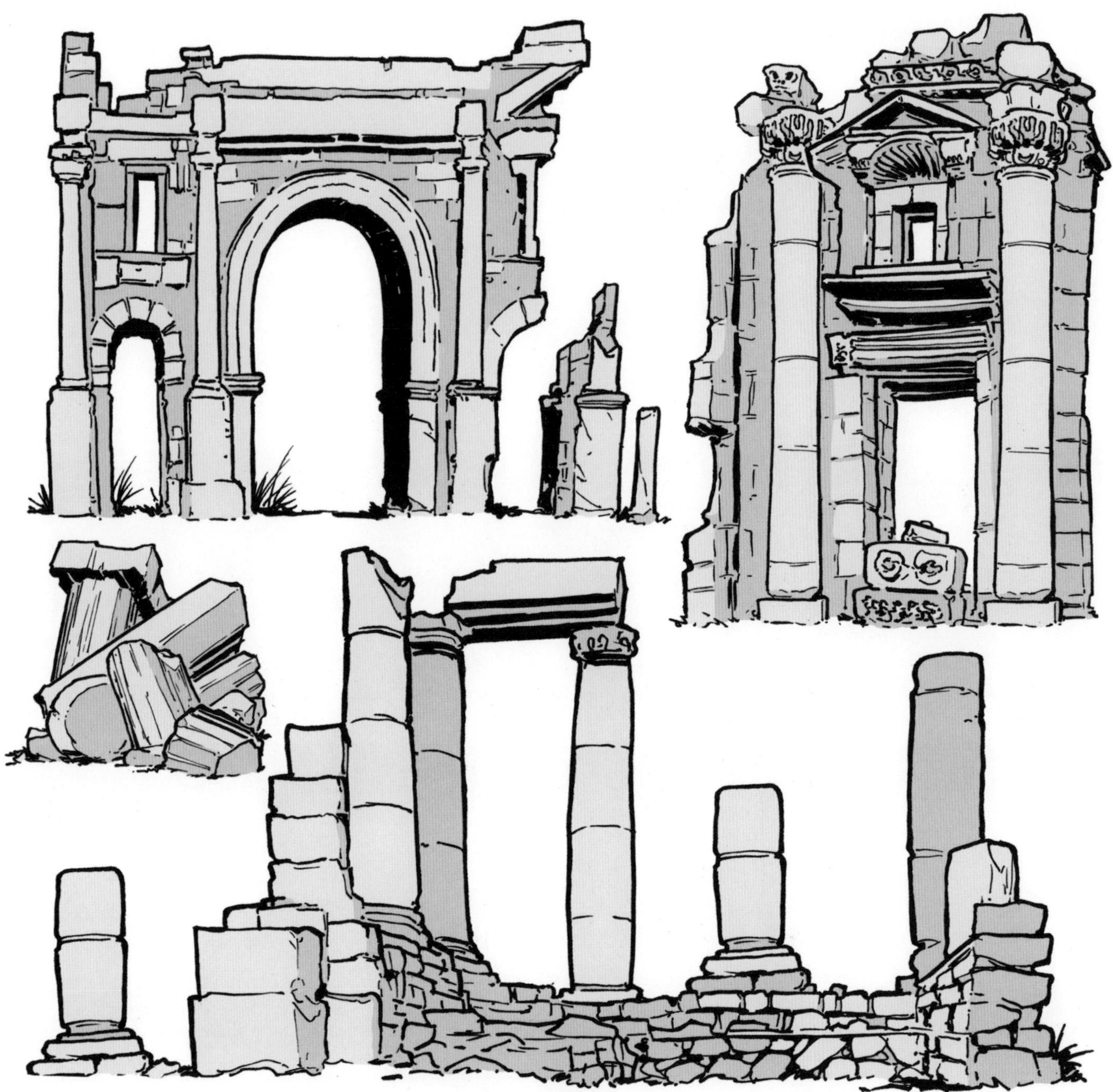

瓦楞铁皮

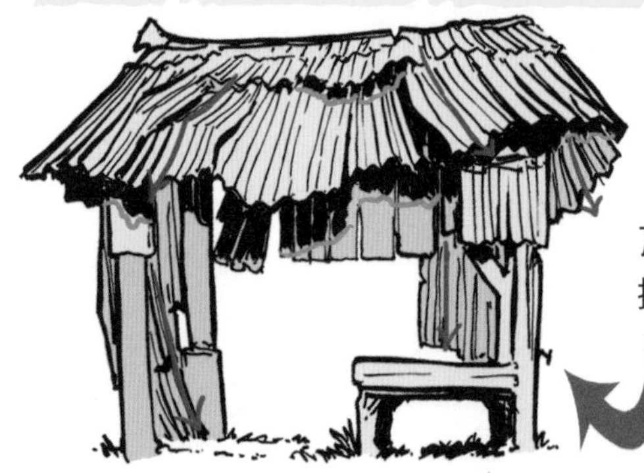

瓦楞铁皮的表面提供了无数轮廓线和大量阴影。

为了获得最佳效果，最好稍微打破这种人造材料的统一性，将其不规则排列，这样会看起来更自然。

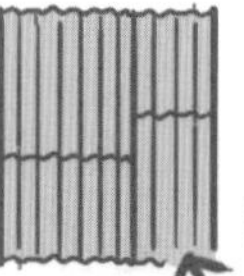

还行　更有趣

从侧面描绘瓦楞铁皮时，需要使用透视法。下面是一些不同角度的铁皮侧面透视。

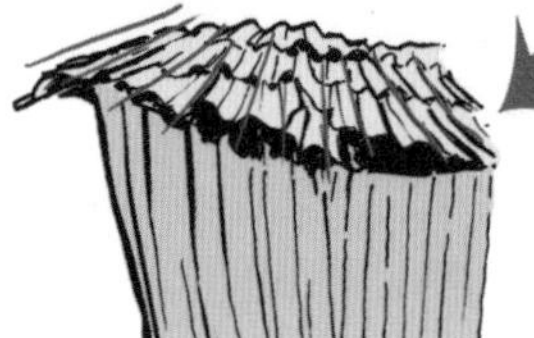

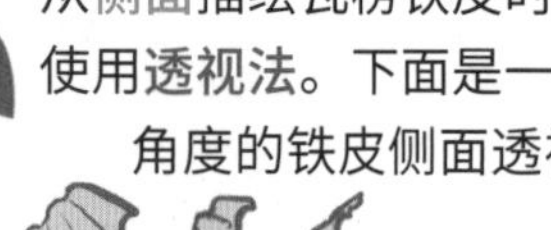

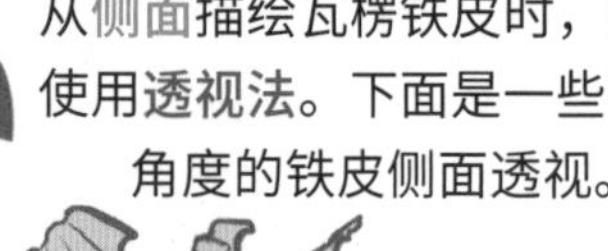

我们可以将瓦楞铁皮稍加变形或破坏，这样会让它更有存在感！下面提供 10 种创意供你参考：

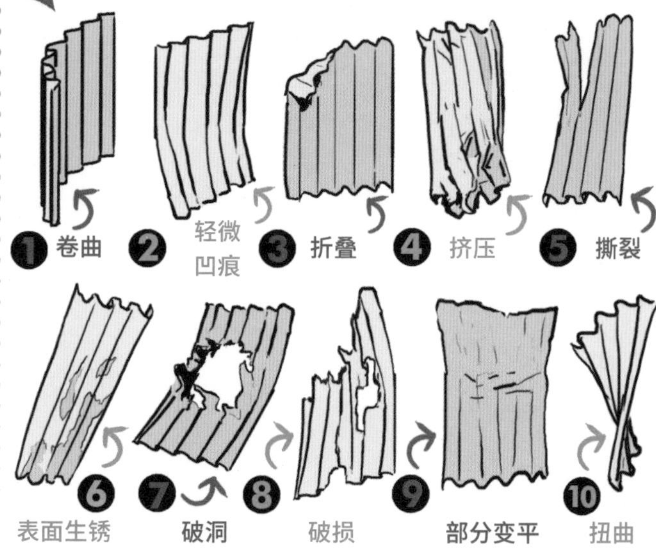

在设计一排瓦楞铁皮时尤其要注意创造一种微妙的无序感，比如混合两三种较轻程度的破损：

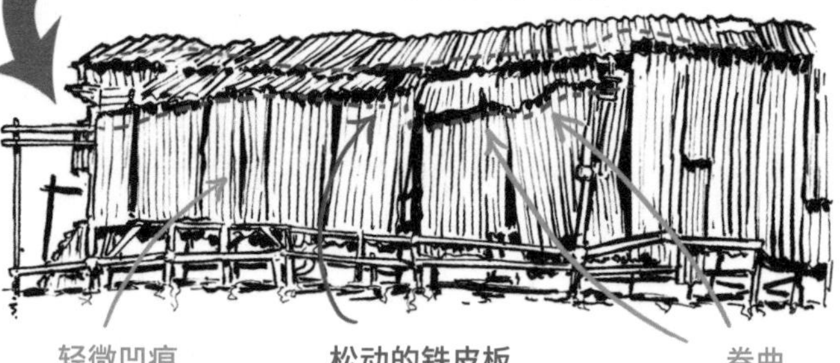

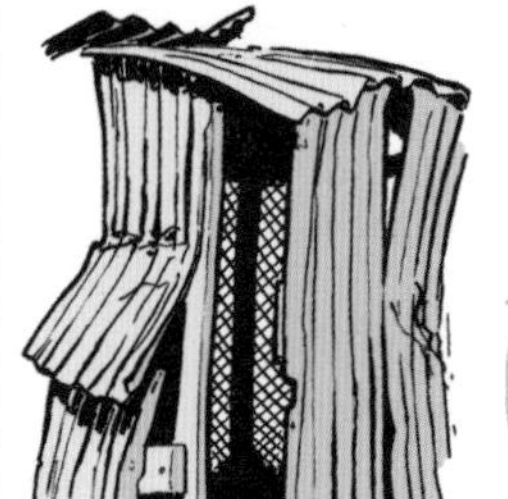

试着从有波纹的末端开始绘制，把它们画得长短不一。

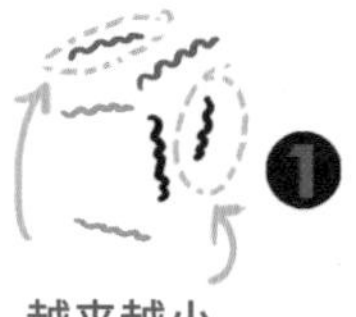

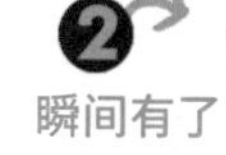

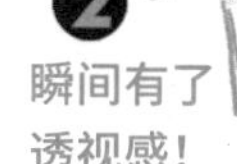

教程 #7

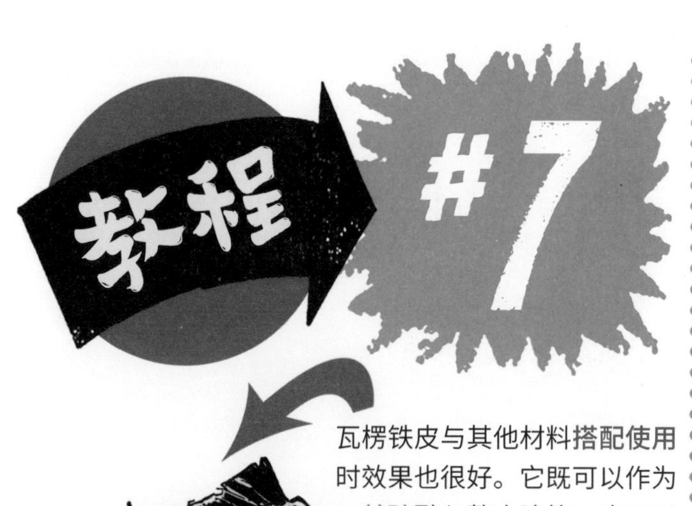

瓦楞铁皮与其他材料搭配使用时效果也很好。它既可以作为基础融入整个建筑，也可以作为设计的重点。

让整个建筑的设计更柔和

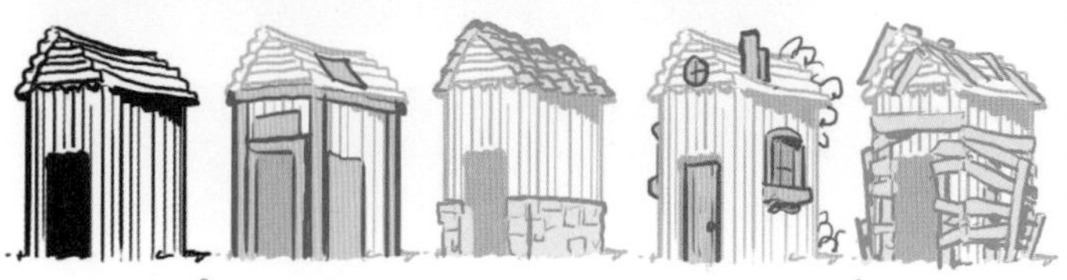

瓦楞铁皮适合搭配的材料种类繁多

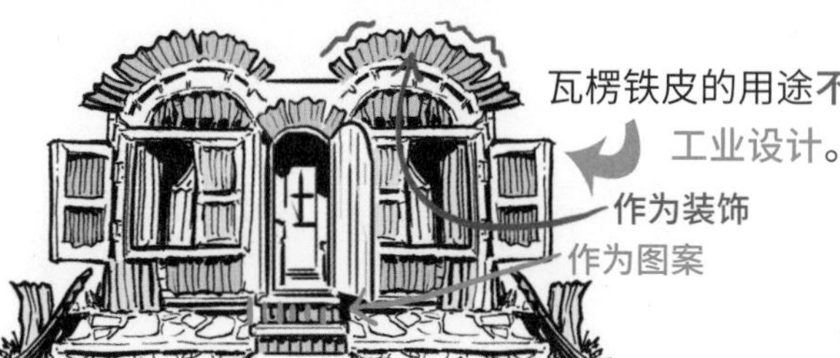

瓦楞铁皮的用途不仅限于工业设计。

以下是几种不同类型的瓦楞铁皮。它们制作时的冲压方式不同，因此波纹多种多样：

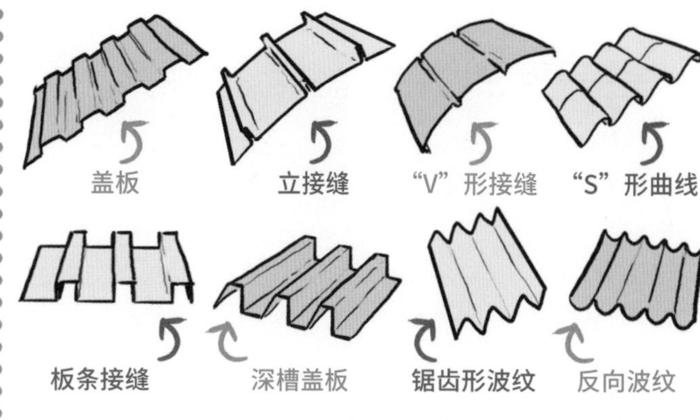

弯曲或下垂的板材给环境添加了更多的破败感。

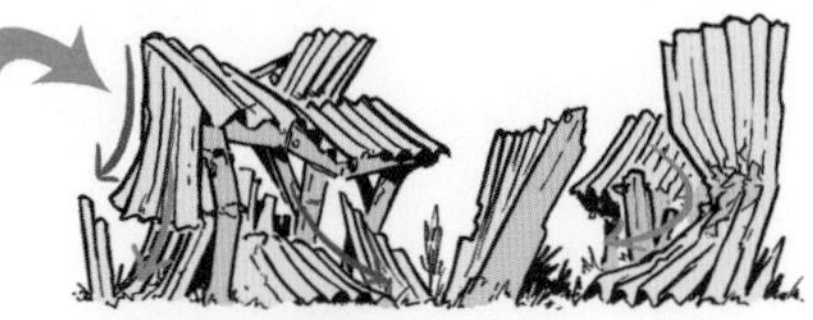

快速建造更复杂结构的方法是：先画出盒子，再添加板材。

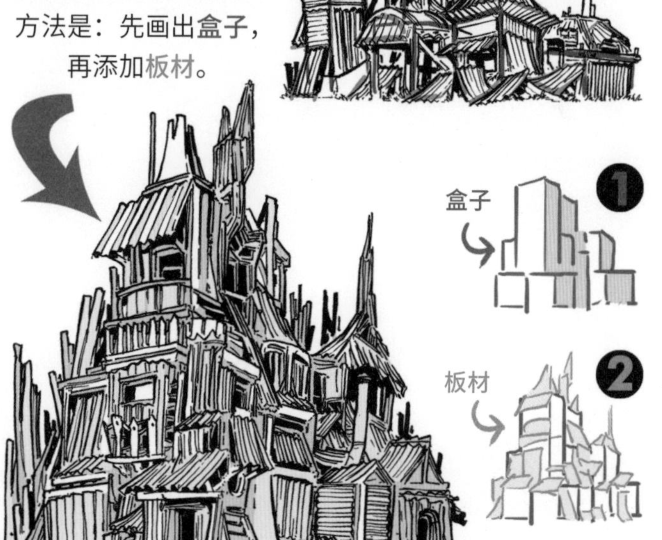

茅草屋顶

茅草是一种自然的、视觉上非常柔和的设计元素。

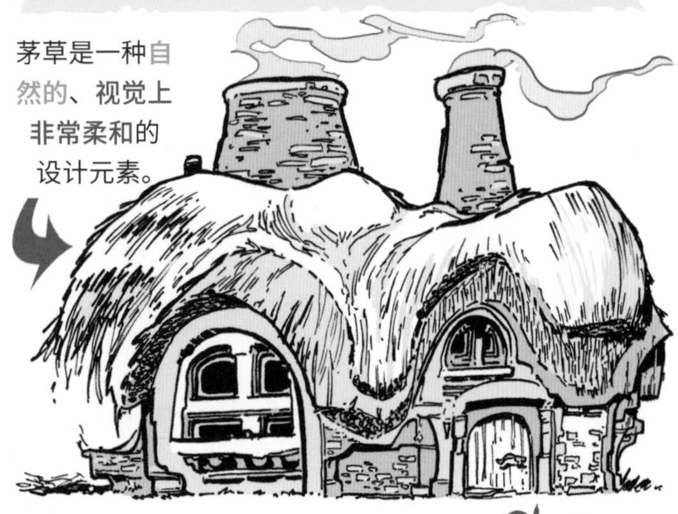

传统的风景明信片中的茅草屋顶是整齐的，边缘简单且清晰。

柔和渐变

均匀的线条，从底部向顶部逐渐变细

高光的地方细节较少

像雨滴一样

交错分组

为了风格化或夸张地表现圆整的茅草外观，想象你正在画一块下垂的面团。

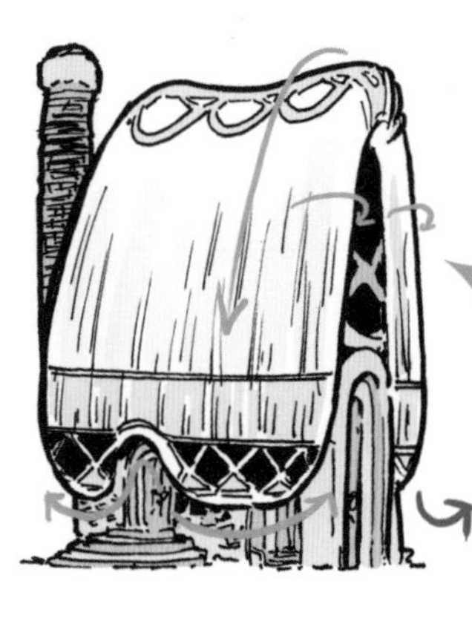

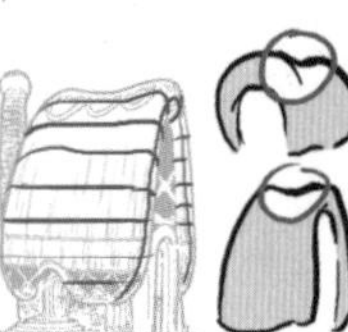

屋顶的下垂增加了重量感

通过增加檐角之间的高度差，使凹陷的特征更加明显。

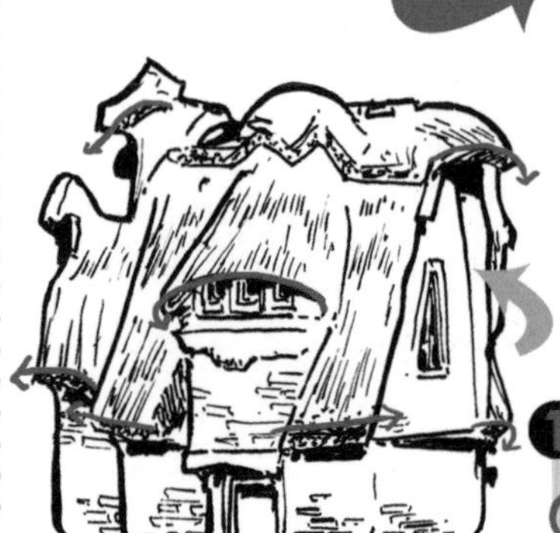

使用切掉的边缘来创造引人注目的中空。

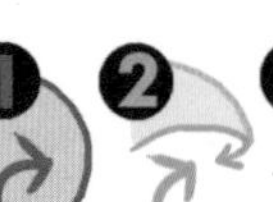

曲线　切掉一截　显示深度

竖立的烟囱可以与茅草屋顶起伏的线条形成对比，增加视觉张力。

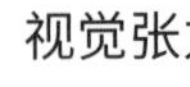

想想头发与脖子的对比

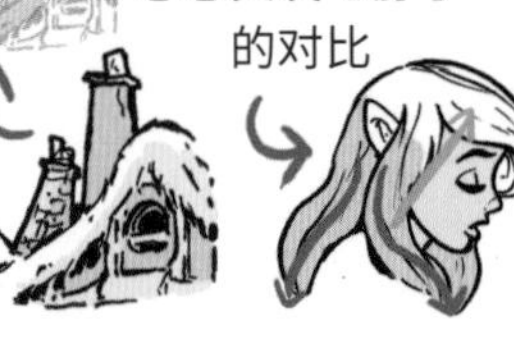

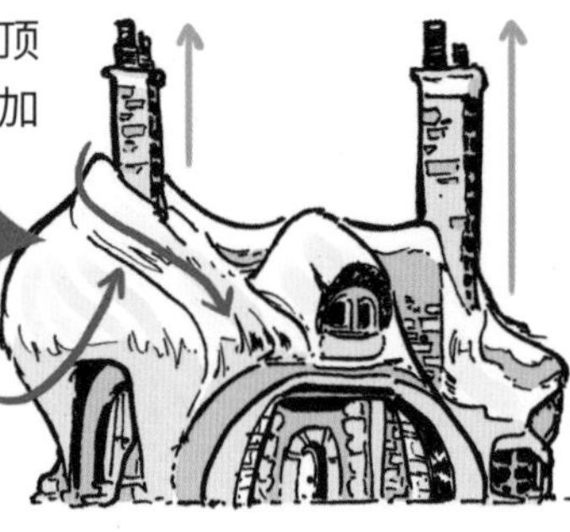

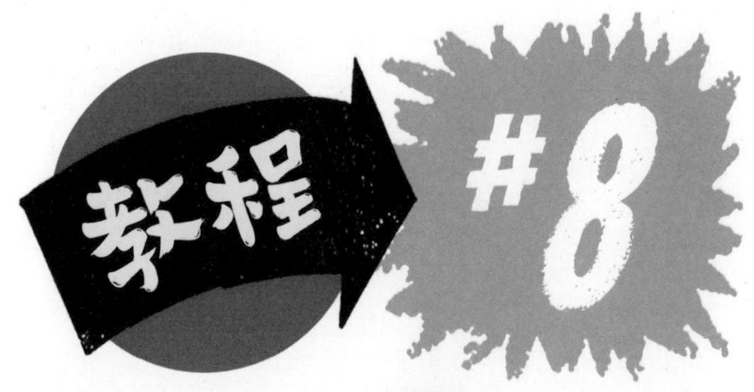

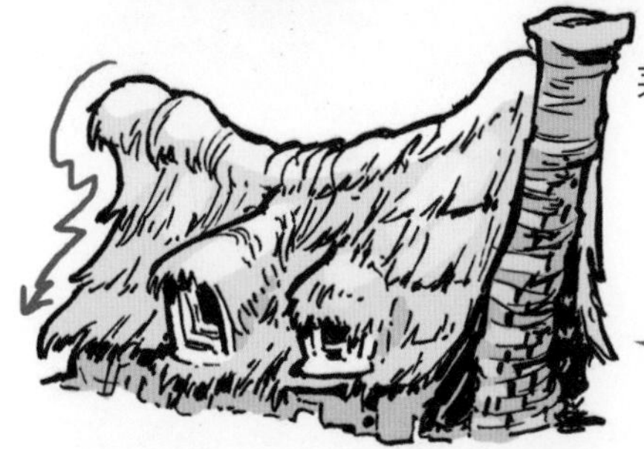

茅草也可以极具个性！它真正的潜力只有当你开始弄乱它的时候才会释放出来！

茅草屋顶有很多适合被弄乱的地方，让我们从轻微破损的边缘开始吧！

1 大体形状

2 使中部蓬乱

3 使尾部也磨损一些

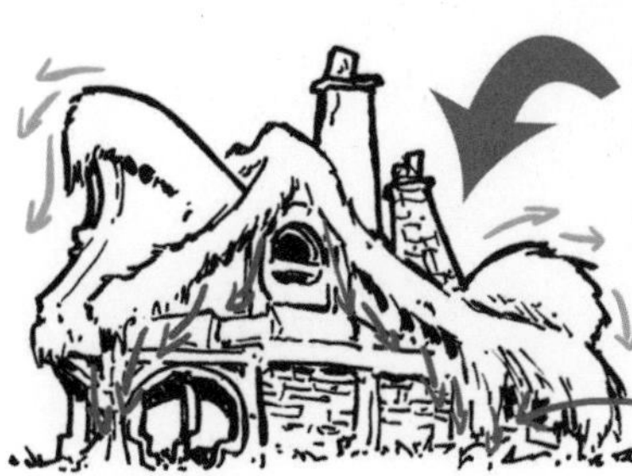

如果你想要一个更加蓬乱的茅草屋顶，可以让它的底部边缘更不平整，同时两端更松散。

注意：茅草下垂的角度是逐渐变化的

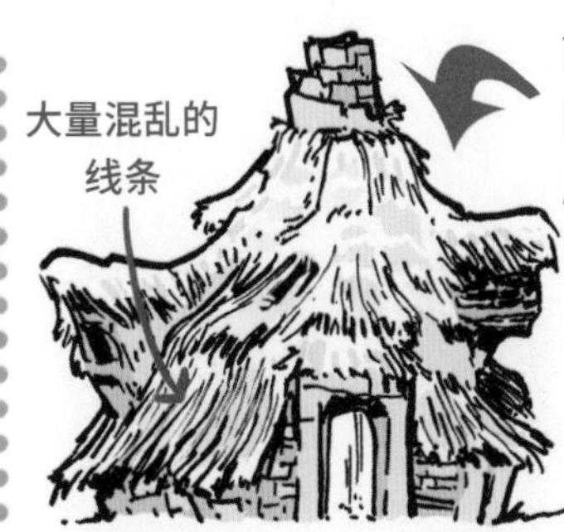

而如果要绘制一个非常破旧的茅草屋顶，需要让它变得扁平且干瘪（失去体积感）。

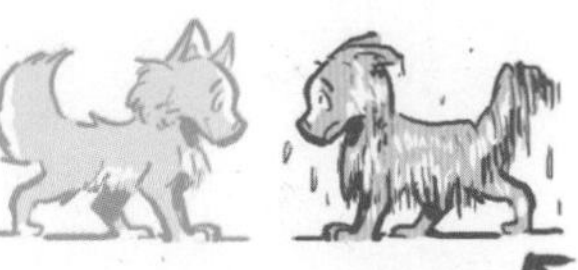

像只湿漉漉的狼

如何表现茅草上的破洞呢？

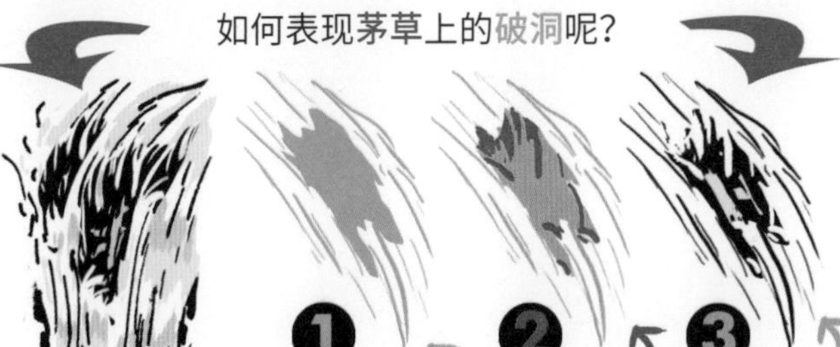

1 注意：两边要直、顶部和底部的线条则比较不规则

2 茅草卷曲的尾部超出了破洞的内缘

3 还有几束茅草探了出来

历史上许多盖茅草屋顶的建造方式都会使屋顶的尾部不平整。

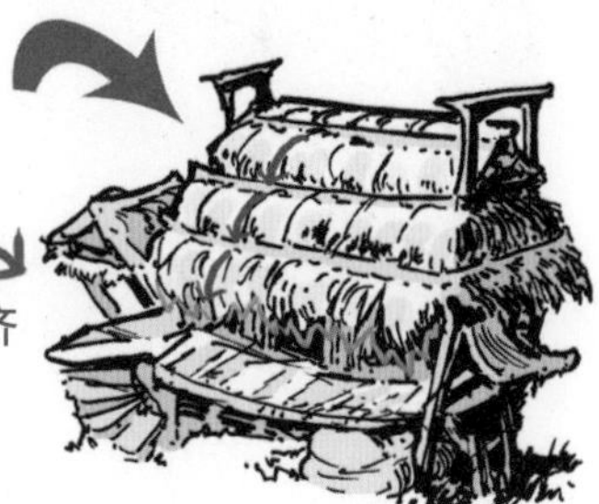

屋檐边缘固定的垂草参差不齐

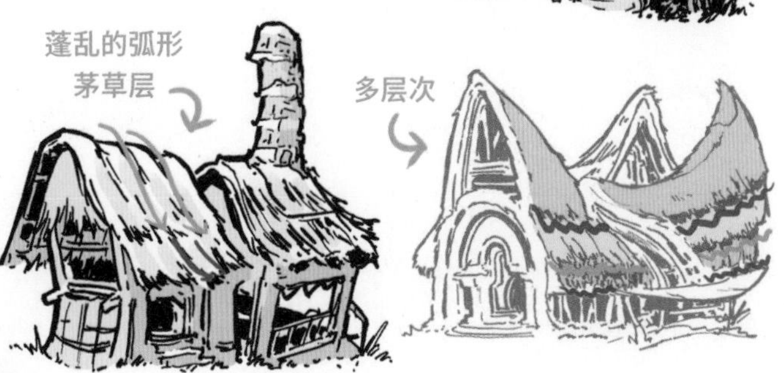

茅草屋顶

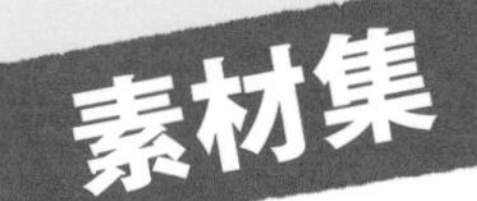

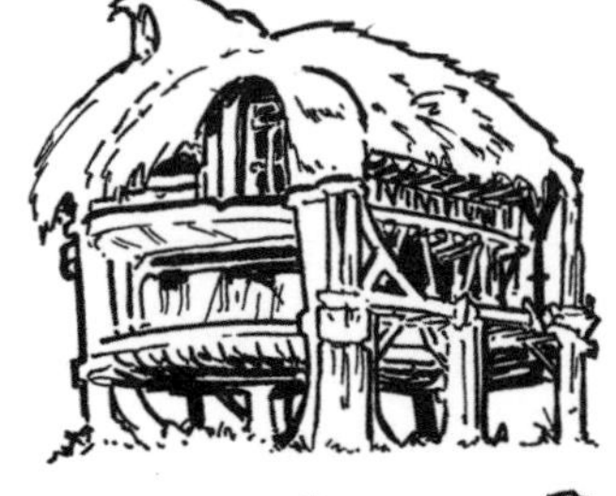

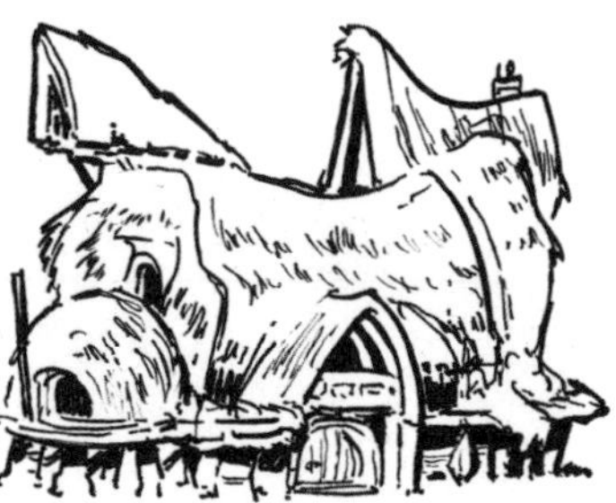

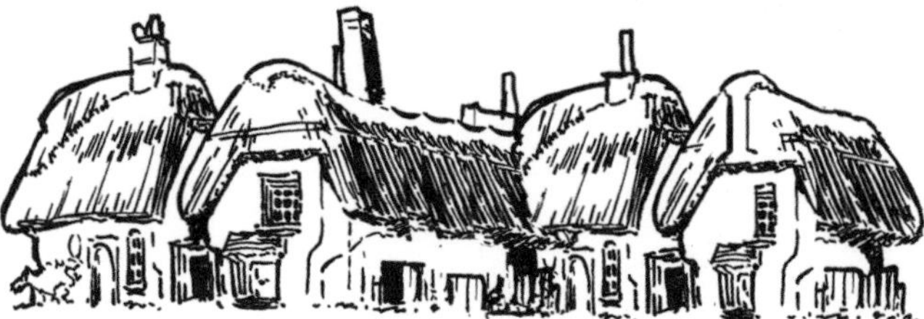

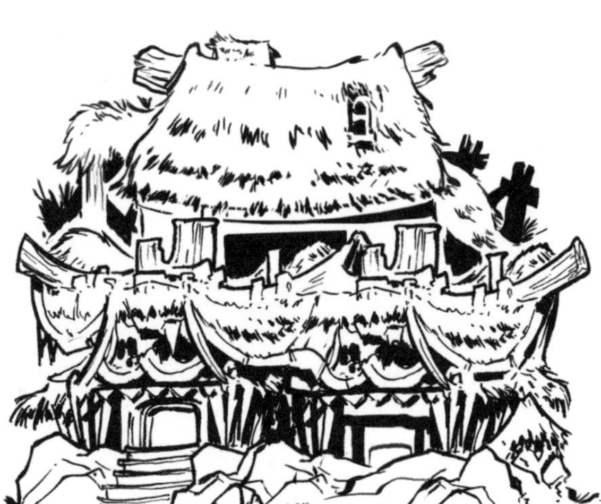

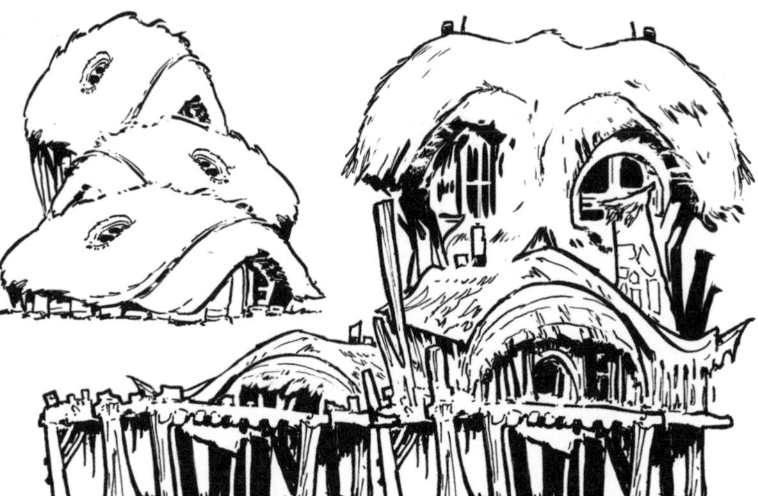

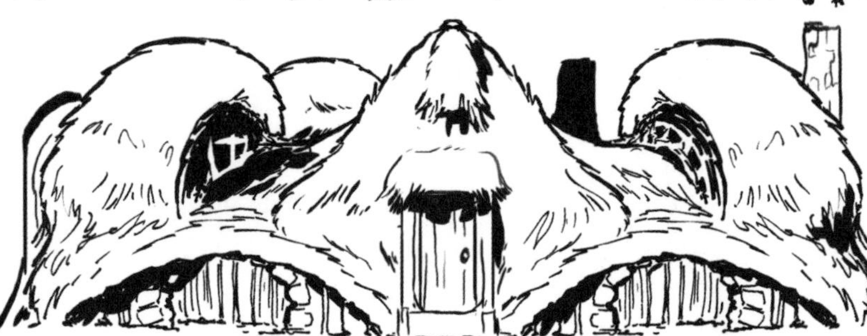

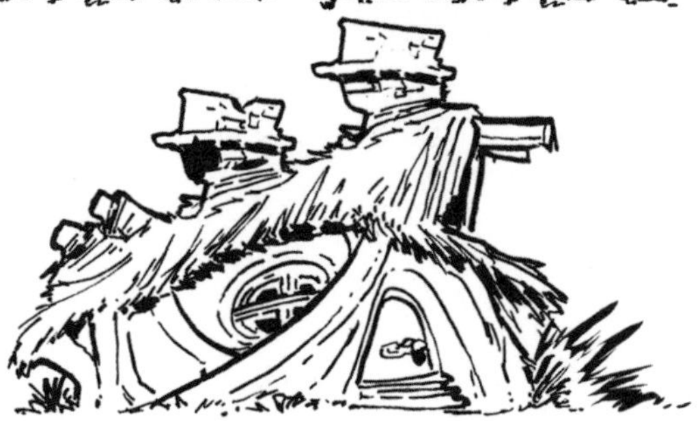

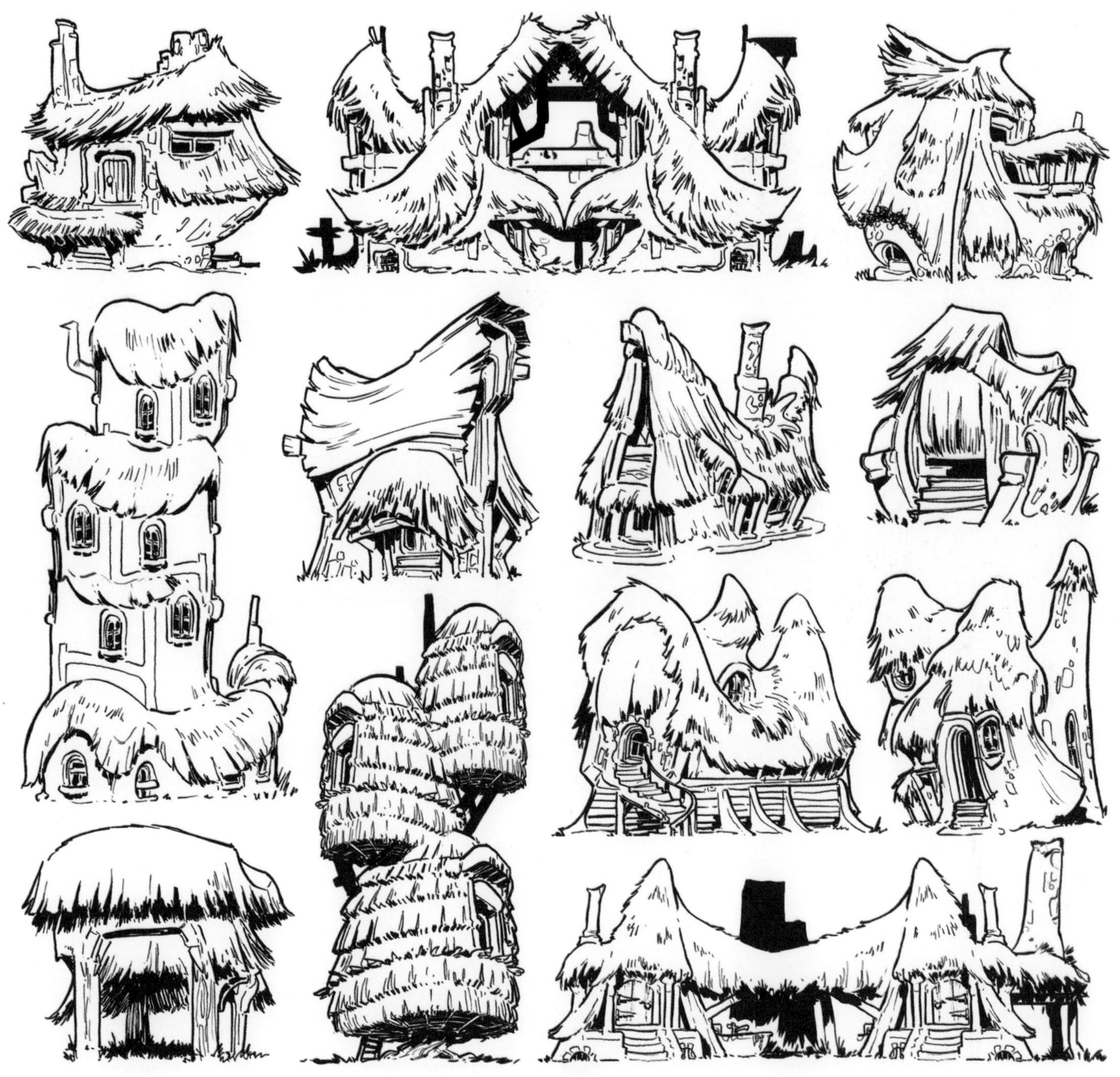

楼梯

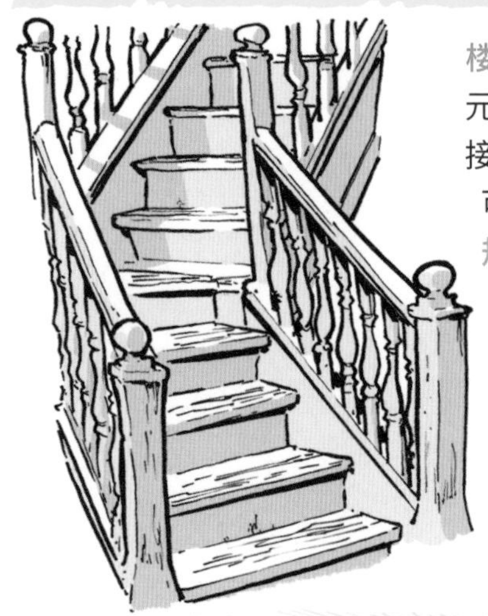

楼梯是非常有用的环境元素！它们不仅可以连接楼层、创建通道，还可以帮助界定建筑的规模，并为它们所在的空间增添巨大的趣味。

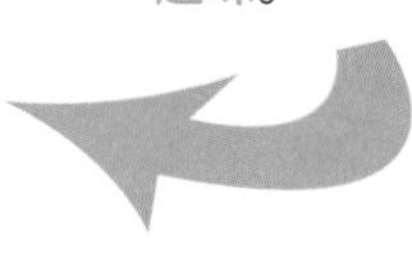

如何从任何角度画楼梯呢？

1 画一些随机的立方体。

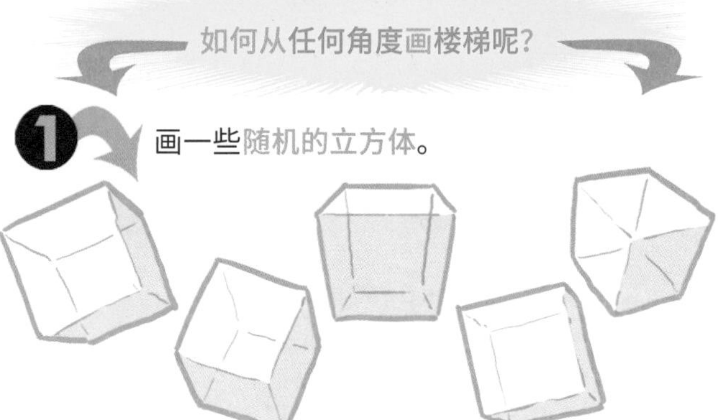

2 选择任何一个平面，画一条对角线。

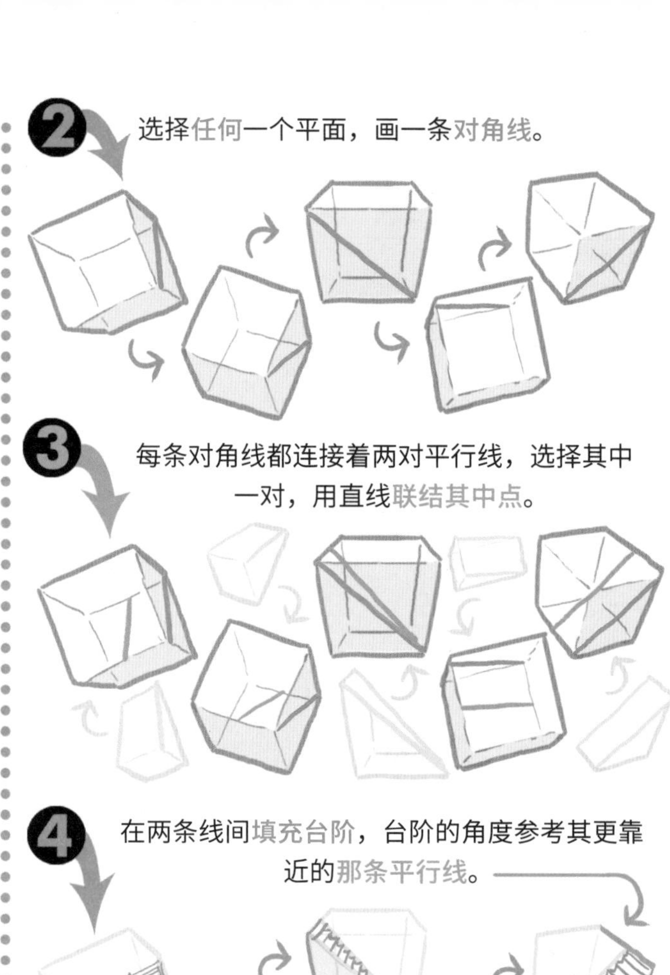

3 每条对角线都连接着两对平行线，选择其中一对，用直线联结其中点。

4 在两条线间填充台阶，台阶的角度参考其更靠近的那条平行线。

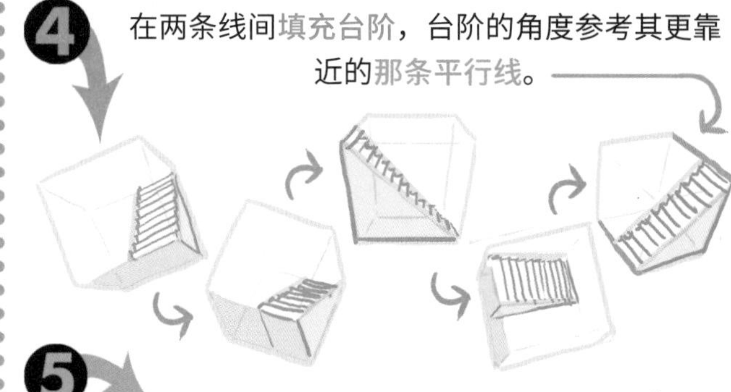

5 如果你想将楼梯置于一个更宽敞的环境，可以直接扩展最初的立方体，或在这个立方体周围再画另一个立方体。

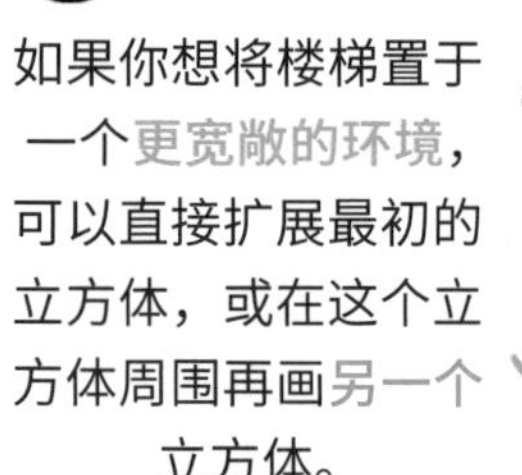

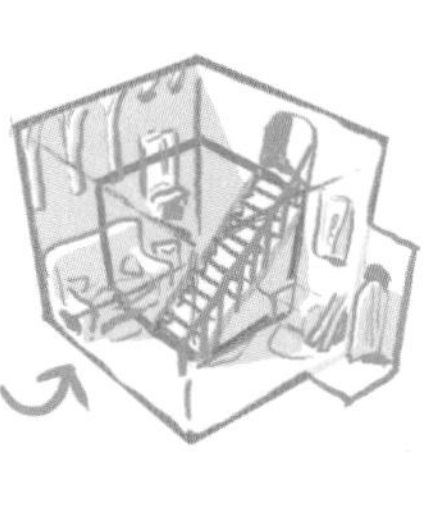

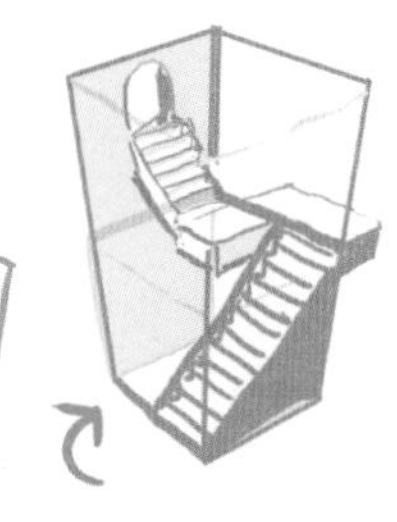

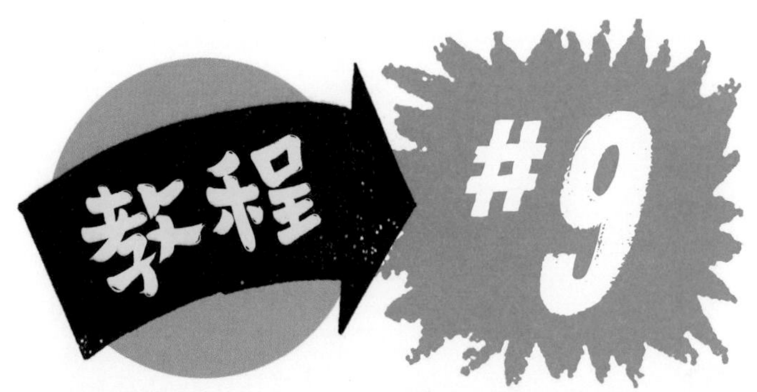

如果你要建造一段弯曲的楼梯，那么要先设定一条清晰的方向线。

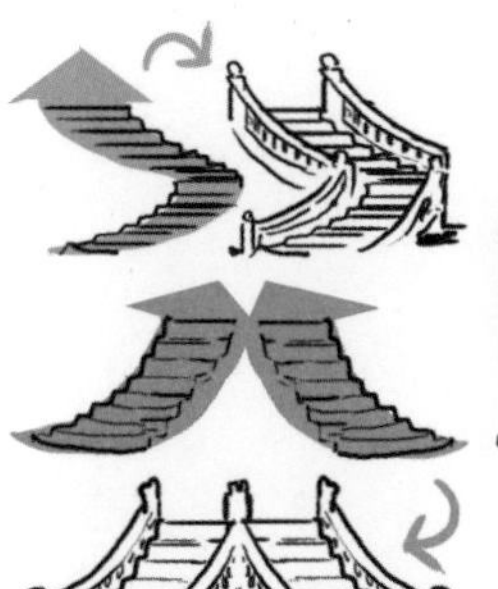

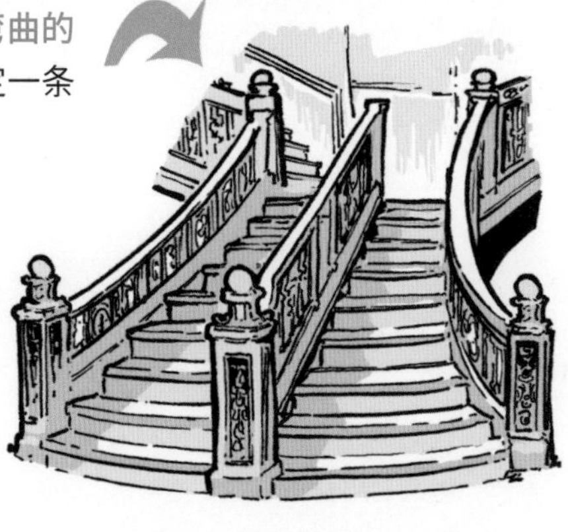

螺旋形楼梯的画法也类似，首先要确立台阶的外部线条。

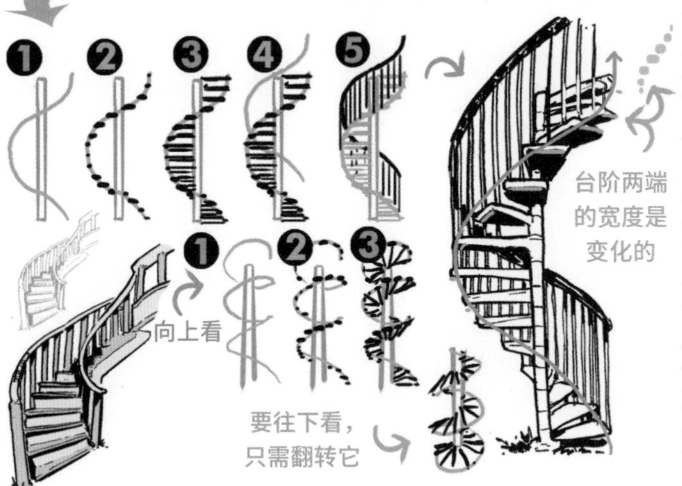

接下来，考虑一下楼梯的材质和使用背景。

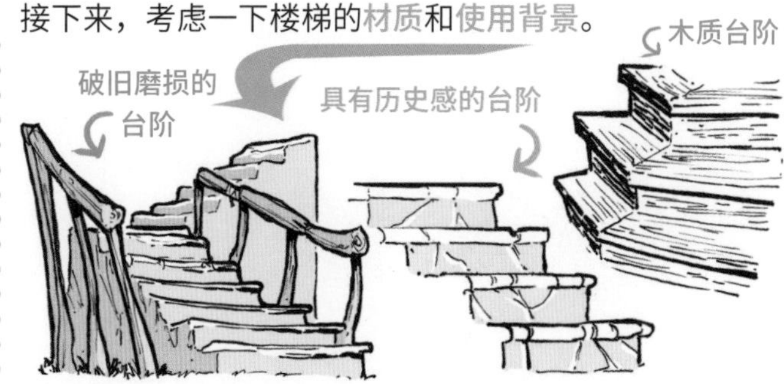

楼梯扶手和结构也可以为其增加特点。

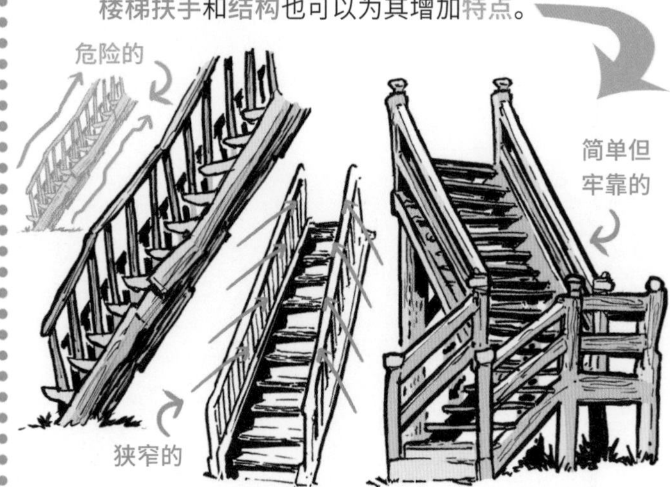

气派的楼梯可以成为展现角色个性的绝佳舞台。

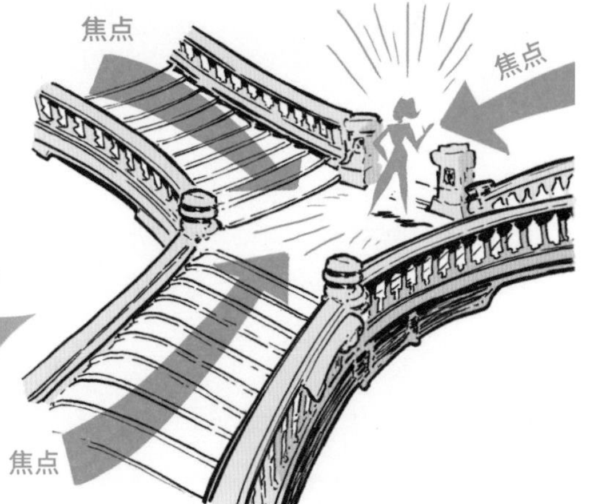

楼梯

素材集

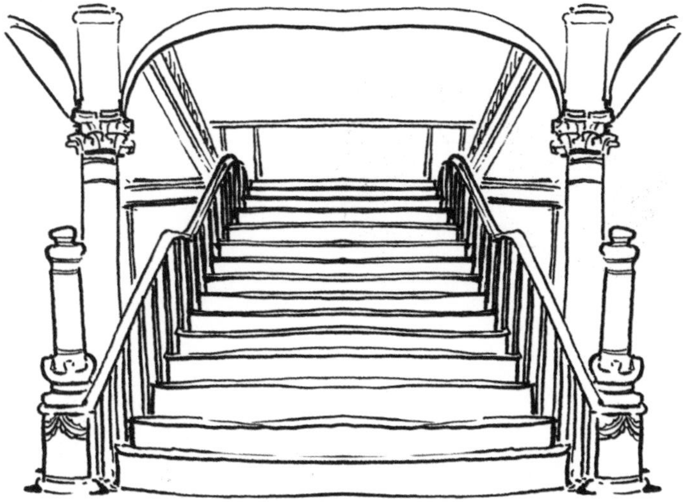

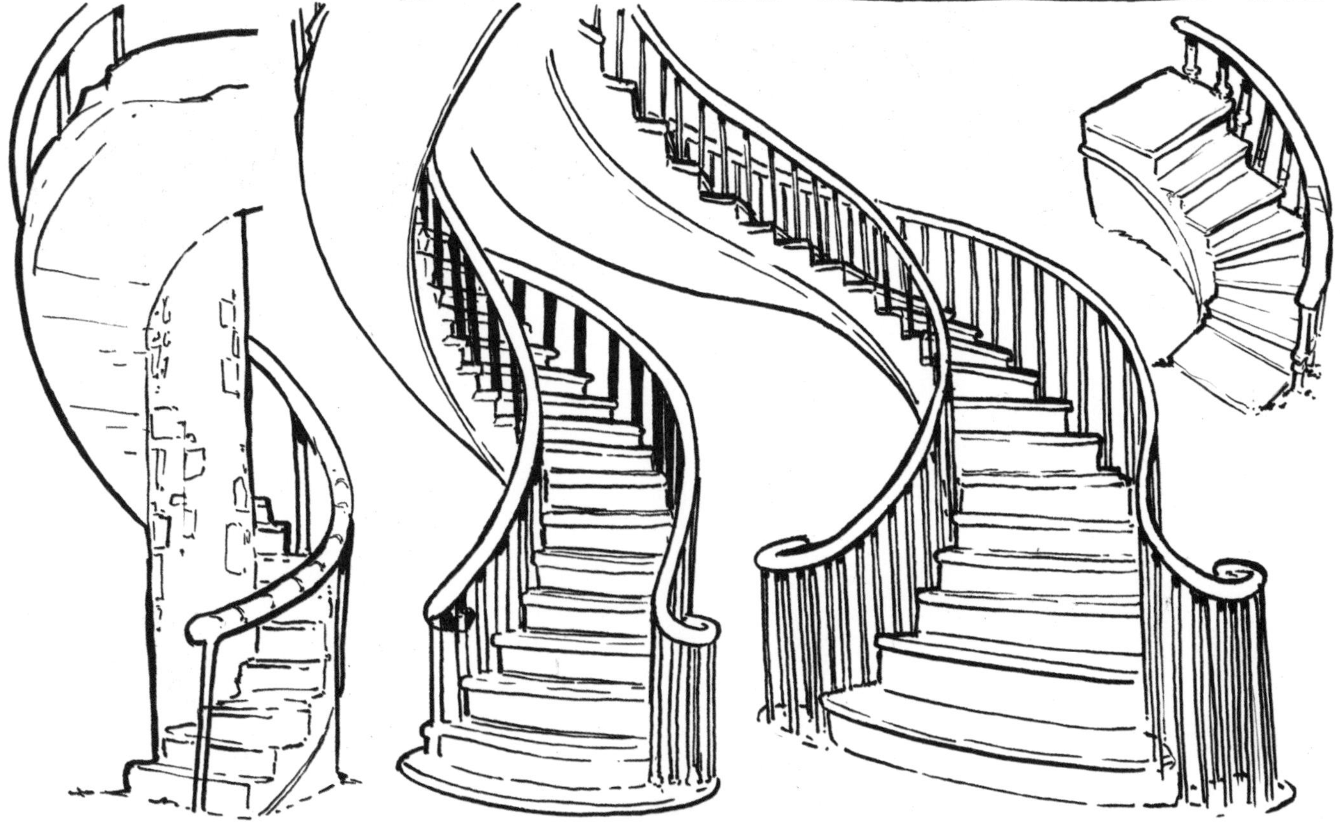

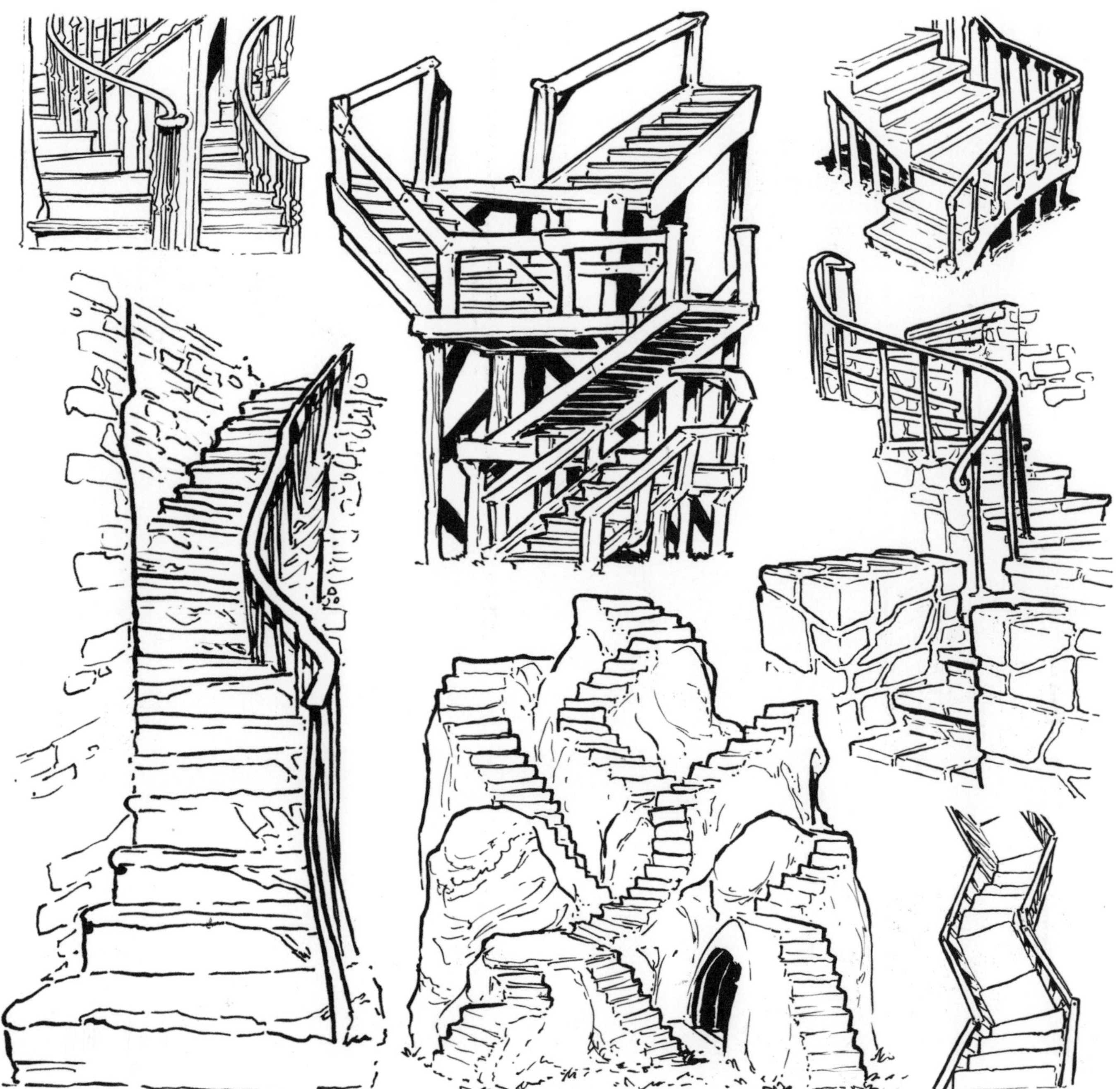

人行道

人行道是一种过渡元素，其特征很大程度上取决于常有人走还是罕有人迹。

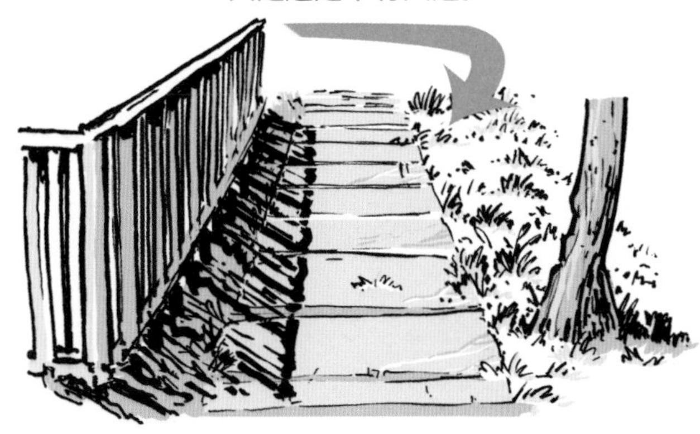

人行道有许多风格，不管哪一种风格，都尽可能使其不完美，因为这感觉更真实。

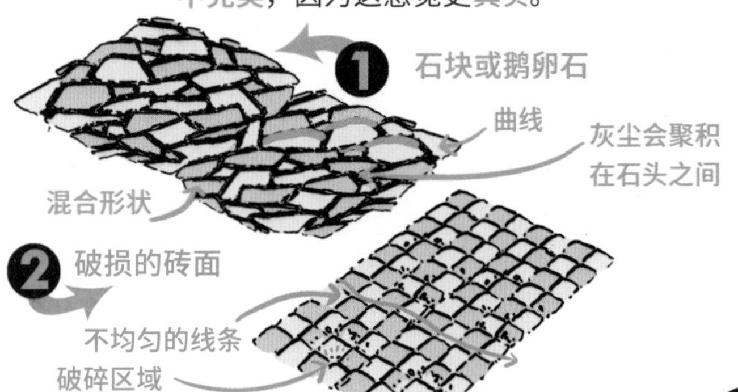

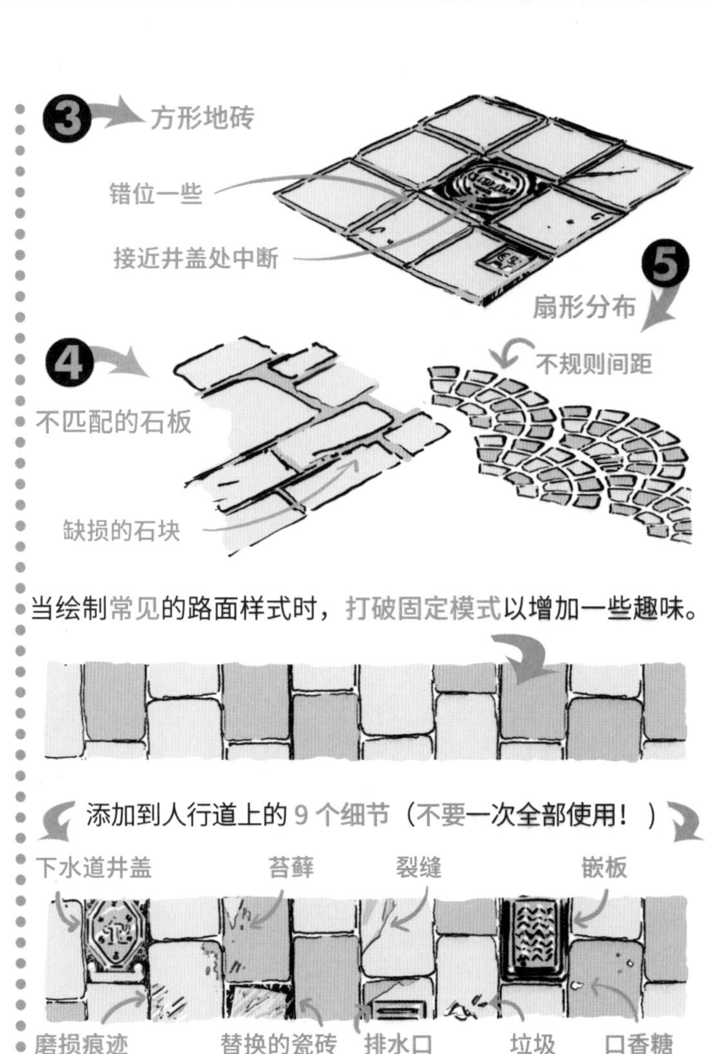

当绘制常见的路面样式时，打破固定模式以增加一些趣味。

添加到人行道上的 9 个细节（不要一次全部使用！）

下水道井盖　苔藓　裂缝　嵌板

磨损痕迹　替换的瓷砖　排水口　垃圾　口香糖

对于普通路面来说，大约每 15 块路面砖中有 1~2 块开裂是较合适的比例。

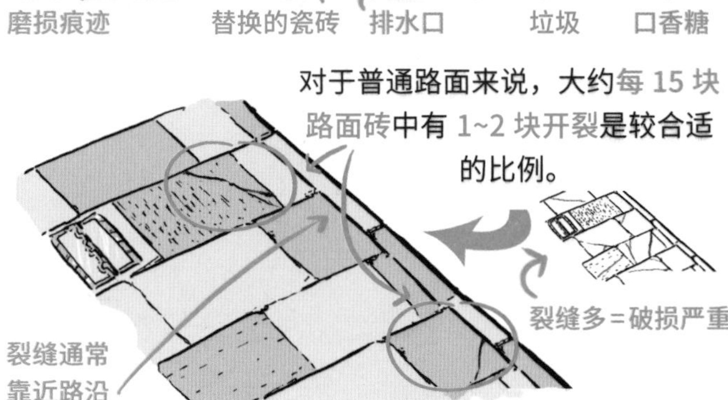

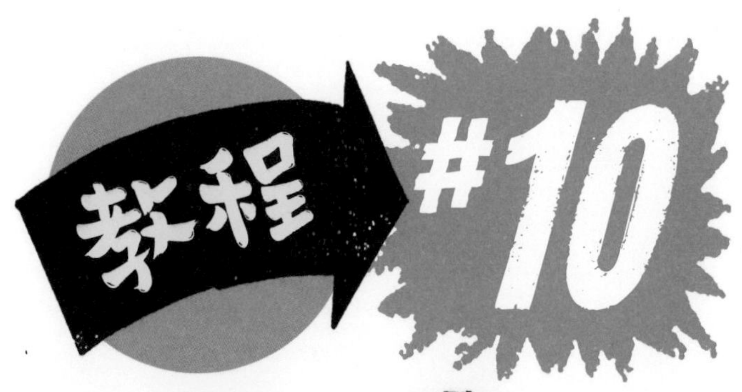

人行道周围的次要元素可以丰富其外观。

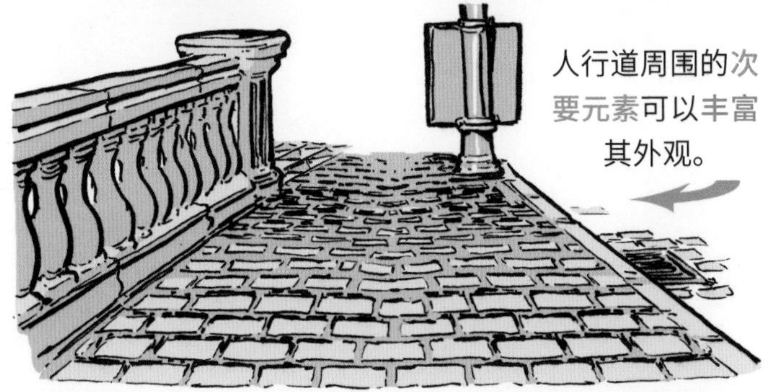

无论是一小段侧墙还是街道上的小型设施，都有助于增加层次感。

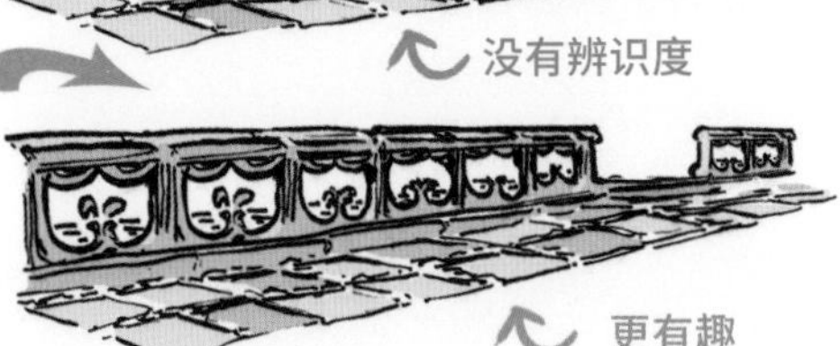

人行道是单调的，我们还可以通过改变边沿来获得有趣的边界形状。

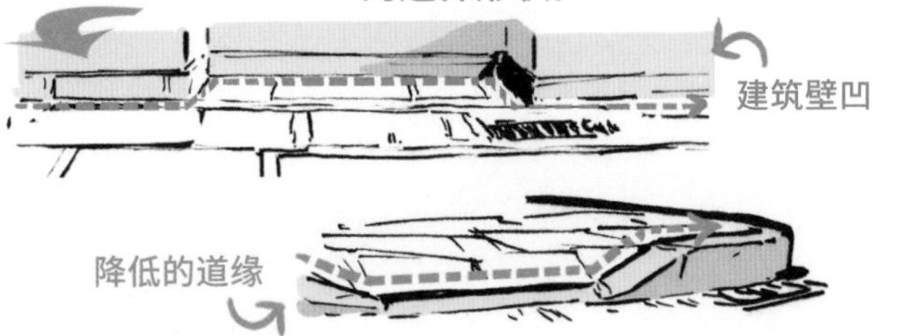

下水道井盖的设置很少是完美的，有时会露出粗糙的水泥。

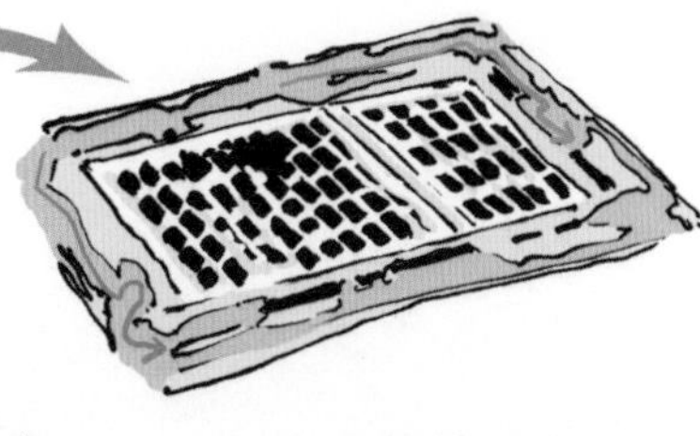

当一棵树的树根变得具有破坏性时，树干就会被移除，一个孤独的树桩就留在了被毁坏的地砖间。

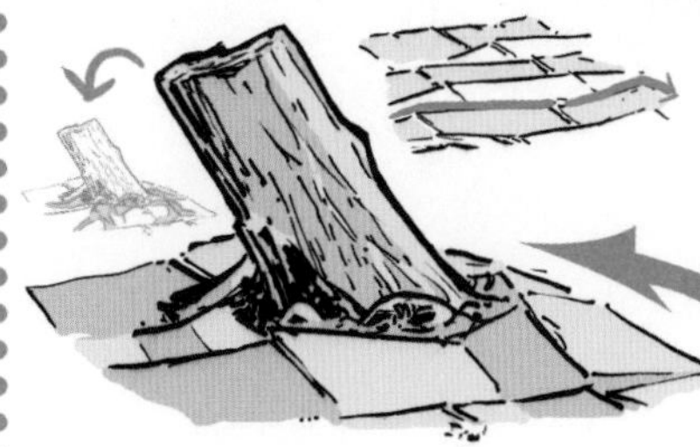

还可以用灯柱在视觉上打断平淡的路面延伸。

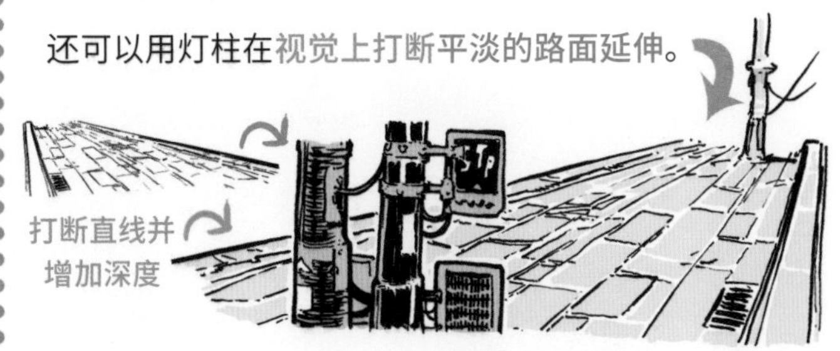

轻而小的垃圾会被吹到角落里，或者聚集在道路设施周围。

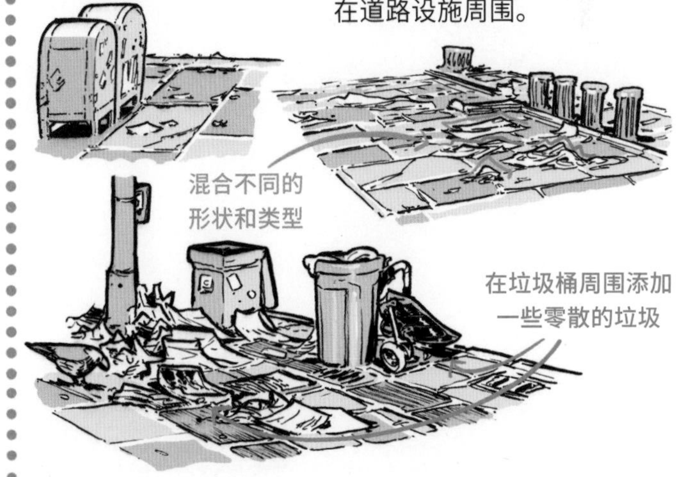

列车轨道

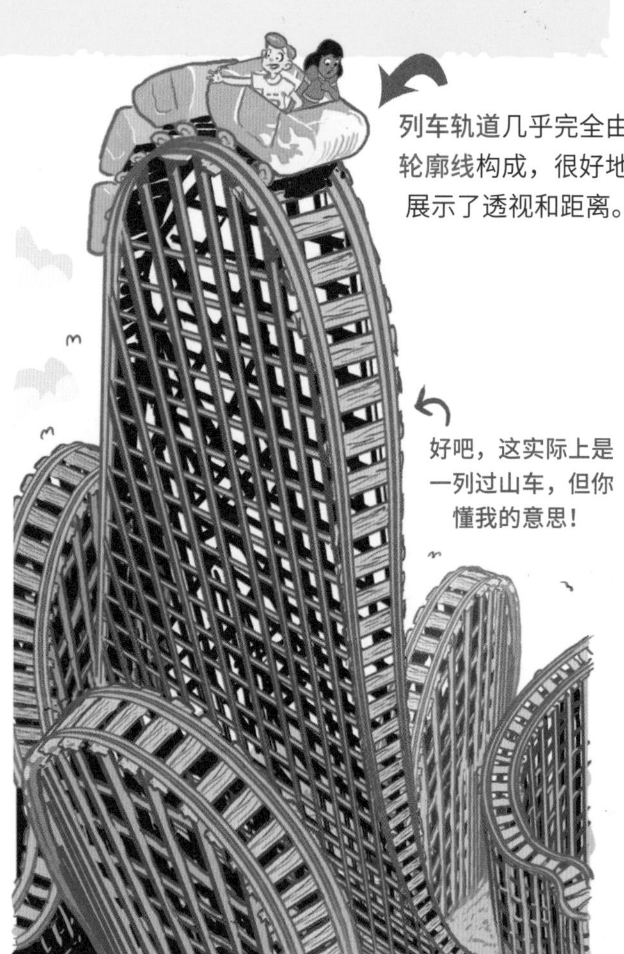

列车轨道几乎完全由轮廓线构成，很好地展示了透视和距离。

好吧，这实际上是一列过山车，但你懂我的意思！

下面来研究如何快速画出一段铁轨及枕木。铁轨也有很多种，让我们从最普通的一种开始吧！

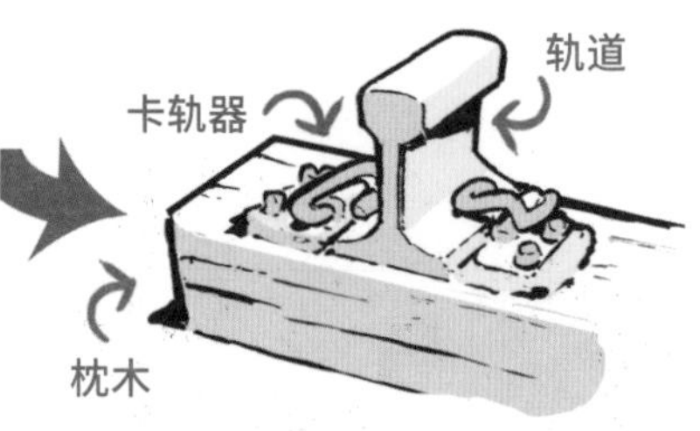

在使用单点透视法绘制直线轨迹时，不必过于担心丈量精确间距的问题。

❶ 只要画任意两条会聚于一点的线

❷ 可用不同的线条宽度来展示间距

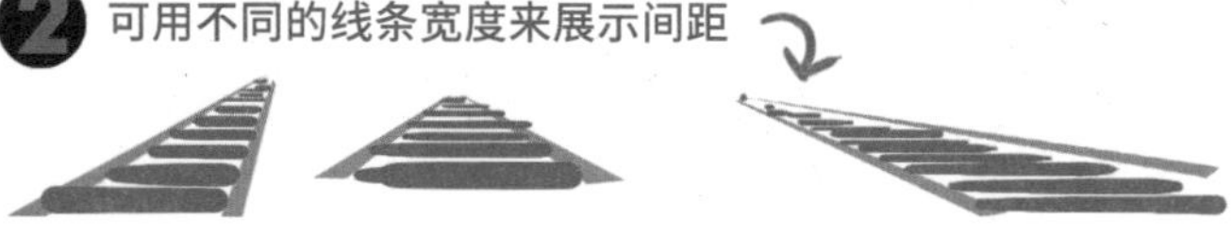

❸ 以下是枕木数量的估算方法：

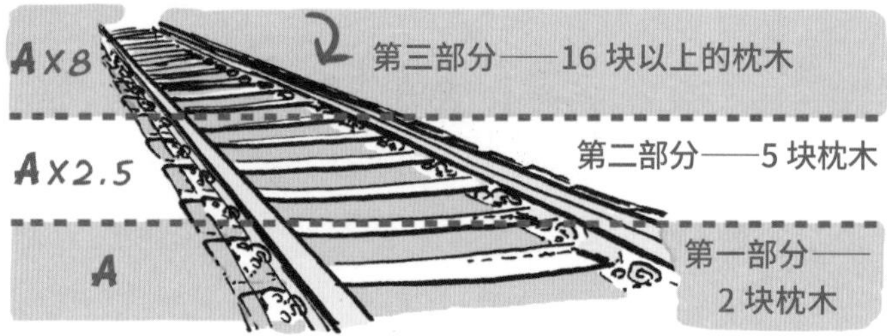

视点的高低会对铁轨的视觉纵深感产生巨大的影响。

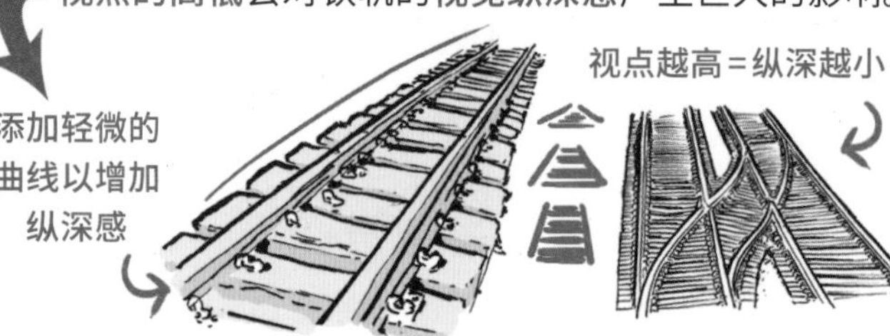

添加轻微的曲线以增加纵深感

视点越高＝纵深越小

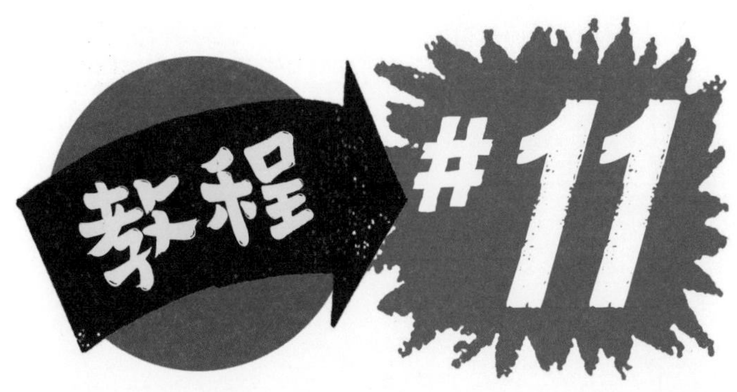

如果我们摆脱规则，赋予轨道更多的活力，它们就会变得有趣得多。

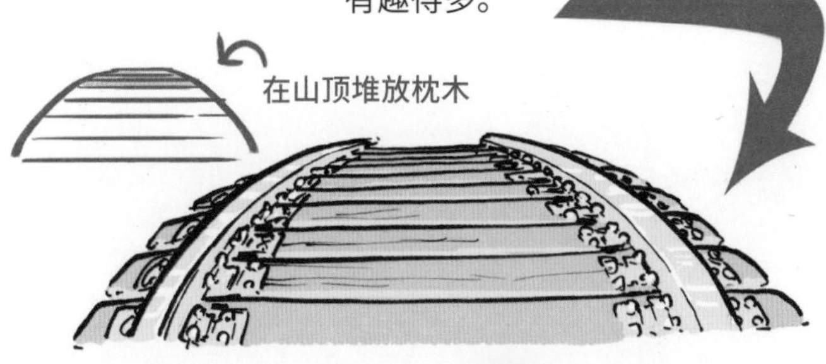

火车轨道并不真的如此弯曲，但我们可以通过打破这一规则来增加更多的戏剧性。

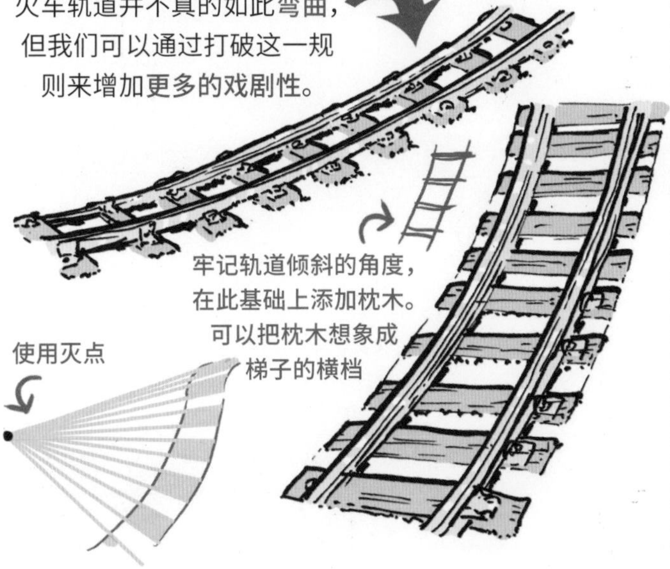

牢记轨道倾斜的角度，在此基础上添加枕木。可以把枕木想象成梯子的横档

使用灭点

轨道的绘制是基于平行线的，所以不难为其增加一点扭转的效果。第一种方法是改变观察的视角。

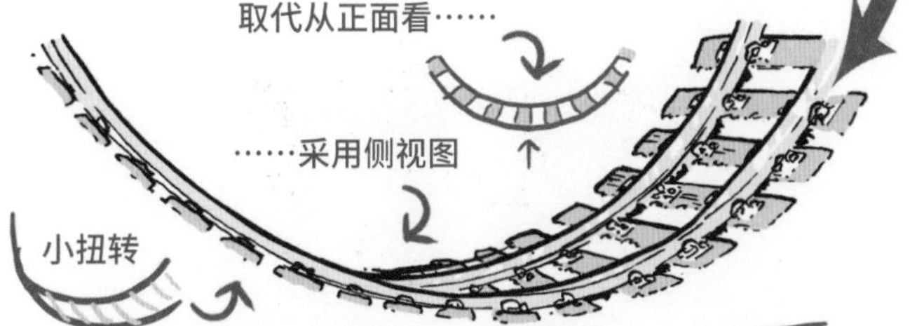

取代从正面看……

……采用侧视图

小扭转

更微妙、更真实的倾斜

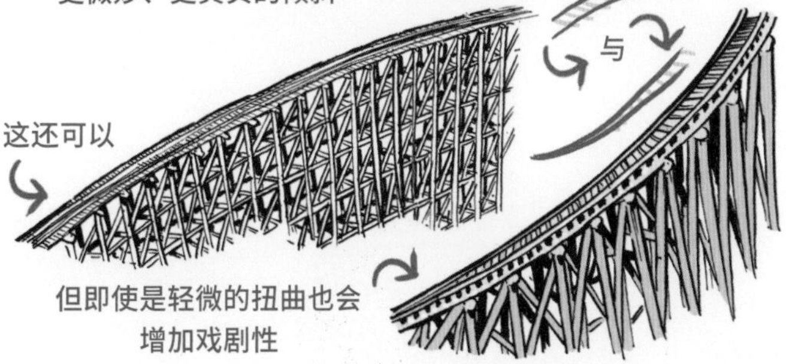

这还可以

与

但即使是轻微的扭曲也会增加戏剧性

第二种方法是暗示轨道本身是扭曲的。

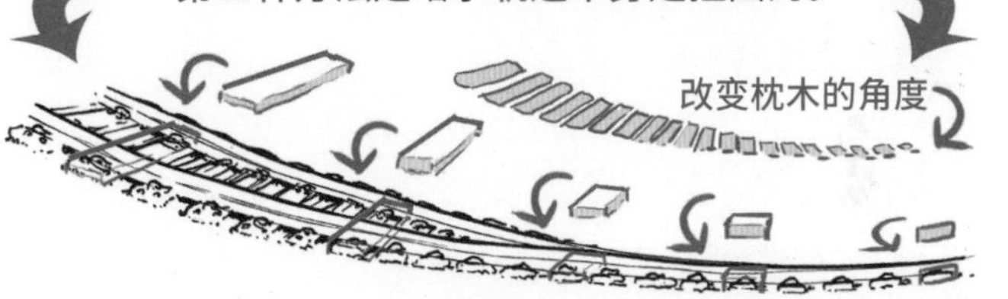

改变枕木的角度

当然，还可以混合交叉、夸张的视角和扭转。

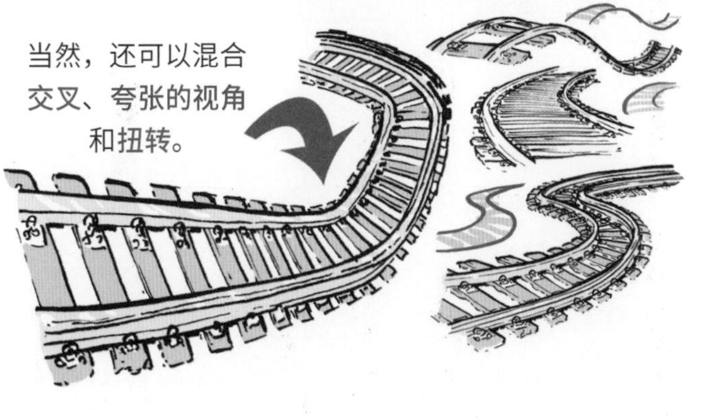

路灯

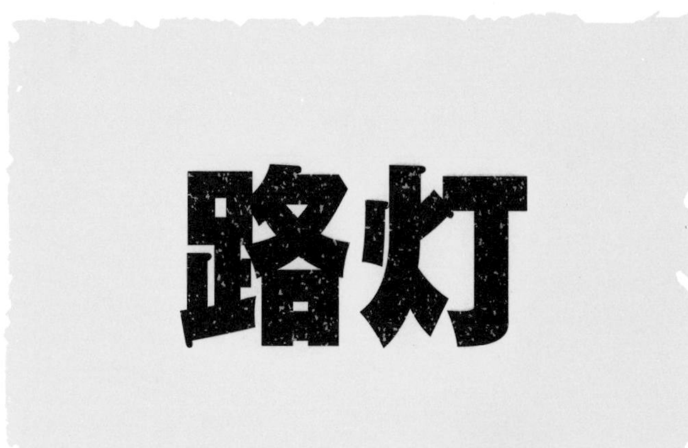

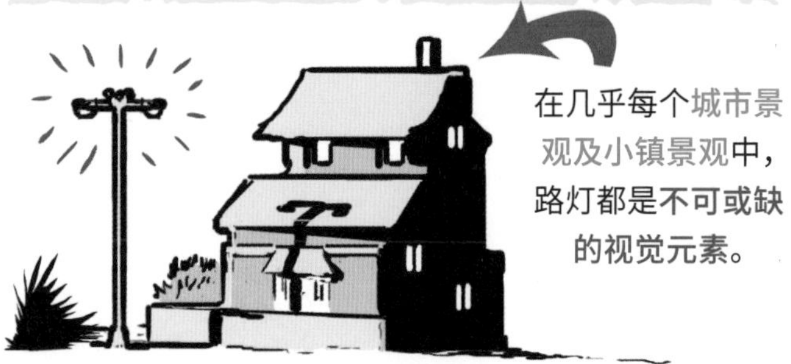

在几乎每个城市景观及小镇景观中，路灯都是不可或缺的视觉元素。

路灯不仅可以照亮黑暗，不同的灯头设计还可以展示不同的生活环境及年代。

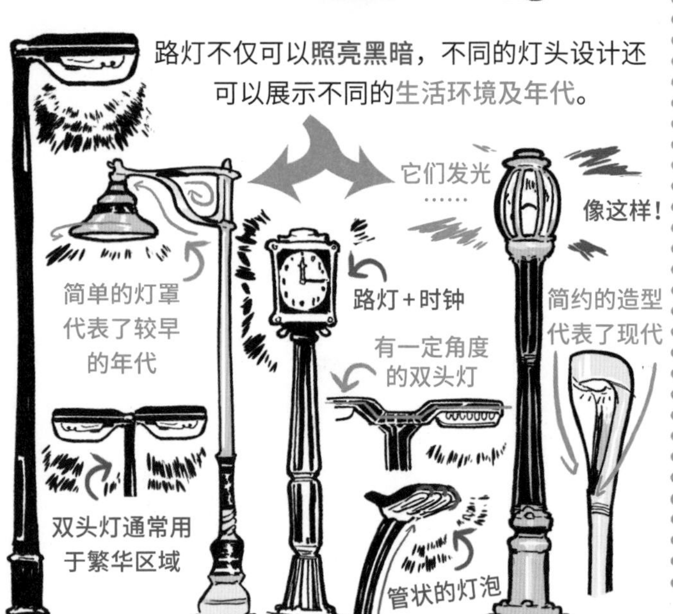

路灯的关键元素是光，不过，灯柱的造型也是设计中的重点。

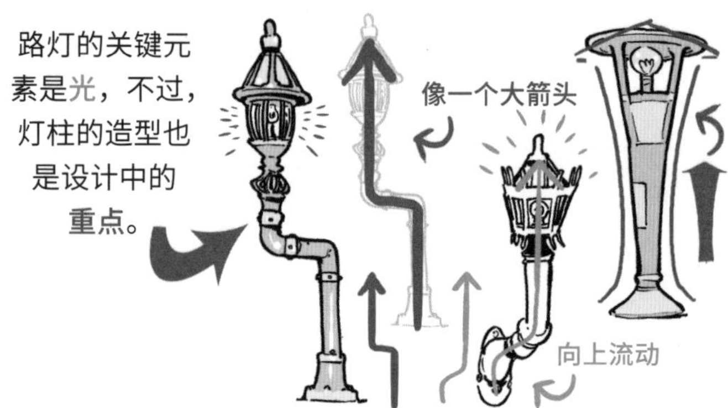

路灯有时让人觉得有点像沉默、警惕的人。它还像什么呢？你可以进一步发挥想象！

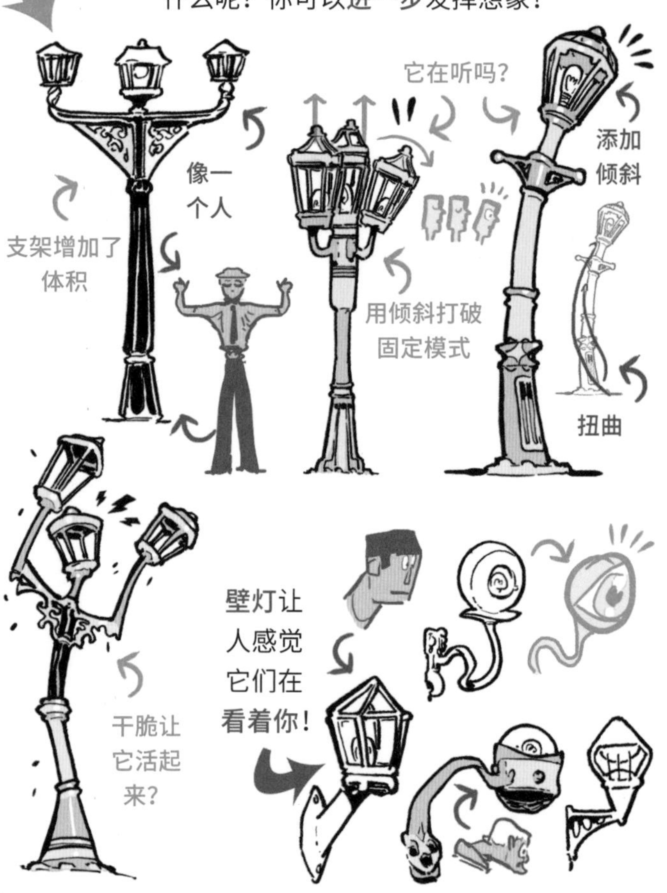

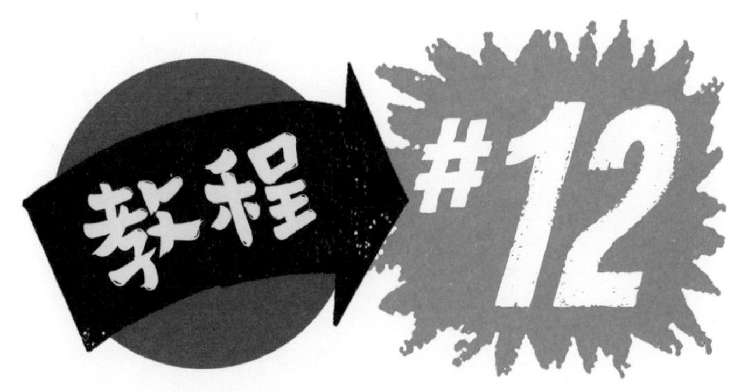

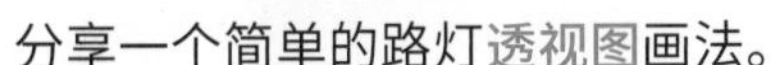

分享一个简单的路灯透视图画法。

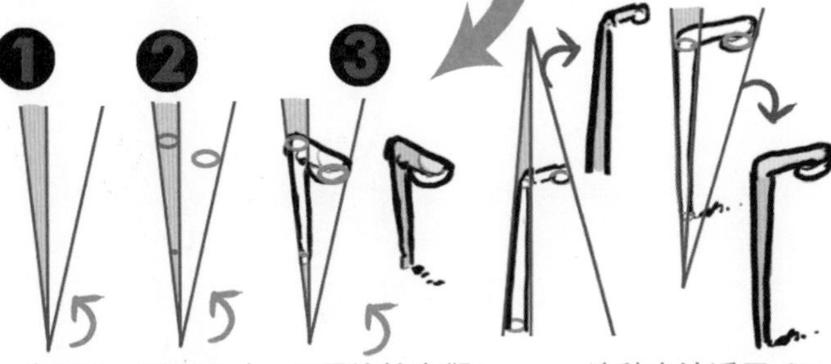

先画 3 条线

再画 3 个椭圆

只需连接它们!

这种方法适用于所有角度

让我们更进一步，画出一排有一定间隔的路灯。

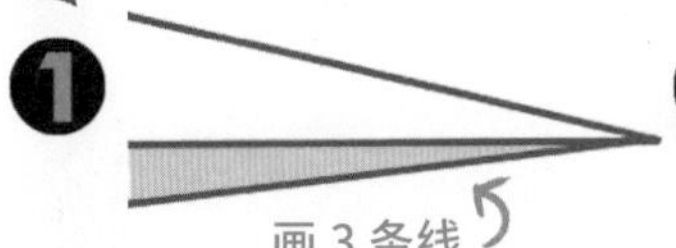

画 3 条线

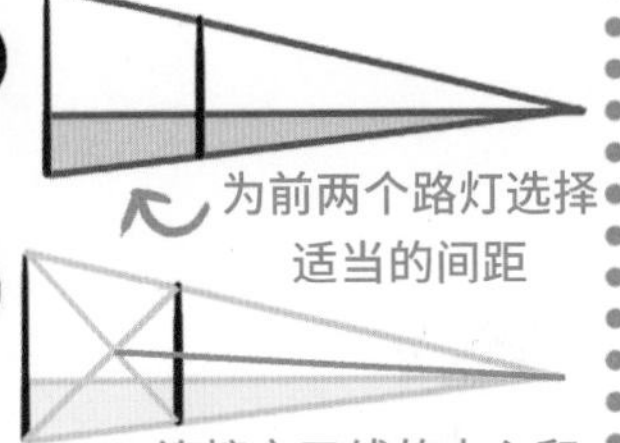

为前两个路灯选择适当的间距

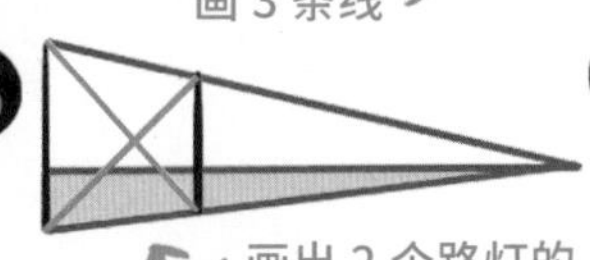

画出 2 个路灯的交叉线

连接交叉线的中心和三条线的交点

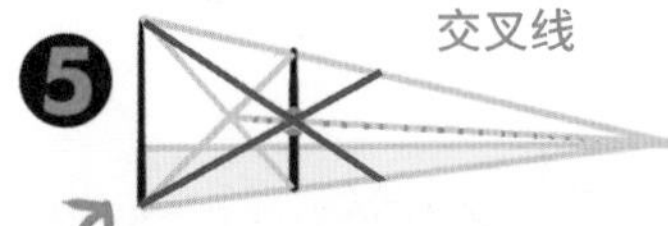

从路灯 1 两端画线，穿过路灯 2 与蓝线的交点

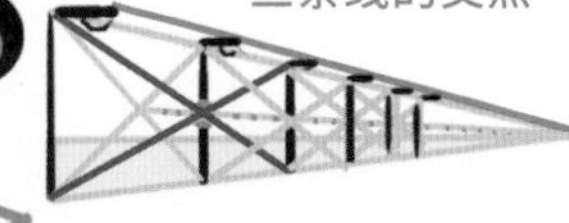

添加下一个路灯，依此类推

如果要绘制造型更复杂的路灯，可以堆叠形状。

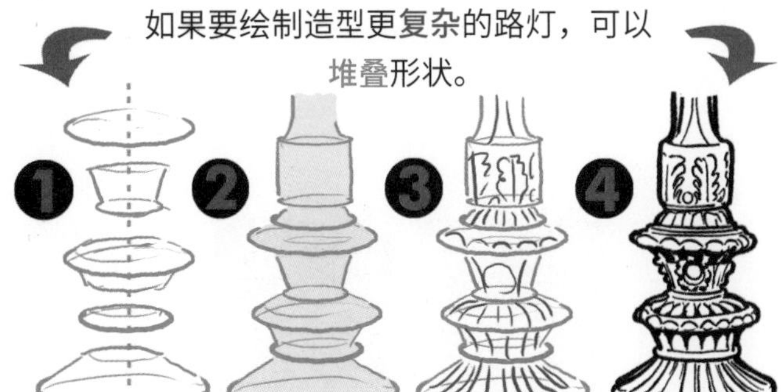

就是一些盘子、碗而已

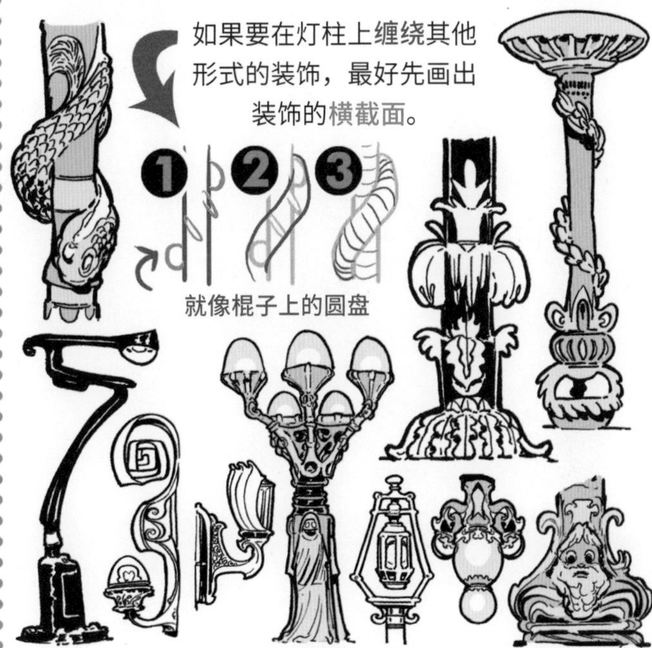

如果要在灯柱上缠绕其他形式的装饰，最好先画出装饰的横截面。

就像棍子上的圆盘

通常，路灯在视觉叙事中有 4 种运用方式。

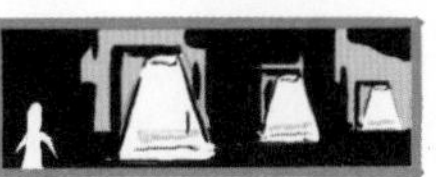

照亮道路

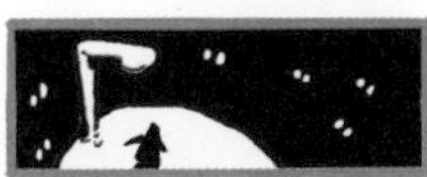

代表一小片安全区域

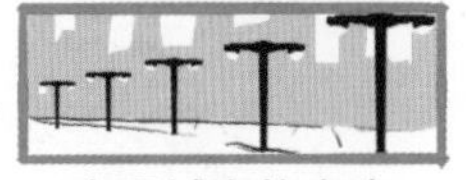

表现城市的高度统一化

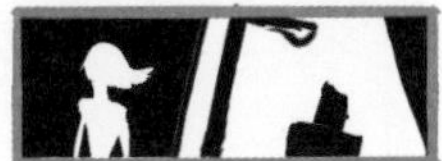

分割空间

石雕

画石雕时会产生一个矛盾，即：要画得更像雕像还是更像石头？因为雕刻的本质是以掩盖石头的自身材质来模仿其他东西。话虽如此，一尊完美的雕像会让人感觉不真实，我们需要减少“伪装”来有意地揭示石头的真实性质。

这感觉更像石头！

你可以把东西涂成灰色，但这不是重点。

一只猫

一只石猫？不，并不是

大多数石头表面坚固且不透明，所以产生了大量的硬阴影。

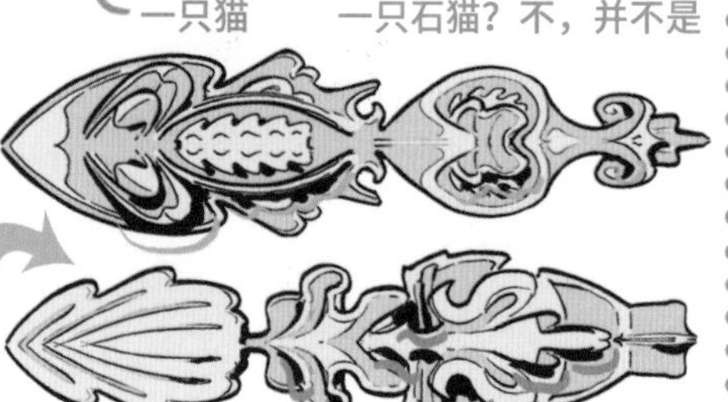

画石头纹理没有固定的方法，只有当石头表面的细节层次和阴影分布与雕像的风格相匹配时，效果才最好。

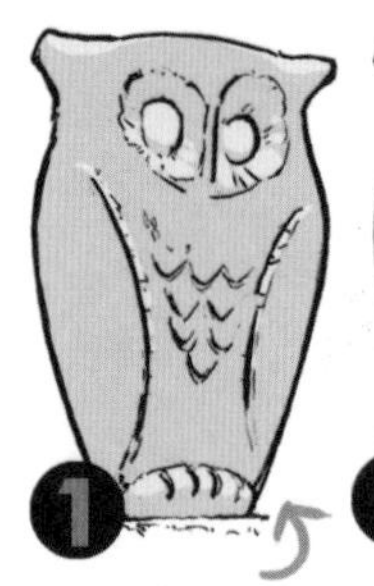

没有纹理

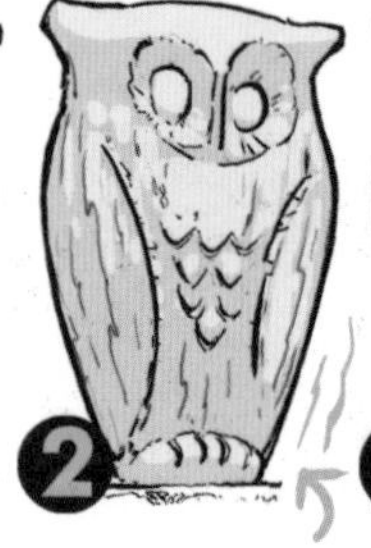

突起的线条

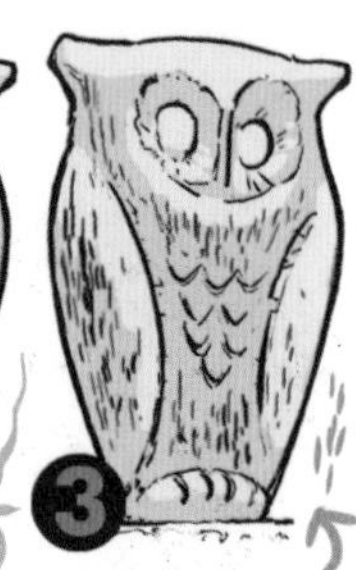

粗糙纹路线

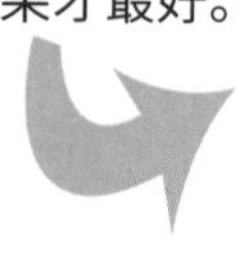

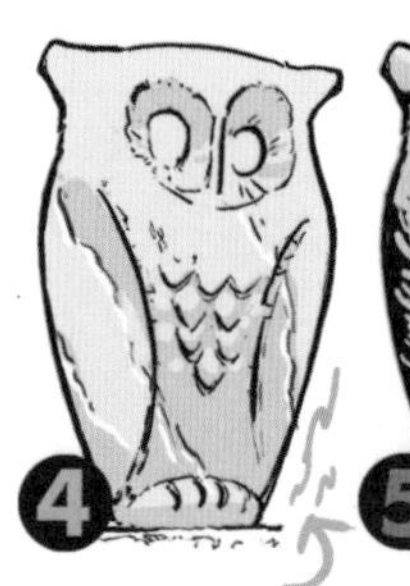

只是裂缝

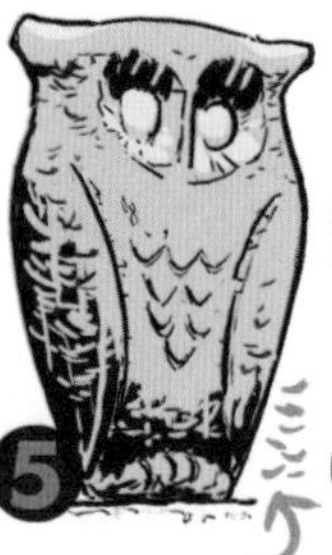

切割痕迹的阴影

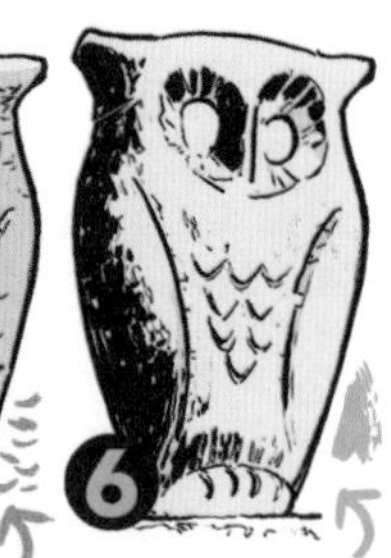

光滑边缘的阴影

现实生活中的石雕可以展示出织物的光滑和流动感。然而，当我们画石雕的时候，却要记着赋予折痕多一些棱角，让它们看起来更像石头。

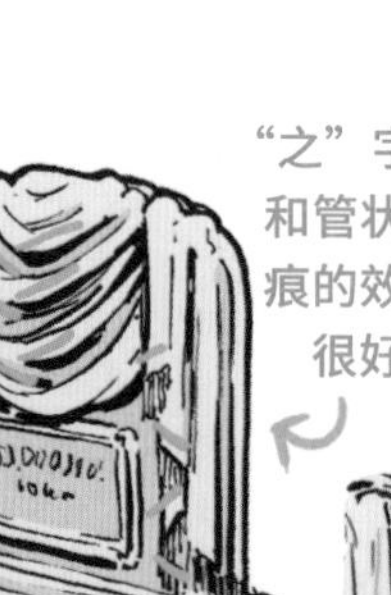

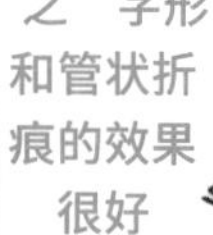

“之”字形和管状折痕的效果很好

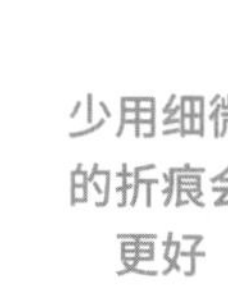

还行

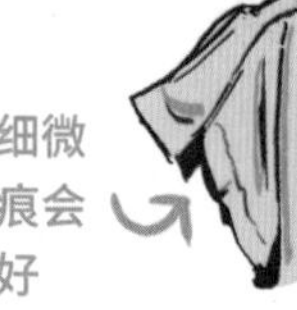

少用细微的折痕会更好

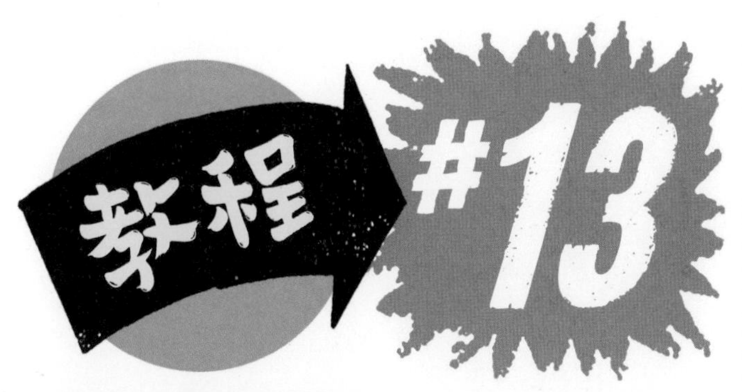

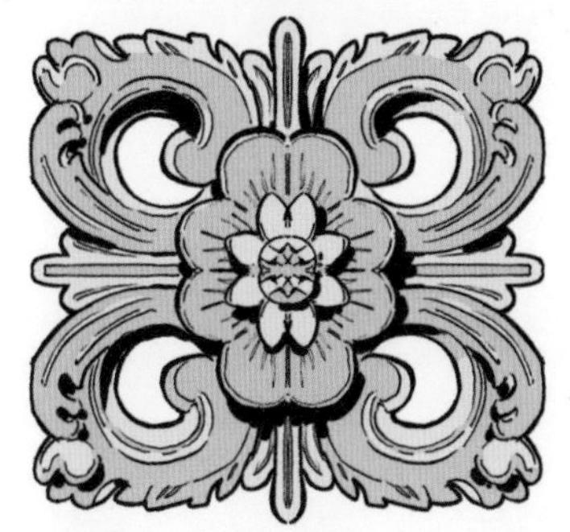

画石雕时需要一点艺术上的自由。我们并非想画出石头的确切外观，而是想画出它给我们带来的视觉感受。

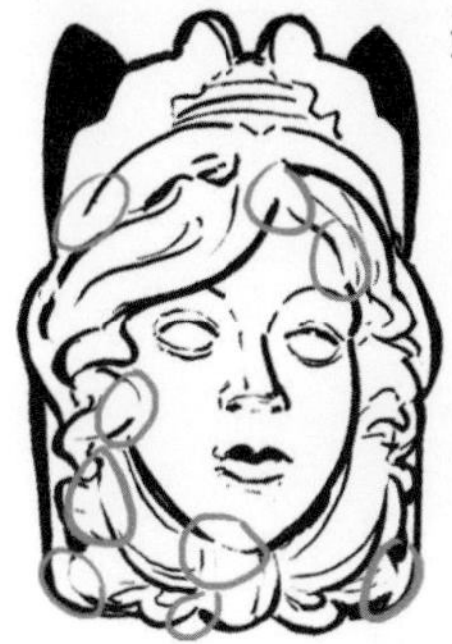

通过绘制彼此渐隐的线条，会让人感觉这个雕像是由一整块石头雕出来的，而不是多块石头的组合体。

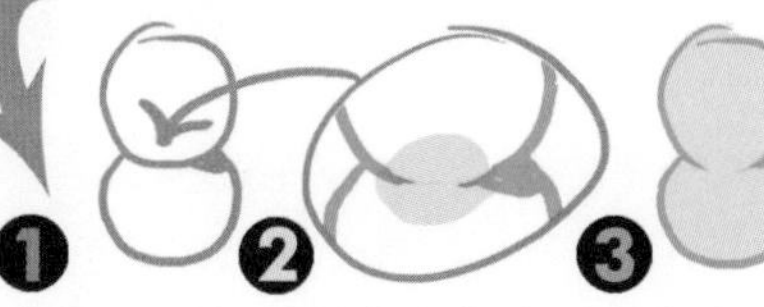

1 感觉是两件作品的组合

2 让线条在相连处渐隐

3 这就看上去是一件作品了

但对于表面紧挨在一起的部分，不要用逐渐消退的线代替所有的交叉线，仍然需要给交叠的线条一定深度。

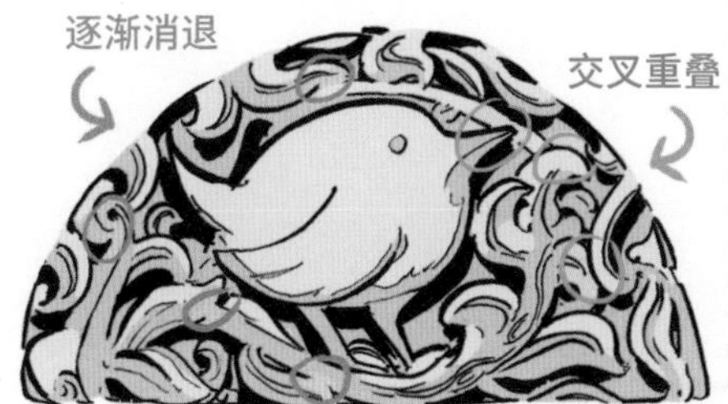

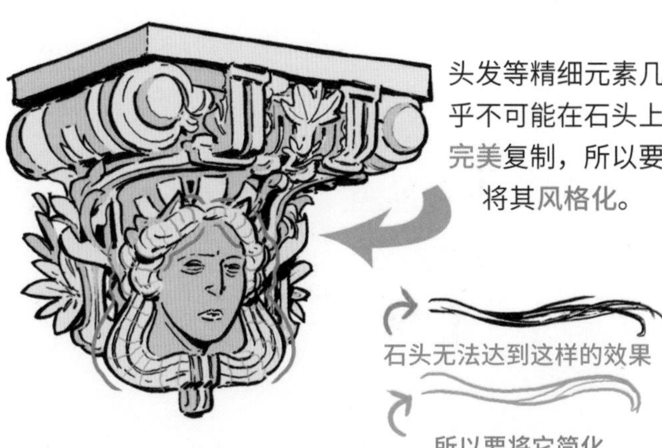

头发等精细元素几乎不可能在石头上完美复制，所以要将其风格化。

石头无法达到这样的效果

所以要将它简化

由于石头的重量感极强，所以只要视觉上平衡，越大的构图越可信。

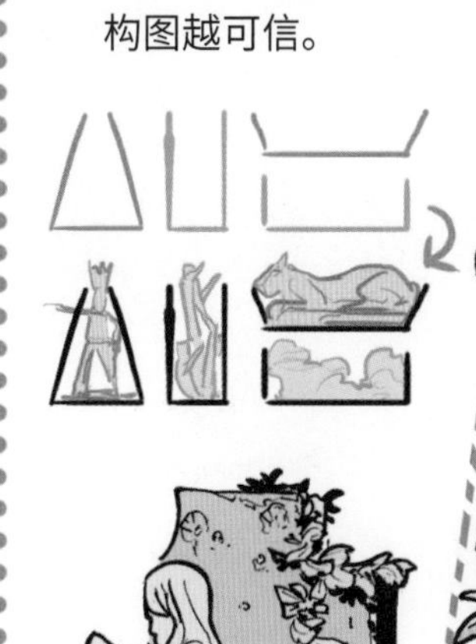

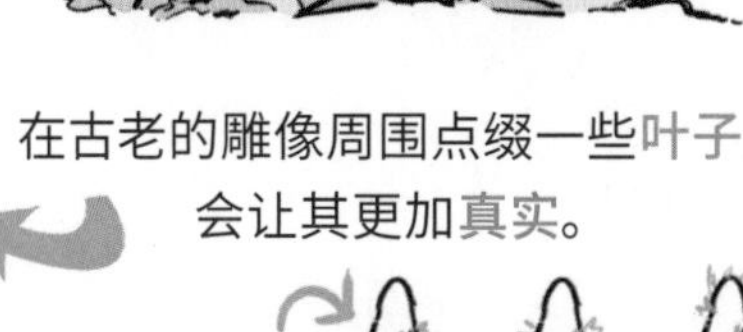

在古老的雕像周围点缀一些叶子，会让其更加真实。

就像雕像服饰的一部分

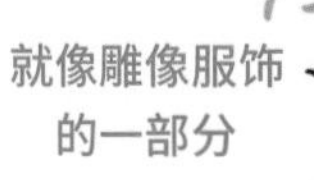
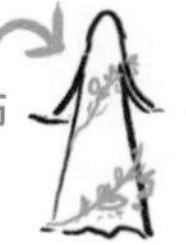
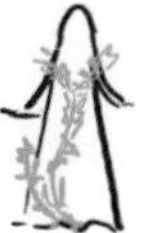
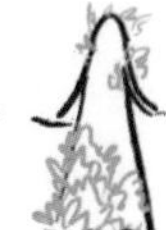

石雕

素材集

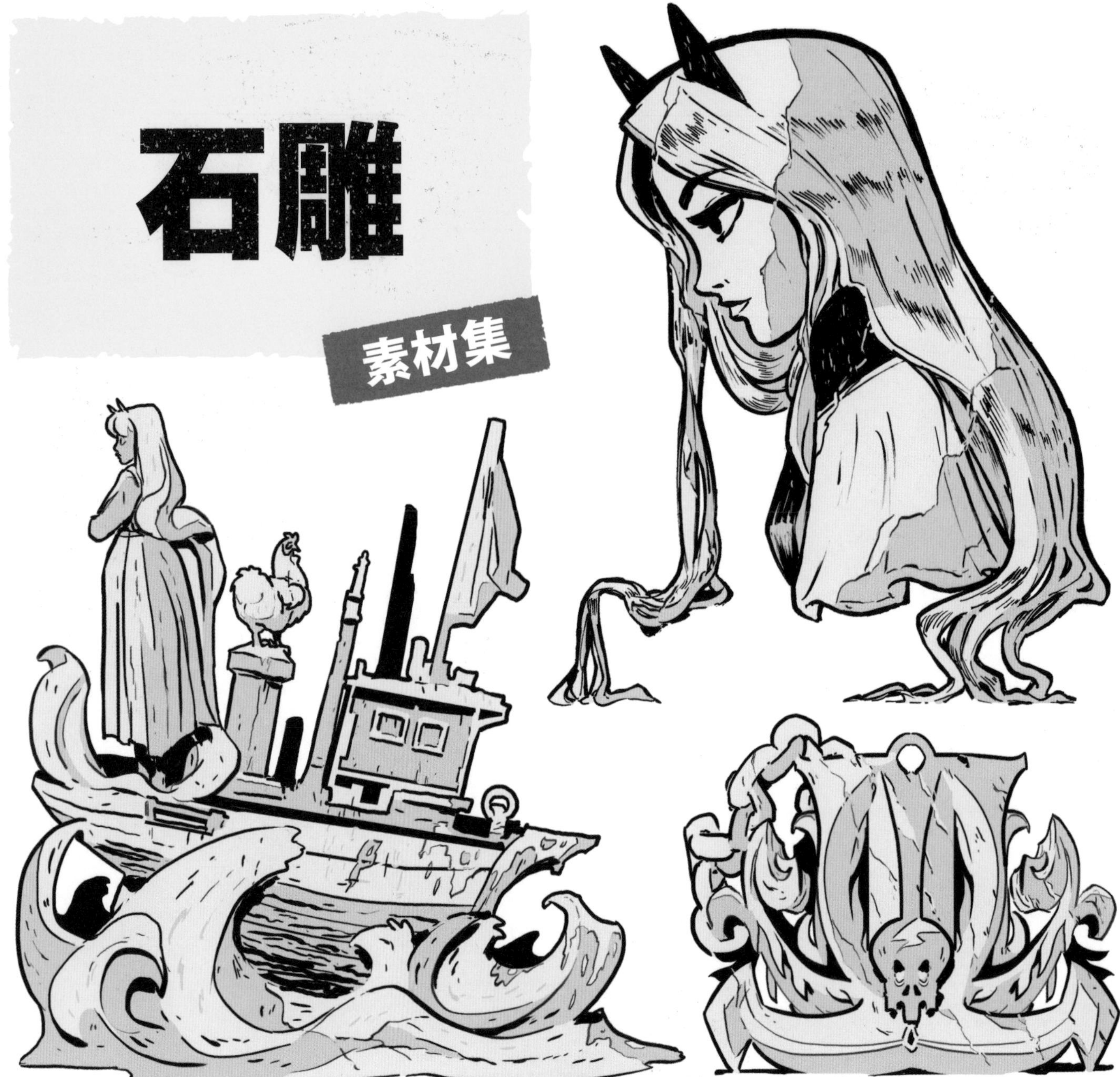

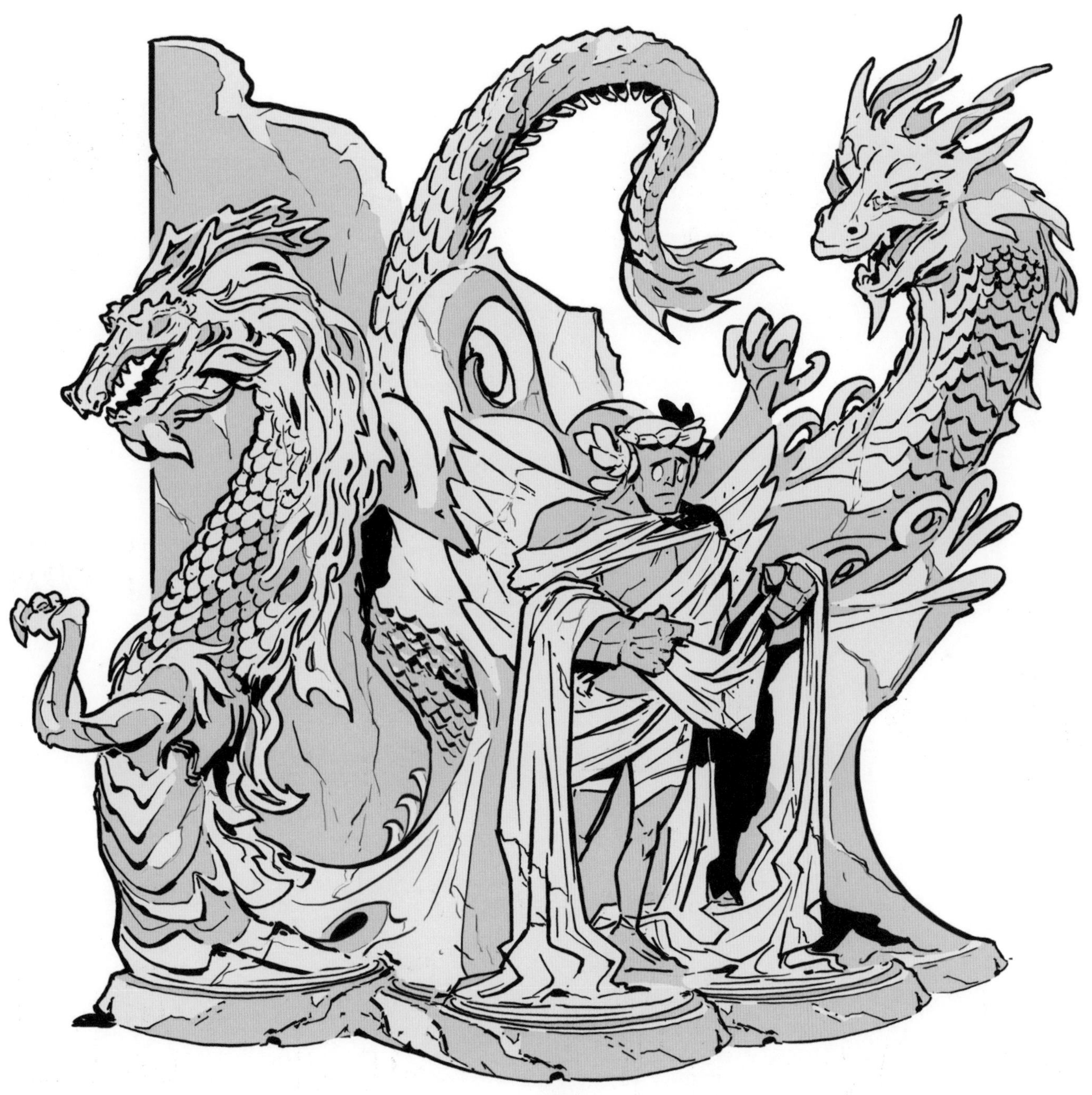

提基①雕像

提基雕像的形象来自于中世纪的西方流行文化，它是对传统波利尼西亚雕塑和雕刻的夸张借鉴。

要更好地理解这些形象，首先要想象一下用来雕刻它们的木材的样子。

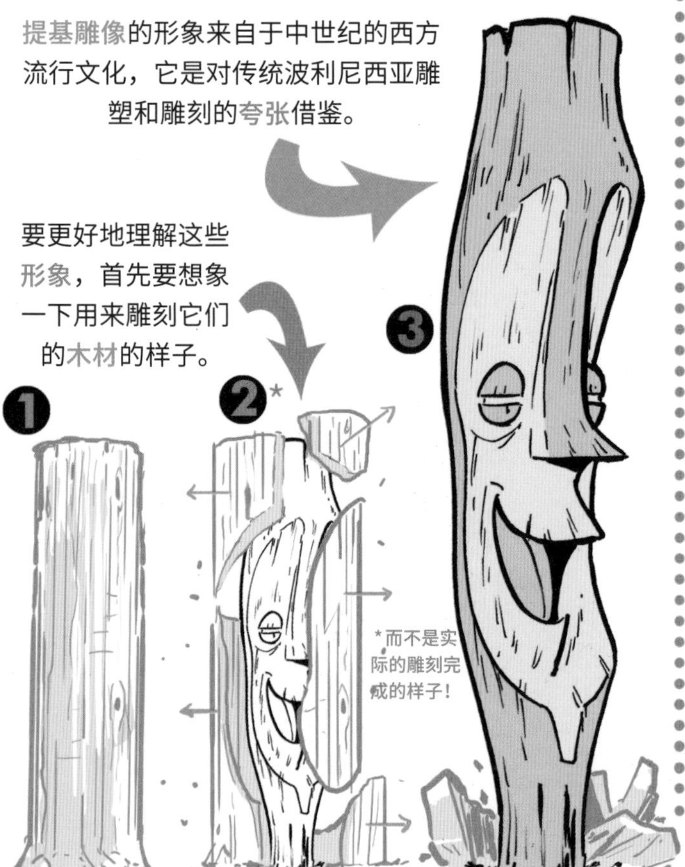

木雕的五官往往要配合树干的弧度进行制作。

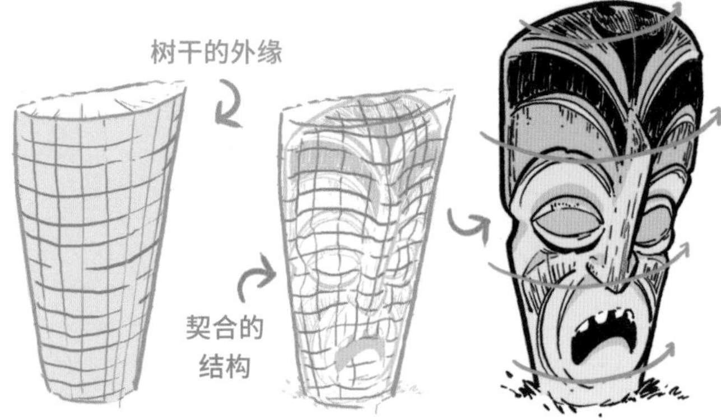

一旦你能想象出木材的圆柱体特质，安排雕像的五官就会变得容易许多。

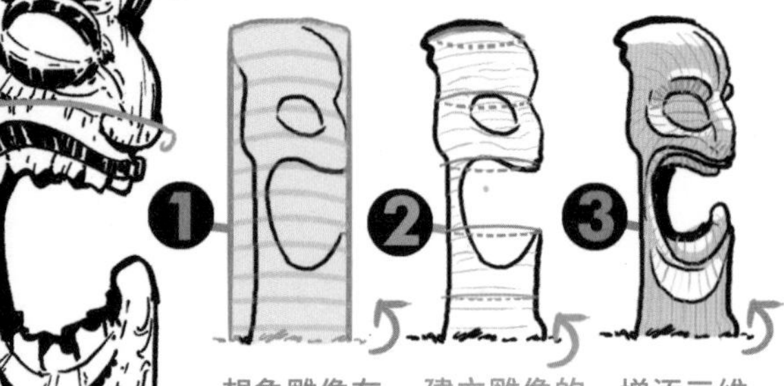

下面这个小练习可以帮我们更好地理解这一点。

在一张厨房卷纸上画一张脸

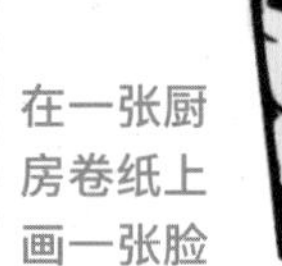

画出各个角度的草图

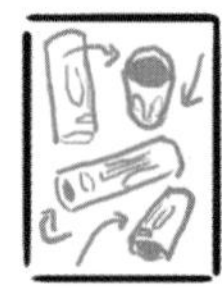

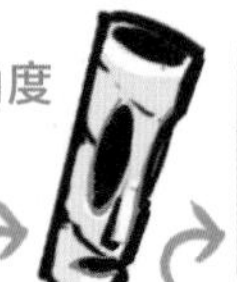

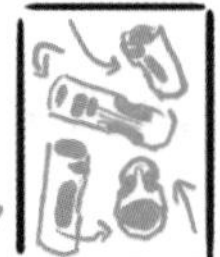

剪掉一部分　再草绘一次

① 提基（Tiki）：波利尼西亚神话中人类的始祖。——编者注

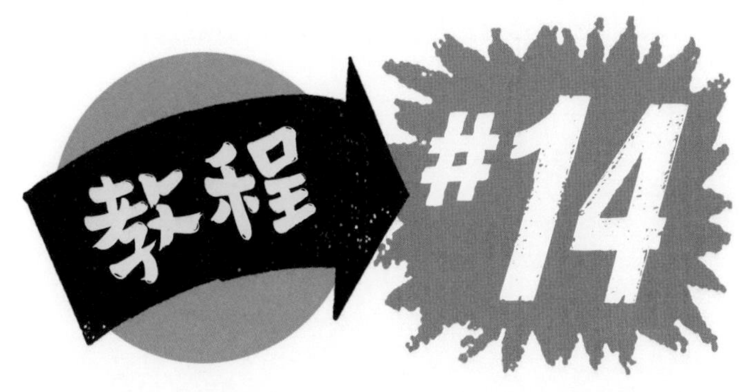

对于石像来说，可以利用刻痕或石头上的棱角来标出重点并作为轮廓线。

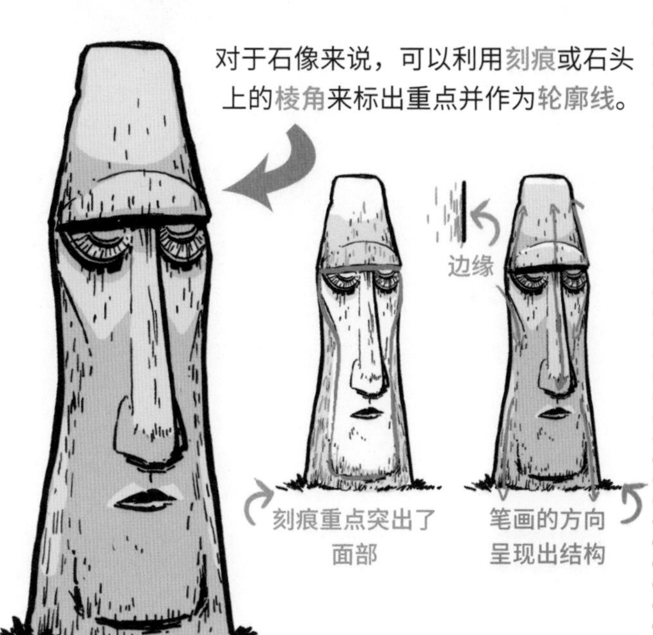

暗示雕塑的制作年代和时间的流逝。

这个雕像向我们诉说着一个惊心动魄的故事

把这些想法融入属于你自己的故事和世界中，设计出独具一格的人物形象吧！

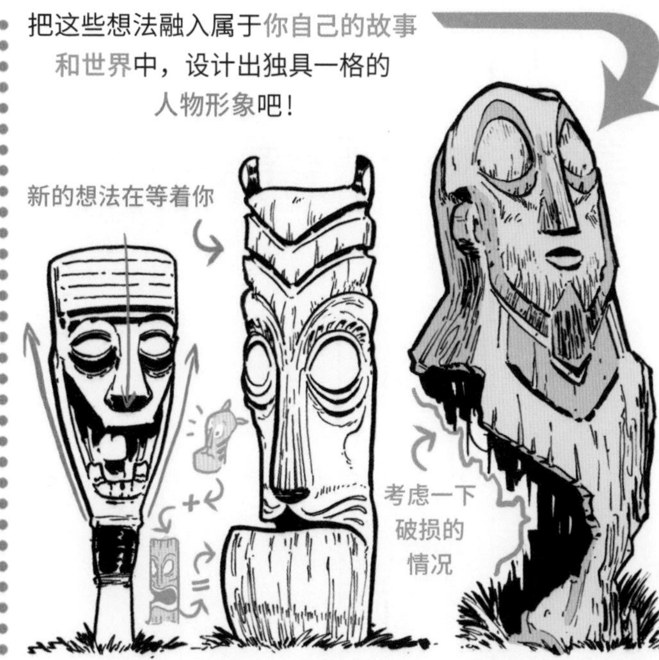

由于这些雕像处在露天中，可以让它们呈现出自然的风化作用。

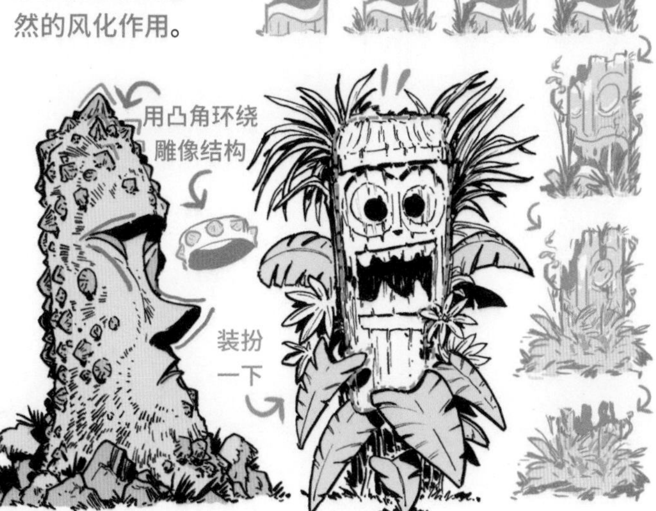

垃圾堆

在你创造的世界中，垃圾堆是一种极其强大的情境设置和“文化声明”。简而言之，如果你想真正了解一个地方，看看它的垃圾堆即可。

除了画一堆扁平的垃圾以外，还能怎样才能让垃圾堆不乏味呢？

关键形状

外轮廓

负空间

物品

凹陷的阴影

有点平淡

更好的整体深度

下面这个简单的“雪道”法，可以为垃圾堆创造出隐隐的流动感：

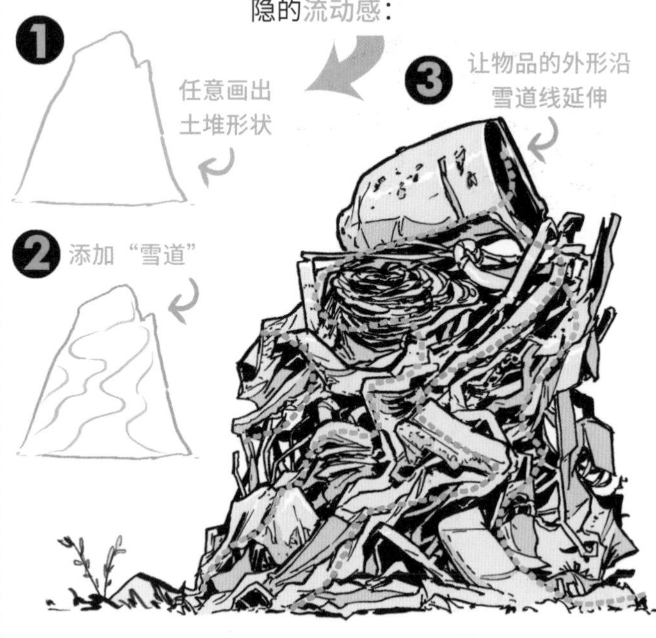
1
任意画出
土堆形状
2 添加“雪道”
3 让物品的外形沿
雪道线延伸

顾名思义，垃圾堆就是一堆不匹配的物品。我们可以通过不均匀地堆叠垃圾来证明这一点。

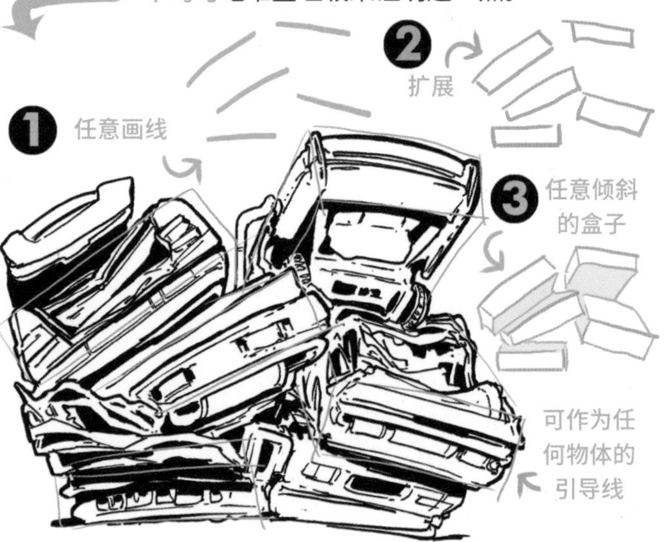
1 任意画线
2 扩展
3 任意倾斜
的盒子
可作为任
何物体的
引导线

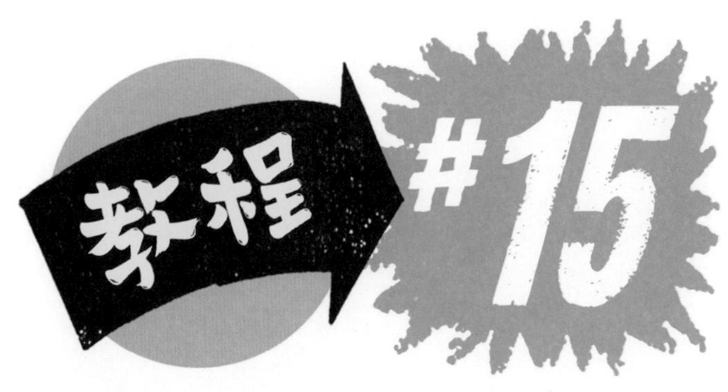

你可能会发现，处理杂乱堆叠物最简单的方法就是从前往后画。

大致画出形状后，按 1—8 的顺序标记

为每个物品的深度留出空间。

紧靠在一起的物体看起来很扁平

间距更宽松，立体感更强

将隐藏部分的位置可视化

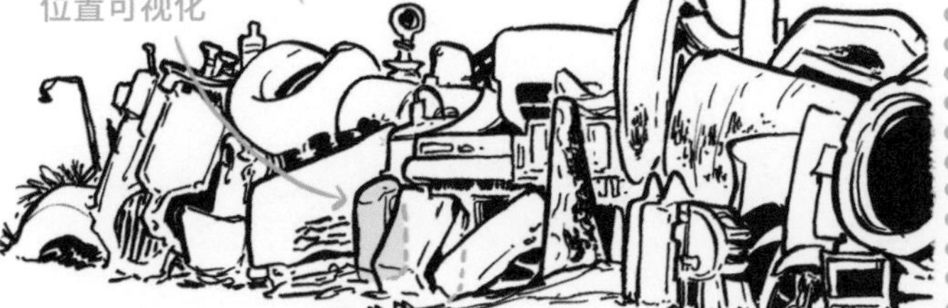

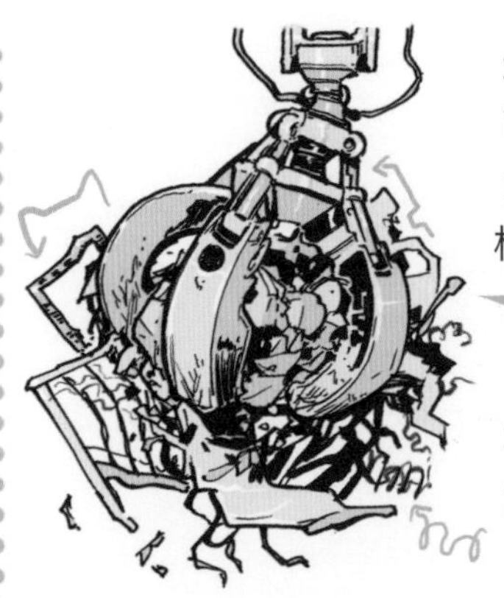

垃圾堆中有很多独特的造型可供使用：纠结的线圈、扭曲的弹簧、链条、弯曲的面板、生锈的引擎部件，等等。

垃圾堆常给人一片荒凉的感觉。为了使人对其多一分亲切感，最好混合一些人们熟悉的形状。

半损坏、半完好的物体同时暗示着破败和潜能

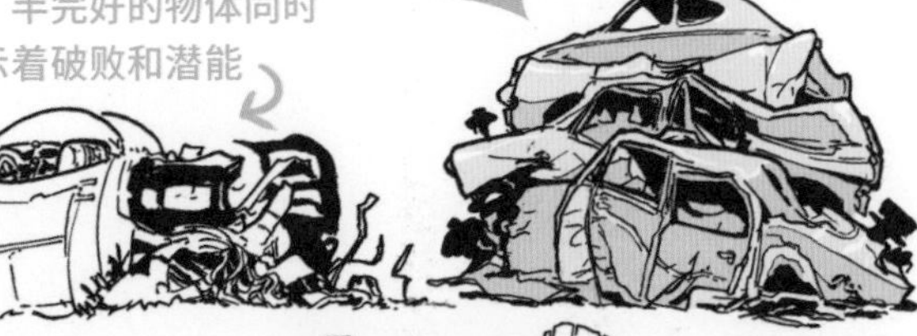

如果是绘制垃圾堆的远景，为了清楚地显示出它的规模，要使用非常大的物品与较小的碎片以形成对比。

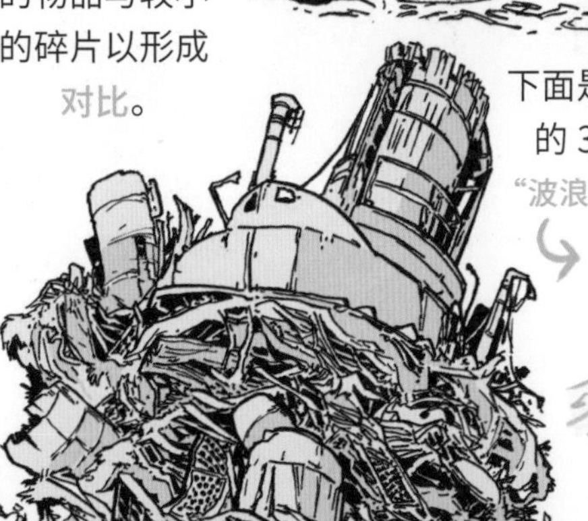

下面是堆叠大型物件的 3 种有效方法：

“波浪”

“火山”

“甜甜圈”

废品屋

首先想想废品屋或垃圾屋的位置，以及该环境中有哪些资源可以放进去。你有无数的选择！

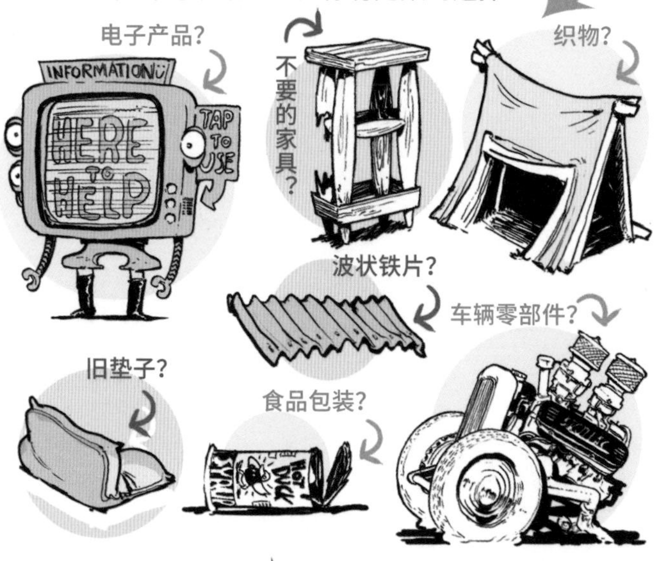

试着把不太会放在一起的物品组合起来，这将增加趣味性。

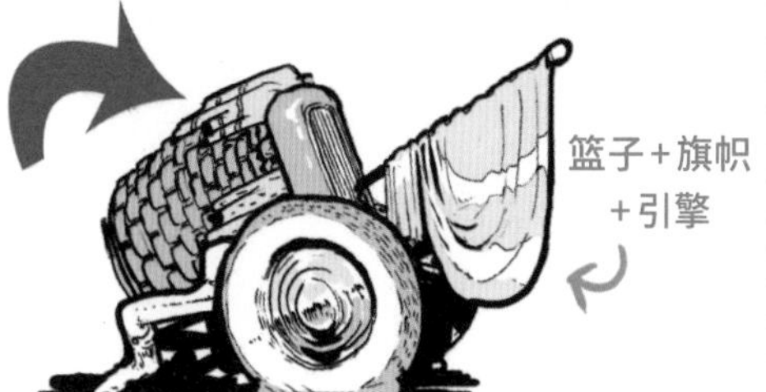

画出一个简单而不规则的形状。

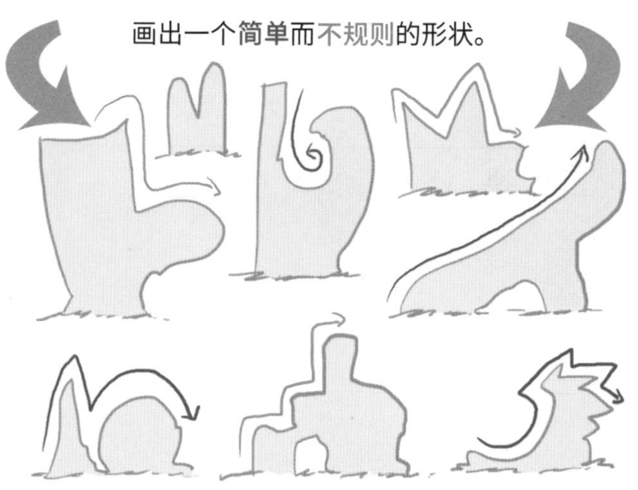

把你收集到的废品“装进”这个形状，形状表面可以开一些门窗。

想象一下这个建筑的体积

商店招牌

装香蕉的箱子

锅炉

冰箱

旧电视

像往底座上插棒棒糖一样将物体聚合成堆。

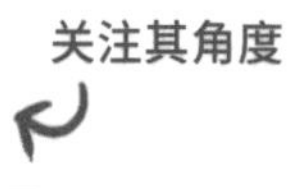

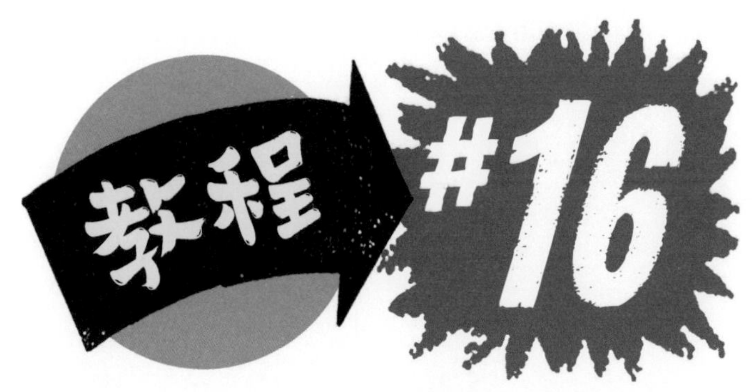

或者，你可以从一个相对固定而又坚实的中心物体开始。

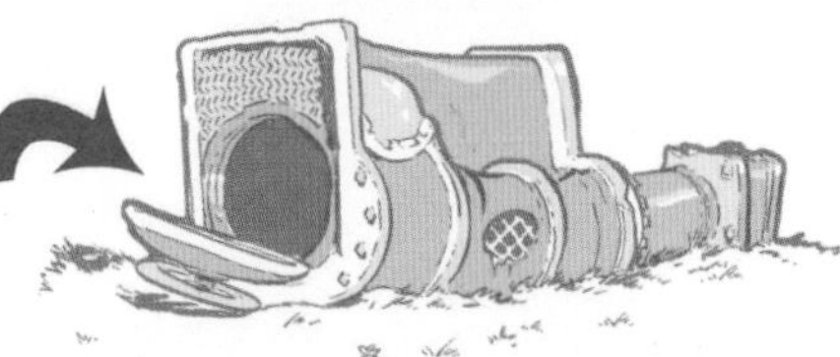

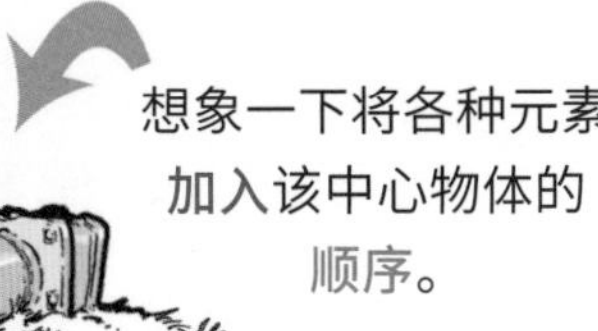

想象一下将各种元素加入该中心物体的顺序。

这将使得废品屋更加立体和真实。

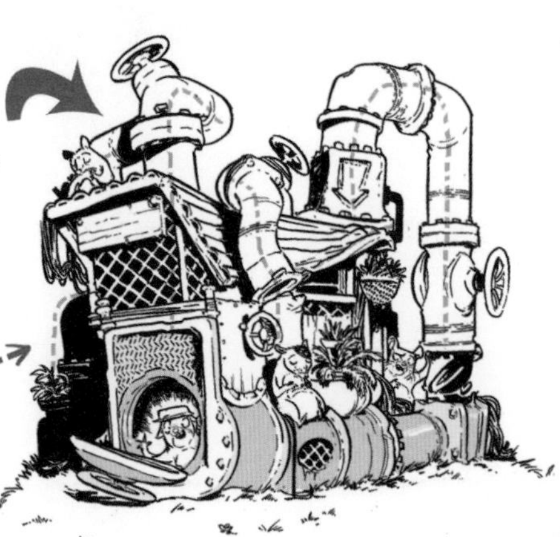

又或者，为了给废品屋确定主题，你可以从一个大的、熟悉的物体开始。

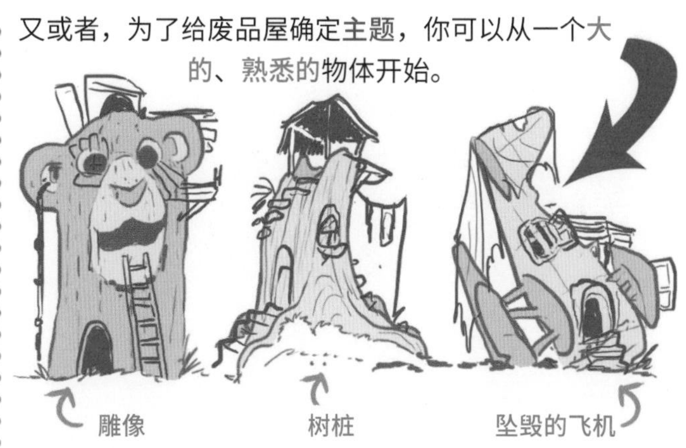

想象一下如何重新利用这些基础物体，让各个元素都发挥出创造力。

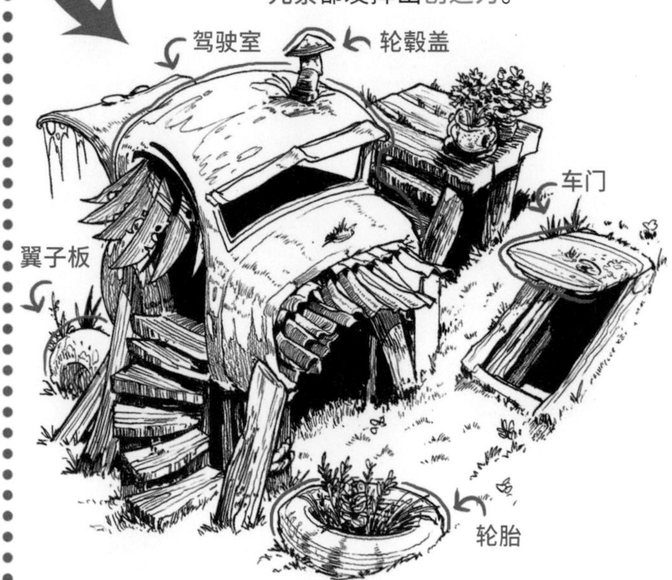

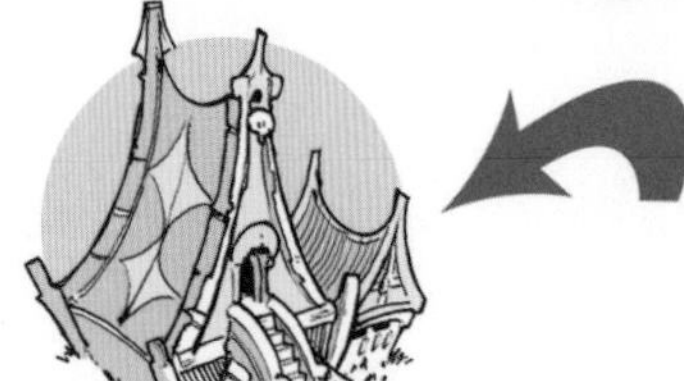

我们将在随后的教程中看看其他类型建筑的设计。

废品屋

素材集

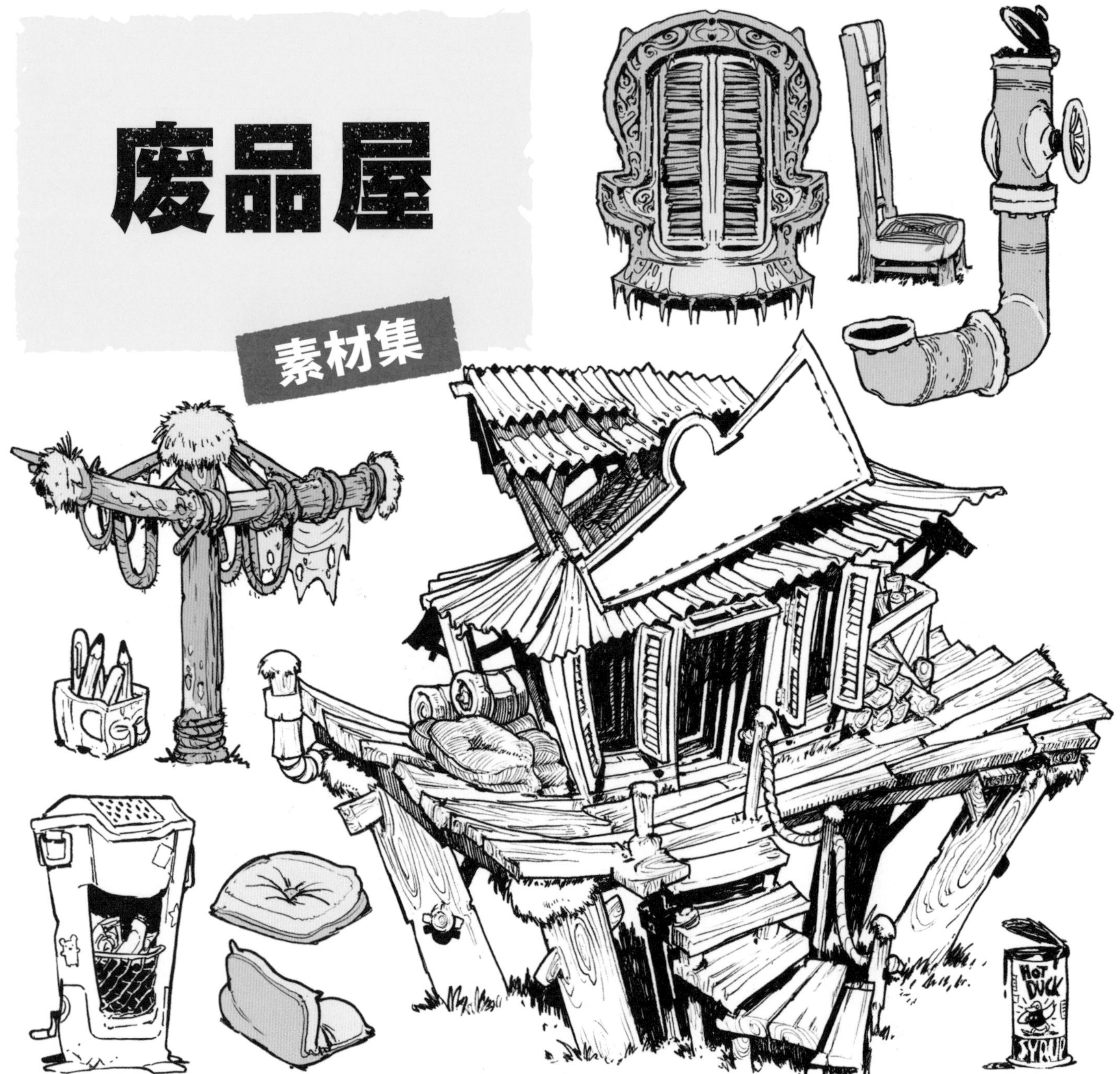

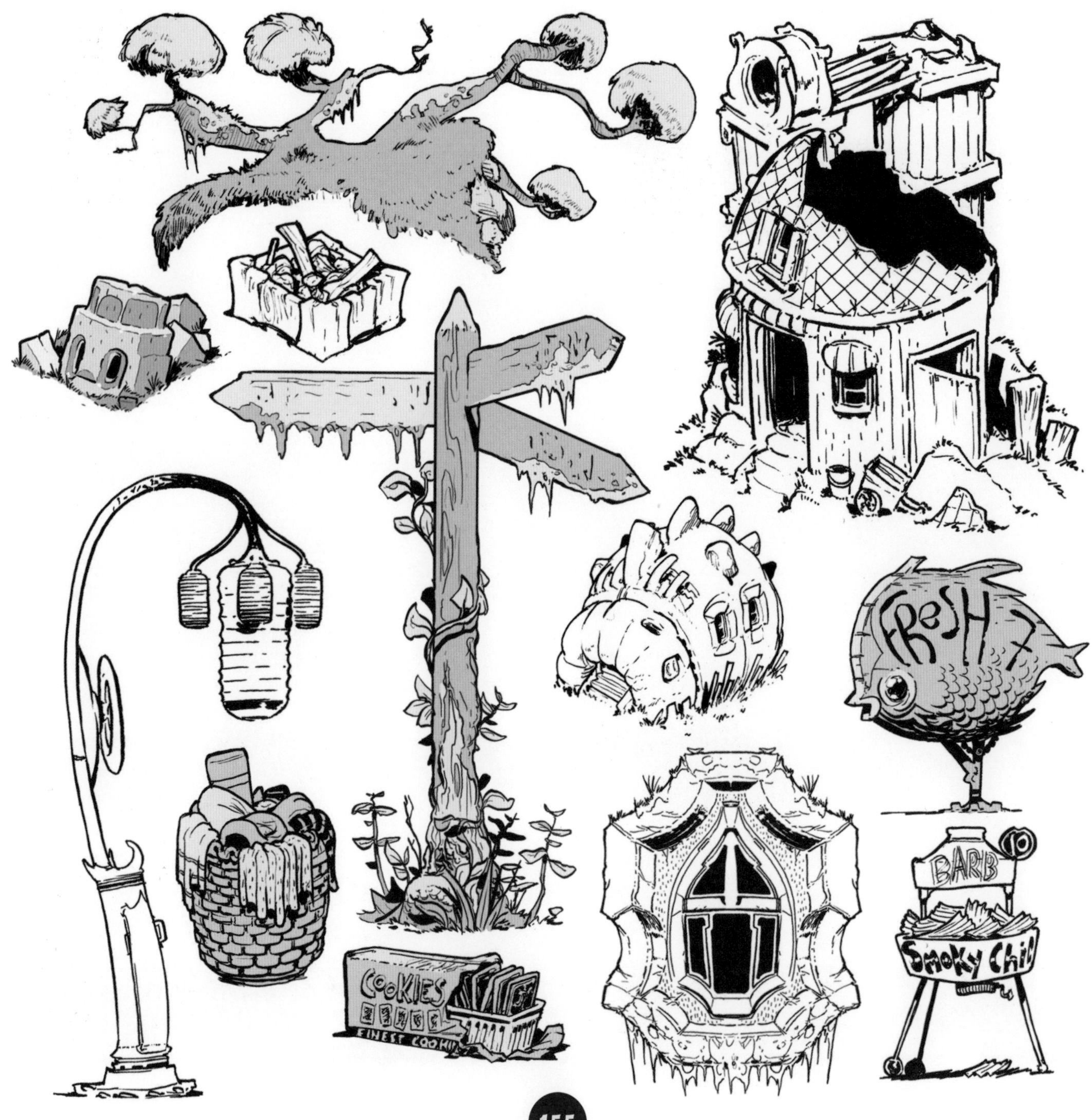
FRESH
COOKIES
BARB
10
Smoky Chil

木制建筑

设计任何建筑都是从一个形状开始。这个形状可以是任何东西！

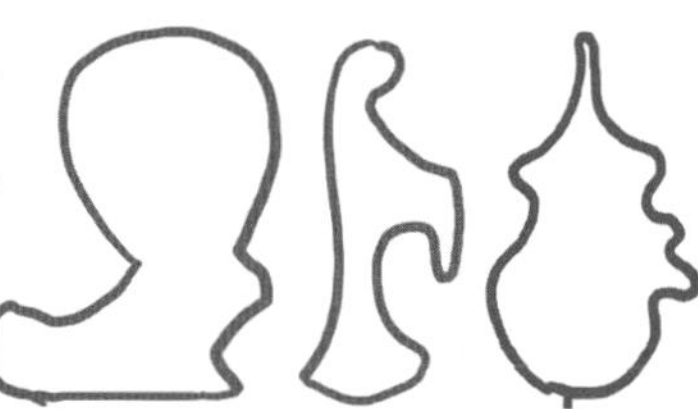

为这个形状添加一些简单的轮廓线及少量窗户，以确定建筑的规模。

现在想象在建筑表面黏上火柴棍。

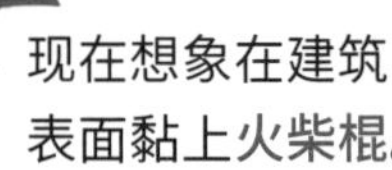

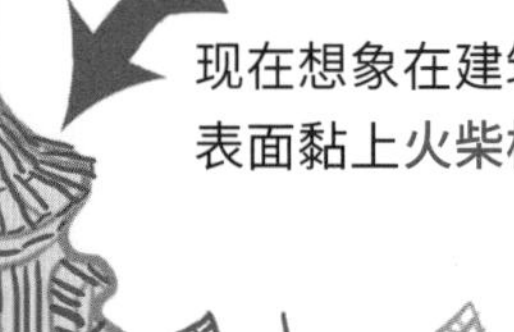

改变各个木板的长度、弧度和角度，以增加大量的特征。

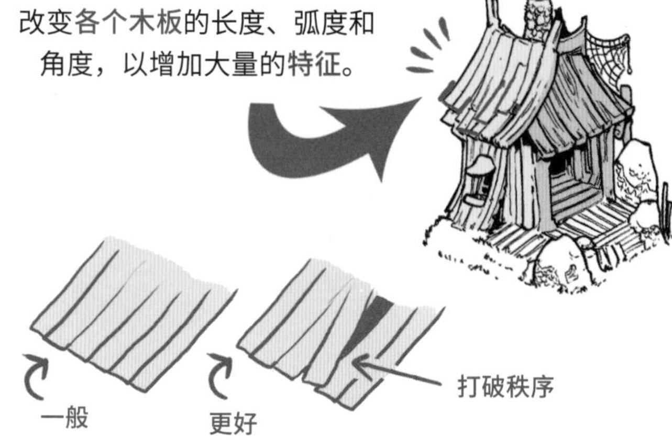

LOOK!

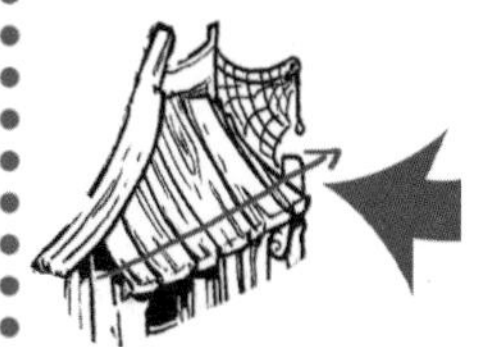

仅仅缩短一块木板就能让整个建筑变得更加有趣！

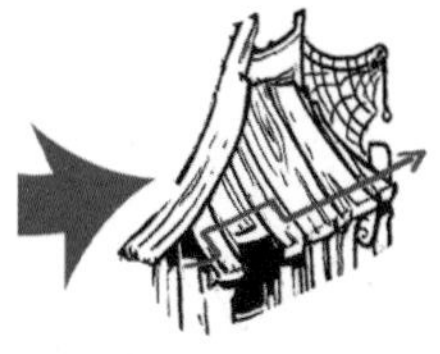

当同一建筑上的木板不都朝向同一方向时（通过描绘出木板表面的面板线来呈现这种对比），整个建筑会显得更加稳固。

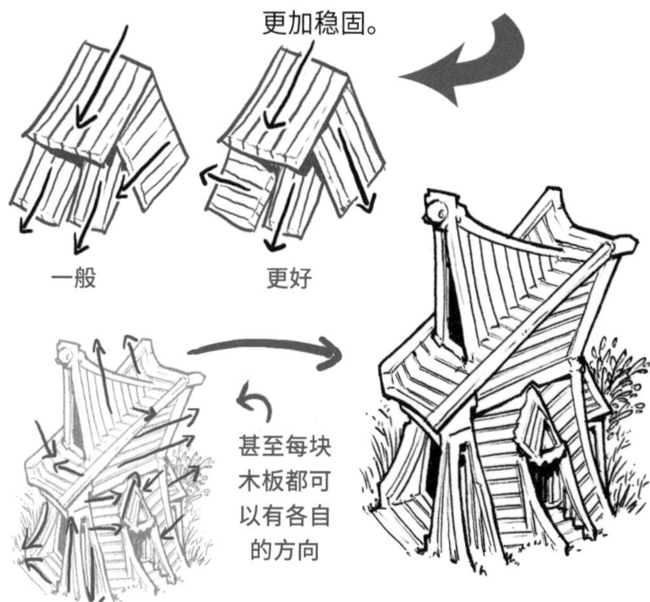

甚至每块木板都可以有各自的方向

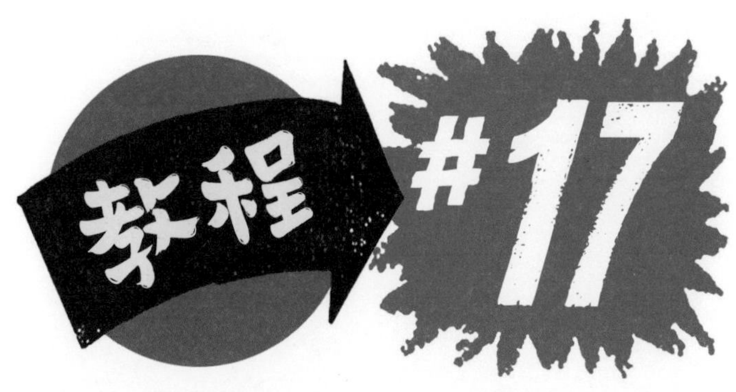

即使是最小的细节也要有变化，这将使整个设计感觉更真实。

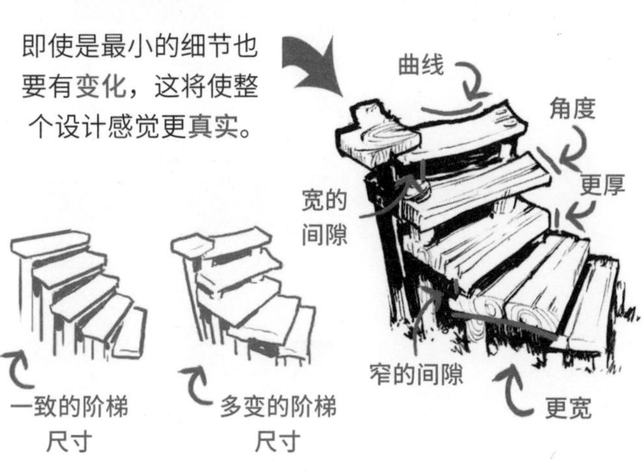

用修缮的补丁和长在表面的植被来给木板增加细节。

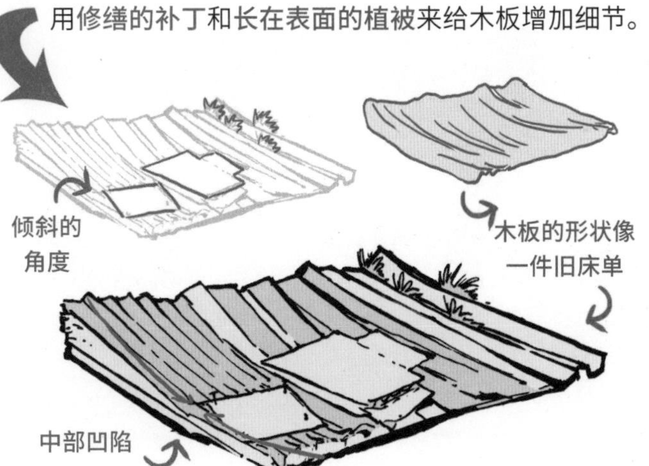

一个具有开放结构的建筑可以给观众带去更多视觉上的乐趣！

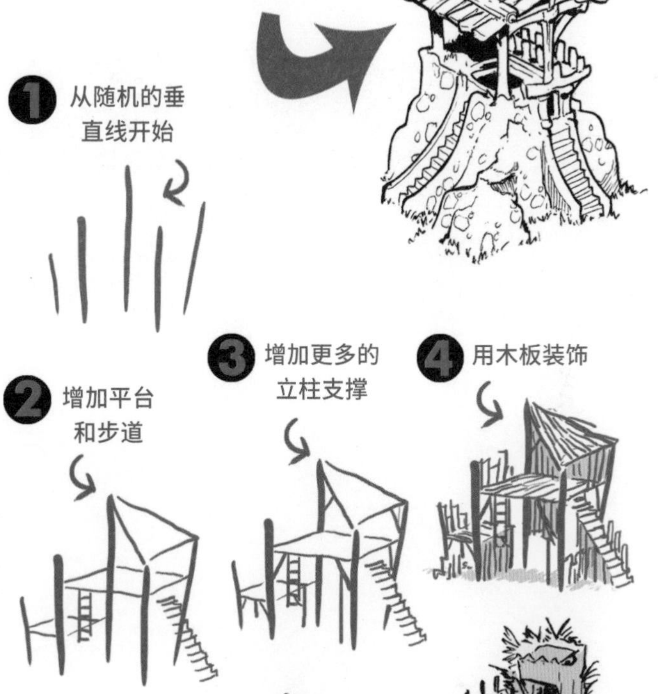

1 从随机的垂直线开始

2 增加平台和步道

3 增加更多的立柱支撑

4 用木板装饰

只需使用这种简单的方法，你就可以建造出具有复杂的视觉效果并且高度原创的结构。

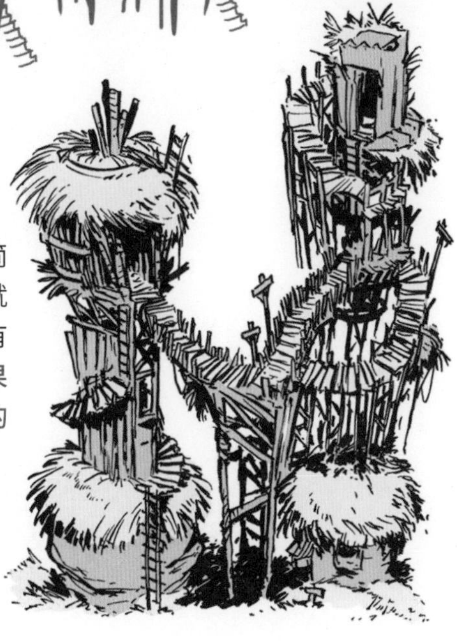

木制建筑

素材集

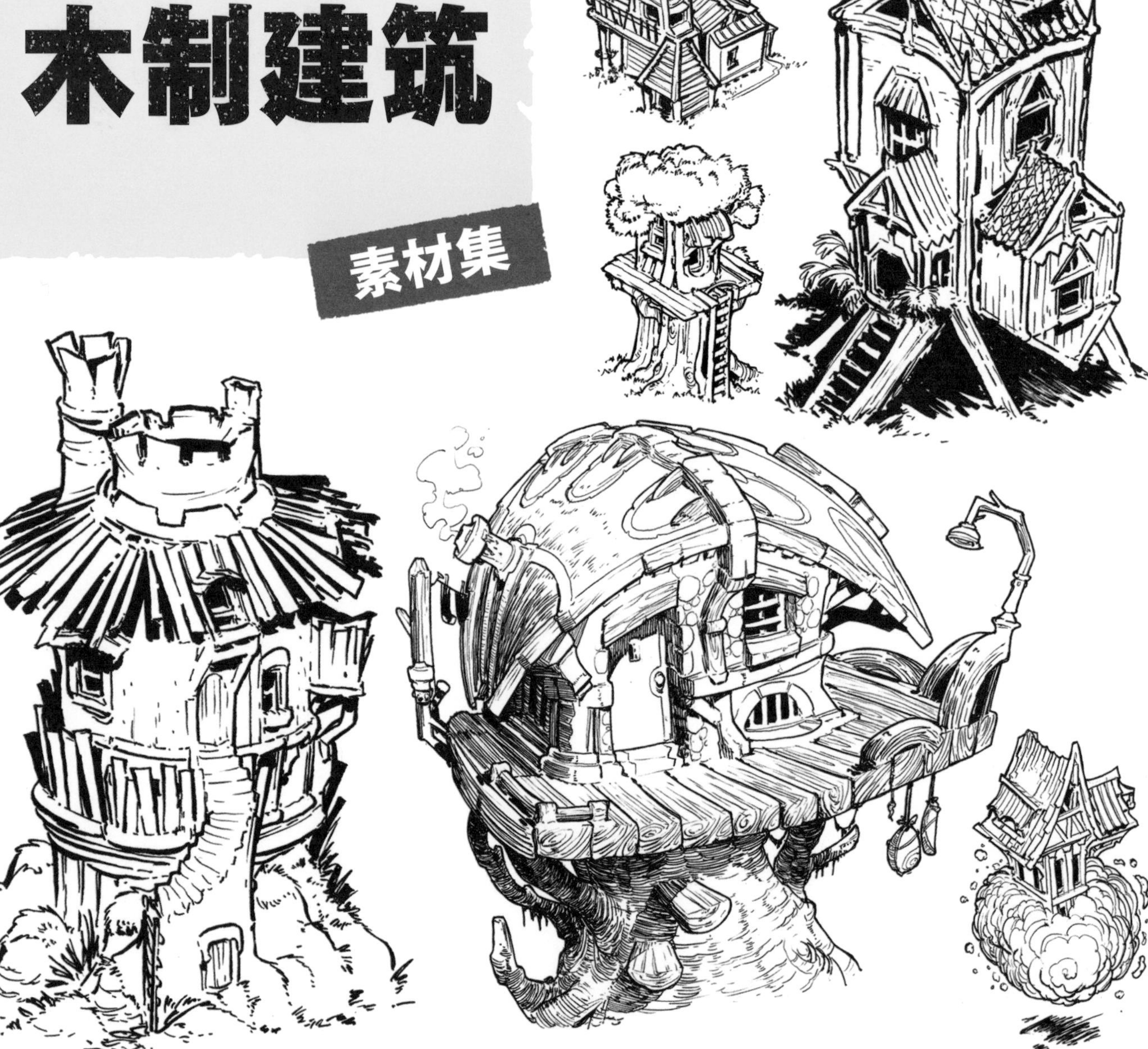

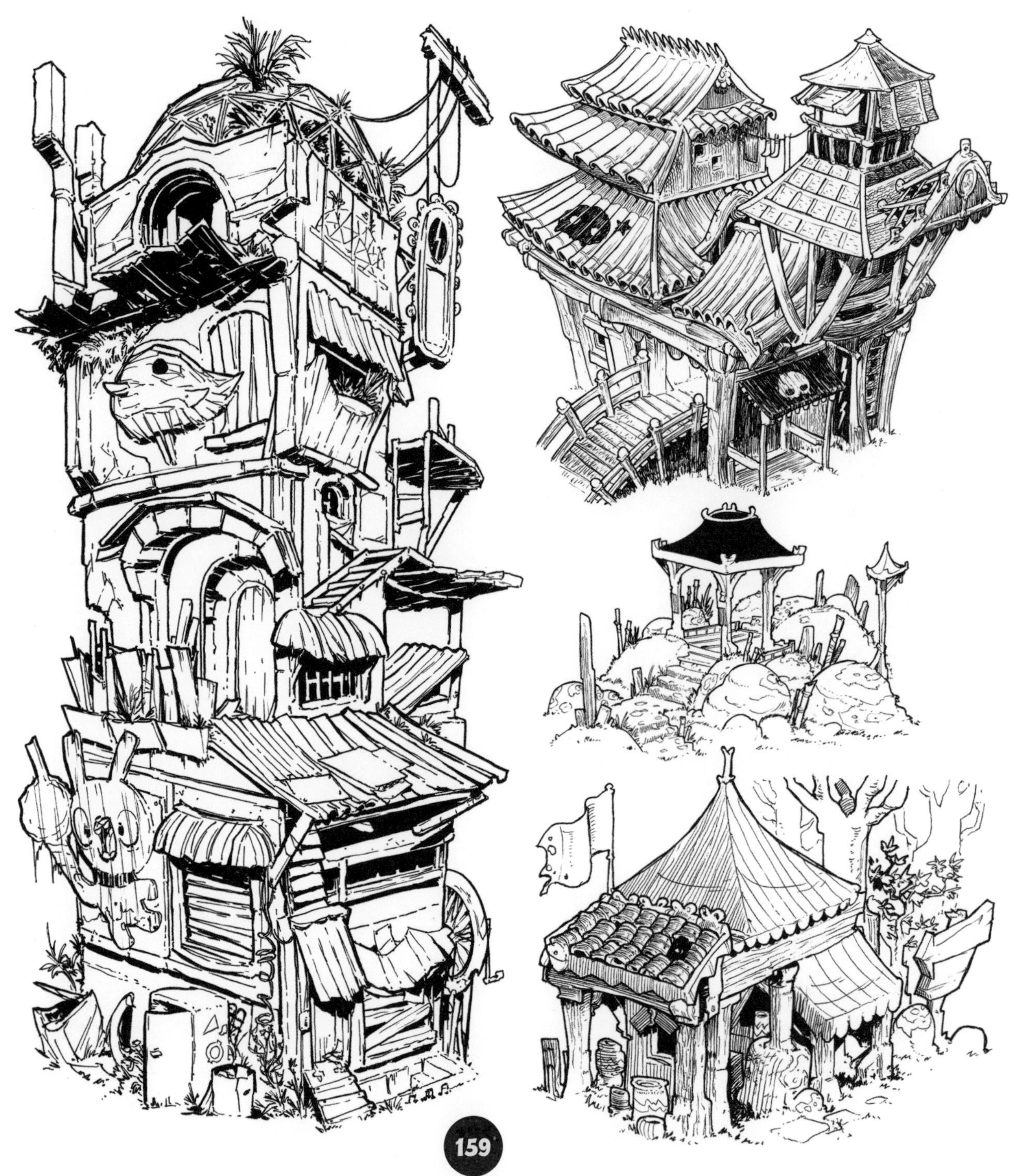

舱形屋

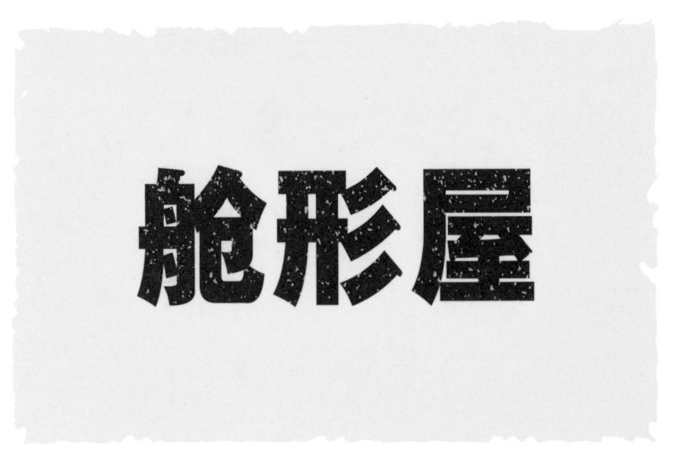

舱形屋以及那些具有圆形、胶囊状元素的建筑可以有很多功能，它们同时给人以既古老又现代的感觉！

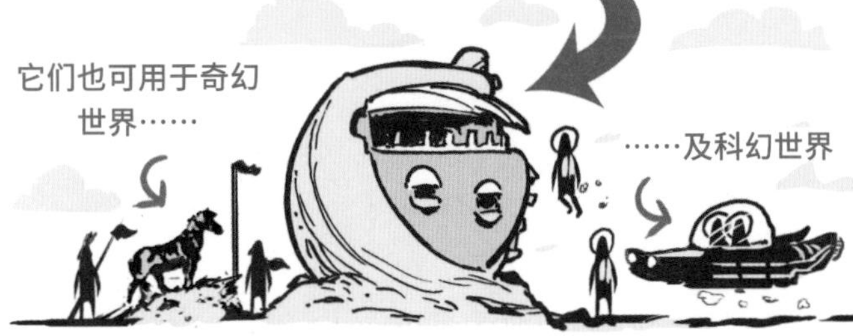

当在它上面安排其他元素时，舱状外形就会被强调出来。

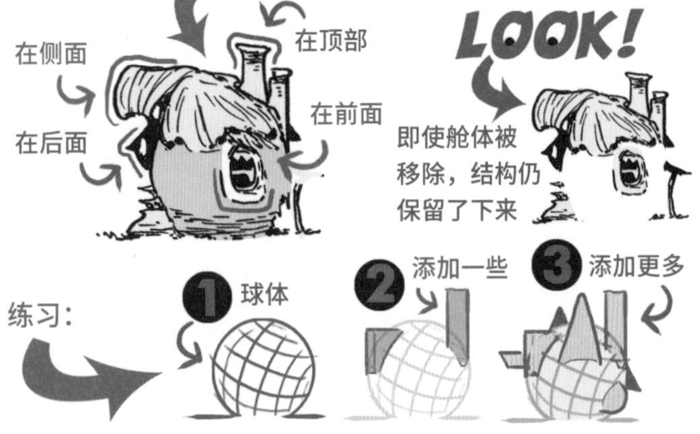

舱形结构无须太明显，可以在设计中把它稍稍隐藏起来。

当然，我们也可以把它完全隐藏起来。

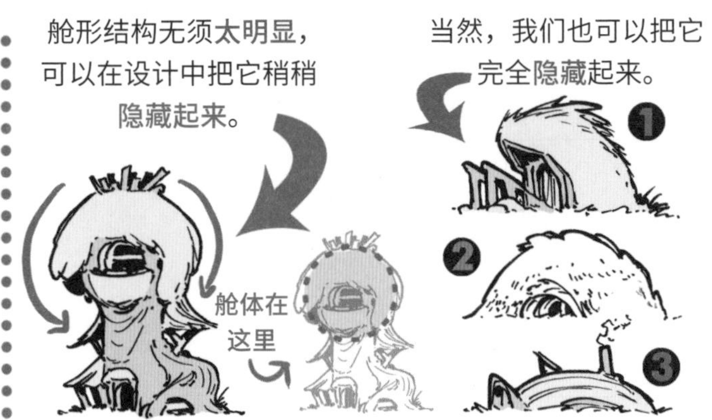

尝试大、中、小不同尺寸的舱形组合。

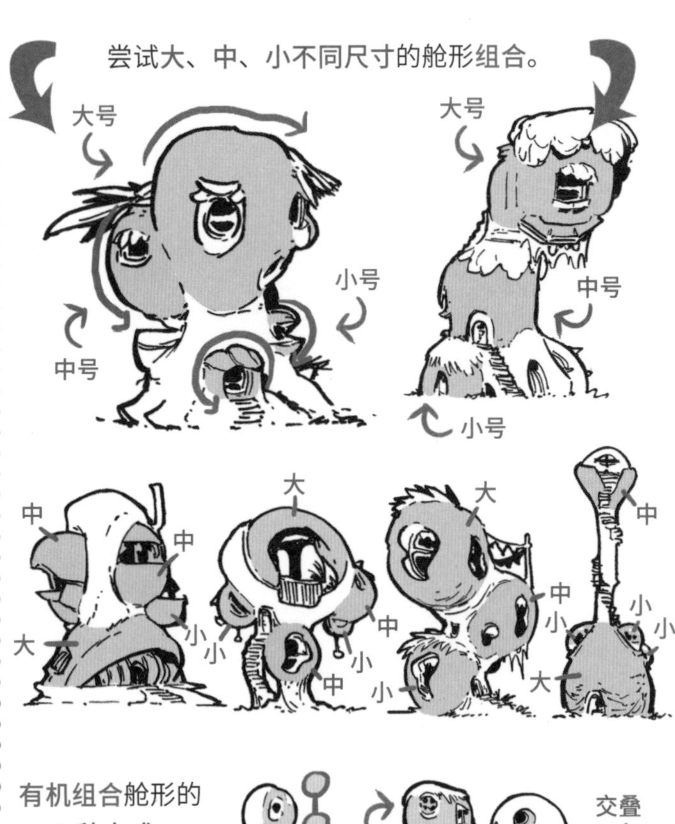

有机组合舱形的3种方式：

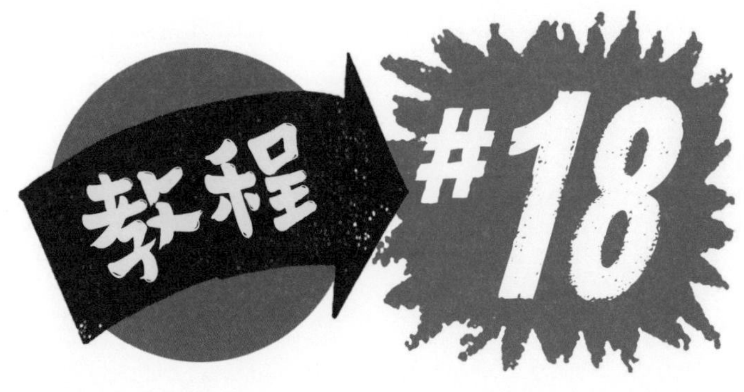
教程
#18

把舱形屋嵌入树中是让其融入环境的一个较自然的方法。

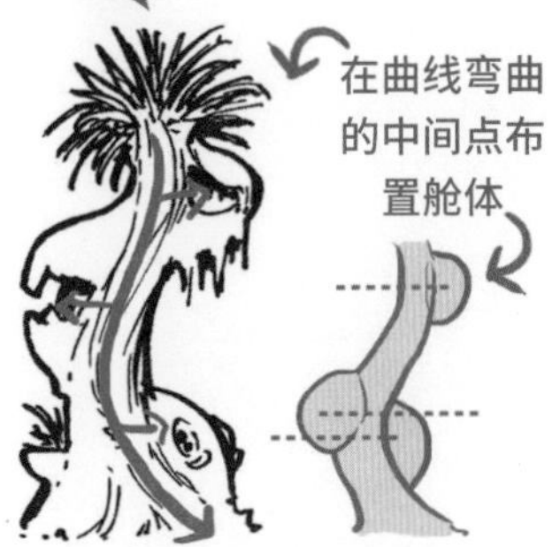
在曲线弯曲的中间点布置舱体

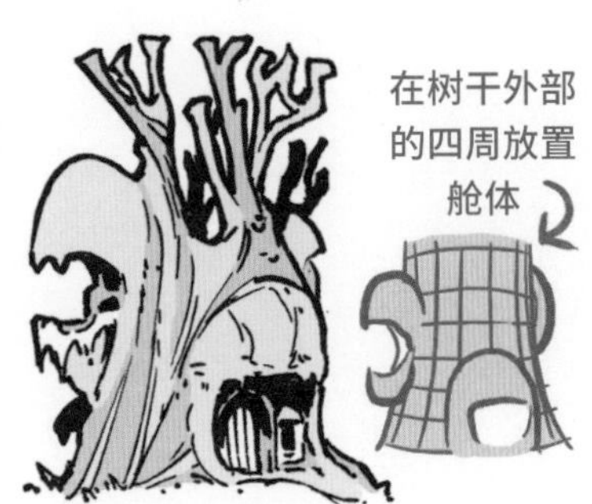
在树干外部的四周放置舱体

用木头建造舱形屋，可以加强类似蜂窝或巢穴的感觉。

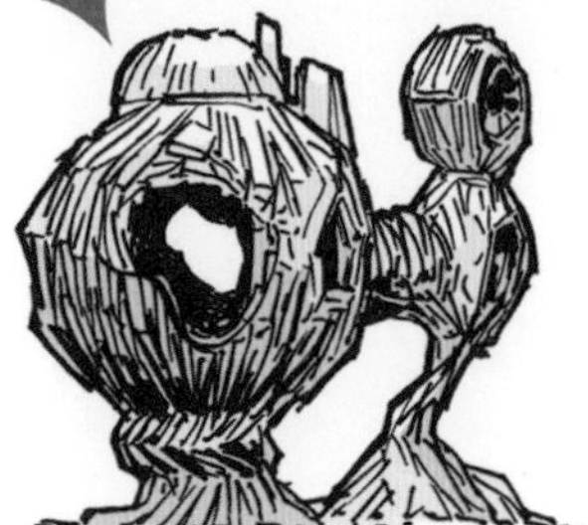

在上面加一点草？

将线条向上弯曲

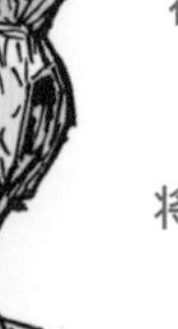
在中心处铺开

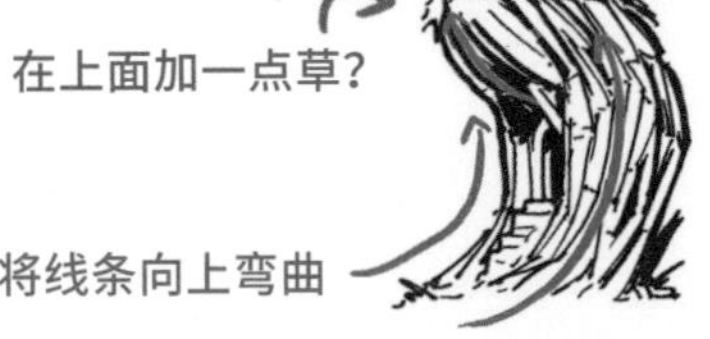
间隔：在边缘处聚拢
木板可作为轮廓线

对于仍在建设中的舱形屋，可以利用内部框架来暗示最终的形状。

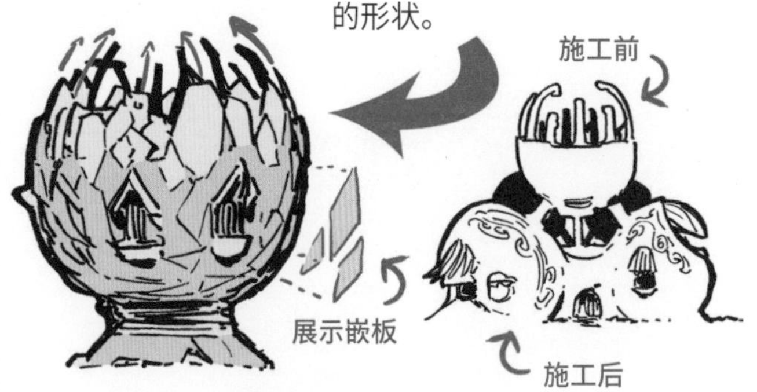
施工前
展示嵌板
施工后

可以将舱形屋刻意分割为几个区域，再将这几个区域联结在一起。

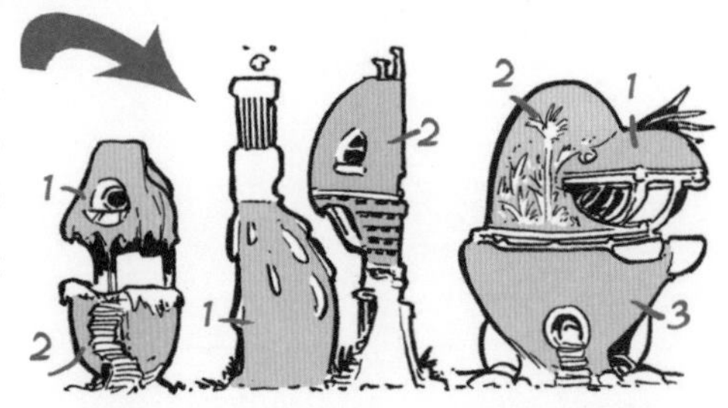
1
2
1
2
2
1
3

围绕一组简单的关键形状进行建设，有助于设计被更好地理解。

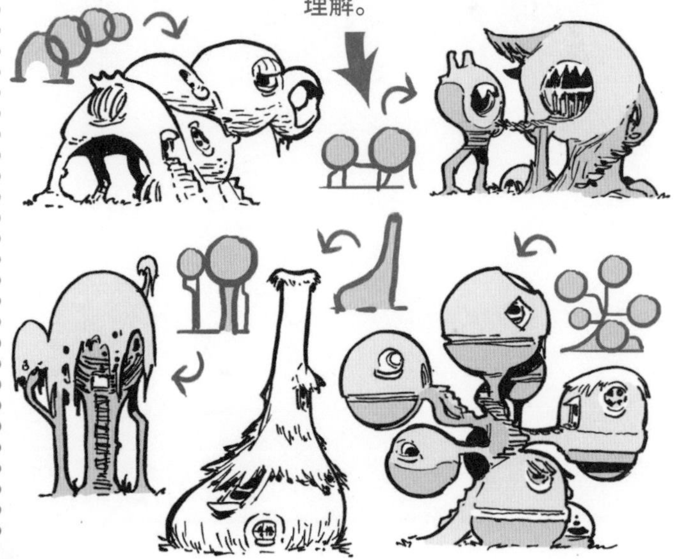

梦幻城堡

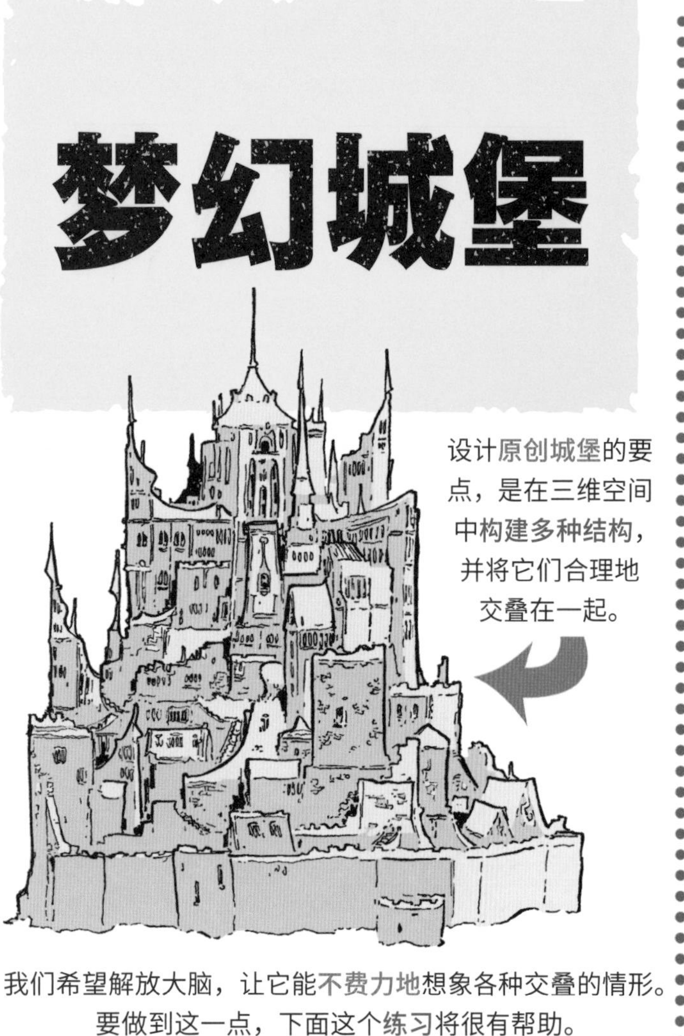

设计原创城堡的要点，是在三维空间中构建多种结构，并将它们合理地交叠在一起。

我们希望解放大脑，让它能不费力地想象各种交叠的情形。要做到这一点，下面这个练习将很有帮助。

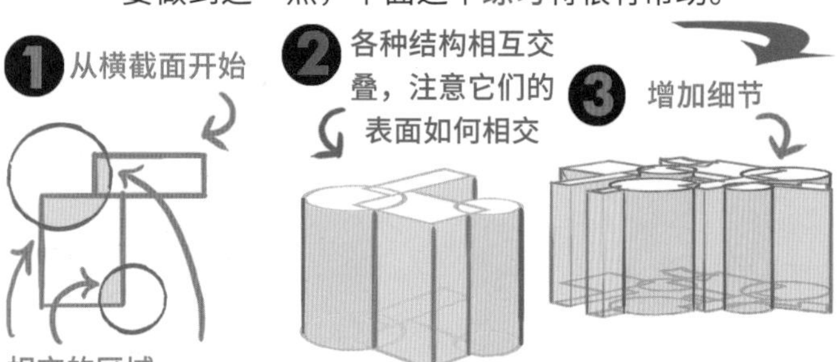

一旦你学会使用上述横截面的交叠技巧，就可以开始为这些形状加上一定的高度。

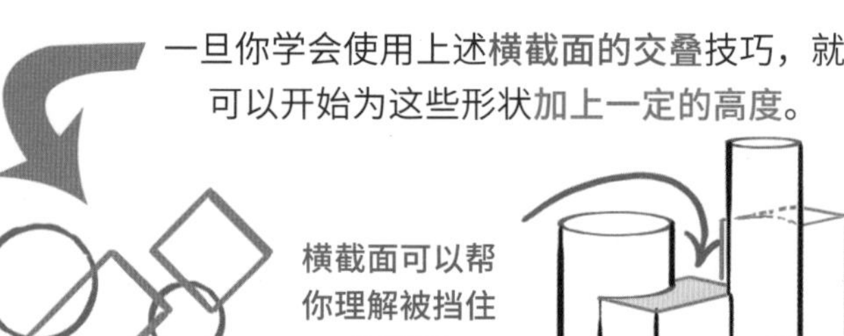

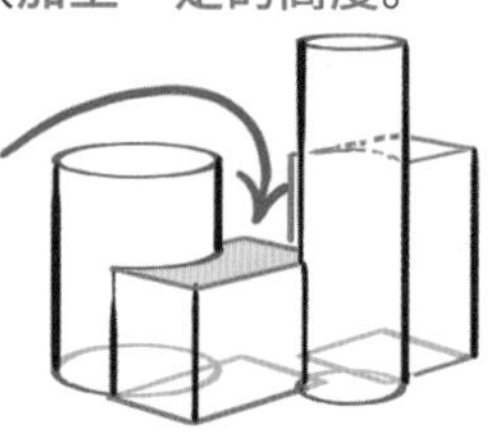

最后一步是添加除垂直方向及水平方向以外的角度。

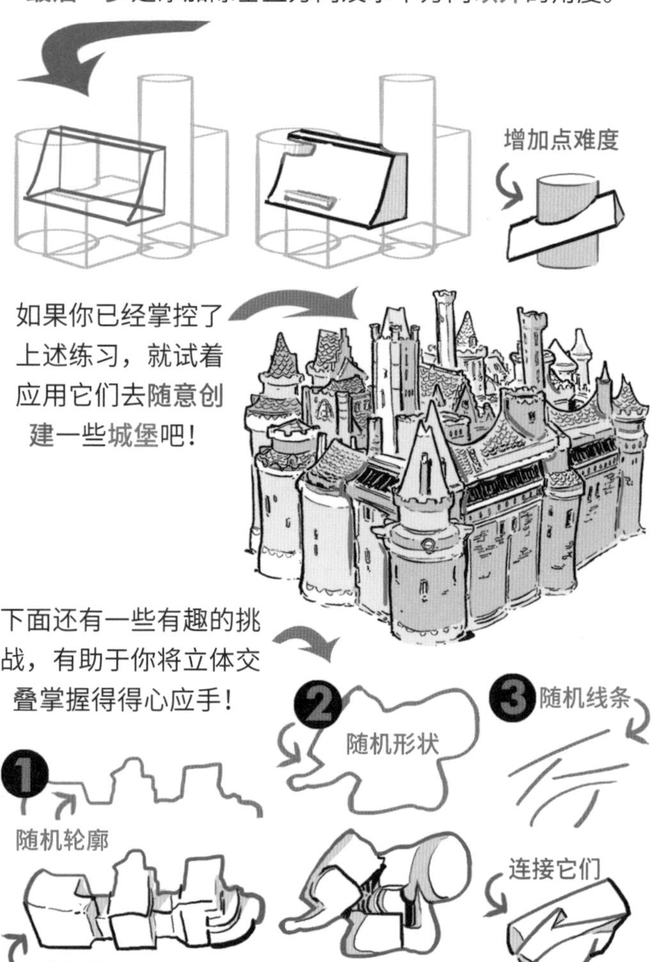

如果你已经掌控了上述练习，就试着应用它们去随意创建一些城堡吧！

下面还有一些有趣的挑战，有助于你将立体交叠掌握得得心应手！

1 随机轮廓

完善它

2 随机形状

丰富它

3 随机线条

连接它们

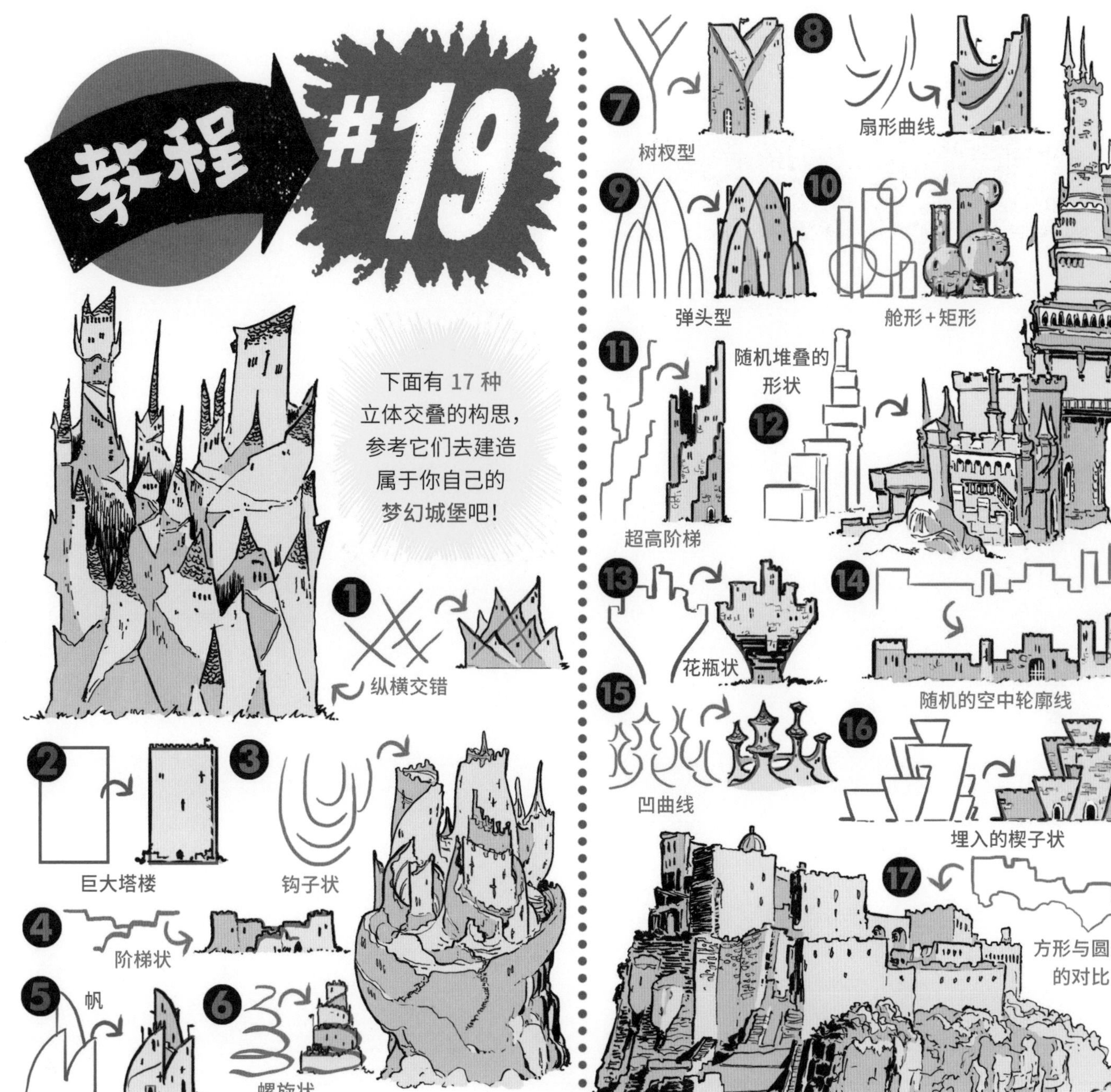
教程
#19
下面有 17 种
立体交叠的构思，
参考它们去建造
属于你自己的
梦幻城堡吧！
1
纵横交错
2
巨大塔楼
3
钩子状
4
阶梯状
5
帆
6
螺旋状
7
树杈型
8
扇形曲线
9
弹头型
10
舱形＋矩形
11
超高阶梯
随机堆叠的
形状
12
13
花瓶状
14
随机的空中轮廓线
15
凹曲线
16
埋入的楔子状
17
方形与圆形
的对比

游戏建筑

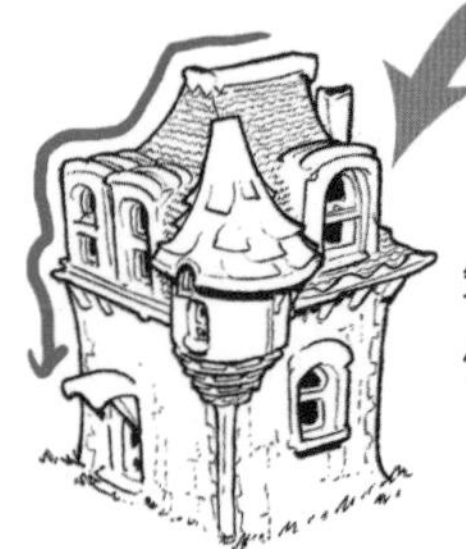

游戏建筑可以理解为结实的迷你版建筑。为了创造它，我们通常选择压缩建筑形状，并放大关键特征。

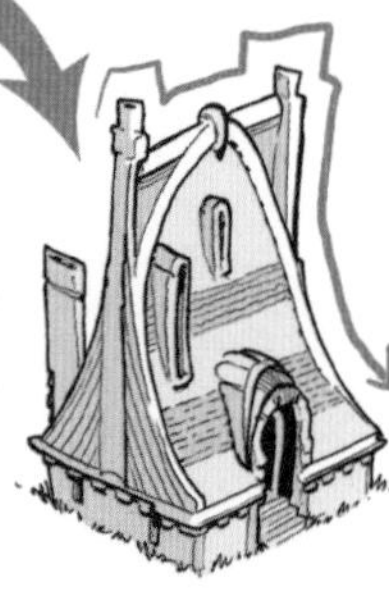

重要的是，创建游戏建筑并不是只把一个建筑按比例缩小就可以了！

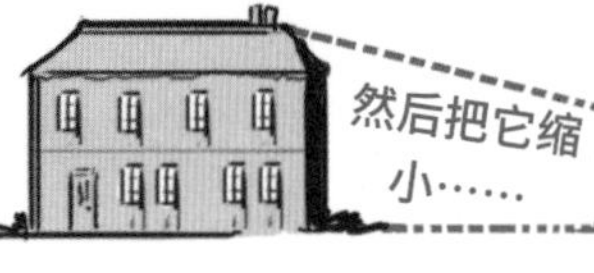

如果我们画这个房子……
然后把它缩小……
细节变得模糊，整个建筑变得平淡无奇

还有，创建游戏建筑也并不是只把建筑"变胖"就可以了！

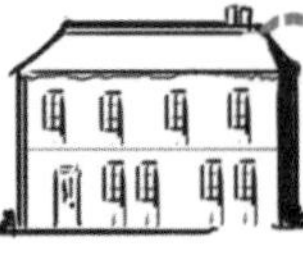

如果我们画这个房子……
然后让它"变胖"……
我们将得到这个

相反，为了压缩形状，我们要加厚所有的内部结构。下面让我们来试着压缩一个窗户。

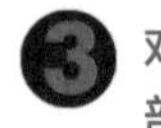
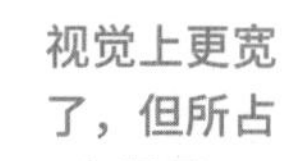
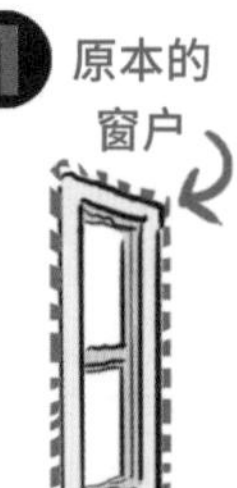
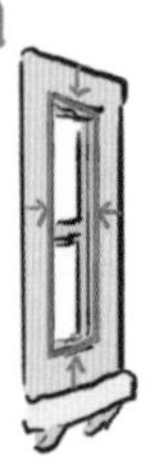
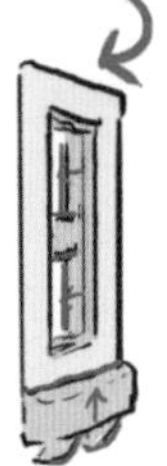
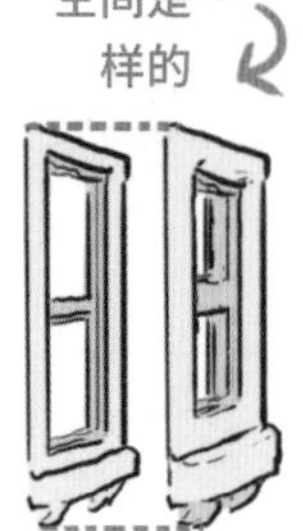

1 原本的窗户
2 通过向内扩展使窗框变厚
3 对窗户的其他部分做同样的处理
视觉上更宽了，但所占空间是一样的

同时，在设计中放大窗户、楼梯和门等的相对尺寸。

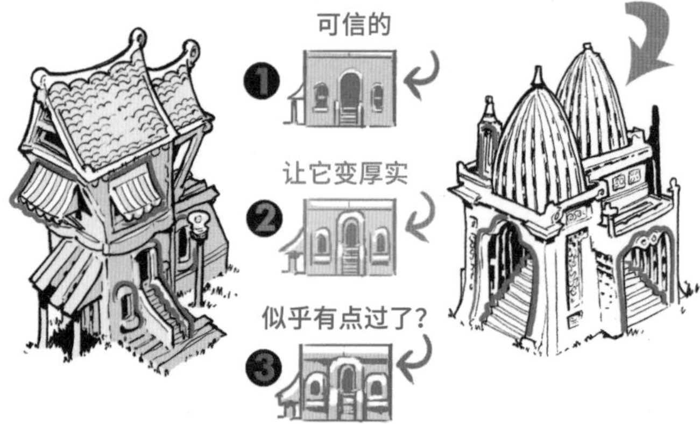

可信的
1
让它变厚实
2
似乎有点过了？
3

如果建筑一开始就有一些比较大的部分，你可以围绕它们进行构建。

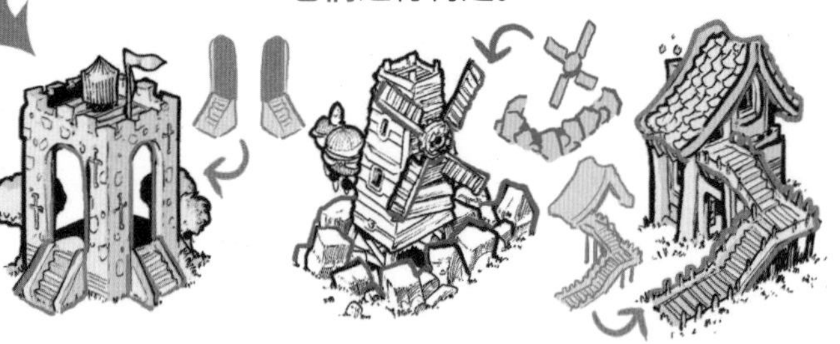

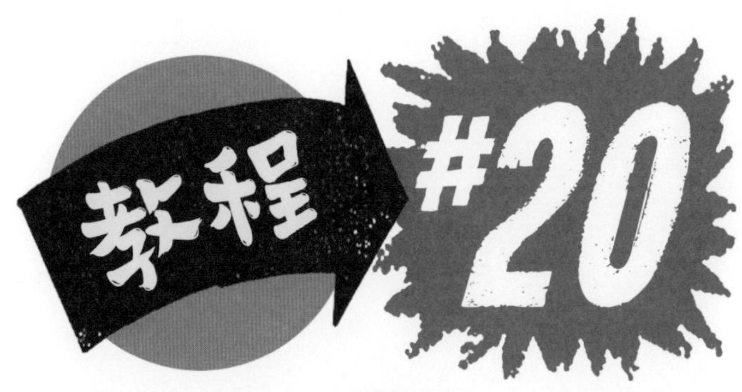

为了保证建筑结构的独特性和易于辨认性，我们应该基于两个关键的形状来进行设计。

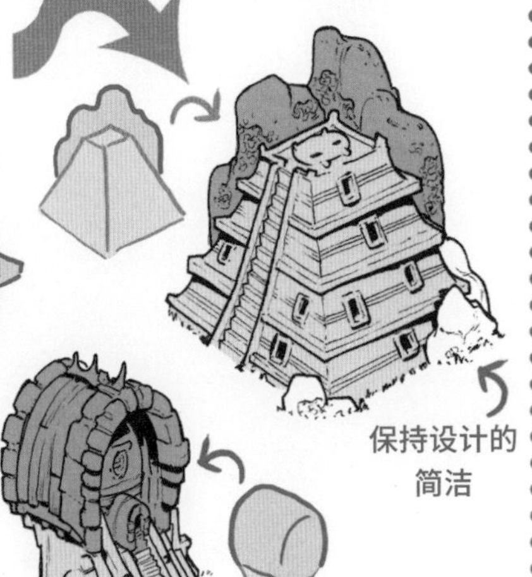

保持设计的简洁

超大标志上的简单符号可以传达附加的信息。

一个海盗的房子？

一家水手们的小酒馆？

一家银行？

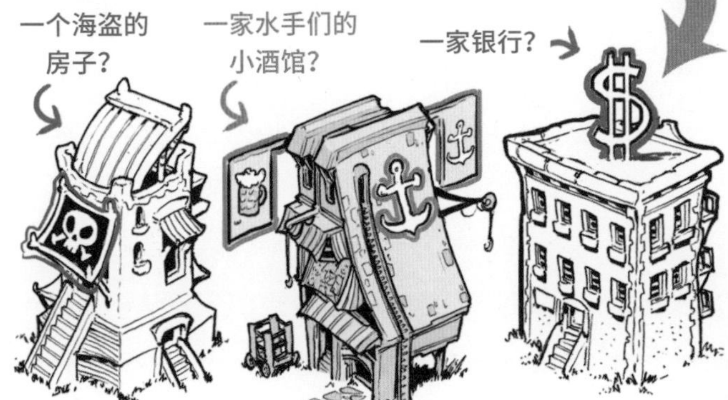

考虑改变房顶的轮廓及材料，让建筑更具个性！

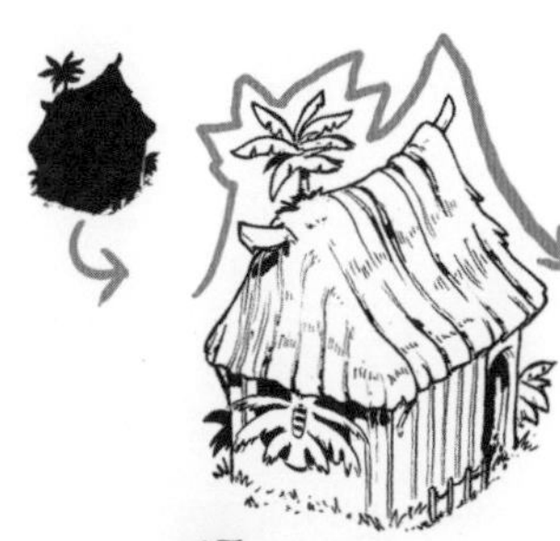

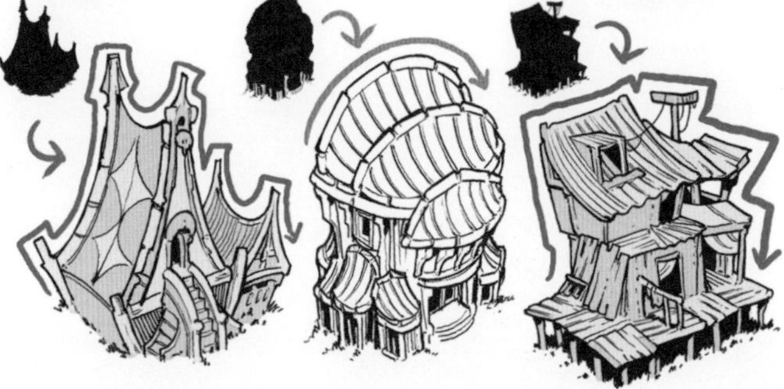

将建筑的每一层视作拥有不同结构或功能的部分。

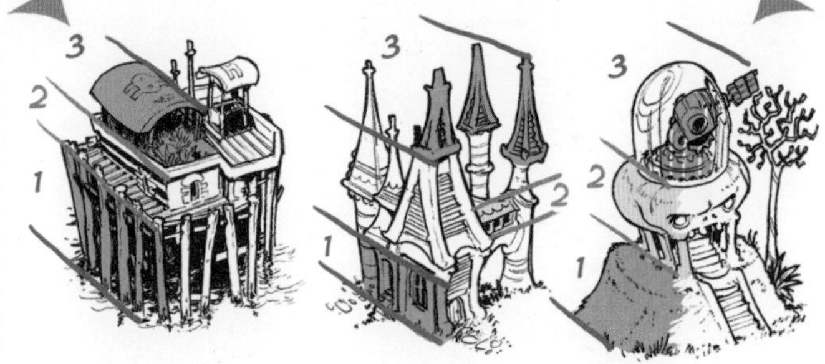

利用环境！你可以在任何东西上开一扇窗或一扇门，并把它当作为家！

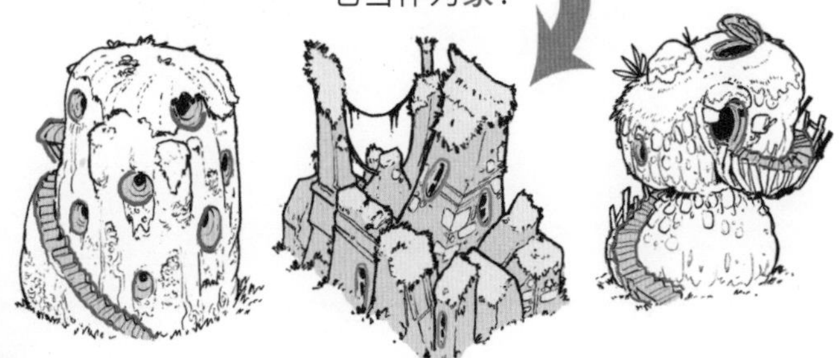

摩天大楼

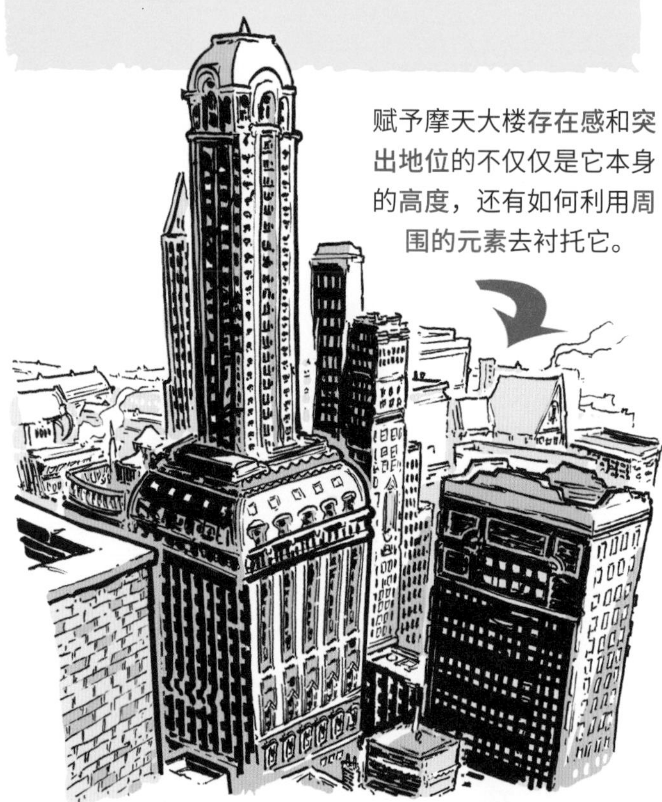

赋予摩天大楼存在感和突出地位的不仅仅是它本身的高度，还有如何利用周围的元素去衬托它。

有两个因素可以让摩天大楼在远景中具有明显的视觉高度。

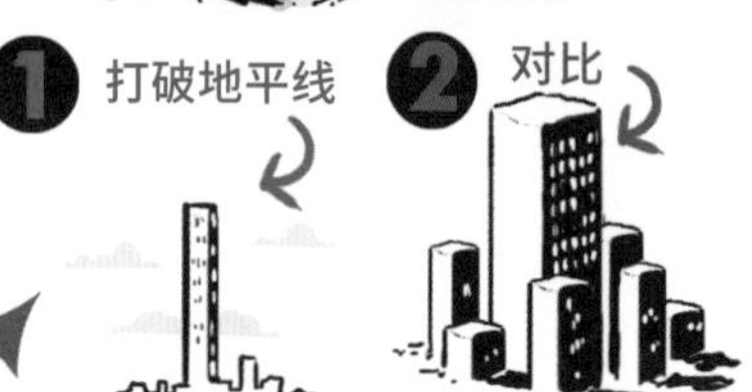

是否围绕主要的摩天大楼构建了一些更小、更整齐的建筑，会让画面效果大有不同。

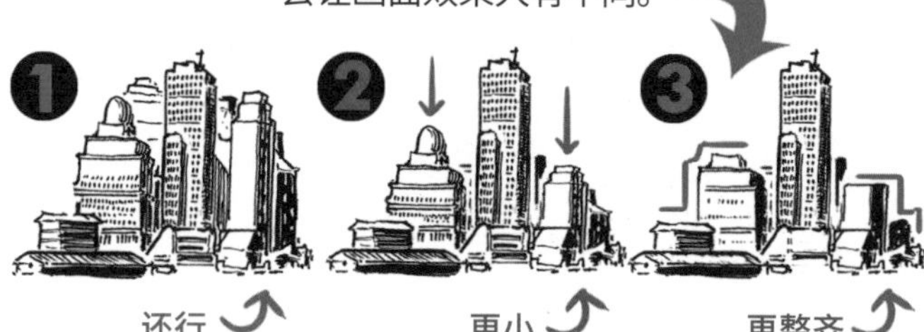

选择性的细节添加既可以用于室内设计，也可以用于建筑的外观设计。

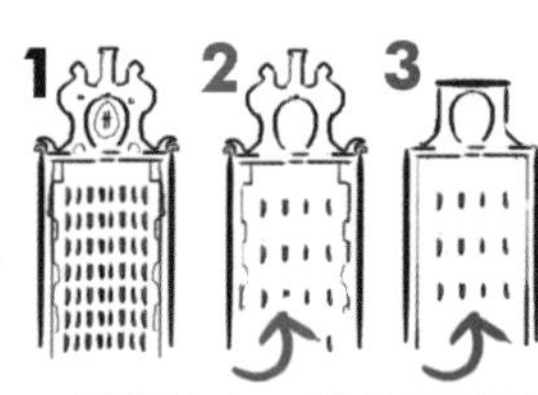

细节较少　设计更简洁

在创建主要的摩天大楼时，要有意地在周围建筑中建立可以打破的模式。

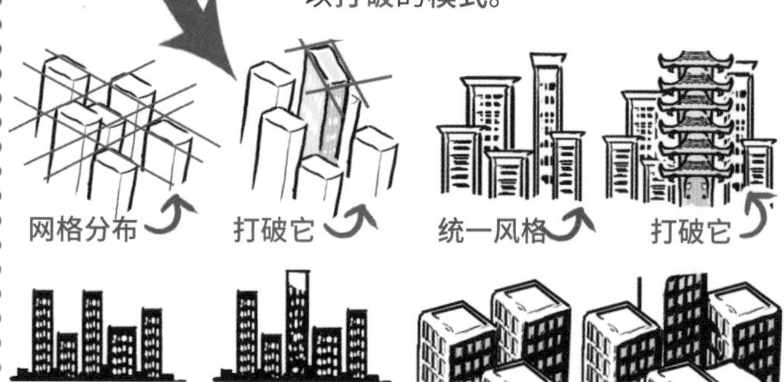

阴影　打破它　窗口　打破它

像这样逐步减少透视中的细节：

- 全部
- 更少的阴影
- 简化
- 只有线
- 消失了

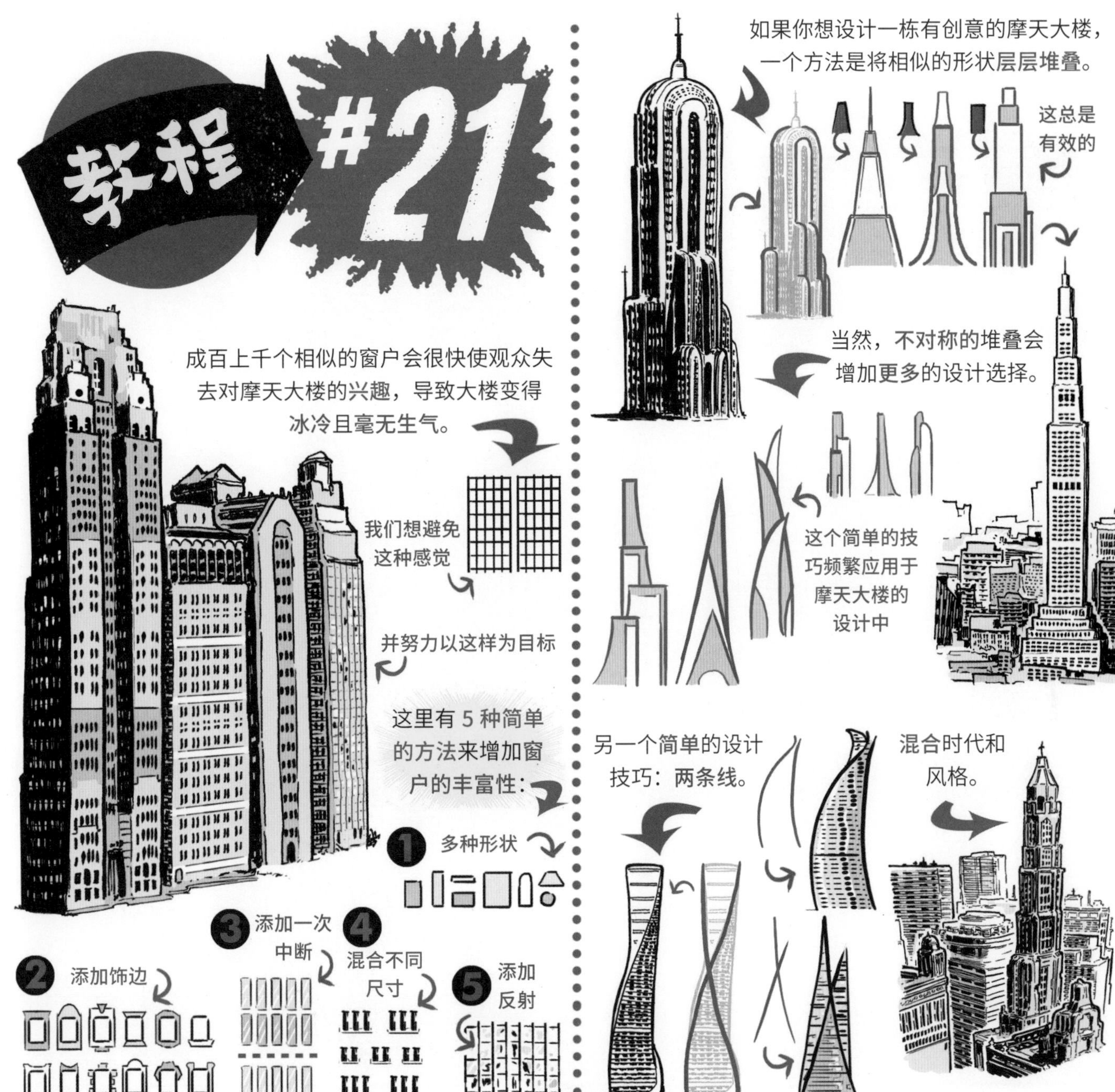

教程 #21
成百上千个相似的窗户会很快使观众失去对摩天大楼的兴趣，导致大楼变得冰冷且毫无生气。
我们想避免这种感觉
并努力以这样为目标
这里有 5 种简单的方法来增加窗户的丰富性：
1 多种形状
2 添加饰边
3 添加一次中断
4 混合不同尺寸
5 添加反射
如果你想设计一栋有创意的摩天大楼，一个方法是将相似的形状层层堆叠。
这总是有效的
当然，不对称的堆叠会增加更多的设计选择。
这个简单的技巧频繁应用于摩天大楼的设计中
另一个简单的设计技巧：两条线。
混合时代和风格。

摩天大楼

素材集

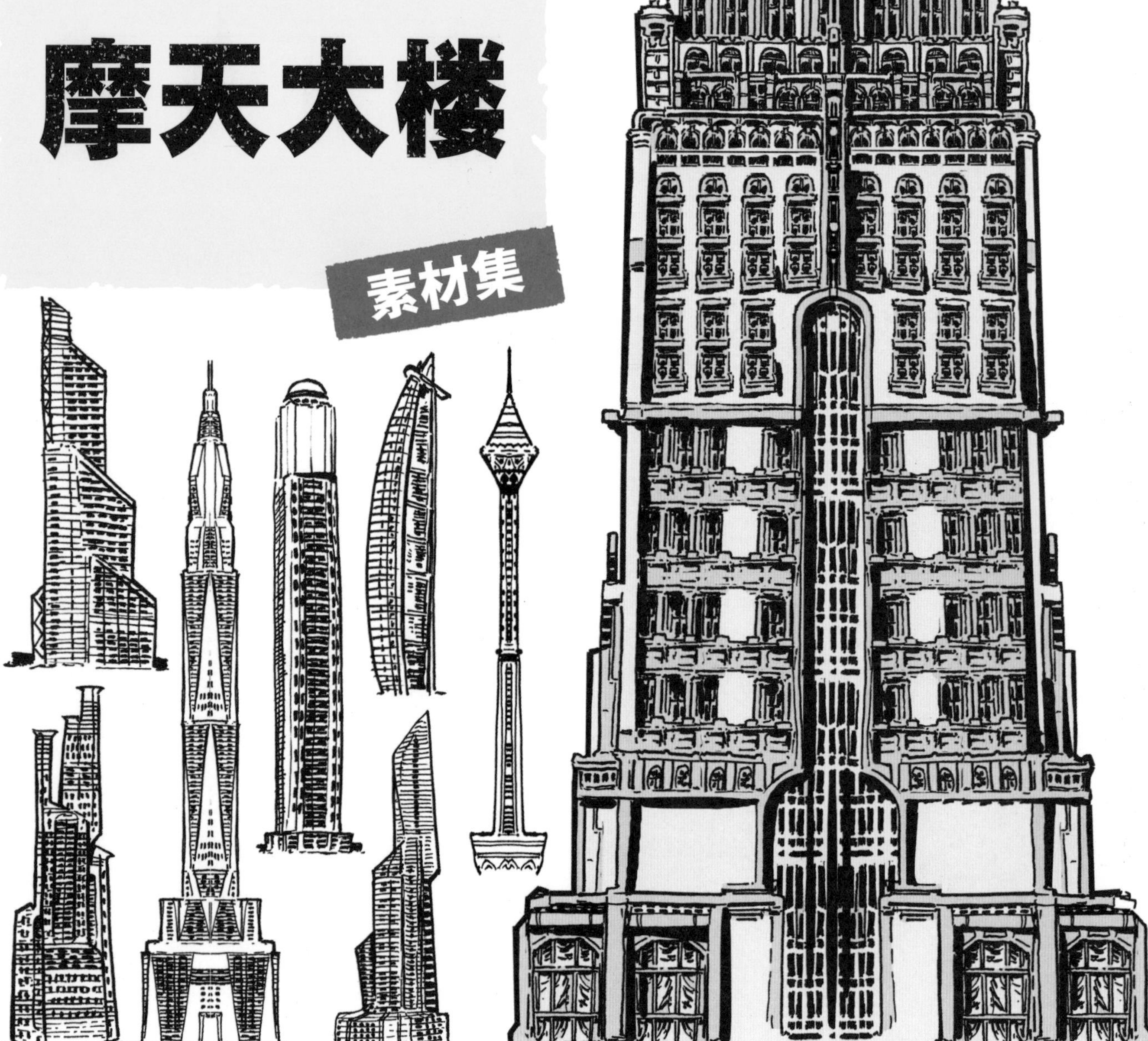

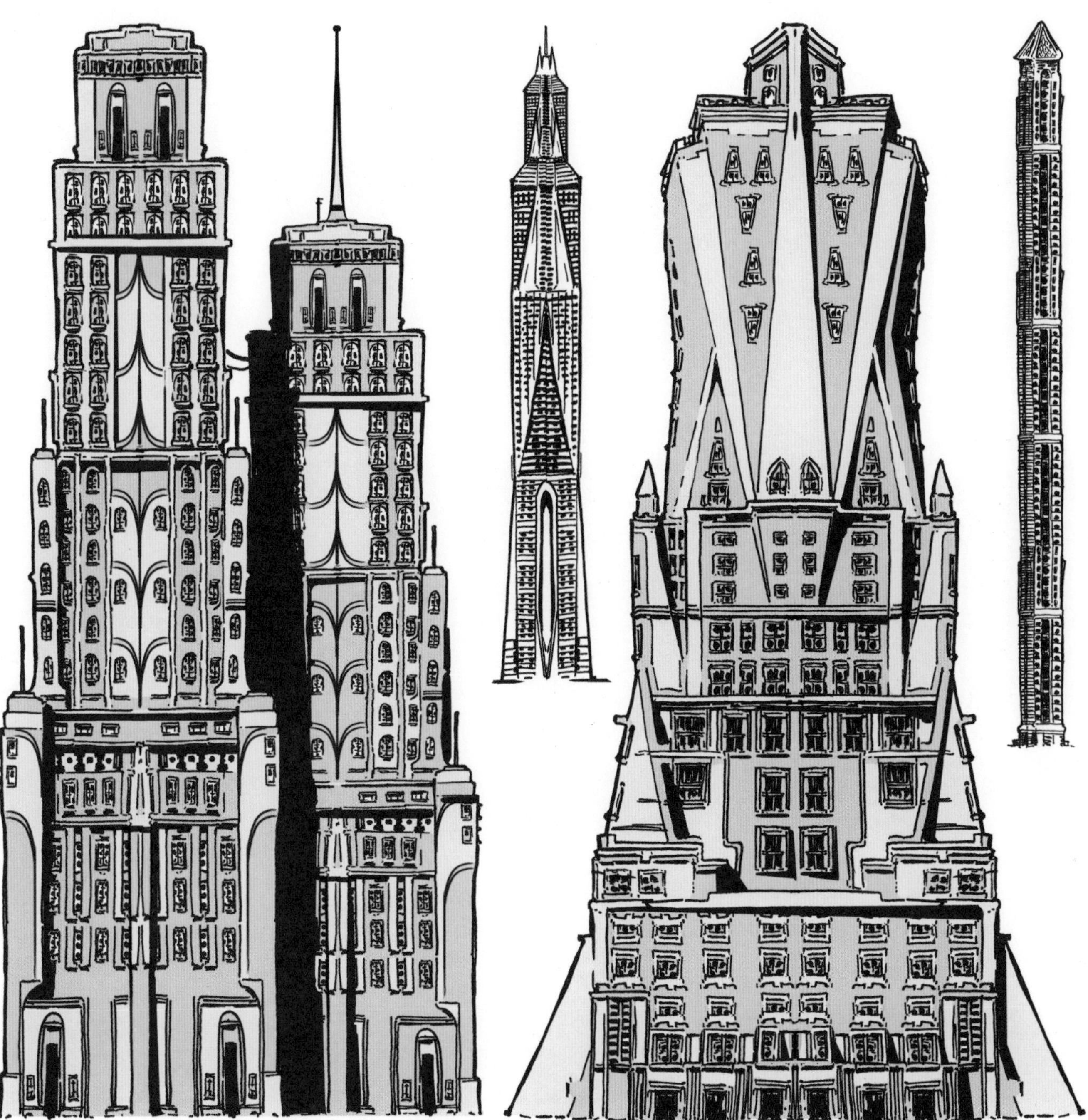

商铺设计

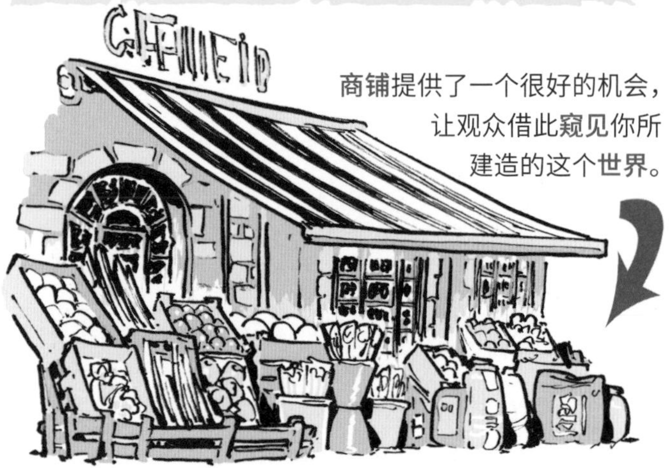

商铺提供了一个很好的机会，让观众借此窥见你所建造的这个世界。

设计商铺门脸最快、最简单的方法，是使用 4 个形状来构图。

1. 任意选择 4 种随机的几何形状
2. 选择店铺的外轮廓
3. 在轮廓内随意对 4 个形状进行交叠、裁剪并调整大小

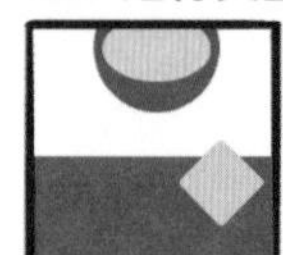

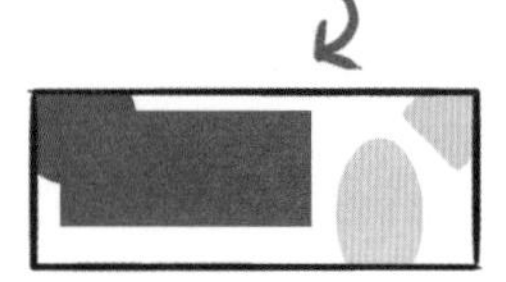

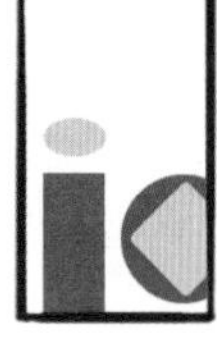

用这 4 种形状作为基础，继续为门脸增添更多的细节。

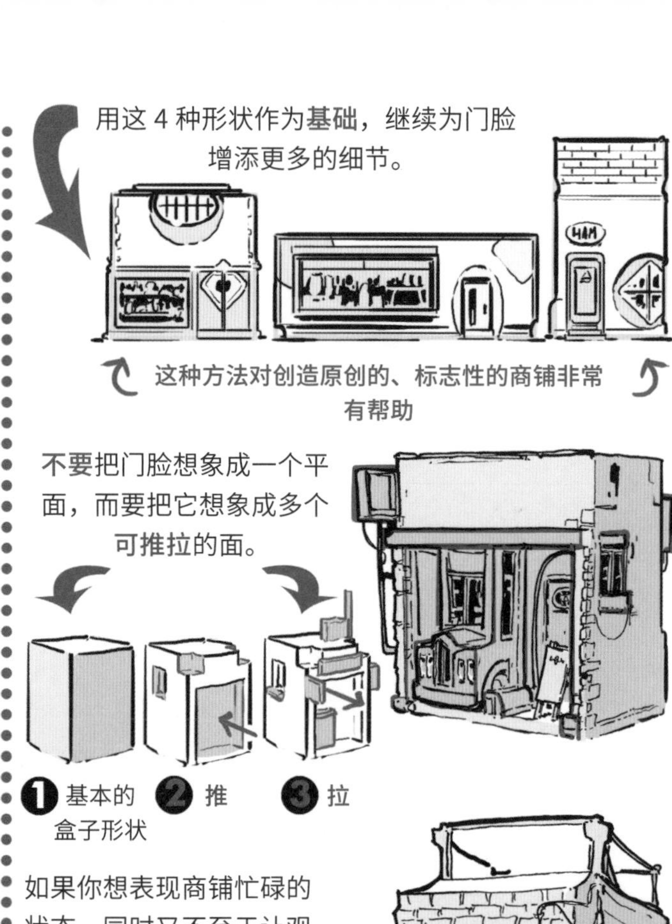

这种方法对创造原创的、标志性的商铺非常有帮助

不要把门脸想象成一个平面，而要把它想象成多个可推拉的面。

1. 基本的盒子形状
2. 推
3. 拉

如果你想表现商铺忙碌的状态，同时又不至于让观众眼花缭乱，可以将较小的招牌集中靠近两三个较大的招牌。

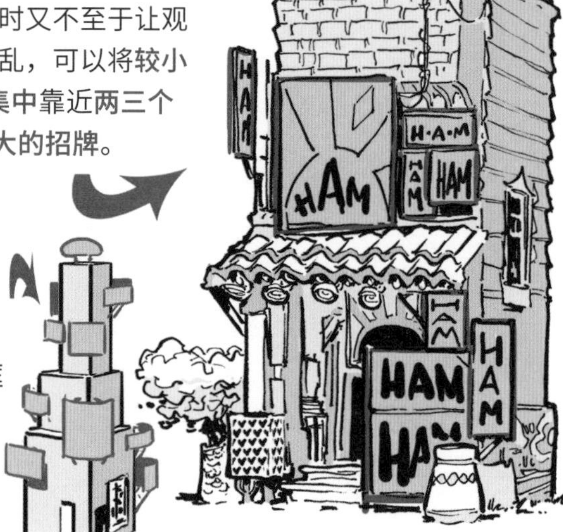

不同角度的招牌可以在店铺的外轮廓（第一重框架）之外创造出该建筑的第二重框架。

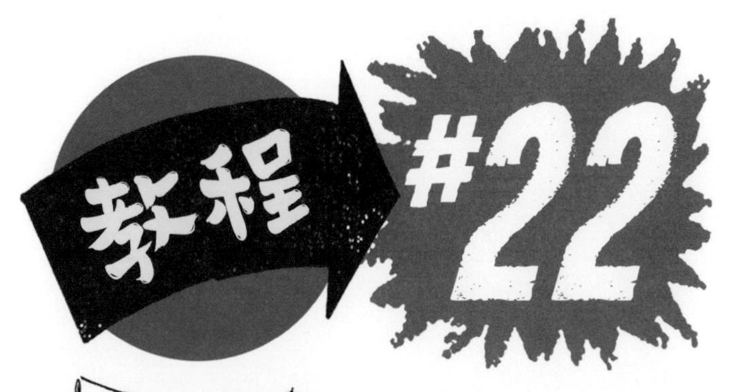

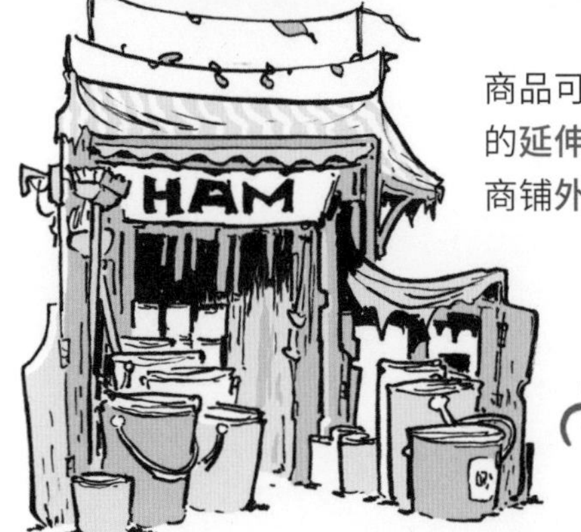

商品可以看作是商铺设计的延伸，把一些商品摆在商铺外面将会发挥其最好效果。

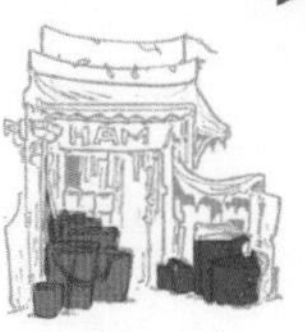

不妨设置 3 种尺寸：最大的是店铺本身，成堆的商品则分成中堆和小堆。

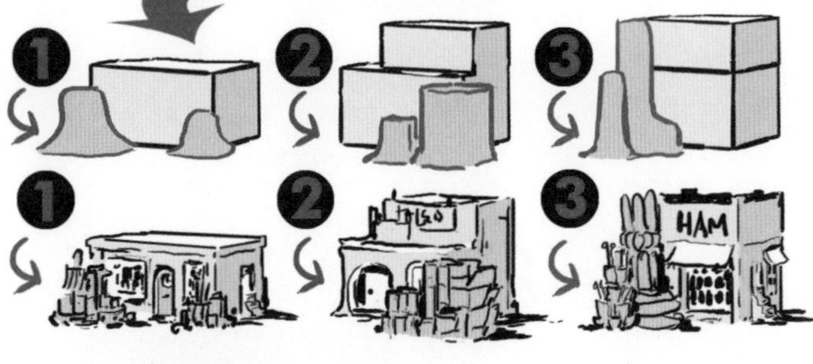

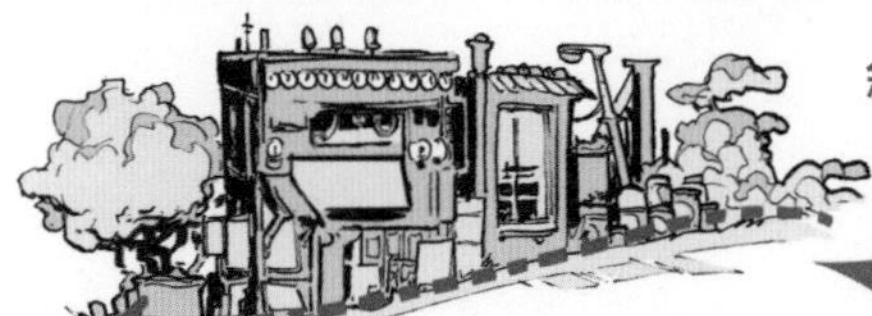

斜坡有助于分散这些建筑。

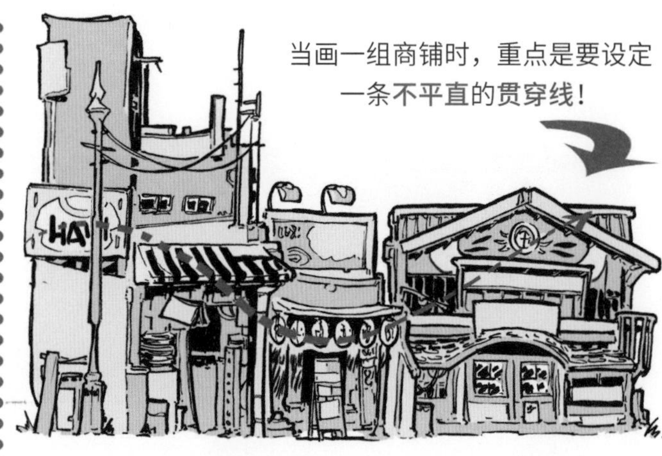

当画一组商铺时，重点是要设定一条不平直的贯穿线！

当所有的重点都排在一条直线上时会有点无聊

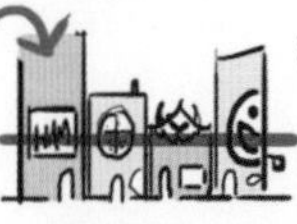

将重点错落排列、形成曲线，会感觉有趣得多

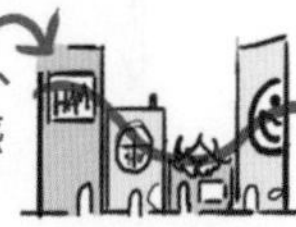

如果你的店铺是一栋较高建筑的底商，注意为建筑堆叠不同的形状，而不要都用规规矩矩的立方体。另外，注意将主要细节限制在商铺区域内。

1 同样的立方体很无聊

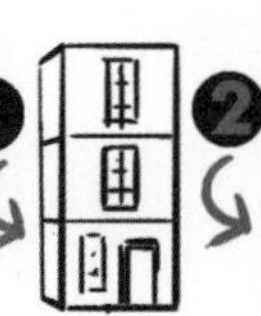

2 堆叠不同形状

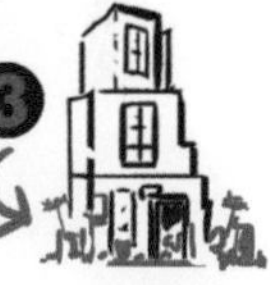

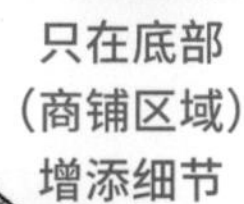

3 只在底部（商铺区域）增添细节

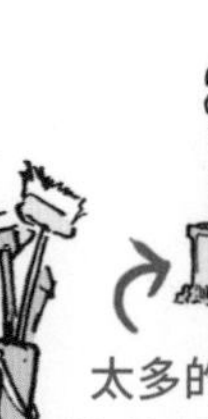

太多的细节会让观众失去焦点

商铺设计

素材集

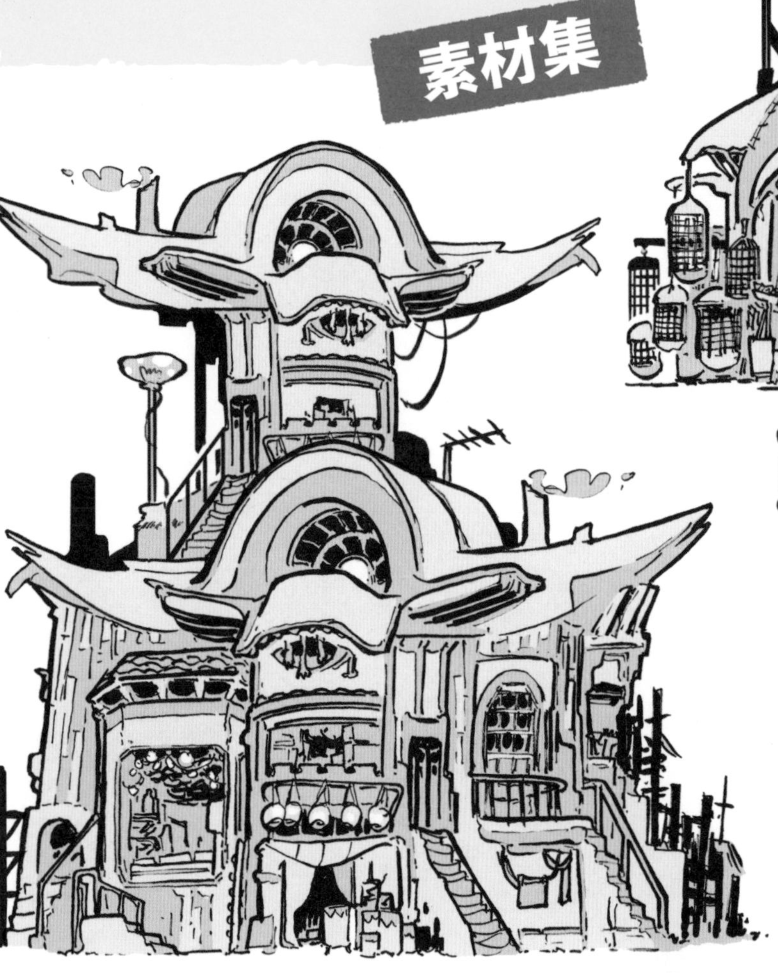

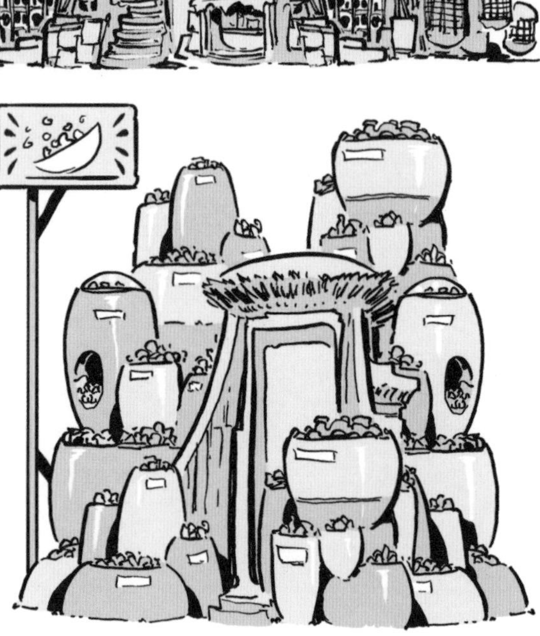

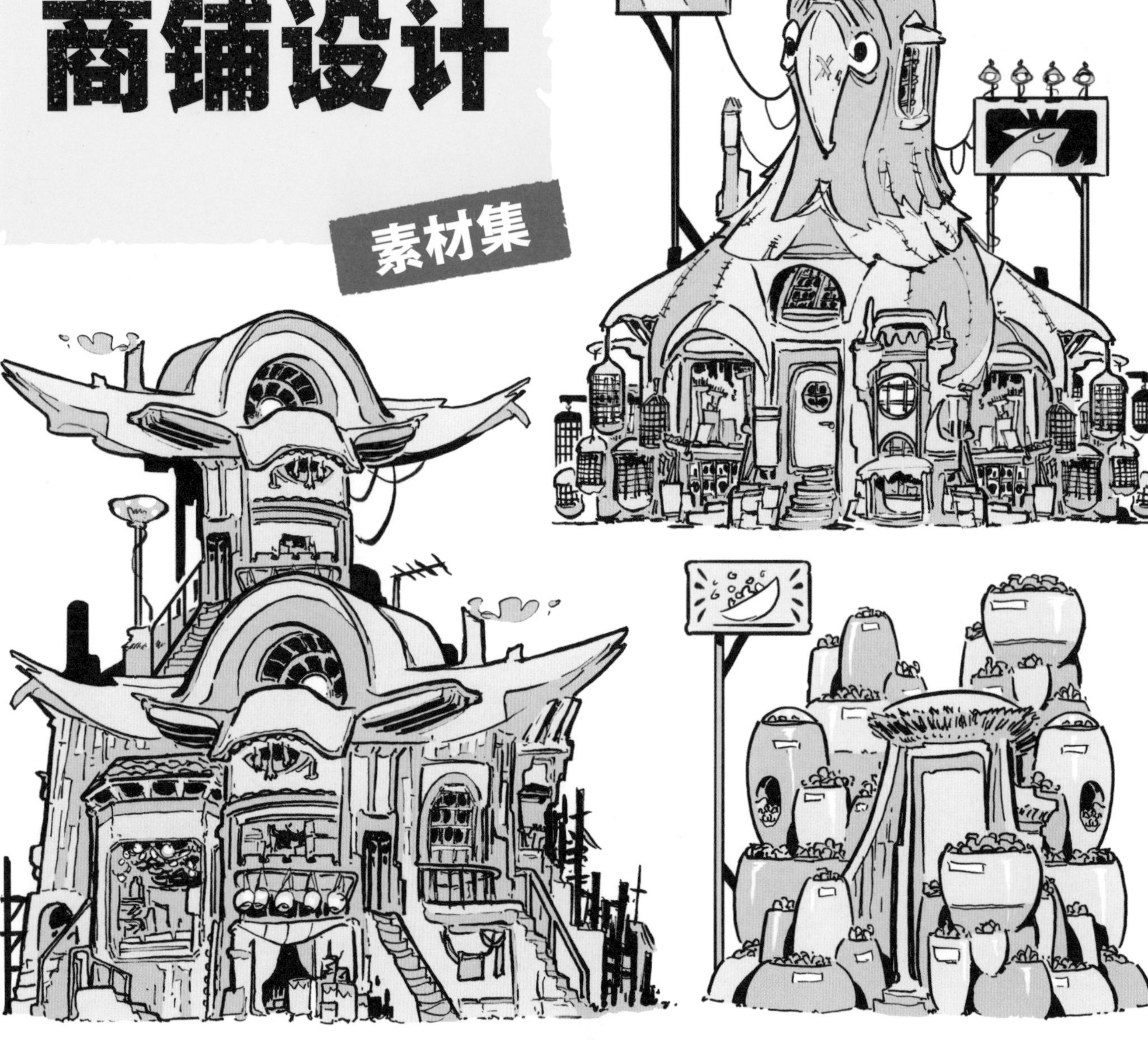

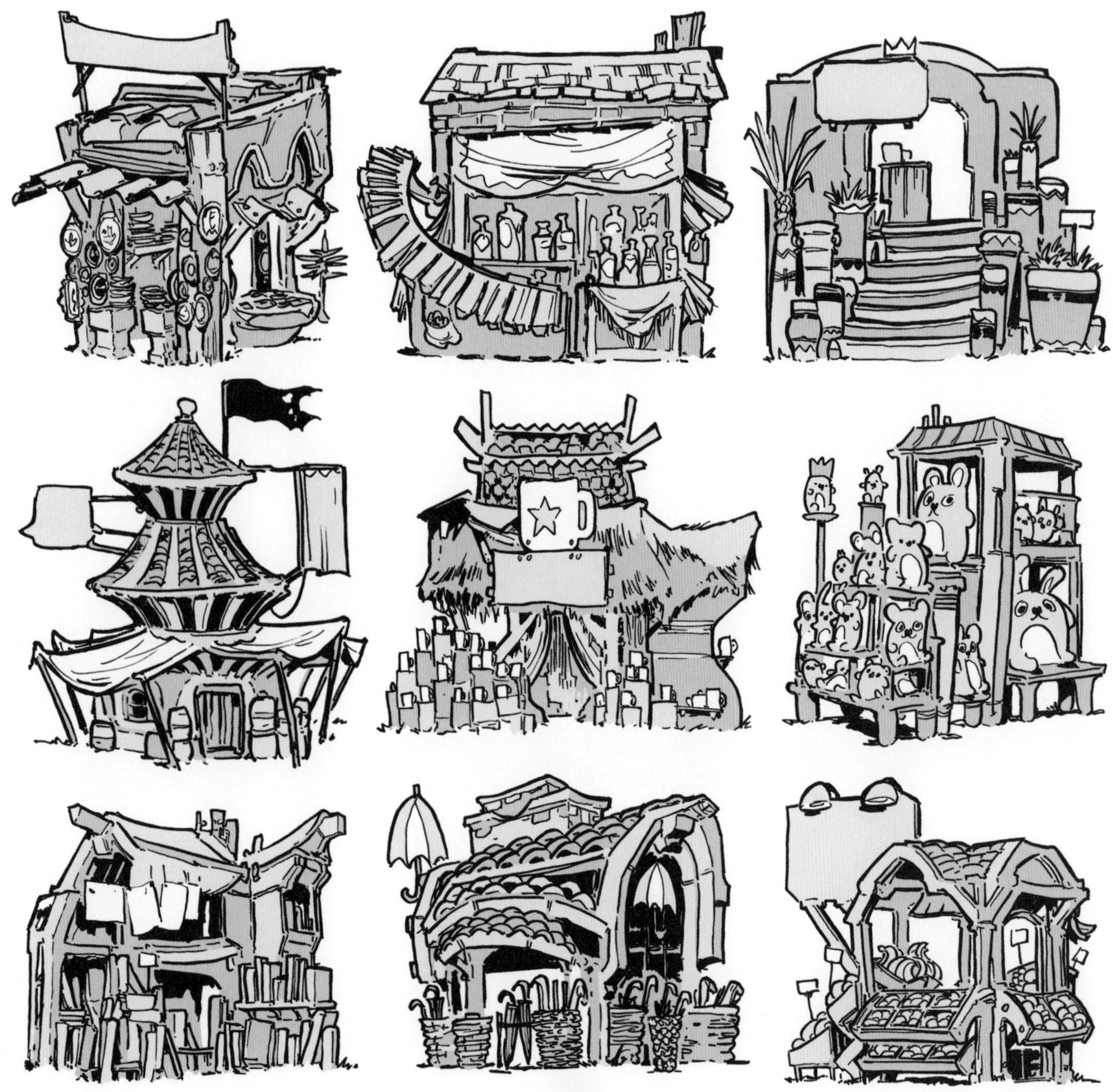

棚户区

棚户区或者临时搭建的建筑都是独一无二的，因为它们的结构几乎是在有机扩展和生长的！它们的建造是出于真正的实用需求，并且会利用任何可用的空间和材料。

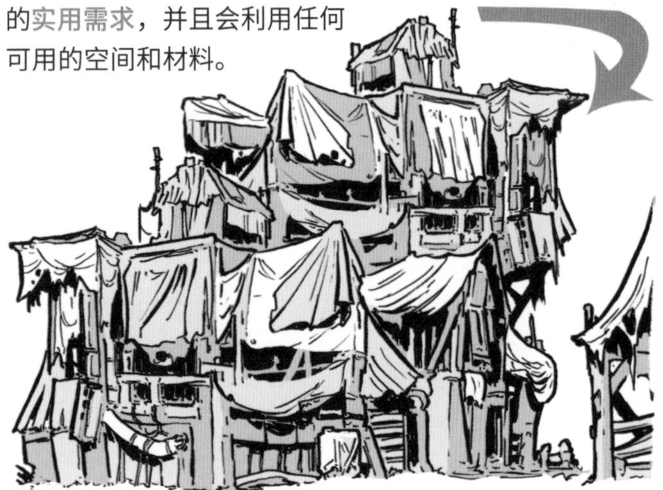

为了画出棚户区，我们需要记住这种演化。

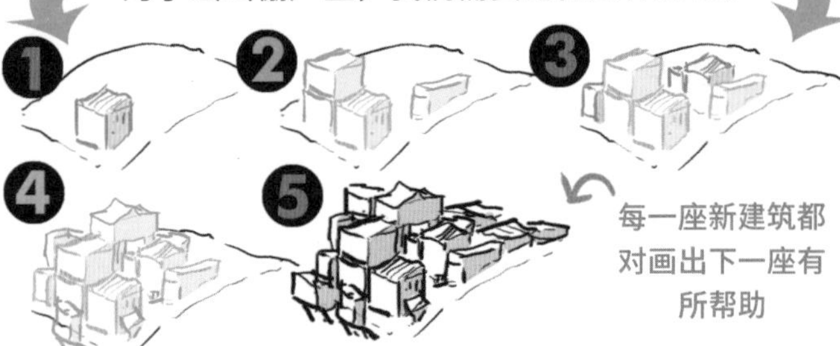

每一座新建筑都对画出下一座有所帮助

棚户区通常是在先前存在的废弃建筑的基础上建造的，考虑如何将这些废弃建筑融入设计中。

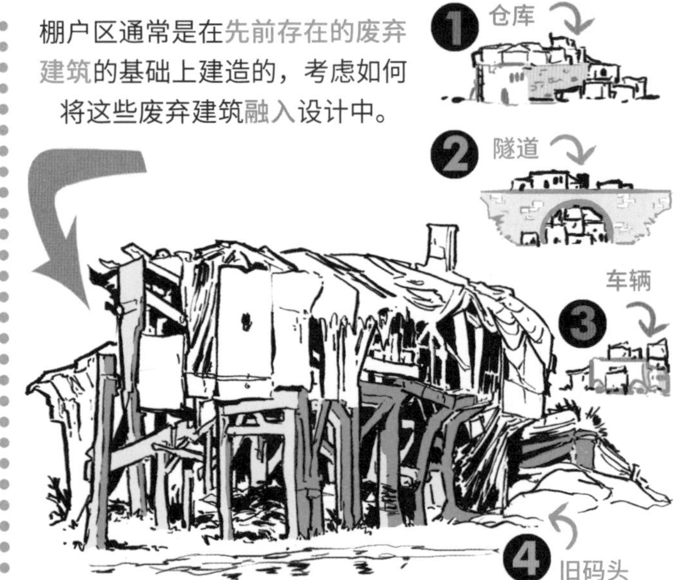

搭建棚户区的材料通常很短寿，它们很快就会生锈、腐烂、裂开、下垂。要用线条来表现出这种转瞬即逝的本质。

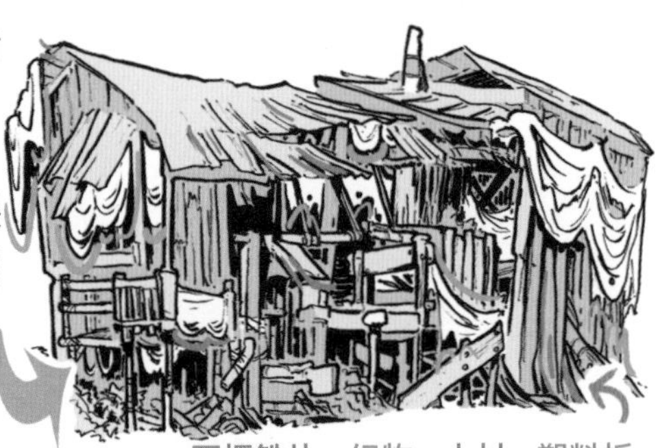

瓦楞铁片—织物—木材—塑料板

这种持续而逐步的转变应该展现在建筑的角度设计中。简单来说，建筑会有些歪斜及扭曲。

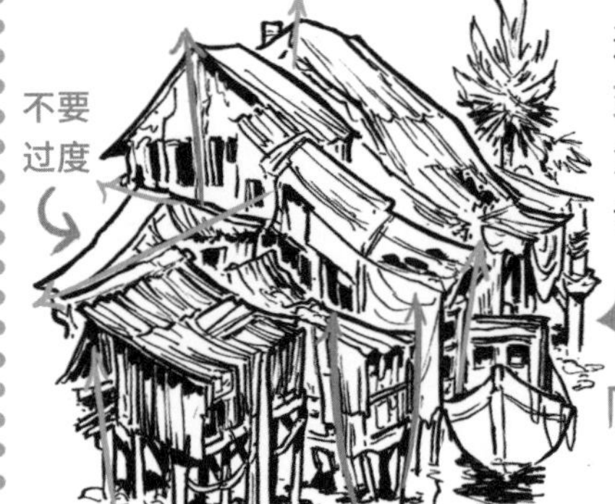

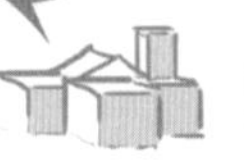

还行

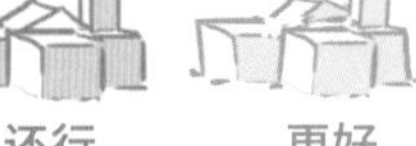

更好

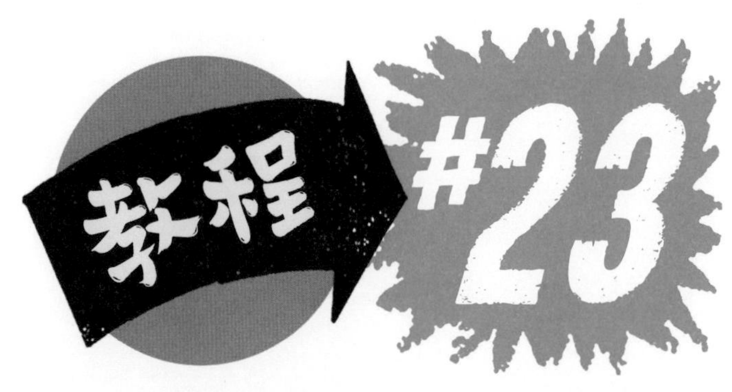

棚户区布局的挑战在于保持可读性。为此，我们需要实现细节的分离。

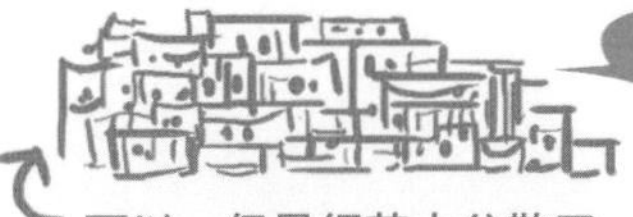

可以，但是细节太分散了

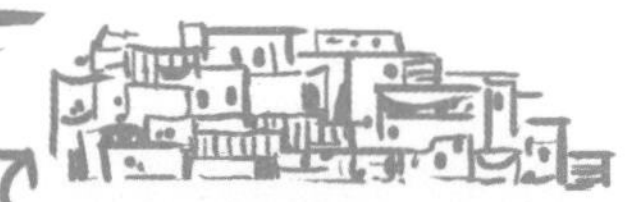

更好的是划分为小块的空间，以阴影及细节点缀

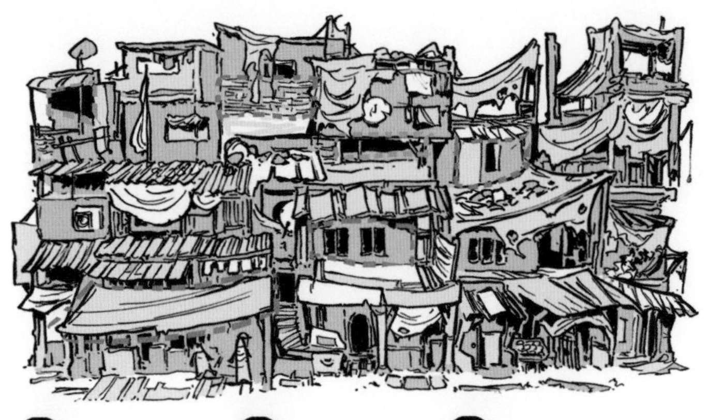

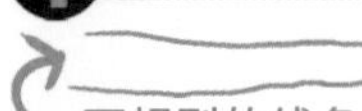

1 不规则的线条

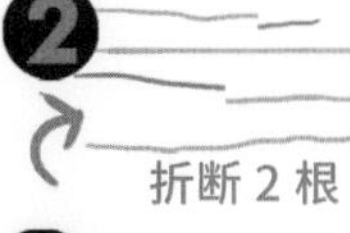

2 折断 2 根

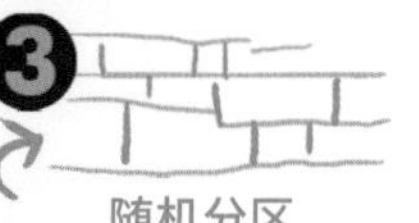

3 随机分区

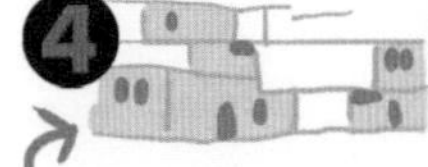

4 50% 添加窗户+门

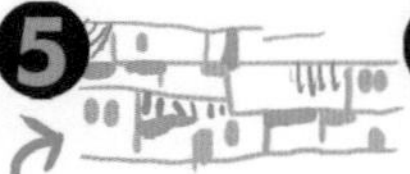

5 25% 添加图案或阴影

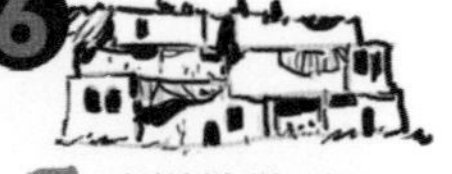

6 这样就做到了乱而有序

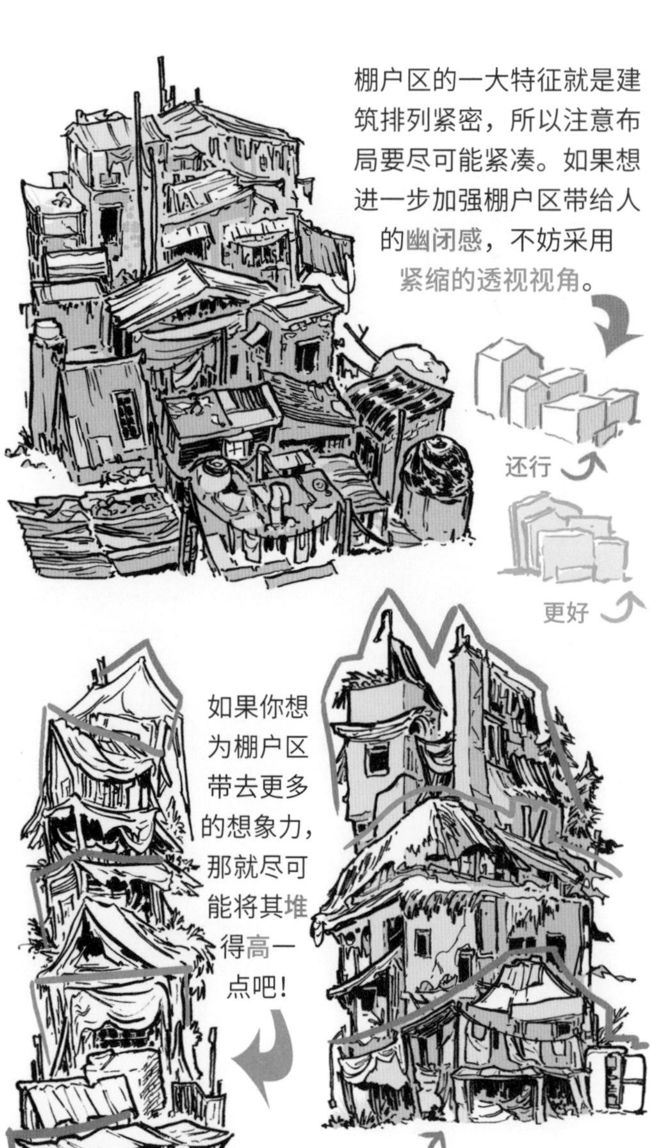

棚户区的一大特征就是建筑排列紧密，所以注意布局要尽可能紧凑。如果想进一步加强棚户区带给人的幽闭感，不妨采用紧缩的透视视角。

还行

更好

如果你想为棚户区带去更多的想象力，那就尽可能将其堆得高一点吧！

注意每一层的小角度变化

赋予每一层独特的轮廓

城市景观

所谓的标志性城市景观，就是即使它们的形式被大大简化也依然能被认出来。

练习：用小方框框出一些城市形态，并让其中一个关键元素打破小方框。

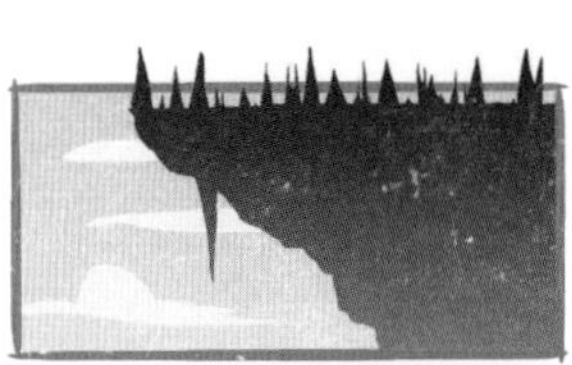
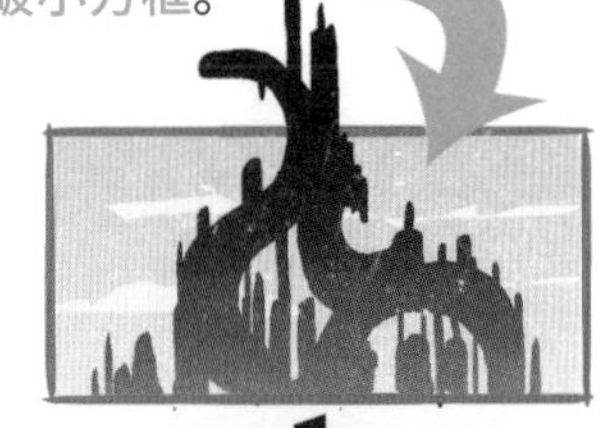
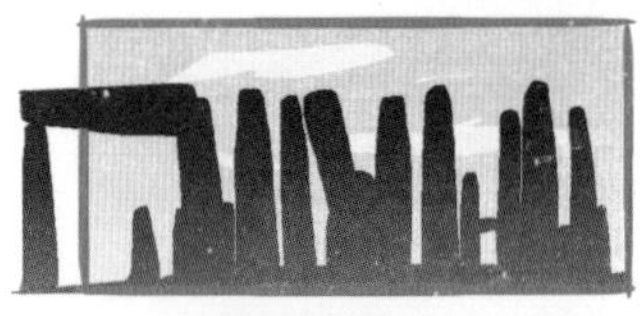
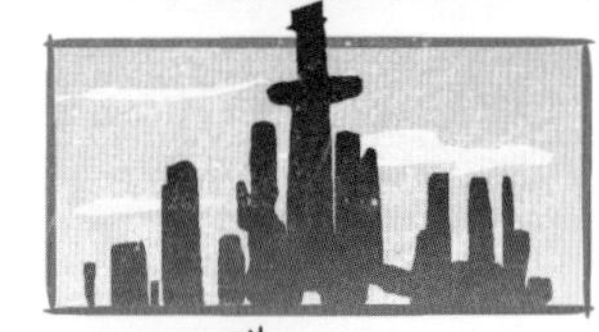
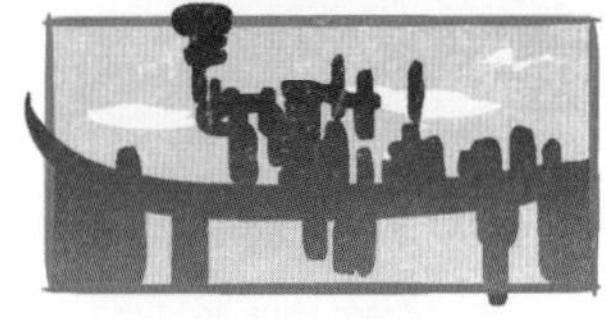
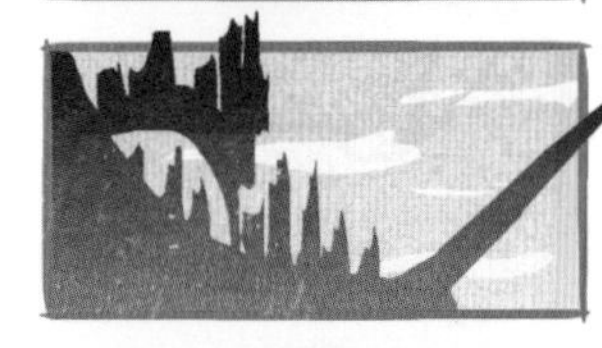
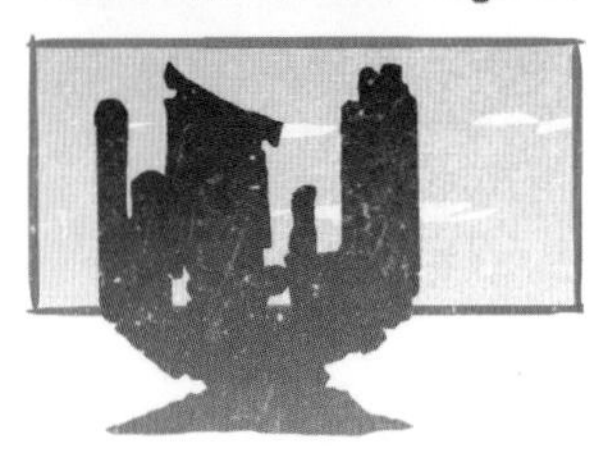
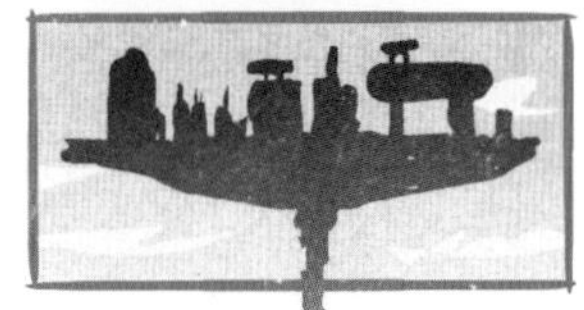

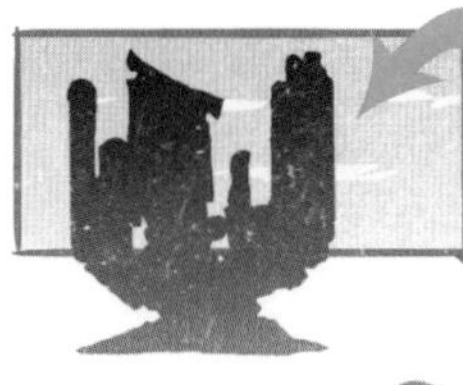

打破方框有助于鼓励我们的大脑创新布局，远离传统构图。

选择你最喜欢的设计，添加一些决定尺寸的细节，如窗户、人行通道等。

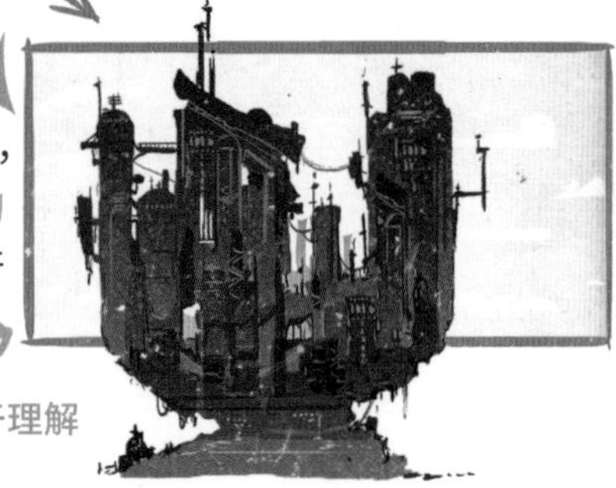

让设计的结构易于理解

试着像思考颜色一样思考形状，像限制你的调色板一样限制它们。

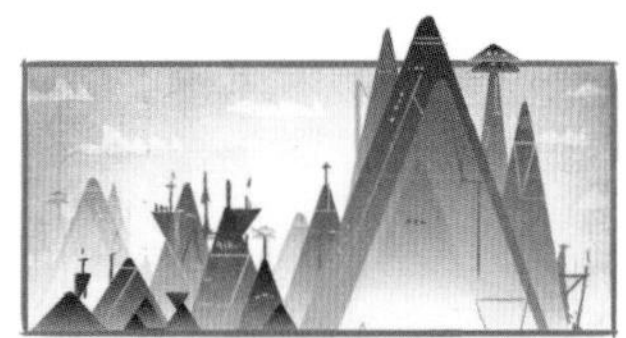
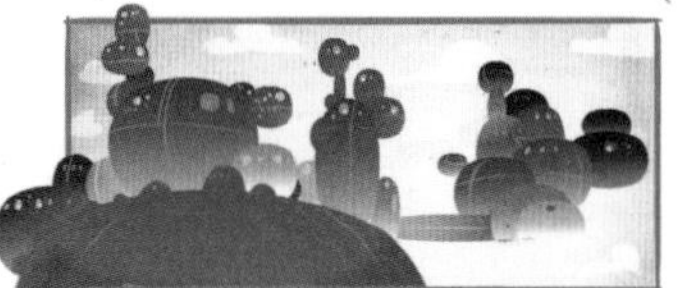
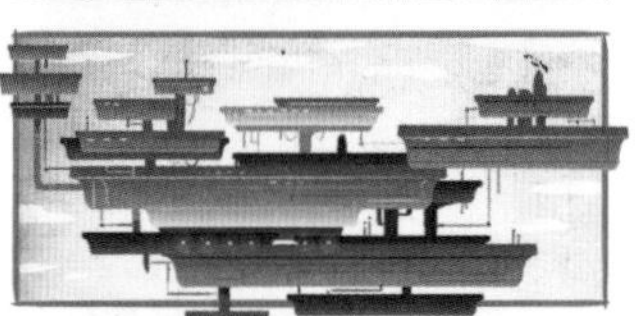
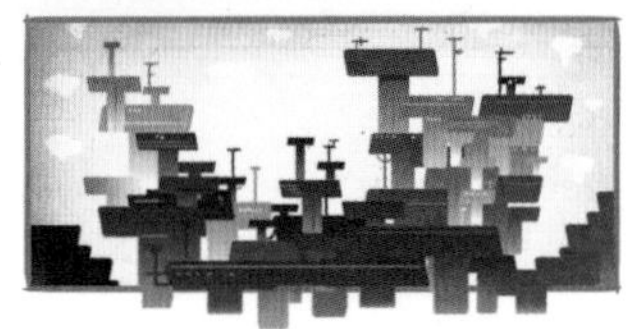
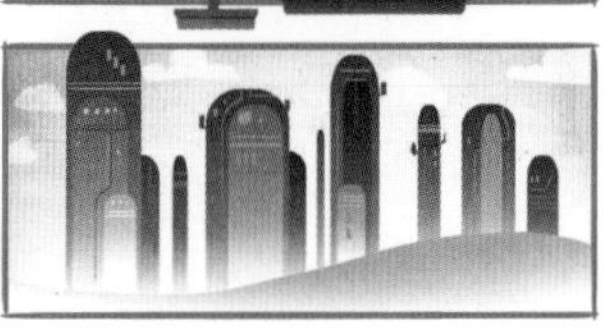

像这样的基本地面网格有助于你开始设计三维草稿。

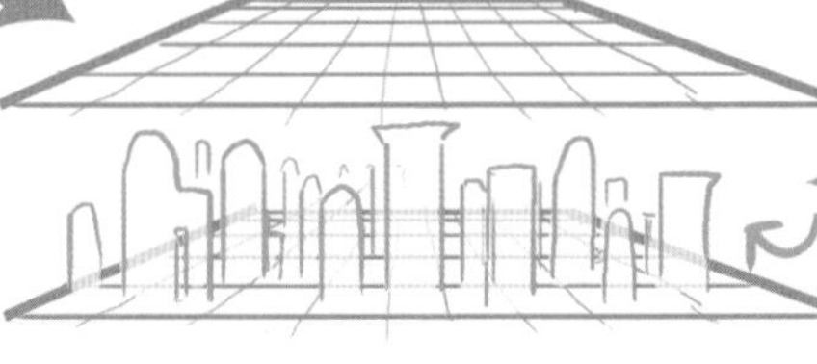

赋予平面形状以真实的深度

教程 #24

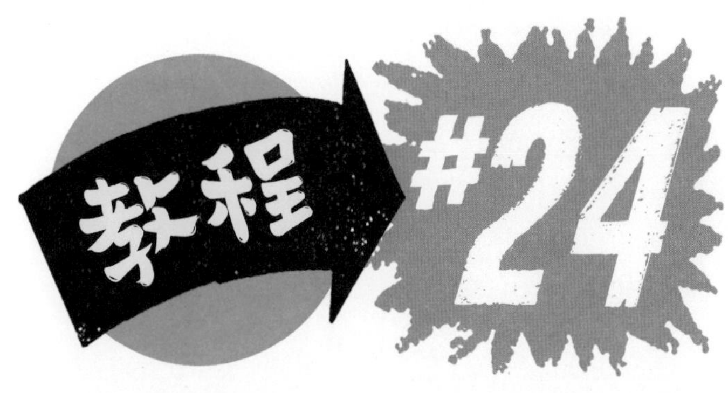

如果你把城市分成几层，那么构建它们的细节会更容易。

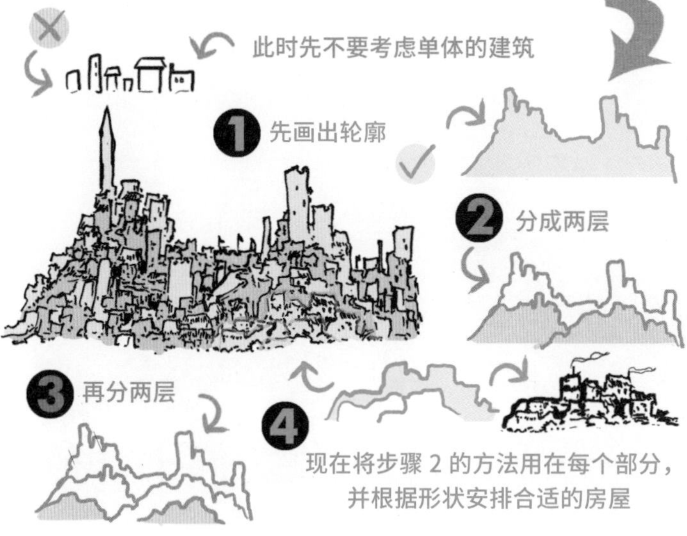

巨大的地貌起伏让城市不再像平淡无奇的“建筑地毯”。

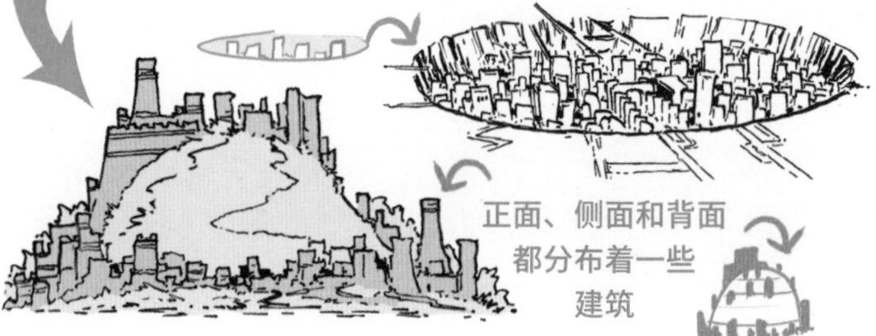

如果想展现巨大的视觉体量，可以加入中空形式的负空间。

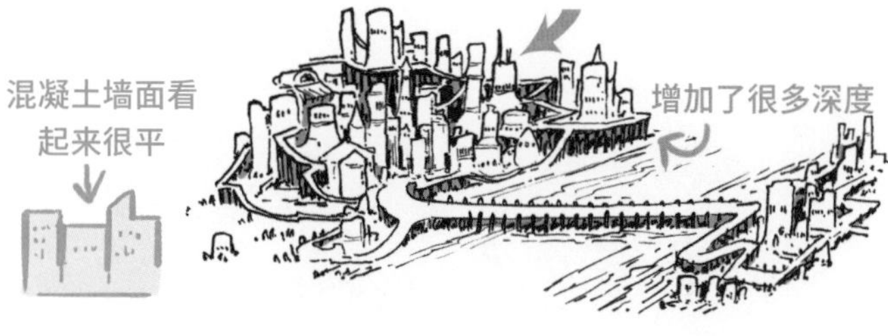

描绘出雨篷和挑檐的阴影也有助于建立中空空间。

就像贴在蛋糕上的便利贴

下面是一些城市景观的设计灵感，它们将有助于你创造出具有独创性的形状。

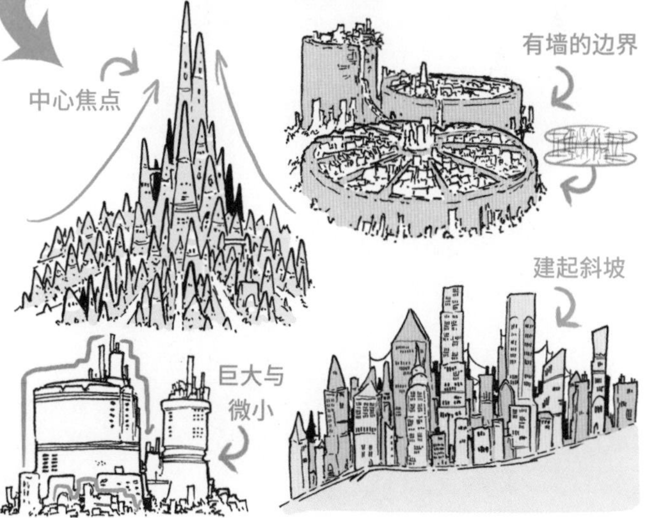

城市景观

素材集

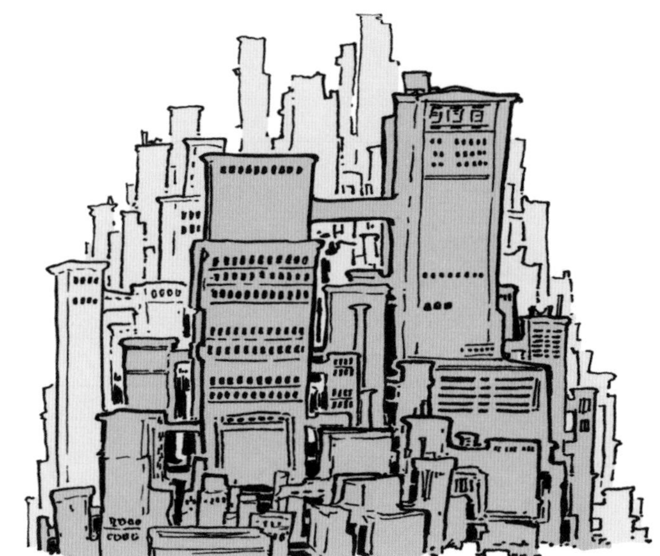

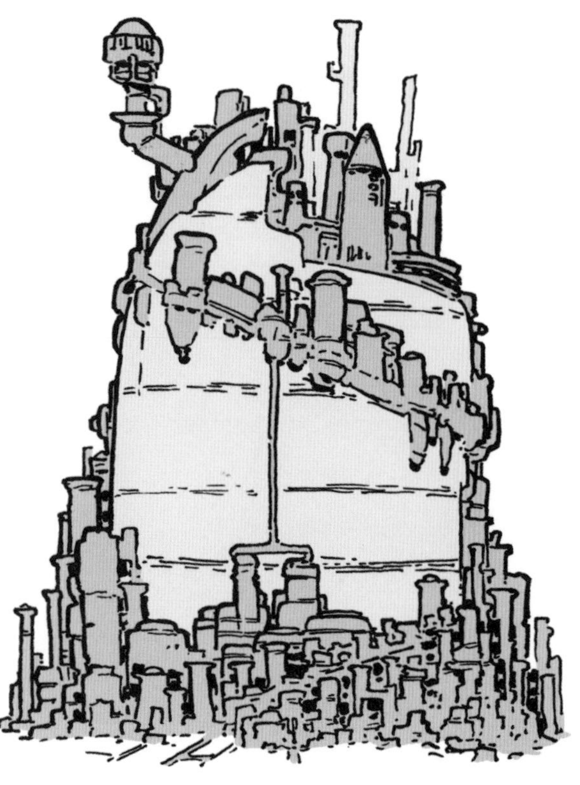

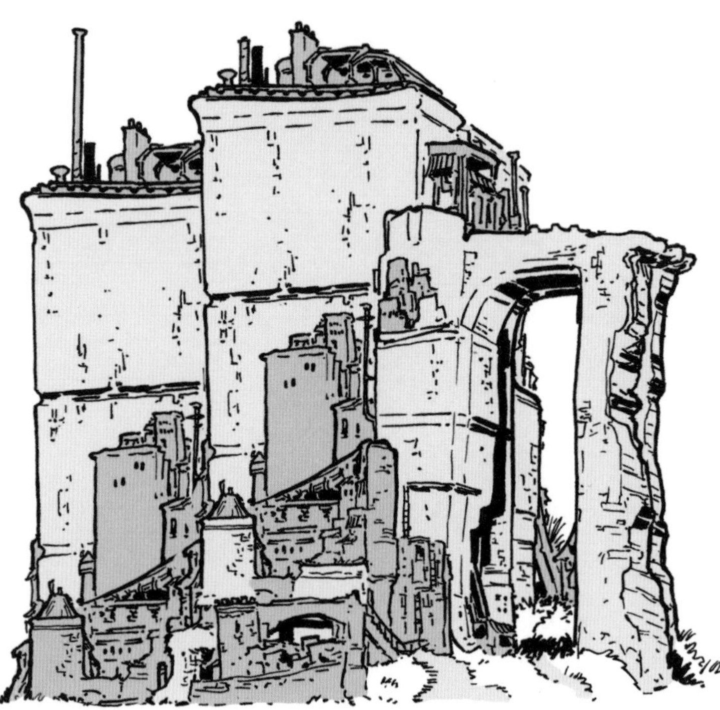

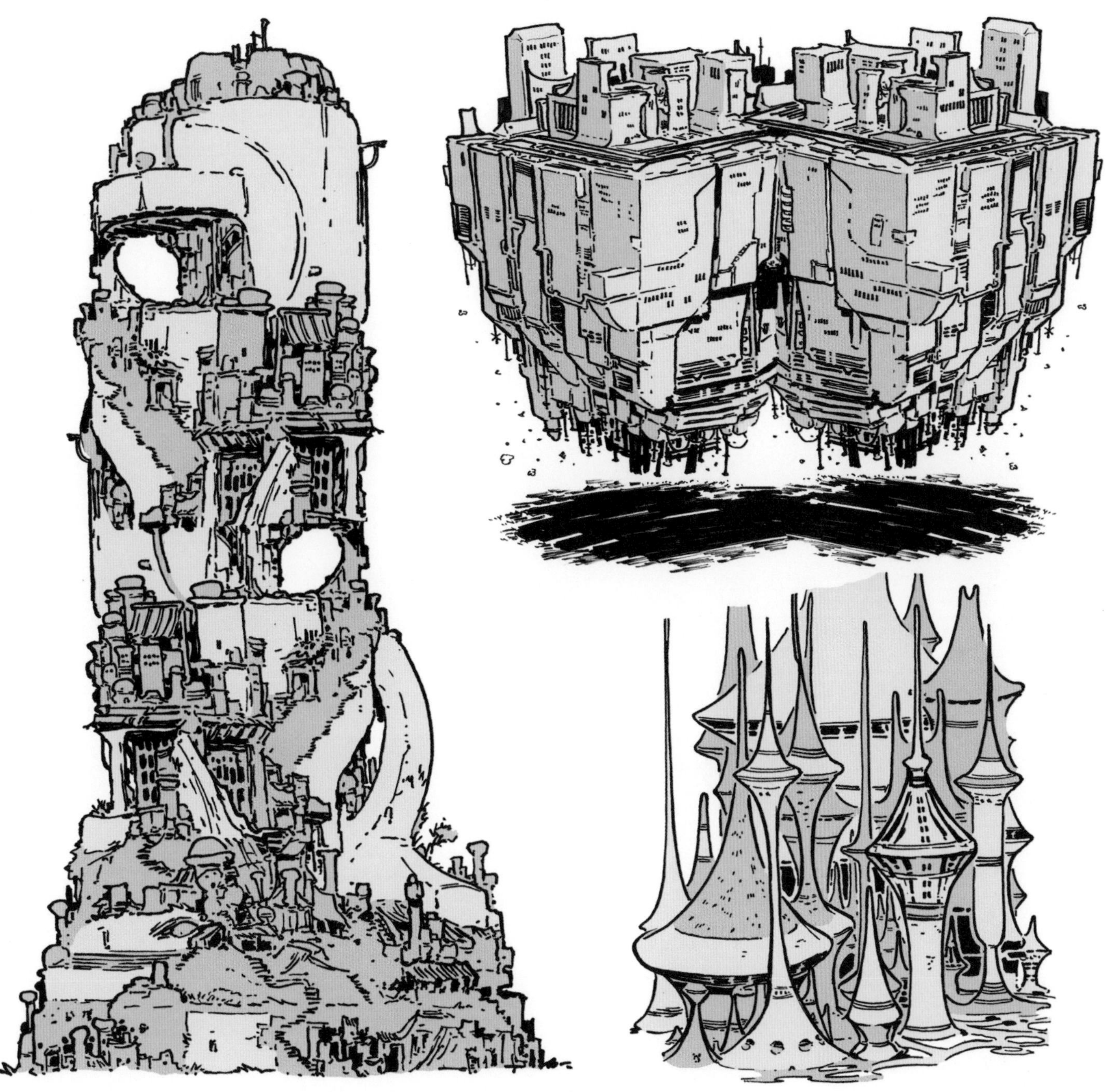

远处的细节

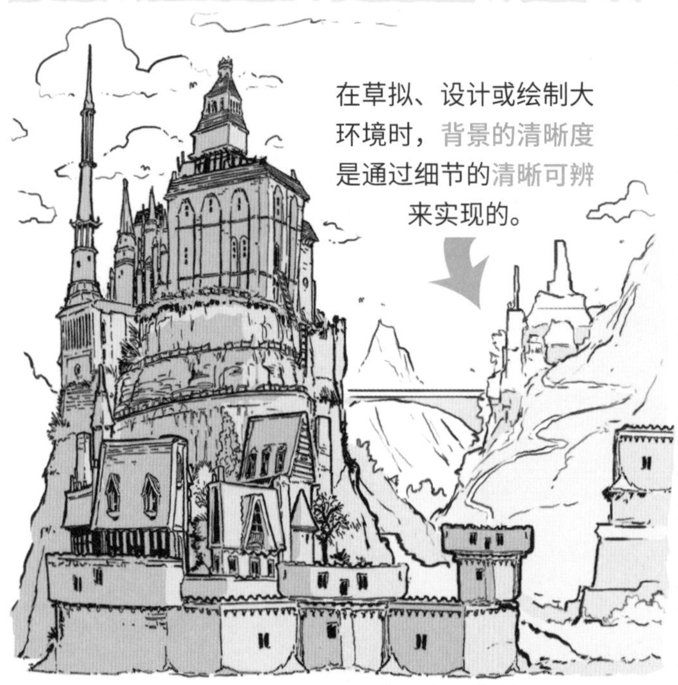

在草拟、设计或绘制大环境时，背景的清晰度是通过细节的清晰可辨来实现的。

如果你只是画出大尺寸部分的微缩版，那么尽管它在技术上是准确的，但在视觉上可能会显得沉闷且缺乏辨识度。

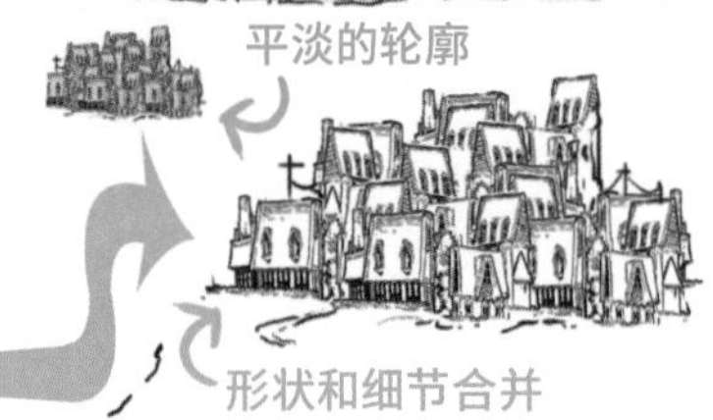

为了获得一个更有特色的背景环境，放置一个地标是很有用的。

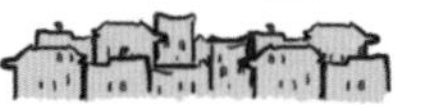

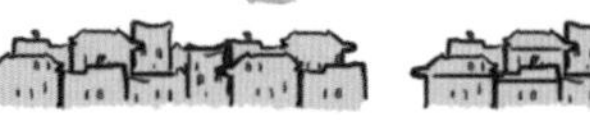

地标不仅是一个容易辨识的形状，还是一个构图的分界点。

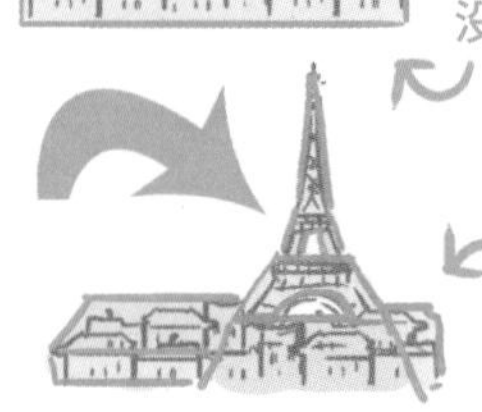

当然，地标不仅仅是建筑。

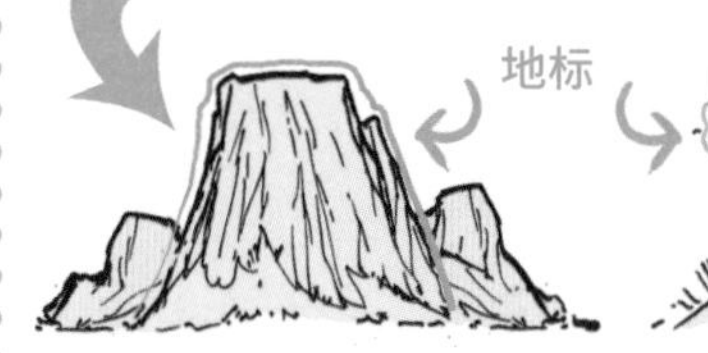

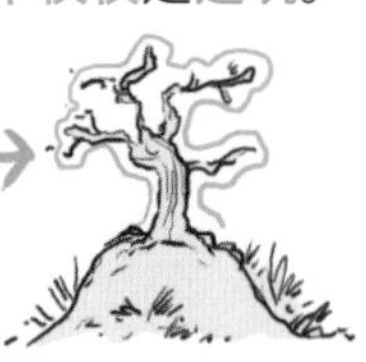

所有那些在环境规则之外的独立元素都可以被视为地标——视觉地标。

以下是 8 种视觉地标：

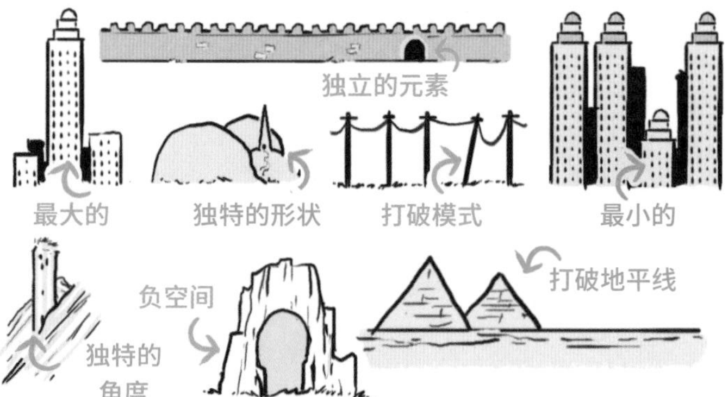

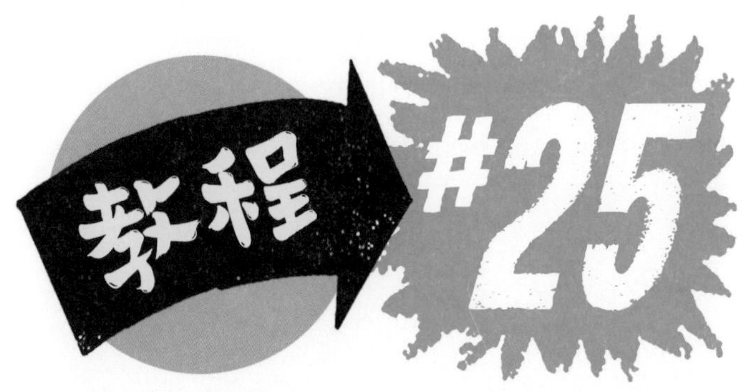

我们已经看到了视觉地标在背景中的重要性，但是否要凸显它们完全取决于你。

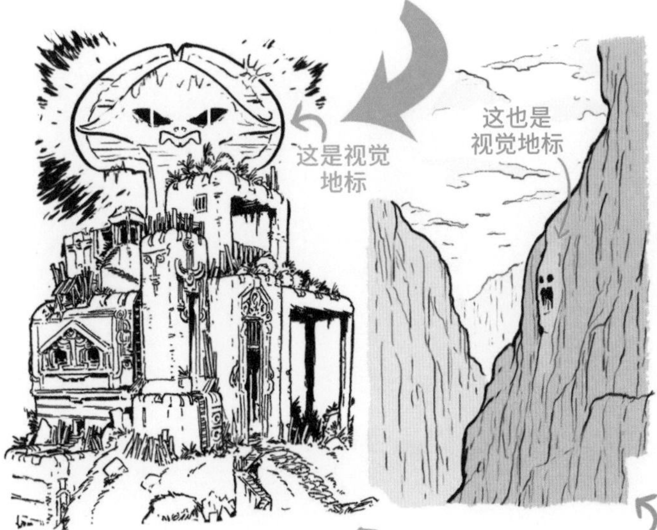

在热闹的环境中，地标必须引人注目才能脱颖而出

但在一些简单的场景中，小细节也能引人注目

试着减少一些地标周围的细节，这样反而可以让地标获得更多注意。

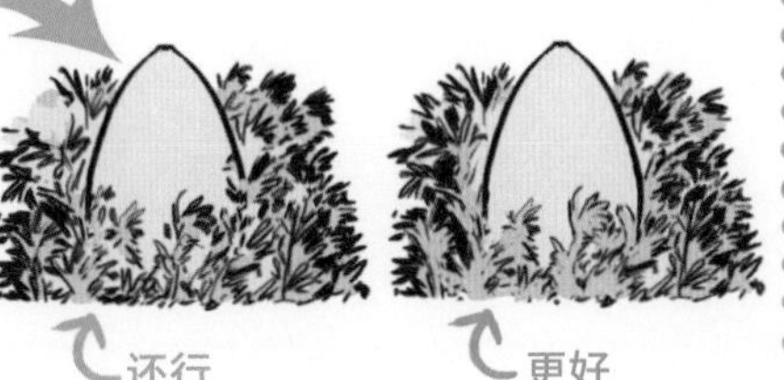

从远处看，一个既简单又有夸张造型的视觉地标将被更好读懂。

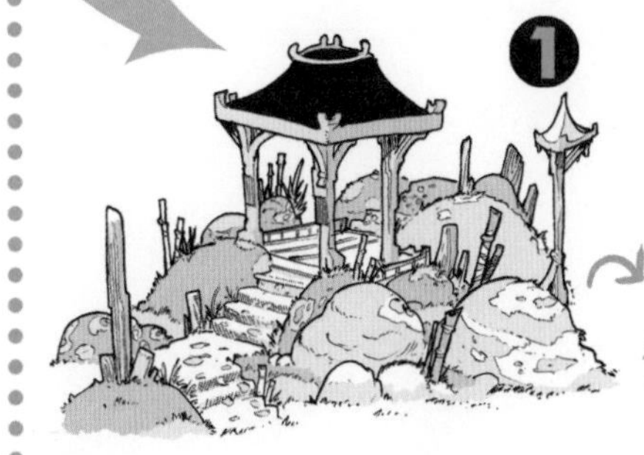

1 决定设计中的标志性建筑或关键形式

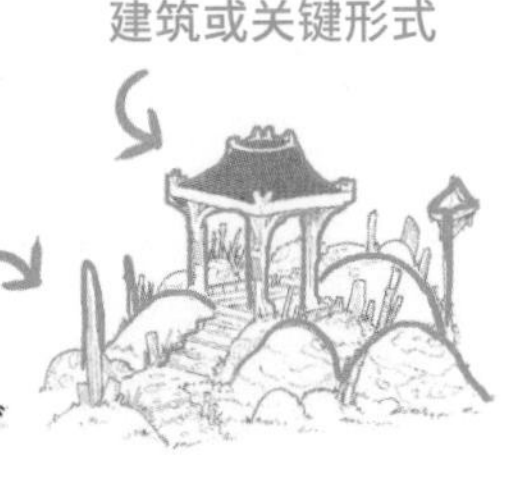

2 移除几乎所有其他东西

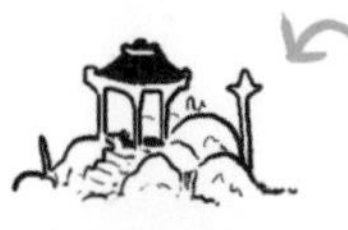

只要关键元素都在里面，就很容易远远地认出它

3 现在试着稍稍夸大主要的视觉地标

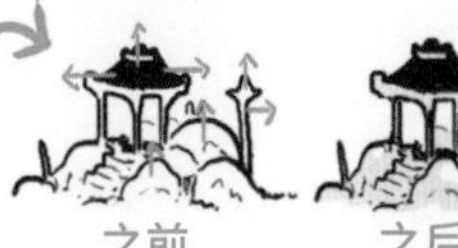

差别非常小，但大大地增加了辨识度

让我们继续探索用这种方式减少一些设计的视觉效果。

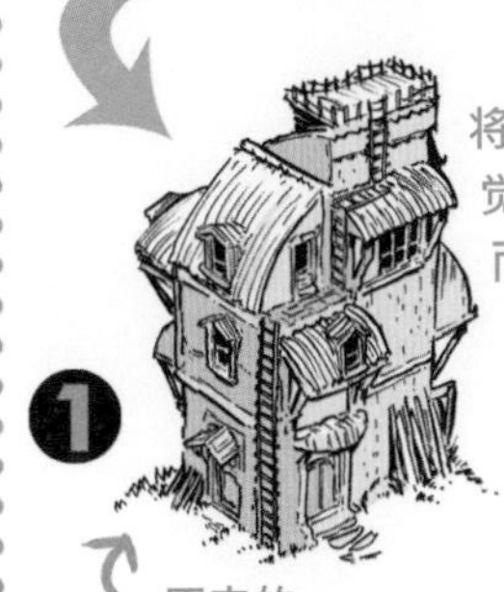

将重点放在感觉起来如何，而不仅仅是它看起来是否真实

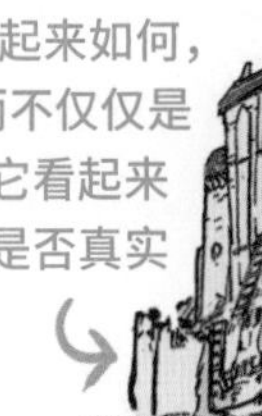

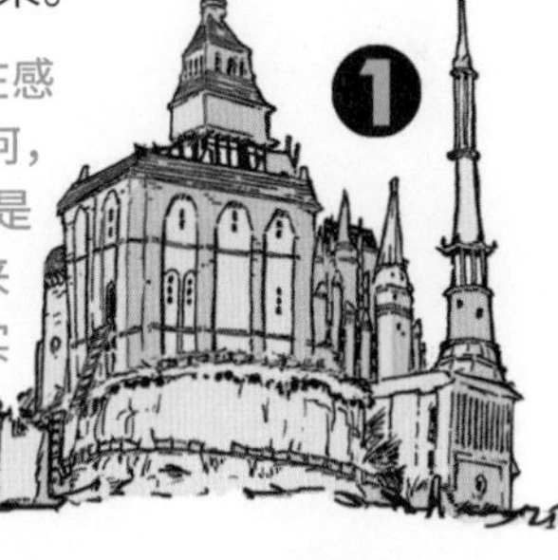

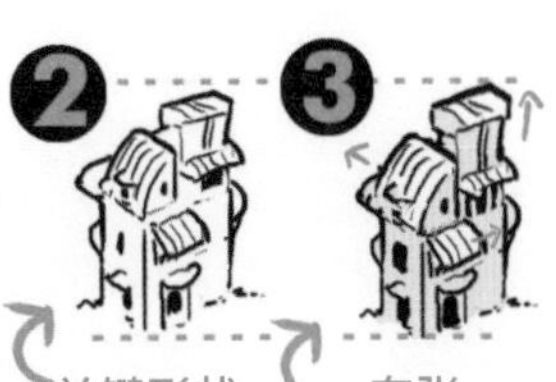

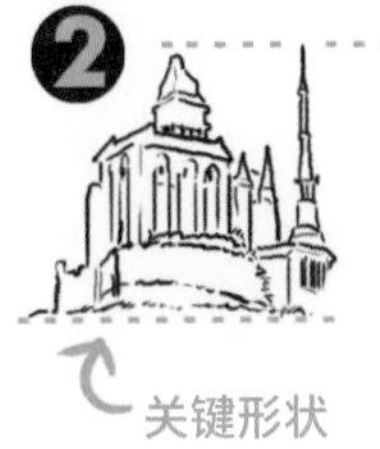

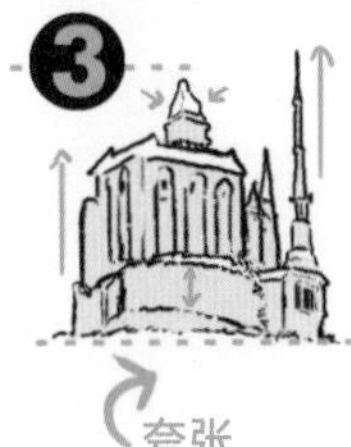

第四章

构图技巧与场景

前景、中景和远景

迄今为止，我发现创造富有活力的构图的最有效方法是同时使用前景、中景和远景，并为它们设计出有趣的联系：是要相互补充还是形成对比，抑或是其他？

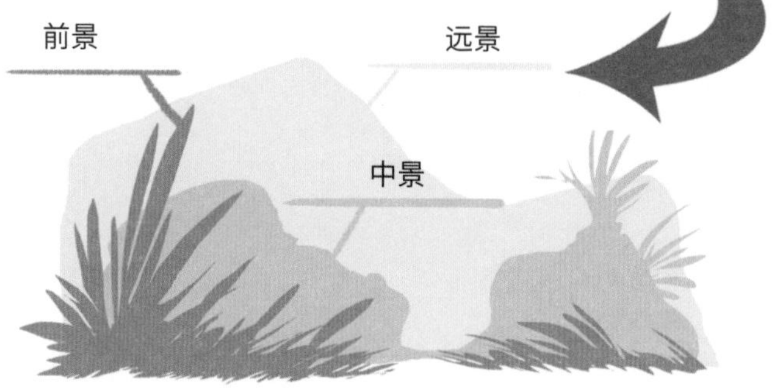

在本节教程中，我将给你提供使用这 3 种元素布局的 14 种常用方案，请尽情享用吧！

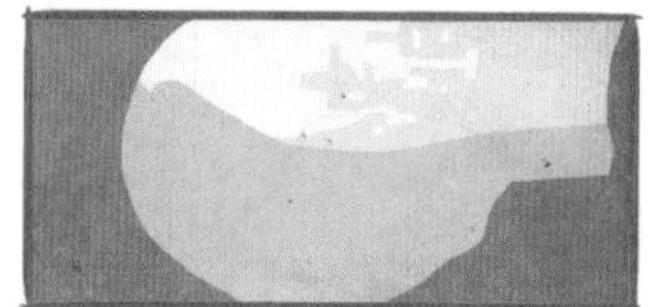
混合的形状

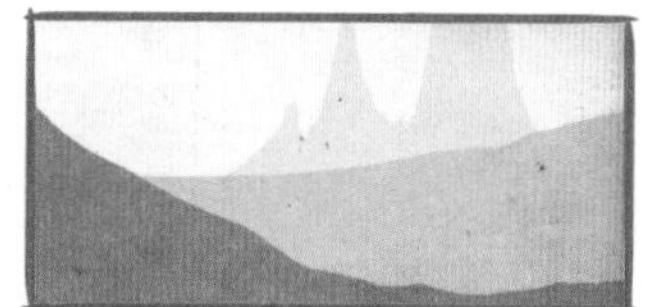
有层次的平原

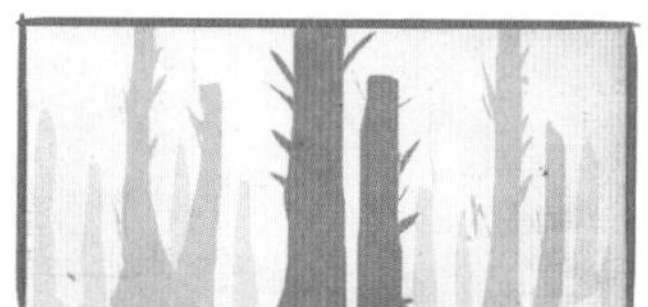
聚焦中心（前景）

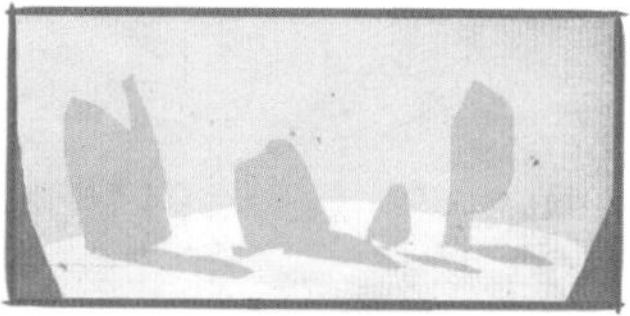
聚焦中景

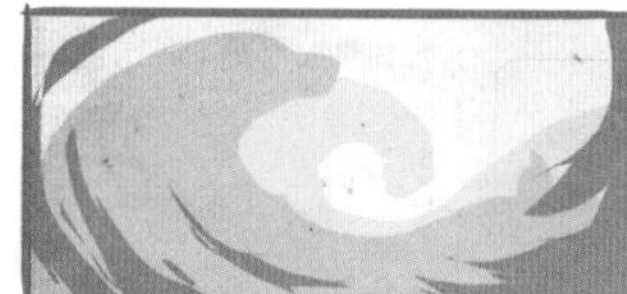
重复的形状

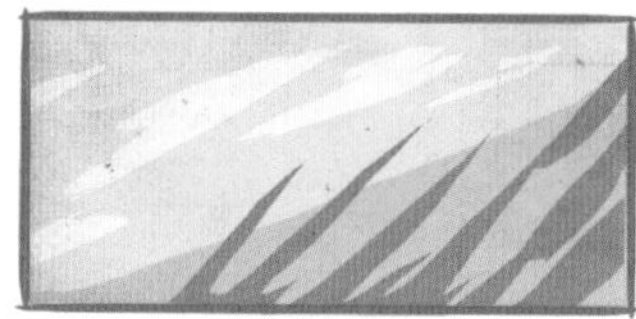
对角线

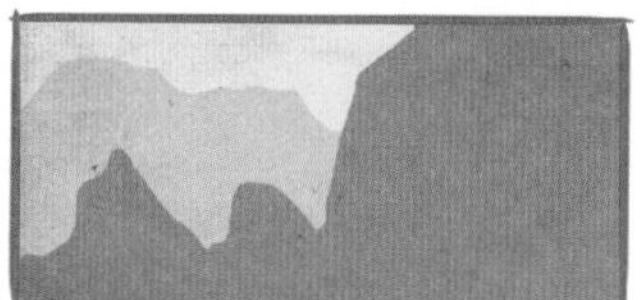
夸张的前景

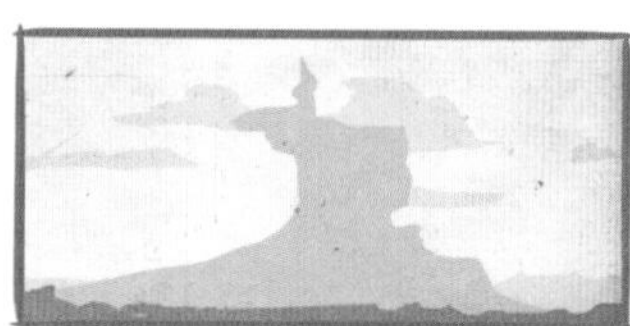
夸张的中景

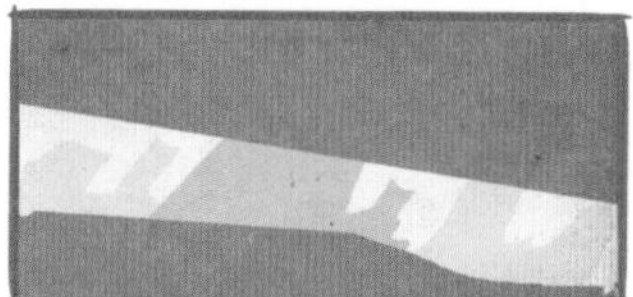
由信箱眼向外看

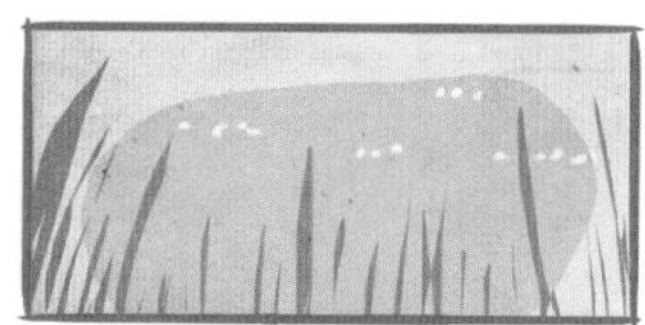
对比的形状

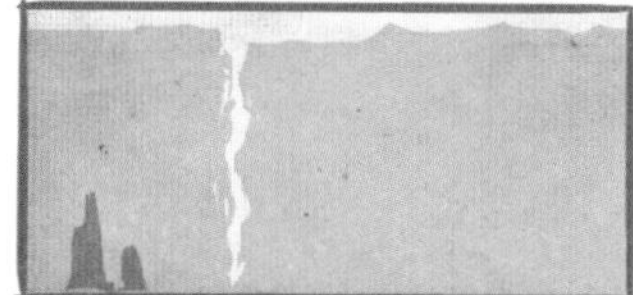
有限的视野（一线天）

负空间

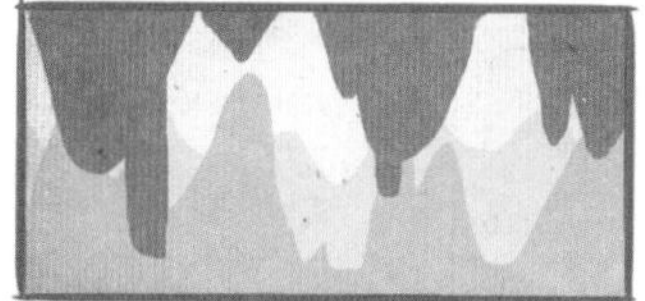
交叉的形状

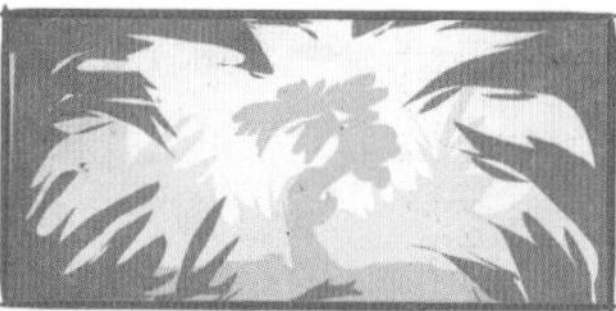
边框式的前景

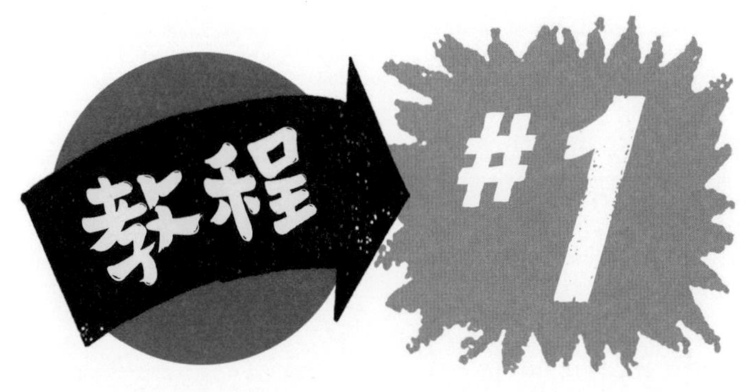

在本节教程的第二部分，我将再给你提供使用前景、中景和远景元素来布局的 16 种创意方案。你也可以将这些方案混合起来使用，创造出无穷无尽的构图！

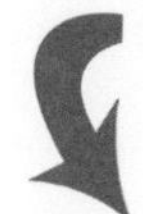
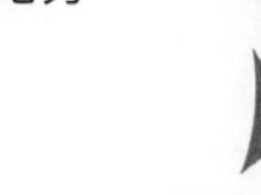

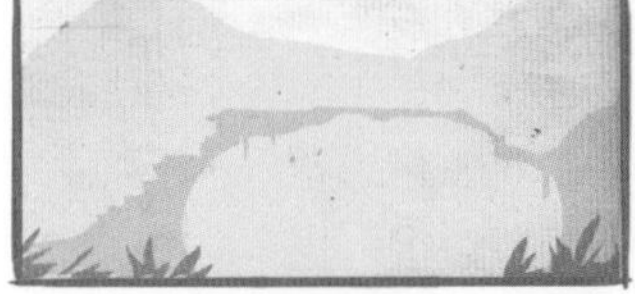
壮观的背景

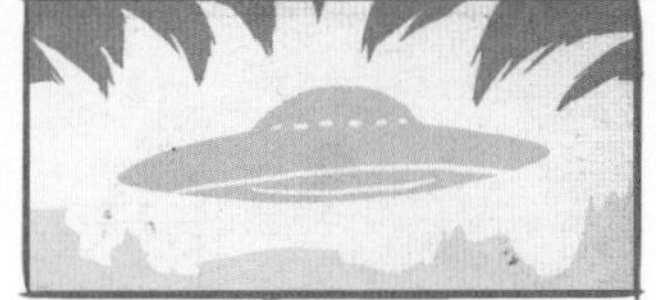
高层、中层和低层

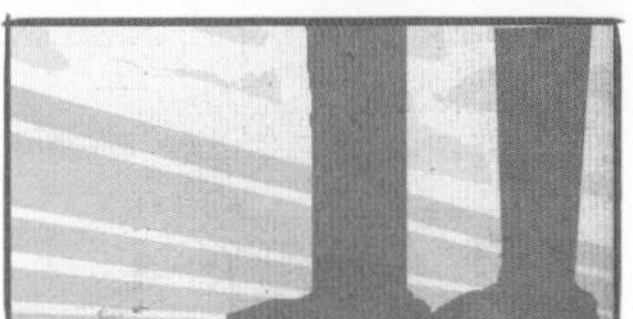
对角线与垂直线

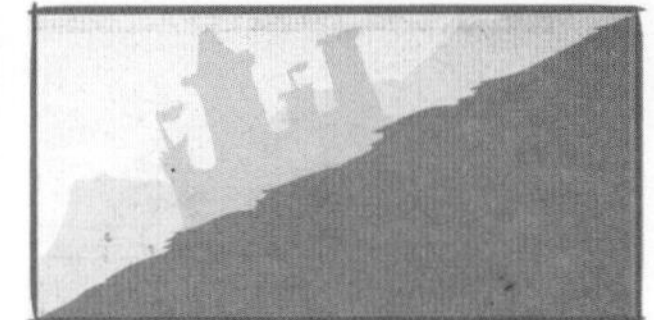
利用前景一分为二

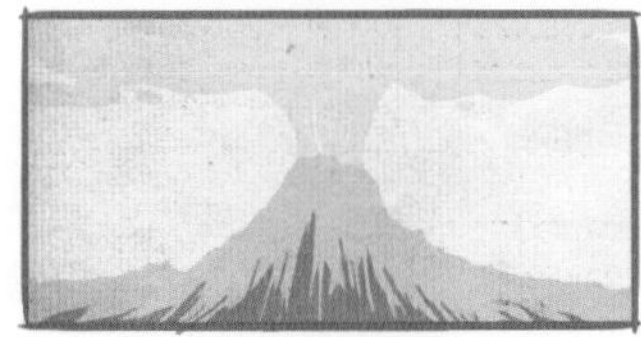
单层结构

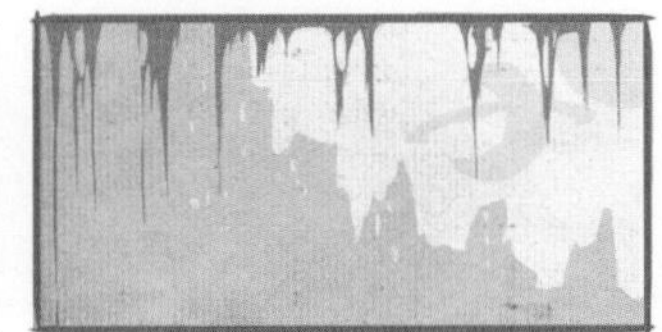
纤细与粗厚的对比

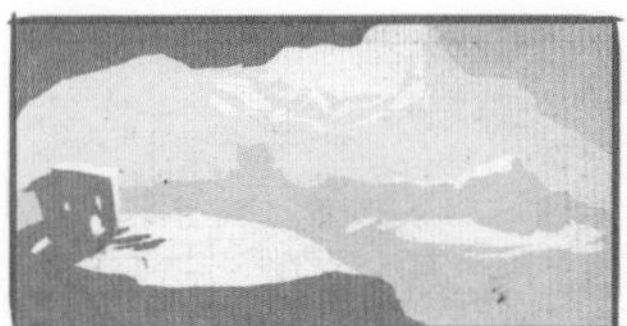
三处焦点

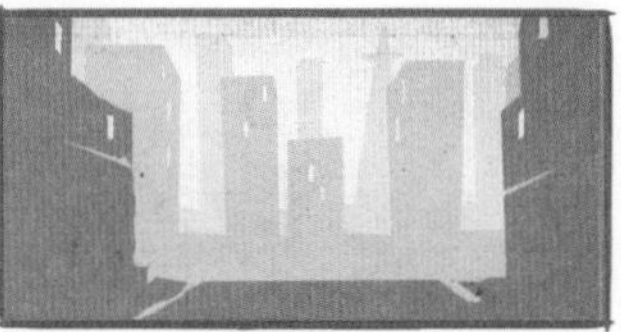
暗示的远景

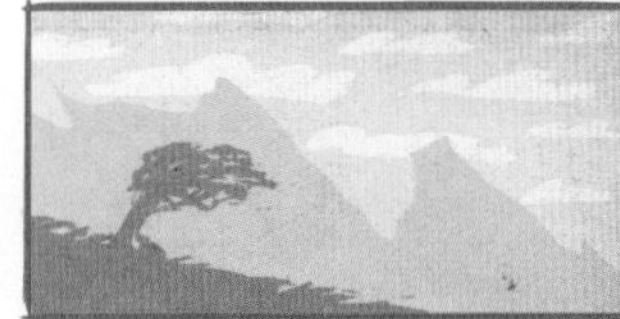
交替的朝向

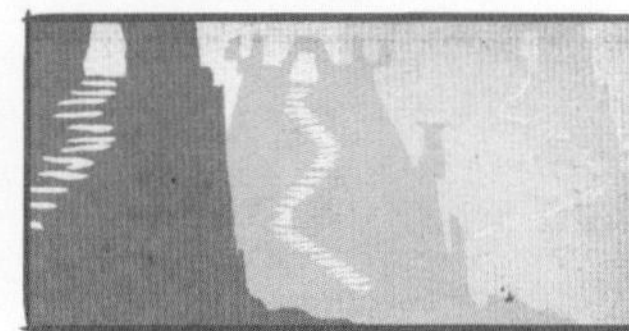
切分成 3 块

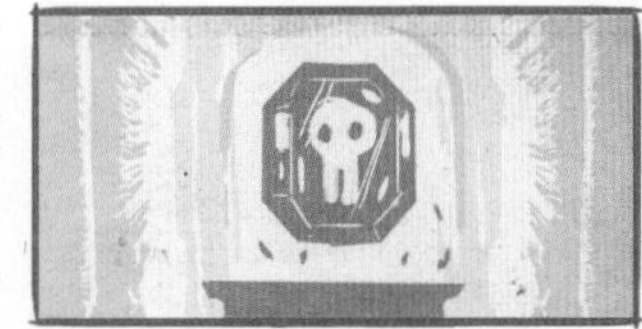
浮动的前景

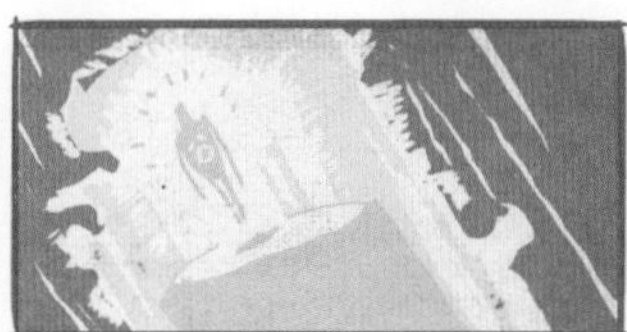
浮动的中景

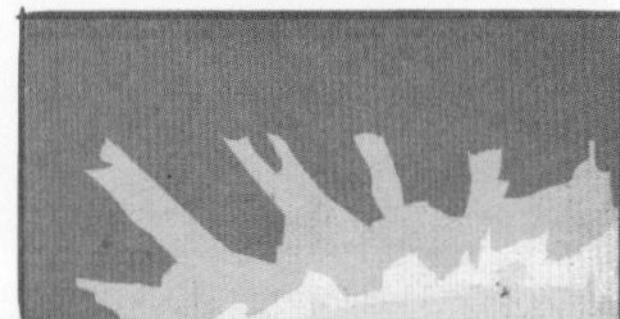
指向远景

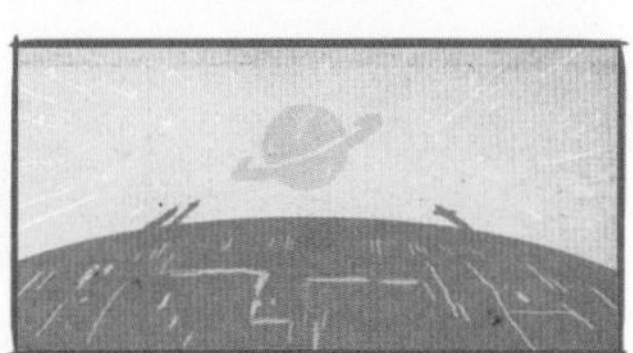
最小的中景

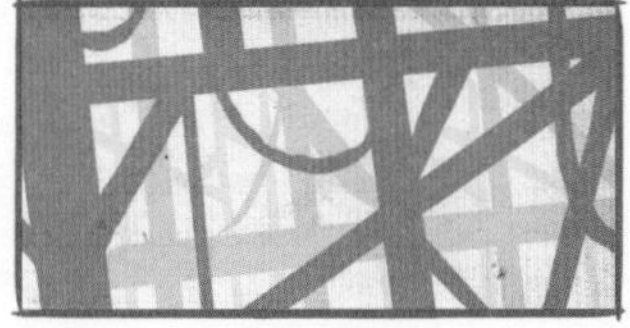
分割空间

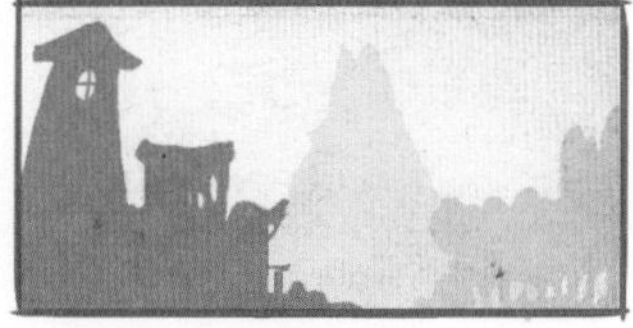
连绵的线

记住，这些只是你构图选择中的一小部分！在本书的其他部分，你将看到更多的构图技巧！

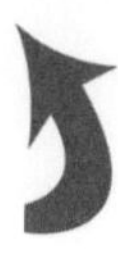

负空间

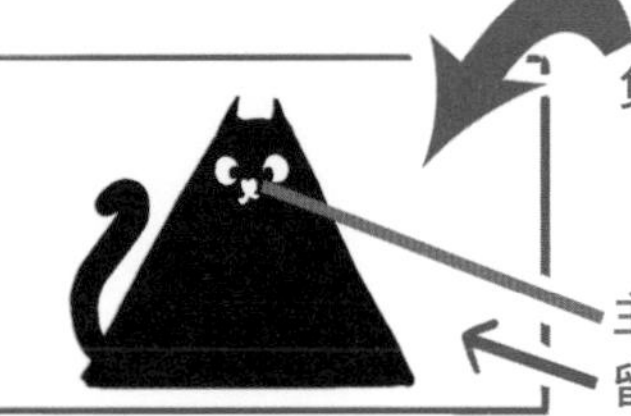

负空间是指主体周围和中间空出的部分。

负空间很重要，它使我们的大脑能够记录和理解不同的形状。

这就是为什么同样一段话有时读起来很困难 →

我沉迷于制作免费的教程，因为这让我感觉非常好！

有时却很容易 →

我沉迷于制作免费的教程，因为这让我感觉非常好！

文字周围需要有一些空间，这样眼睛才可以识别它们。

但这不仅仅与空间的大小有关，还与空间的形状有关！

这种设计读起来还不错

LET'S BUY A PIZZA PIE!

但下面这种设计让每个单词都更容易识别

Let's buy a pizza pie!

*让我们买一个比萨饼吧！

负空间本质上是一种构图要素。有意识地识别并运用它，可以让画面主次分明。

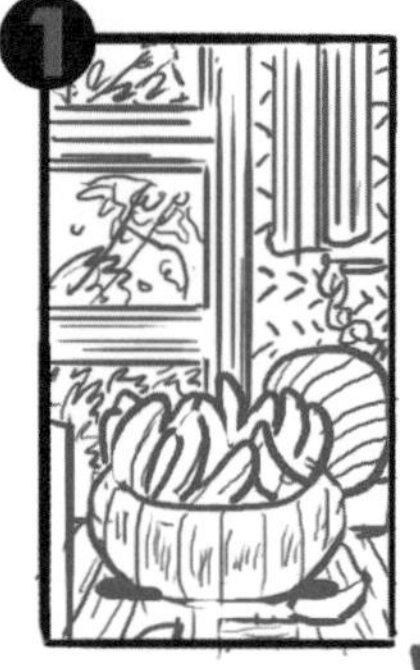

看上去很乱，因为图中没有可被识别的形状

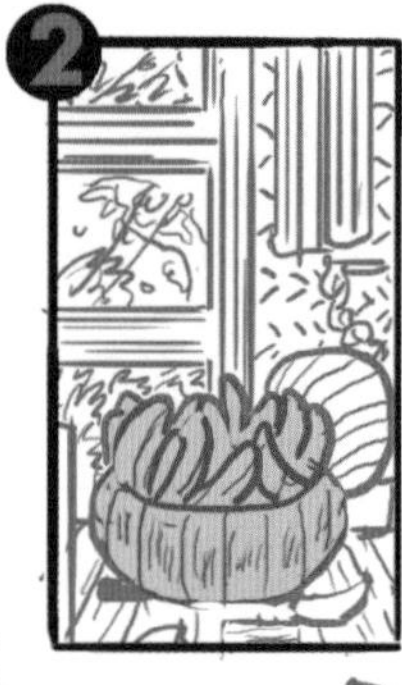

确定我们最想突出的元素，将其作为主体

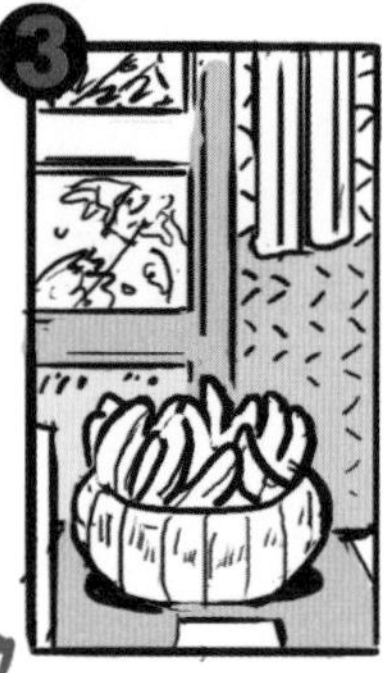

整理主体周围的元素，对其进行简化

负空间不仅可以用于主体元素的周围，有时还可以运用到主体元素的内部设计上。

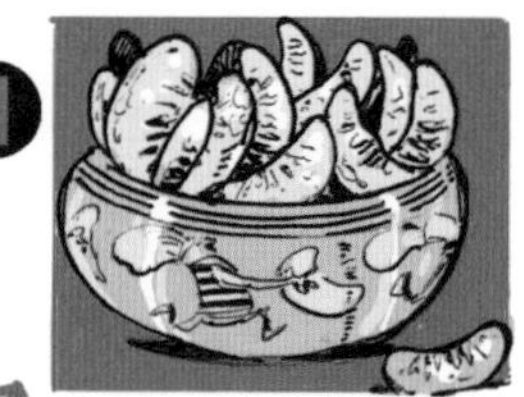

主体周围是最主要的负空间

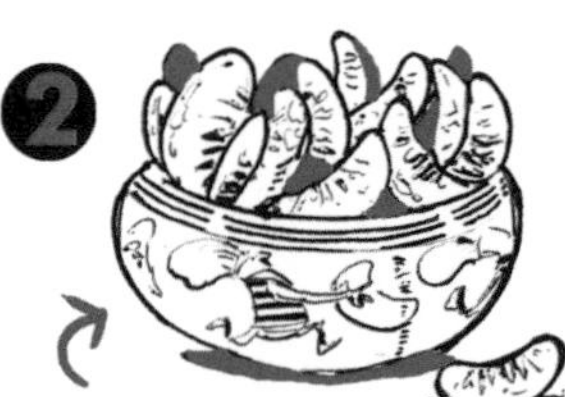

主体的阴影也可以看作小面积的负空间

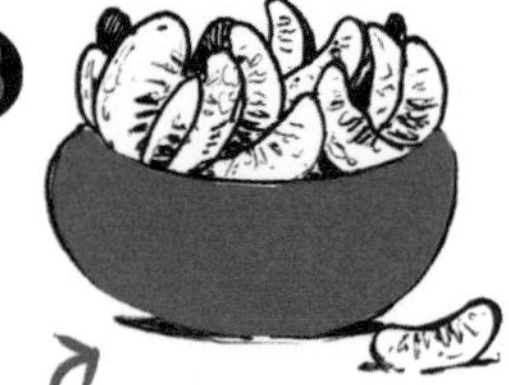

主体内部藏着一个大而简单的封闭形状

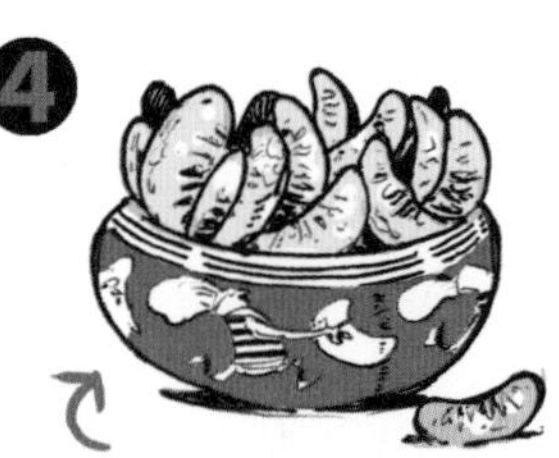

这个形状内部又有不少小块负空间

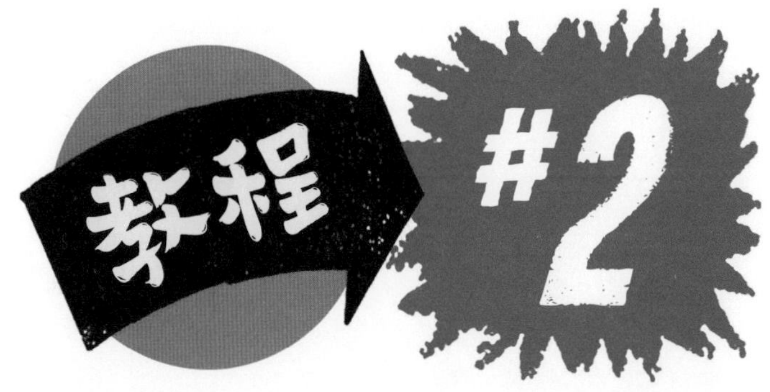

在反向剪影中，我们可以把黑色的部分视作负空间。

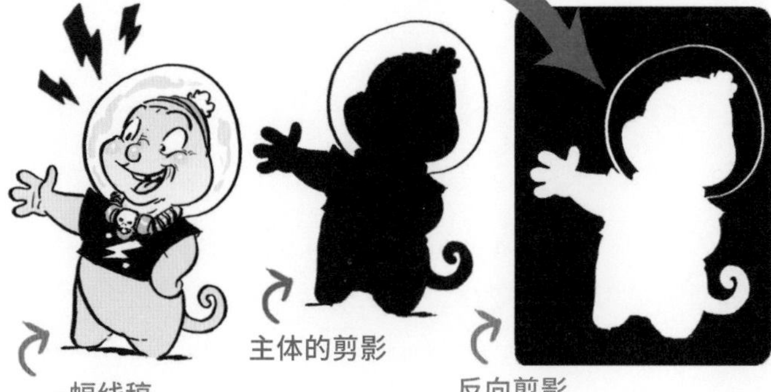

你可能已经知道，给角色设计姿势时，让它的剪影一目了然是很重要的。其实，设计物体的负空间时也一样，它们需要一目了然。

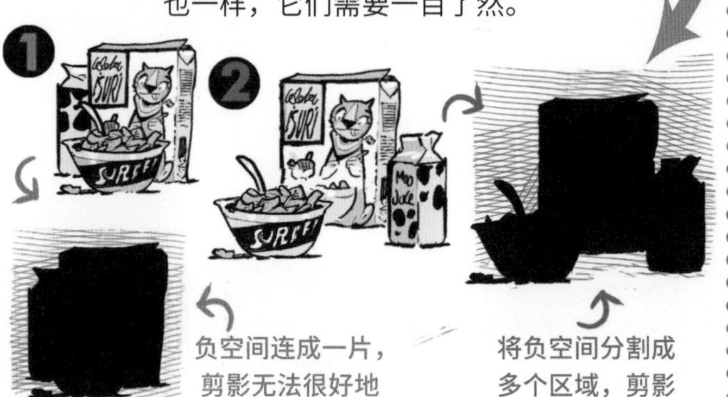

1
2
负空间连成一片，剪影无法很好地被识别
将负空间分割成多个区域，剪影则更容易被识别

但这并不是说元素只要分散就行了，它们还要在一定程度上交叉，形成不同的形状。这样创造出来的负空间才不会无聊。

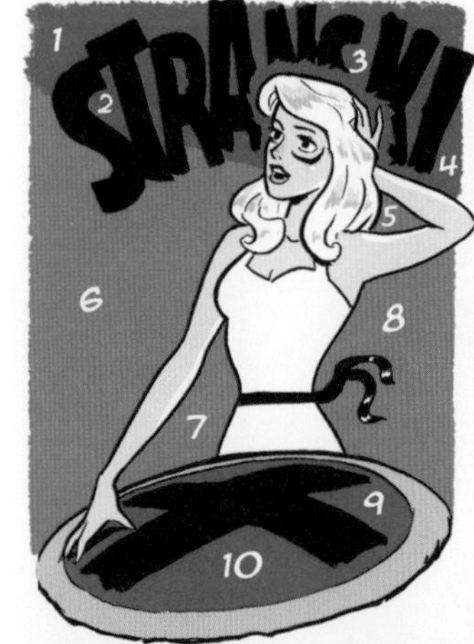

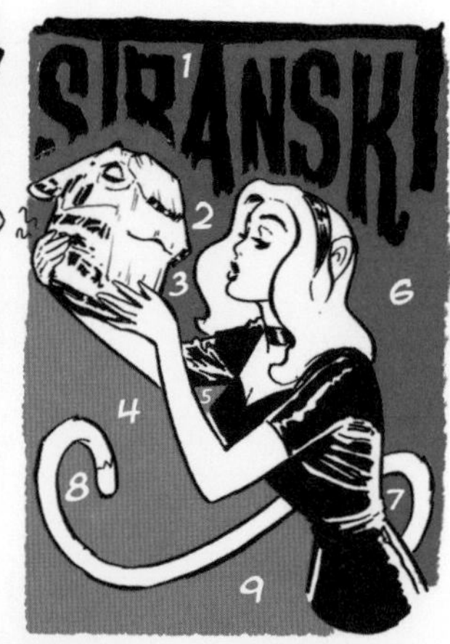

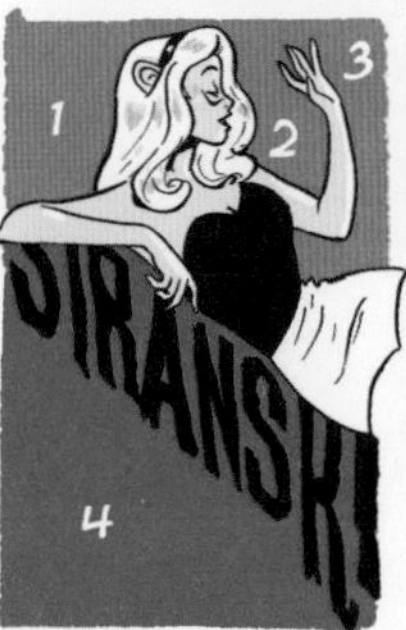

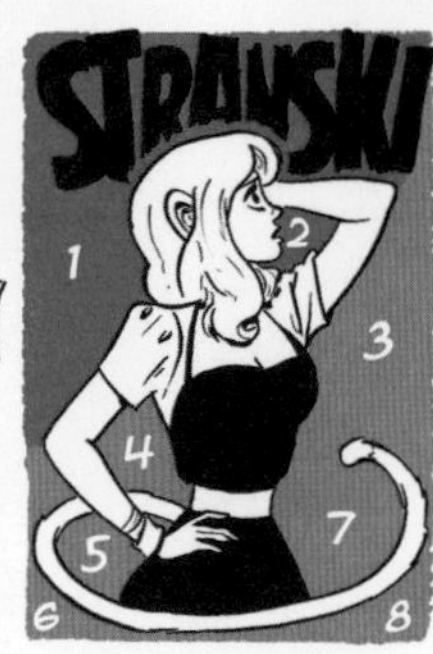

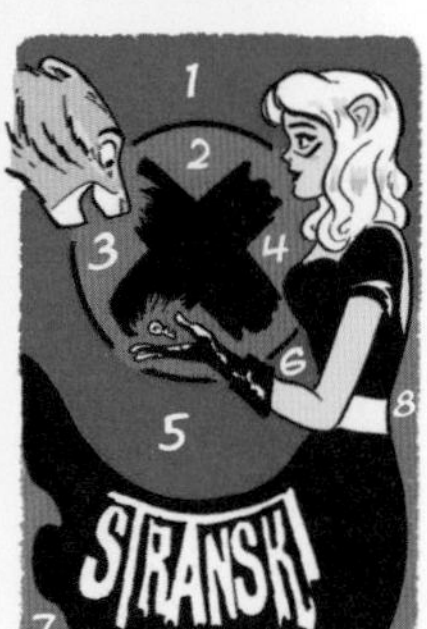

即使画面中只有少数几种元素，也可以运用多种多样的方式创造负空间

试着用图像的边框来帮助你裁剪形状，从而创造出不同寻常的负空间区域！

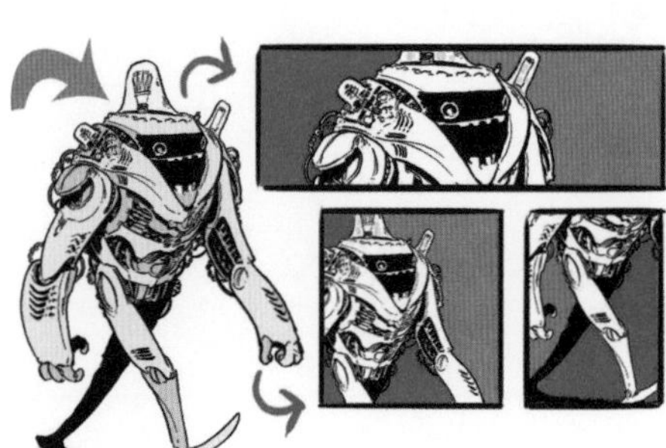

裁剪

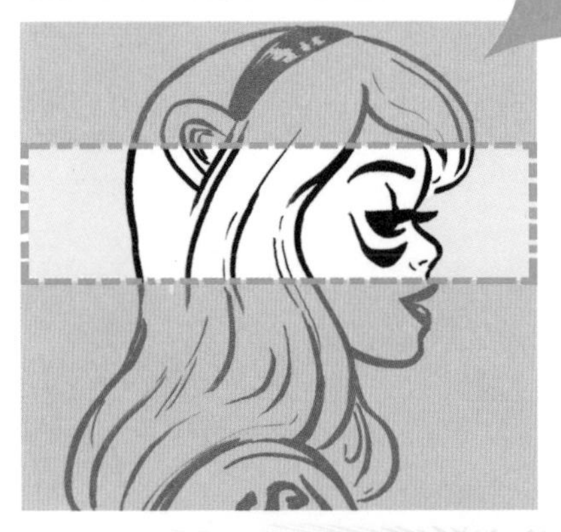

裁剪就是使用图片的边界来“剪切”部分图像的技巧。边界通常是画面或边框本身（但也有例外）。

裁剪是最基本的构图工具，而且它完全不需要高超的绘画能力就可以使用！

2 种处理裁剪的方法：

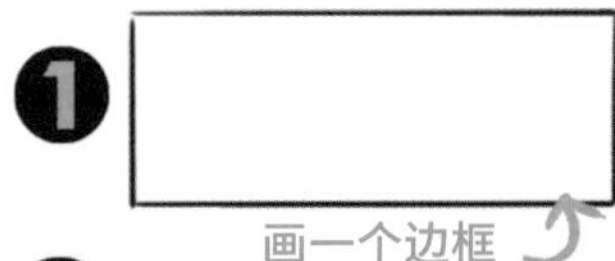

① 画一个边框

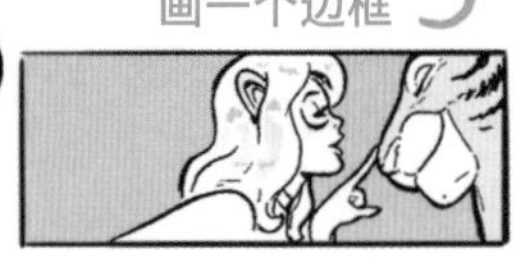

② 裁剪画面

这适用于多格画面，比如漫画。

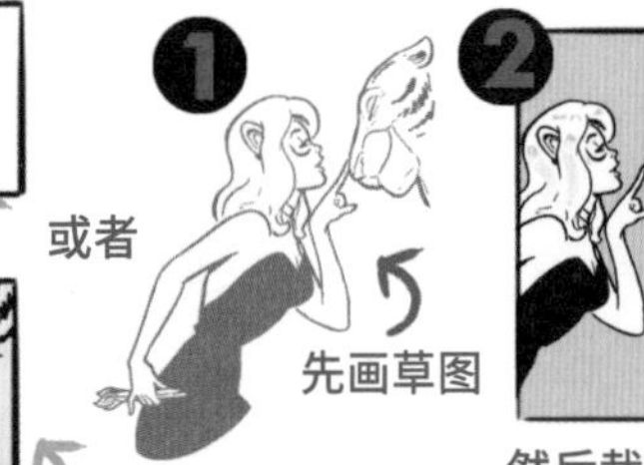

或者

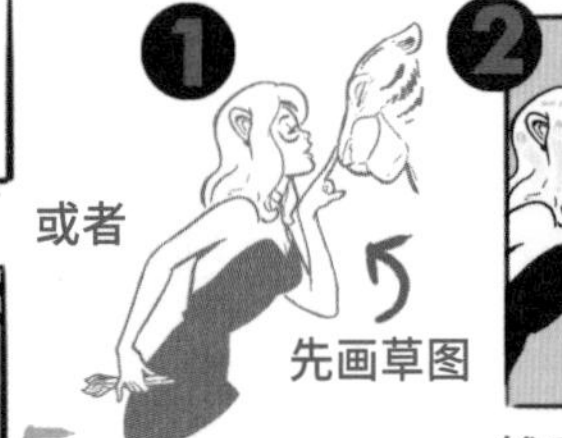

① 先画草图

② 然后裁剪

这适用于独立的图像，比如插图。

裁剪可以作为一个焦点使用，引导观众只看到重要的东西。

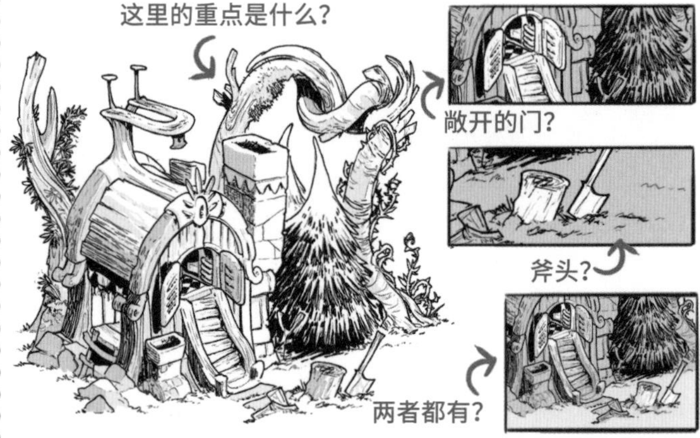

当作品被限制在固定框架的静态场景中，如在电影或连环漫画中时，裁剪也非常有用。

A

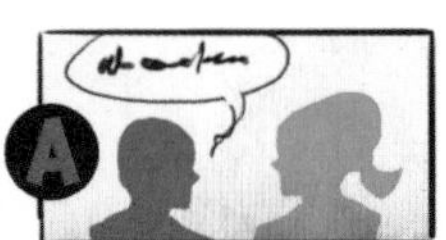

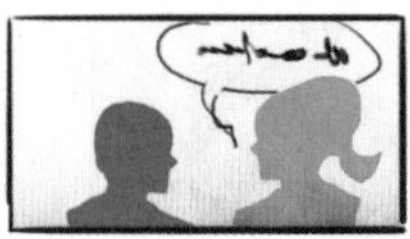

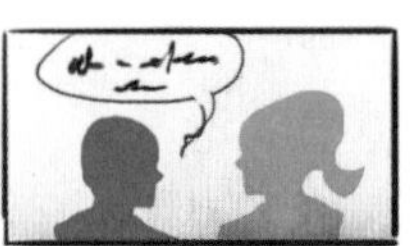

这很快就会变得很无聊

B

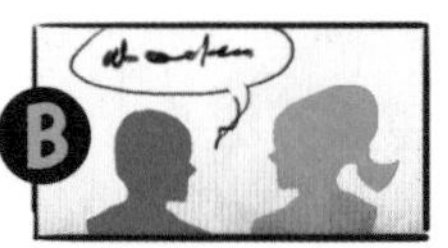

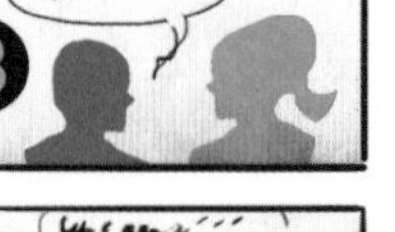

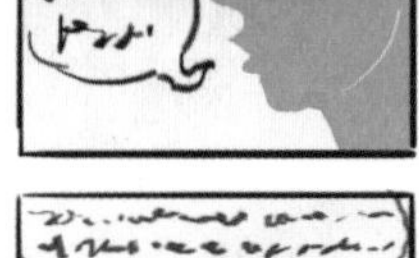

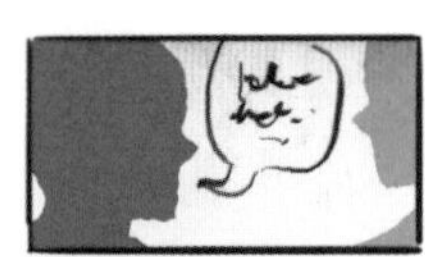

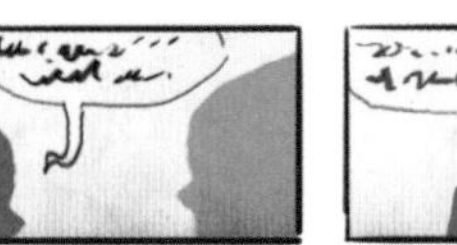

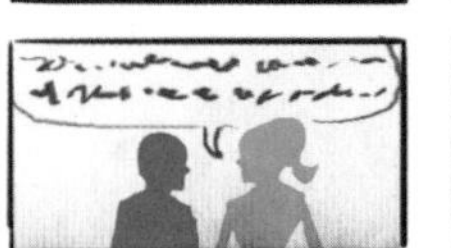

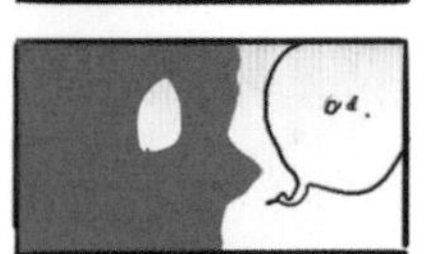

但是通过简单的裁剪（没有改变摄像机角度或动作），我们得到了变化

对于小范围的裁剪，要将最有价值的元素清晰地分离出来。

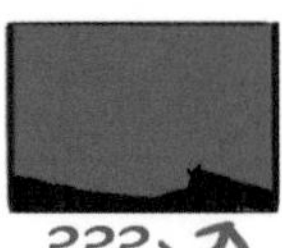

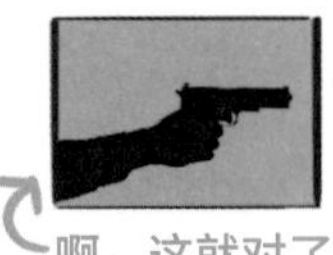

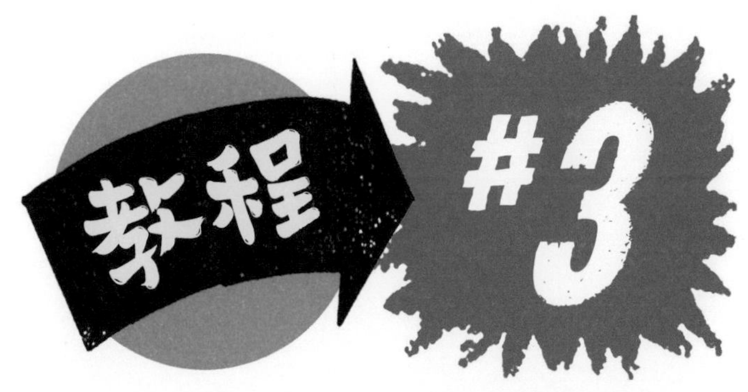

对于角色，要注意：如果裁剪得太靠近接合线或太靠近任何部分的末端，都会产生美学冲突，就好像无意中缺失了某个元素一样。

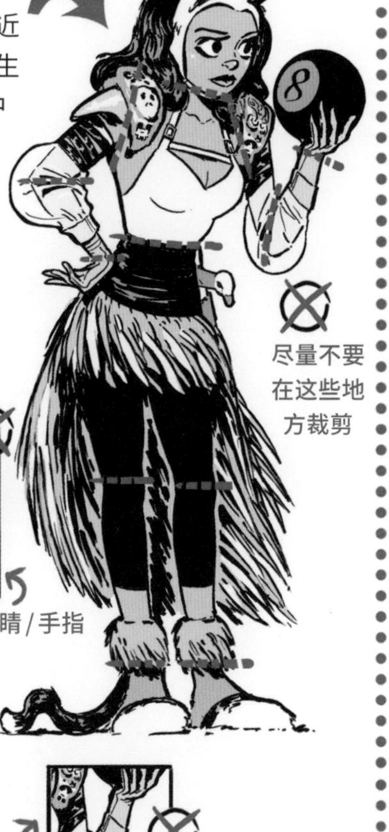

尽量不要在这些地方裁剪

下颌

手腕 / 腰 / 肘 / 头

肘 / 眼睛 / 手指

脚踝

膝盖

手指

还要尽量避免在角色某一部位的正中进行裁剪。除了上述几种情形外，你可以在任意位置裁剪。当然，注意不要让肢体的裁剪线与边框重合。

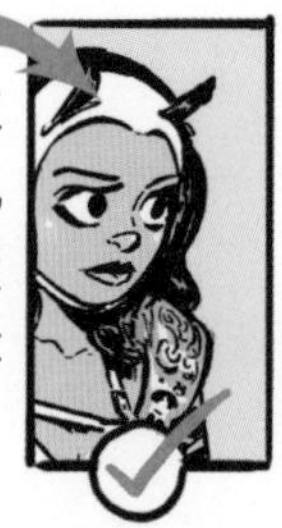

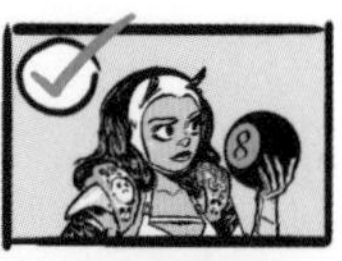

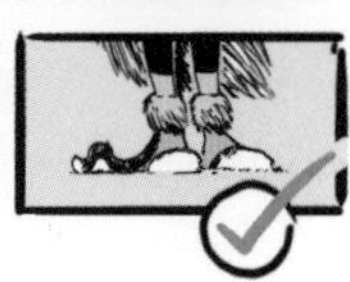

你可能需要改变角色的姿势，以防止接合线与其他恰当的裁剪线平齐。

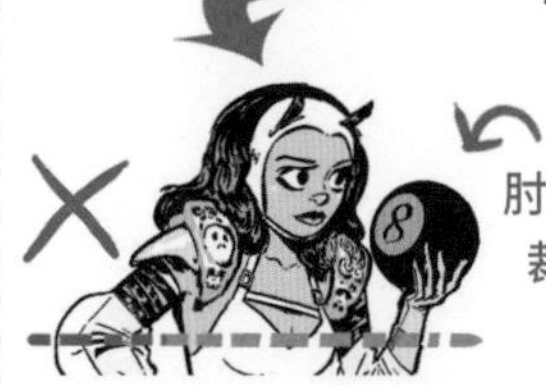

肘部与恰当的裁剪线冲突

调整姿势来修复

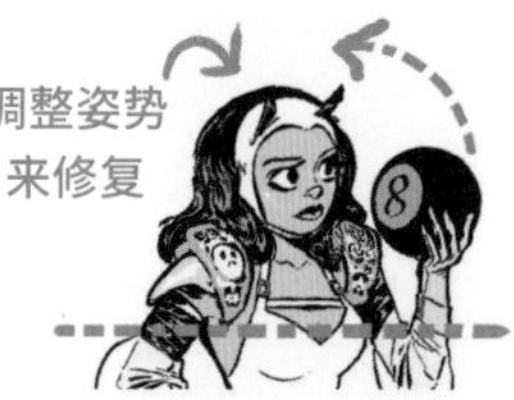

对于环境的取景，将对象裁剪 3 次会让人感觉很“合适”。

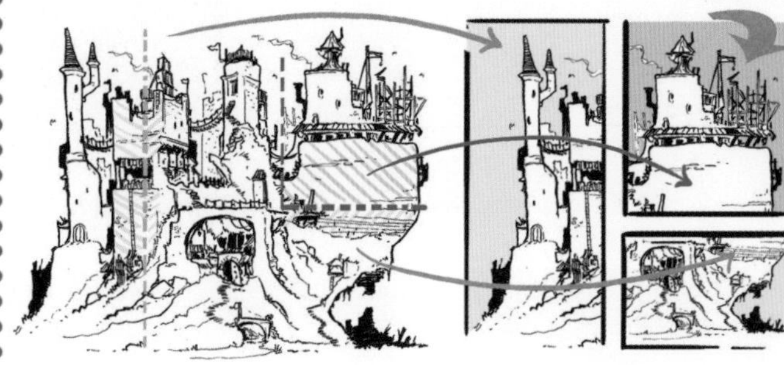

离山峰太近会让人感觉不连贯

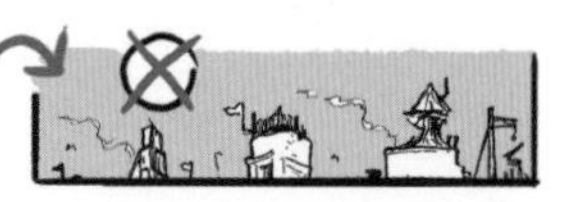

除了图像边框常被用于裁剪以外，其实，当任何对象与主题重叠时，本质上都是对主题的裁剪。所以上述技巧和注意事项对它也同样适用。

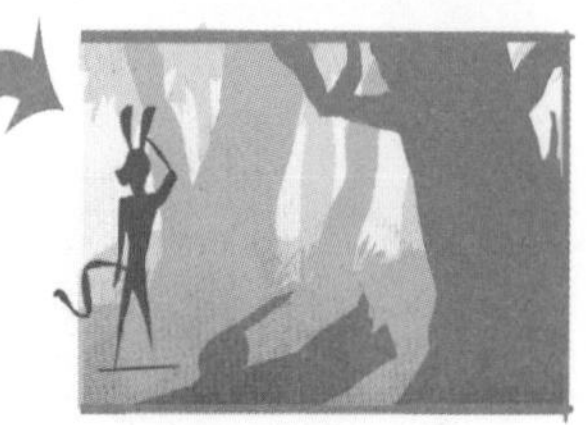

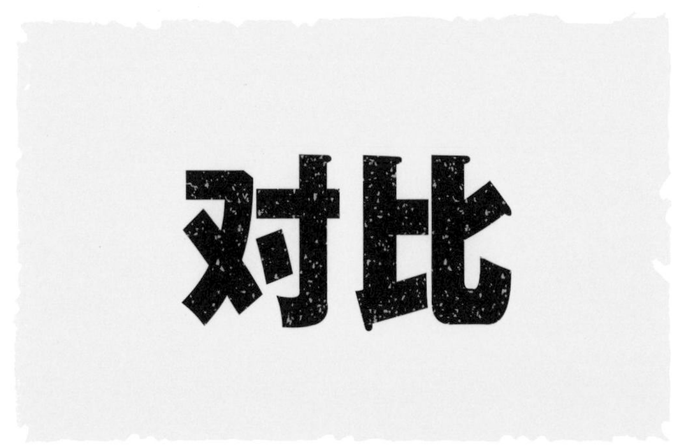

对比

无论对哪个领域的艺术家来说，对比都是最强大的工具之一。

对比最基本的作用，就是确立一个元素在整部作品中的位置，以及突显它所要传达的信息。

从这幅图中我们看不出它的尺寸、重要性、与其他事物的联系等

应用对比后：现在我们感觉它很大

换一种对比：现在我们感觉它很小

每当我们将两种元素放在一起对比时，每种元素的个体特征都会变得更加明显！

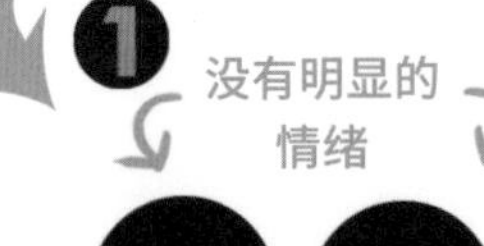

没有明显的情绪

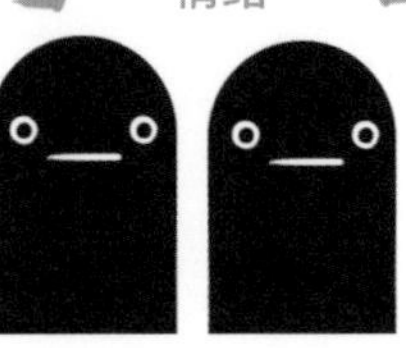

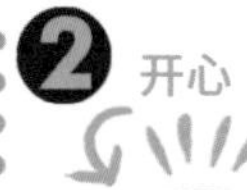

开心

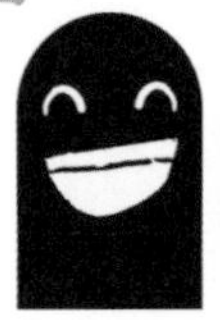

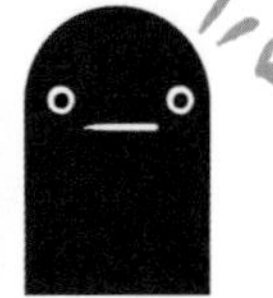

相比之下它显得不太开心

更强的对比意味着更显著的特征。为了加强对比，我们要突出和利用差异。

下面我精选了一些使用对比来加强构图或叙事的方法：

形状的对比

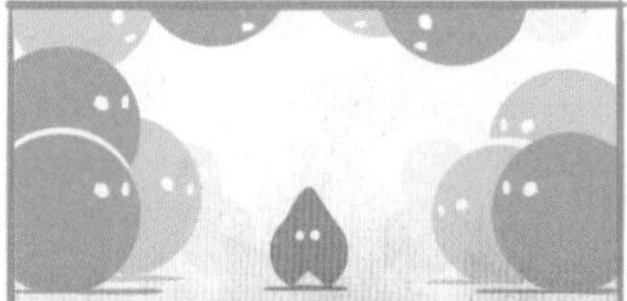

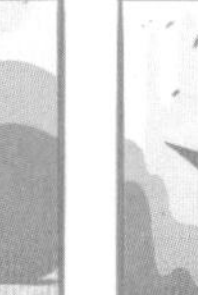

格格不入

平直与弯曲

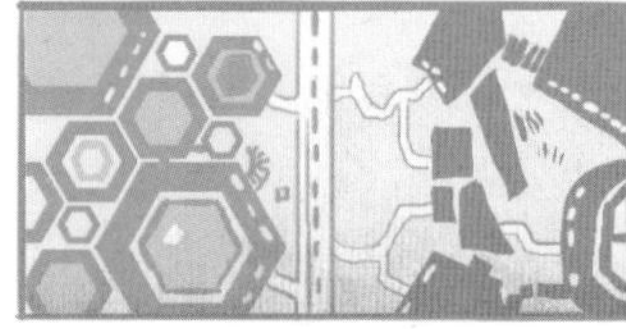

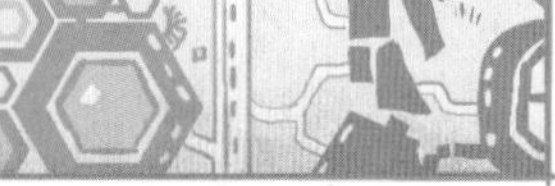

排列整齐与杂乱

阴影对比

时间的对比

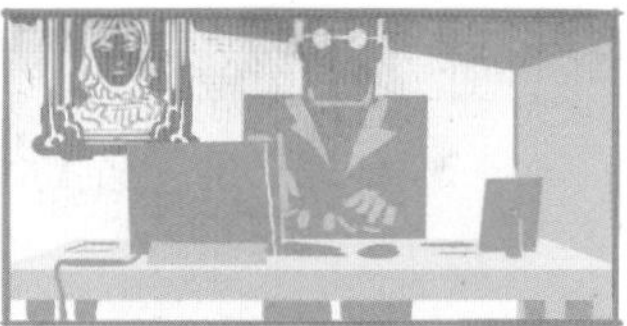

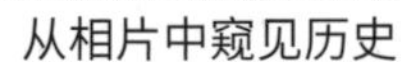

从相片中窥见历史

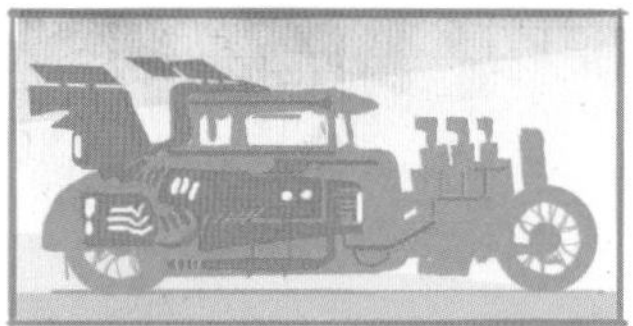

过时的技术与未来的技术

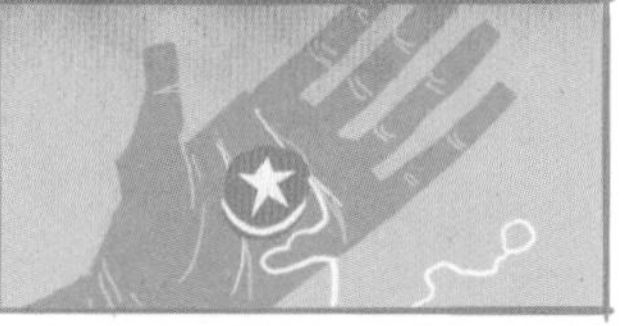

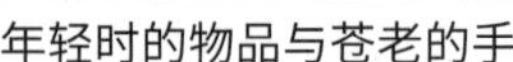

年轻时的物品与苍老的手

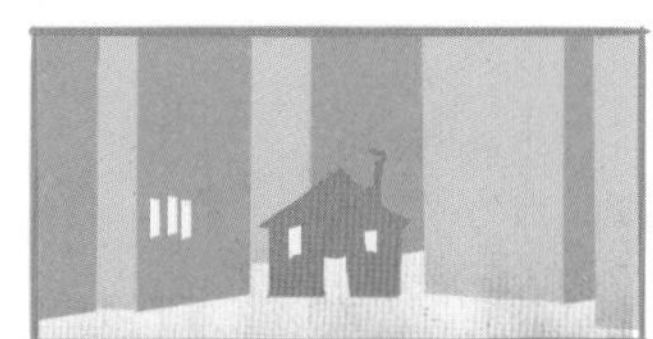

只剩下最后一座房子

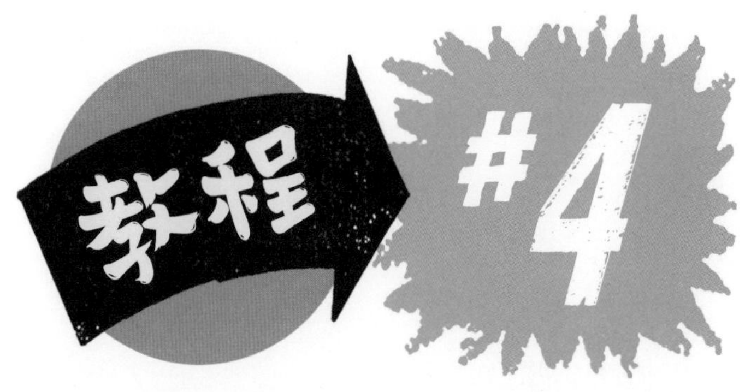

对比的真正潜力和用途是凸显你所创造的世界中有意营造的差别。

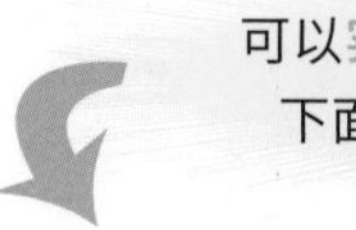

可以实现对比的方法是无穷无尽的，
下面列出的仅仅是一小部分……

人物的对比

体型

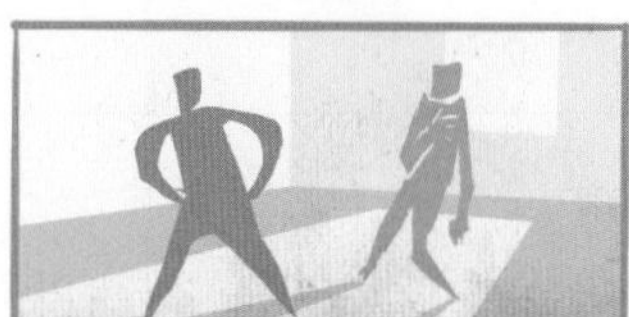

肢体语言

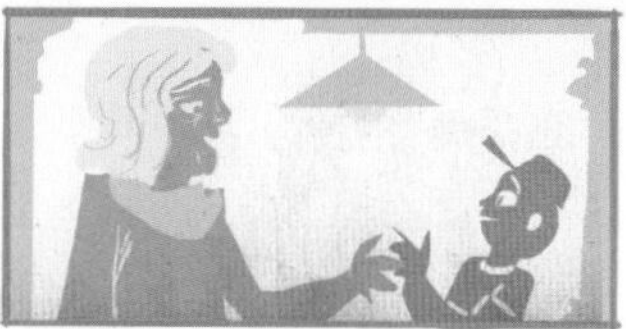

年龄

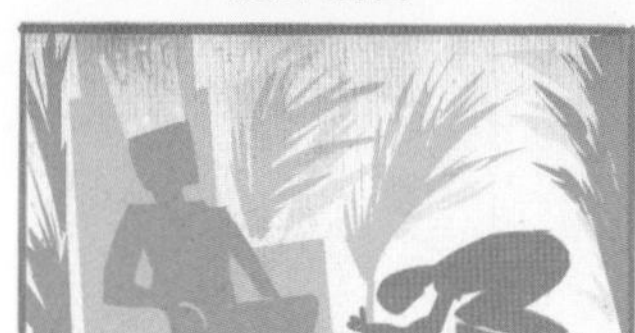

等级

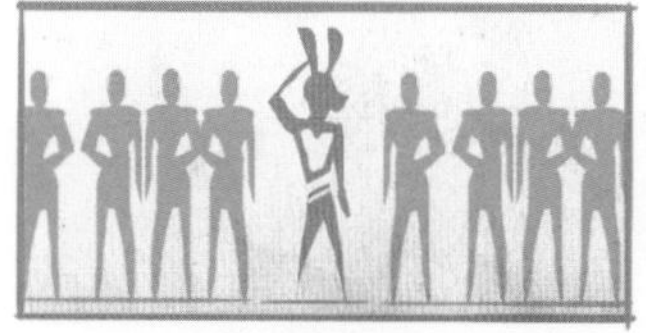

个人主义

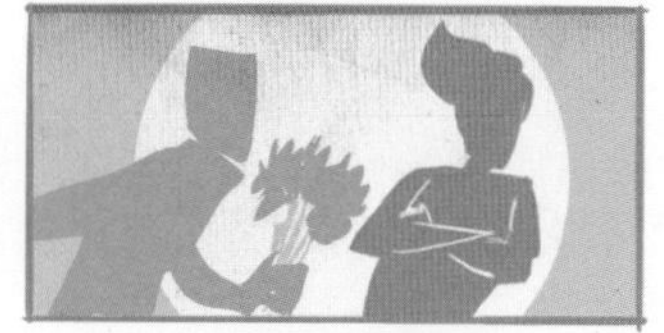

热情与冷漠

尺寸的对比

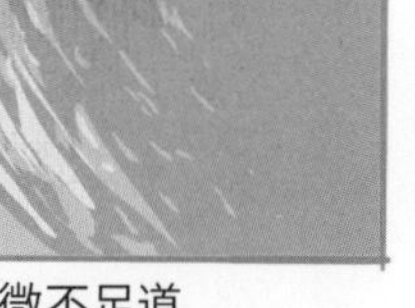

微不足道

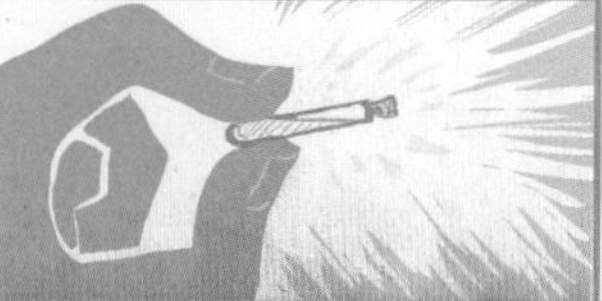

小身材与大作用

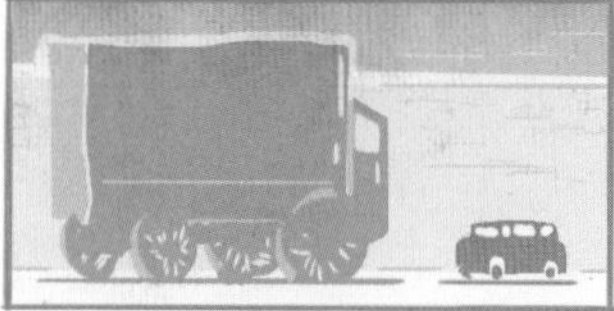

恐吓

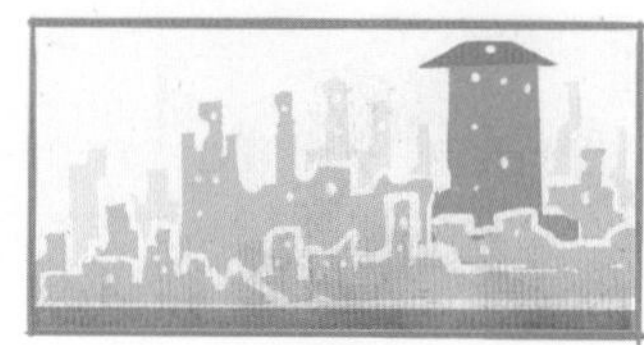

焦点

组合方式的对比

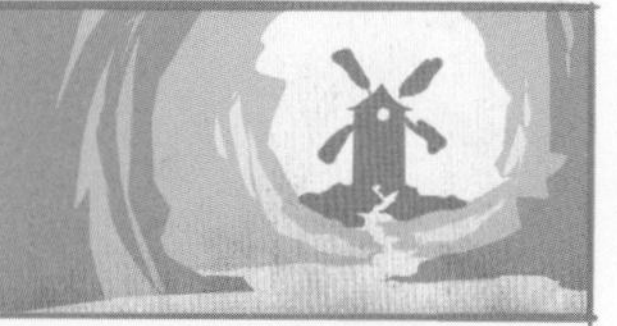

形状中的形状

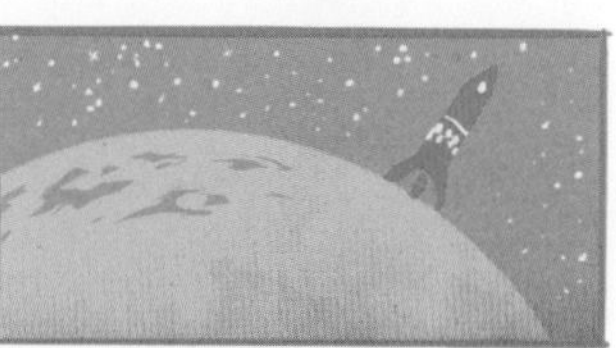

破裂的表面

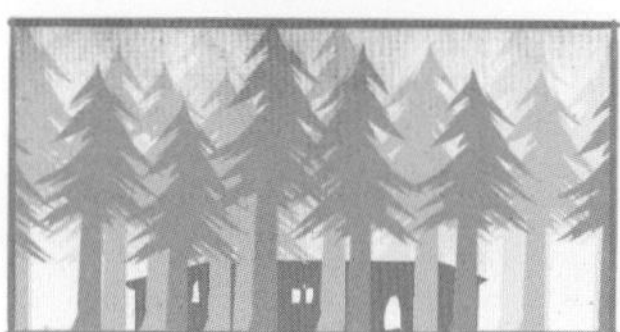

水平与垂直

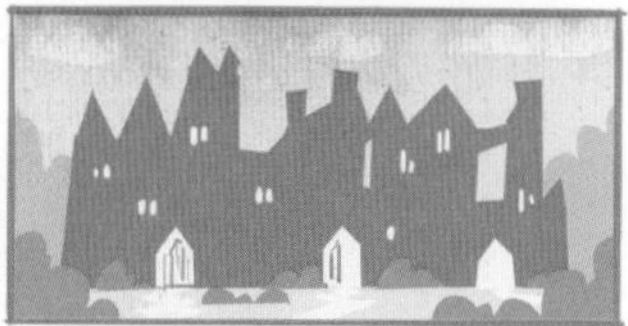

圆润感与锯齿感

光线的对比

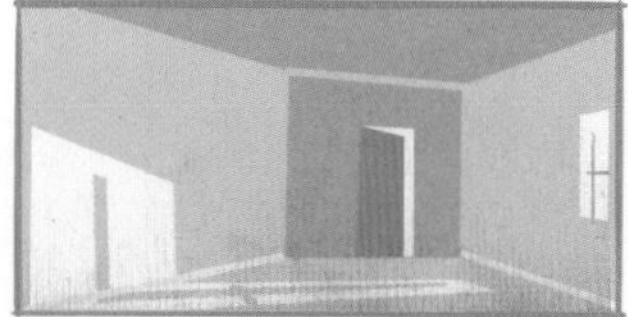

强光

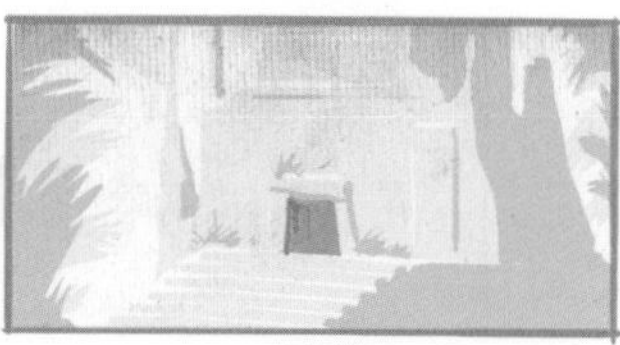

暗点

不对称

有时你会希望在作品中加入一些有庄严感的元素，或者凸显一种人造的、实用的或平衡的感觉，在这些情况下，你都可以使用有对称形式的元素。

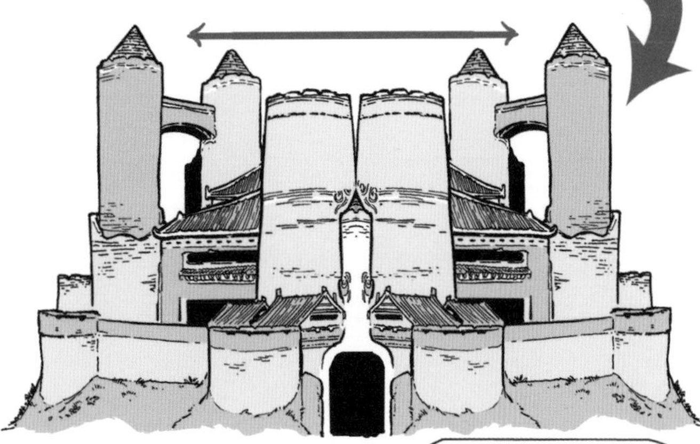

艺术中的对称问题在于它不太可信，人们自然也不会被其所吸引。这是因为我们的眼睛和大脑知道：在现实世界中，哪怕你可以通过建筑或技术来实现对称，也总会有一些东西会“把它弄乱”。

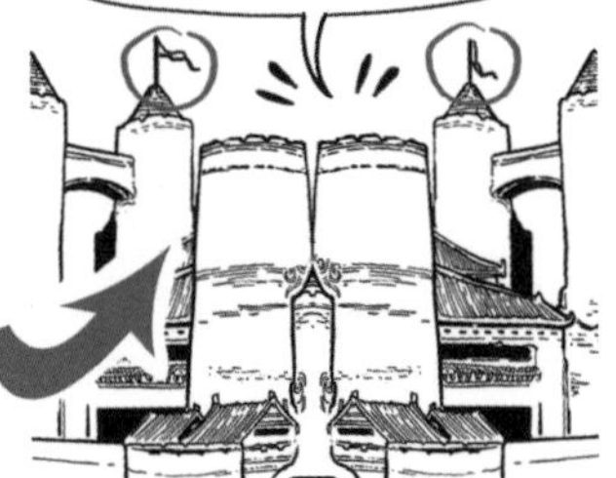

如果你打算使用对称元素，又想让它们感觉不那么呆板，下面是我的 10 大技巧。它们可以在不改变核心设计的情况下，使构图从不对称中受益。

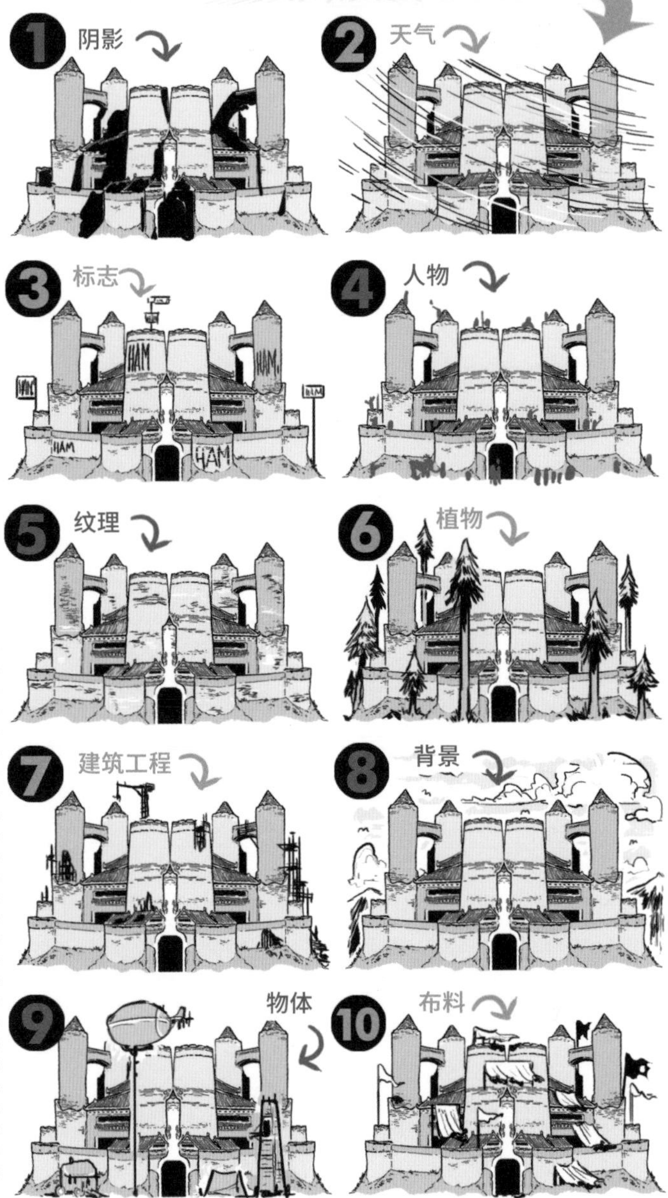

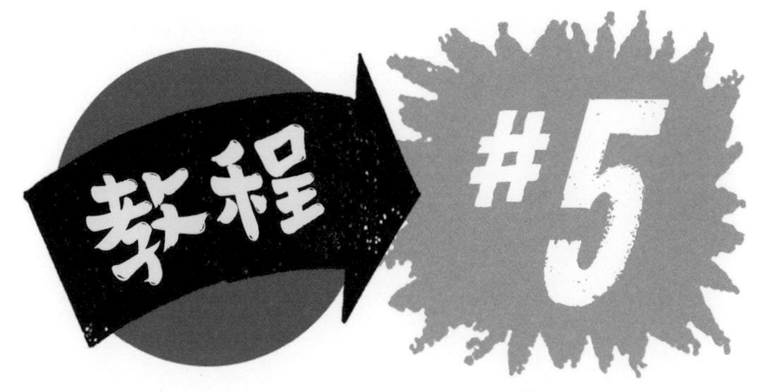

对称带来平衡和秩序，这些都是我们的大脑倾向于感到愉悦的东西。但与此同时，由于这种稳定和安全容易被大脑所理解，因此会产生感觉有点沉闷的负面影响。

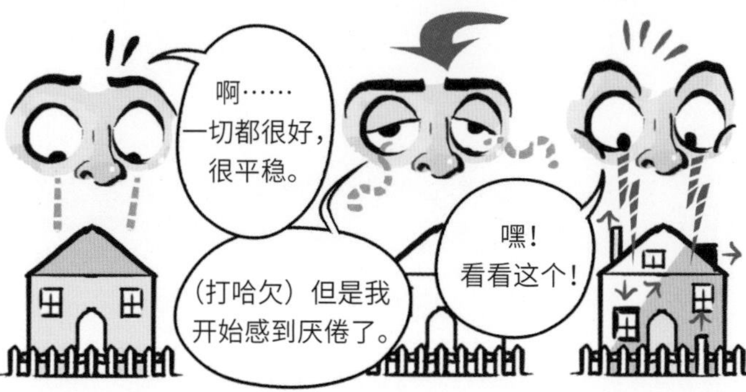

不对称不是让一切都不匹配，它更多的是用来与对称元素对抗、打破模式的一种点缀，画面在整体上依然保持平衡。

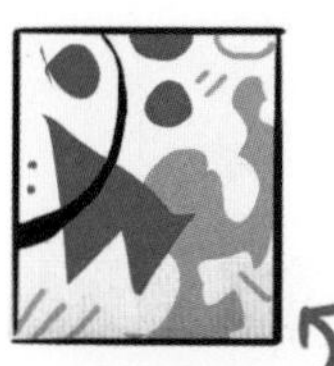

这是完全不对称

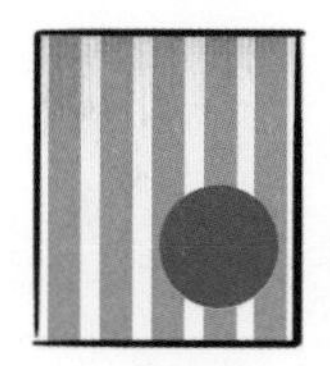

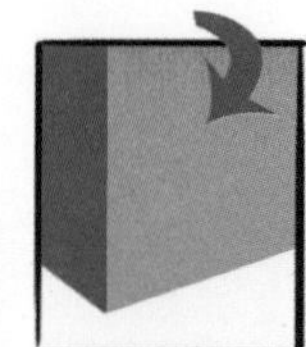

部分不对称看起来更有力

想在不规则布局的同时保持画面的平衡，一个简单有效的方法是：在对称元素以外加入 1 个焦点元素。

下面是加入焦点元素的 10 种方法：

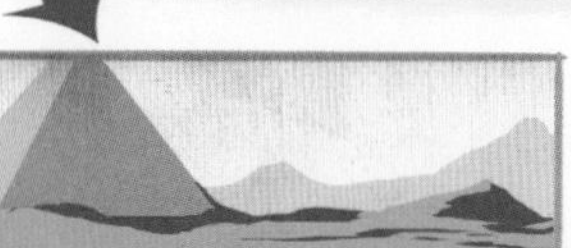

分散焦点的块状物

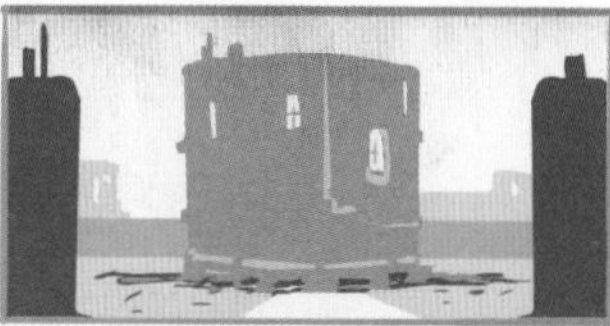

小细节

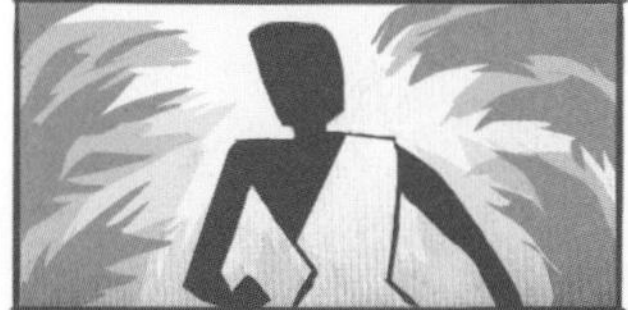

单线

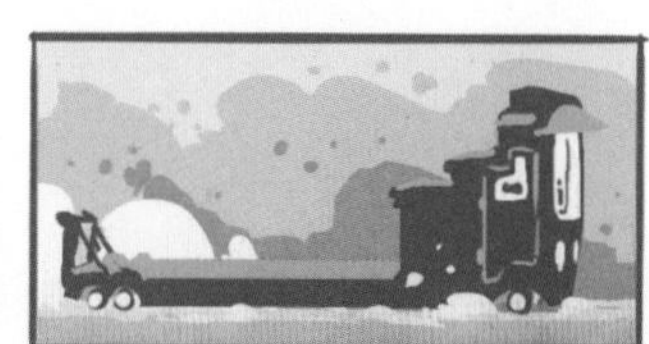

一边压缩，另一边拉伸

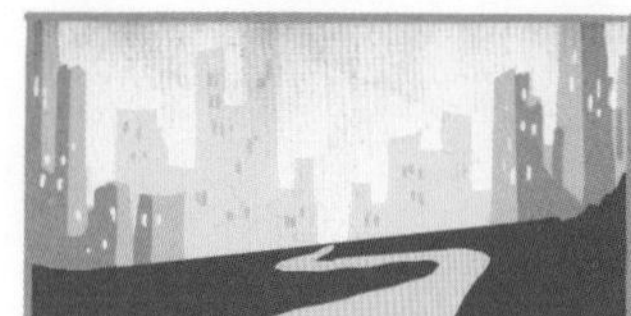

对角线分割

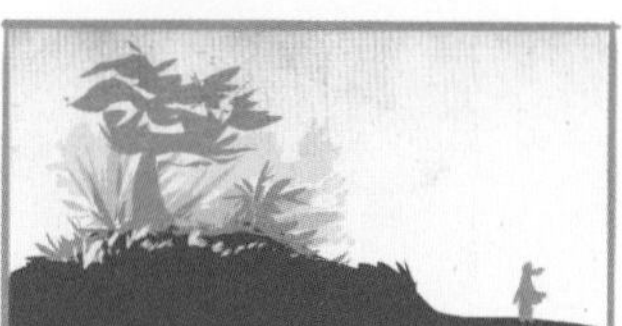

平衡图形与留白

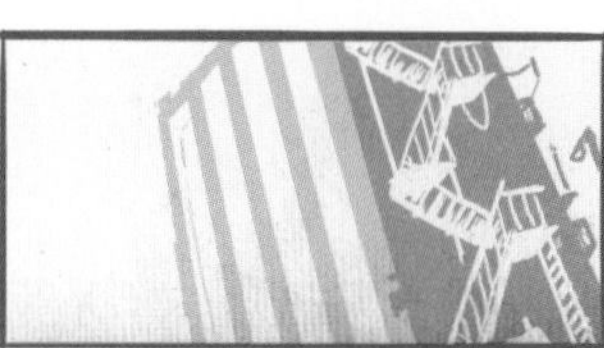

平衡简单与复杂

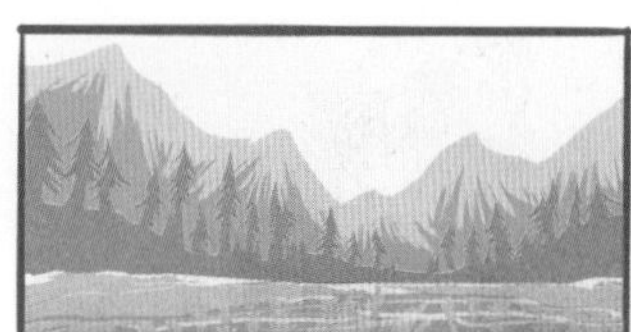

移动中心点

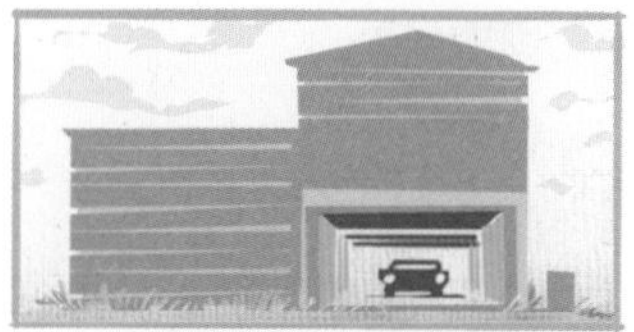

平衡平面与深度

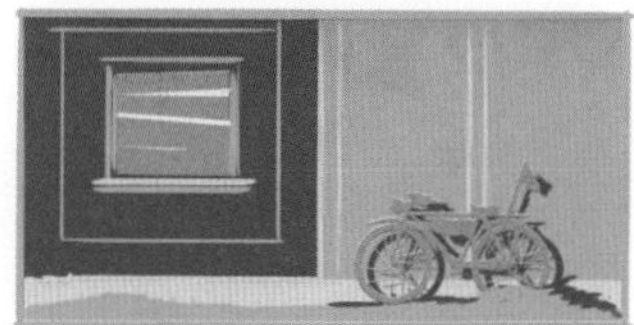

不同的形状，相似的体积

地平线

地平线是指地球表面和天空看起来相接的地方。

地平线

一个事物离地平线越远、越接近我们，也就看起来越大。

我们的视野内同时存在着一对相反的可视范围。

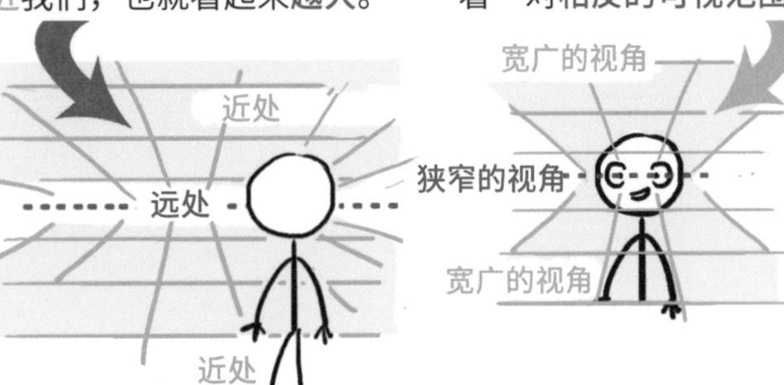

如果可以从侧面观察这两个形状的展开，看起来会是这样：

地平线

观察者

物体越小，我们看到的就越多

物体越大，我们看到的就越少

由于地平线本身不会移动，所以我们一开始总想把它安排在画面正中。

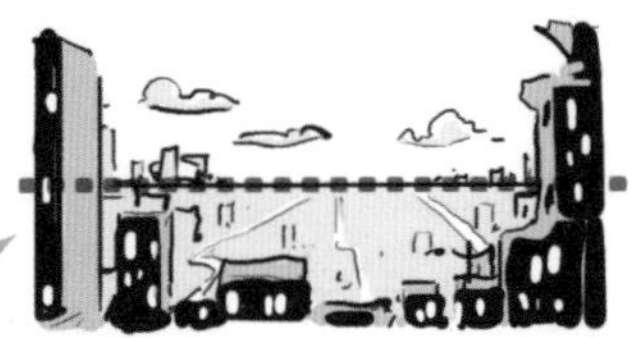

然而，大多数视觉艺术中布局地平线的方式与我们在现实中看到它的方式是不一样的！

在现实世界中，只有当我们大幅度地上下移动时，地平线的表面位置才会改变。

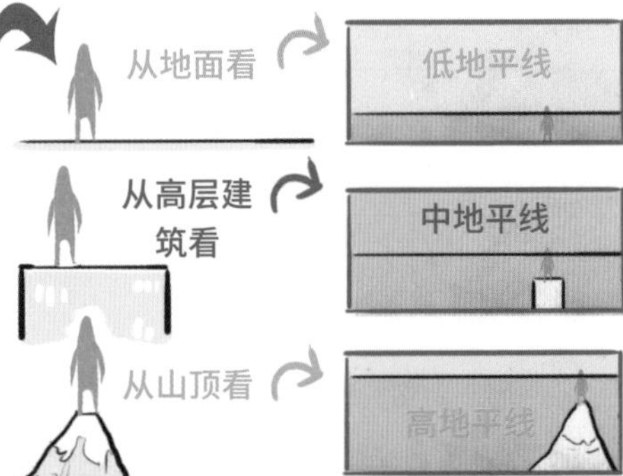

高视角使我们能够看到更多的地球表面。

现实中，我们只能从一个视角观看地平线：我们的眼睛。但在艺术创作中，我们可以忽略主角的视角，采用更加自由的第三人称视角，从而用地平线来暗示情绪！

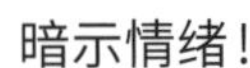

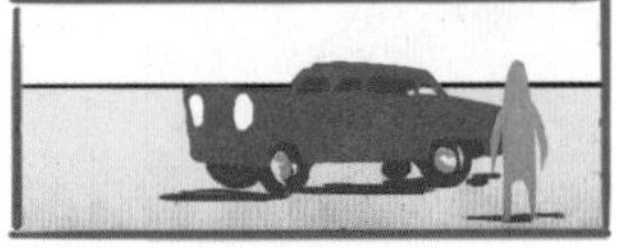

主角眼中的地平线

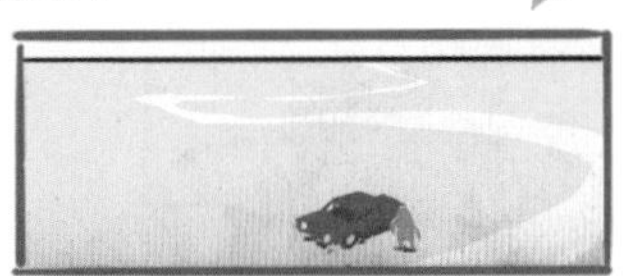

高地平线——感觉渺小

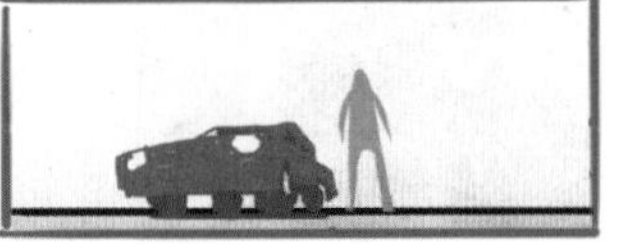

低地平线——感觉强大

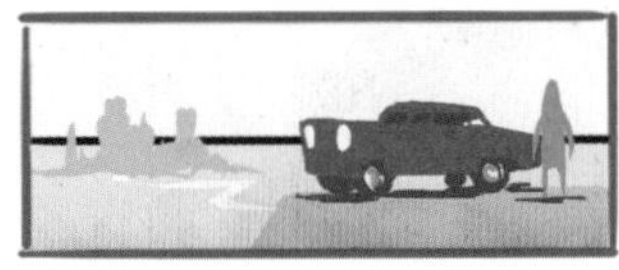

中地平线——平衡或反思

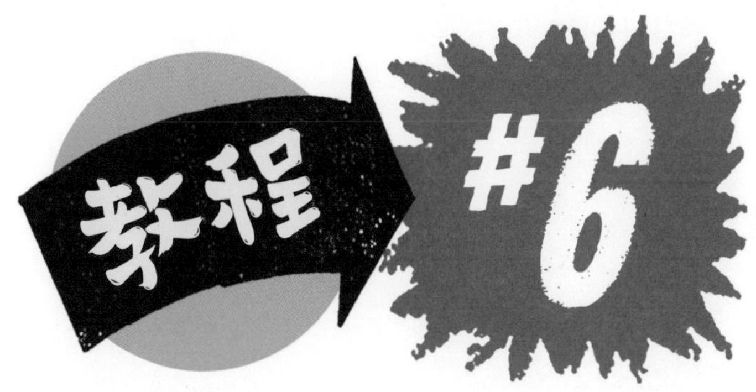
教程
#6

是什么让我们在作品中看到的地平线与现实中的不同呢？主要影响因素是地平线的构图方式。

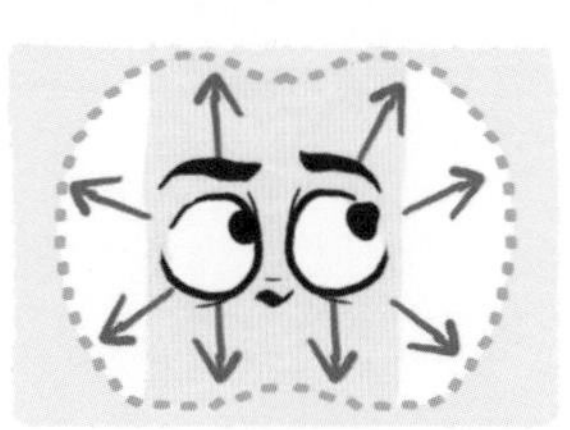

通过我们眼睛看到的景象是有一个边界的，尽管我们很难注意到这一点

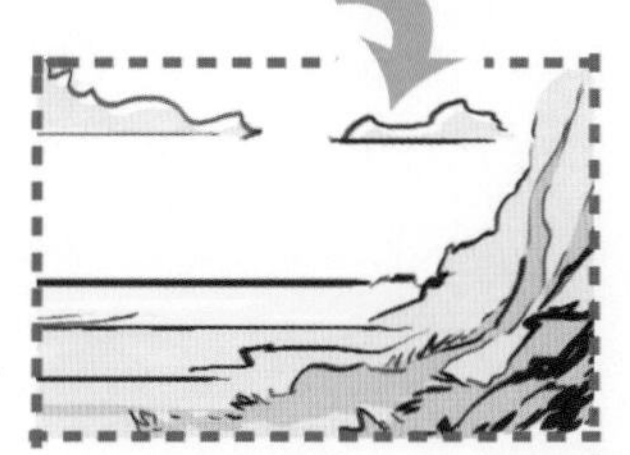

但在艺术创作中，这个边界通常被表现得非常明显

画面的边缘就是那个边界，它框住了观众的视野。

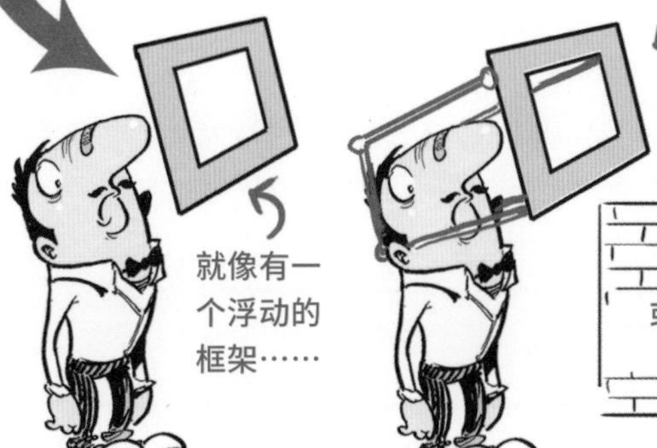
就像有一个浮动的框架……
附着在人物的头部……
或是像墙上的一个洞

在构图上可以用地平线来分割空间，而边框与地平线的组合为构图增添了多种形式。

原始景象

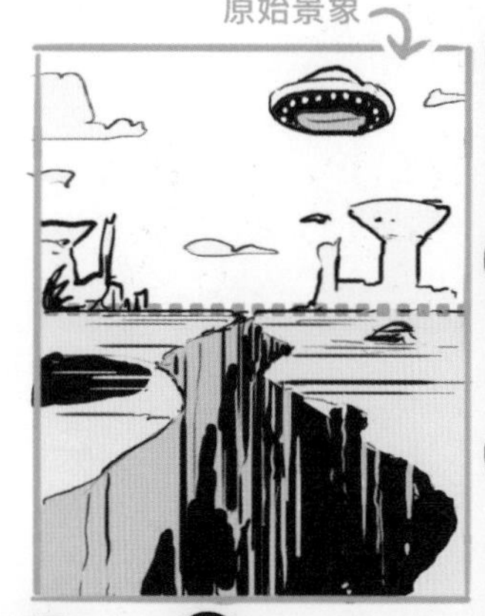

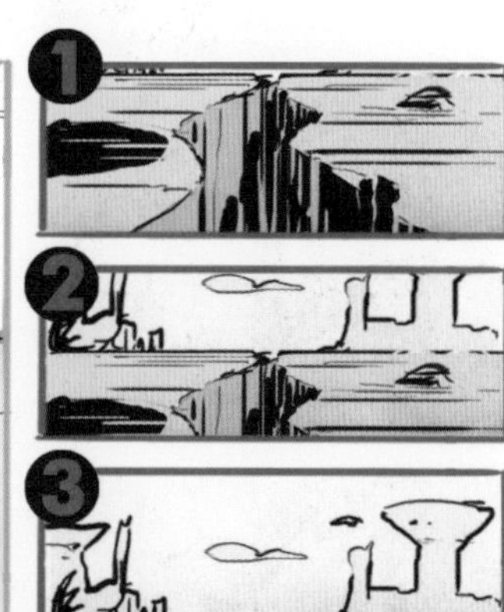
1
2
3

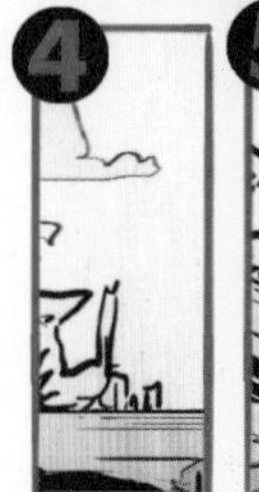
4

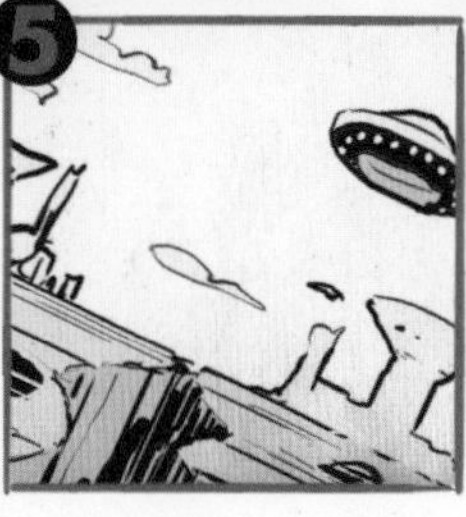
5

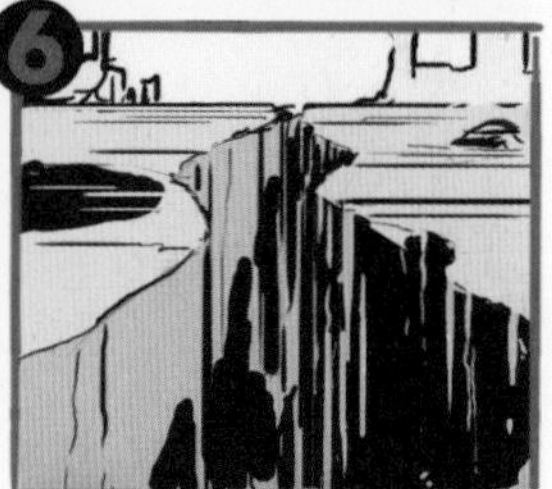
6

透视和视点都保持不变，不同的边框改变了地平线在画面中的位置

为了使地平线显得更加深远，可以改变线条的颜色和精细度，如将一些线条变模糊。

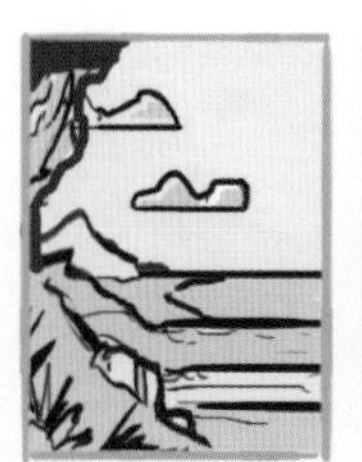

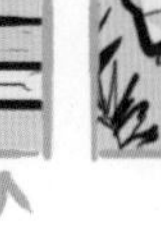

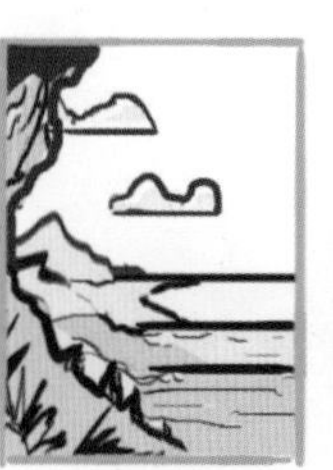

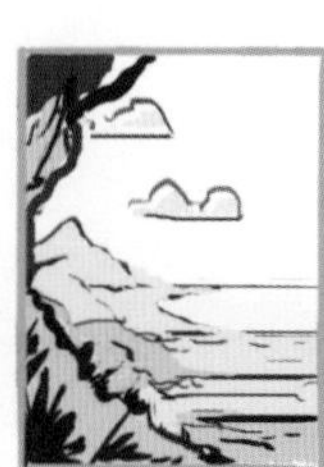

还好

更好

很棒！

切线和交叉线

构图的关键要素之一是线条如何穿过彼此的路径。

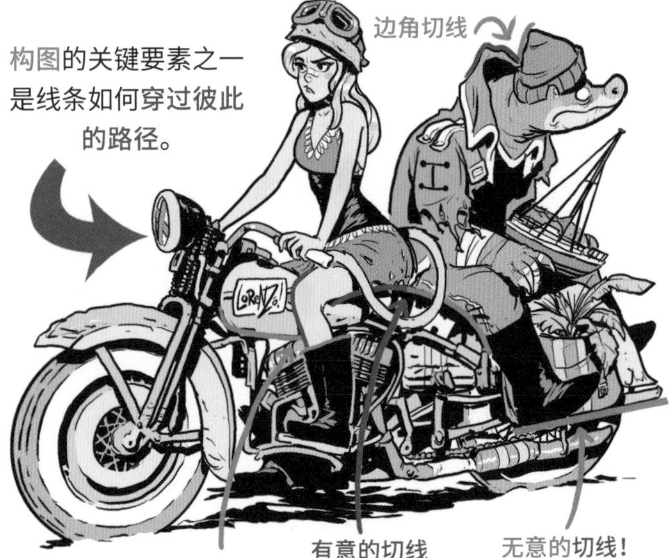

切线指的是两条或多条线条（或两个或多个形状）接触（但不重叠）形成的线条。

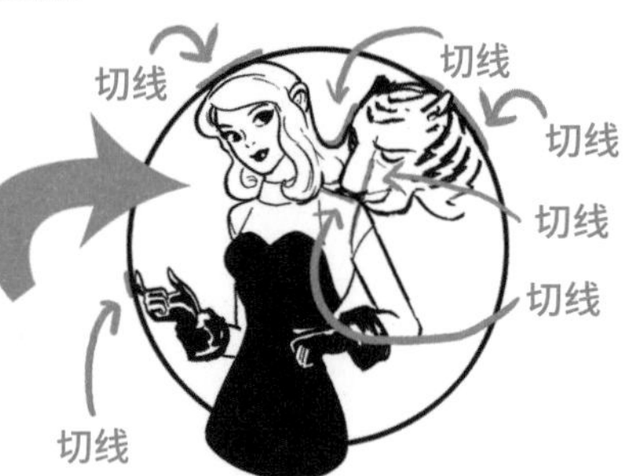

切线有一种使图像纵深感消失的特性。当几个物体以这种方式排列时，我们的眼睛会被吸引到切线上，更加关注物体之间的连接，而非纵深。

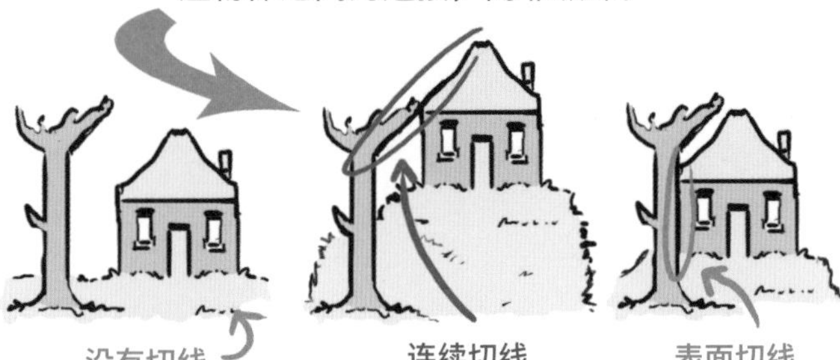

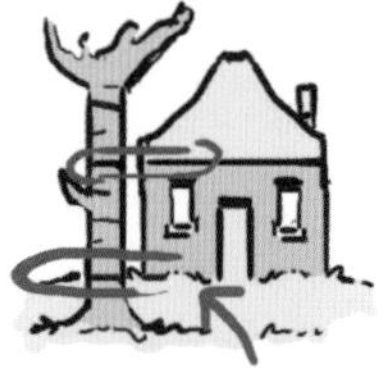

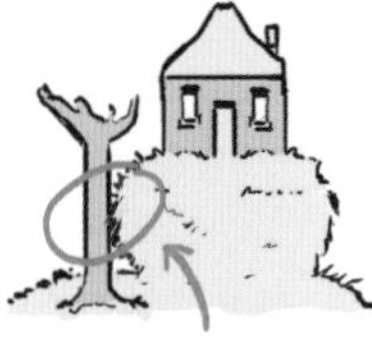

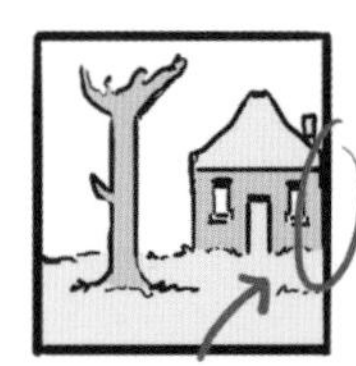

切线通常被认为是应该避免的，但这并不是真的！只有无意识的切线，即那些不在你的作品计划范围内的切线才应该被避免。在许多情况下，切线可以作为一个加强视觉中心点的构图技巧。

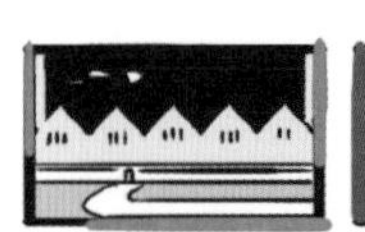

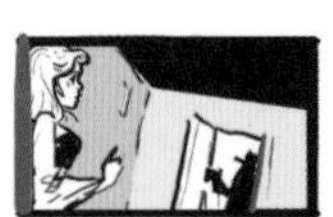

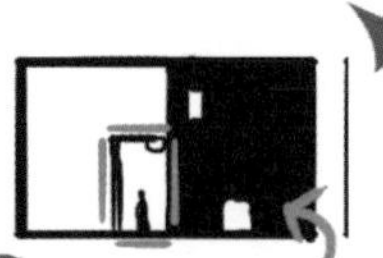

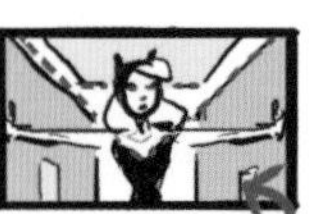

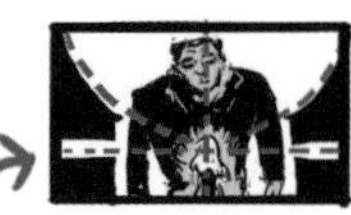

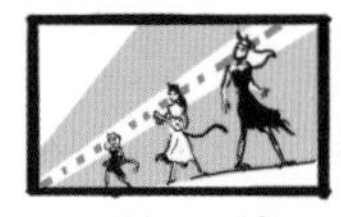

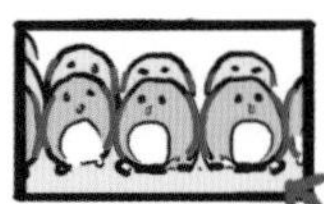

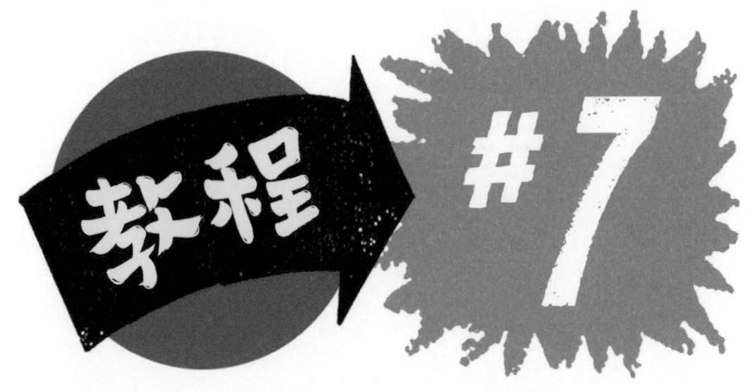

对构图更有用的，也许是使用另外的切线形式——交叉线和重叠形状。

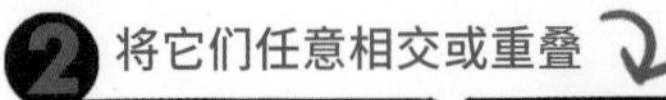

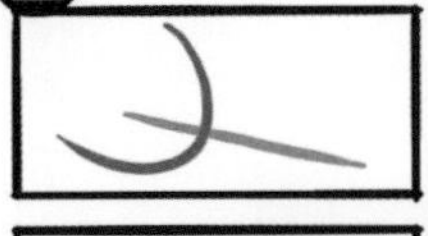
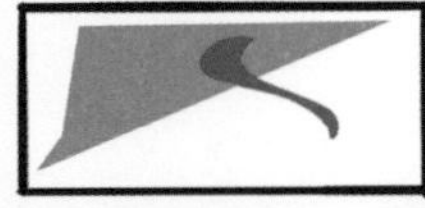
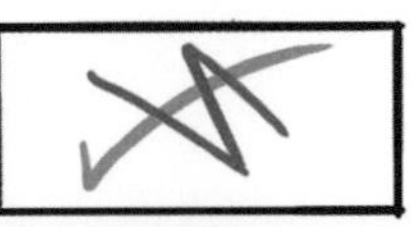
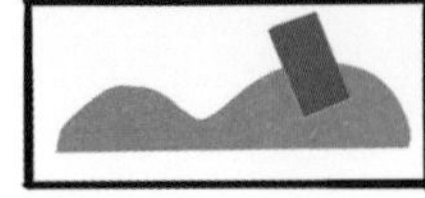
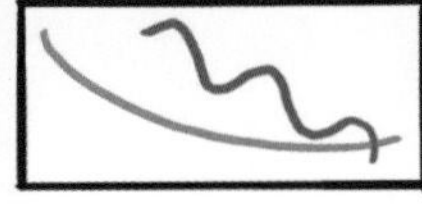
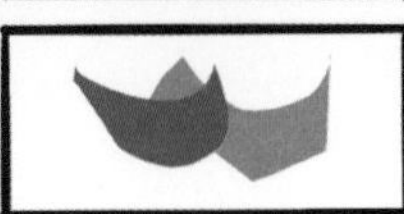

2 将它们任意相交或重叠

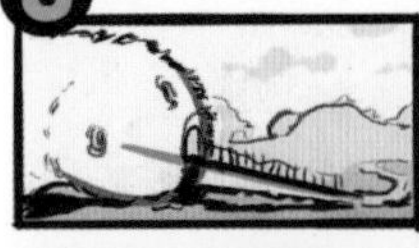
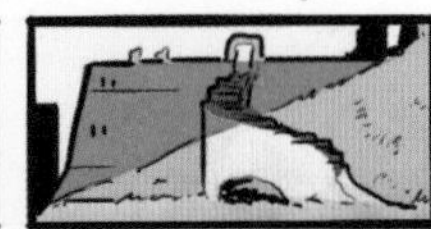
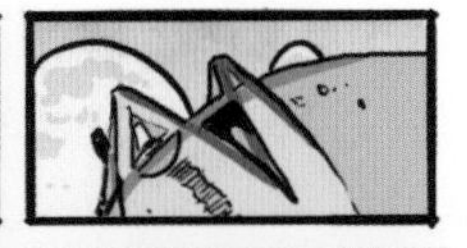
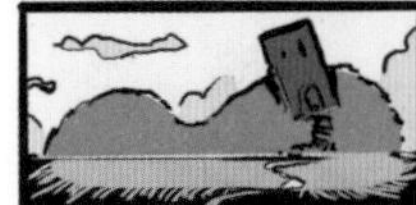
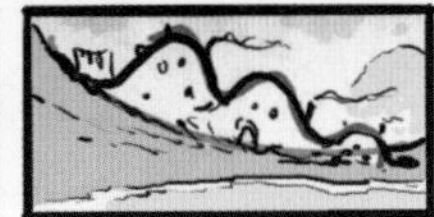
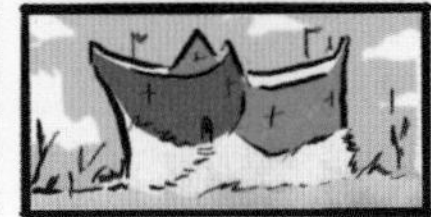

3 这样总能创作出很好的作品

重叠有助于我们构图，因为它鼓励我们探索组合两种或多种形状的视觉可能性，并且可以创造出纵深感。

无论你在规划何种布局，多考虑如何使用一个对象来有效地裁剪另一个对象总是没错的，它会启发更多的设计选择。

重叠构图的练习：

1 选 3 个简单形状

我选择的是——

一个角色

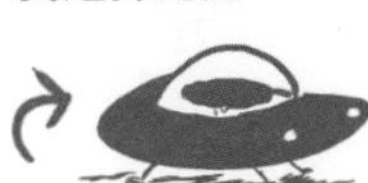
一艘宇宙飞船

一座建筑

2 尽可能多地尝试不同的重叠布局

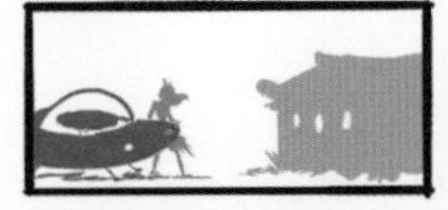
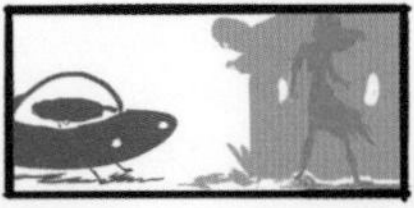
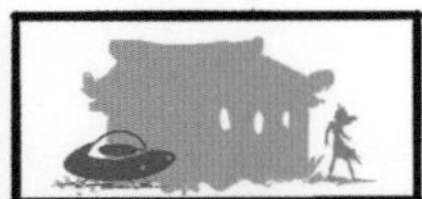
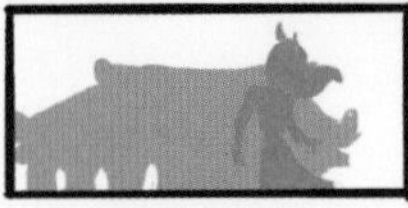
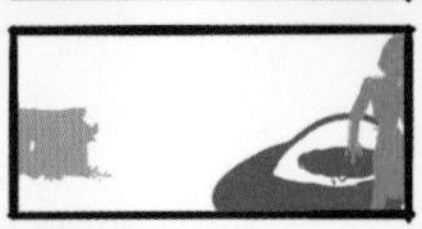
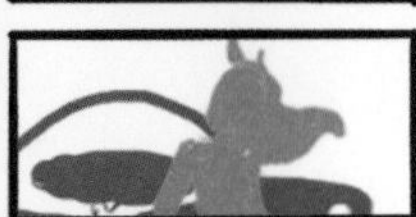
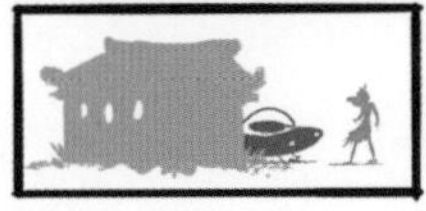
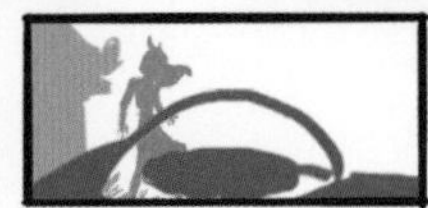
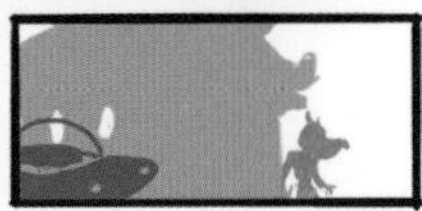

3 找出你最喜欢的 3 个

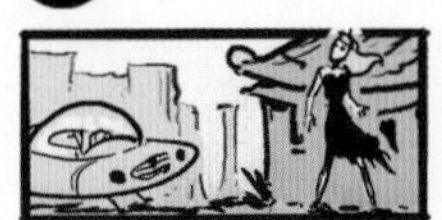
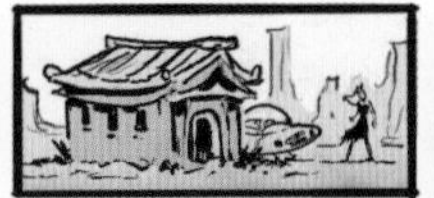
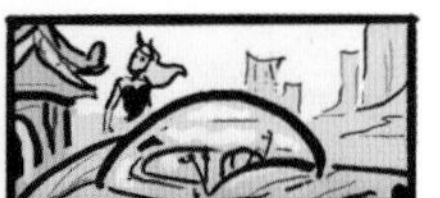

使用画面边框进行重叠或裁剪

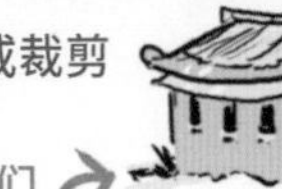
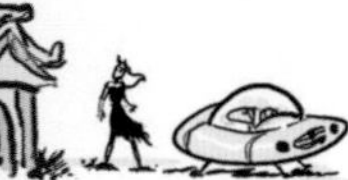

看，怎样都比把它们排成一排好多了！

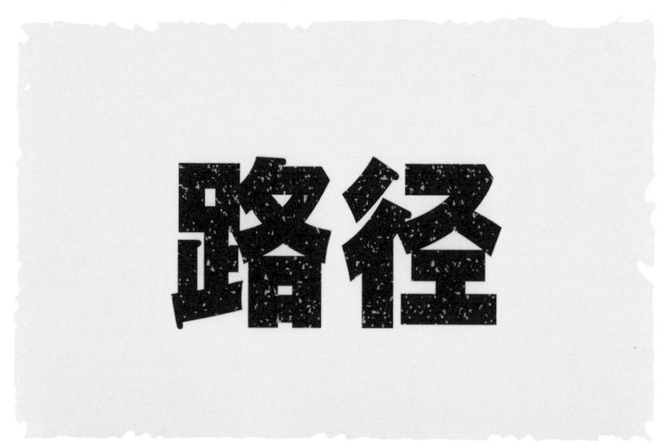

路径

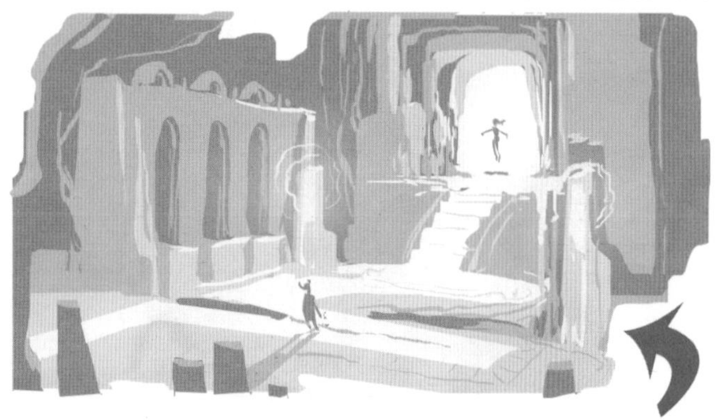

路径是非常有用的构图工具，它是引导观众视线的最佳手段之一。

让我们从一条通向门的随机线条开始，它分割了整个画面的空间。

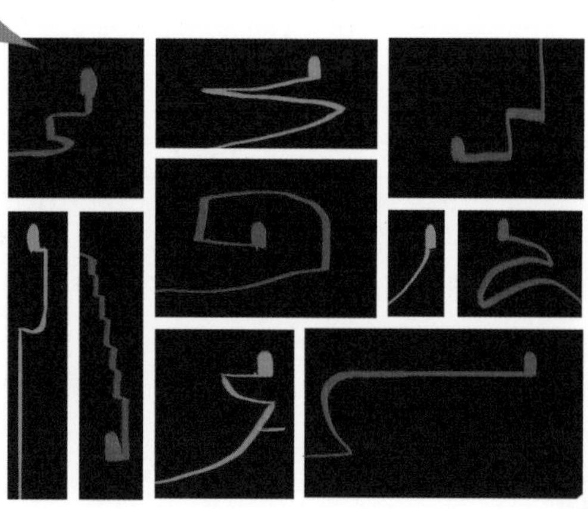

有了随机的线条和门后，试着在它们周围画一些简单的场景。

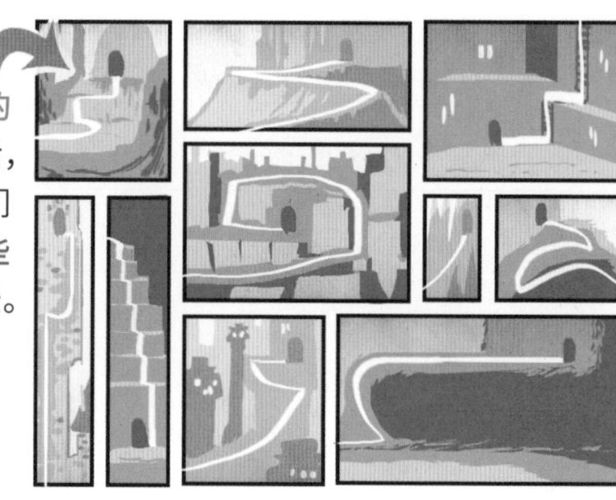

现在试着在空白处画一条随机线和一扇与之相连的门。❶

❷ 接下来，在同一个起点周围画不同的随机形状。

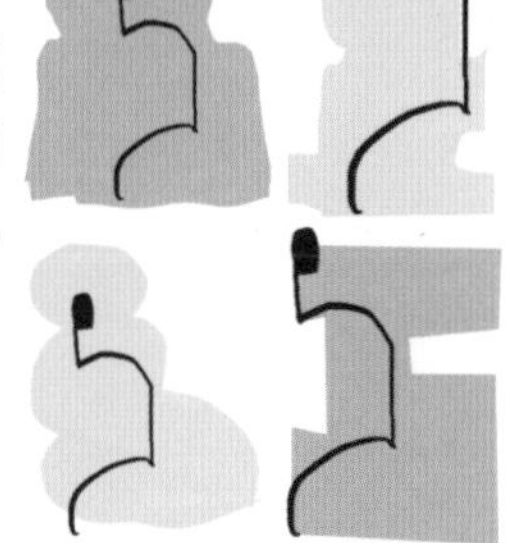

❸ 画出更多的细节。

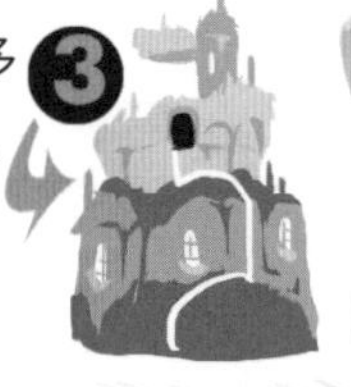

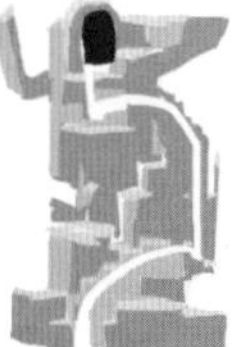

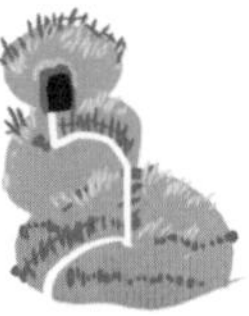

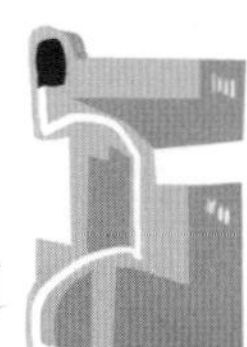

LOOK! 你发现了吗？在任何设计中，在开始阶段设定路径都能瞬间创造出结构。

从一开始就在三维空间中想象出一条路径，将会对布局非常有用。

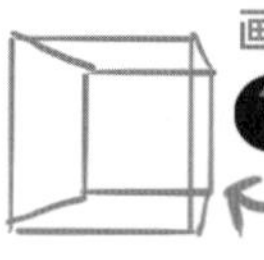

❶ 画一个立方体

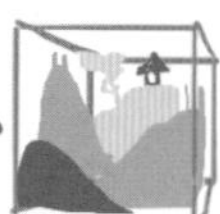

❷ 放置景色

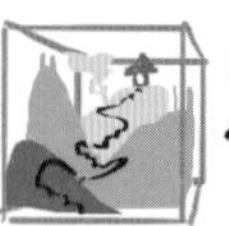

❸ 这是想象中的路径

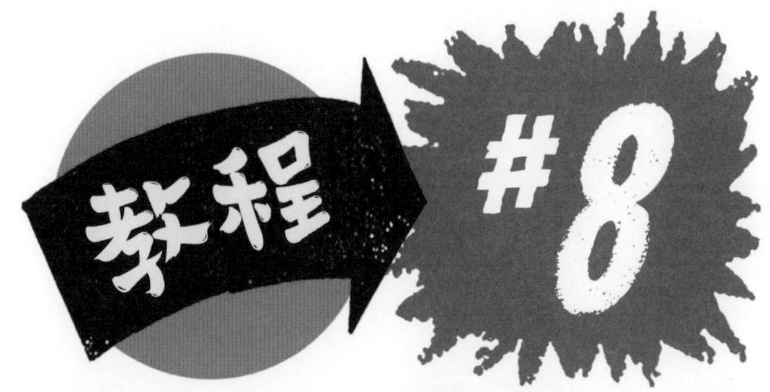

就像其他事物一样，一条路径也会受到透视的影响。一个简单快捷的方法就是用细线和粗线来展示这一点。

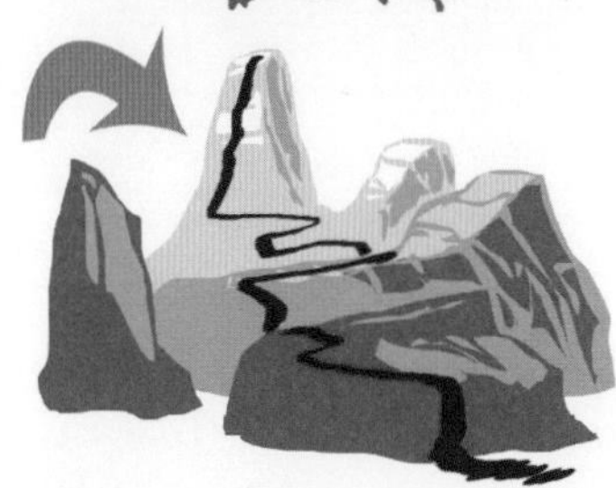

从不同的角度看，路径会发生种种变化：

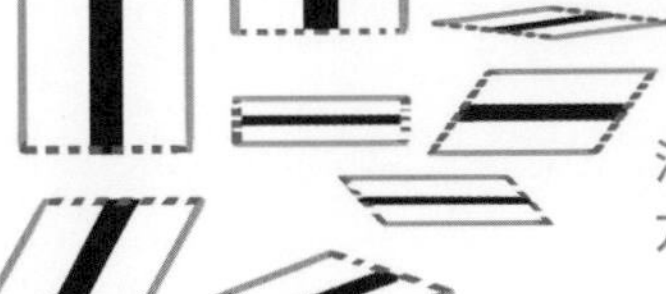

注意，从水平方向看，路径线变细了

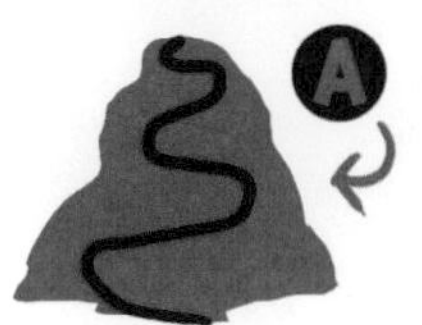

A

参考上面，你可以看到为什么右边的图B比左边的图A更显逼真

B

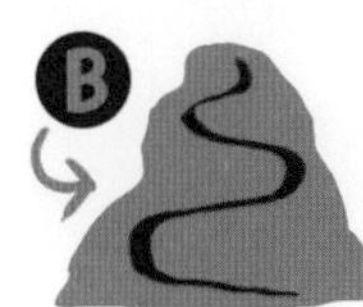

看不见的路径不总是出现在你认为的地方，所以需要绘制透视线来正确地判断它们的位置。

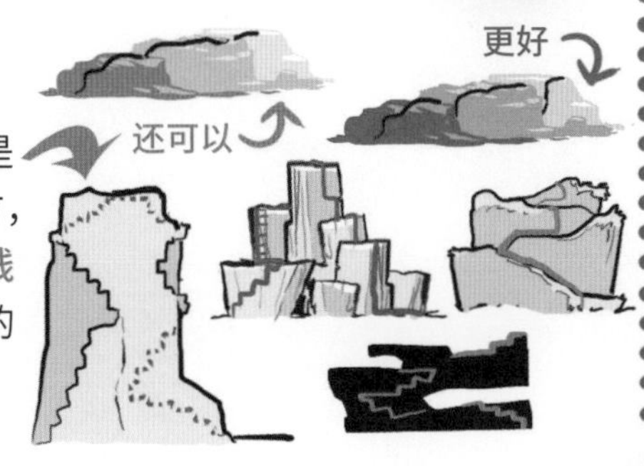

如果你学会了应用下面一些或全部技巧的话，使用路径作为构图工具将变得相当简单。

1 确保路径清晰明确。

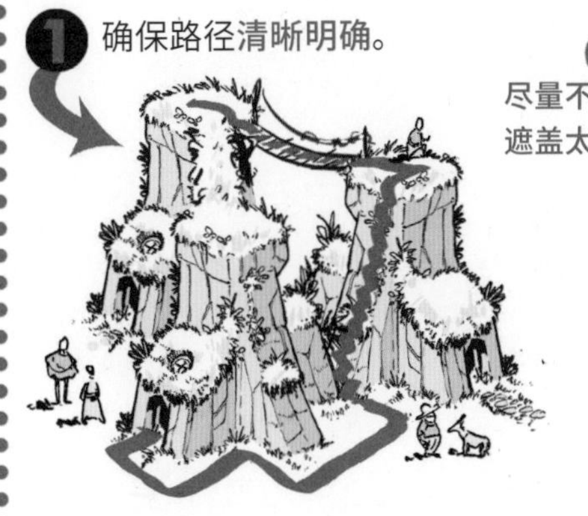

尽量不要遮盖太多

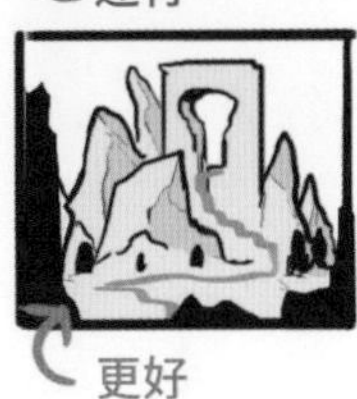

2 确保路径通向画面的焦点。

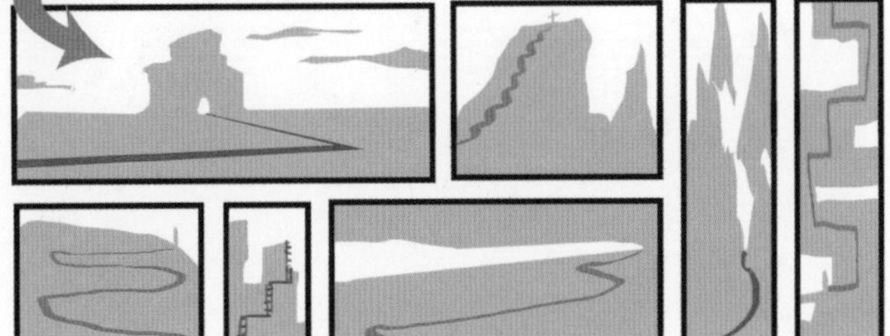

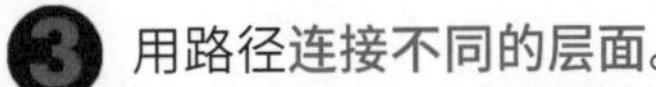

3 用路径连接不同的层面。

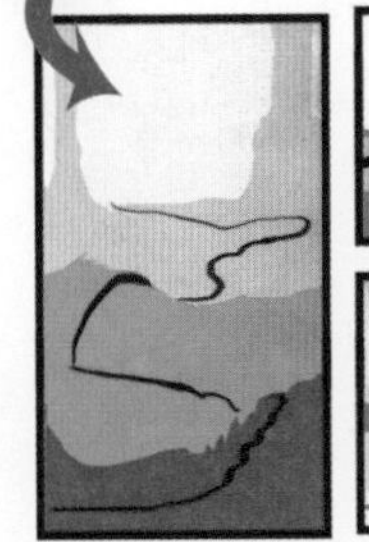

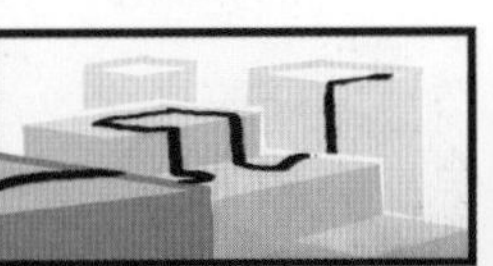

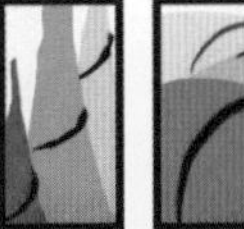

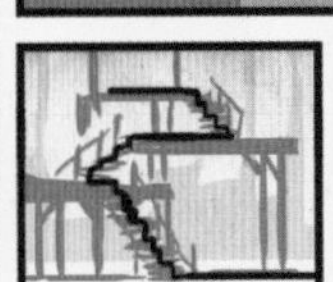

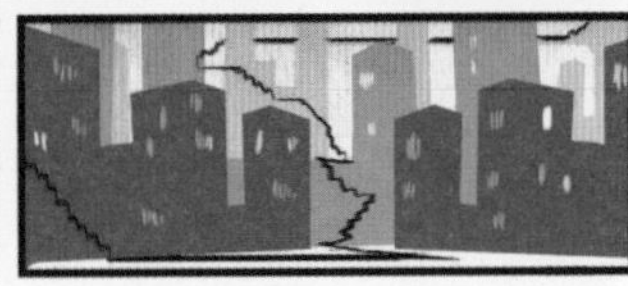

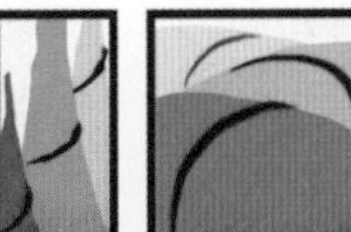

大、中、小

有无数的方法可以让你的设计看起来既有趣又独特，其中有一种方法既容易掌握、又适用于几乎所有事物，那就是“大、中、小法”。

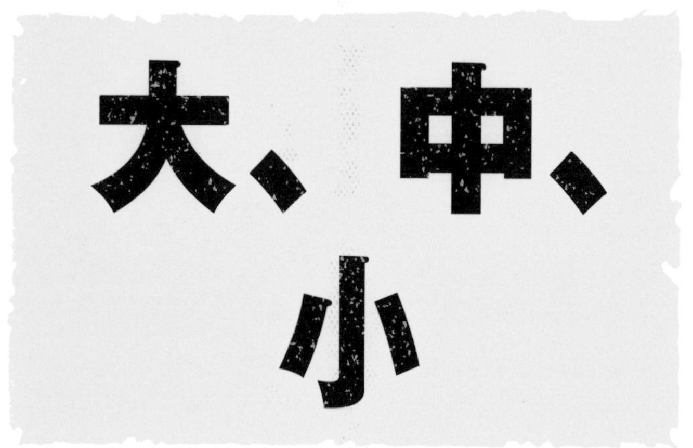

通常来说，如果一个事物的主体可以分成 3 部分，且各部分的尺寸相差较大，那么这个事物就很容易有吸引力。

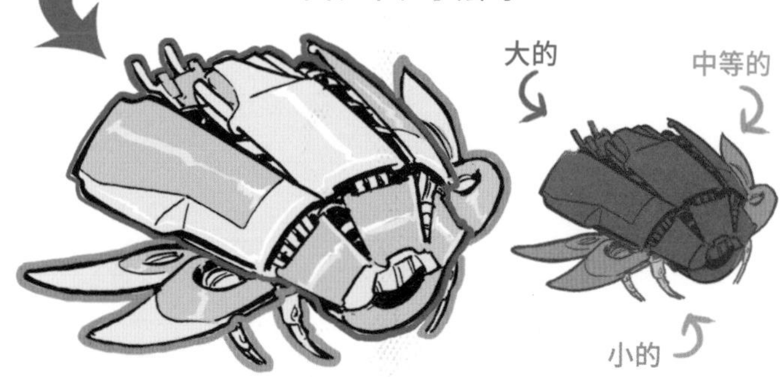

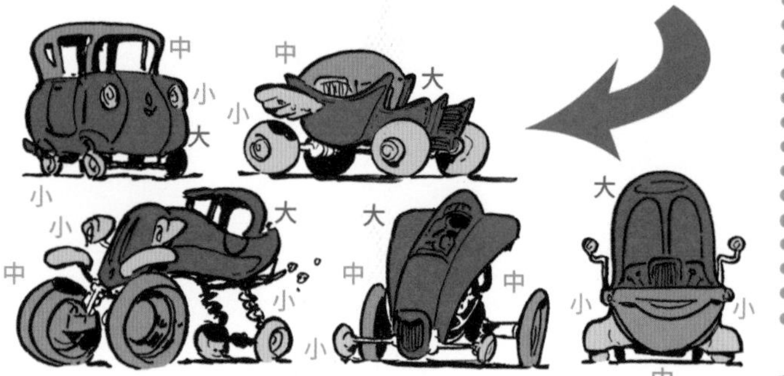

下面这个练习可以帮助你在实践中理解这个技巧。

1. 画 3 个大小大致相同的形状

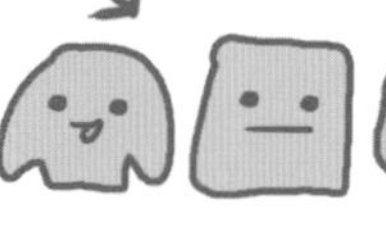

2. 试着将它们用一种有趣的方式排列

有点无趣

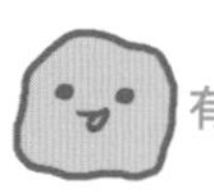

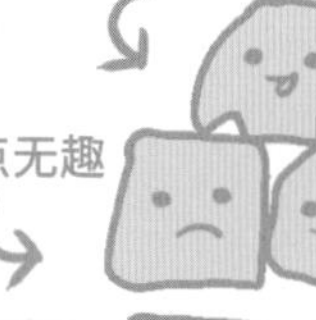

3. 现在把其中一个图形放大，另一个缩小

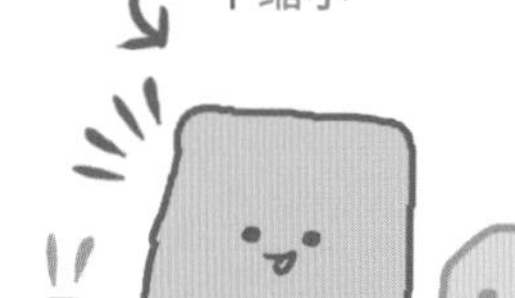

4. 现在再排列它们。怎么样？新组合变得有趣多了吧！

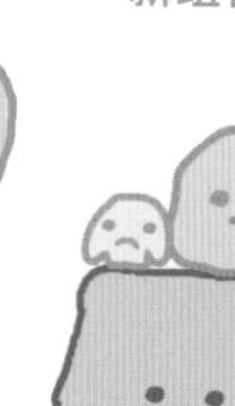

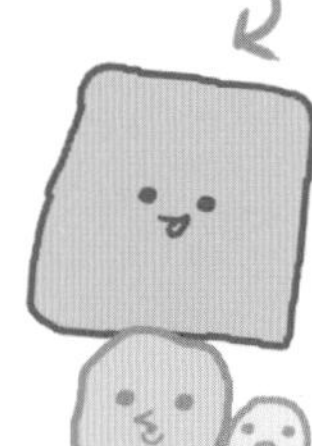

等一下！使用大、中、小组合时还有一些注意事项！让我们回到最初的形状，这次把它们重叠起来……

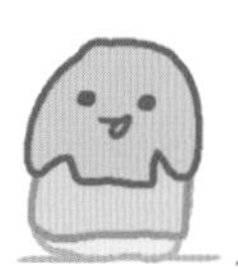

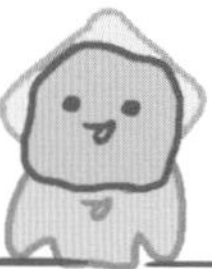

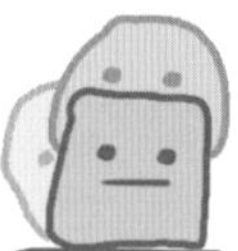

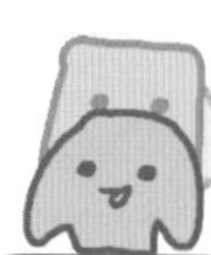

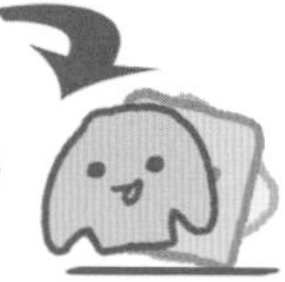

发现没有？即使同样大小的物体，我们也可以利用布局来创造出小的、中等的和大的区域

所以，这不仅在于构件的大小，也在于你如何构建布局

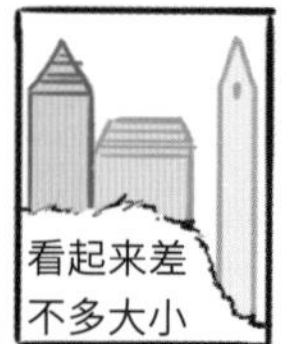

换一个排列角度，就会大小分明

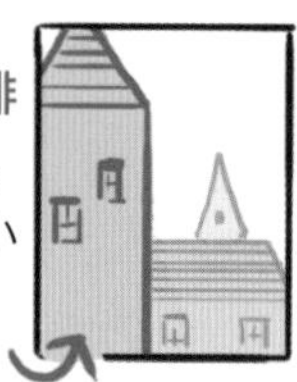

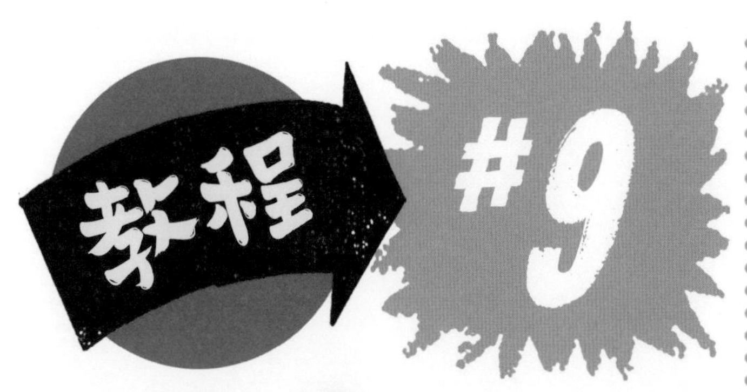

物体表面可以用同样的方式分割：

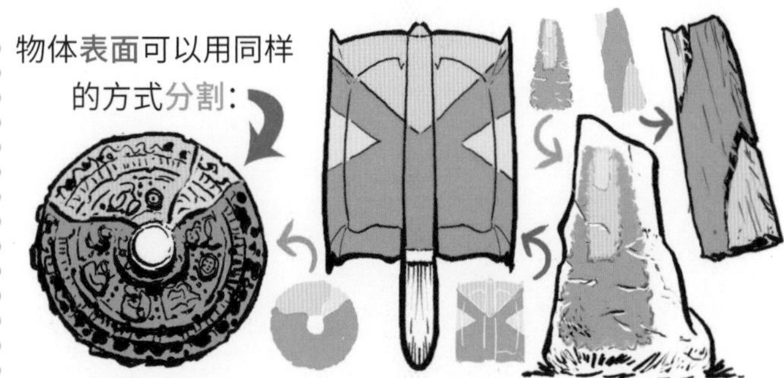

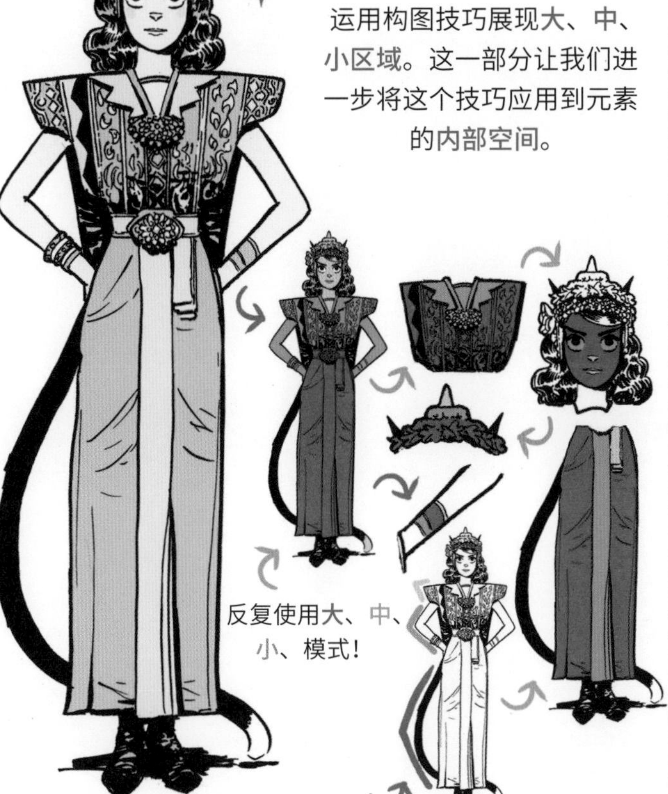

现在你已经了解了如何排列大小不一的物体，以及如何运用构图技巧展现大、中、小区域。这一部分让我们进一步将这个技巧应用到元素的内部空间。

反复使用大、中、小、模式！

记住：大、中、小模式也是创造对比鲜明的角色设计的核心要素。

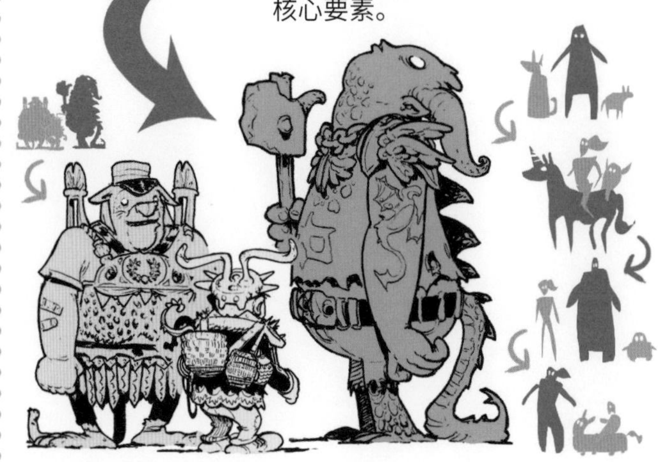

重要的是不要拘泥于一种尺寸，只要设计需要，你可以设计多种尺寸。

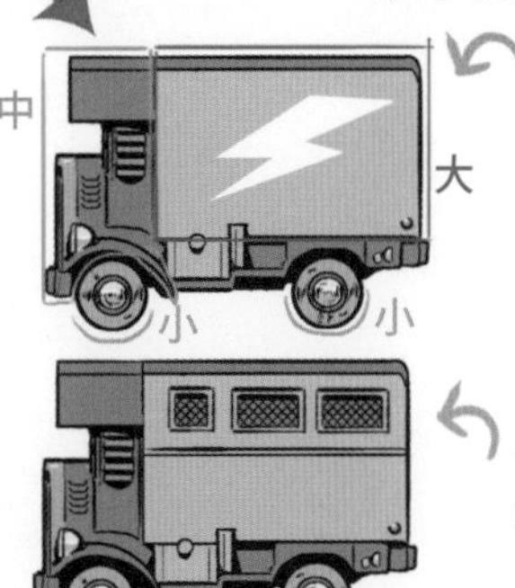

这个设计已经应用了大、中、小模式，但也许我们还可以添加一些更小的元素

没问题，仍然很和谐，不会显乱

但如果去掉这种对比，设计可能会失去重点

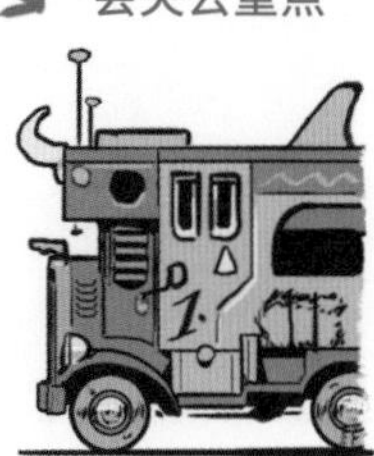

间距 2：1

无论是布局镜头、构建环境，还是设计建筑，2：1 的间距都是一个简单而有效的构图工具。

也就是说，如果你想在作品中放置 3 个相似或相关的元素，那么要把中间的元素放在偏离中心的位置。

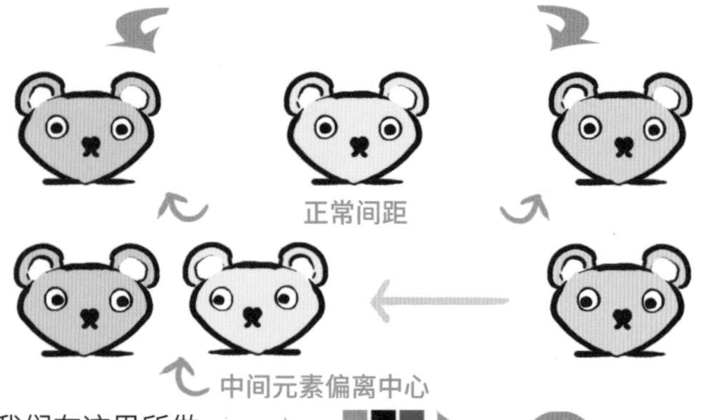

我们在这里所做的是创造空间、将元素分组、提供对比，所有这些都可以在间距 2：1 这样一个简单的比例结构中完成。

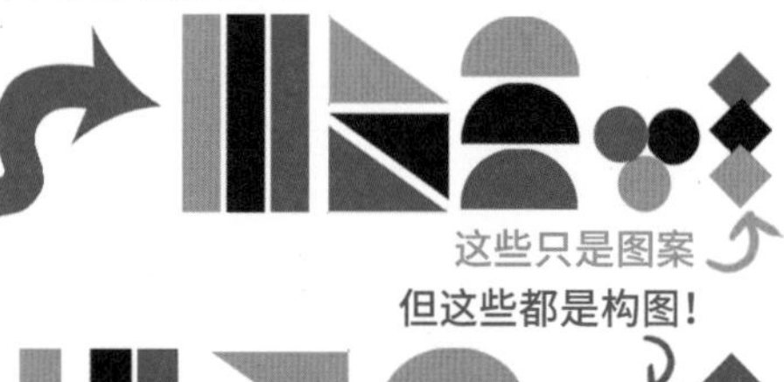

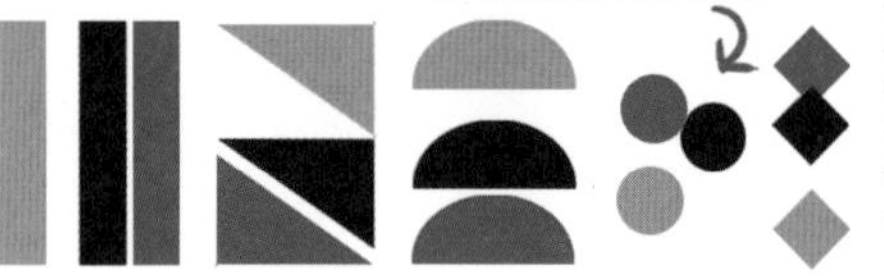

2：1 的间距是一种实用的手法，而不是目的，我们的目的是凭直觉去安排元素。

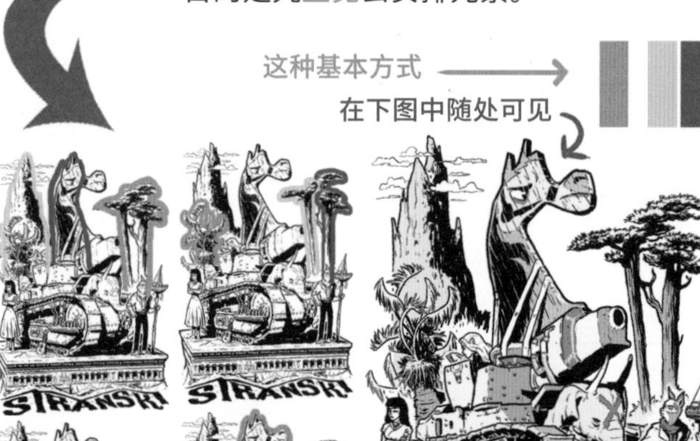

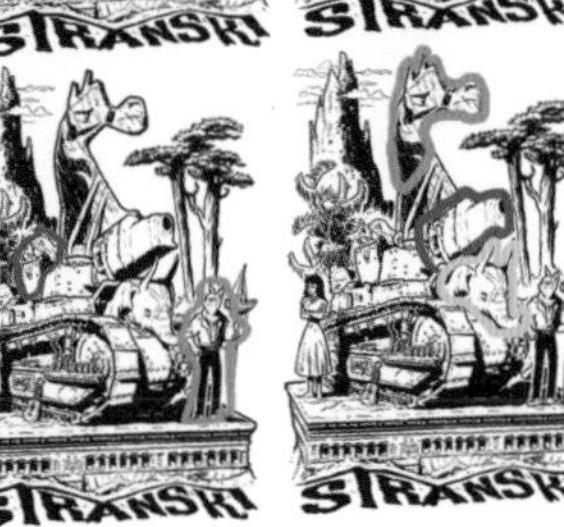

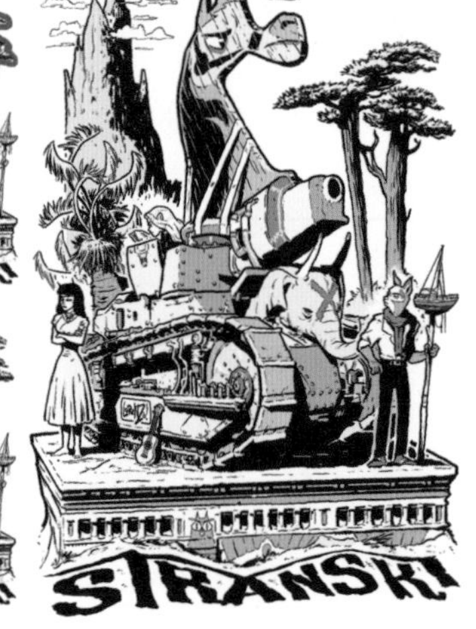

这种方法还可以快速地为你作品中的世界带来一种有人长期居住过的生活气息。

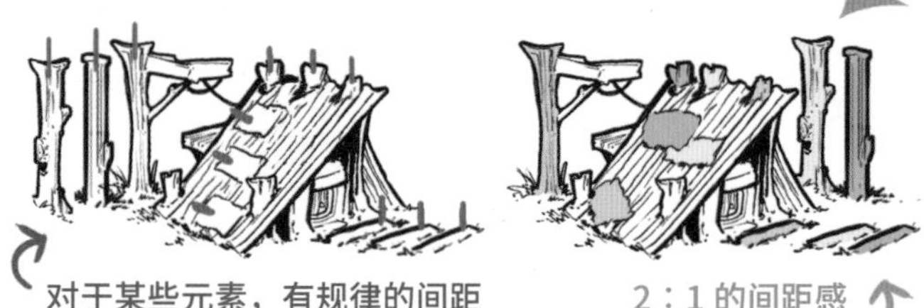

对于某些元素，有规律的间距可能会让人感觉僵硬
2：1 的间距感觉更自然

另外，它还能在角色群里形象地表现忠诚和分歧。

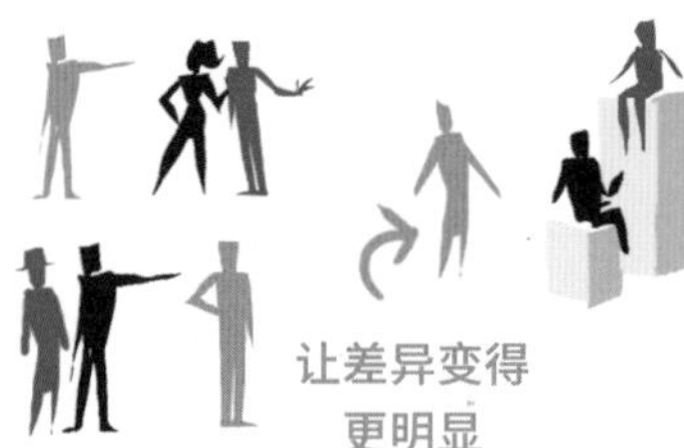

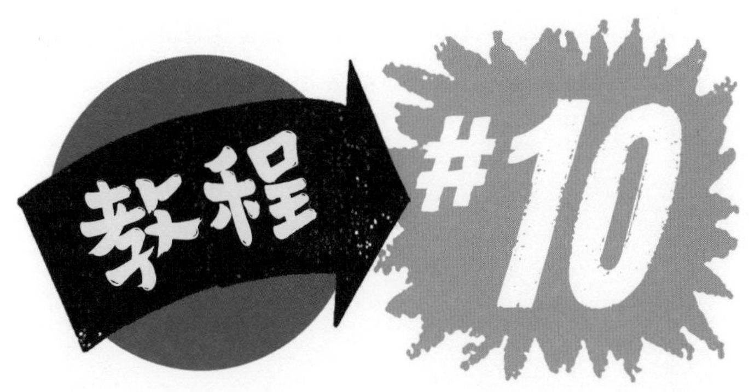
教程
#10

通过让 2：1 的间距变得更加灵活，我们可以做得更多：

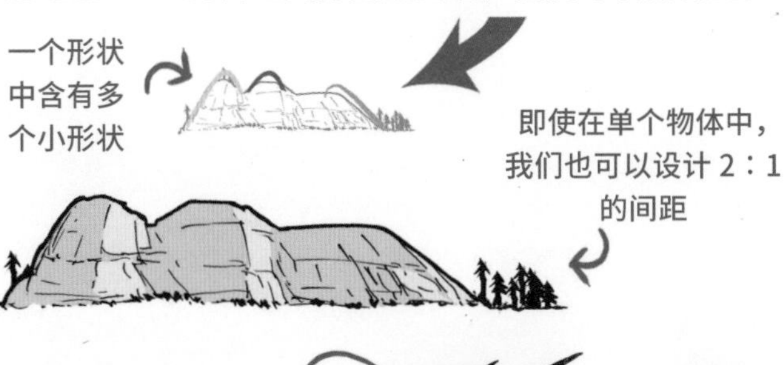
一个形状
中含有多
个小形状
即使在单个物体中，
我们也可以设计 2：1
的间距

尽管角色之间的间距是均匀的，但他们的头部（真正的焦点）符合 2：1 的间距

简单的方法：
面部中心点
应该形成一
个有一条短
边的三角形

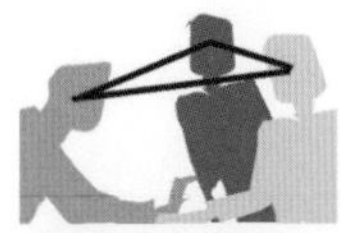

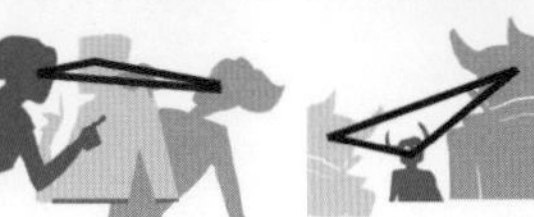

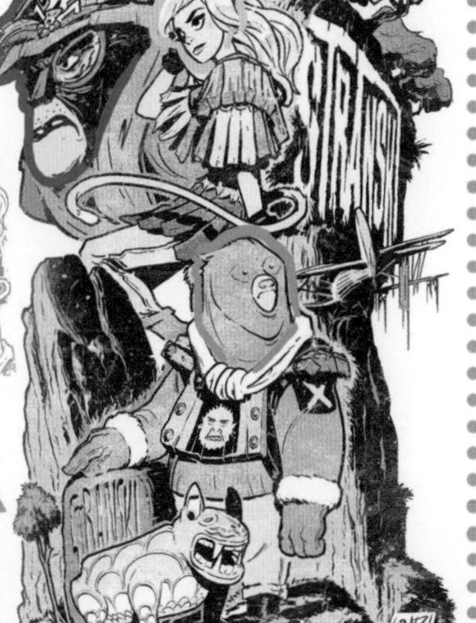

2：1 的间距是进行特别的车辆设计的一个很好的起点！

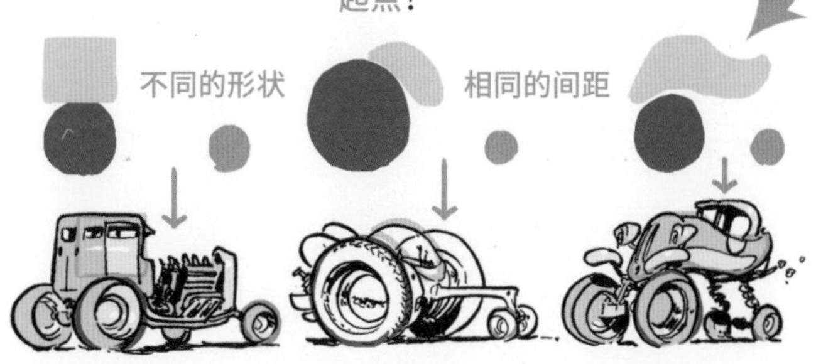
不同的形状
相同的间距

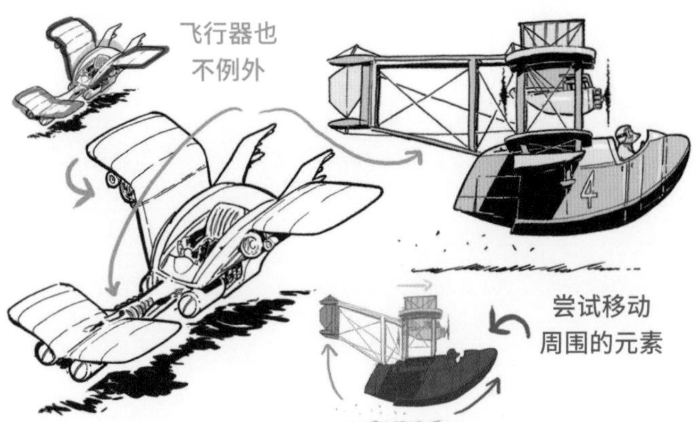
飞行器也
不例外
尝试移动
周围的元素

2：1 的间距也可以让建筑设计受益，因为它能促成大量的不对称。

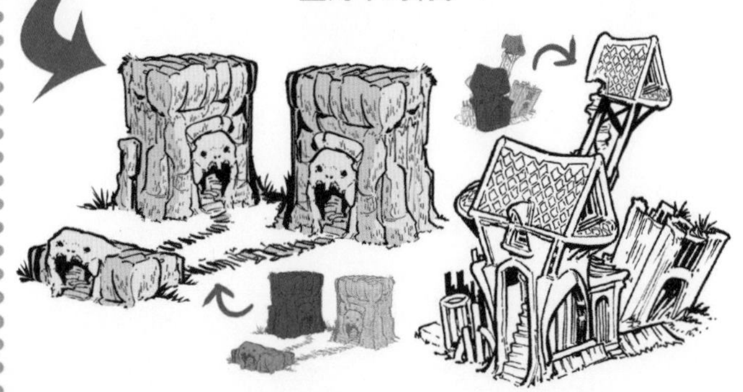

用这个简单的技巧来玩吧，它几乎可以应用于任何东西！

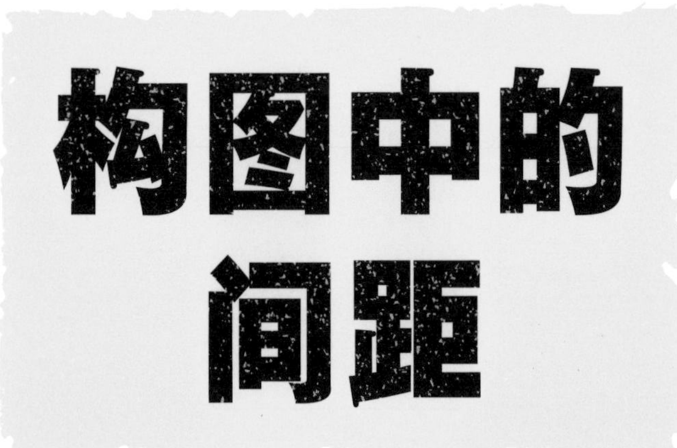

构图中的间距

在我看来，构图中最重要的事就是如何使用间距，原因之一在于你可以非常巧妙地运用它。

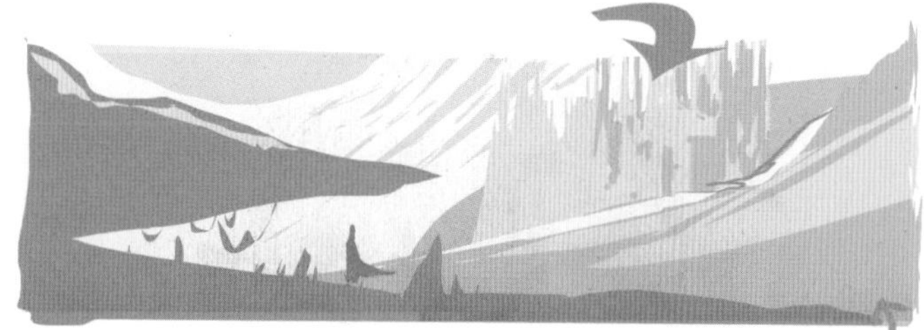

这幅画面同时使用了留白、清除杂乱、框架和间距，以实现构图的平衡

间距的好处在于，甚至在我们开始将其应用到自己的设计之前，我们就已经能感觉到它何时起作用、何时不起作用。

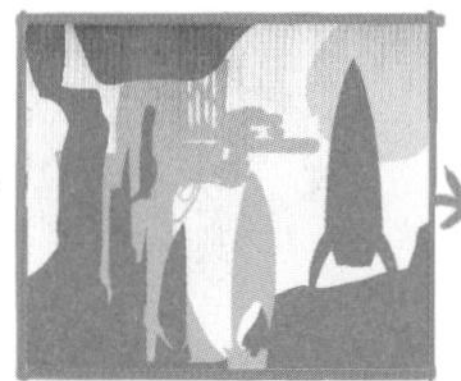

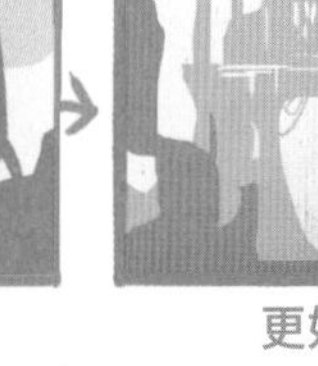

还行　　更好

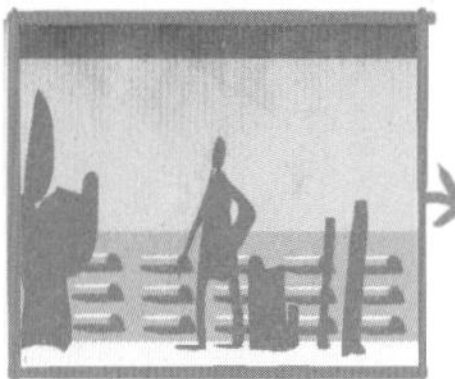

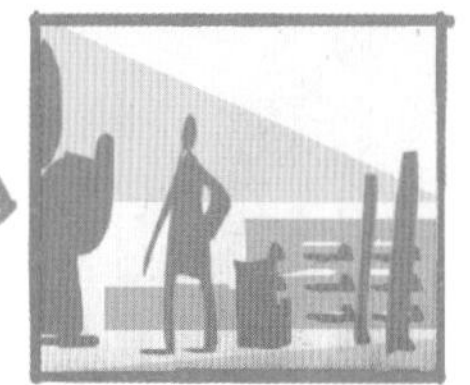

还行　　更好

下面是 5 个始终非常有效的间距规则：

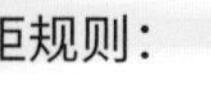

1 重叠 75% 的形状，孤立另外的 25%。

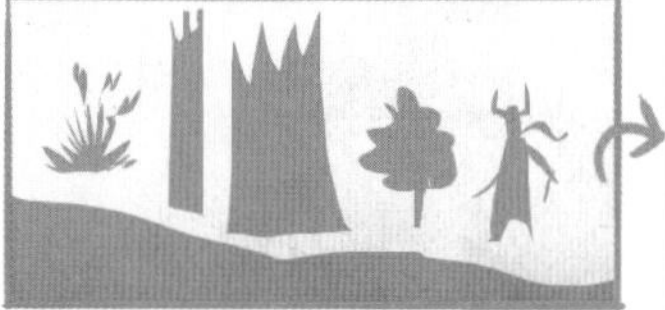

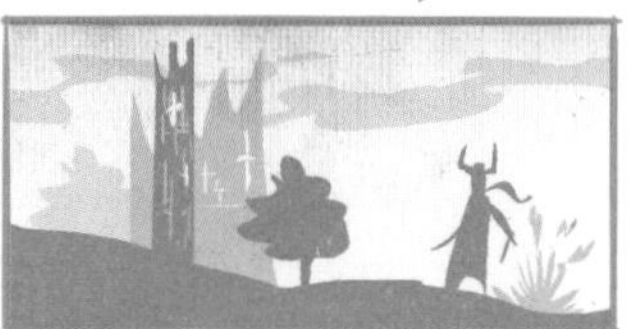

2 将 90% 的元素放在 50% 的空间里。

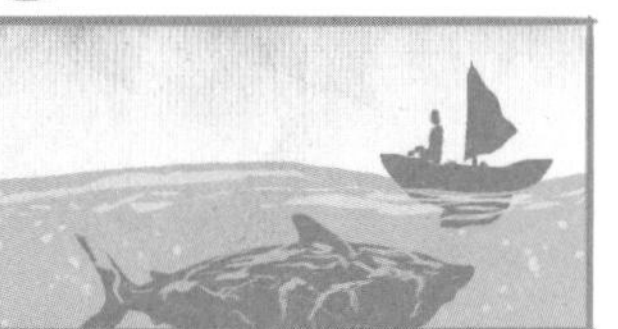

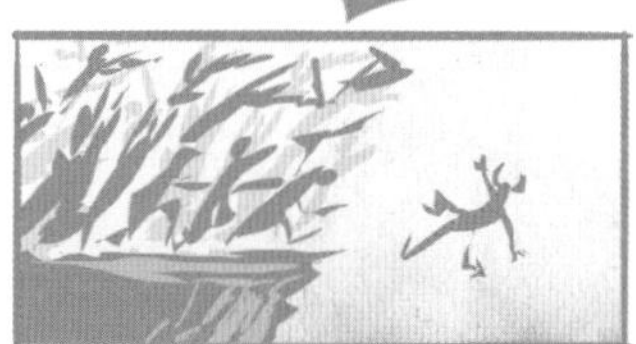

3 75% 的高光位于单个大区域，剩下 25% 的高光只用于小区域内。

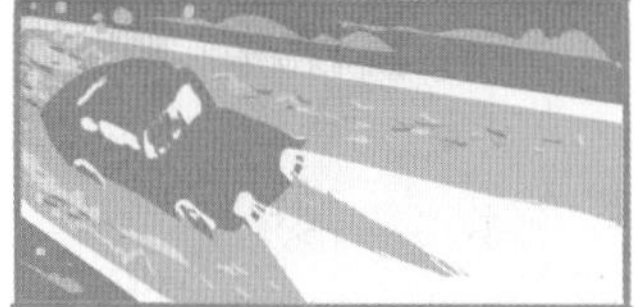

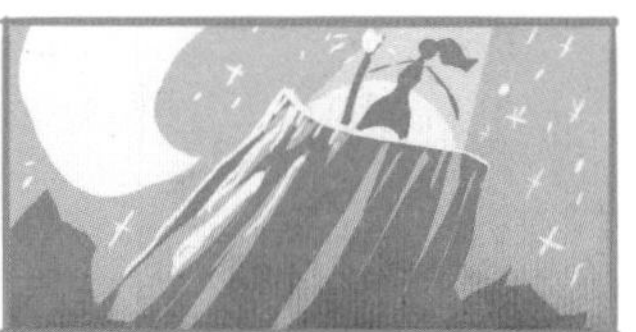

4 让人物与附近的物体保持一人的间距。

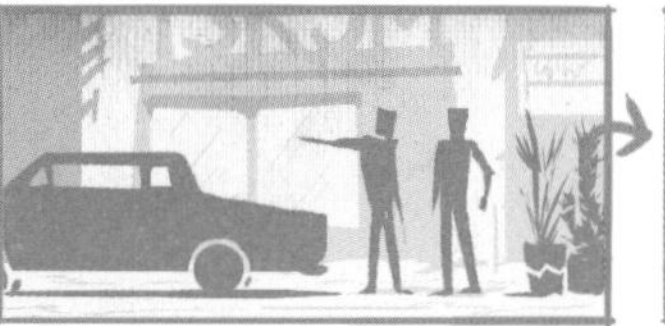

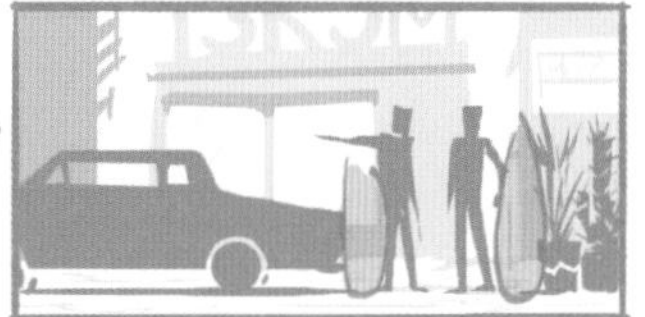

5 一种纹理的 30% 在左半部分、70% 在右半部分，反之亦然。

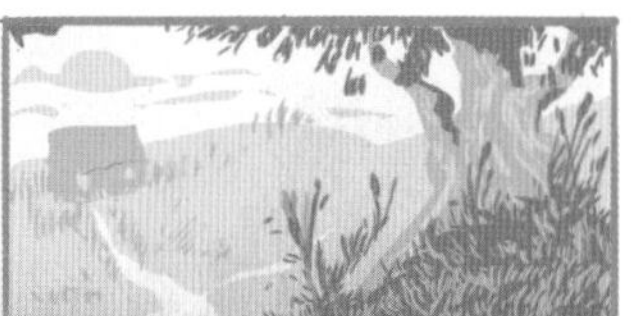

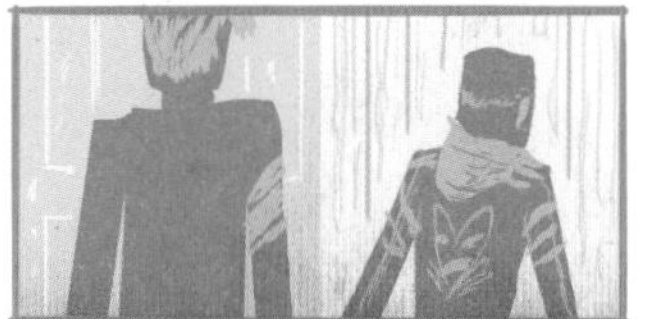

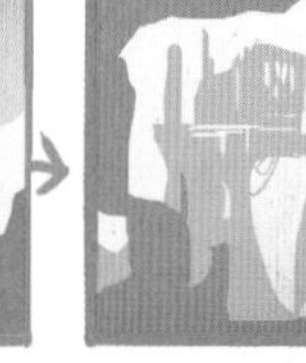

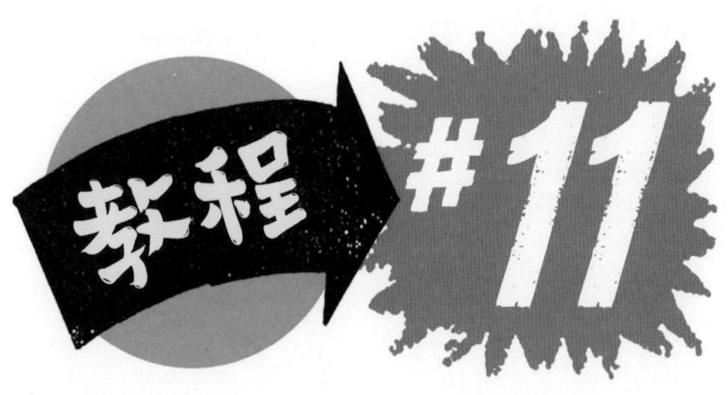

间距适用于一切事物，不仅仅是人和物，还有光线、阴影、纹理等。构图总是一种关于平衡的艺术。

下面是你可以应用的 6 个非常有用的间距构思：

1. 保持人物和他们所看物体之间的东西极为简洁。

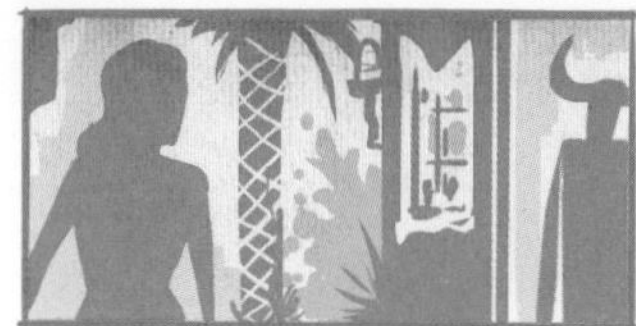
还可以

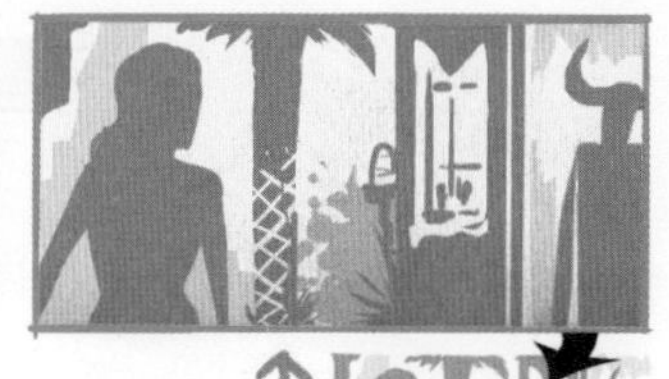
很不错

2. 改变物体之间的间距。*

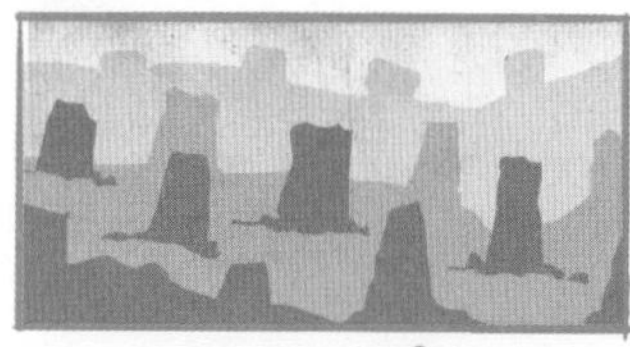
还可以

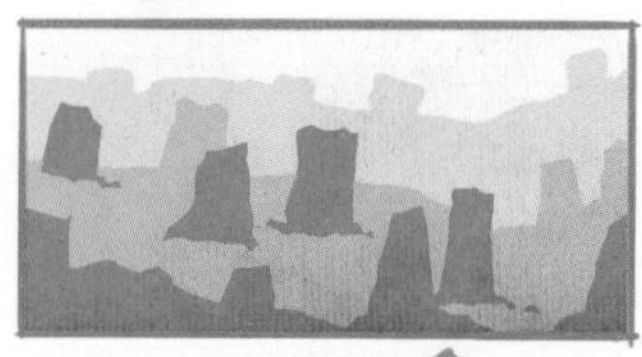
很不错

*除非统一的间距与故事相关

3. 即使是密集的形状也需要空间来“识别”。

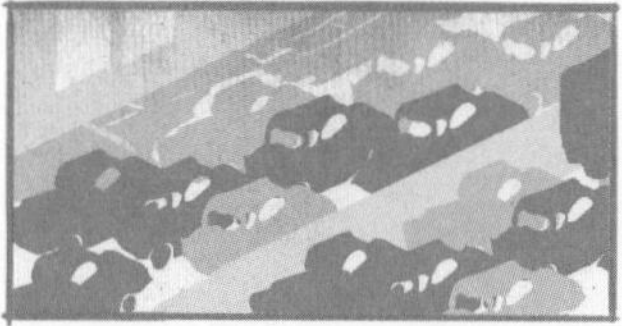
还可以

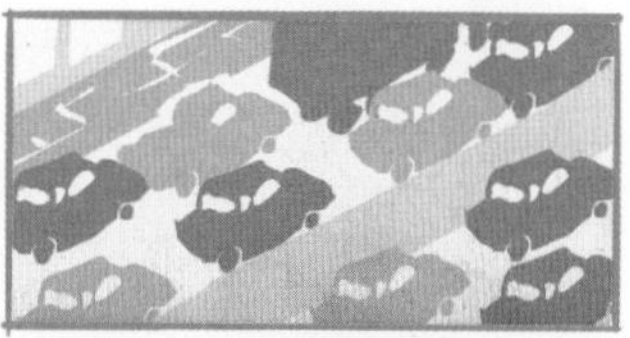
更清楚

4. 在整个构图中随意散布一些空白的空间。

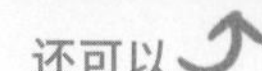

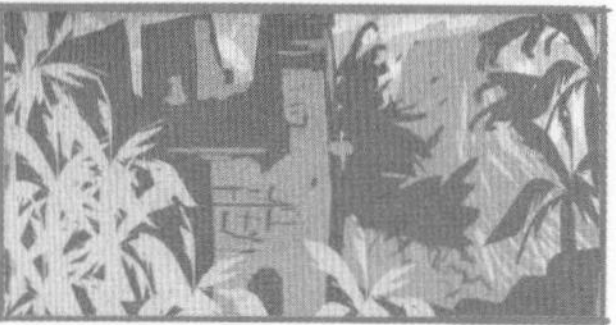
还可以

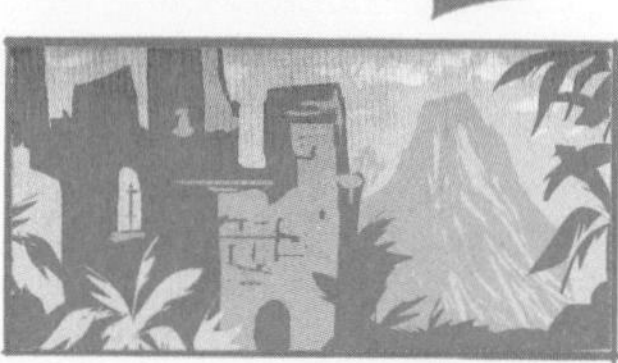
更清楚

5. 避免元素放置得离框架边缘太近。

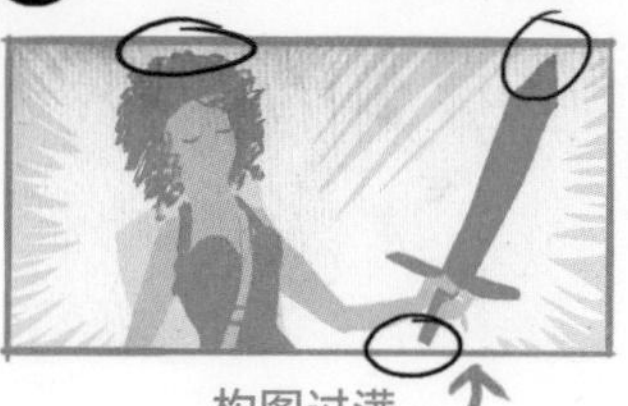
构图过满

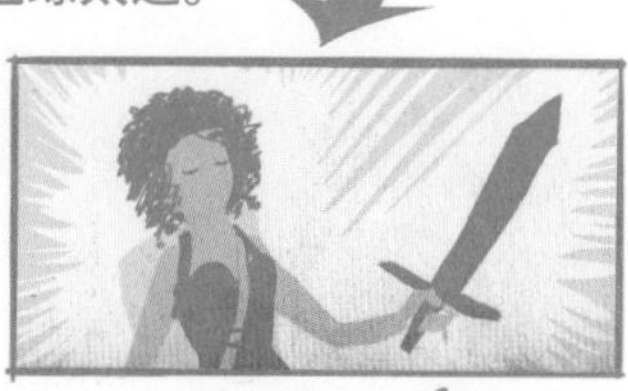
好一些

6. 用距离做隐喻。

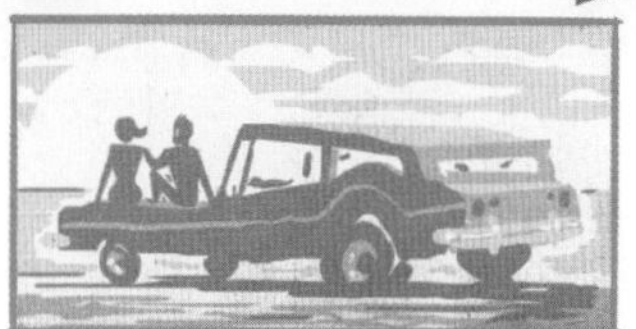
近距离 = 联系及信任

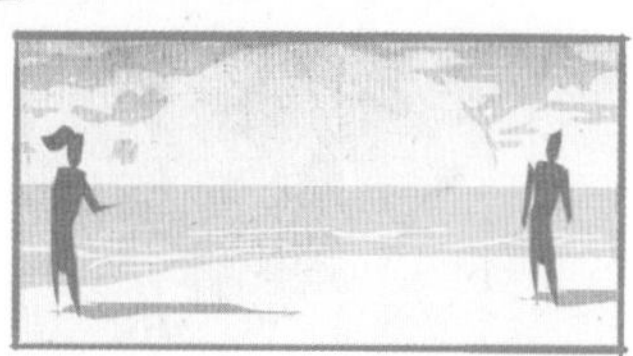
距离 + 两者之间明确的空间 = 断联或分离

以上这些构思将帮助你感受为何你的作品需要透气和交流的空间。

阴影构图

关于阴影有很多东西可谈论，但在本节教程中，我们只关注怎样使用阴影，使其成为一种强大的构图手段。

下面是 16 种特别有用的方法：

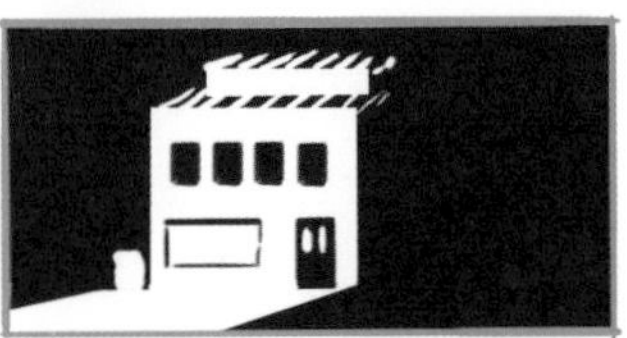

融入背景的阴影

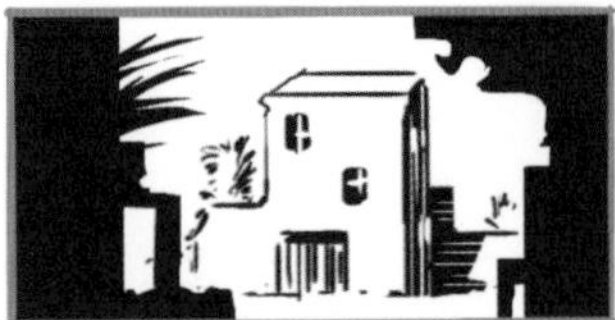

背光的侧边栏

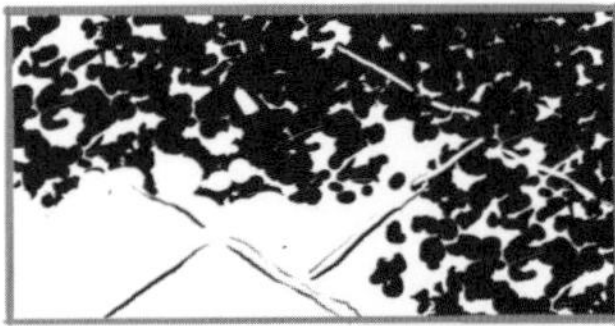

斑驳的树影

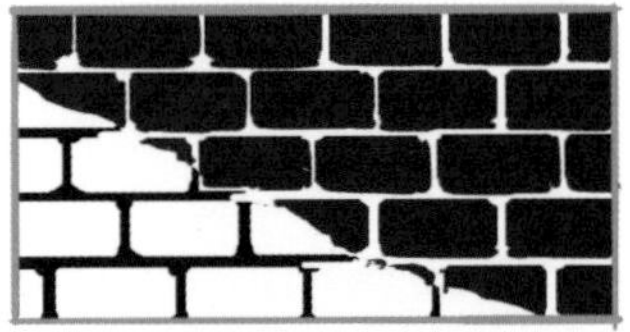

形成对比的砖墙颜色

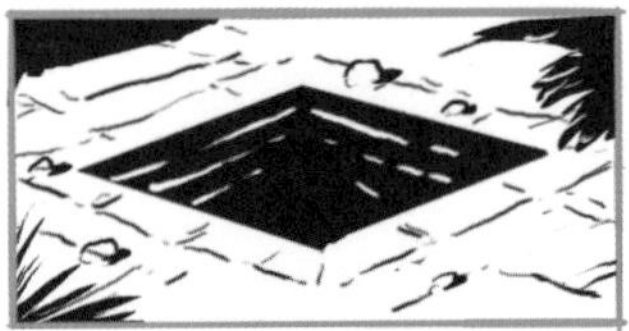

将深洞作为视觉焦点

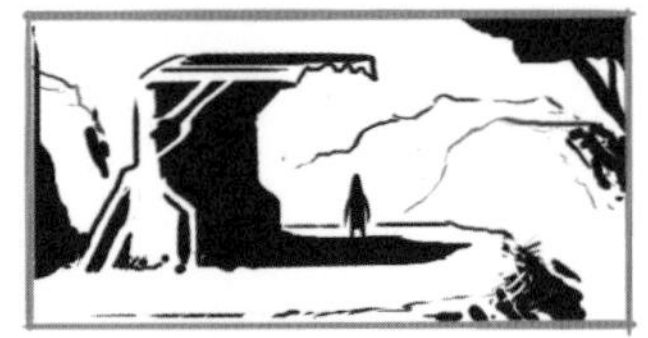

遮蔽物及其阴影

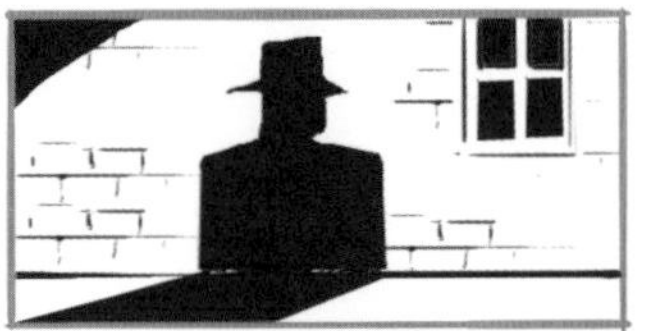

画面外的人物

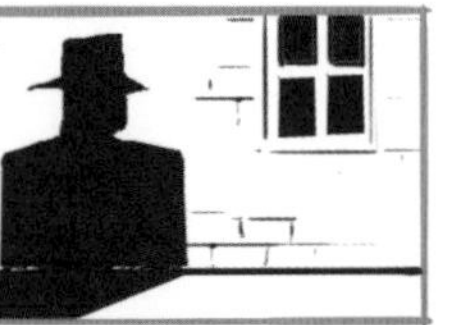

长长的水平线

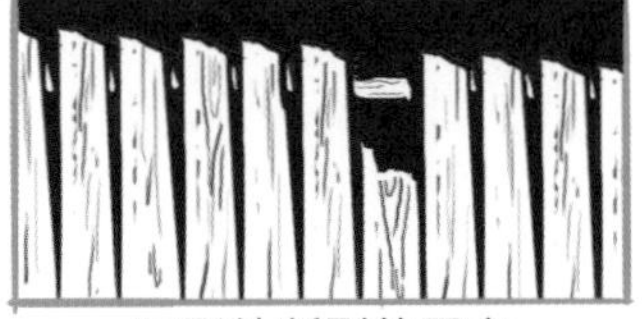

阴影处断裂的图案

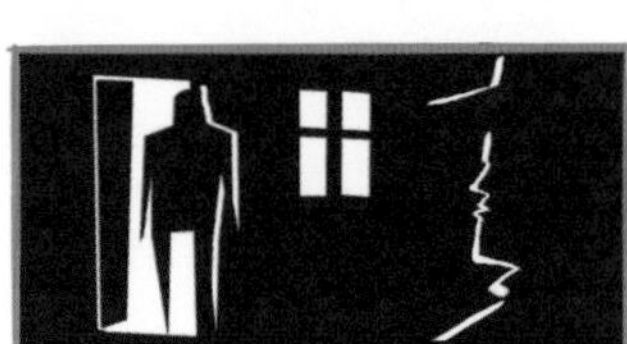

边缘光

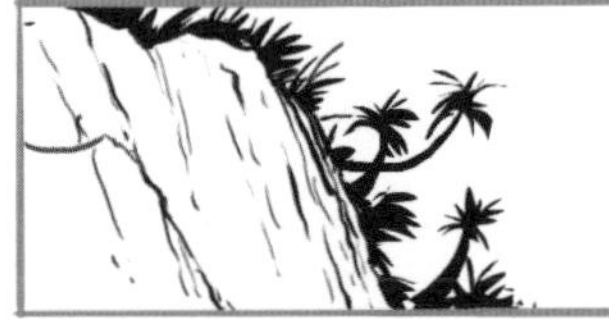

后面的剪影

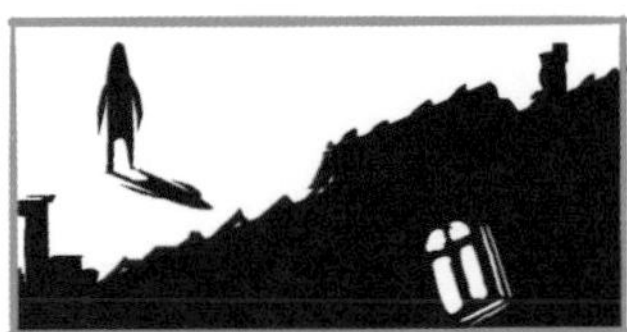

对角线划分

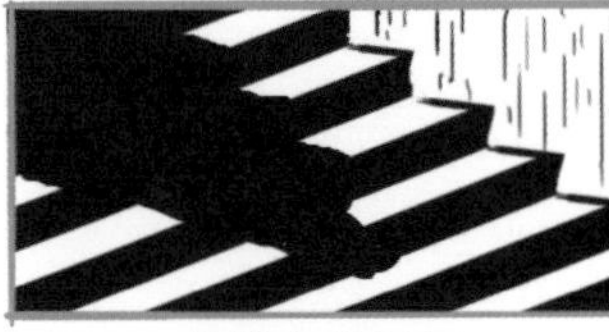

楼梯上的影子
（光源在台阶上方）

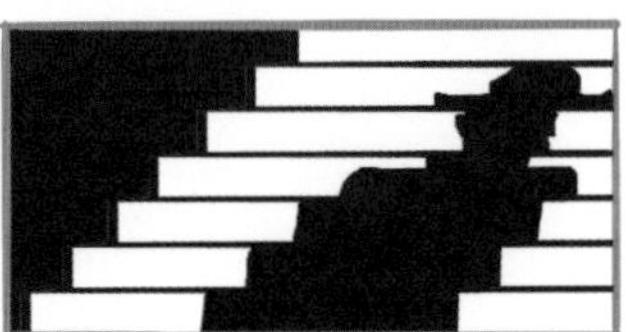

楼梯上的影子
（光源在台阶侧方）

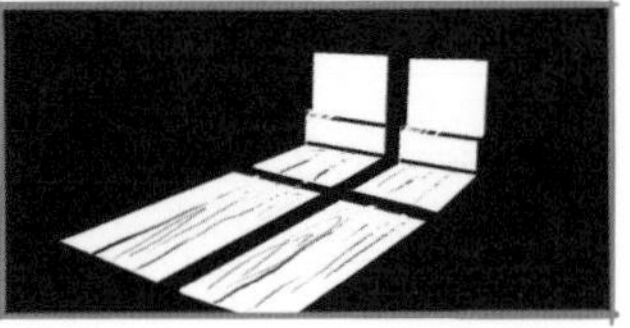

窗外投射的光线

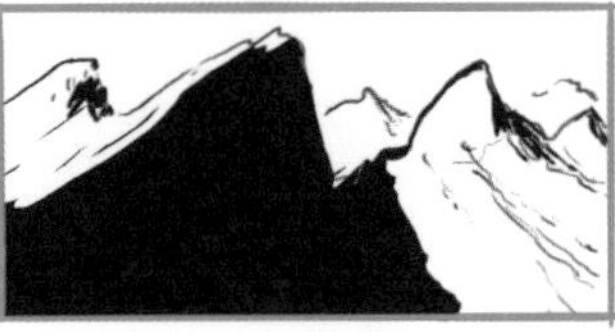

山的阴影

这些基本的模板可以扩展出无数的实际应用。试着将阴影作为重要的构图手段，去寻找使用它的方法吧！

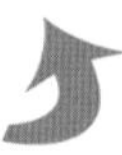

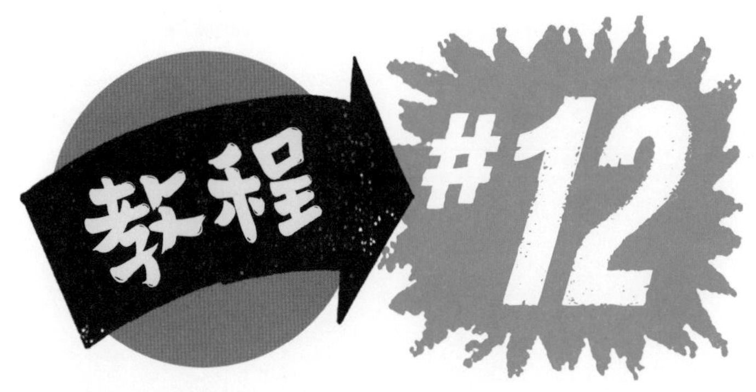

将影子作为构图的核心要素，不仅有助于创造大胆的、生动的设计，而且还能让你思考划分空间和绘制焦点的创造性方法。

不仅要研究阴影的形状，还要研究它投在物体表面的方式。

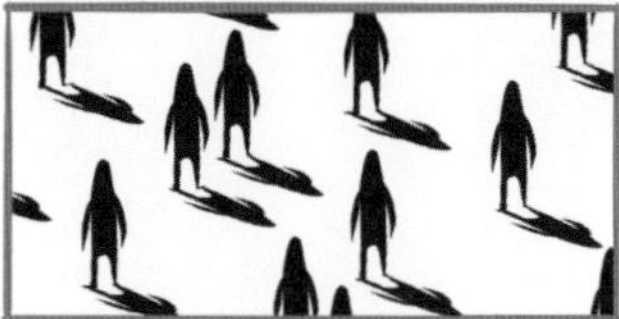

重复的影子

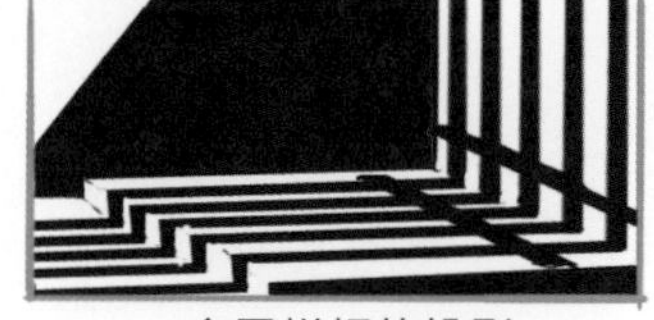

金属栏杆的投影

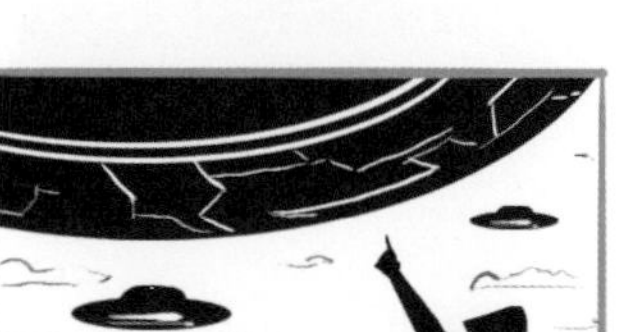

头顶

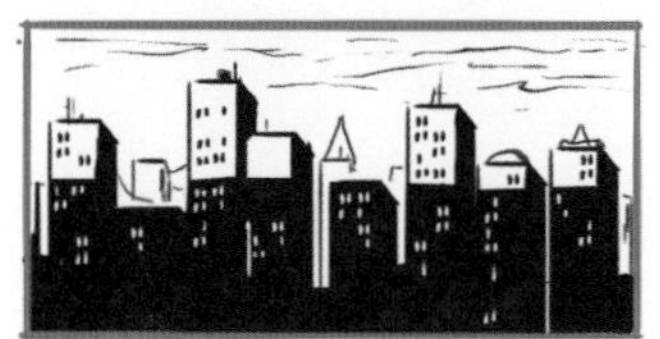

城市的日出及日落

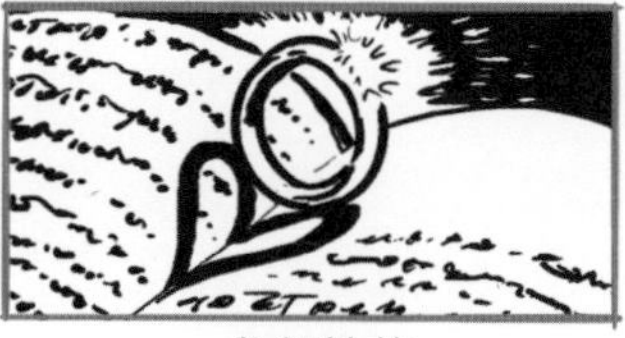

象征性的

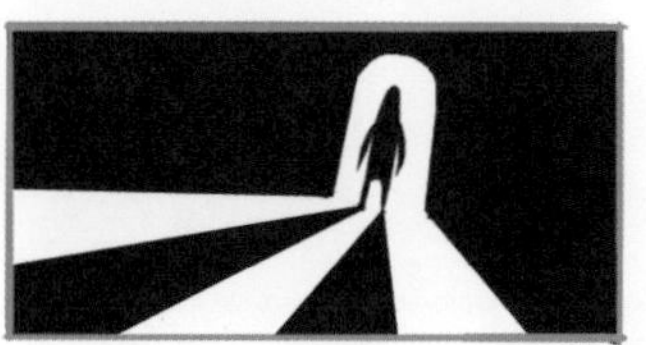

长视角

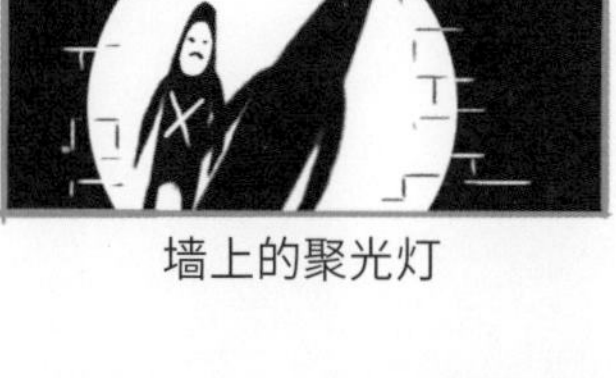

墙上的聚光灯

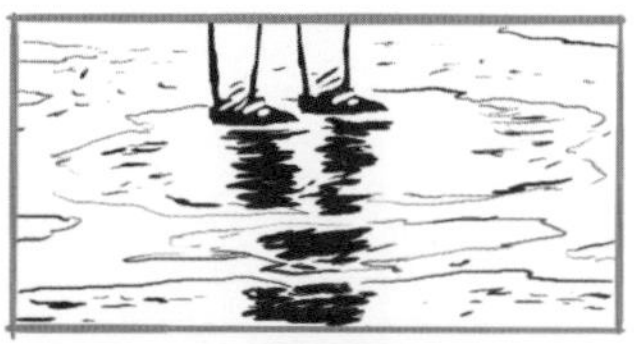

水中的倒影

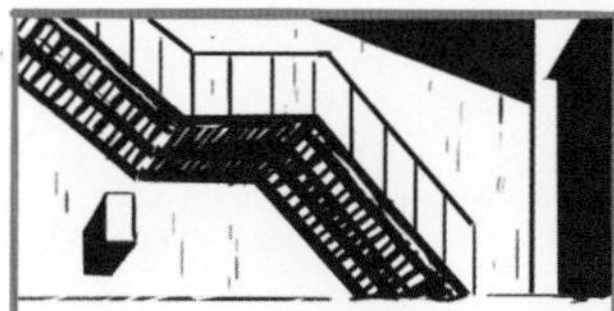

向下投射

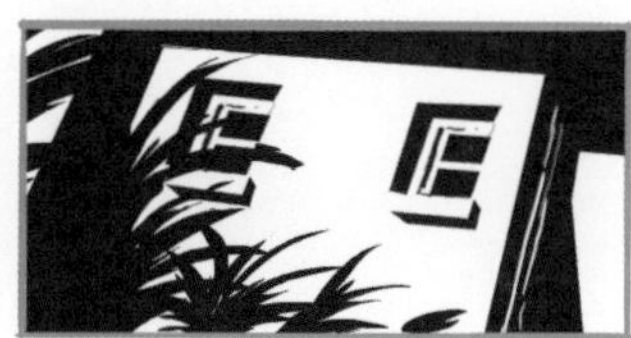

不同的形状

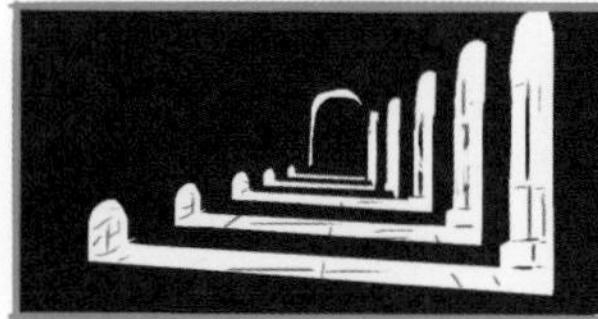

重复的光线

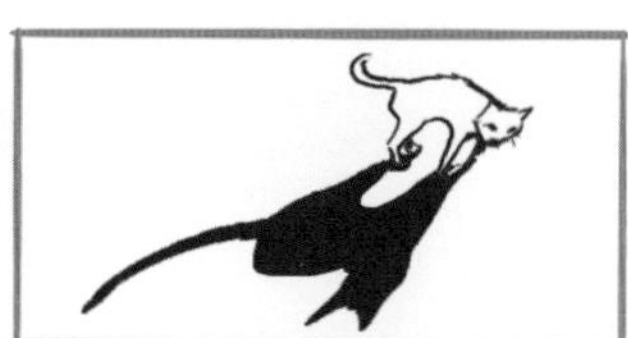

夸张的影子

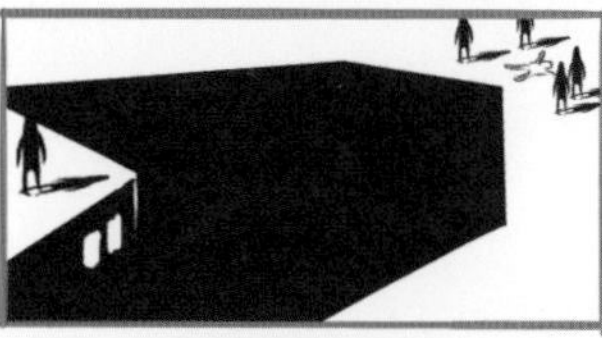

用影子指向

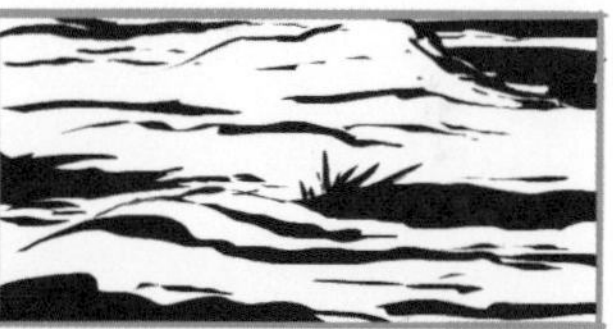

用影子绘制地形

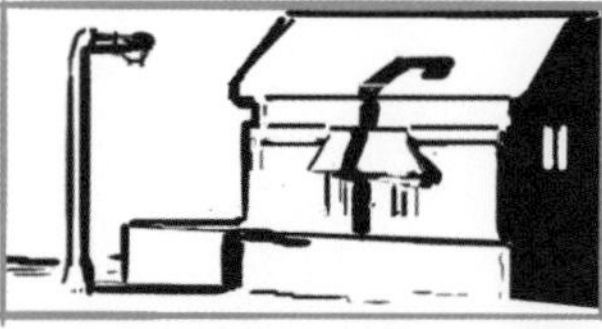

阶梯状错位的影子

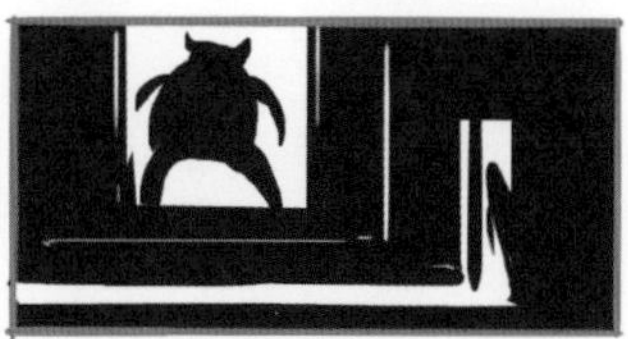

人物的剪影

我们将在其他章节中介绍更多光影的应用！

使用三角形构图

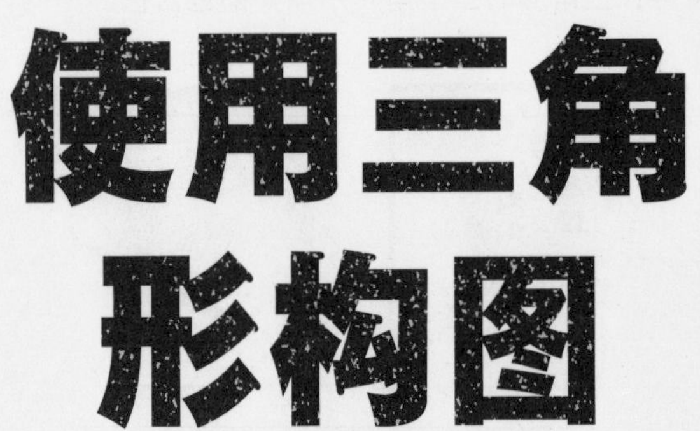

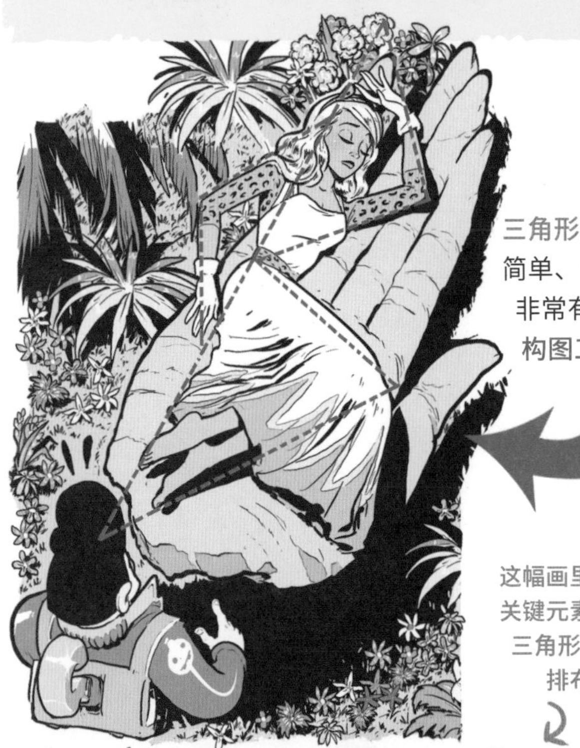

三角形是一种简单、多变且非常有效的构图工具。

这幅画里的许多关键元素都是以三角形为基础排布的

1 2 3 4

三角形在视觉上具有令人满意的完整性：它们连接元素、凸显焦点，并构建了一个无尽的视觉循环。

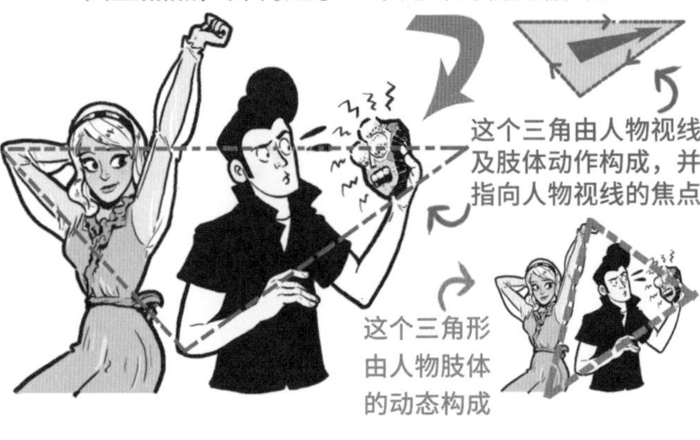

下面有 5 种快速实现三角形构图的方法。

1 指明方向

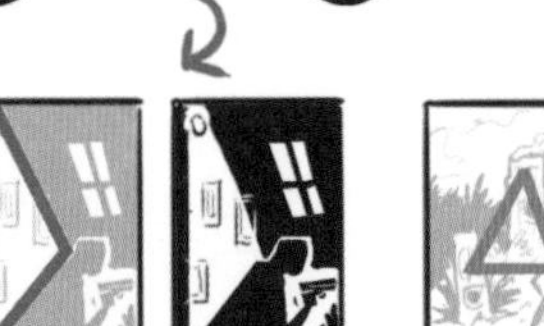

2 角落里的关键元素

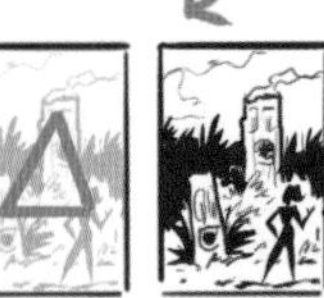

3 留白

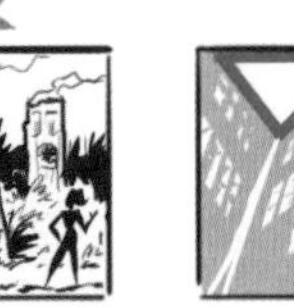

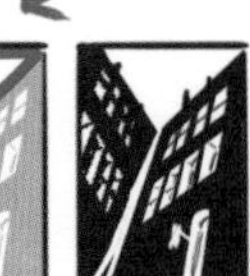

4 边框

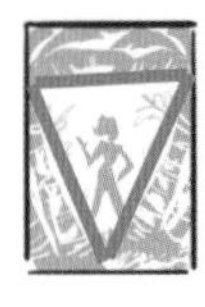

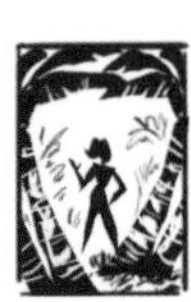

5 外形

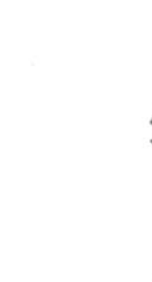

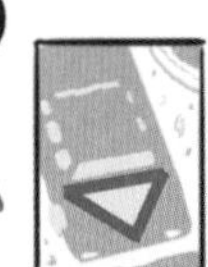

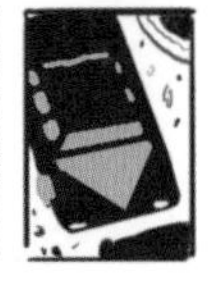

如果想让你的角色设计更具标志性，可以将其关键特征沿三角形底边放置，或放在三角形的顶点上。

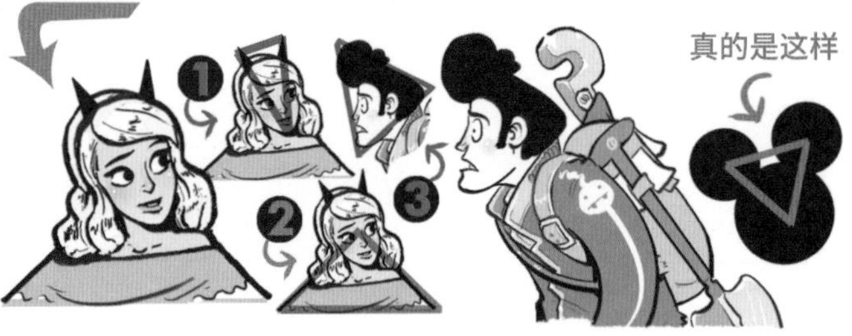

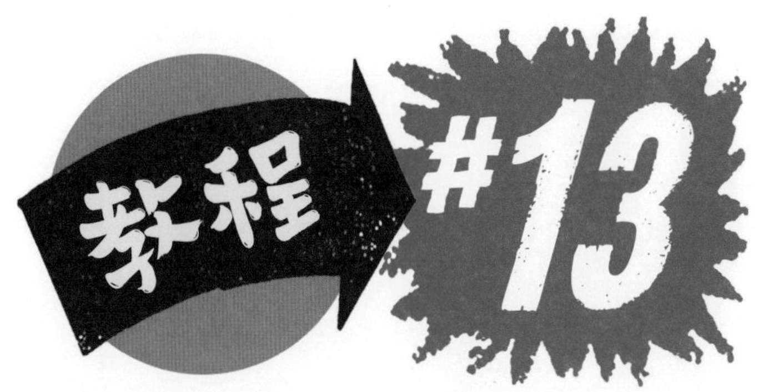

无论你画什么，都有无数种方法可以在构图中使用三角形，它们的加入总能优化构图。

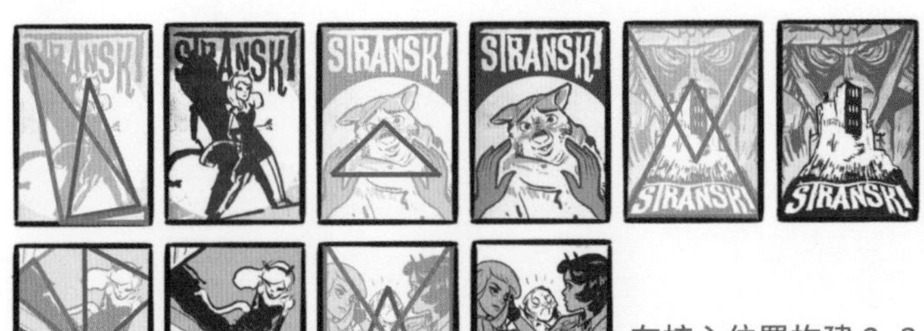

在核心位置构建 2~3 个大的三角形就够了

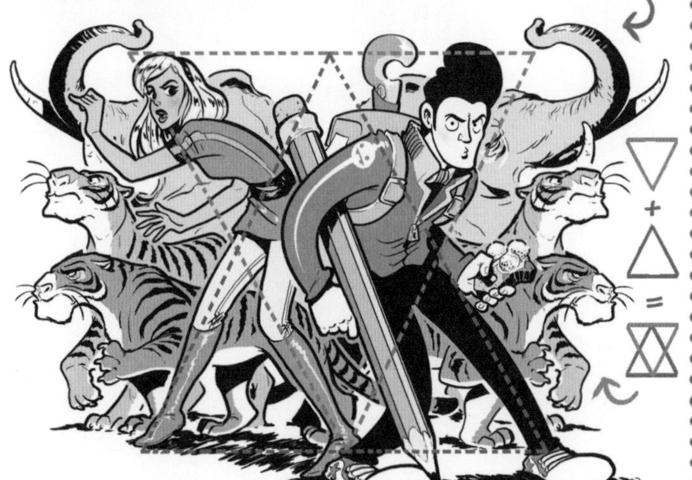

注意！三角形的三个角并不需要都包含在画面内。

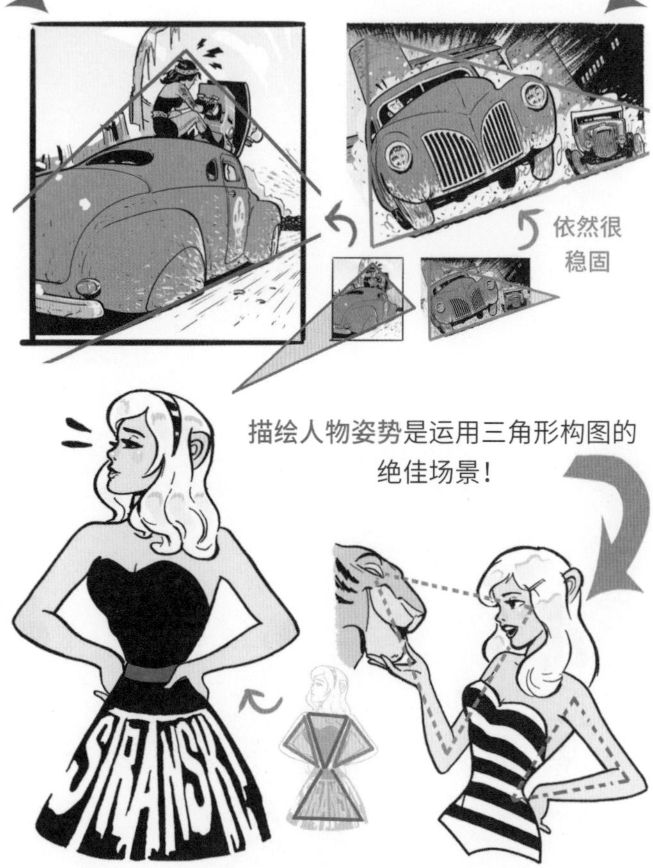

描绘人物姿势是运用三角形构图的绝佳场景！

一个有趣的练习是把整个页面随机分成若干个三角形，然后用这些三角形来决定一个设计！

这些三角形指明了构图的基本框架

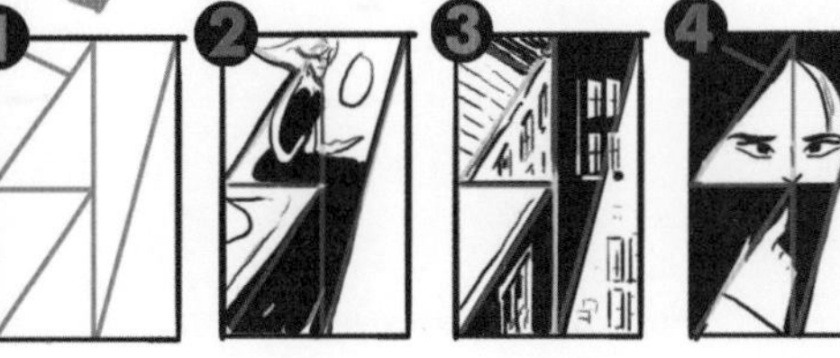

双线构图

毫无疑问，要想给你的作品一个大胆的、引人注目的布局，最简单、最快和最有力的方法之一就是围绕两条线来创作。

这两条线可以是直的，也可以是弯的，它们可以交叉，也可以分开，而且它们适用于任何形状的边框。

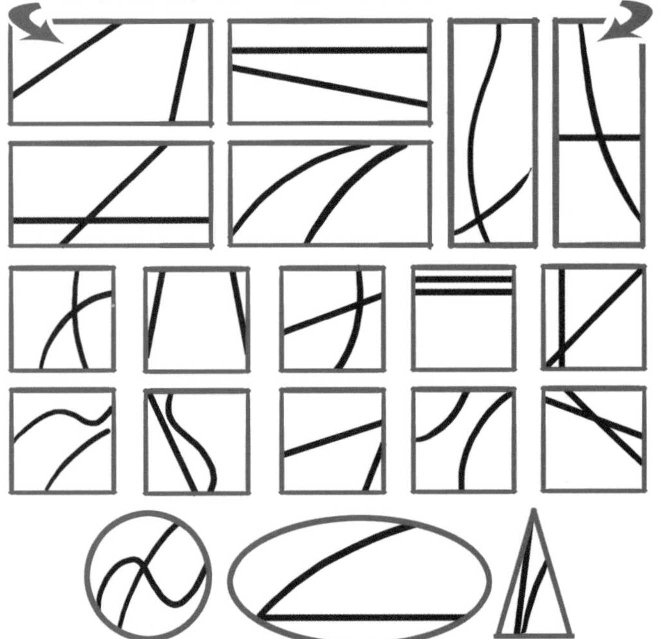

你不需要把每一个元素都放在两条线上，但是通过把关键的物品、图形或文字放在两条线上，你会得到一个识别度很强的设计。

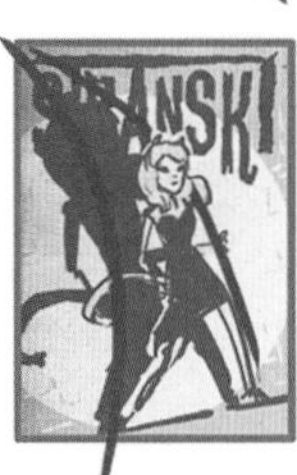

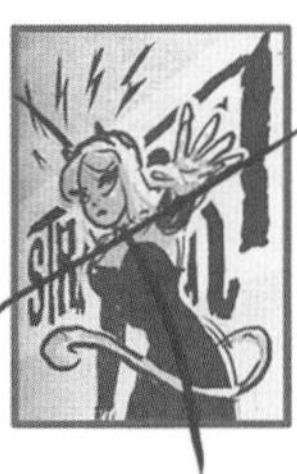
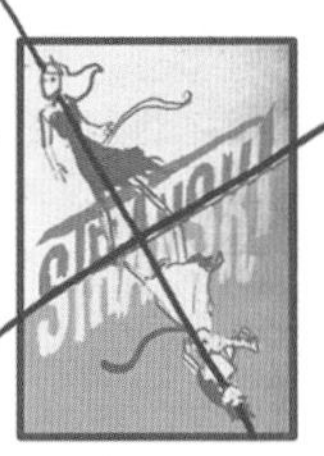
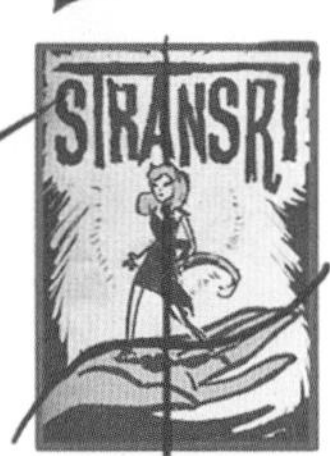

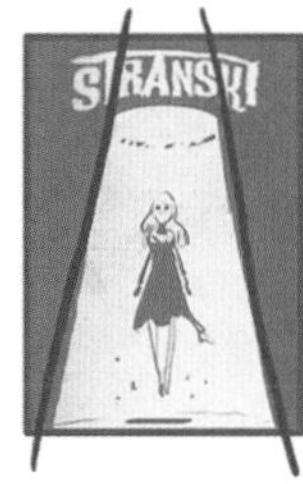

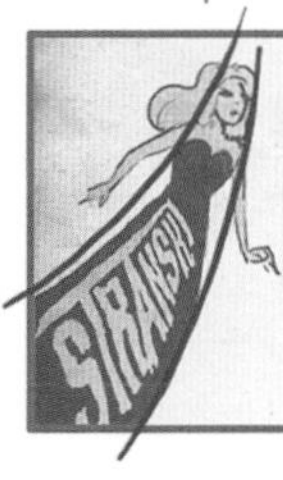
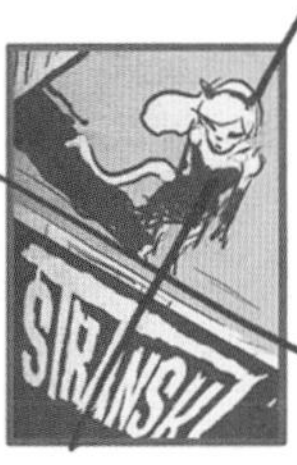

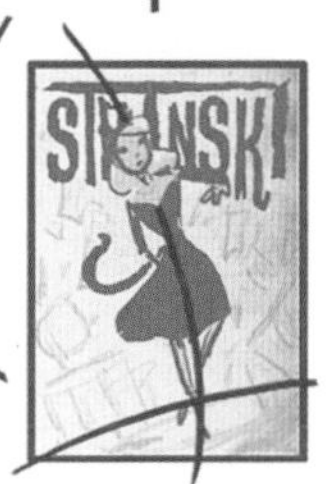

1 空间构图是关于如何排列画面中的物体的

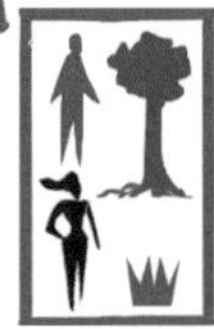

2 当我们把一些物体放在画面中时，它们自然地分割了空间

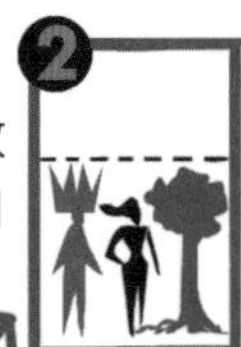

3 双线构图法之所以如此有效，部分是因为它以一种简洁的、直接的方式划分了空间

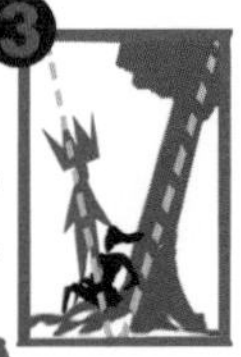
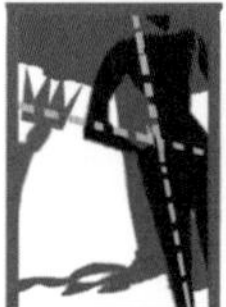
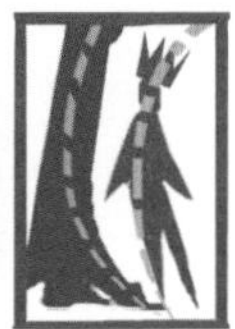

你不仅可以用两条线划分空间，还可以用它来塑造物体、环境、人物及其姿势！

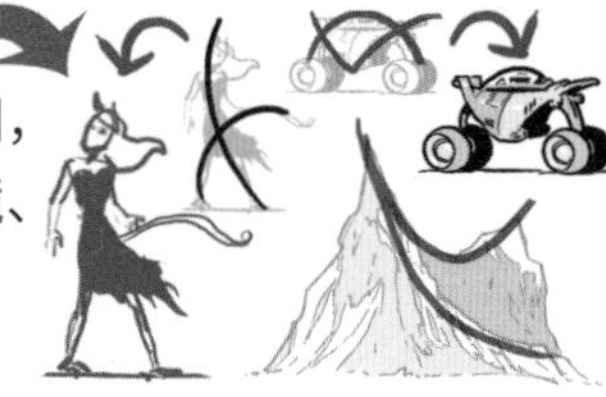

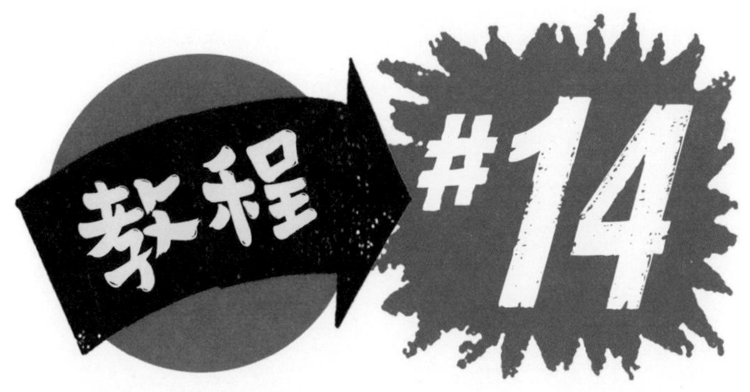

双线构图法可以被用在几乎任何东西上，它对规划环境布局尤为有用。

下面提供了 8 种不同的示例，希望可以给你的设计带去一些灵感。

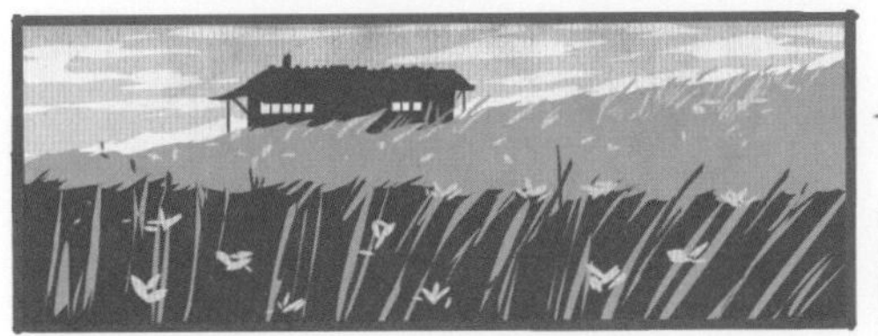

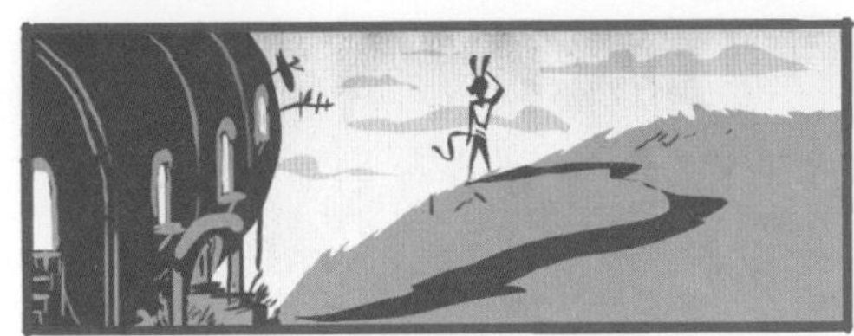
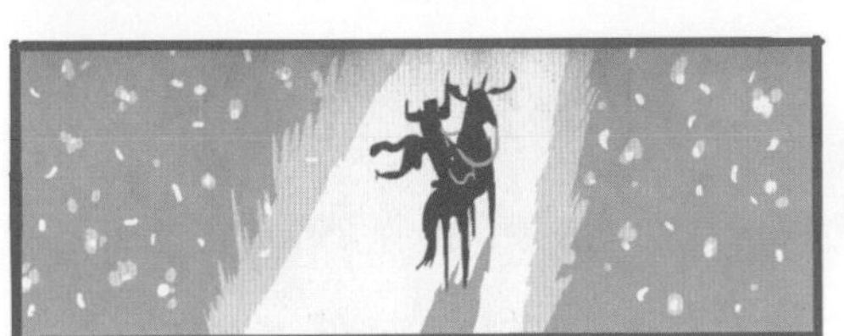
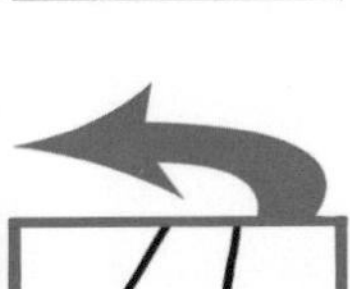
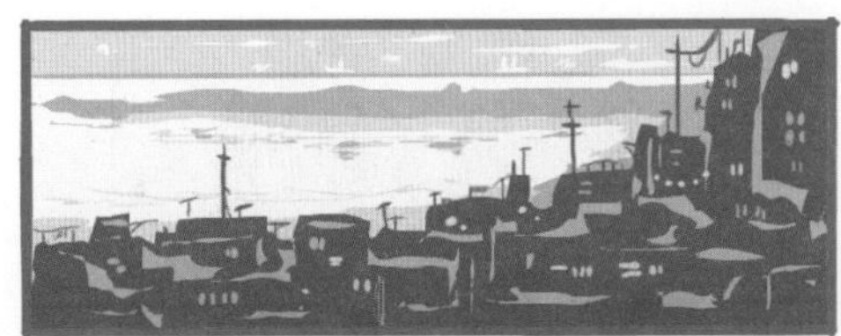
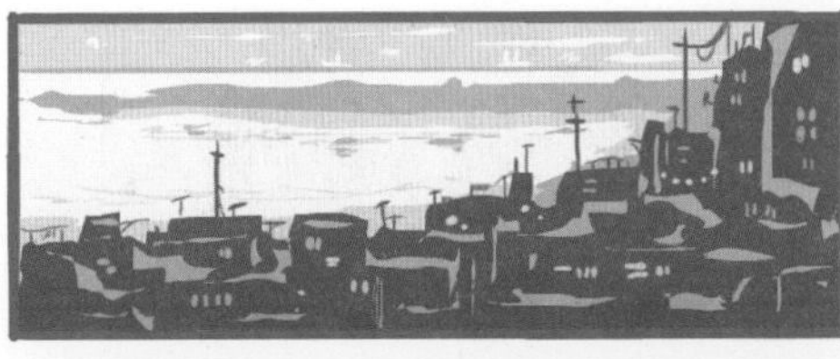
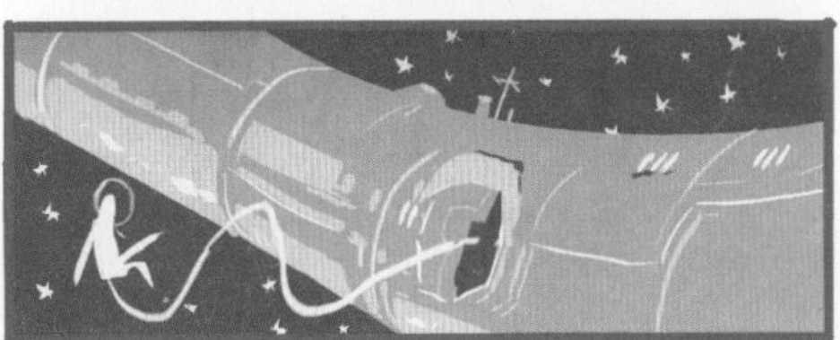
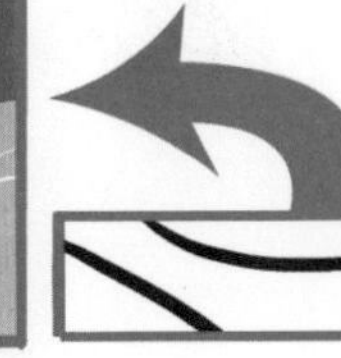
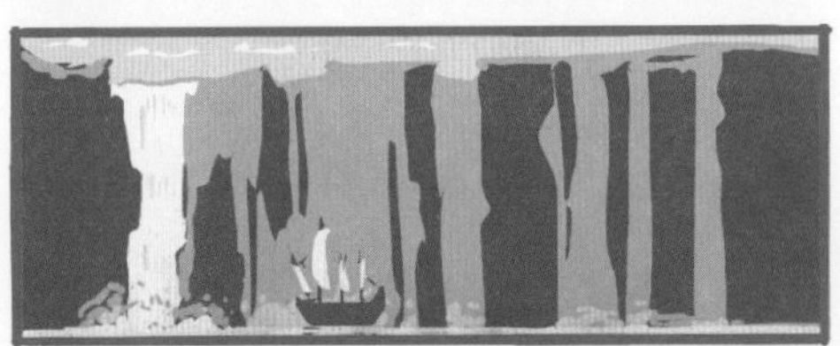
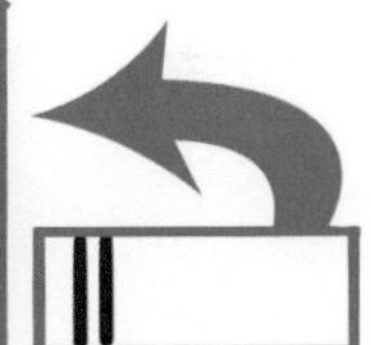
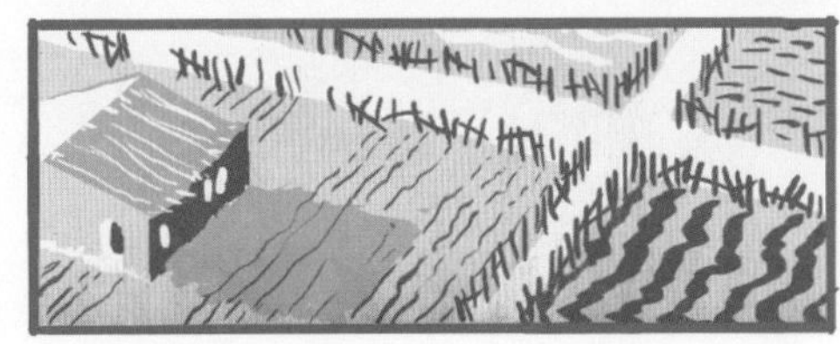

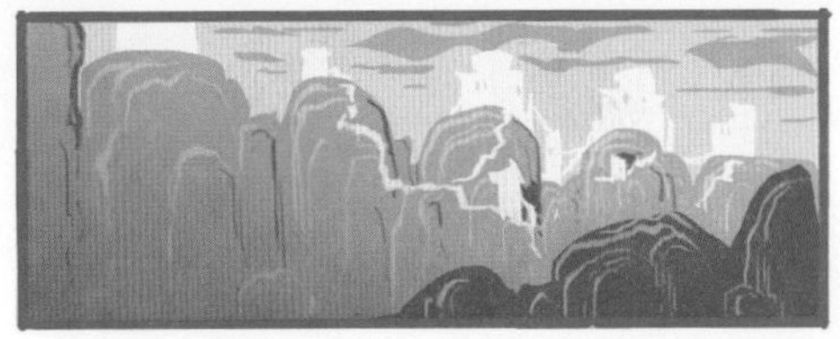
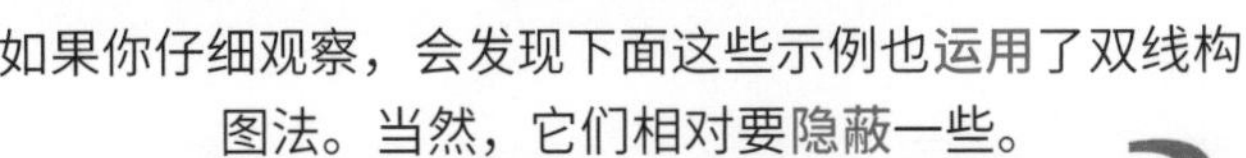

如果你仔细观察，会发现下面这些示例也运用了双线构图法。当然，它们相对要隐蔽一些。

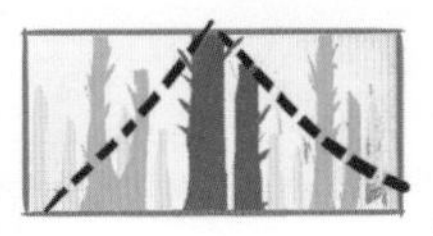
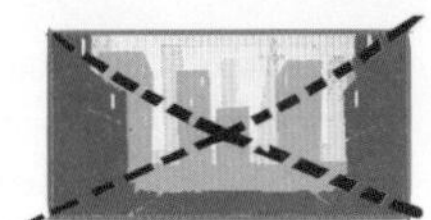
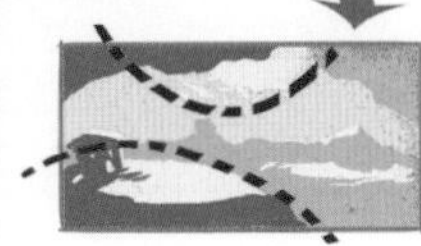

双线构图

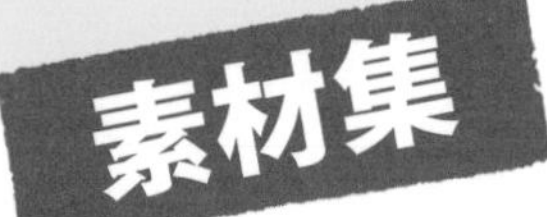

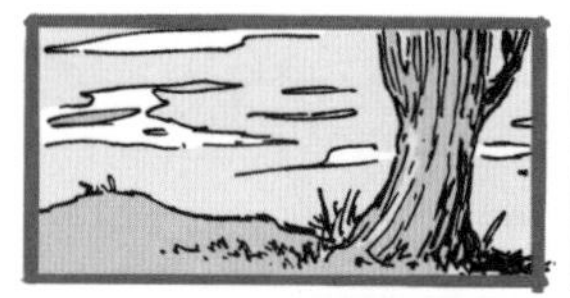

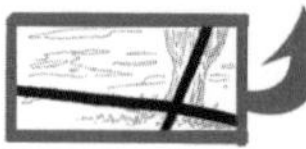
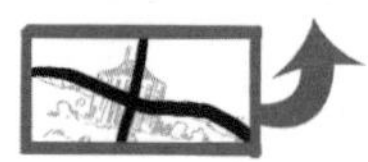
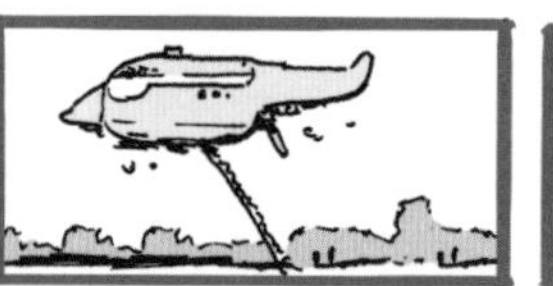
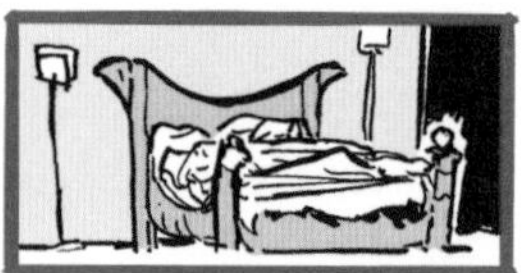
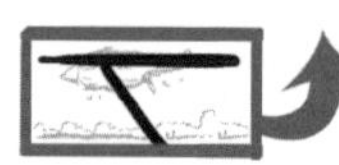
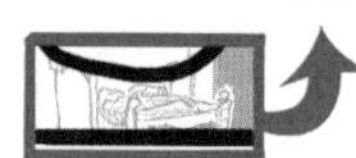
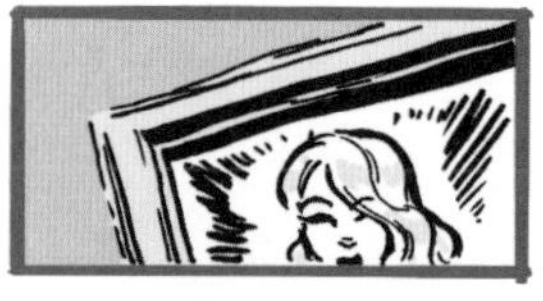
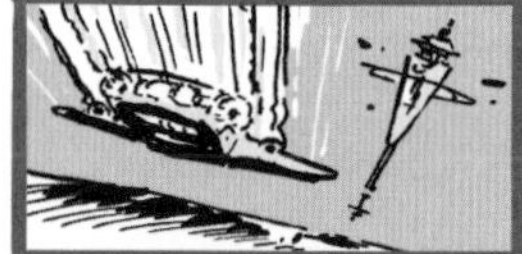
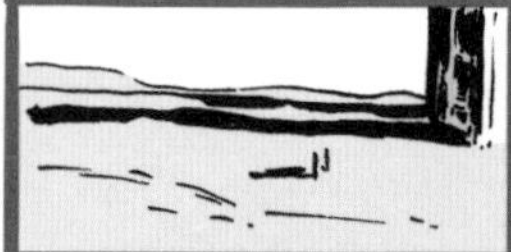
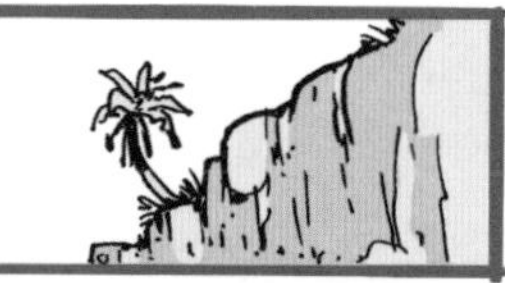
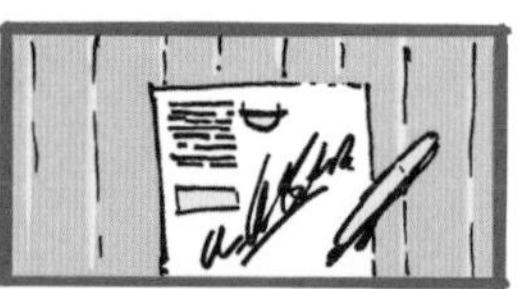
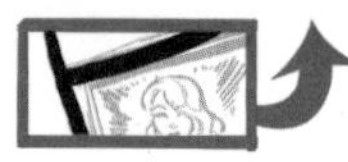
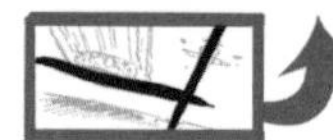
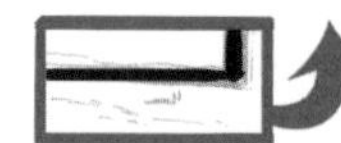
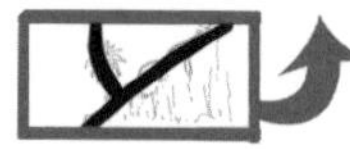
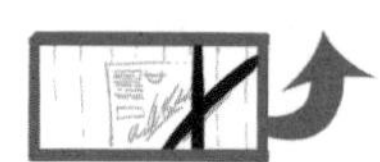
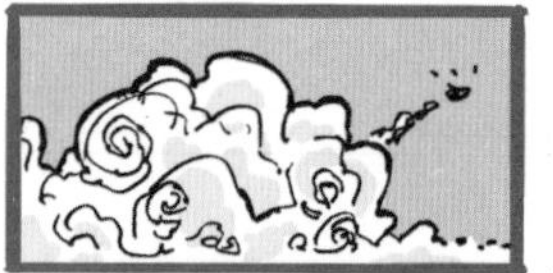
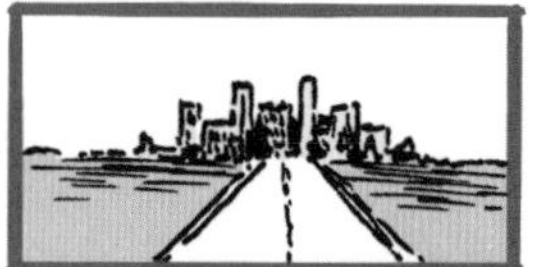
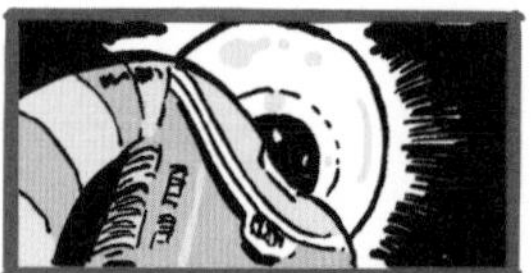
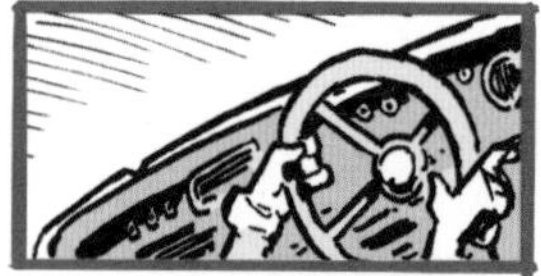
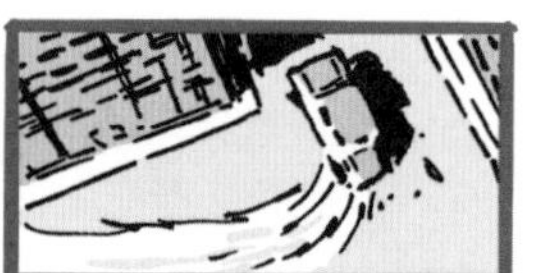
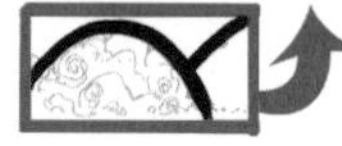
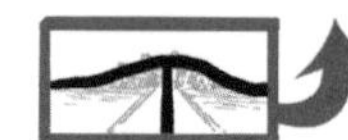
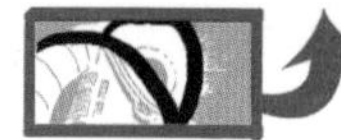
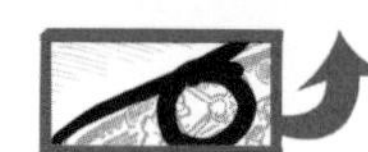
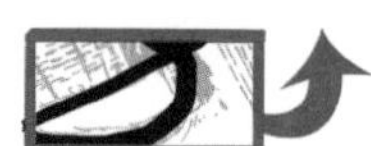
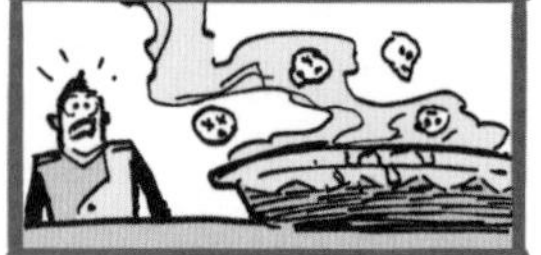
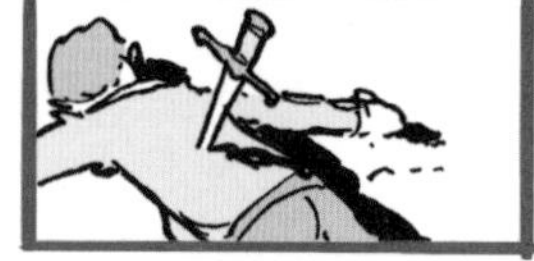
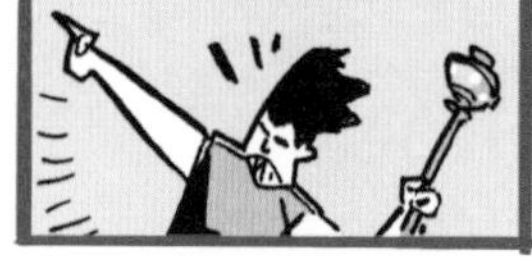
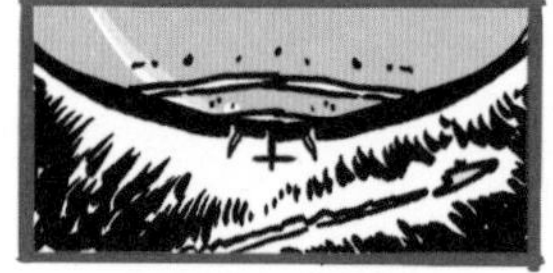
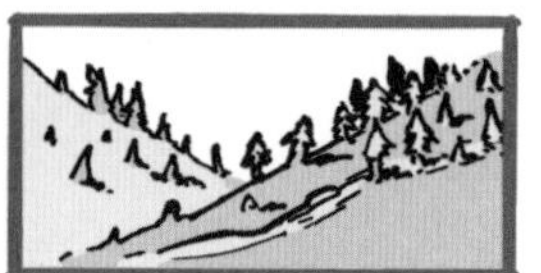
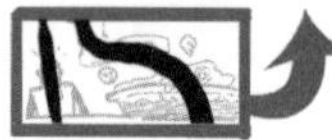
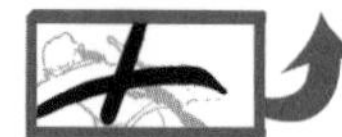
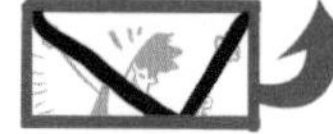
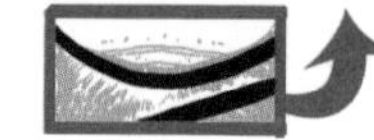
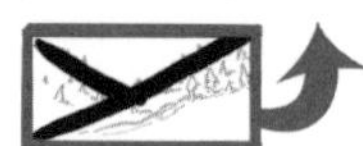

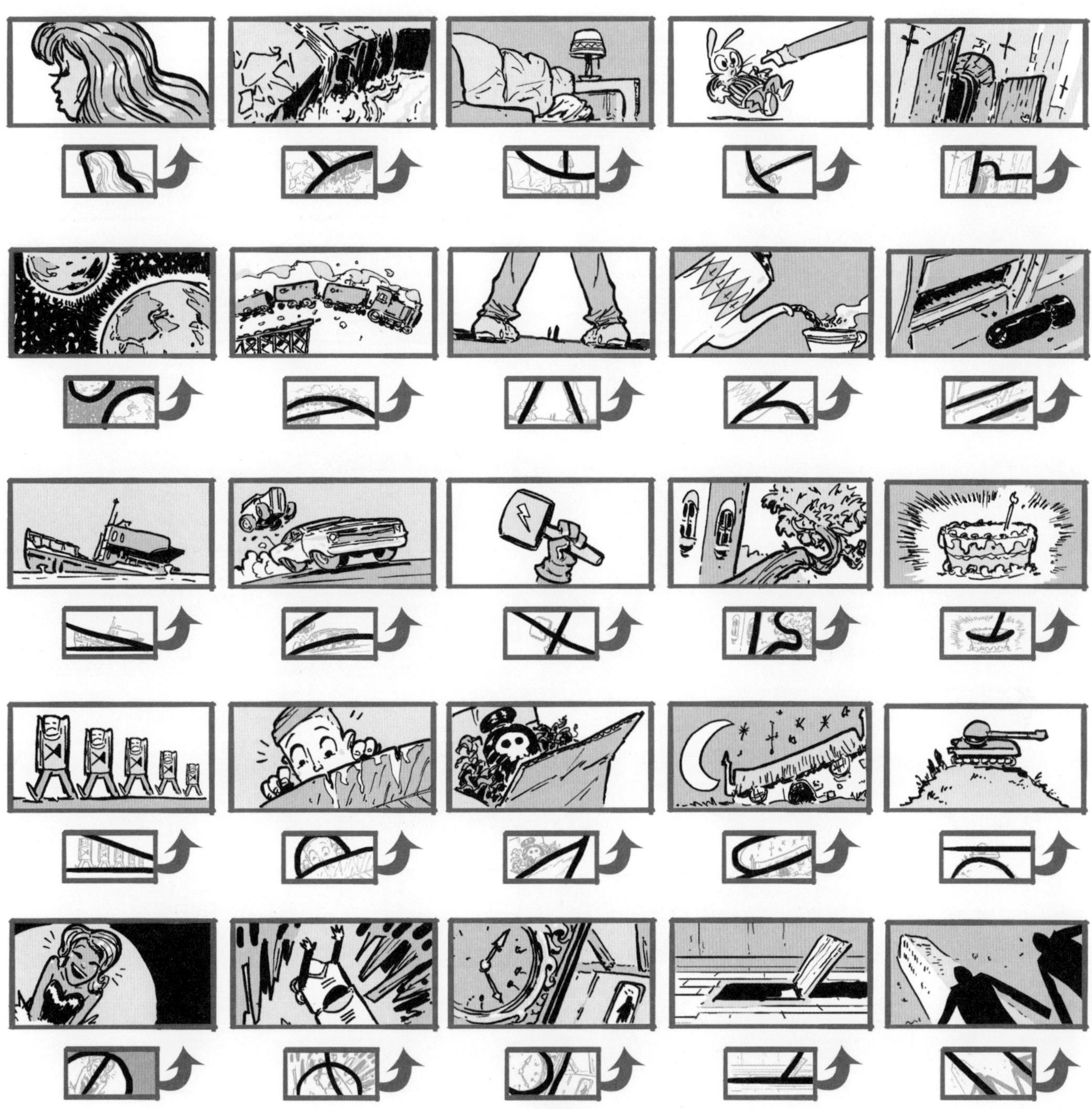

3个长方形的构图

当规划布局时，你可能很难想象有一种方法可快速将空间划分为一个大胆的构图。

幸运的是，只需 3 个长方形，你就可以做到这一点！而且它们可以创造无限多的构图方式！

❶ 随机画 3 个长方形

❷ 可以将它们任意重叠和放置

❸ 尝试在画框中调整、匹配或裁剪它们

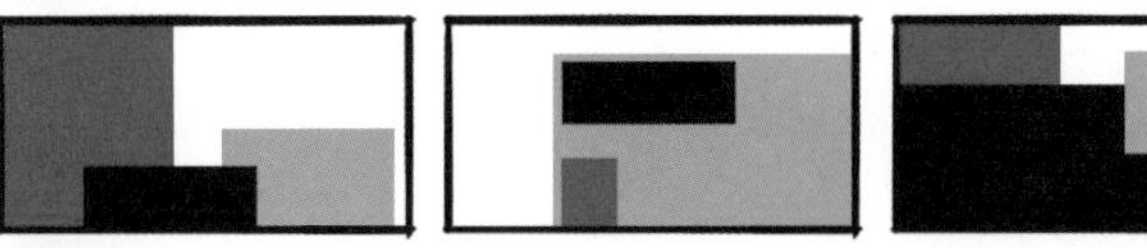

❹ 这些长方形最容易转化为建筑物，看看它们的效果吧！

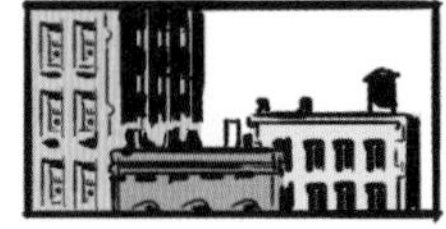

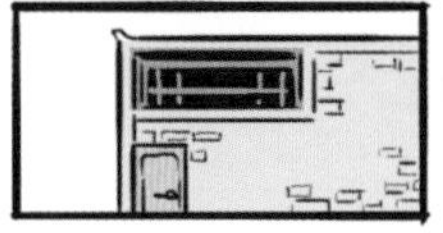

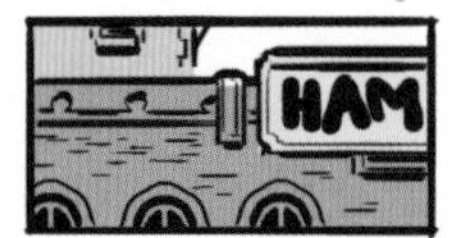

一旦你学会了对建筑物使用 3 个长方形的构图法，就可以将它们融入更广阔的环境中了。首先，尝试仅用长方形作为物体的外形：

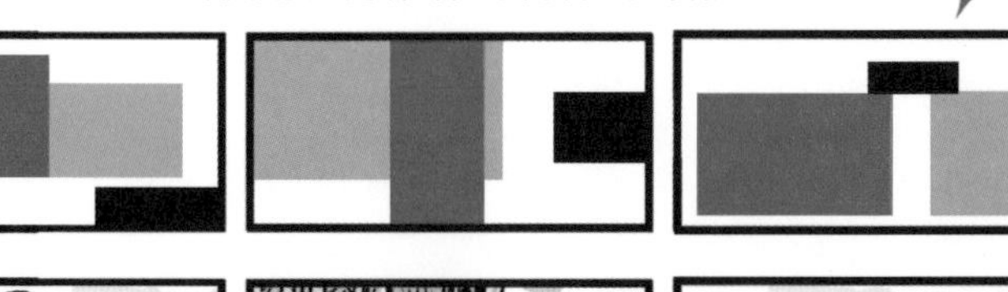

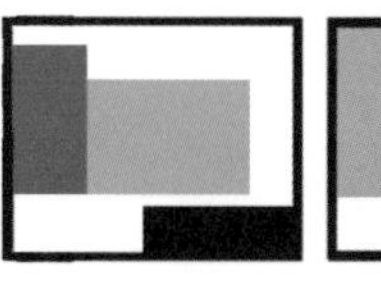

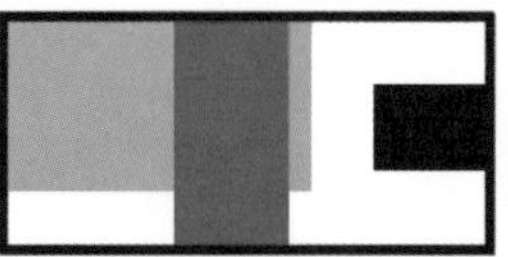

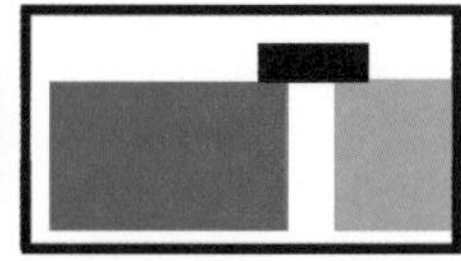

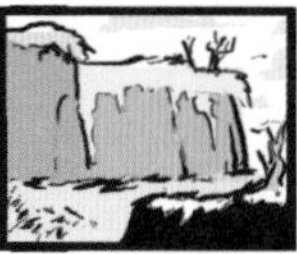

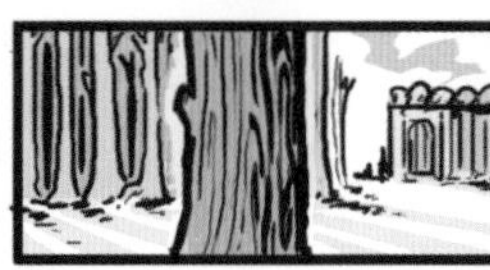

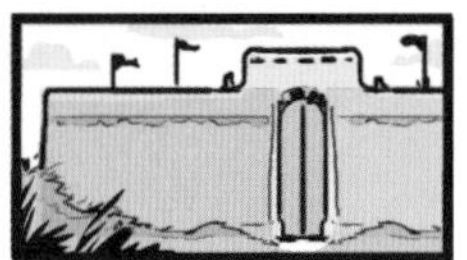

继续使用长方形来建立外形，尝试加一些内部装饰：

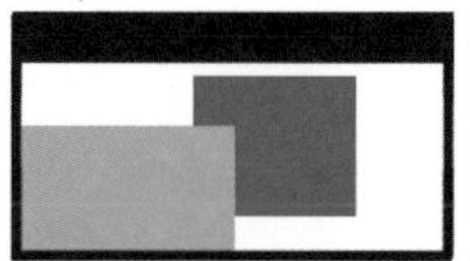

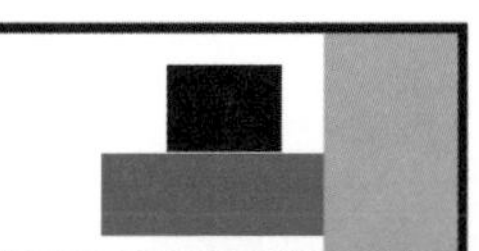

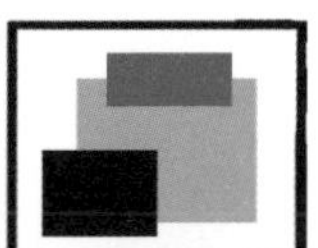

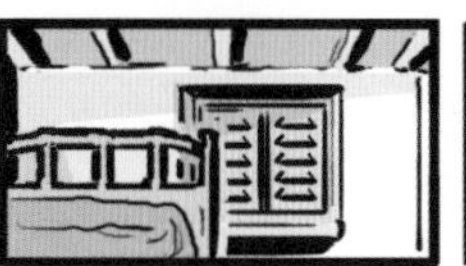

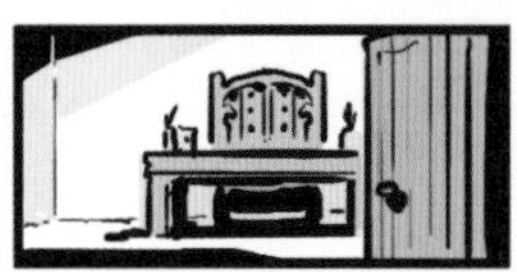

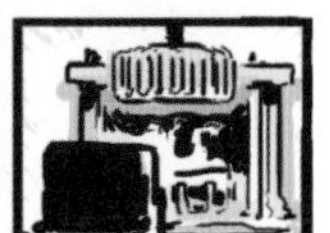

最后是人物。

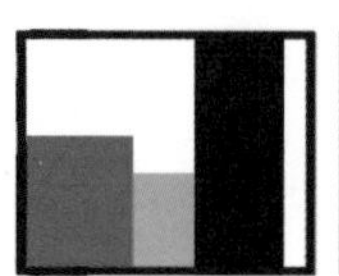

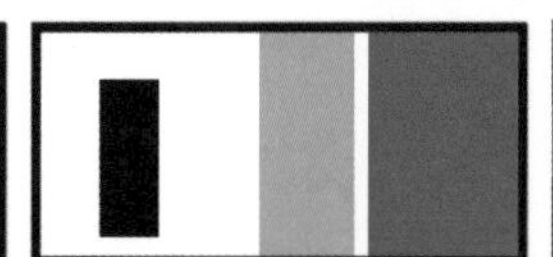

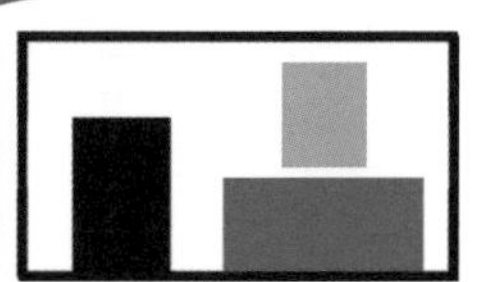

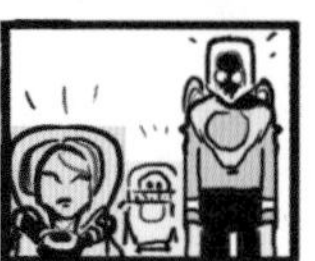

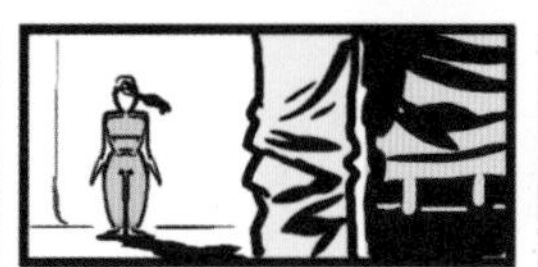

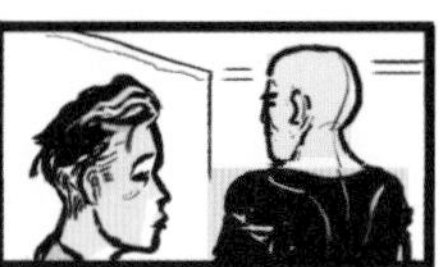

当你尝试使用 3 个长方形进行设计时，你会发现每次都可以很容易地创建出有空间感的、平衡的和清晰的构图，几乎不需要练习。

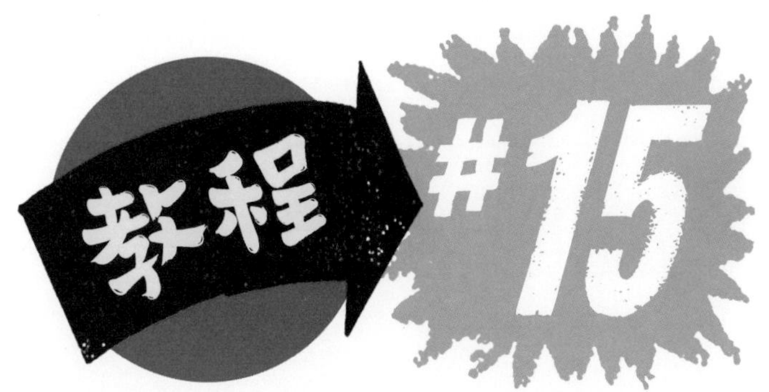

我们已经一起用 3 个长方形的构图法在作品中确定形状的位置，下面让我们使用长方形来建立引导线。

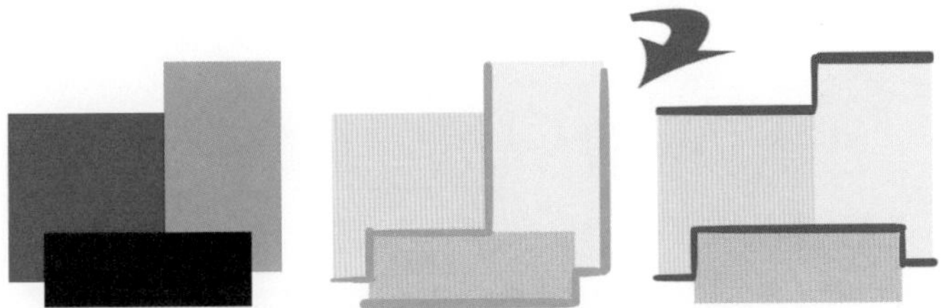

这是 3 个长方形 它们可以创造各种有用的分界线

鉴于这些长方形可以看作是一个复合的形状，它们的分界线也可以融合到一起，形成一条外轮廓线。

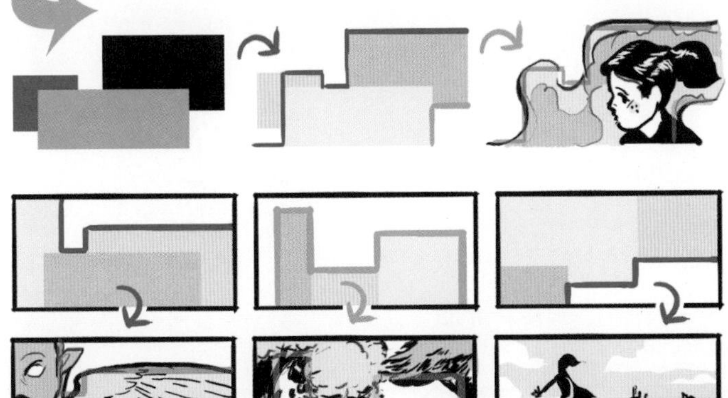

倾斜和裁剪长方形将给我们更多的选择。

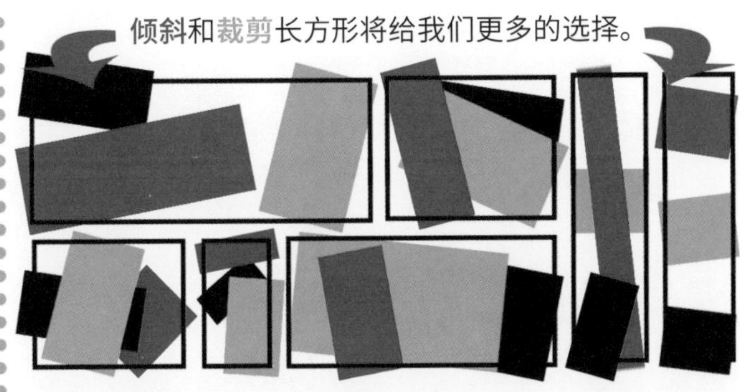

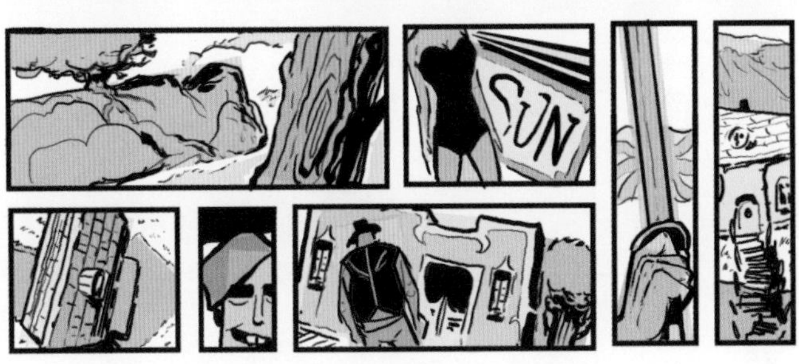

任何结构中的长方形都可以作为进行一个坚固有力的设计的基础，所以要多多尝试！

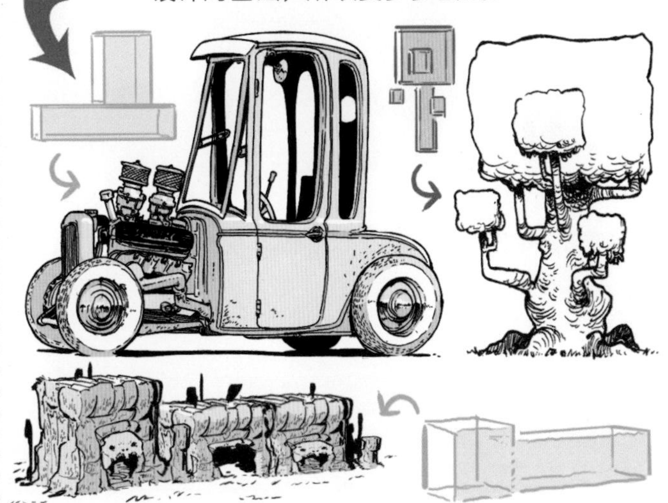

多角色构图

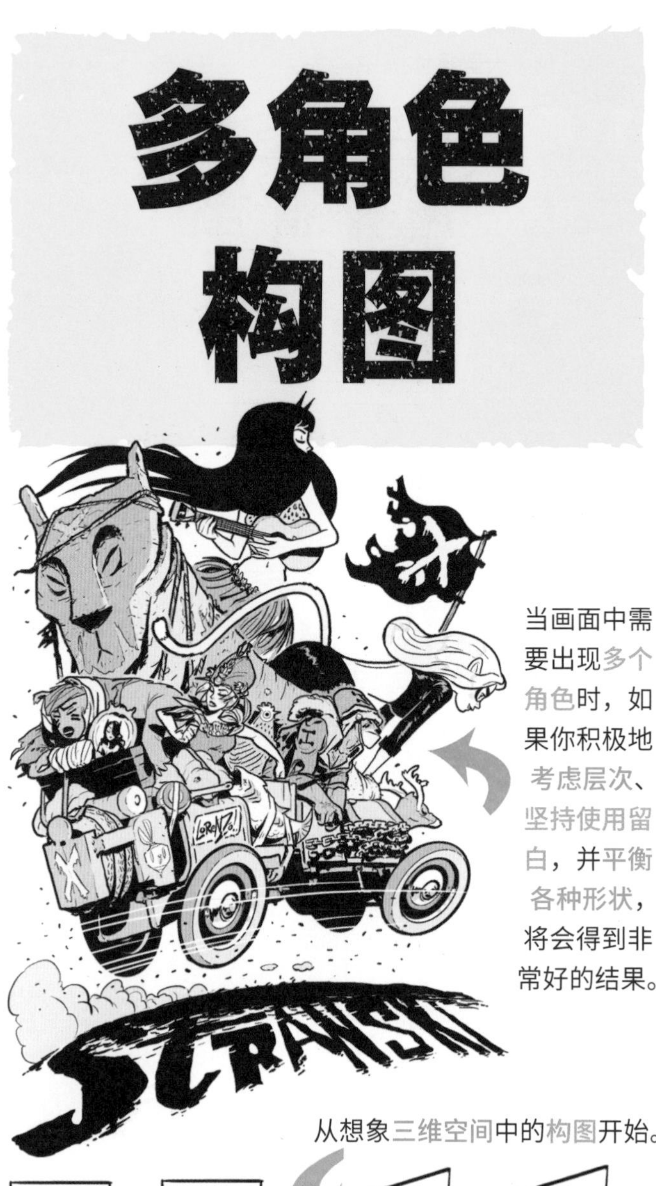

当画面中需要出现多个角色时，如果你积极地考虑层次、坚持使用留白，并平衡各种形状，将会得到非常好的结果。

从想象三维空间中的构图开始。

不要这样思考

而是像这样思考

虽然我们的画面是平面的，但我们可以从三维空间的角度去构思布局，也就是去思考画面的深度。这样我们可以有效地释放大量的布局选择。

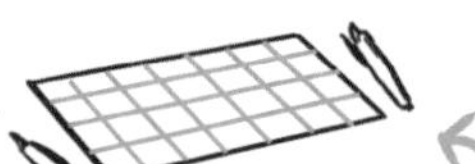

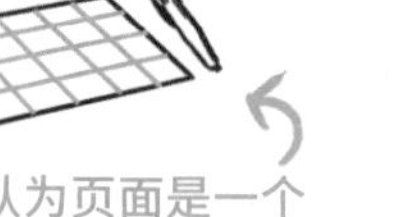

如果你认为页面是一个平面……

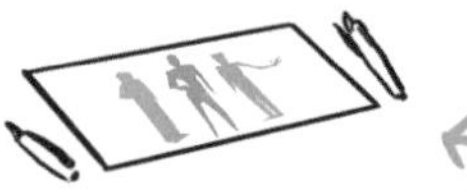

……布局会感觉很平

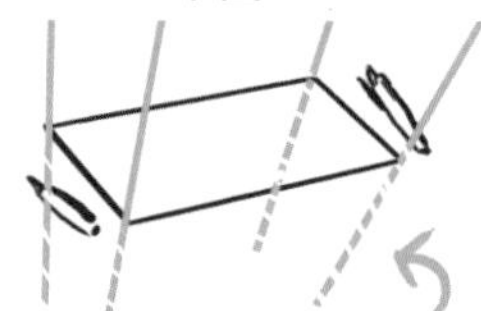

相反，如果你认为画面像这样延伸……

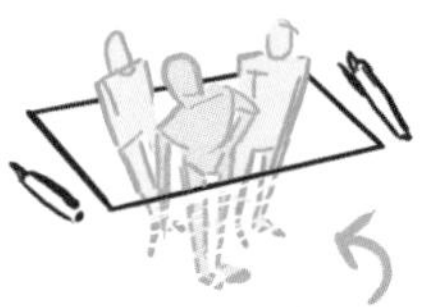

……布局会感觉像这样

LOOK! 这是所有绘画的基本理念！

可视化深度可以将人物放置在三维空间中，从而实现更有趣的设计。

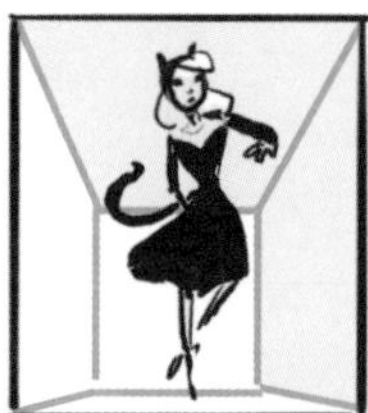

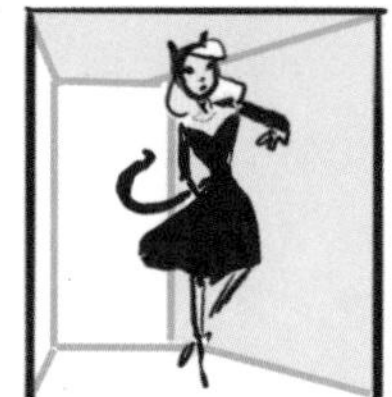

改变视点

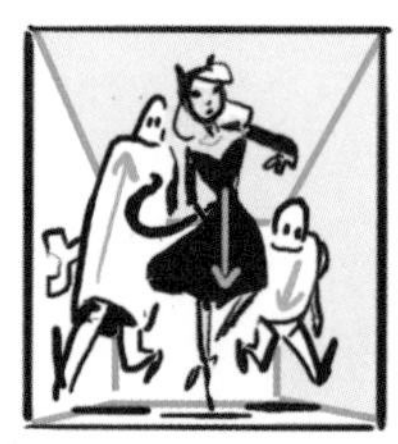

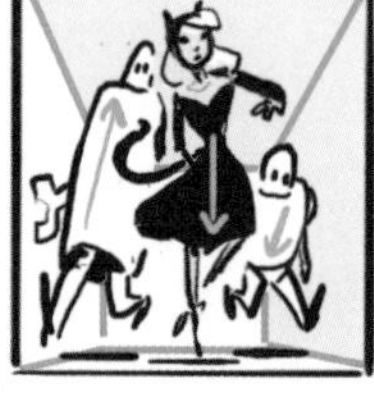

交替倾斜角色

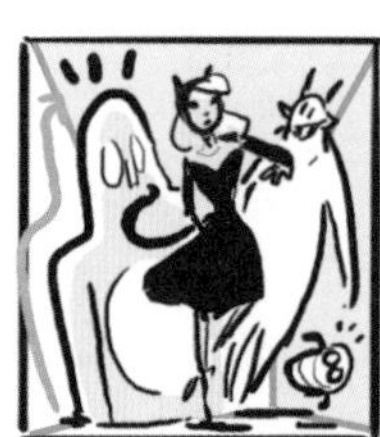

尝试不同的角色比例

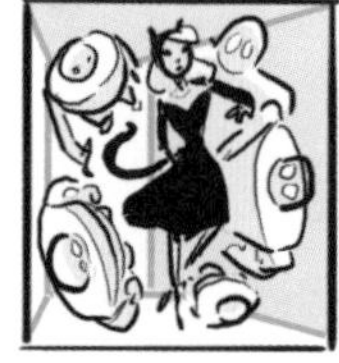

不同的地平面

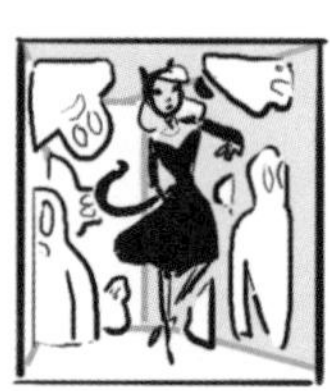

在三维空间中裁剪

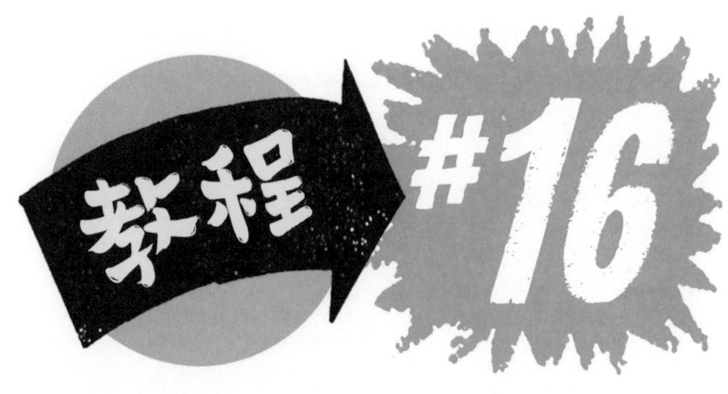

如果你正在设计一个有大量角色的作品，尝试把图像分成几层，把每层的角色数量限制在和它所在层数大致相同的数量。

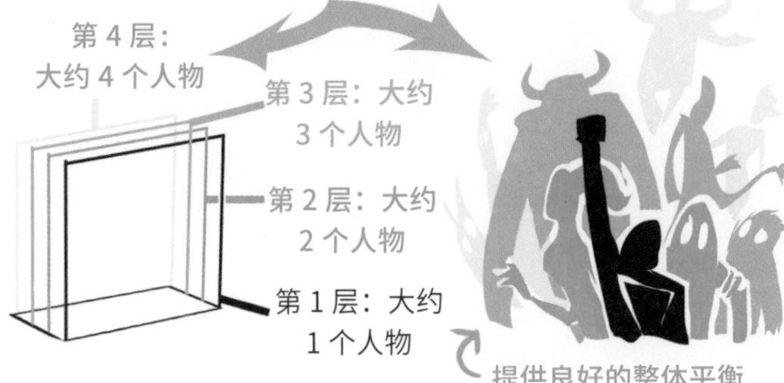

尽量避免直接堆叠，因为这会产生无意识的切线。如果你确实想要这种外观，保持布局清晰、整洁，以确保它给人的感觉是有意为之。

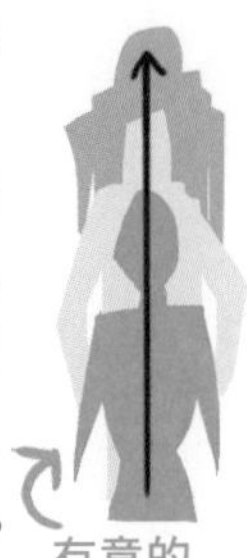

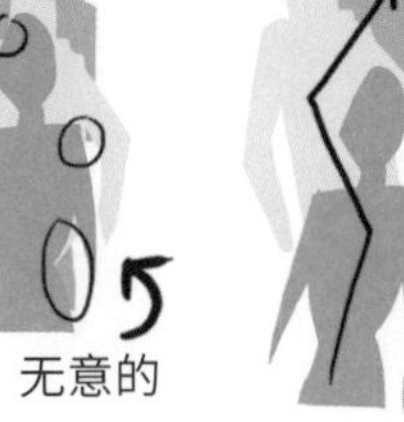

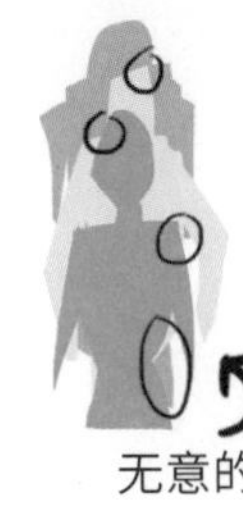

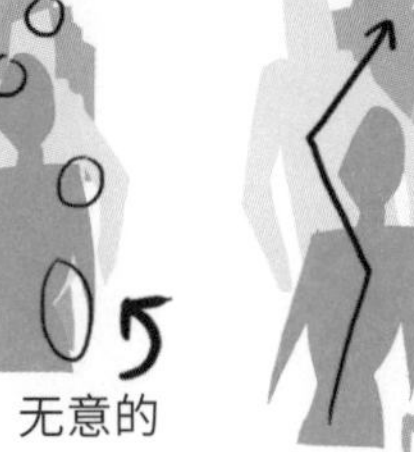

在横排中，最好让角色的头部位置呈“之”字形。

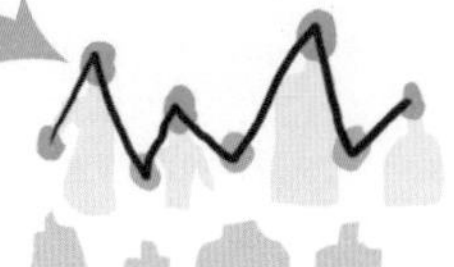

下面是我在大型集体照中避免杂乱的姿势的 4 大方法：

1 在轮廓的边缘绘制角色。

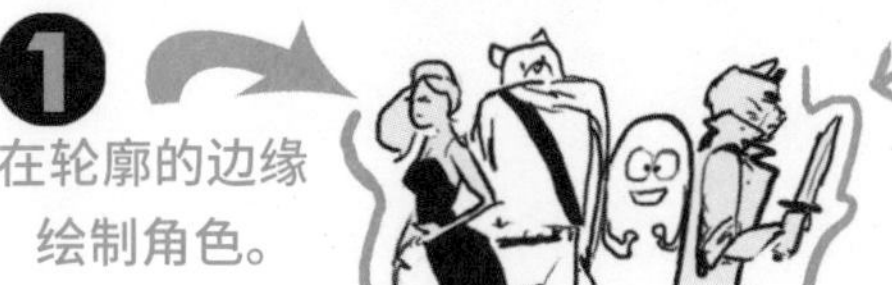

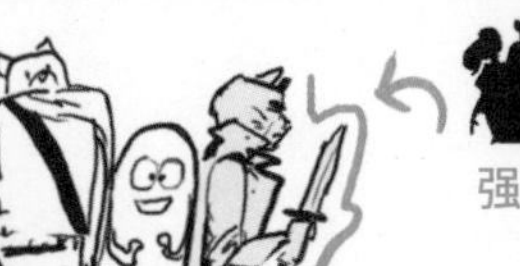

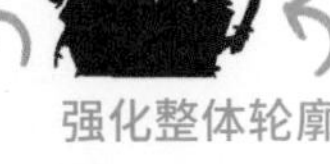

2 在角色背景上创造犀利的轮廓。

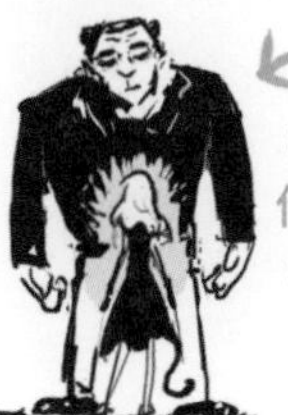

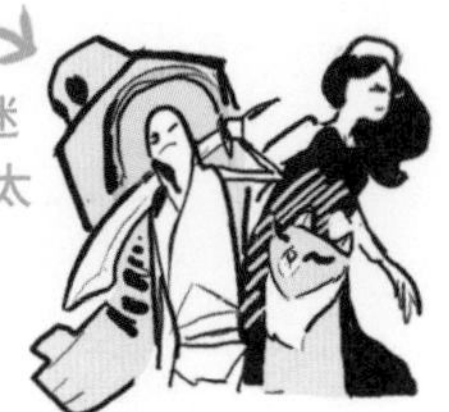

3 扇形排列，使中心人物成为焦点。

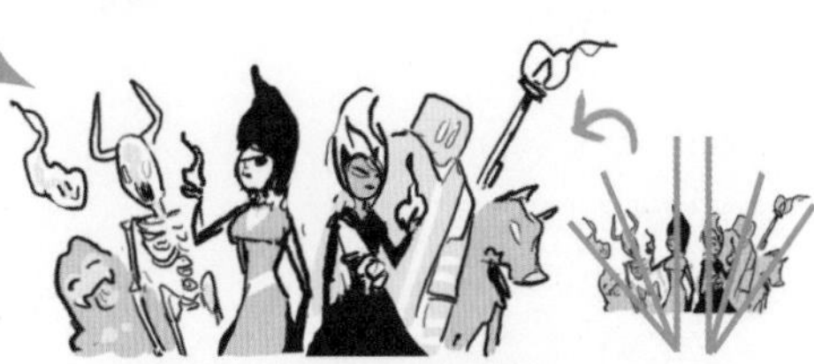

4 即使是在热闹的集体拍摄中，也尽量保留头部和手部周围的空间，这将有助于姿势交流。

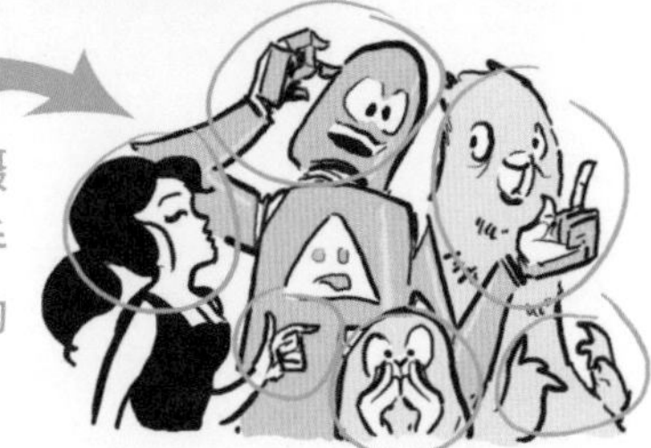

你可以让角色们的姿势相互配合获得风格乐趣。

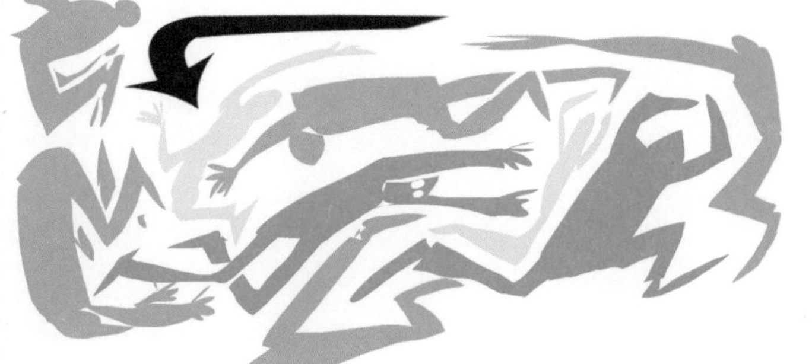

形状的含义

当你设计角色、布局和环境时，可以有意识地运用“形状语言”来告诉观众一些关于场景的特征。

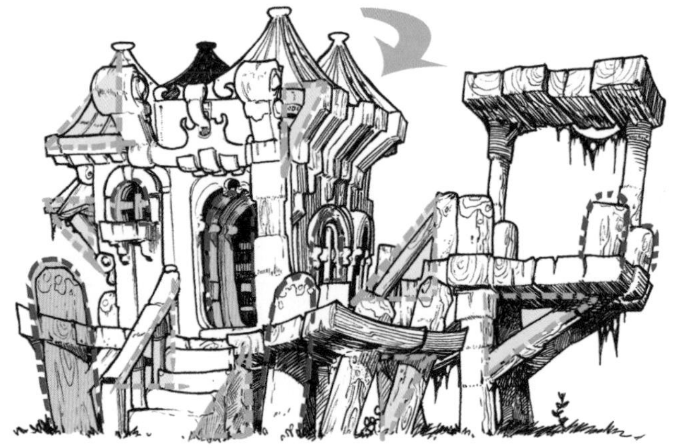

形状语言还可以用来清楚地区分同一类型的不同元素。

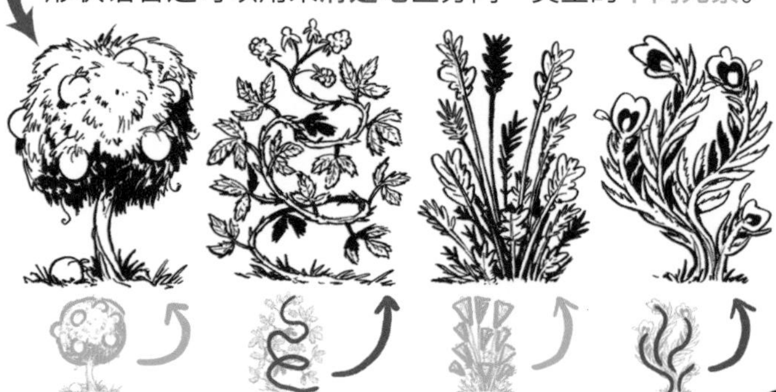

形状语言很强大。通过将设计限定为某种形状，你可以传达特定的信息。

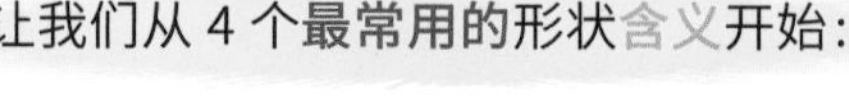

让我们从 4 个最常用的形状含义开始：

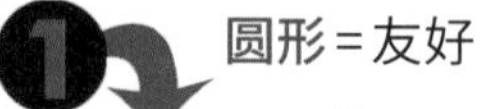

1 圆形 = 友好

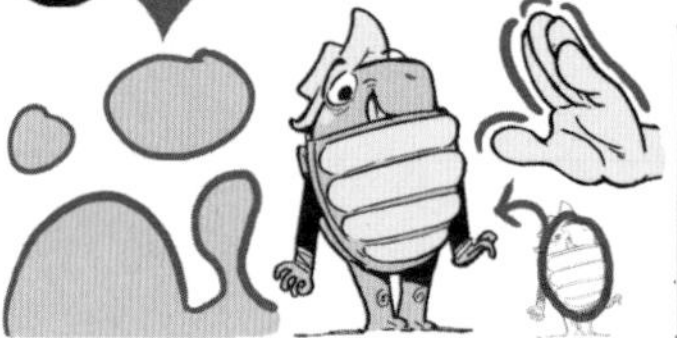

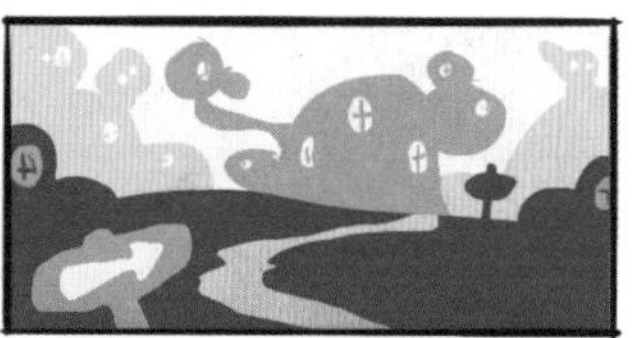

2 尖锐的形状 = 危险

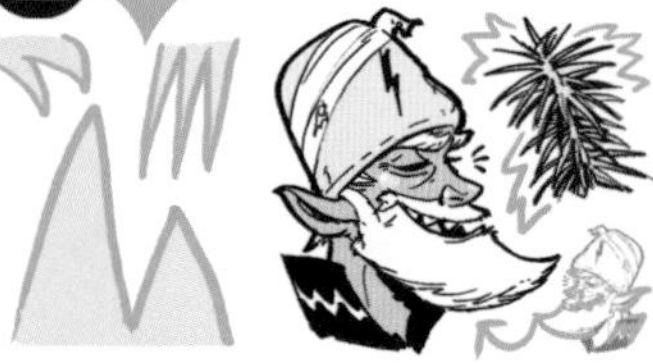

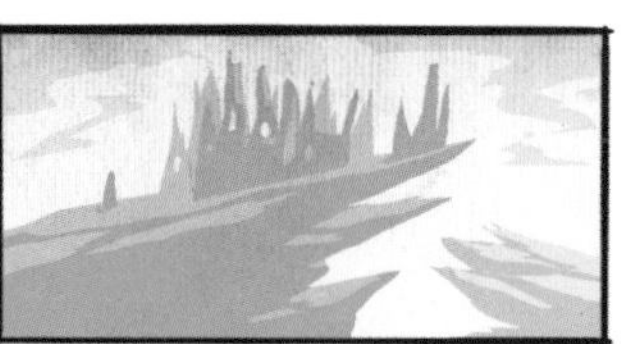

3 方形 = 牢固

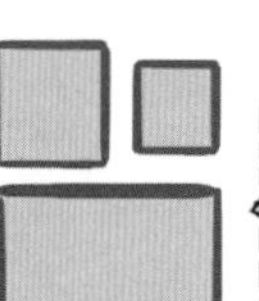

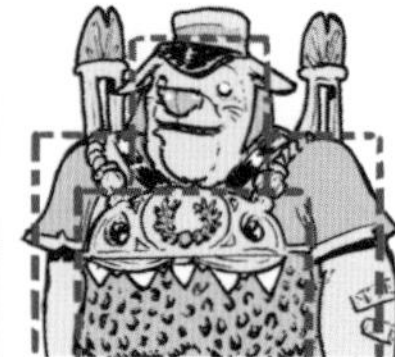

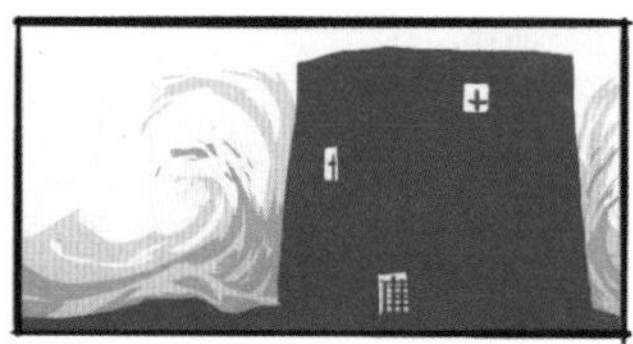

4 三角形（底边水平）= 平衡

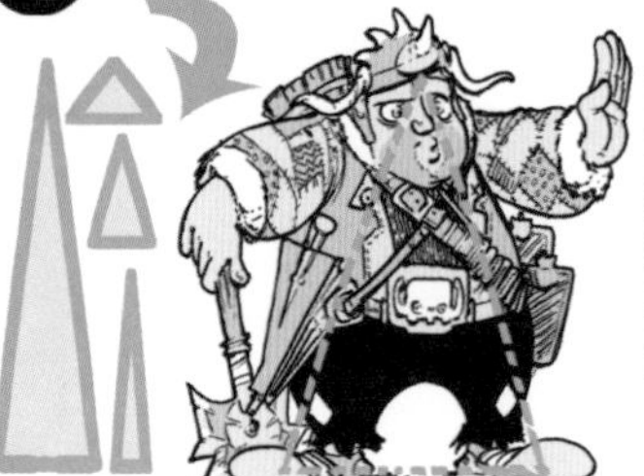

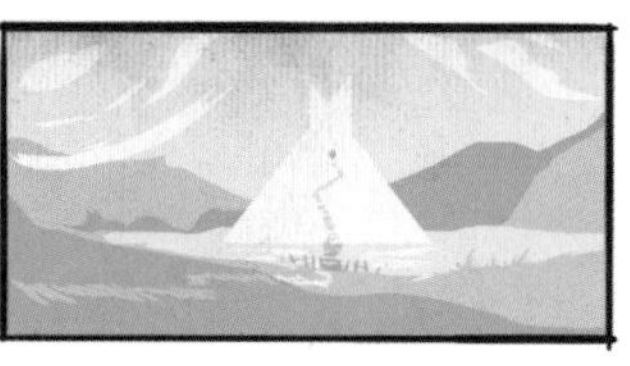

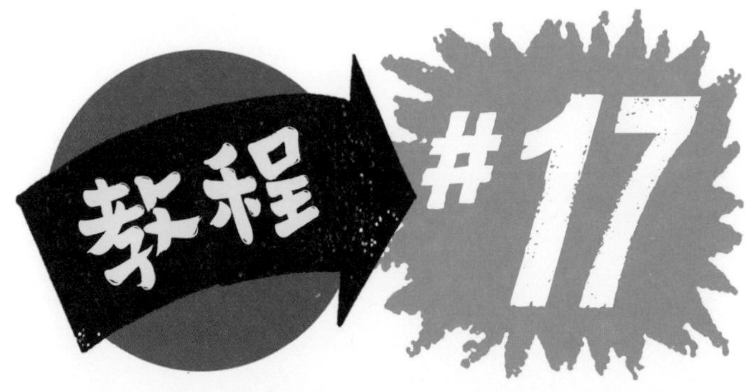

上述 4 个形状在很多角色和环境设计中反复出现，它们的含义也为人熟知。与此同时，还有很多形状的含义却容易被人忽视……

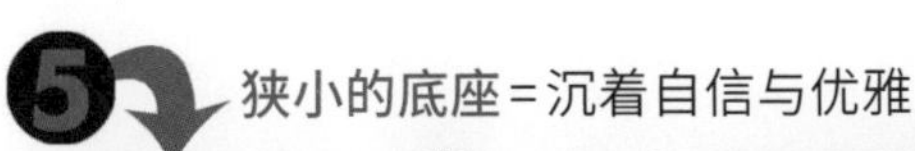

狭小的底座=沉着自信与优雅

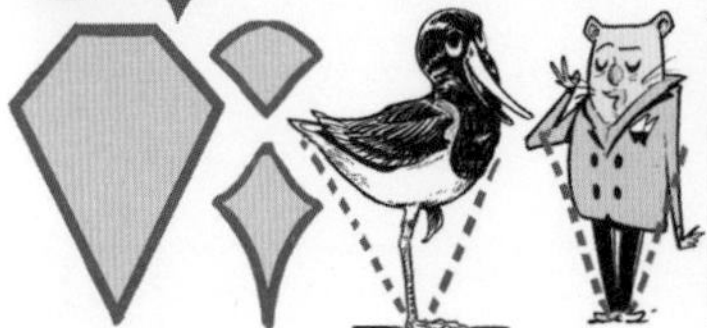
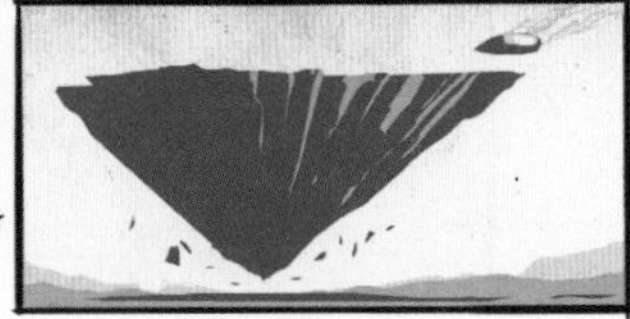

6 梨形=俏皮

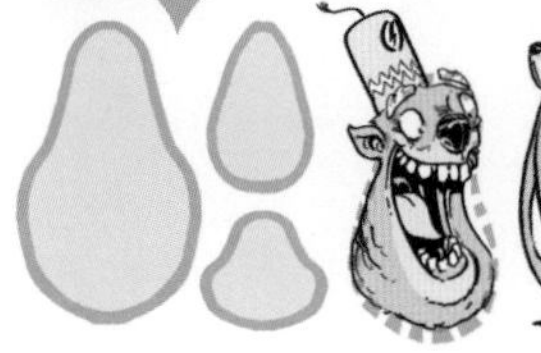
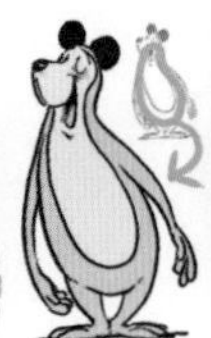
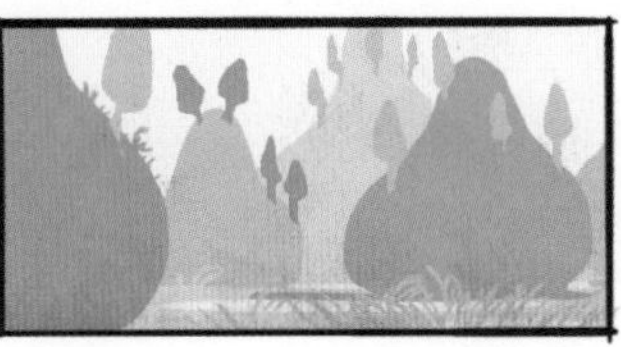

7 平行四边形=温和的不平衡

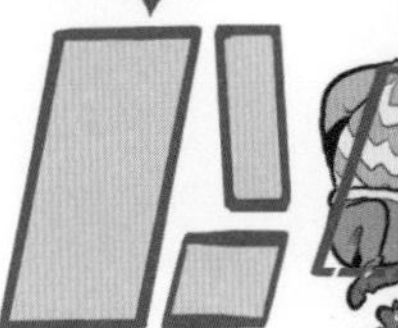
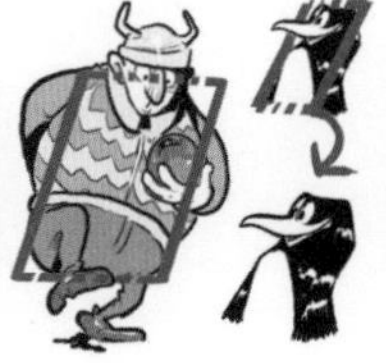
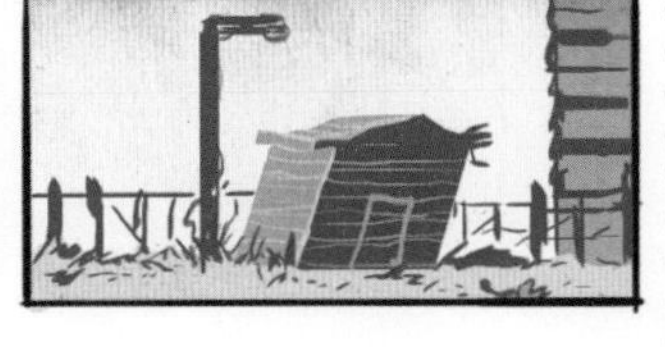

8 "S"形=抒情、自由流动

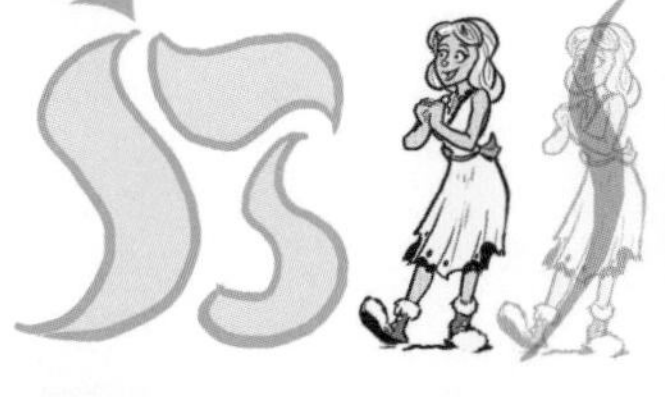
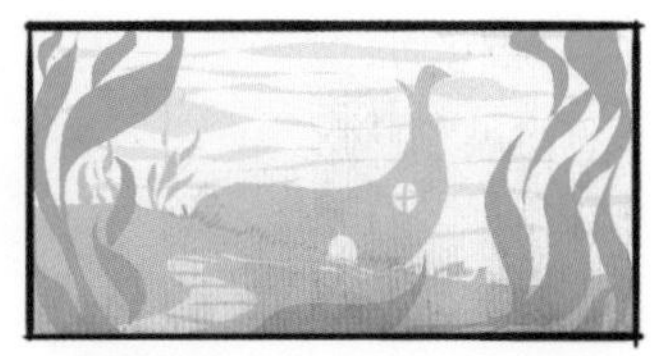

9 不规则的=粗犷的

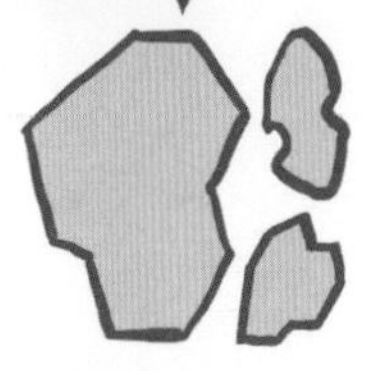
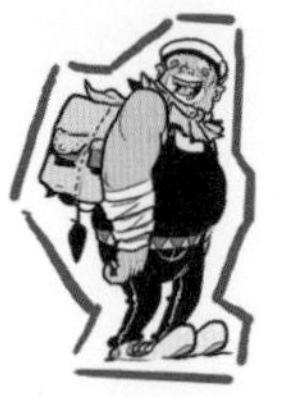
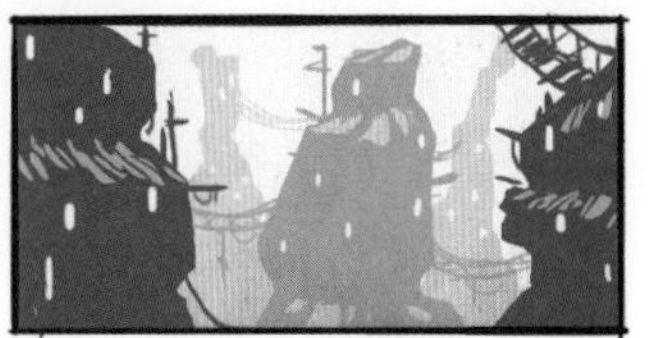

10 闪电=精细或力量

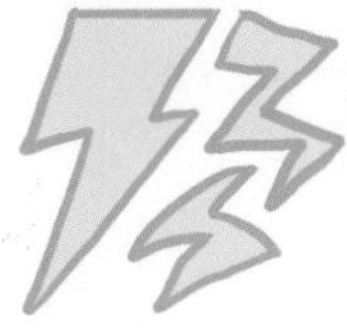
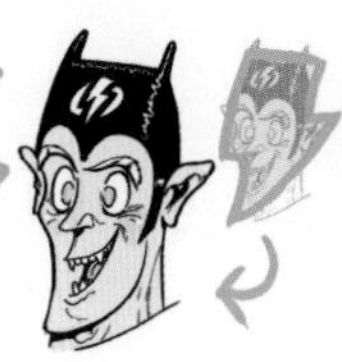
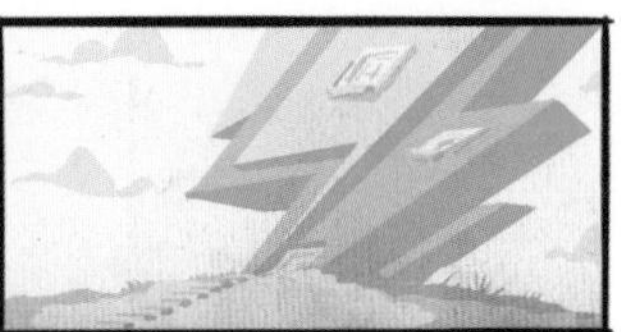

11 直角梯形=稳定

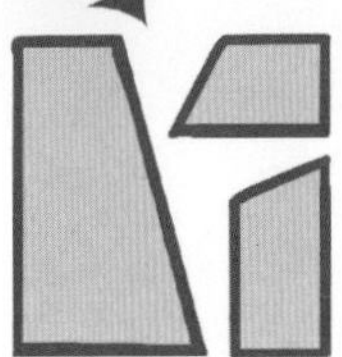
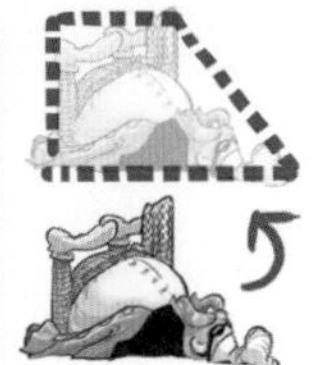
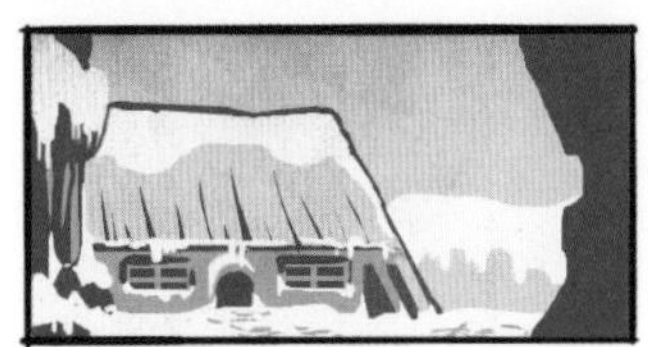

你还可以混合各种形状，制造矛盾，这会为你的设计带来更多的趣味和创意。

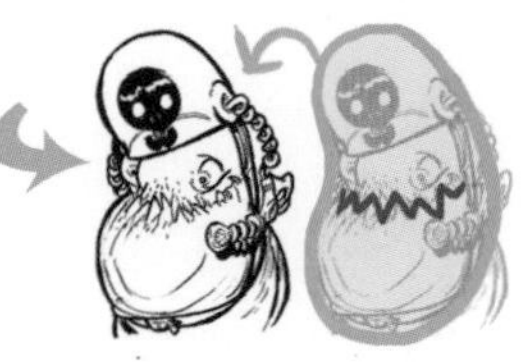

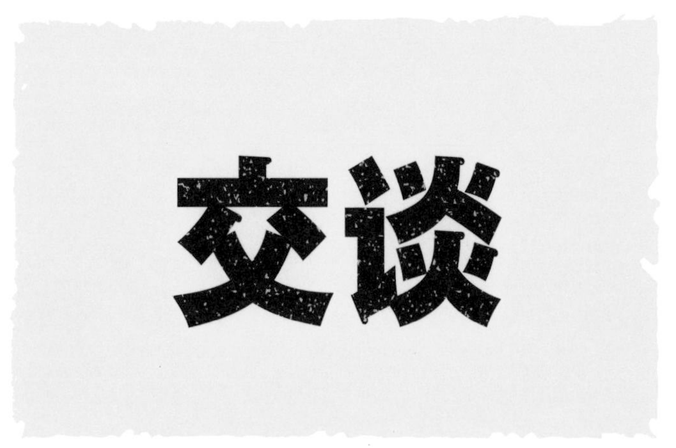

交谈

角色在交谈时通常不会移动太多，但为了保持观众的注意力，不让他们感到乏味，就需要移动镜头，创造变化。下面是我精选的一些想法，它们可以帮助你设计交谈的场景。

1 个人（使用座机电话）

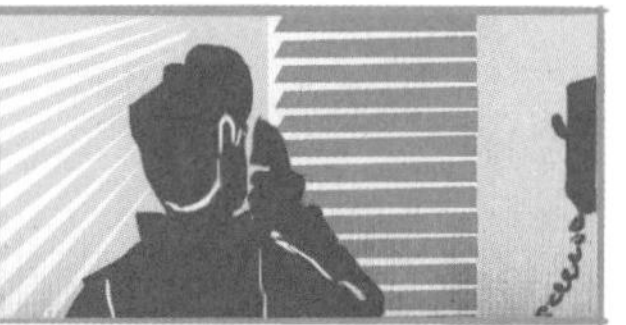

肩膀以上

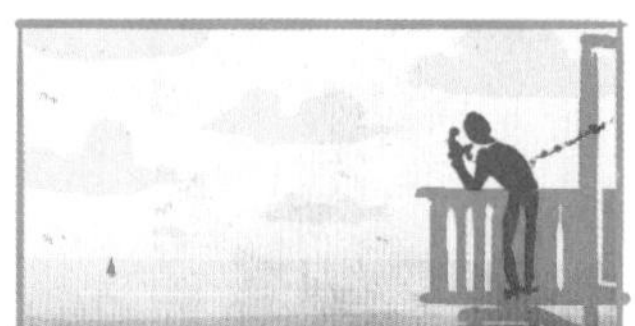

凝视视角

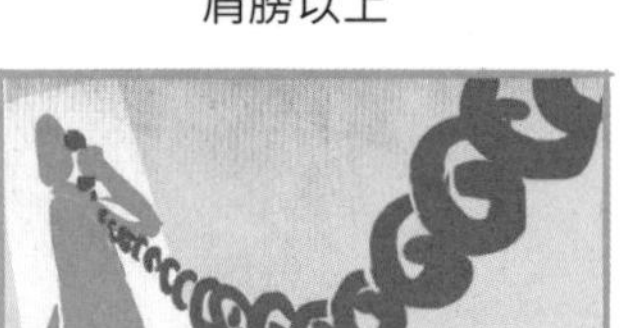

沿着电话线

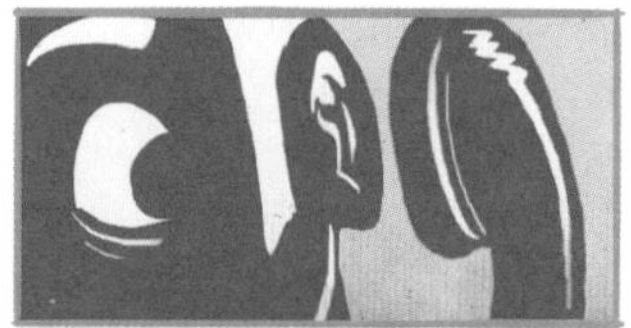

特写（耳朵和眼睛）

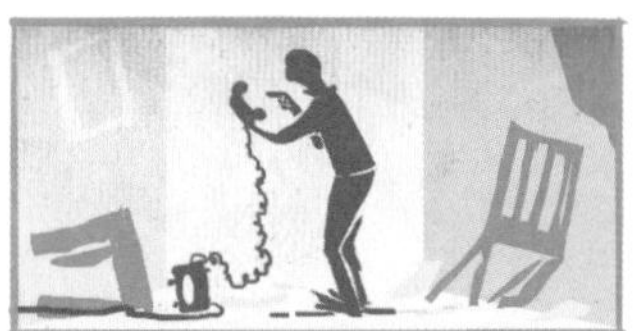

对着电话喊叫

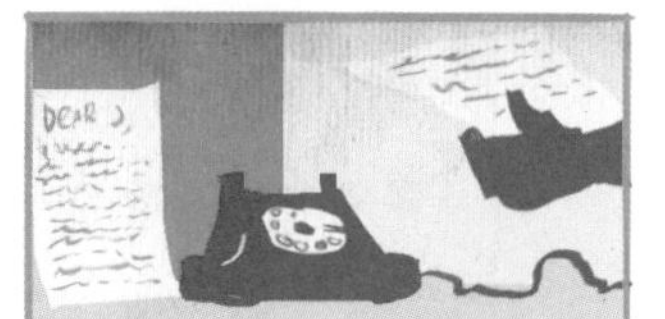

角色在画面外

两个人

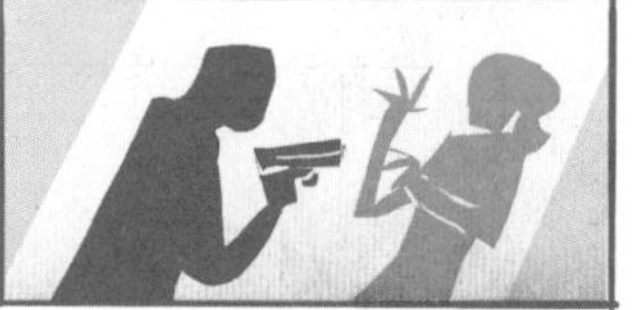

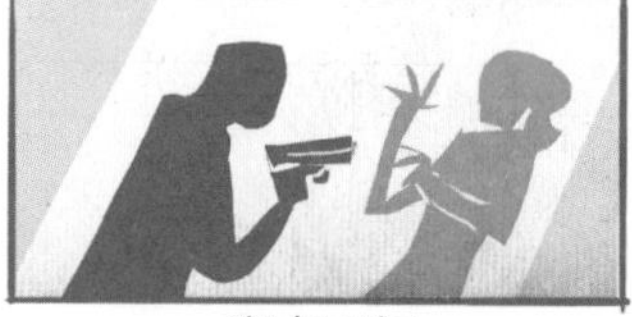

姿态平行

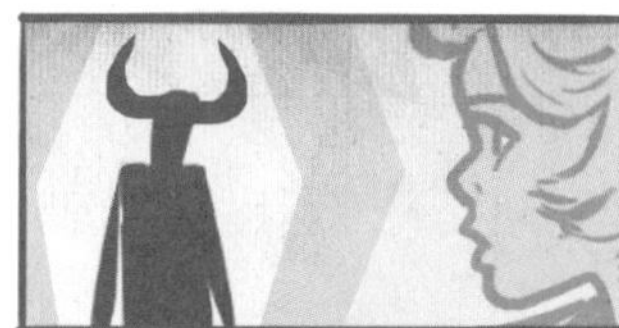

侧脸作为前景

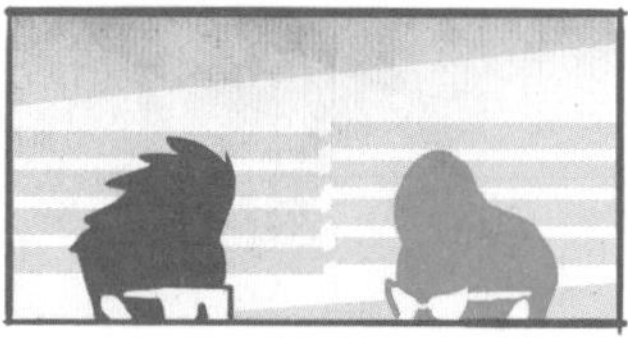

头顶

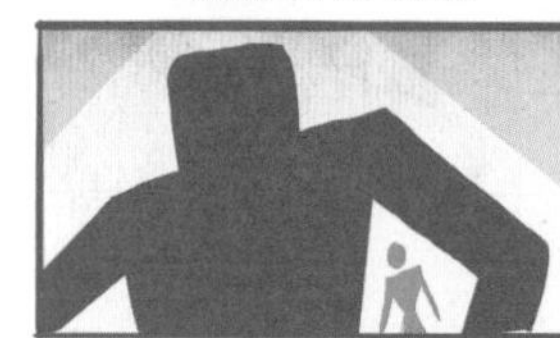

胳膊作为框架

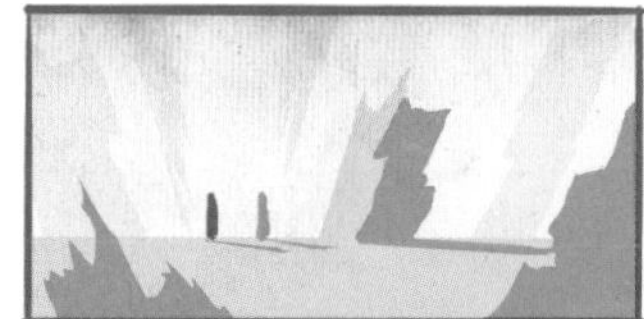

镜头拉宽并后退

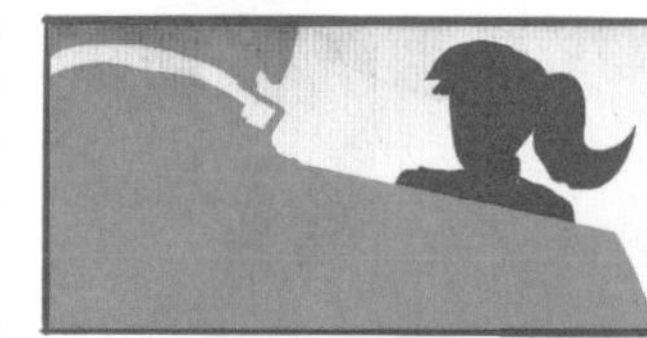

肩膀作为框架

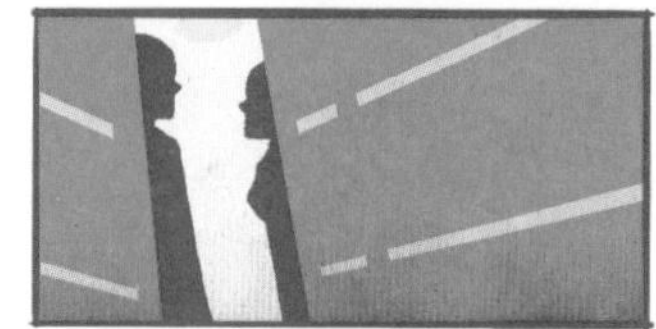

透过间隙

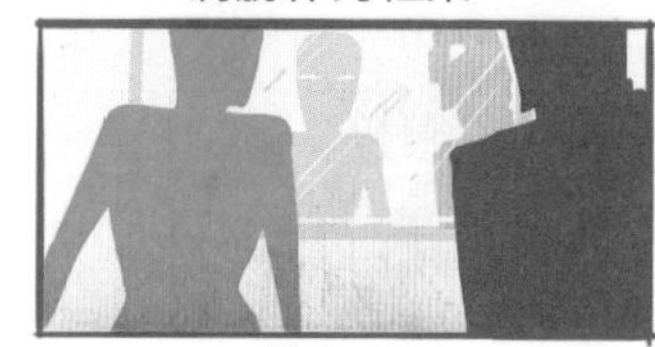

镜中反射

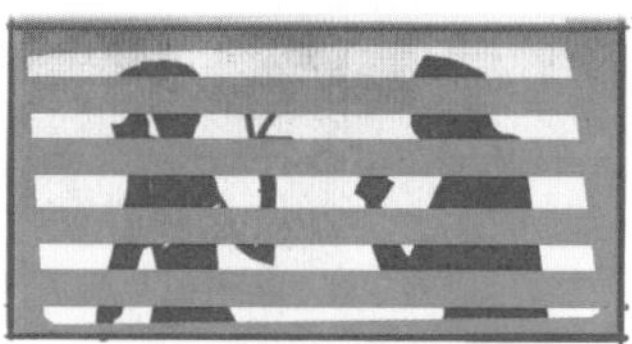

贯穿格栅

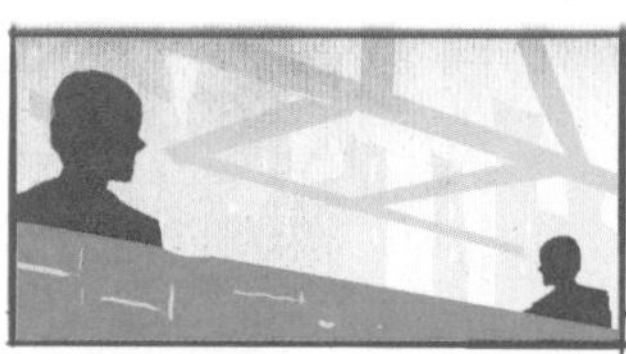

沿着分界线

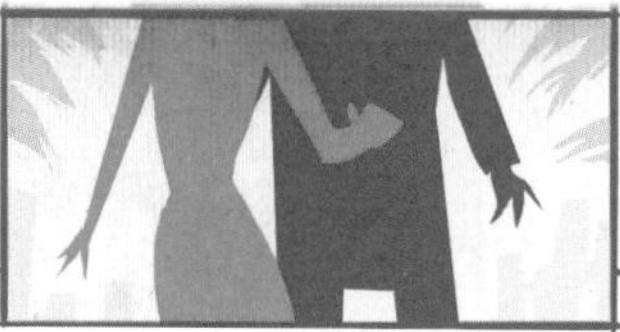

重叠+裁剪

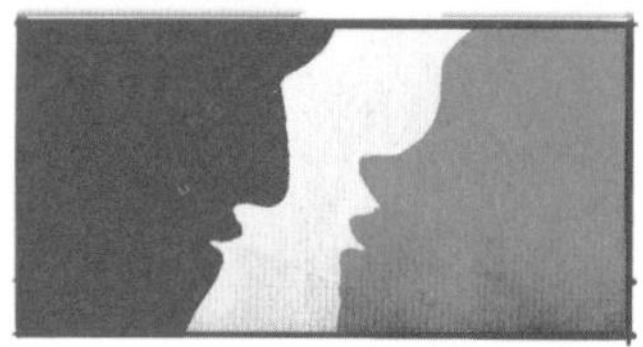

亲密的侧影

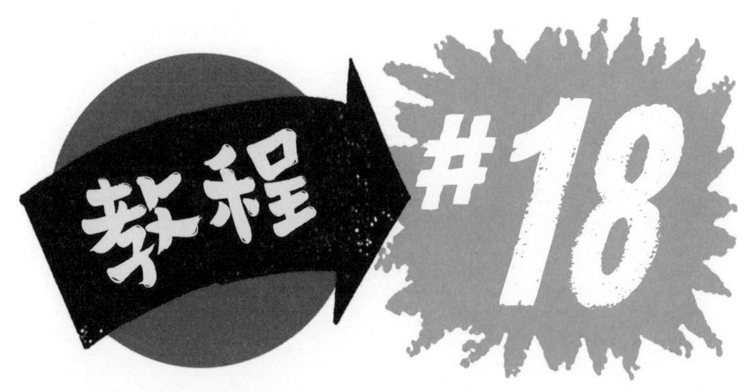

当你在交谈场景中添加**更多的角色**时，可以通过为角色安排特定的位置来暗示它们的态度（忠诚、对抗）以及身份（阶级、地位）等。

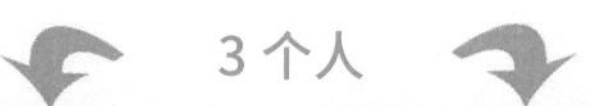

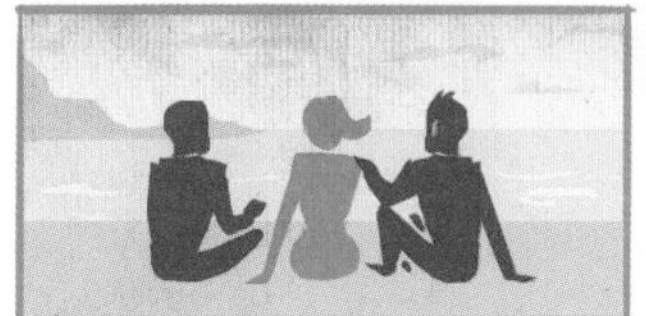
中心阵容

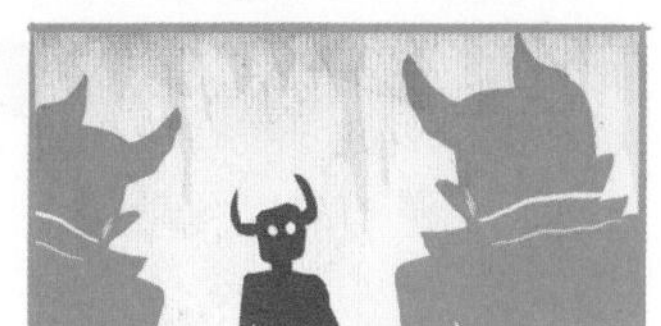
框架

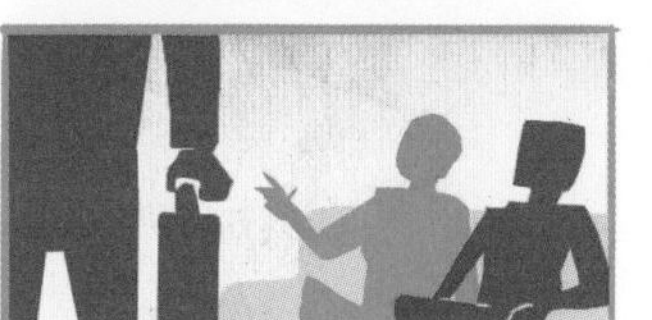
站与坐

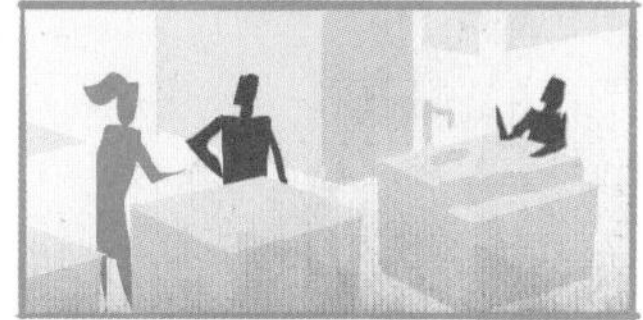
聚集与单独

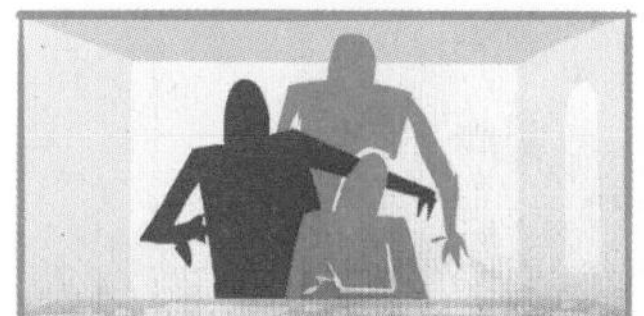
低、中、高

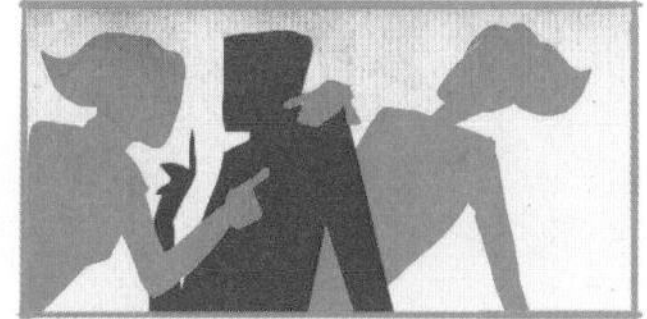
重叠交错

一群人

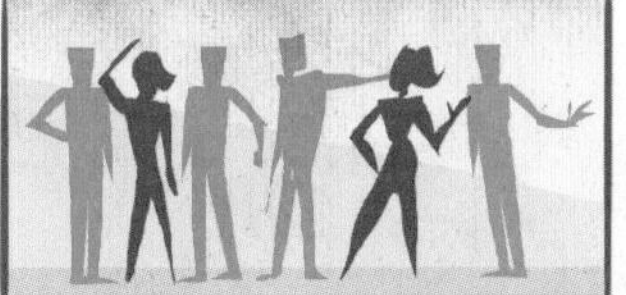
水平排列

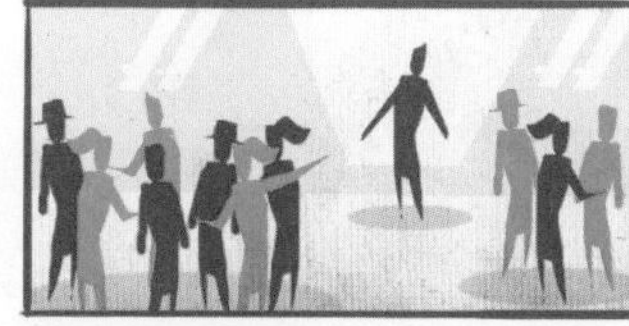
小、中、大

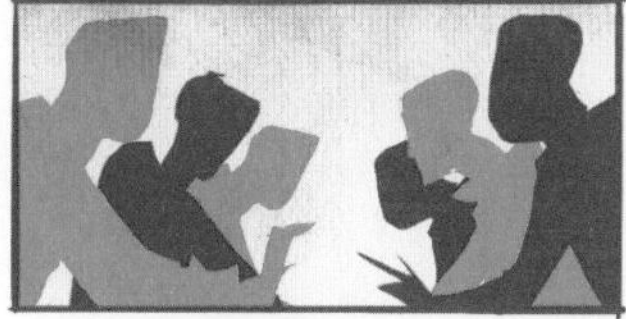
不妥协

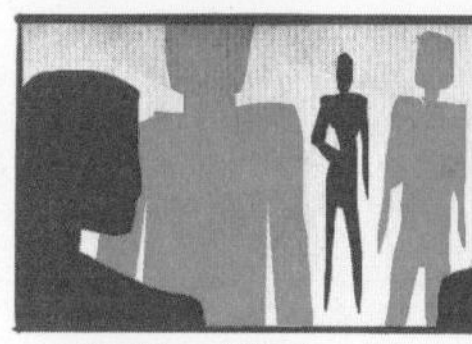
头部、躯干、3/4、全身

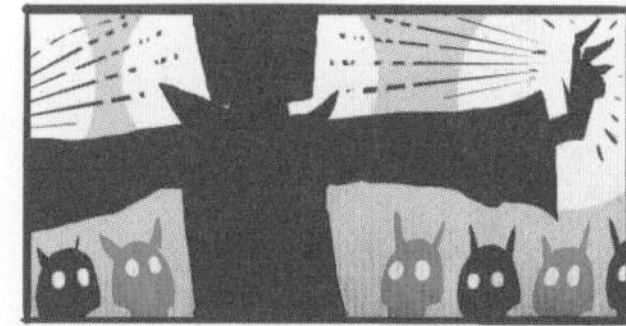
头部形成一排

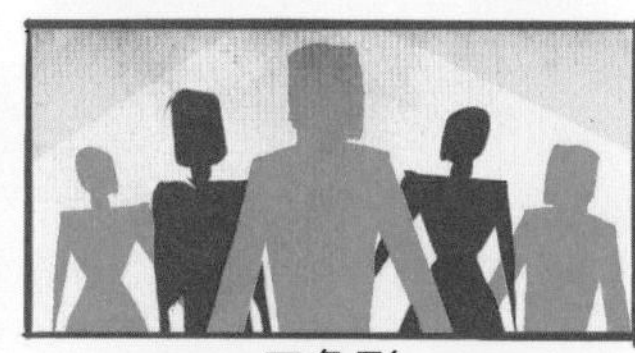
三角形

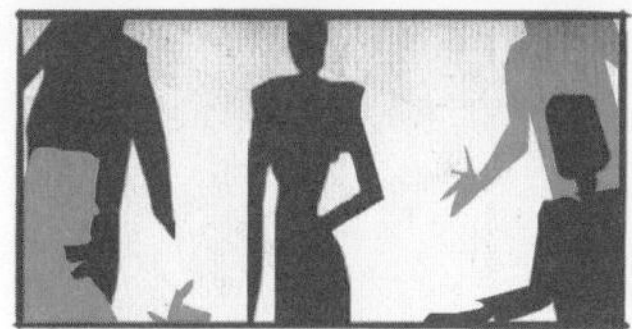
四角与中心

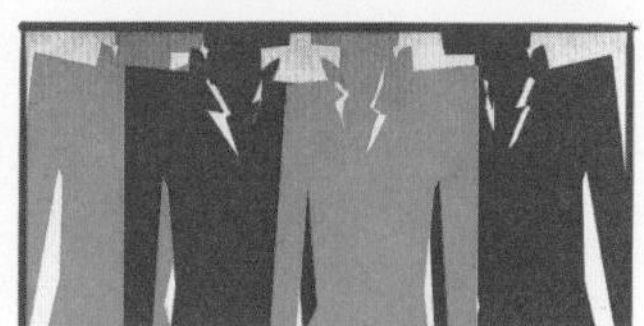
遮挡

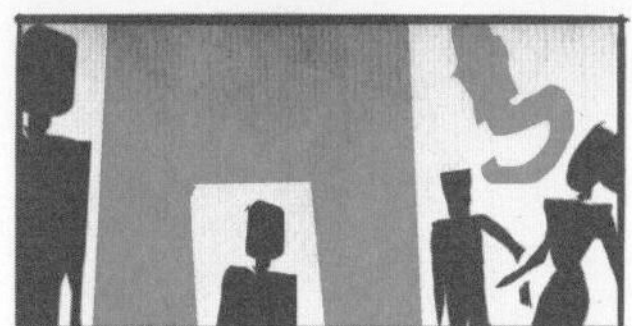
在留白中

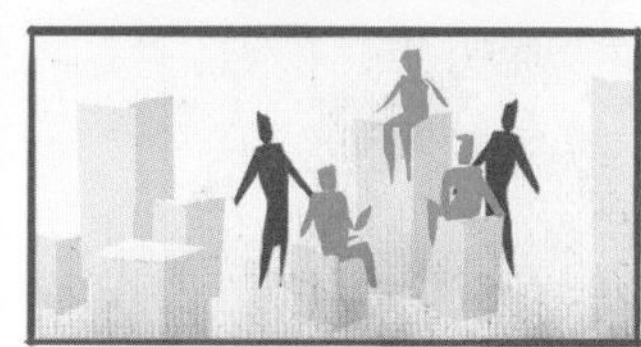
不同层级

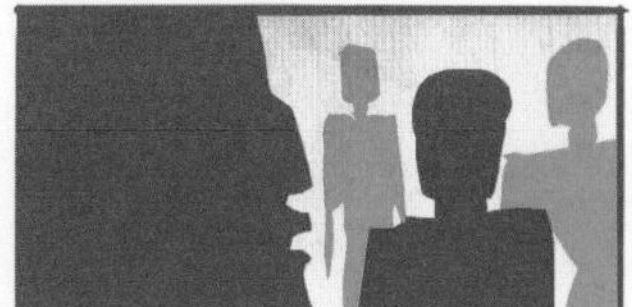
侧面轮廓占 1/2

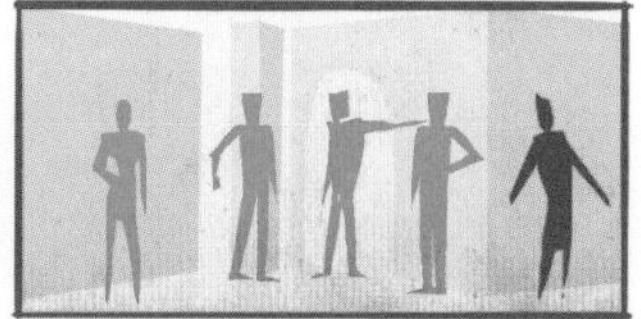
墙壁作为框架

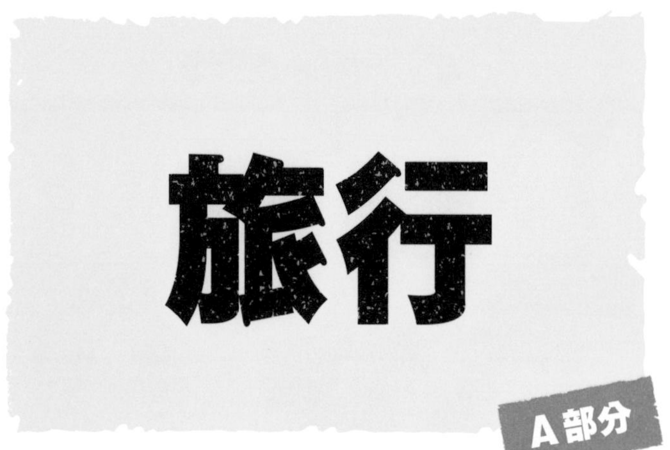

旅行

A部分

旅行是一种强有力的叙事方式。它既可以展现角色的发展、暗示时间的流逝，还可以传递困境和情节的转折。

下面是一个关于旅行场景的经典构图集。这些构图之所以经典，是因为它们可以在作品中建立一种强烈的临场感。

空中视角

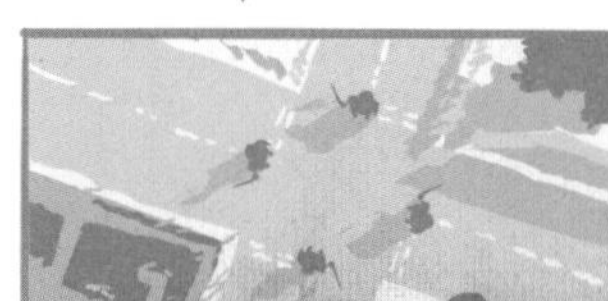

穿过云层

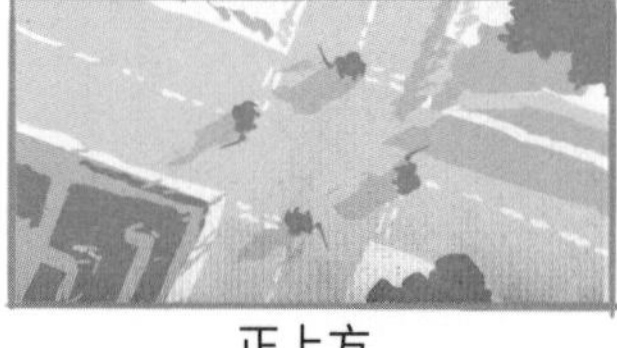

正上方

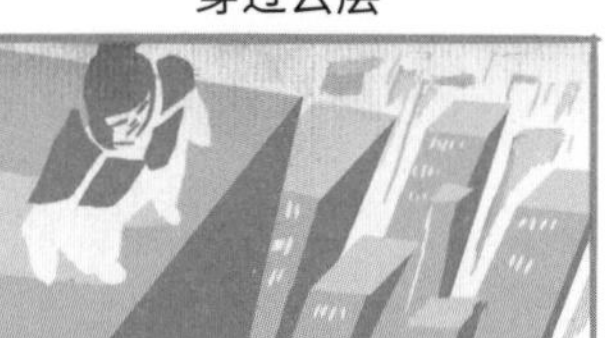

人物站在高处

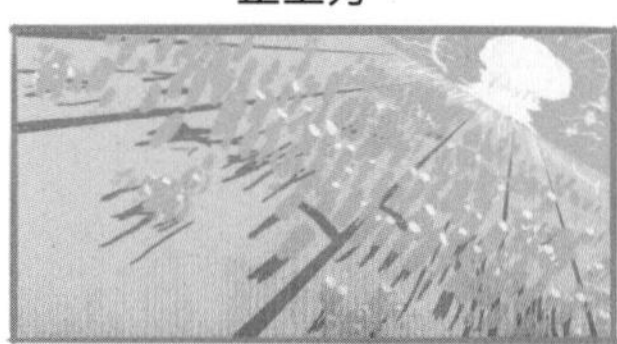

地平线角度

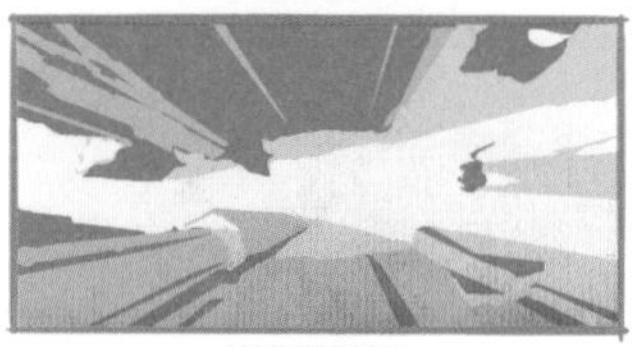

纵深透视

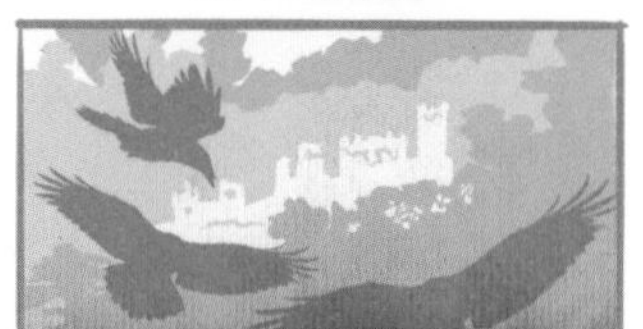

与鸟群同行

宽阔视角

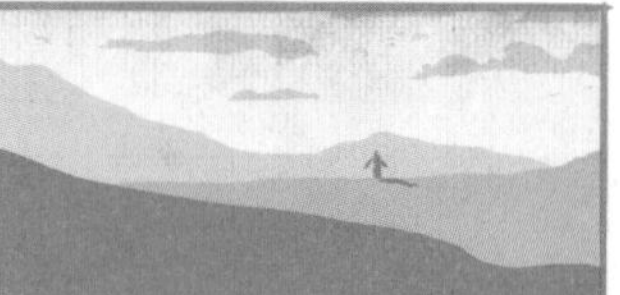

中等高度

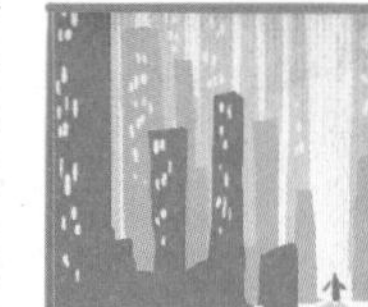

唯一的直通道路

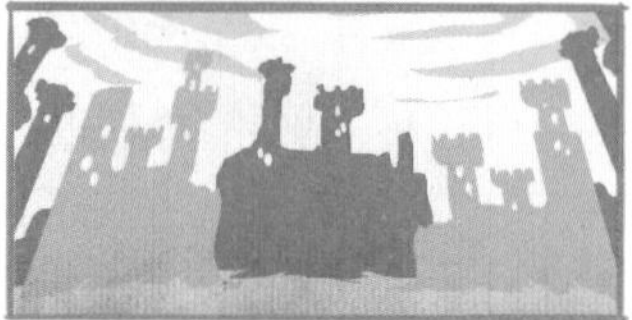

低角度

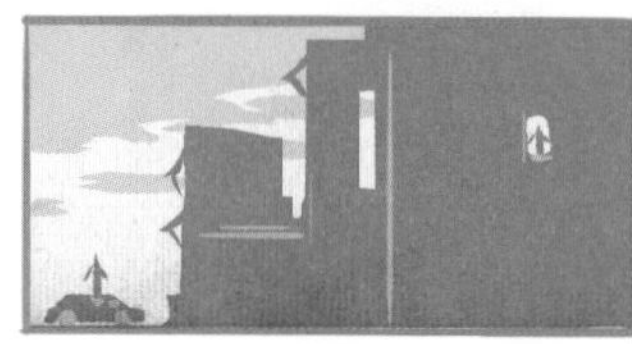

剪影

某人的视角

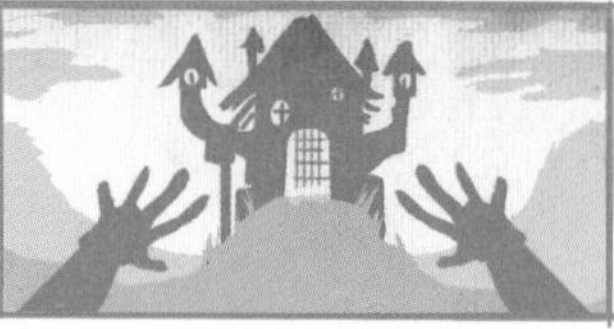

主角的视角

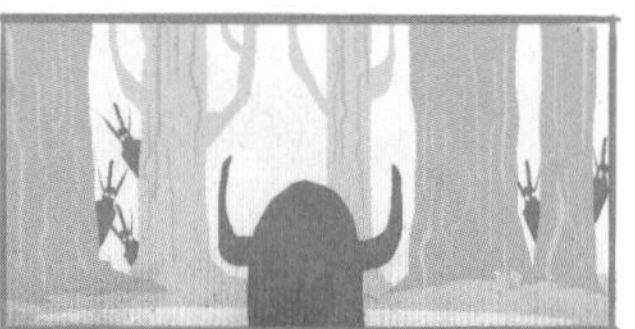

第三人称的视角

路

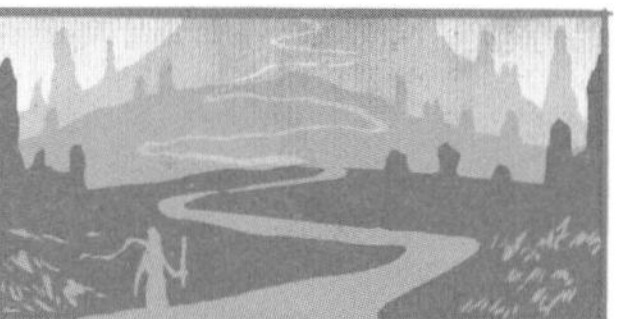

展示距离

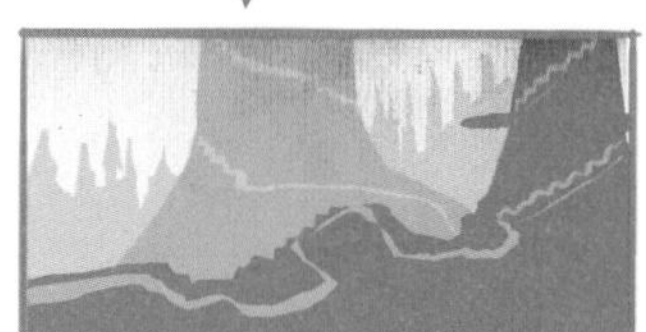

路径作为轮廓线

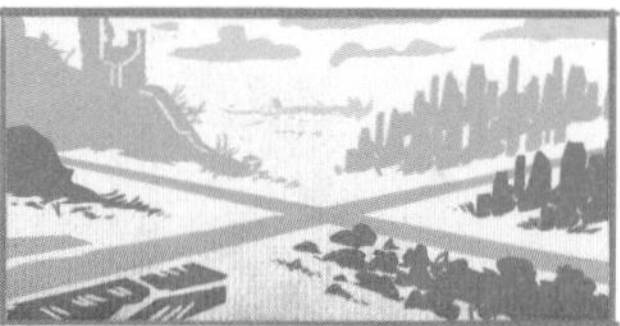

分割环境

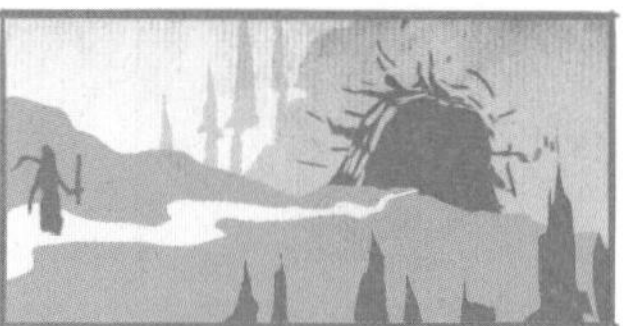

通向未知的地方

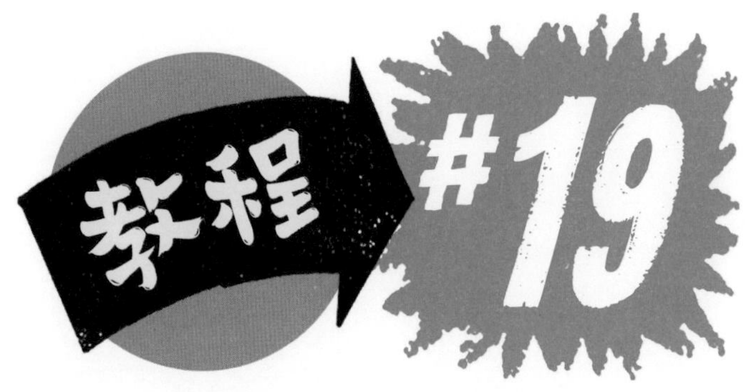

当角色在旅途中时，你可以设计不同的环境来衬托角色的孤独、惊奇、迎接挑战、发现等状态。

地形

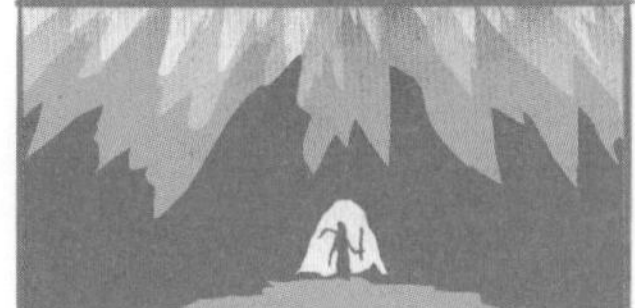

富有挑战性的

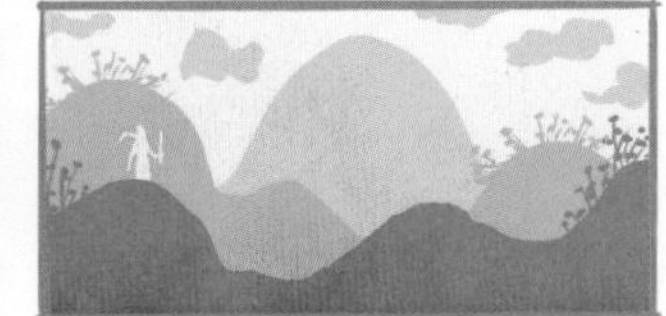

吸引人的

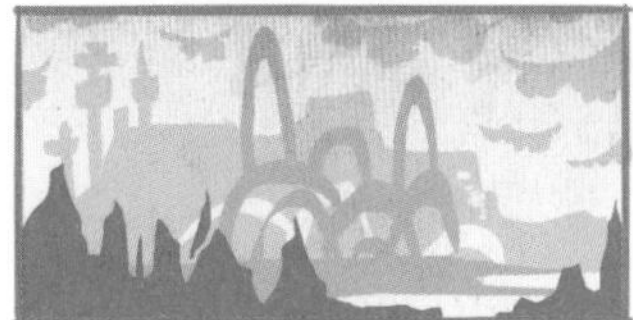

多变的

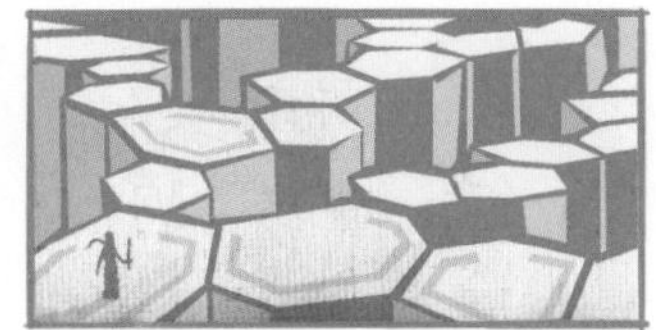

人造的

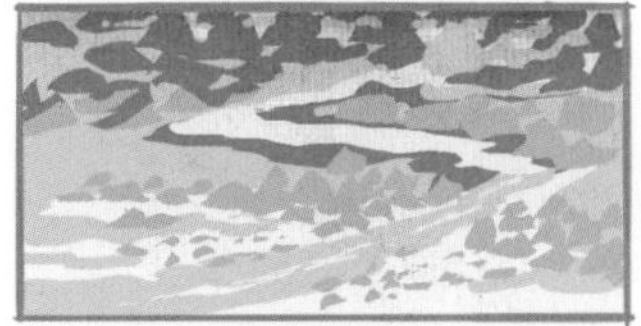

层层叠叠的

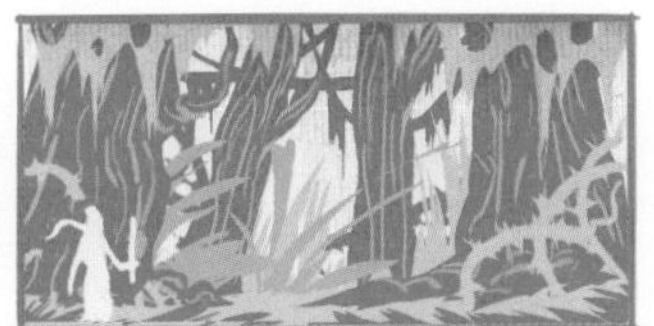

不可进入的

环境的肌理

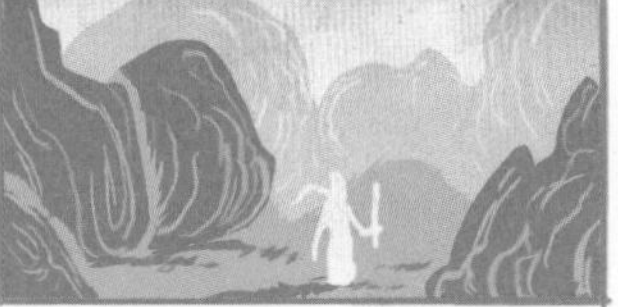

石头和岩石

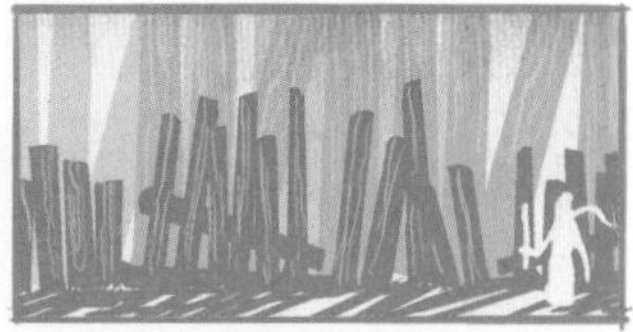

木头

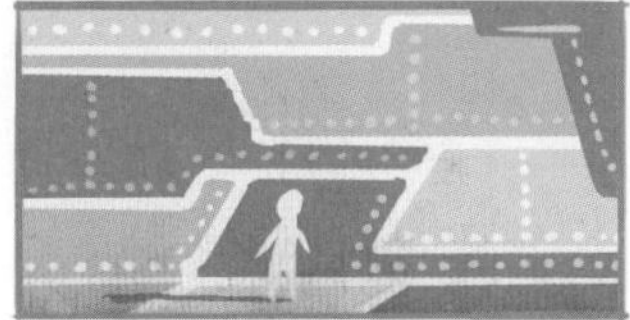

工业的

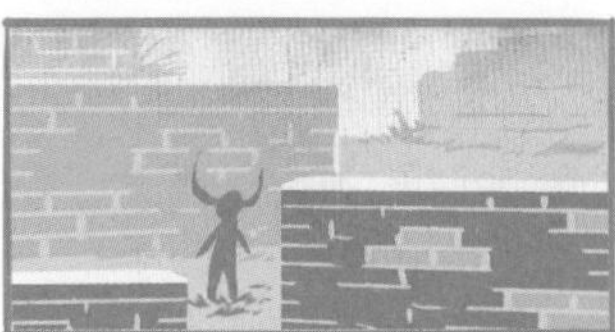

砖墙

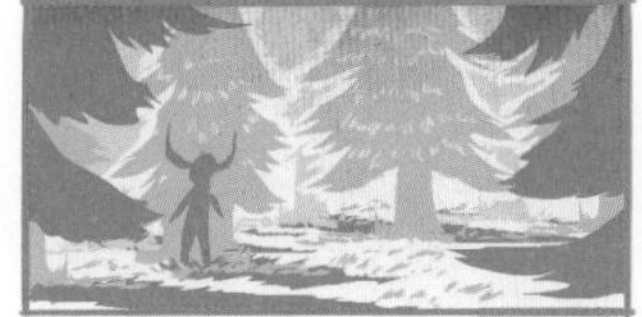

丛林

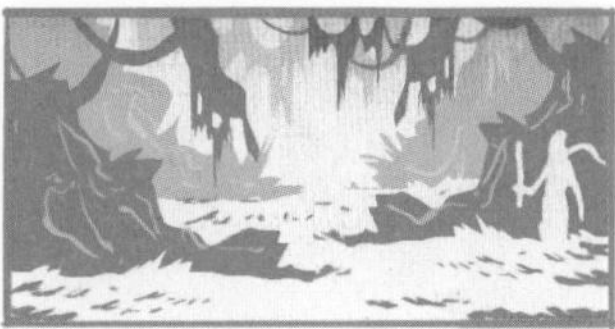

衰败

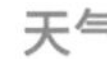

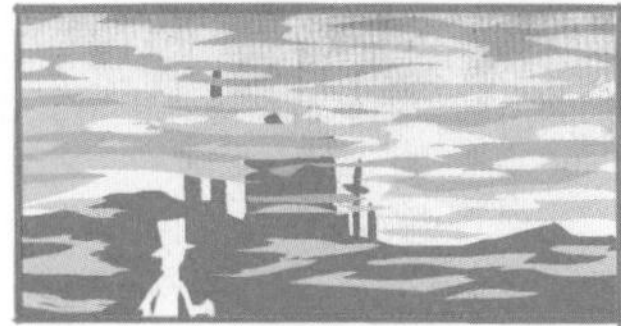

薄雾或大雾

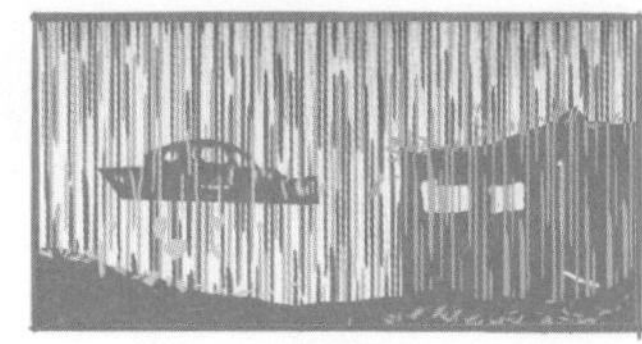

暴雨

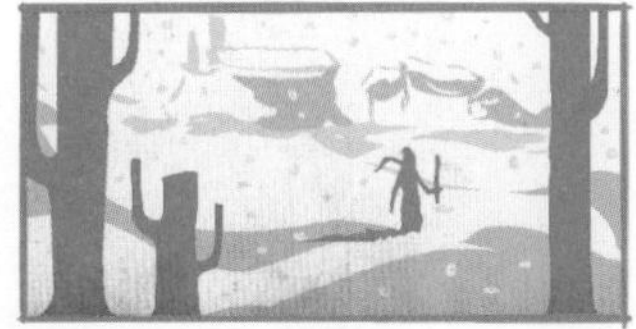

雪

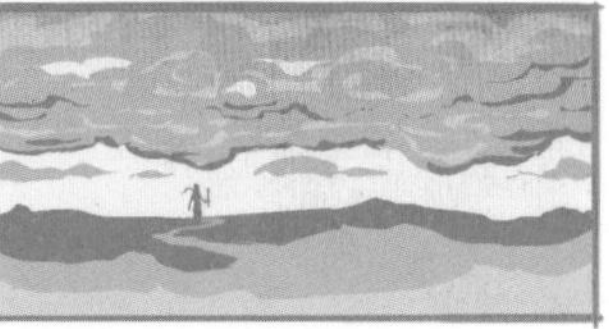

乌云

旅行

B部分

现在你已经有了一系列的方法来构建角色旅行的世界，然而，旅程并不是一成不变的。接下来，我们将研究如何在视觉上呈现旅行中的变化，并在不同的取景框内流畅地转换。

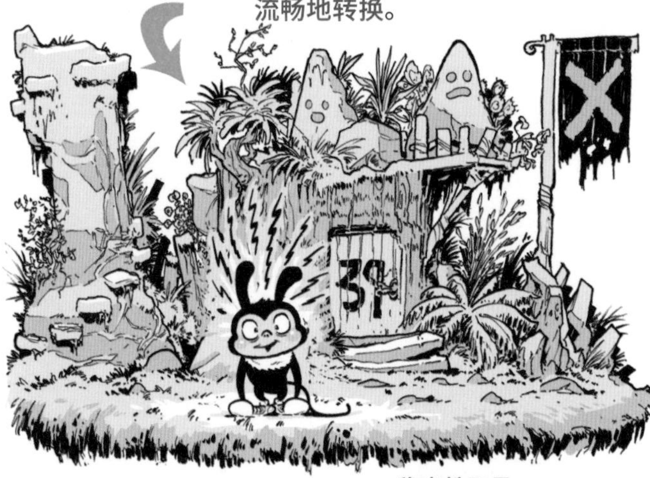

许多旅行始于某个被定义为“家”的地方，这通常意味着要创造一种稳定感。

稳定性取景：

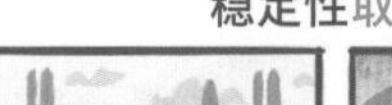

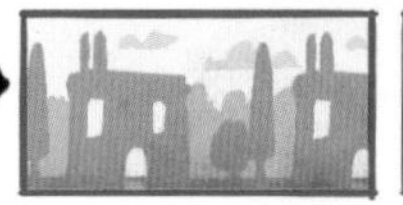

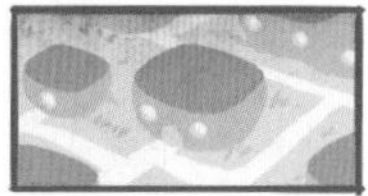

1 均匀分布的形状

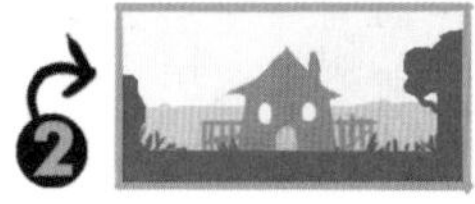

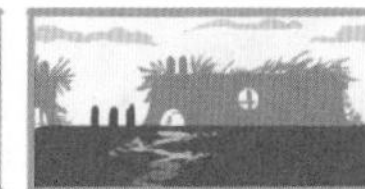

2 水平的、居中的地平线

建立平衡感和安全感的其他设计元素：

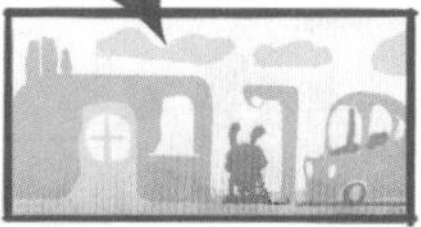

1 等比例缩小的熟悉的环境

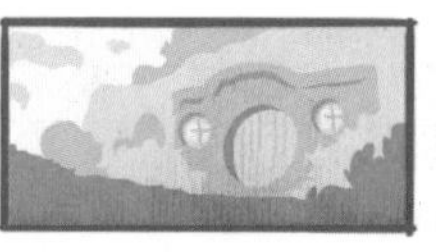

2 友好的圆形（及圆润的边缘）

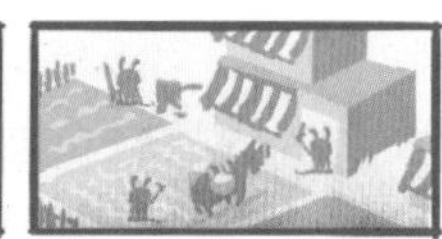

3 舒适自在的社区

当角色离开他们安全的生活后踏上一段未知的旅行——这是一种巨大的变化——需要表现出“大的破坏”。你可以用取景来强调这一点。

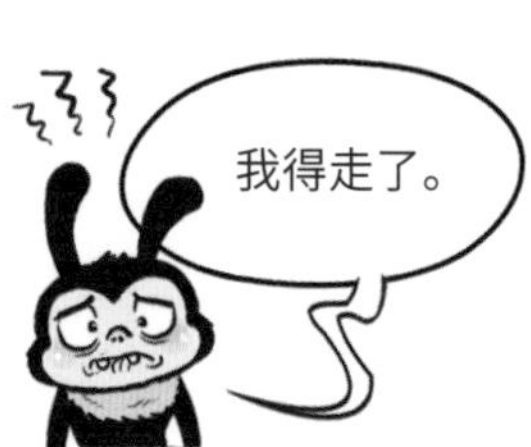

得到坏消息

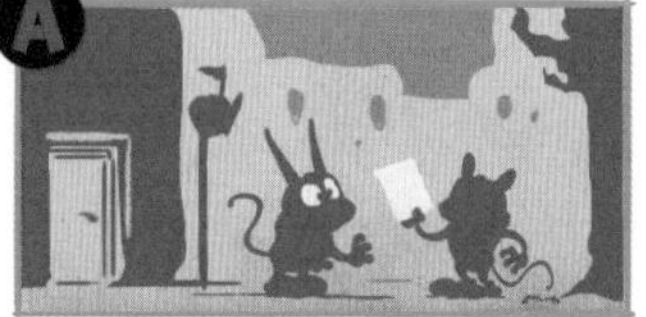

A 没问题，但是缺少了一些视觉上的戏剧性

大的破坏可能是小事

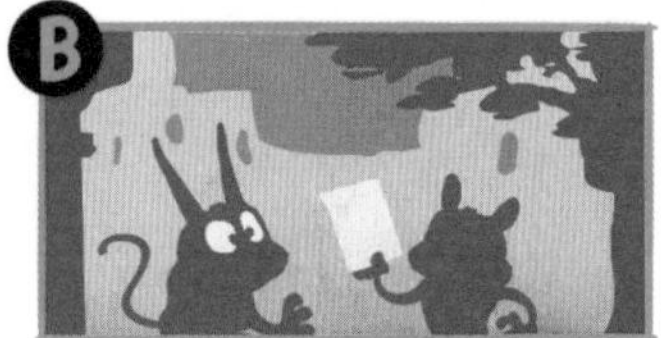

B 这样好一些——现在视觉中心点聚焦了

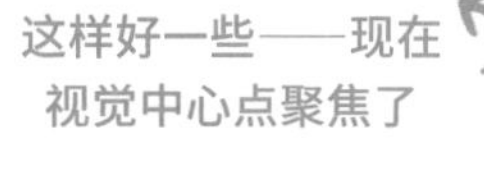

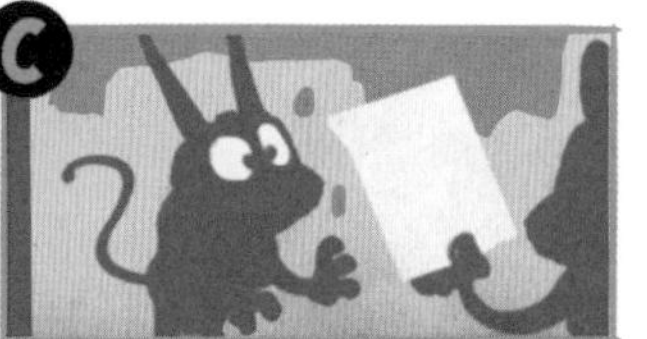

C 将信移到前景，以突出其重要性

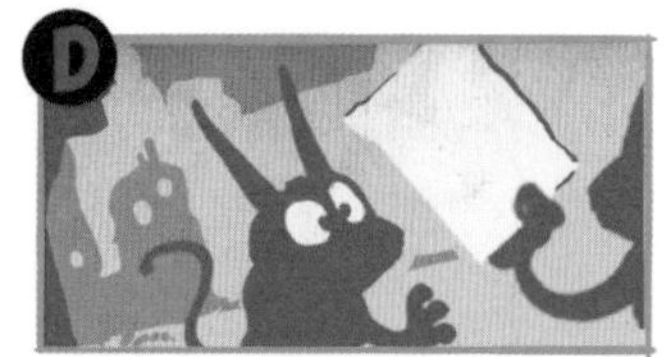

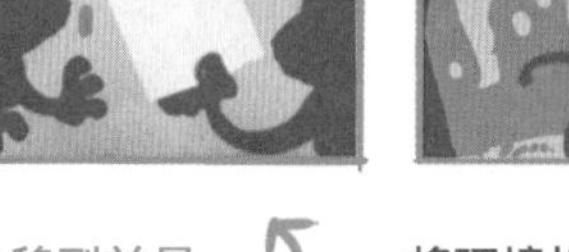

D 将环境推至背景，使信倾斜，并置于角色上方

这些调整产生了不确定性，打破并削弱了先前建立的安全感。

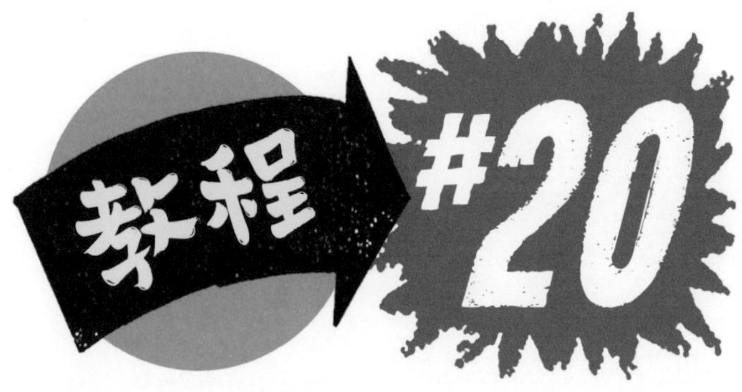

当角色开始他们的旅程时，这通常意味着一个对比：家与室外。

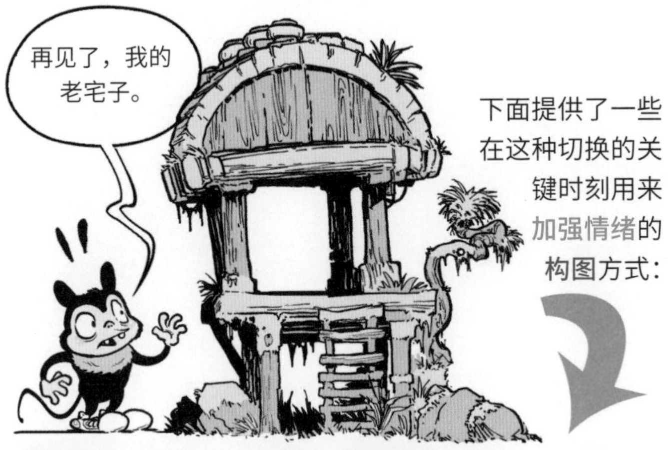

下面提供了一些在这种切换的关键时刻用来加强情绪的构图方式：

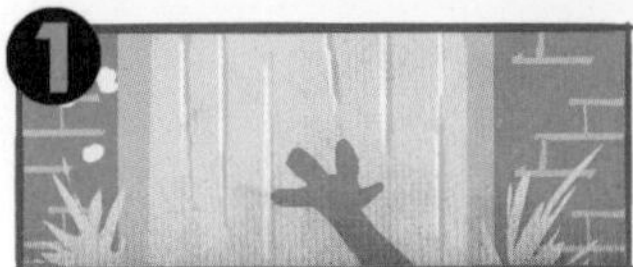

特写：用手关门

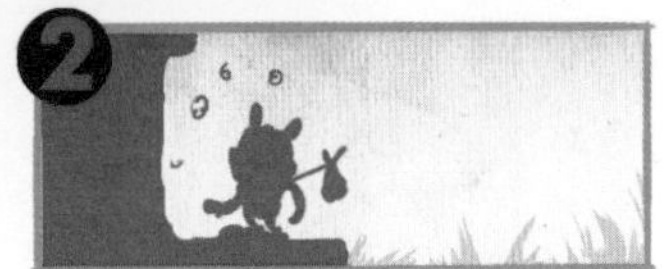

留白＝思维空间

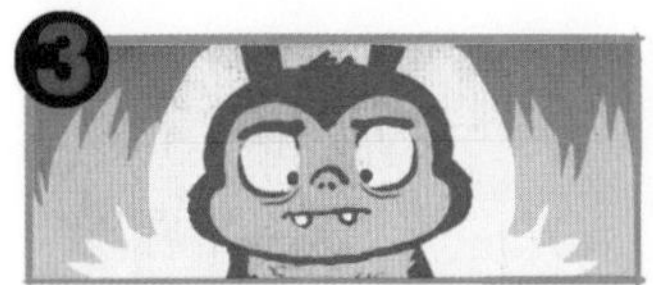

特写向下看——回想过去

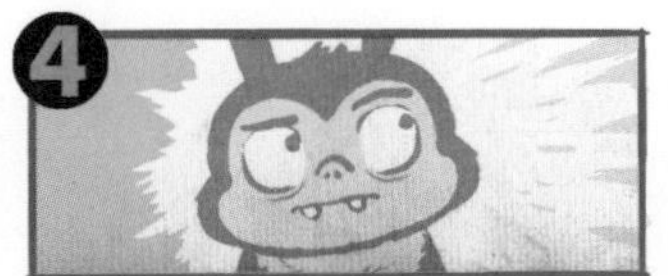

特写向上看——思考未来

还可以将角色内心的挣扎与相对轻松的肢体动作进行对比。

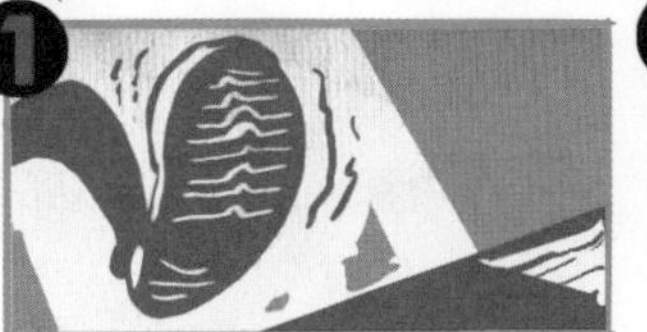

迈出第一步（低视角镜头）

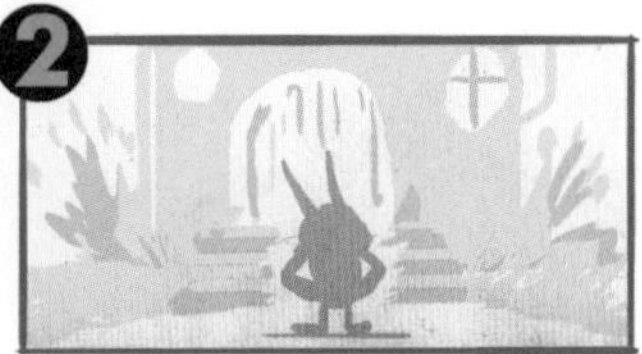

然后……解脱！（光线及平衡的全画幅镜头）

当角色远离熟悉的事物、走向未知的环境时，尝试固定画面中的视点。

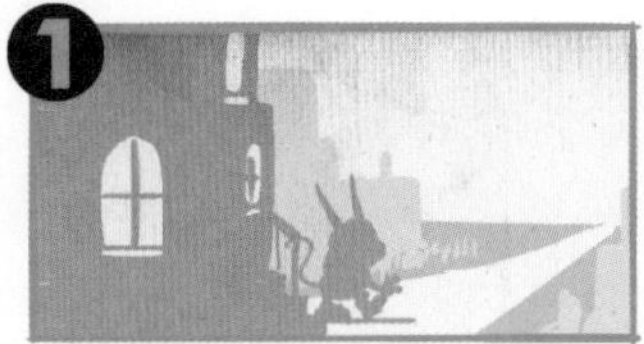

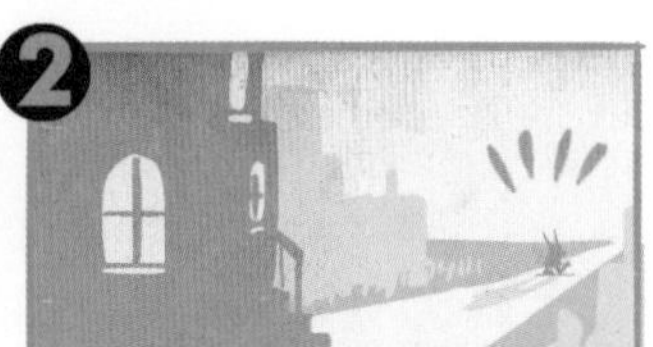

固定前景不变＋创造出在背后留有一些东西的感觉

在此基础上，可以增添垂直平移镜头，通过场景提升视点。

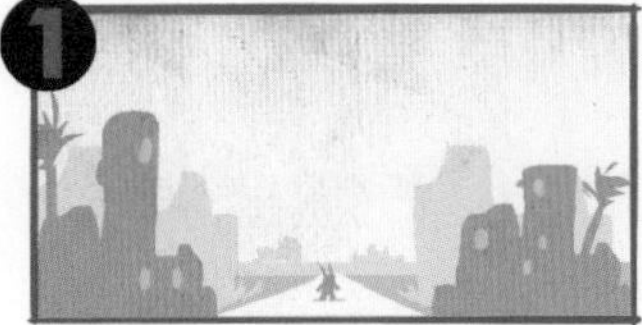

开始时用低视角

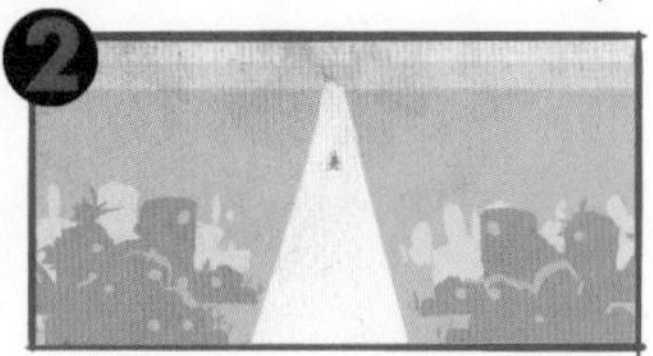

之后向上平移

就在家即将看不见之前，你可以使用一个岔路口来暂停角色，给其最后一次向后看的机会。

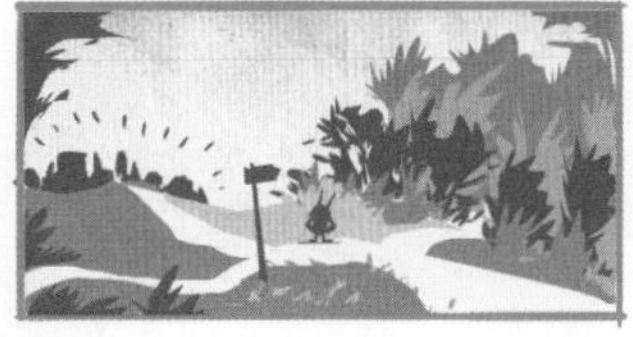

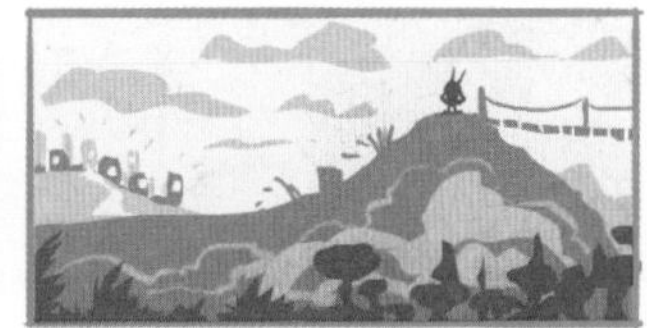

旅行

C 部分

在绘制旅行的最后阶段时，我们将探索如何混合不同类型的镜头，以便在建立和加强场景的同时还能保持对人物和故事的关注。

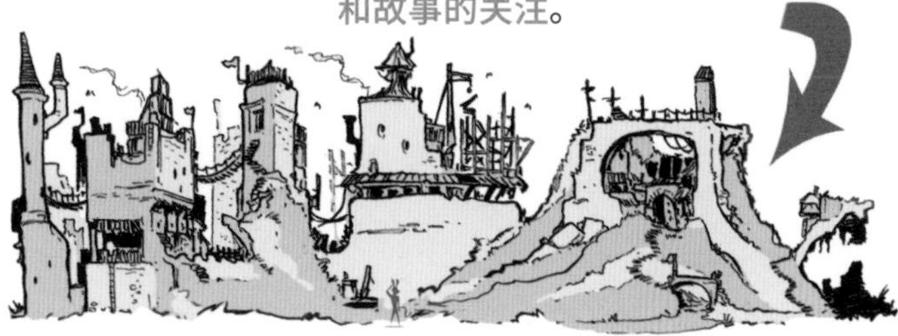

为了提高观众的预期和参与度，可以让角色先于观众看到新环境。下面有 4 种方法：

A
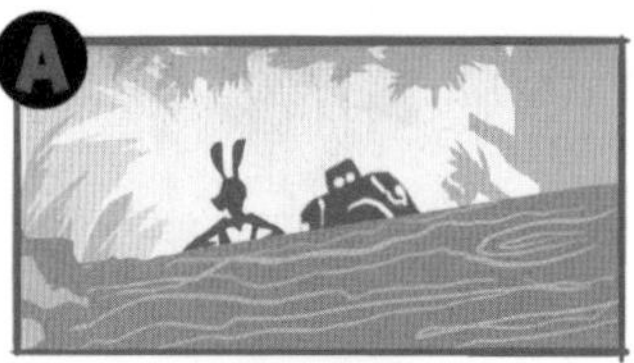
从掩护处看

B
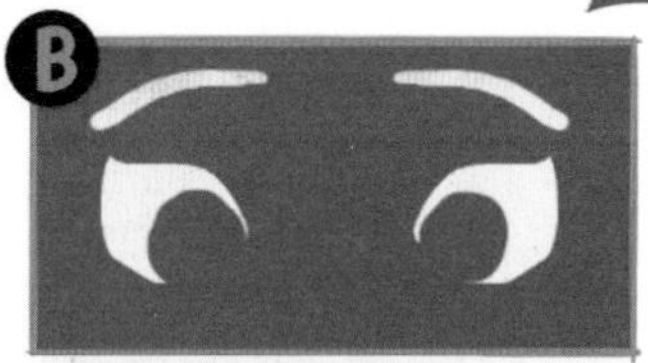
大特写

C
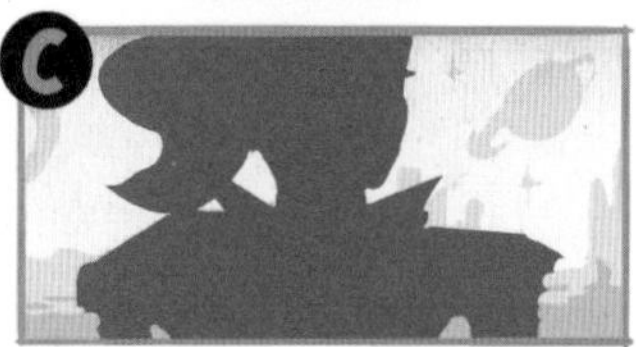
用角色阻挡视线

D
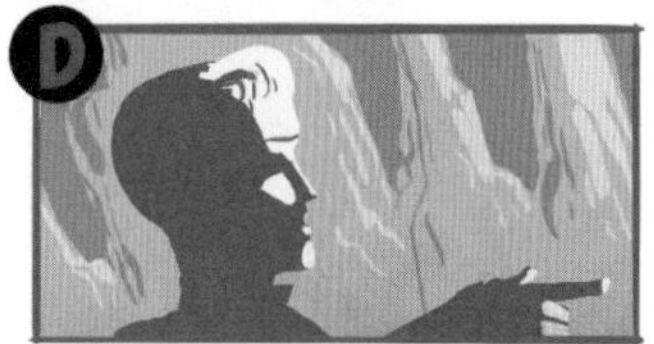
侧影 + 从画面外投射的光

下面是在旅行场景中常用的 9 格切换镜头法：

1
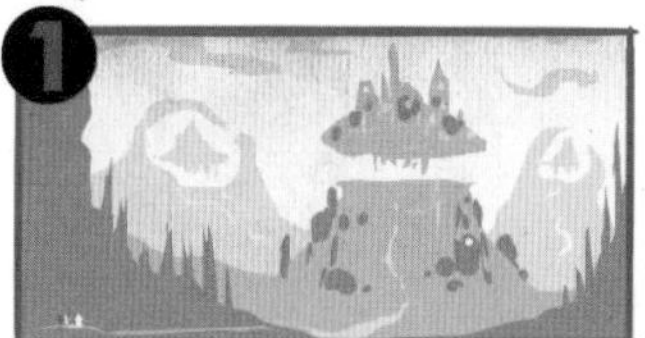
在一片广阔的视野中定位角色

2
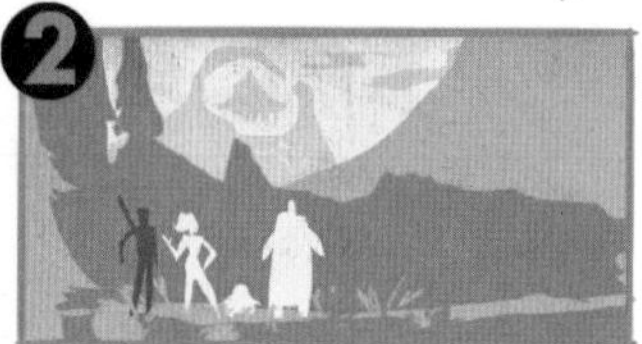
来一点角色的长镜头

3
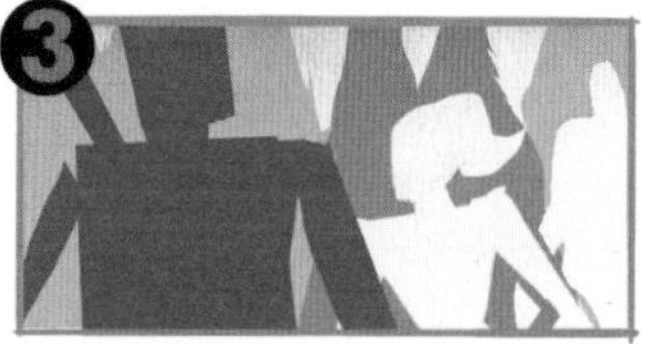
紧凑的中景镜头中人物分别出现在前景、中景和背景上

4
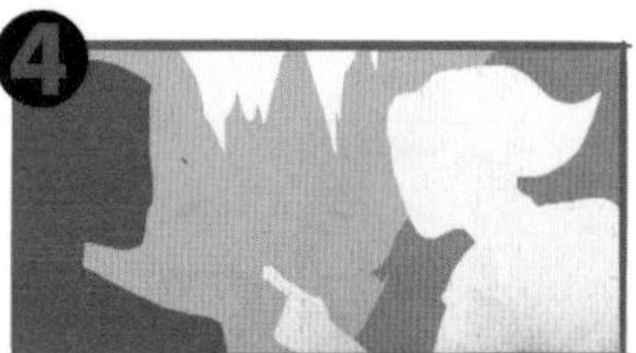
如果需要对话，尽量插入侧面的两人特写镜头

5
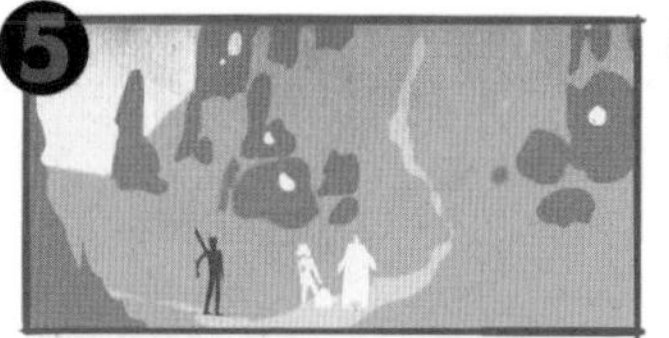
显示前进的道路，可通过对话改变人物空间

6
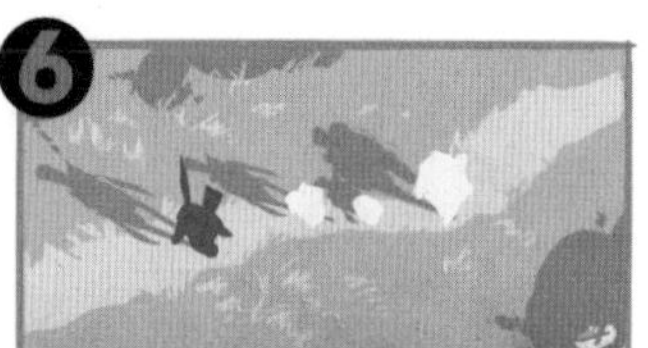
高视角中使用阴影来帮助指明不同人物

7
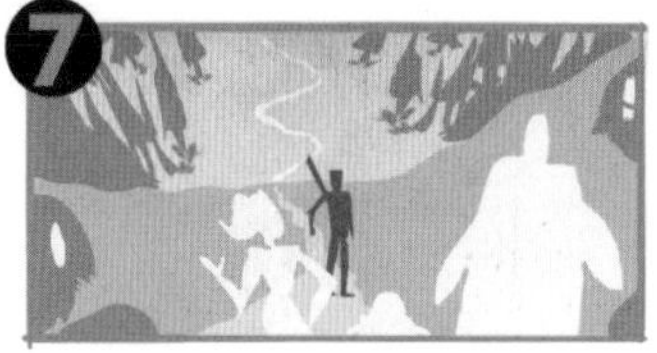
裁剪以显示旅行的距离，这也有助于与角色产生共鸣

8
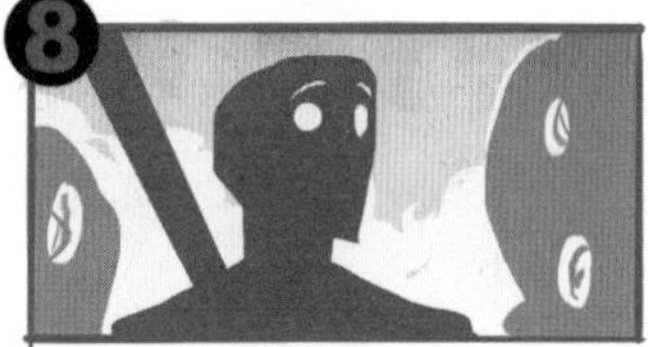
用低视角的特写暗示下一个场景的到来

9
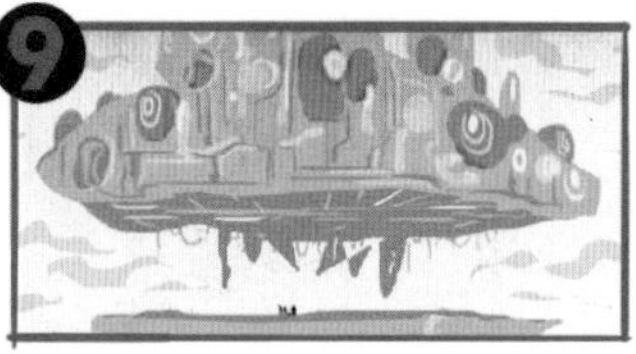
然后迅速切入一个全新的环境

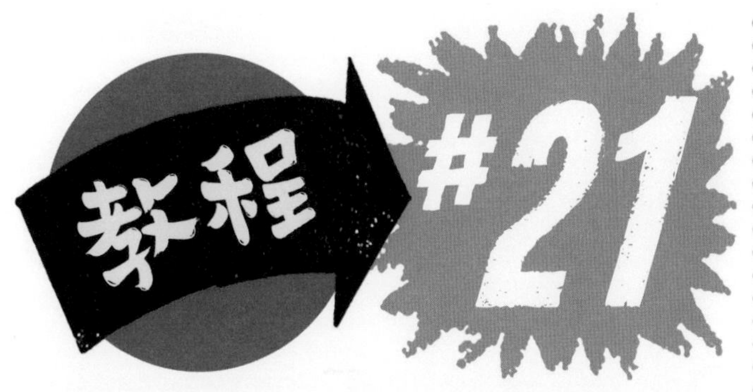

如果加快了旅程速度，你需要不断地切换视角。注意：切换镜头时不要换焦点位置，换焦点位置时则不要切换镜头（构图），这样才能让画面看起来是流畅的。

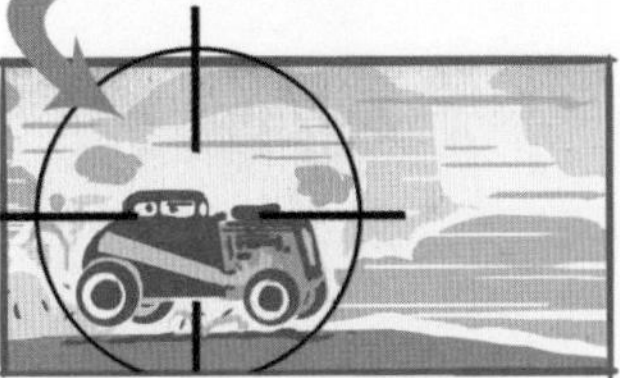

如果焦点在左侧……

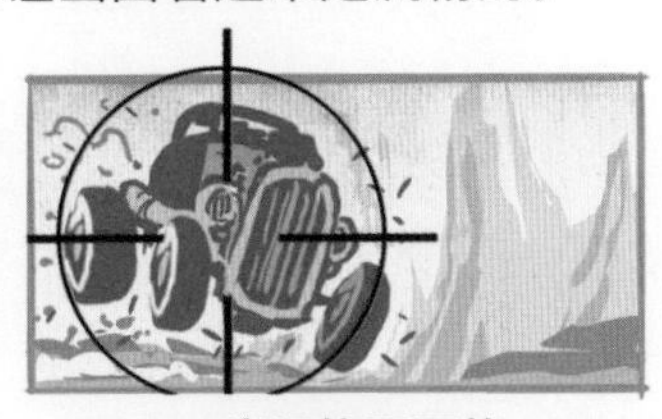

……当切换画面的时候保持在左边

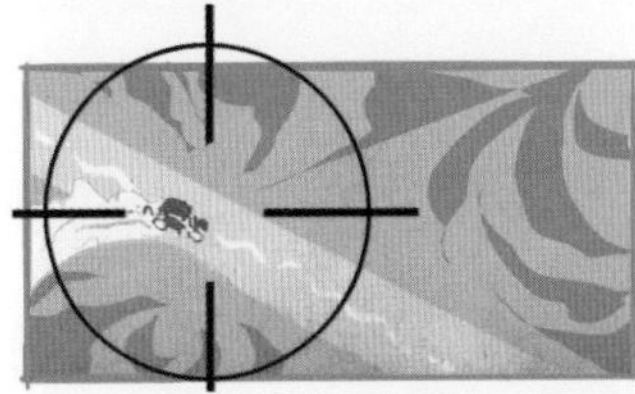

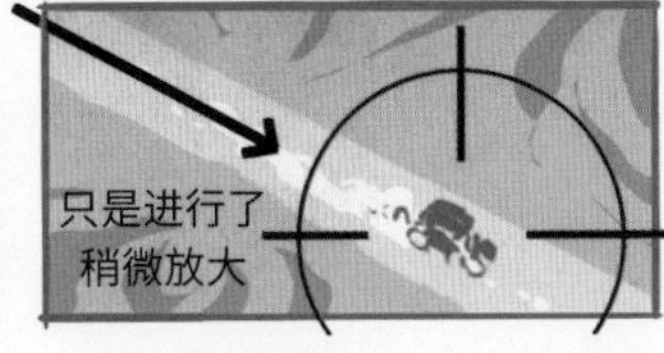

只是进行了稍微放大

如果你需要转移焦点，那就让两个取景框在视觉上保持相似，这样才会看起来连贯

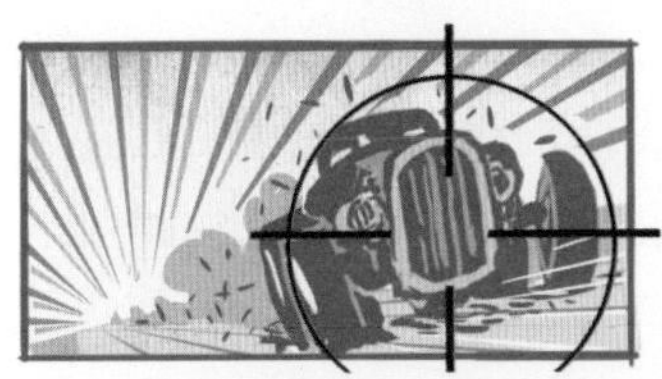

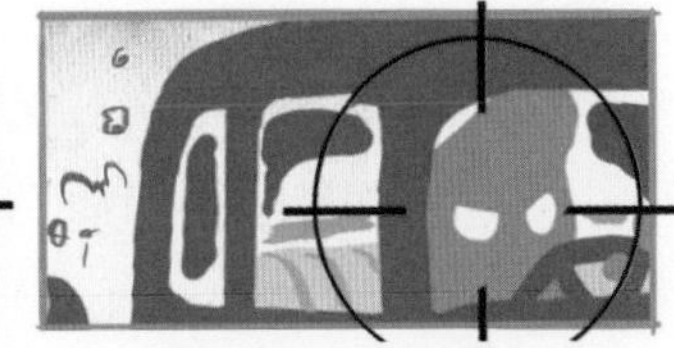

当你再次切换镜头时，保持新建立的焦点位置不变（这次是在画面右侧），依此类推

为了帮助观众准确理解角色在哪里，可使用一个地标作为定位点。

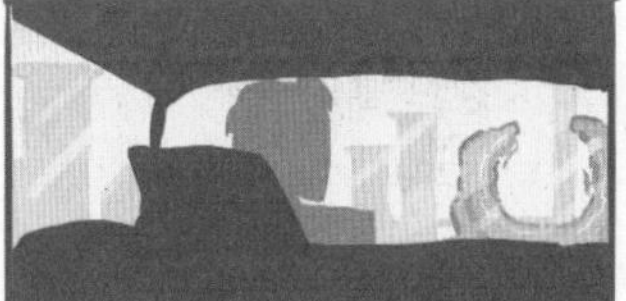

地标不一定是目的地

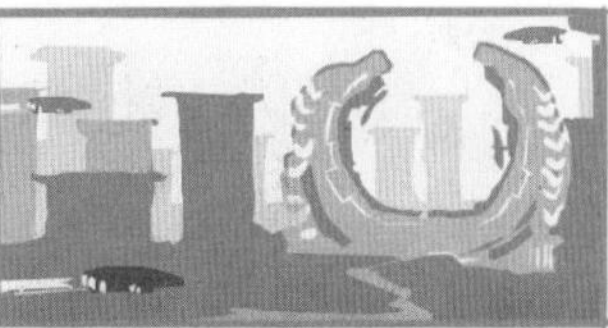

它是一个视觉上的联想，它能让我们明白方向

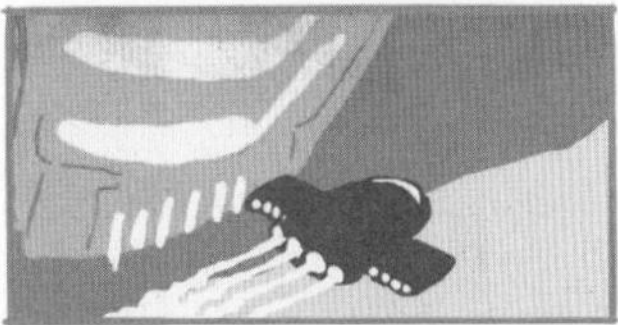

观众对它越熟悉，就越不需要全部表现出来

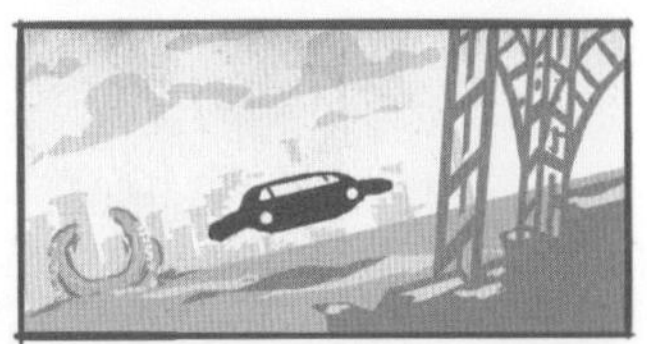

当角色继续前进时，他就会遇到下一个地标了！

当你设计移动场景时，不妨用视觉脚本来检视一下画面，看看它们是否加强了环境的变化。

场景 1　过渡　场景 2

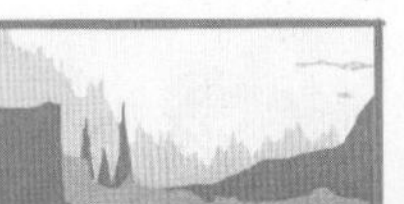

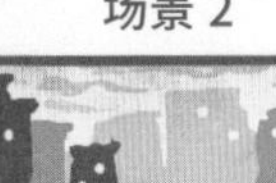

色彩脚本

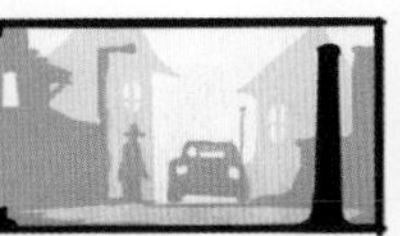

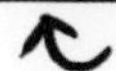

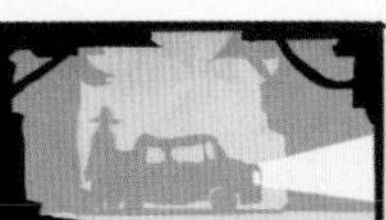

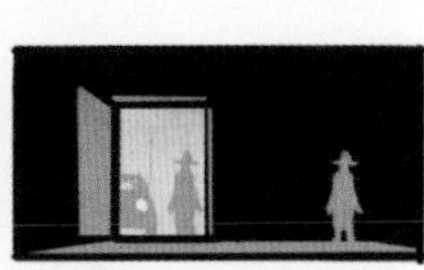

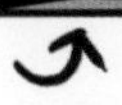

灯光脚本

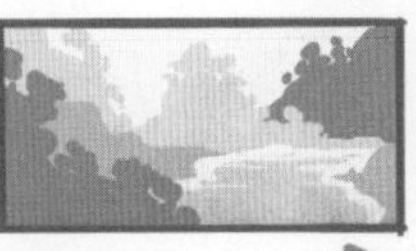

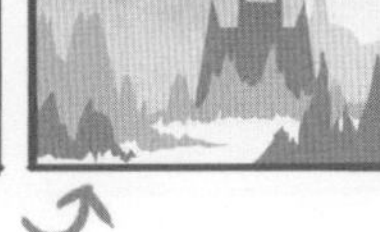

形状脚本

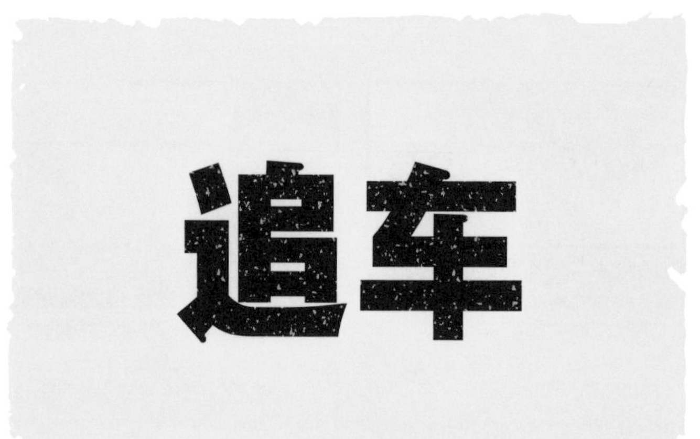

追车是一种危险的行为，充满了力量感和动感！

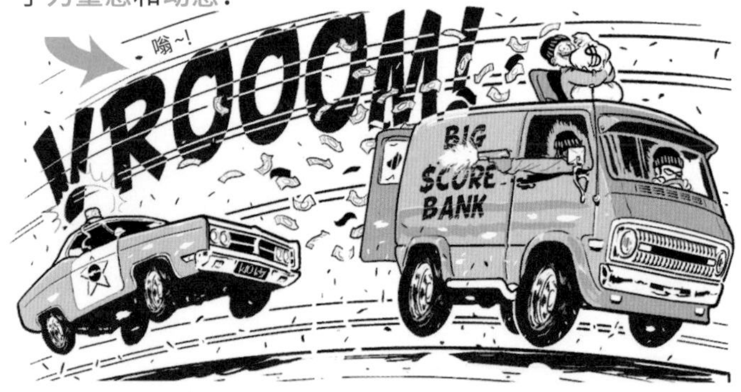

下面提供了一个视觉资源库，可以使追车镜头富于变化！

定场镜头

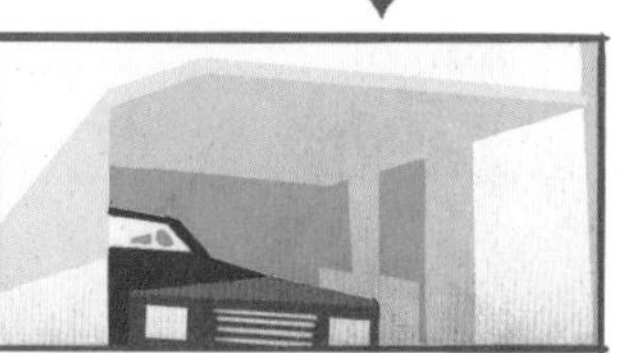

打开车库

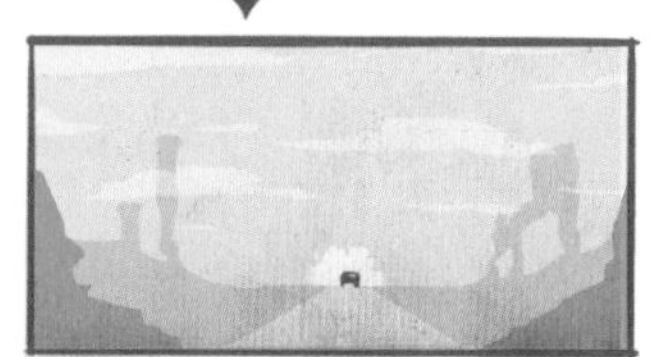

烟雾

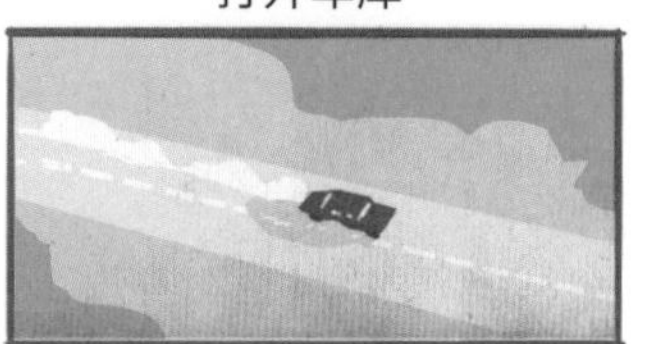

高视角

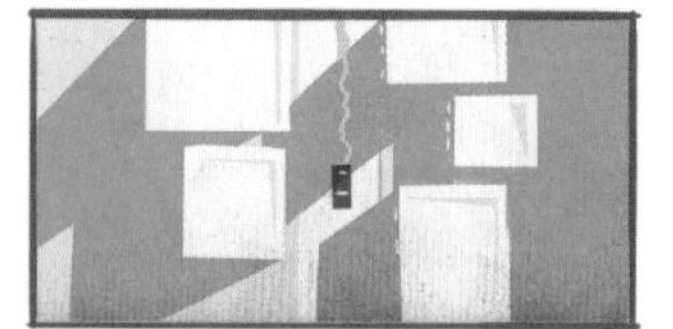

在头顶上方

深度透视

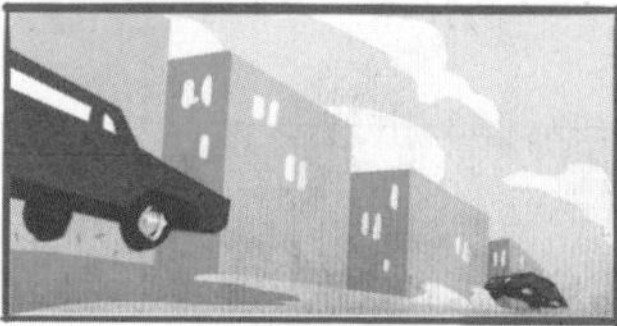

长视角

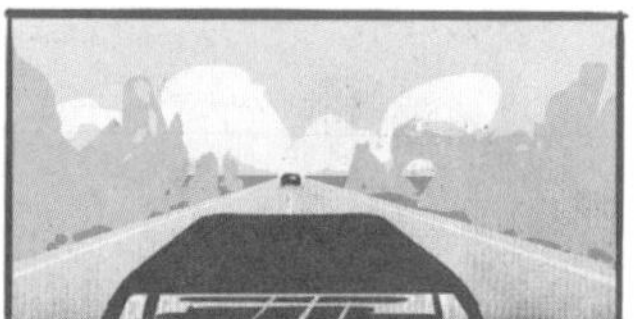

露出前车车顶

映象

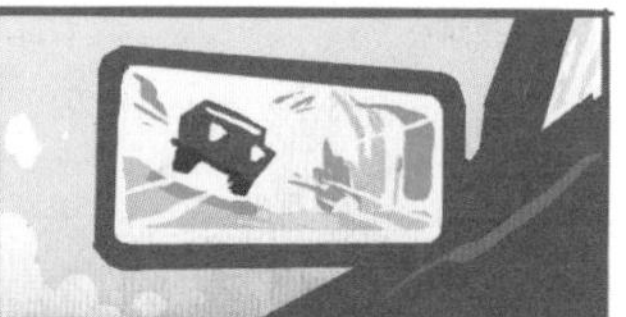

从侧视镜

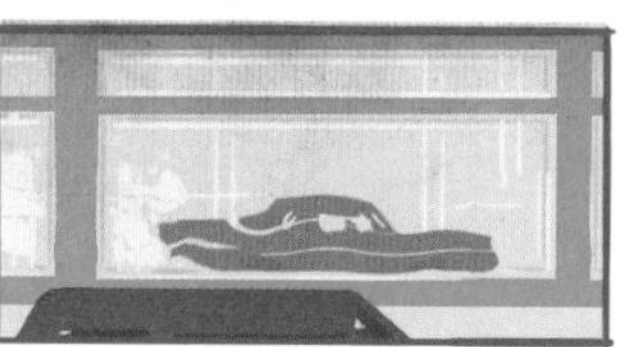

从商店橱窗

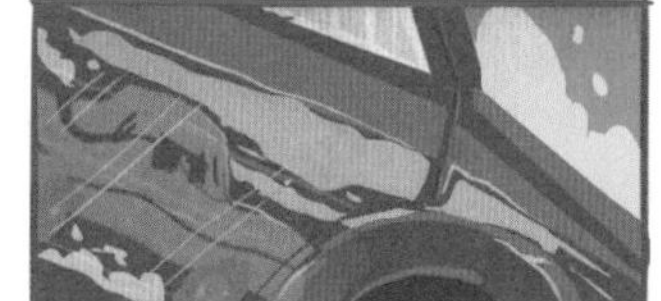

从车身侧面

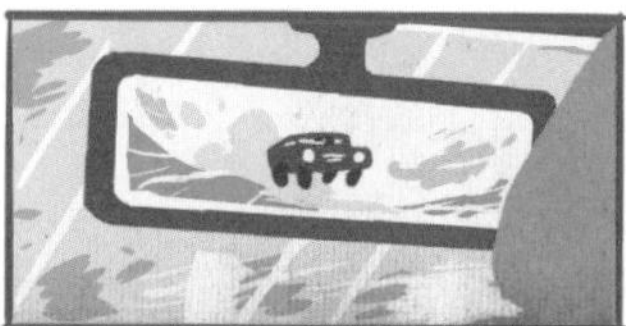

从后视镜

变形

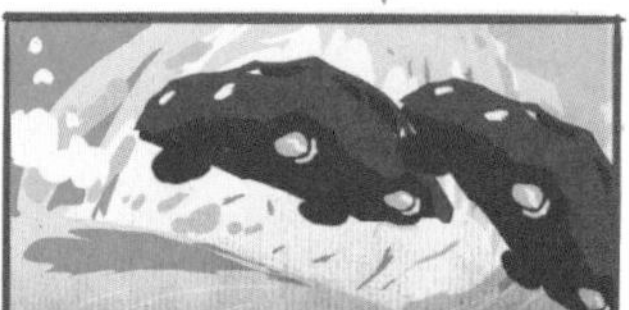

鱼眼镜头

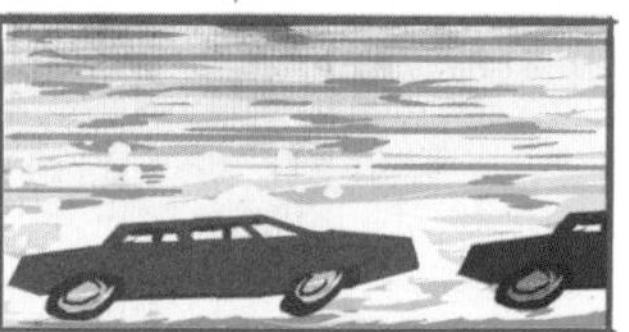

模糊背景

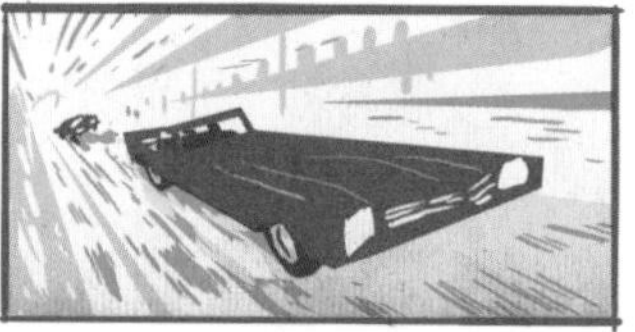

拉长

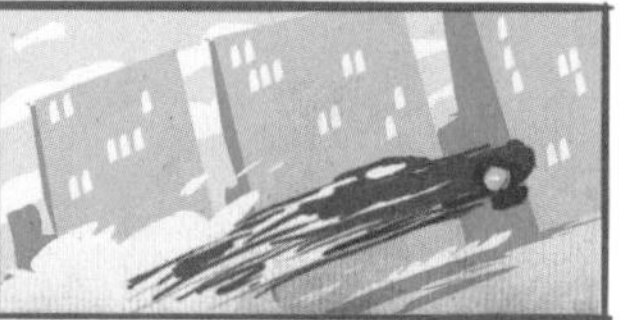

模糊车辆

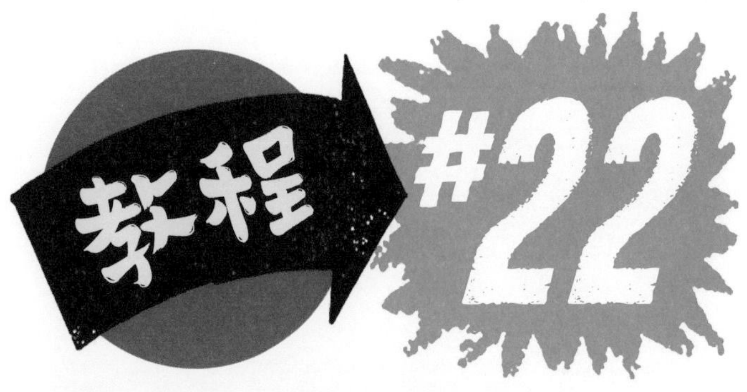

在画追车场景时，记得把镜头切回到司机身上，因为无论多么激烈的动作，如果不是为角色的故事服务就没有意义。

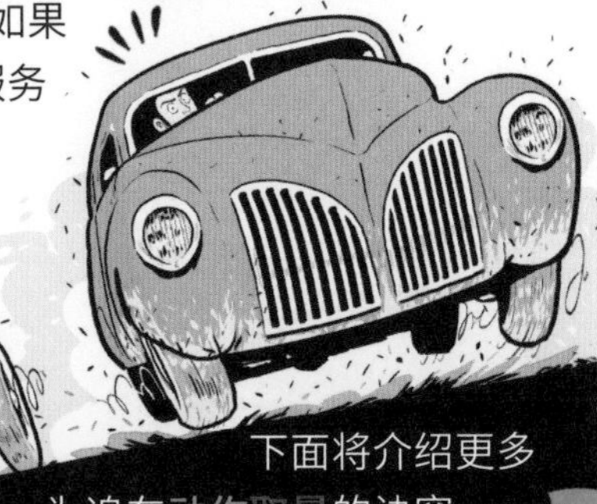

下面将介绍更多为追车动作取景的诀窍……

第一人称视角

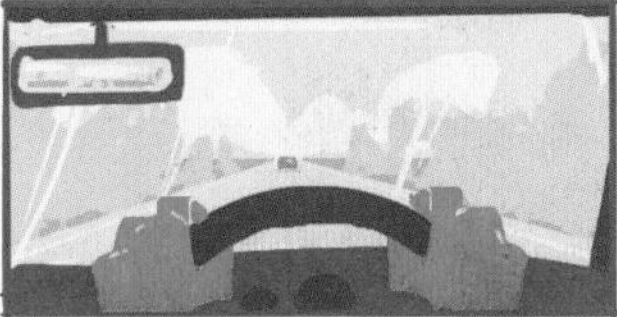

方向盘

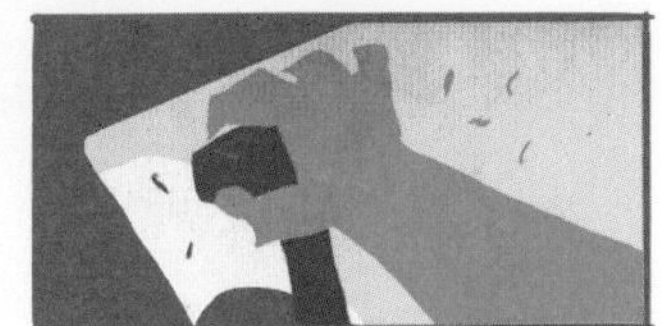

换挡

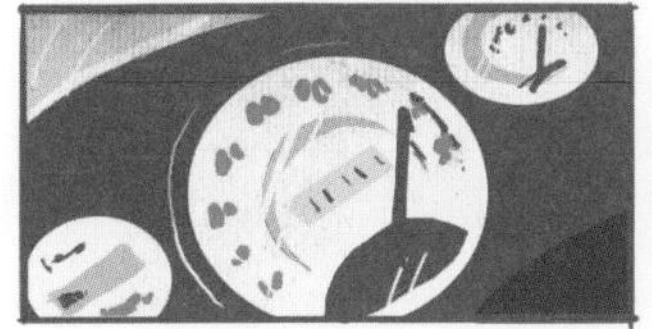

仪表盘

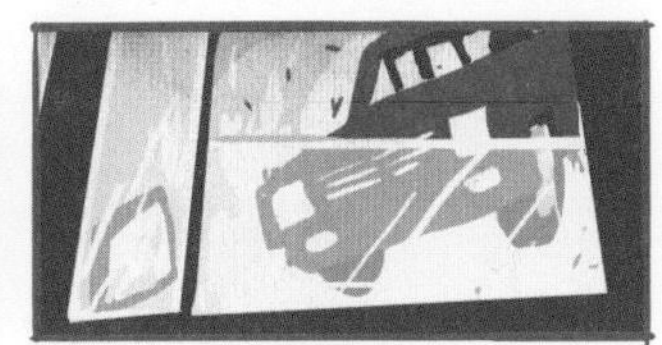

侧面窗户

前景为汽车的取景

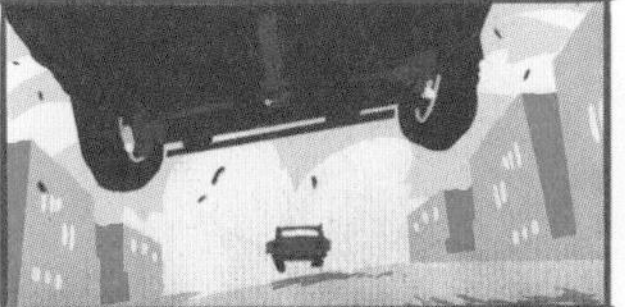

车底

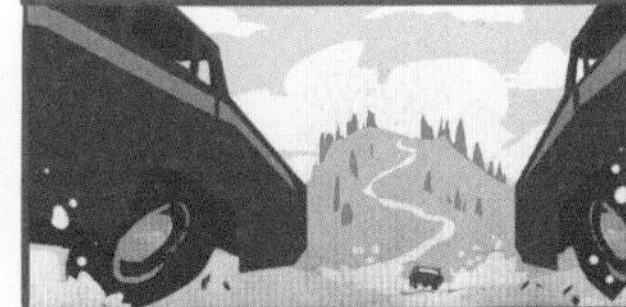

侧面

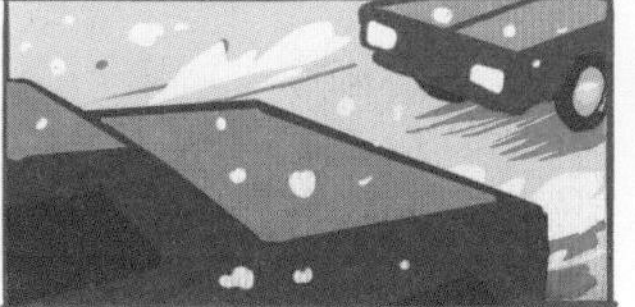

后备厢盖和引擎盖

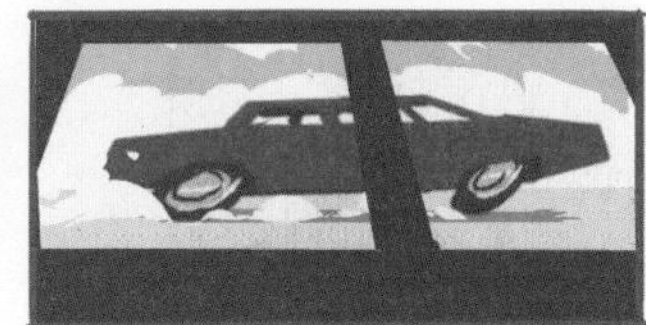

车窗边框

相反的角度

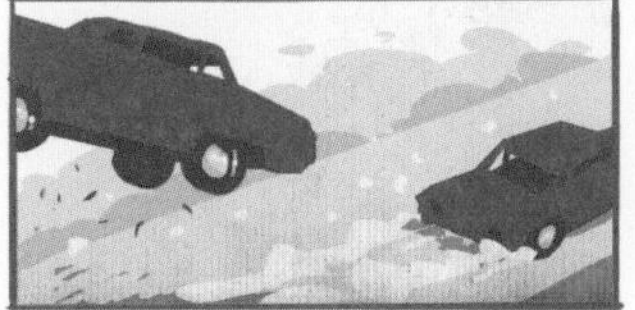

一上一下

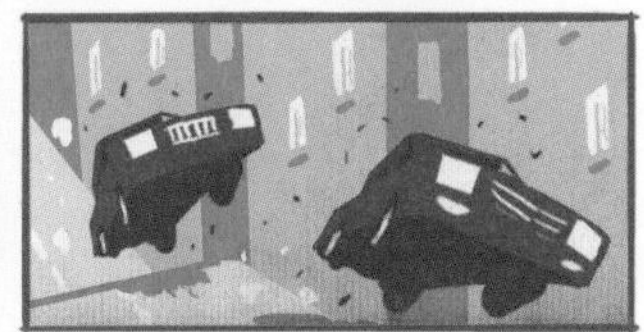

左倾和右倾

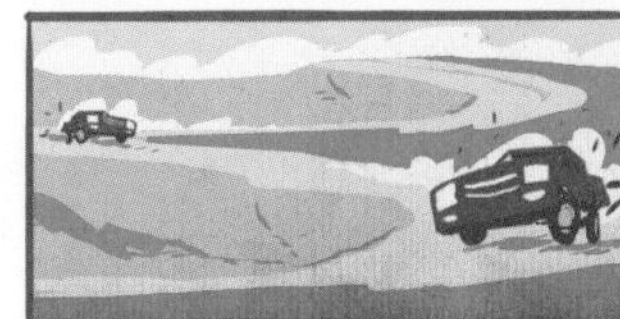

左转和右转

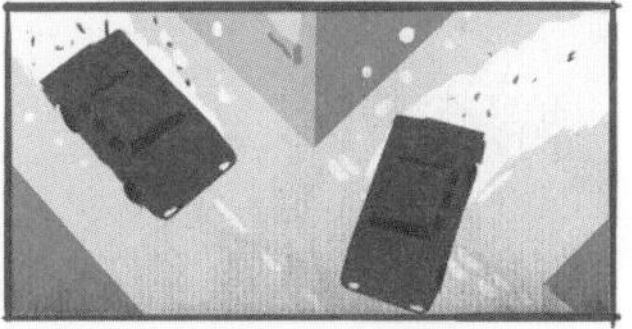

交汇

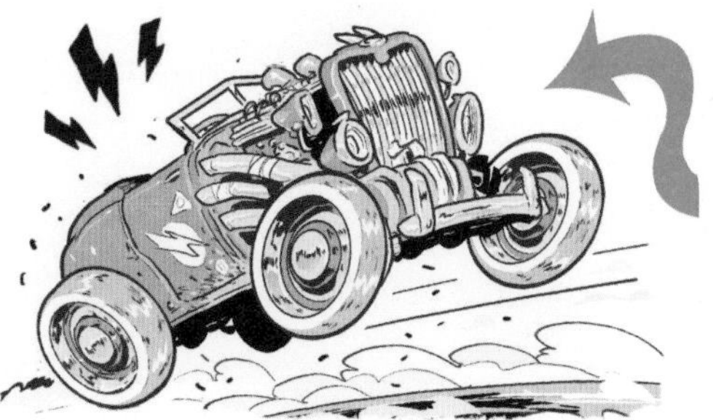

我们将在以后的教程中研究如何绘制行驶中的车辆！

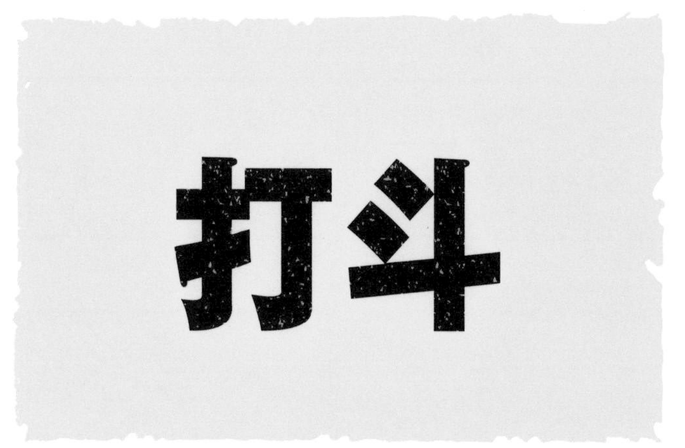

打斗

尽管有很多种形式都可以用来表现人物之间的冲突，但有时你的故事最需要的就是一次经典的打斗。就像任何动作片都需要专门的动作指导一样，为了让打斗充满张力，你需要把它想象成一种舞蹈，为其精心设计时间与节奏，设计平静、变化及高潮。

集结

神出鬼没

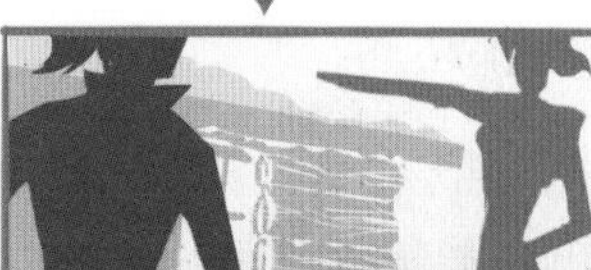

裁剪倾斜

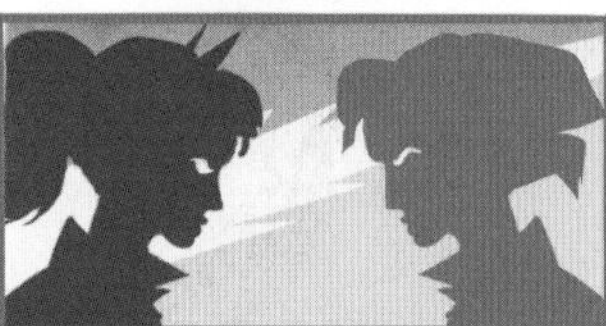

对峙

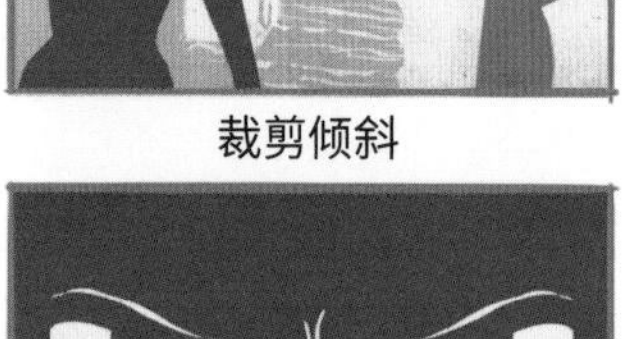

大特写

握拳

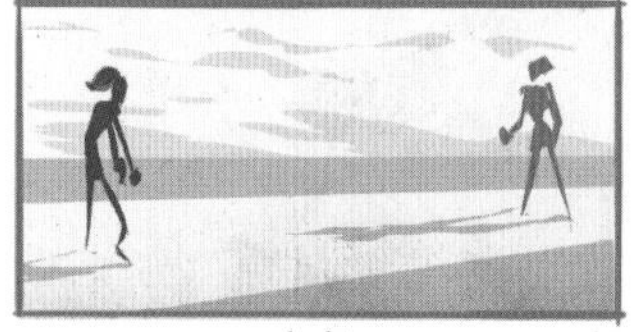

广角

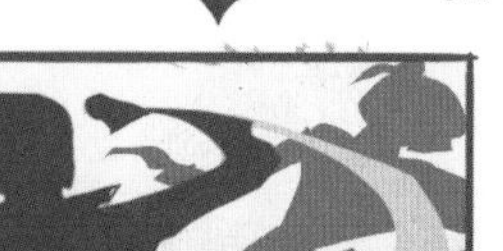

抡拳

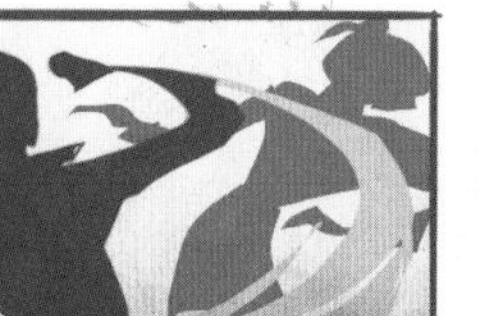

大幅度摆动

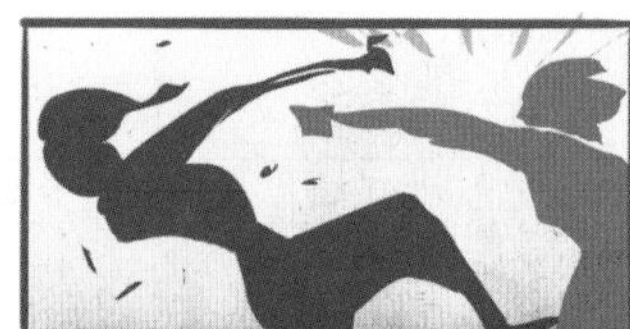

横跨画面的弧形

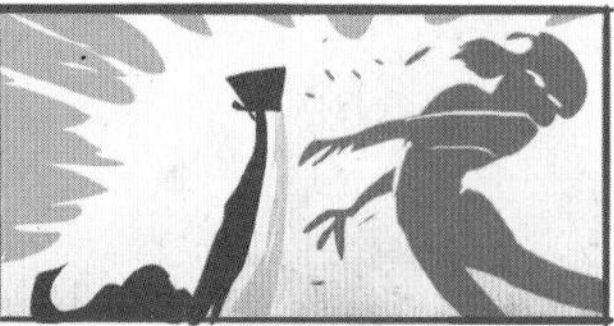

居中垂直

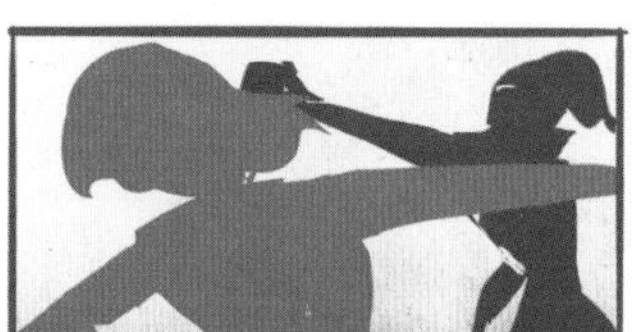

倒向观众

倒下

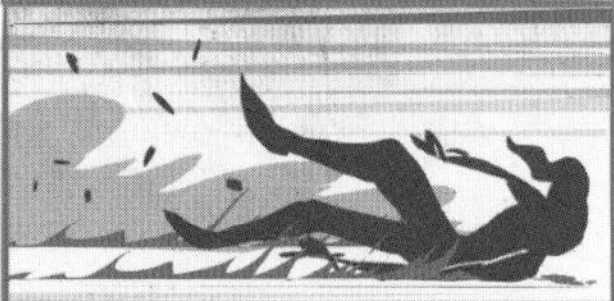

横向滑过画面

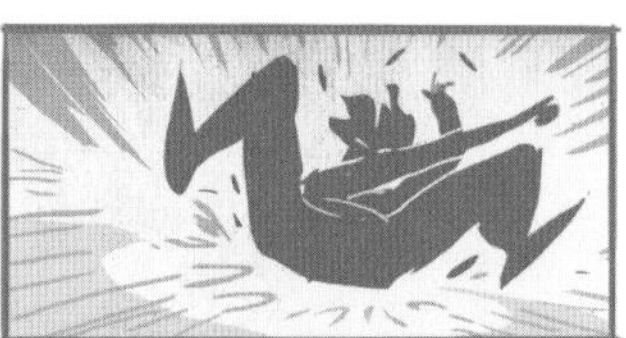

缩短透视

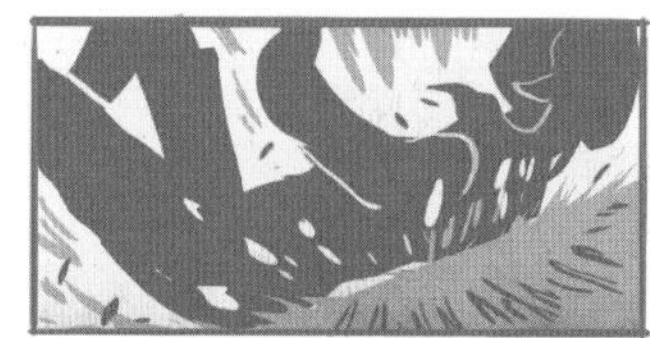

在冲击中的裁剪

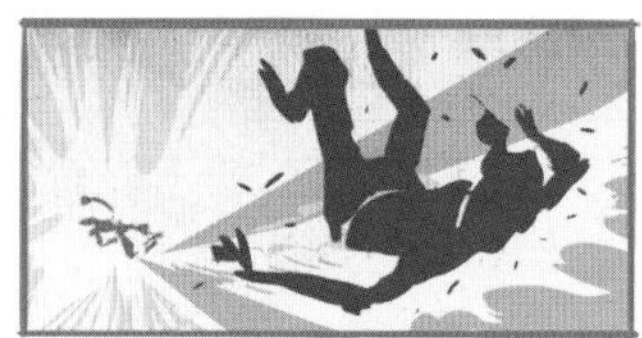

纵深透视

俯冲攻击

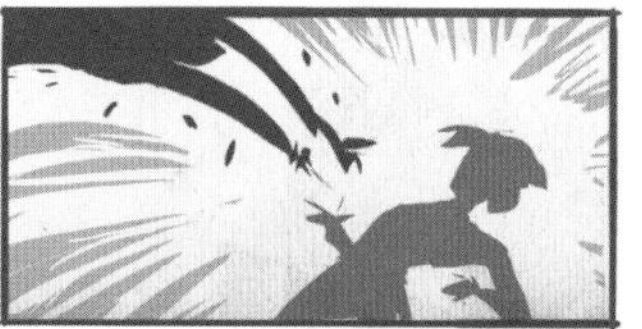

从顶部角落冲出

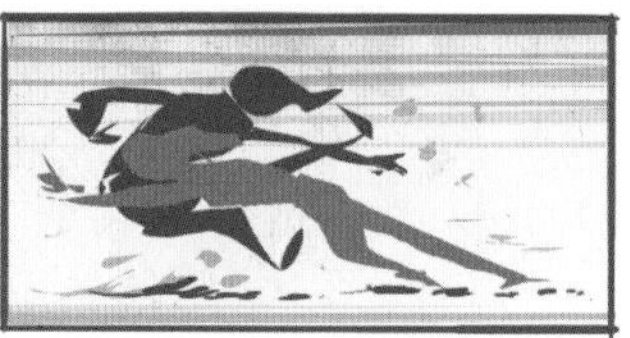

低位抓住

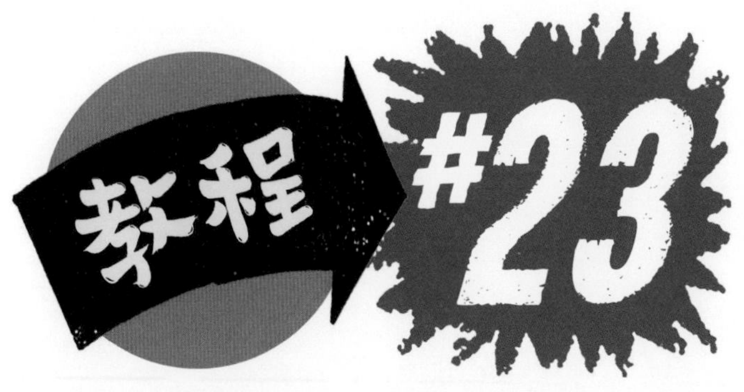

为了让观众从你的作品中获得最大的视觉冲击，不要总是画撞击的瞬间。

例如，当一个角色被击中时，你可以通过表现反作用力去捕捉大部分能量。

被破坏的环境

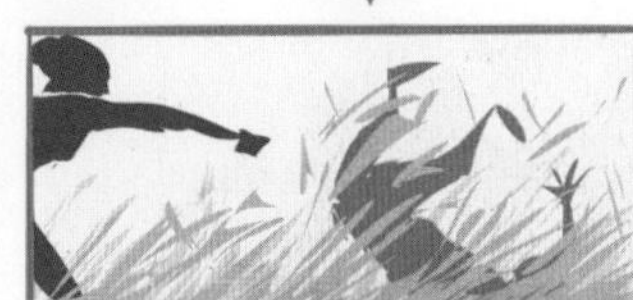

被打进地板

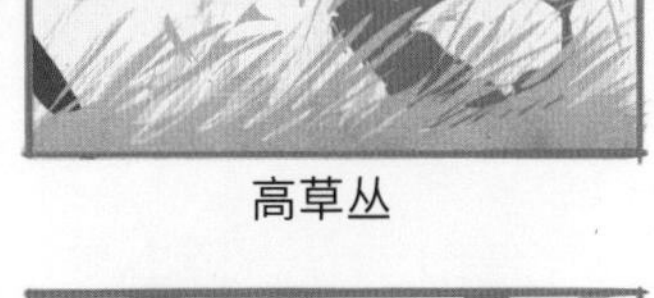

高草丛

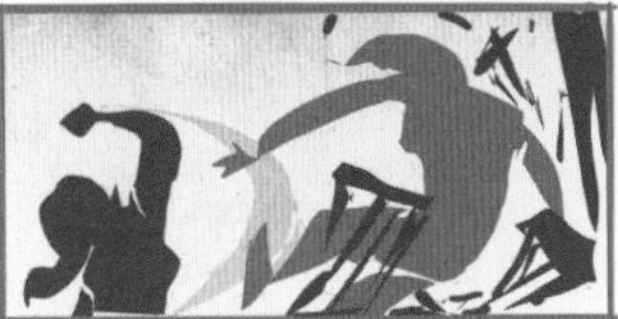

被打回椅子

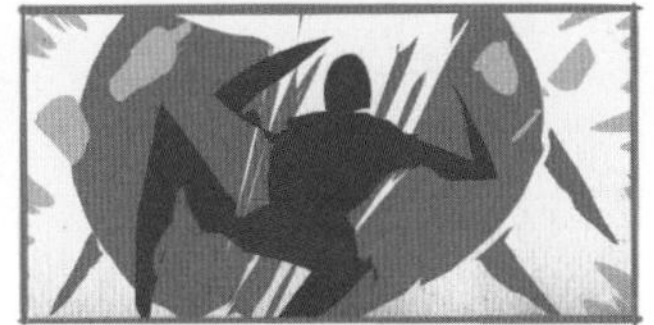

桌面破碎

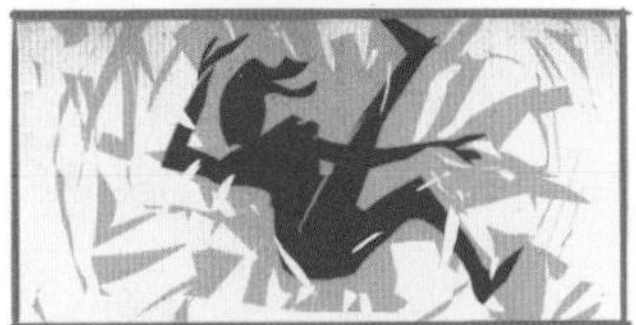

碎窗户（向内散落）

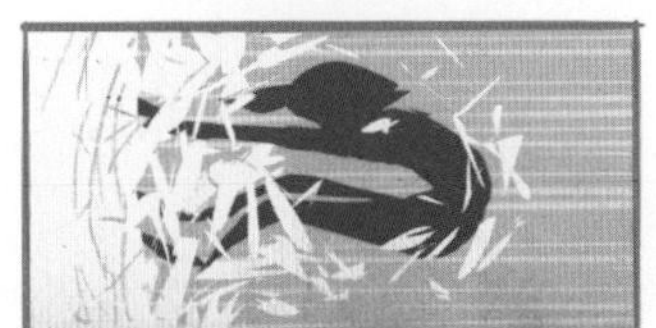

碎窗户（向外散落）

站起来

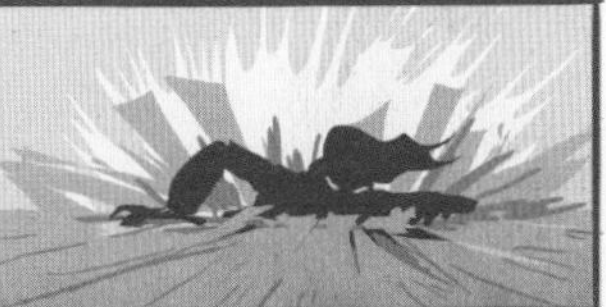

从废墟中爬起来

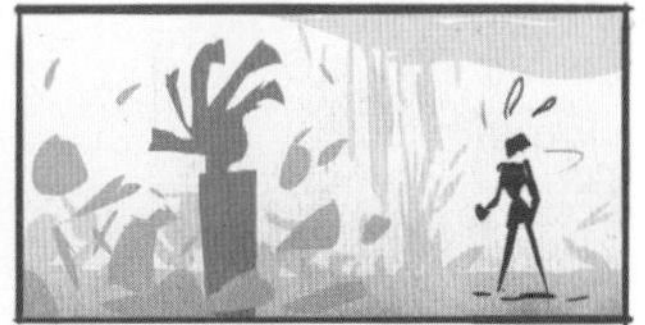

伸出一只手

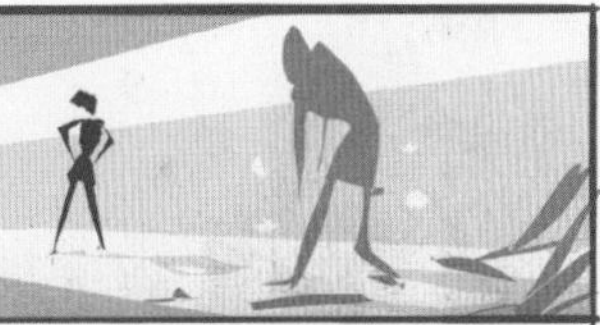

姿势对比

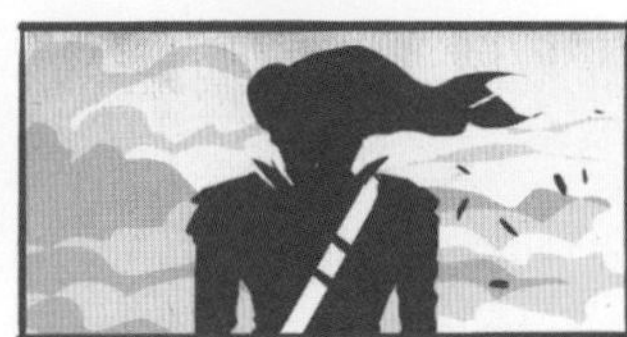

集中及坚定

躲闪

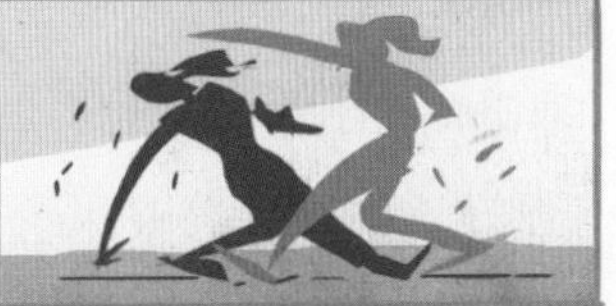

后仰身

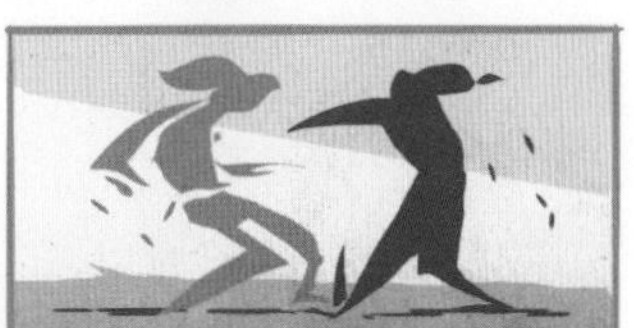

拱起背部

重击

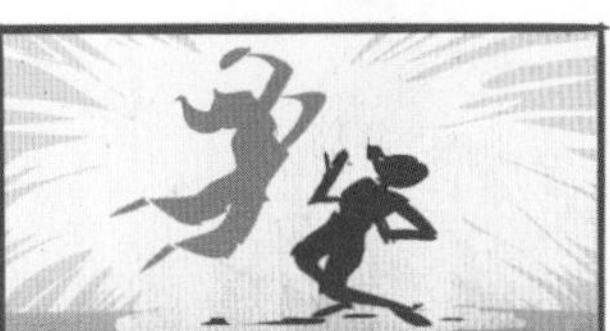

紧握双拳跳跃

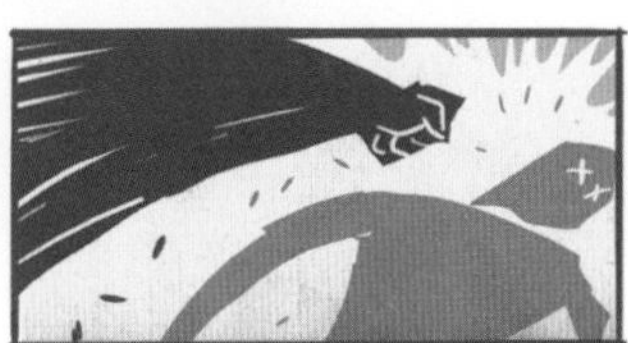

第一人称

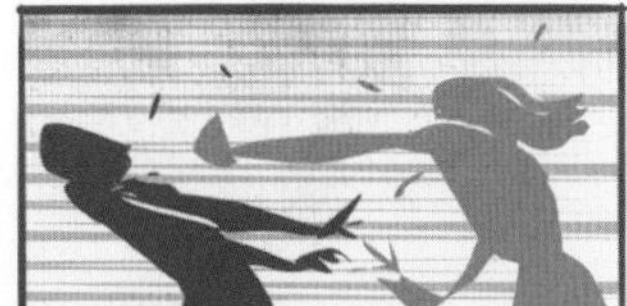

长距离

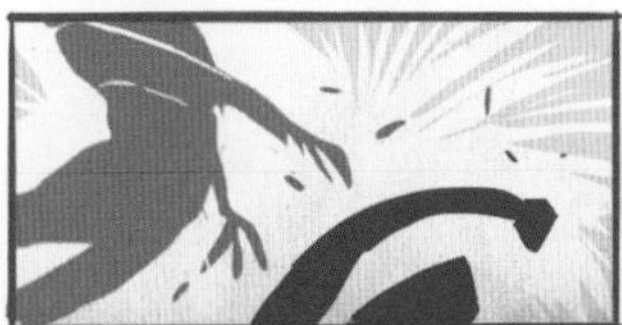

被打得离开地面

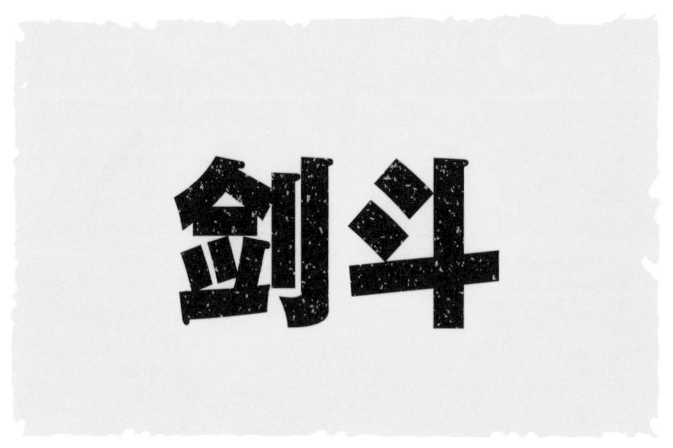

剑斗

长剑有着锋利的直线线条，可以成为剑斗场景中的构图利器。

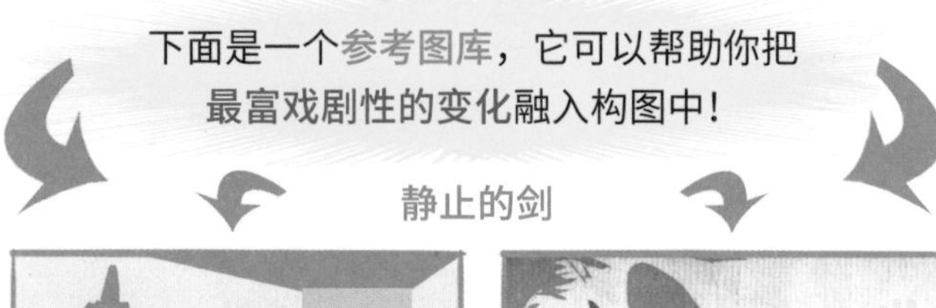

下面是一个参考图库，它可以帮助你把最富戏剧性的变化融入构图中！

静止的剑

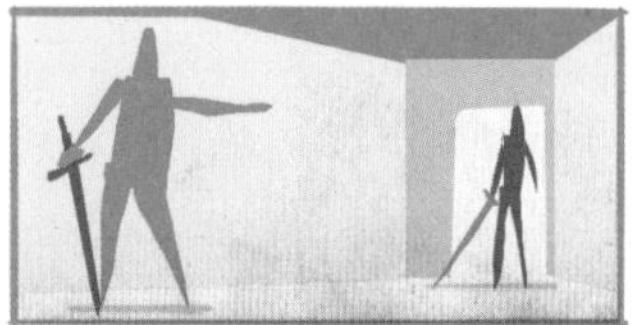

倾斜至地面

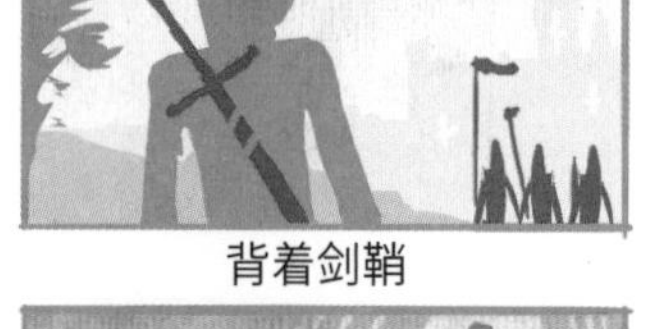

背着剑鞘

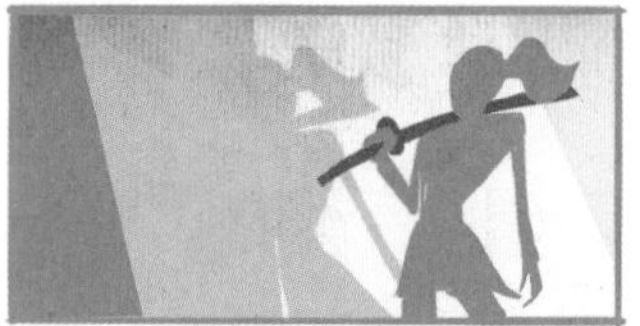

扛在肩膀上

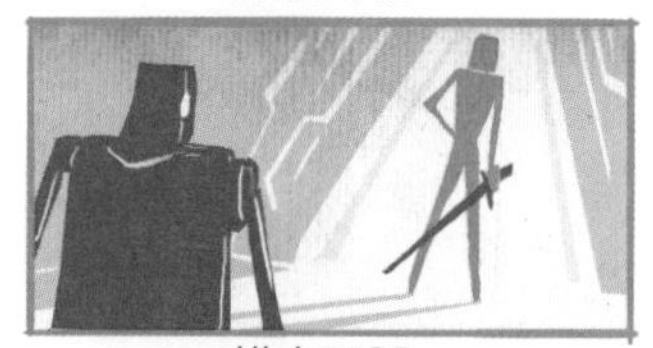

横穿双腿

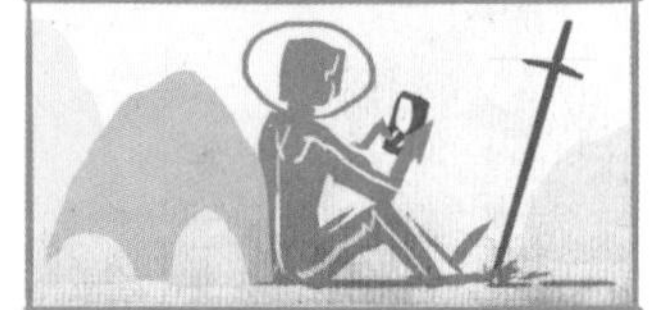

插在地上

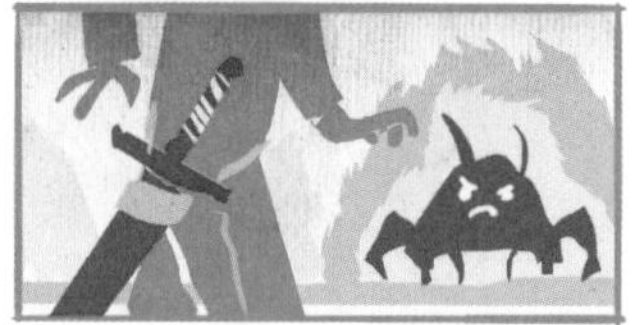

挂在臀部

缩短透视的剑

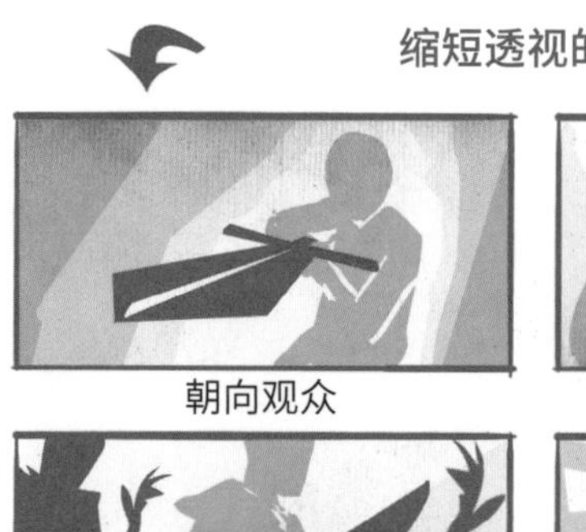

朝向观众

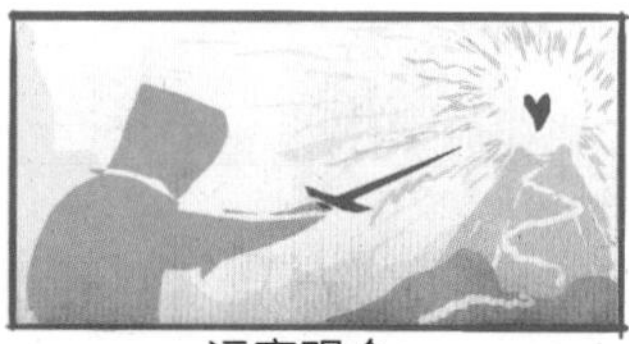

远离观众

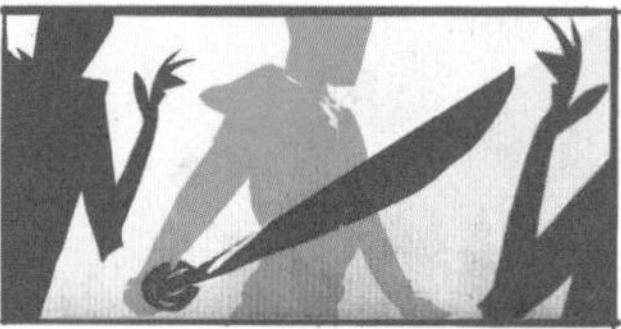

对角线

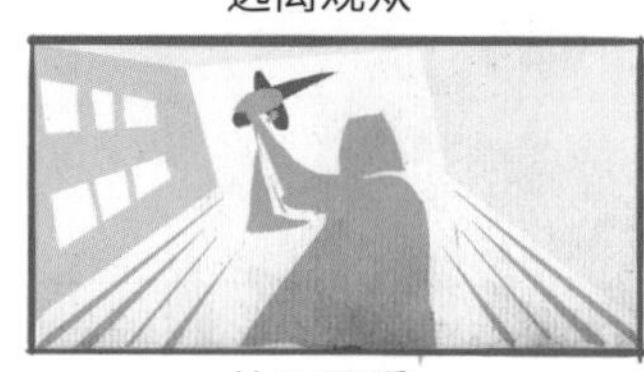

从下面看

交叉

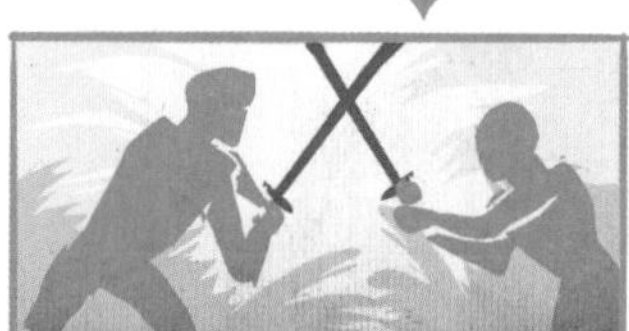

打破画面

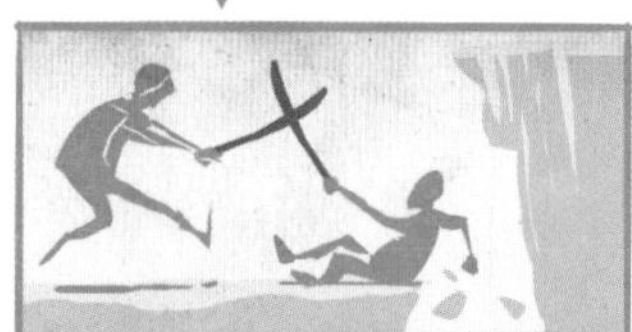

空中交叉

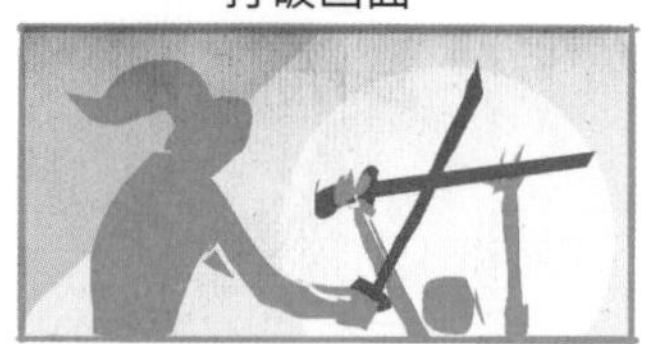

水平与对角线

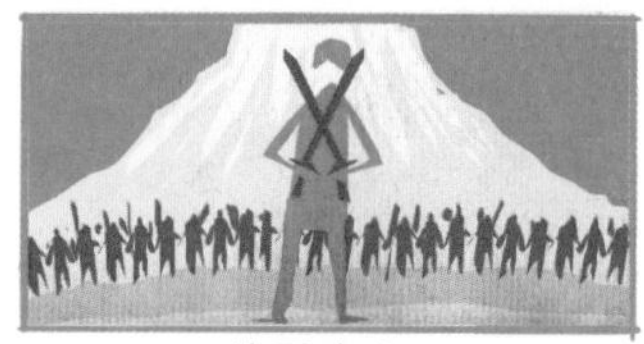

位居中心

组合呈直角的剑

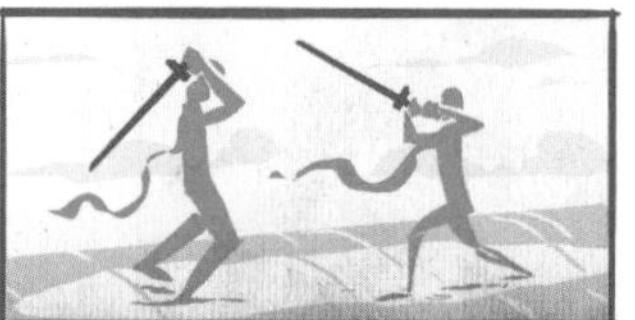

对角线

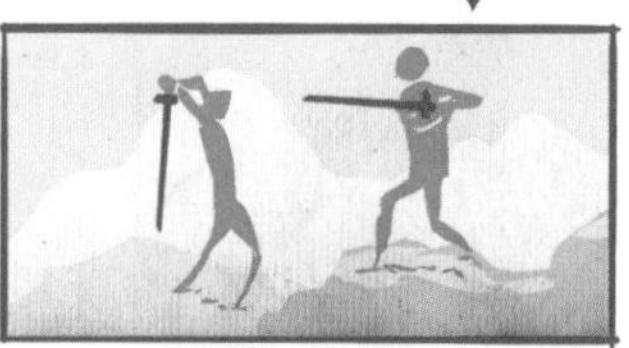

垂直与水平

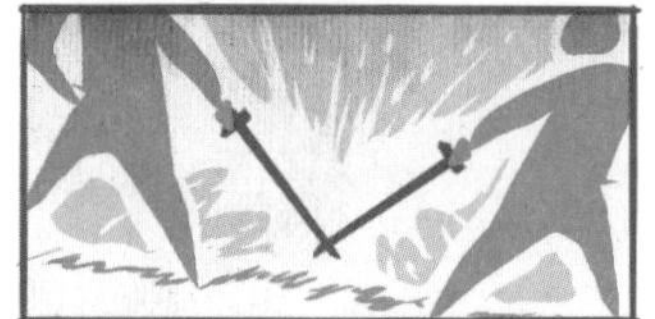

“V”字形

一下一上

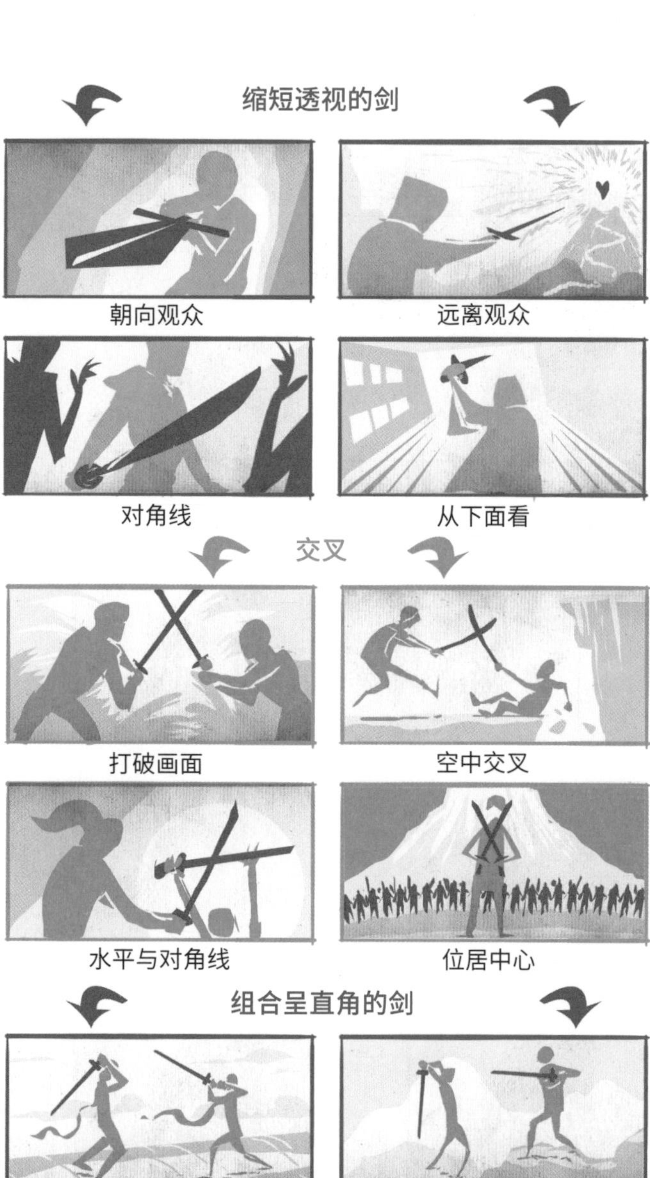

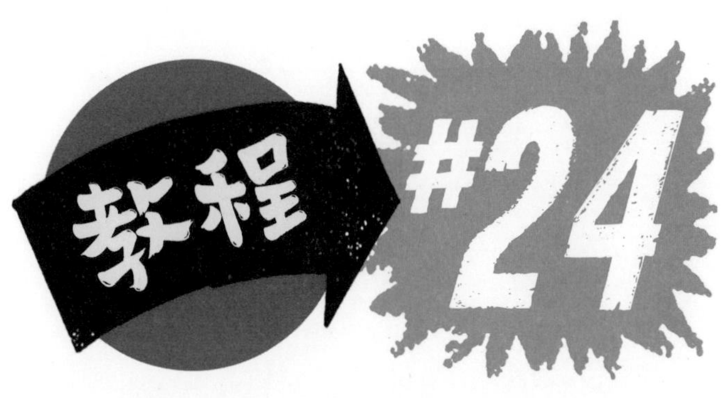

下面提供了 14 种构图，它们可以使剑斗场景充满动感和趣味！

用剑分割画面

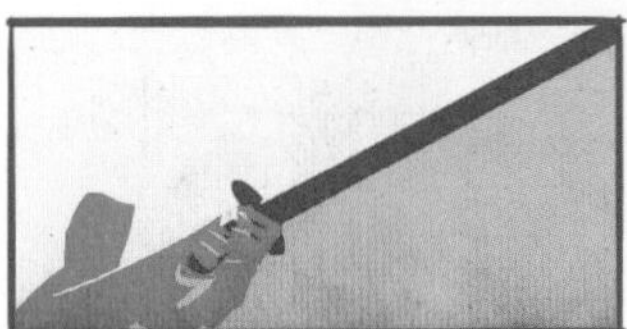

斜对角

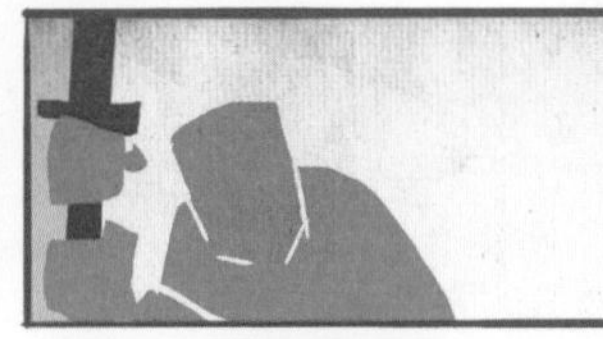

侧边对齐

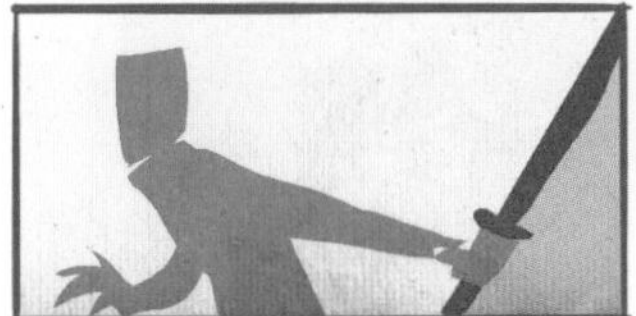

三角形

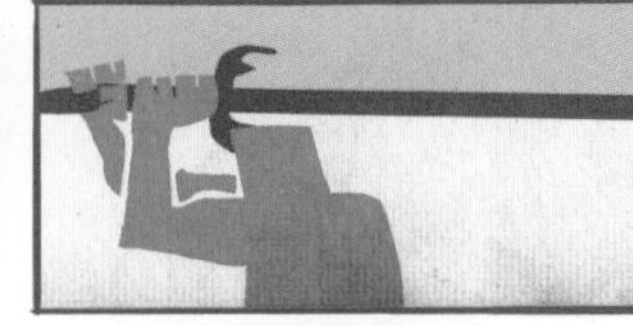

水平分割

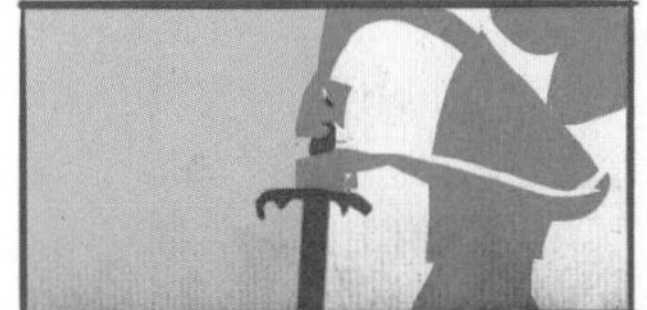

竖直分割

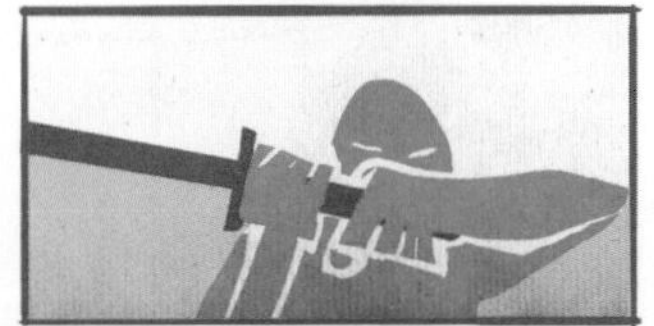

中间对角线

人物连续动作的线

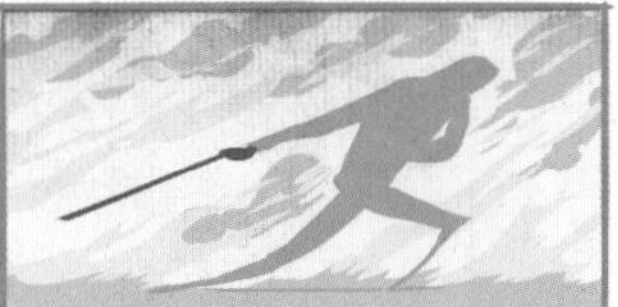

直线

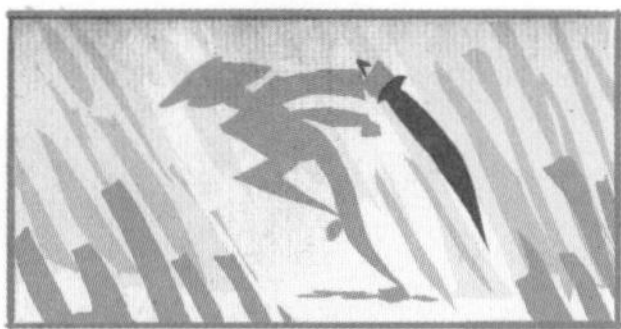

半圆形

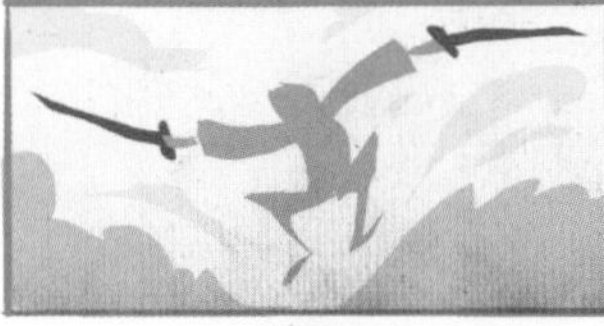

波浪

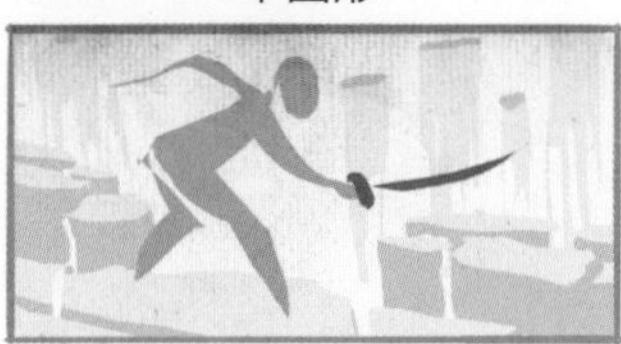

“S”形曲线

将对手“逼”入留白

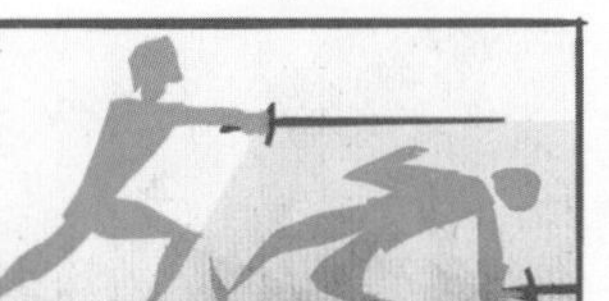

1/4

楔形

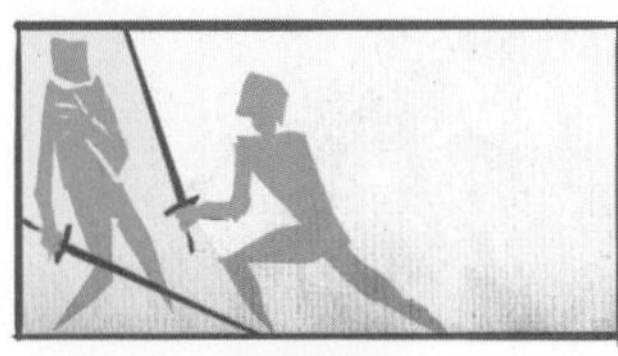

锥形

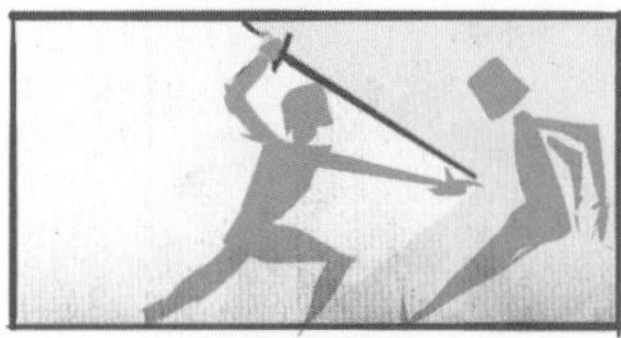

箭头形

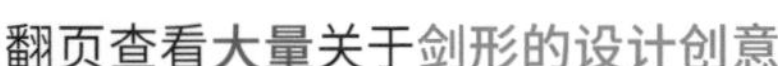

翻页查看大量关于剑形的设计创意！

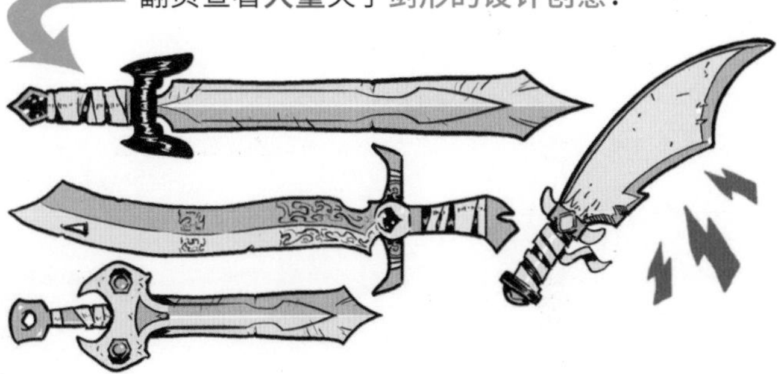

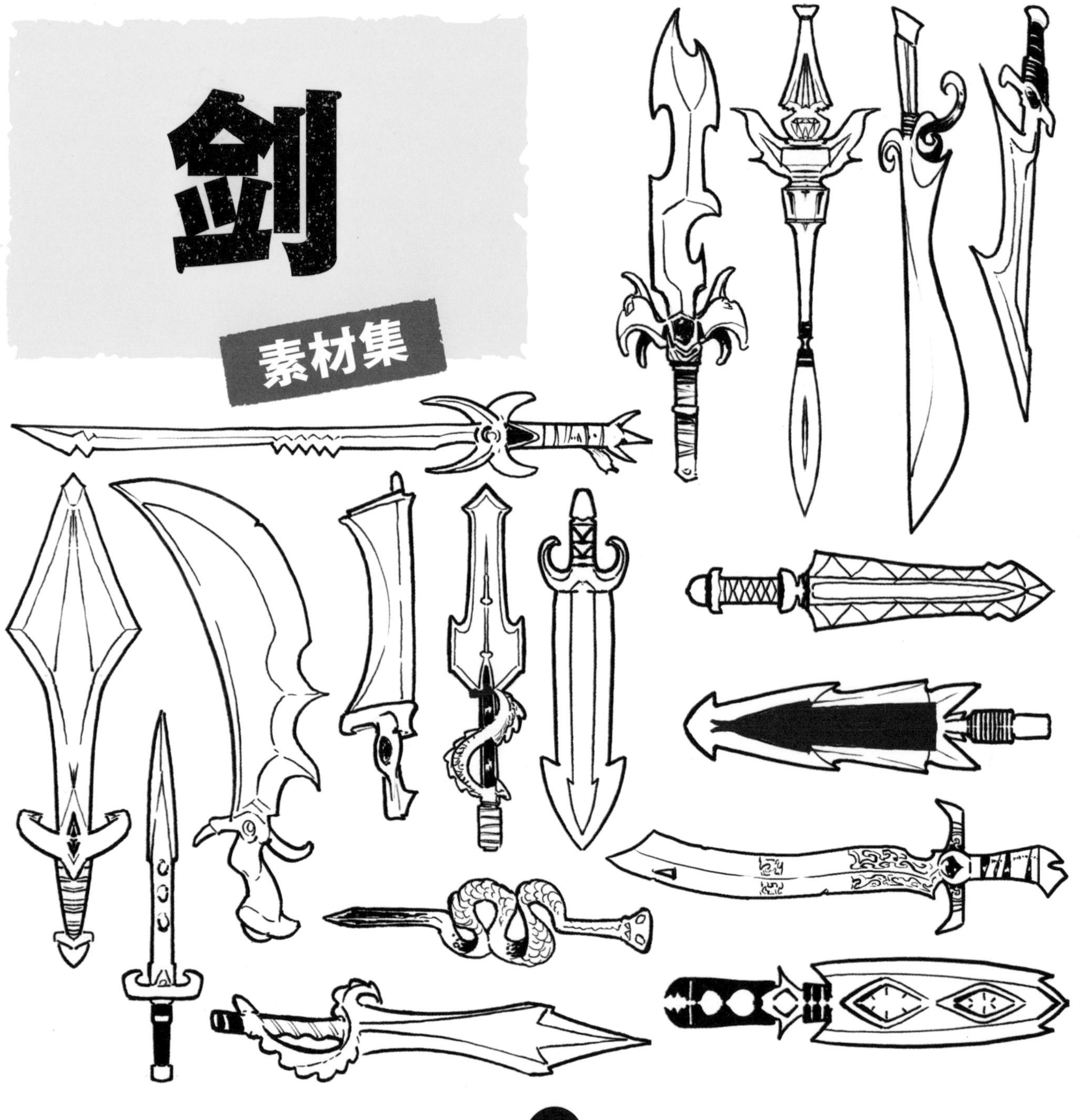
剑
素材集

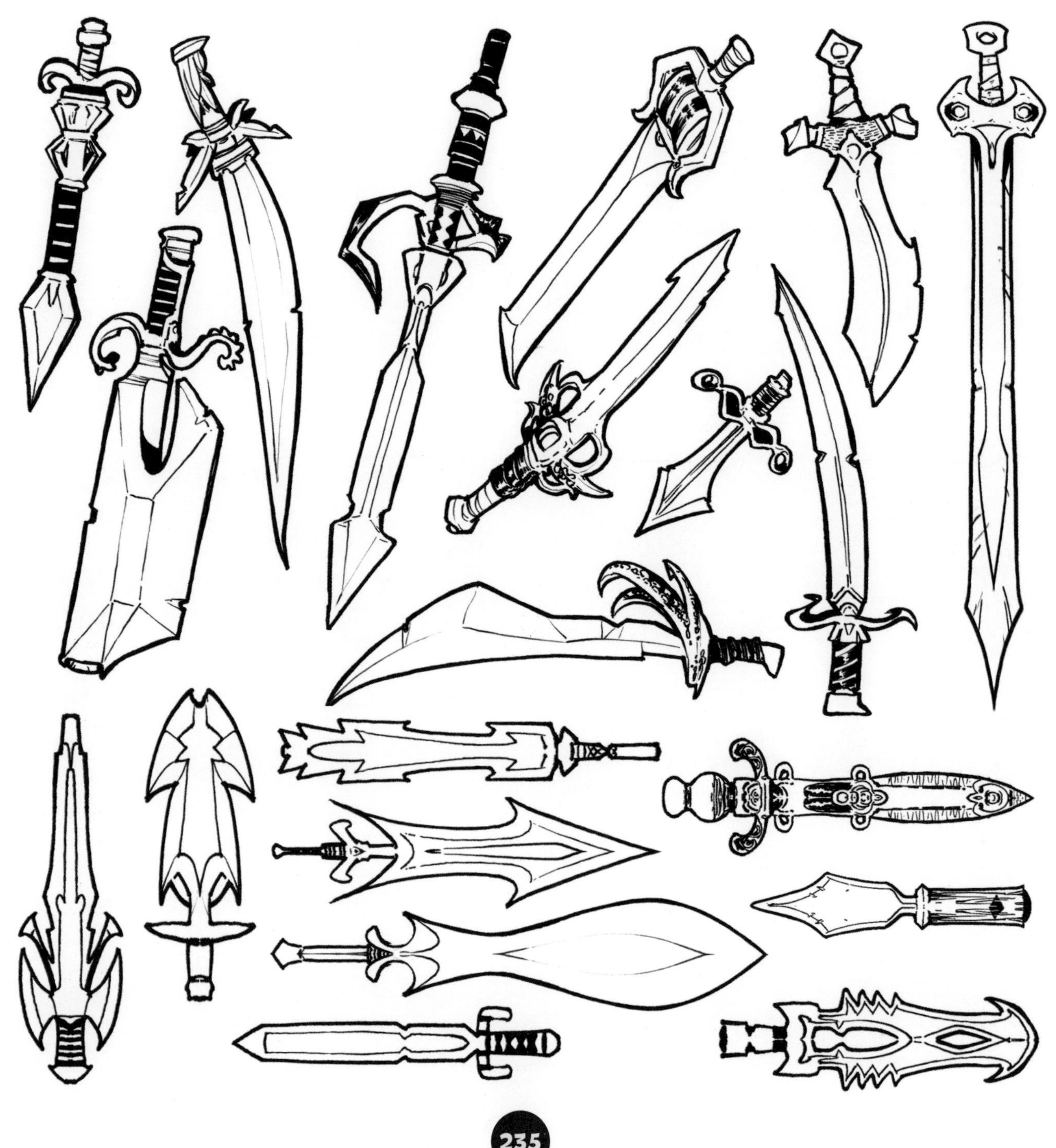

魔法战斗

绘制魔法和具有魔法效果的打斗场景是非常有趣的！我们实际上是在展示能量，并且经常以大胆的、动态的姿势相配合。

战前

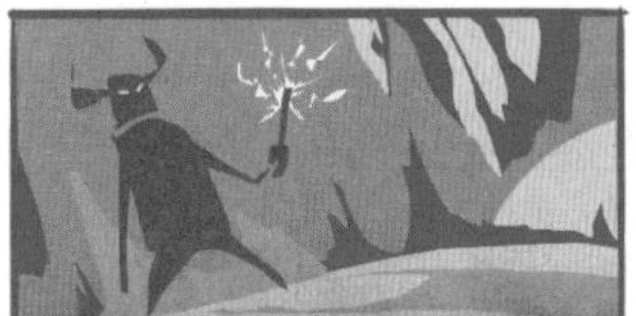

电火花

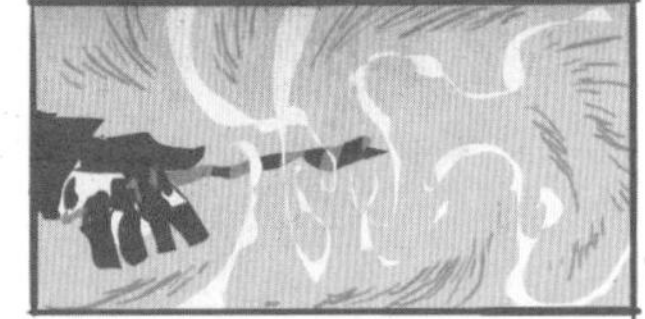

吸收能量

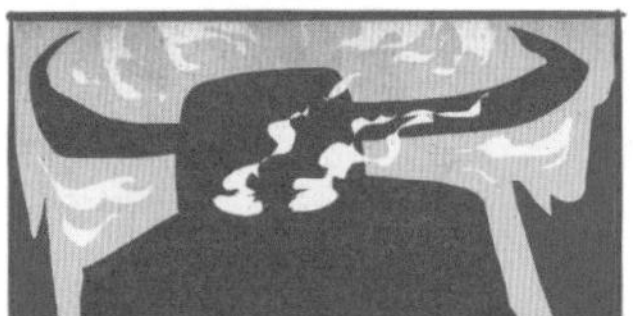

力量大增

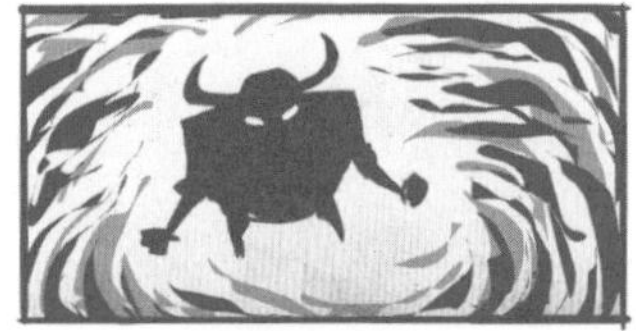

环境受到影响

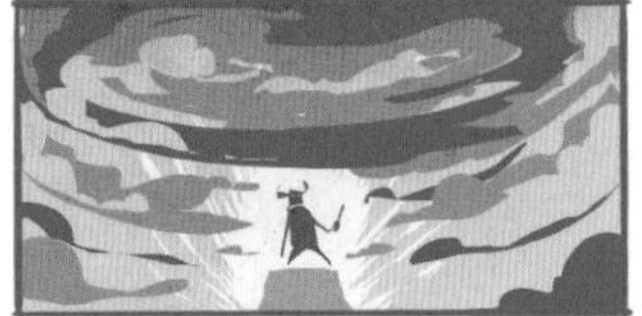

旋涡云

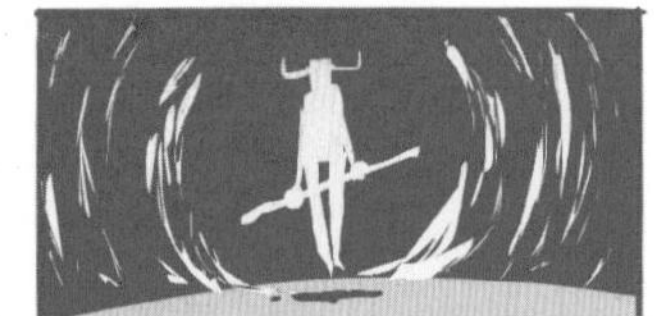

能量场

笔直的激光射击

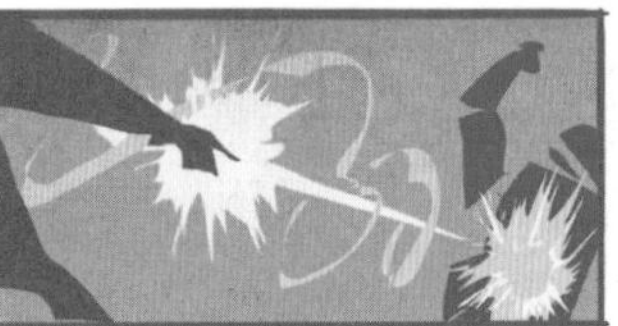

沿胳膊向下

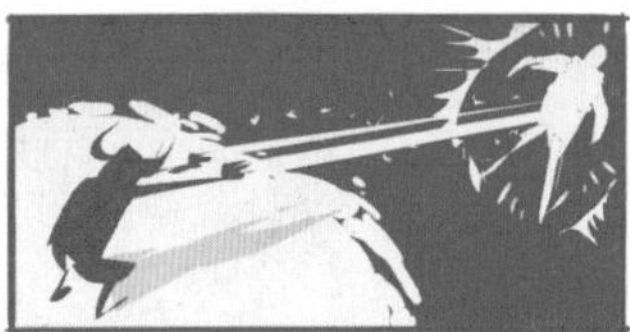

平行激光

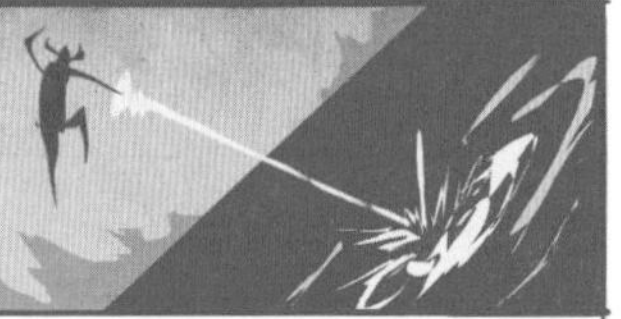

激光与地平面相交

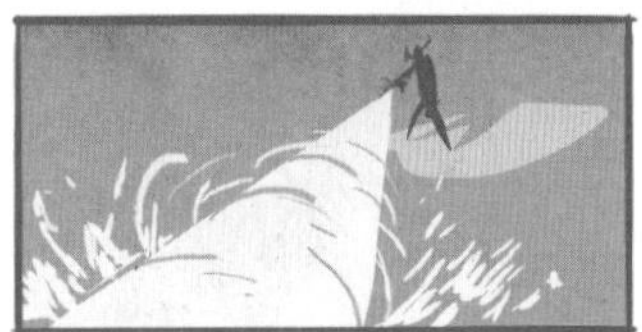

朝向观众

元素

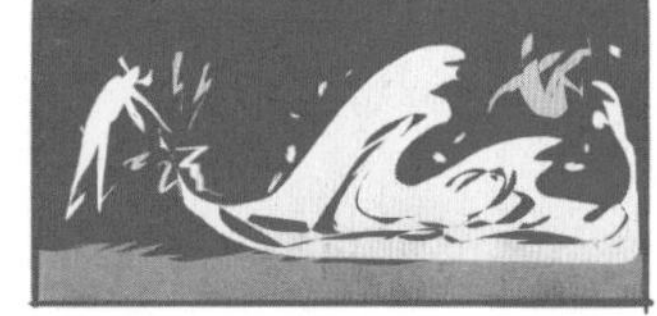

水

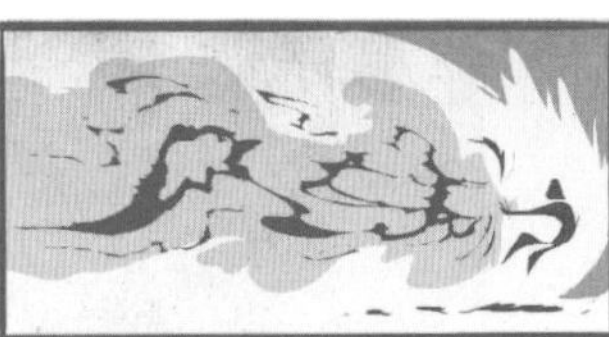

火

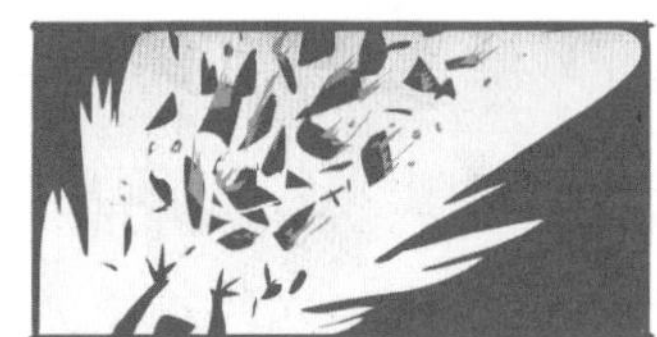

地面

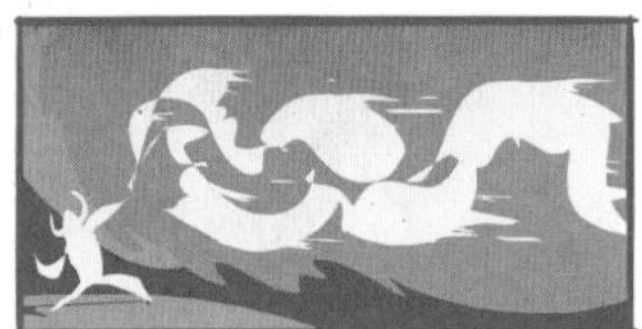

风

大量气流

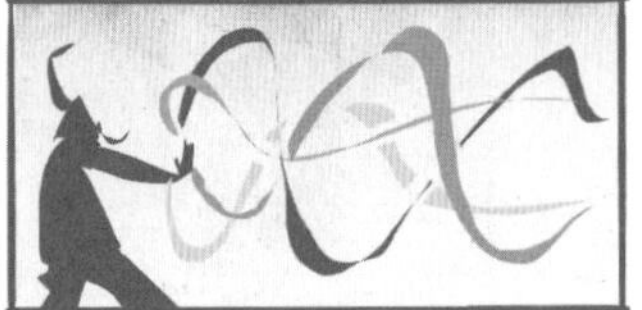

气流波动

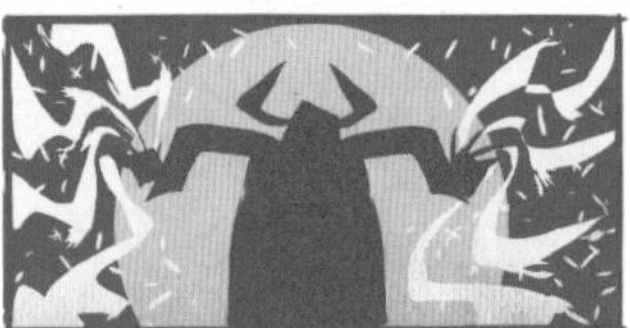

指尖发射的气流

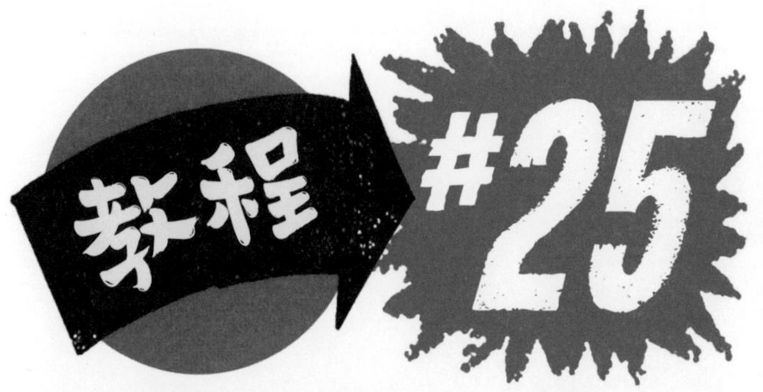

能量球

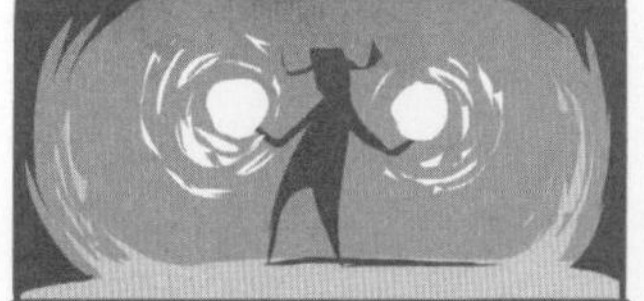
炫耀

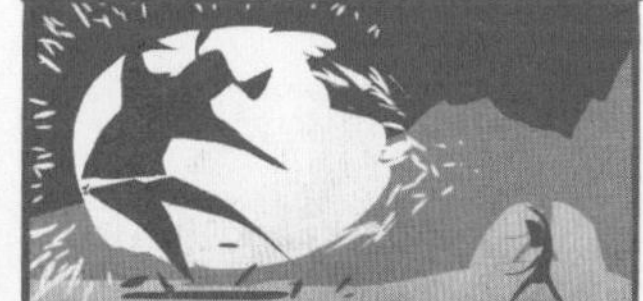
被能量球击倒

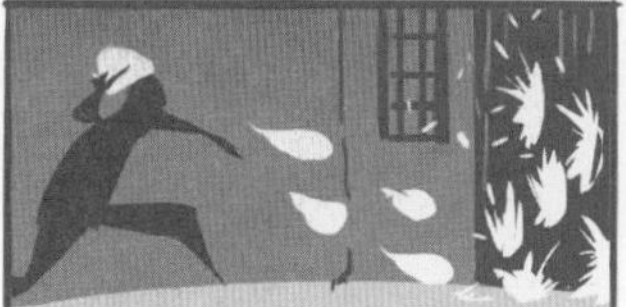
快速射击

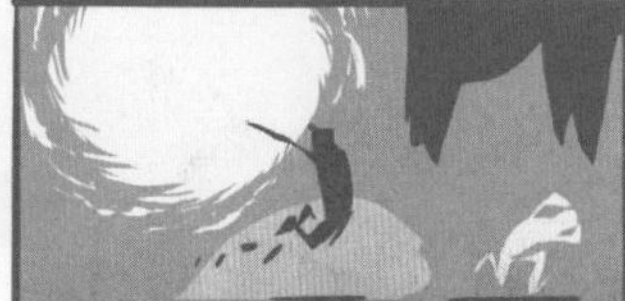
巨大的能量球

世界毁灭

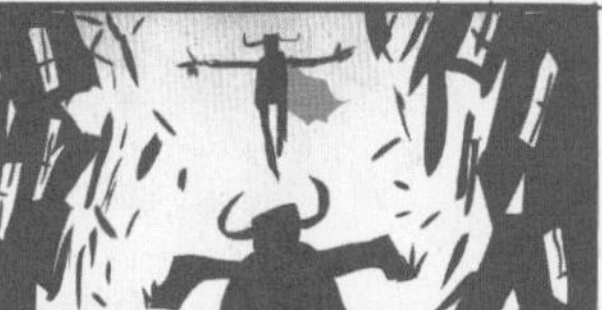
炸裂

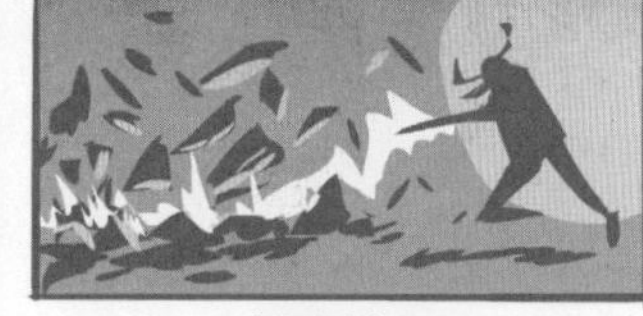
掀翻地面

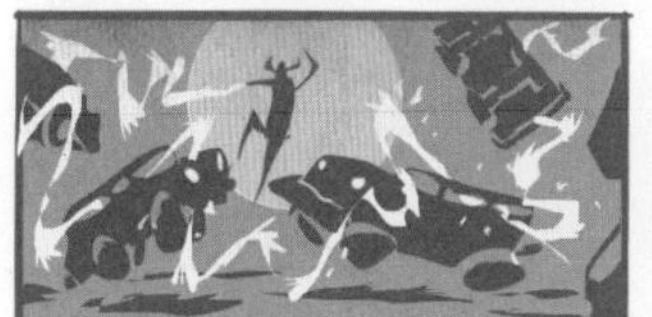
激光贯穿物体

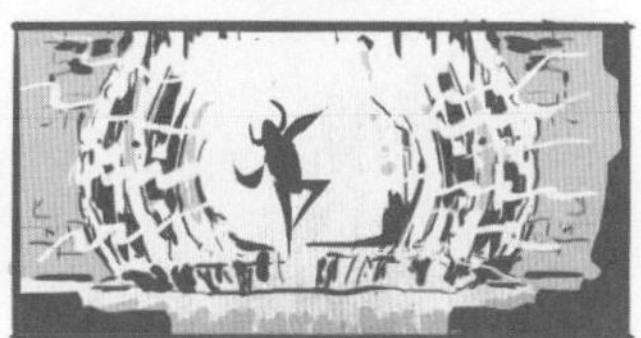
瓦解的能量球

能量线

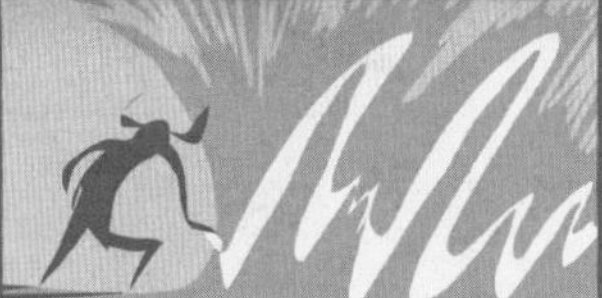
弧面式“之”字形

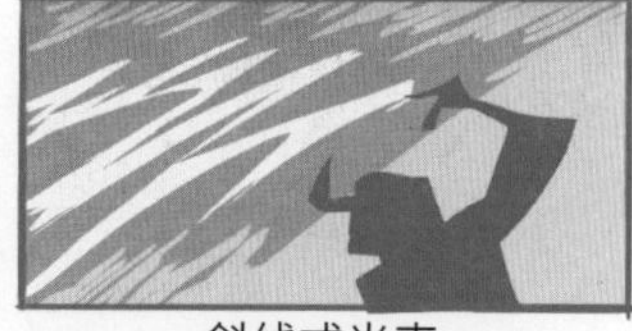
斜线式光束

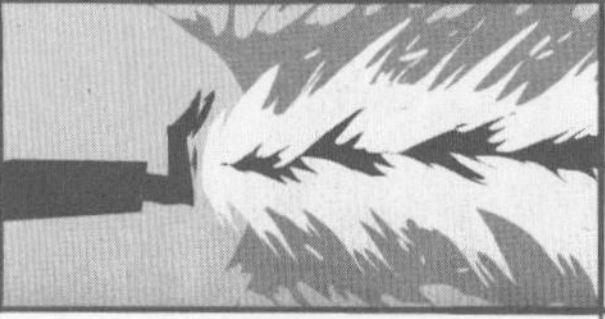
尖锥形

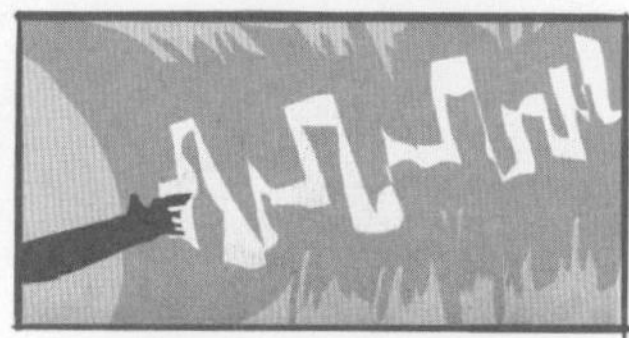
方块式“之”字形

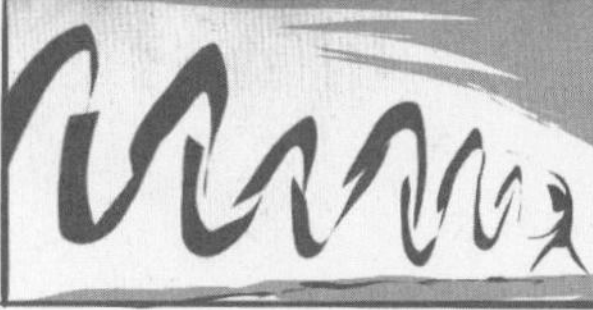
分离式曲线

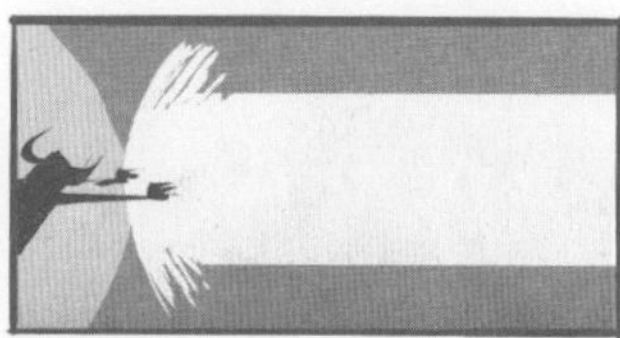
宽光束

其他创意效果

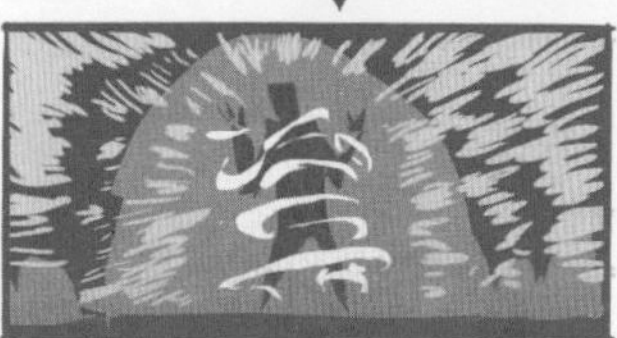
环状

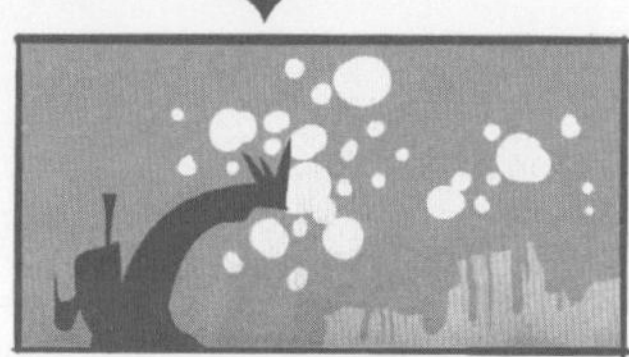
斑点状

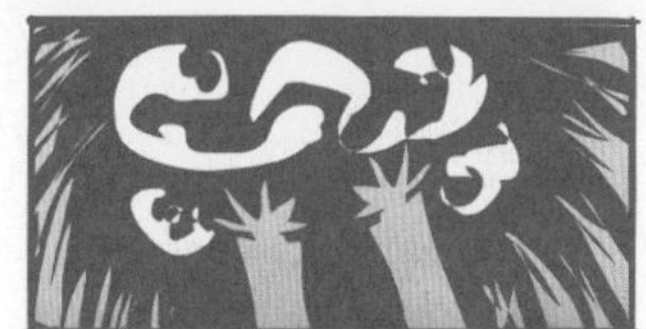
幽灵般的云

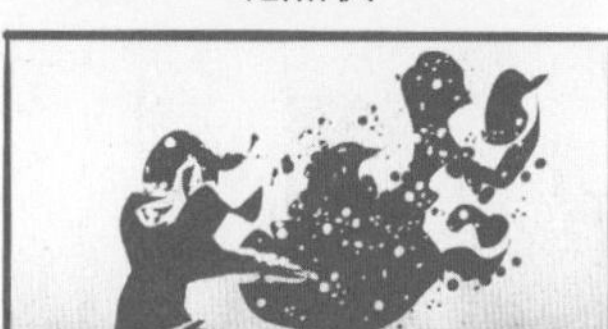
小宇宙

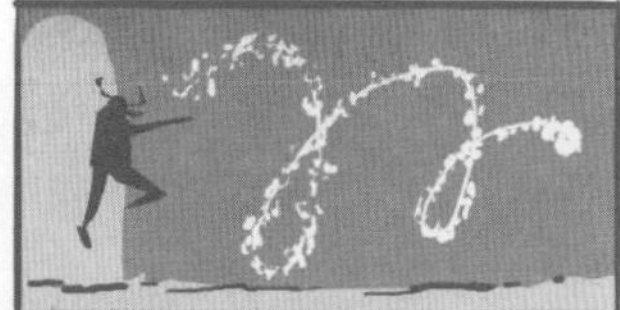
火花追踪

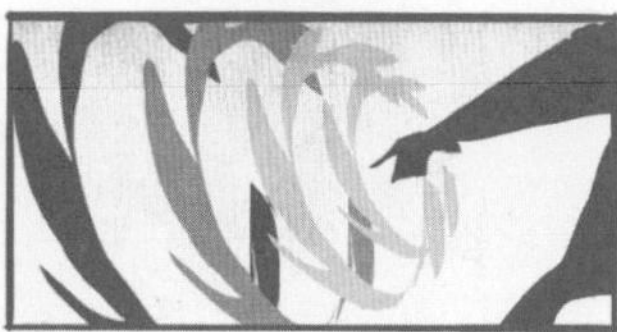
飓风

战斗大场面

这一节里，我们将用一系列方法构建史诗般的战斗场景。你需要多种构图形式来使空间、比例和人物紧密相连。

战前列阵

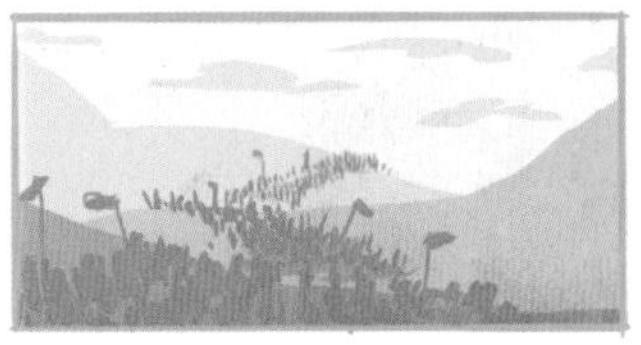

行军

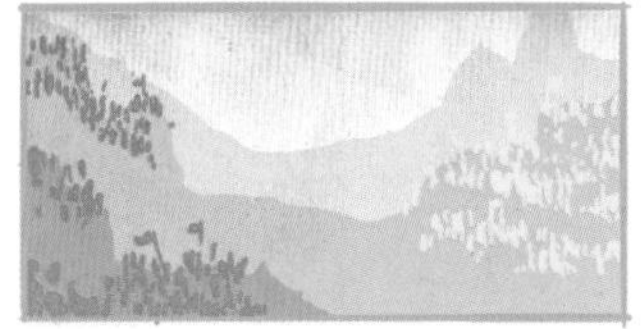

宽距

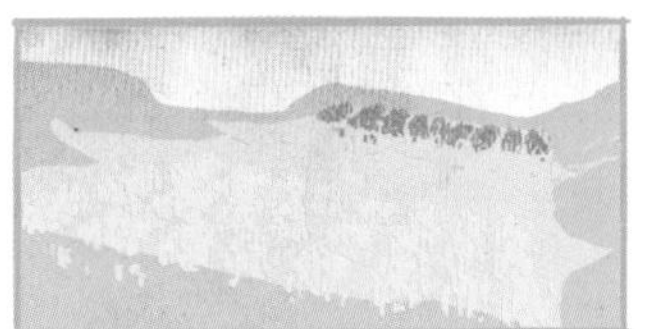

纵深透视

90/10 分割

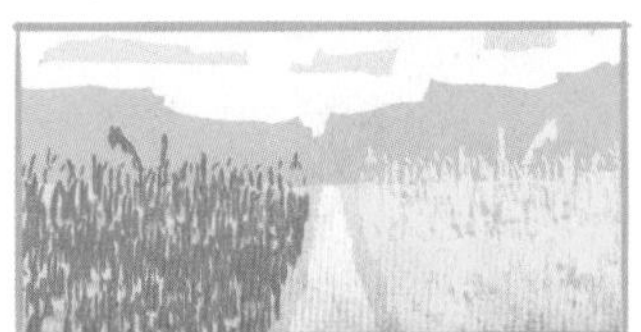

窄距

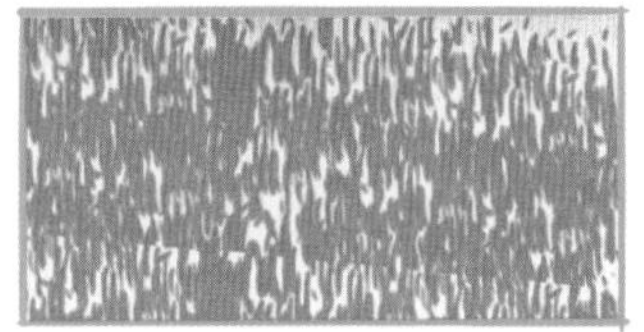

全都是人

第三人称视角

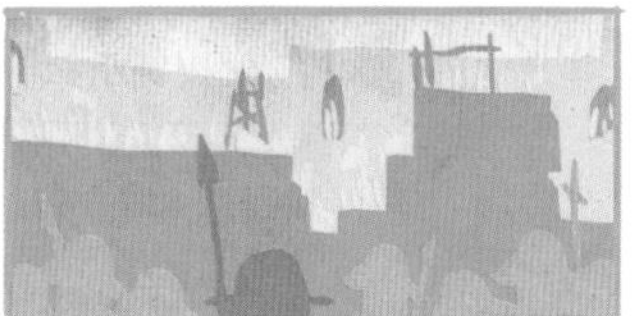

前线士兵

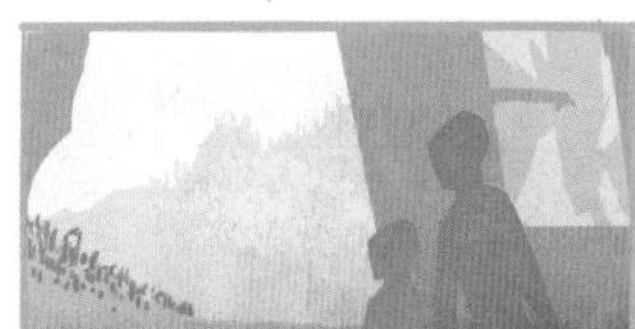

旁观者（画面分层）

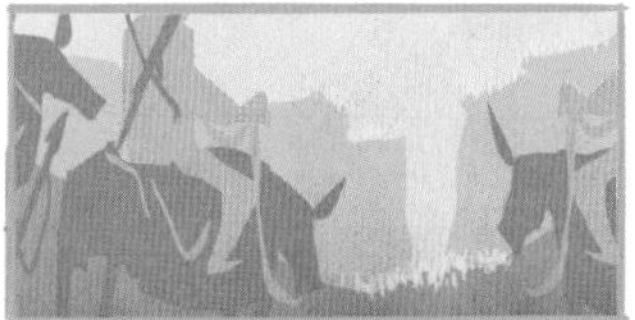

角色作为边框

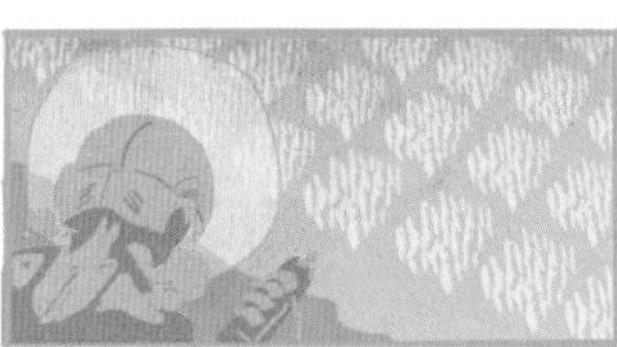

制高点

变化

两军对垒的角度

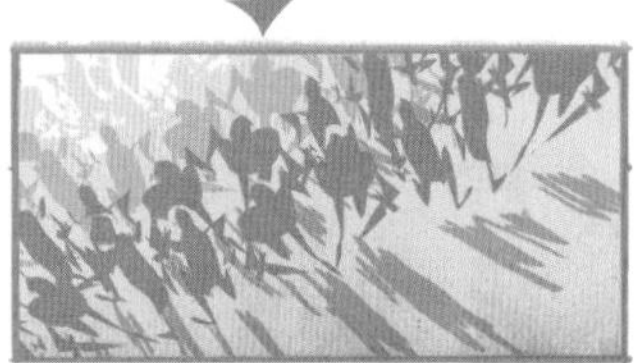

俯瞰前锋

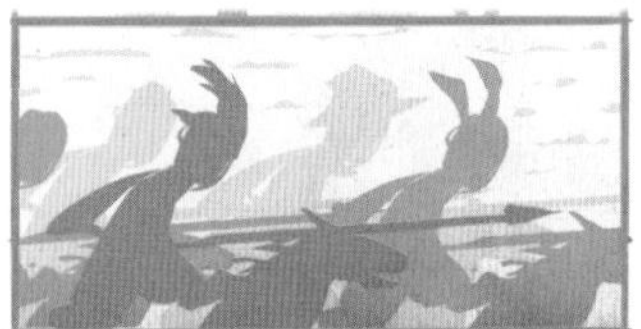

上半身裁剪

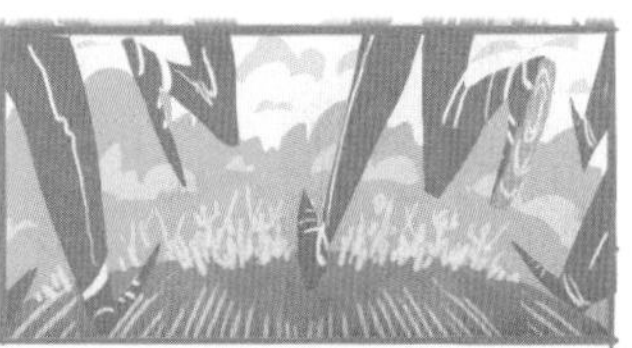

脚下裁剪

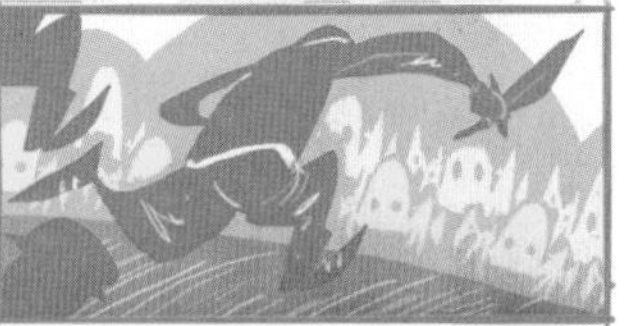

后方不完全仰视（约 3/4）

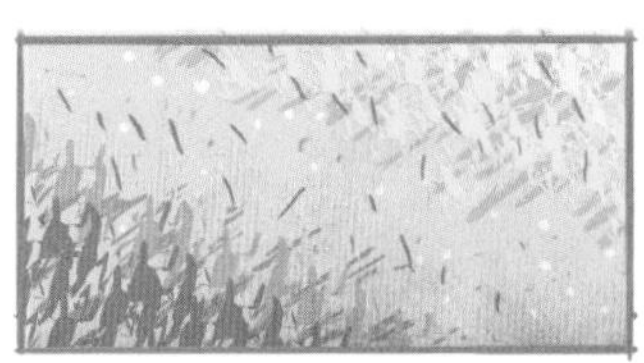

高视角对角线

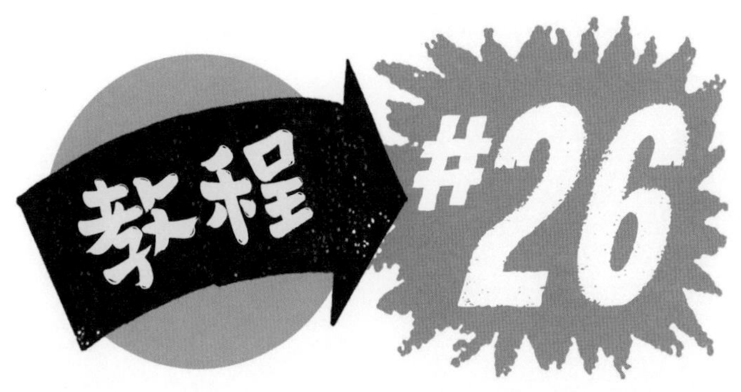

为了能在大规模的战斗场面中吸引观众，我们需要将镜头不断推回到主角身上，因为他会给这场冲突带来情感、联系和意义。

在混战中

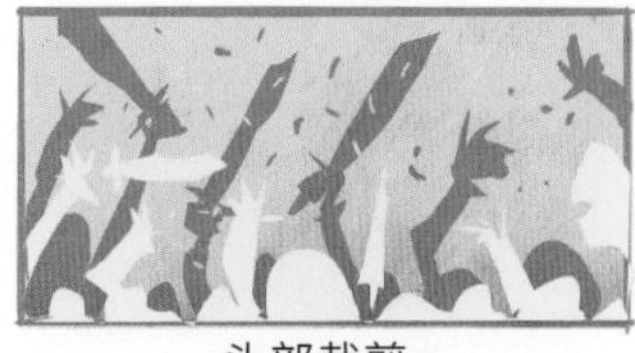

头部裁剪

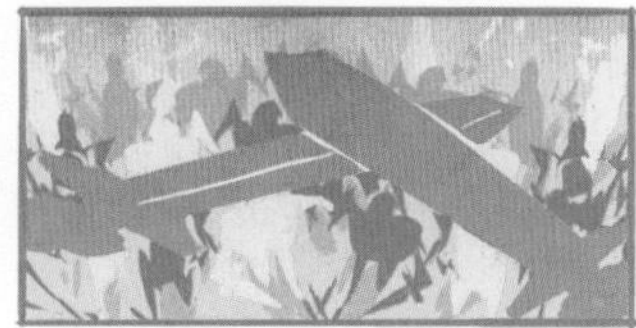

前景中的武器

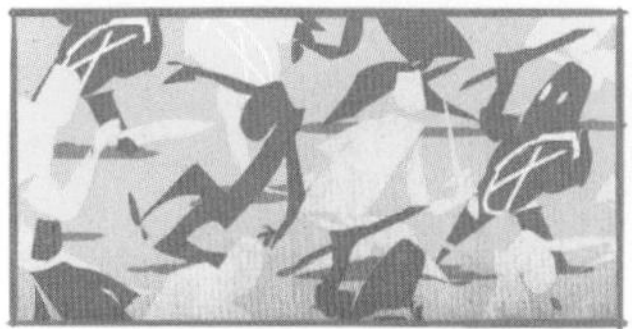

错综复杂的图案

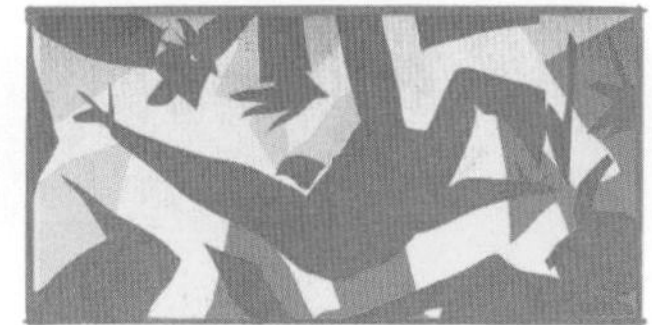

孤零零的人形

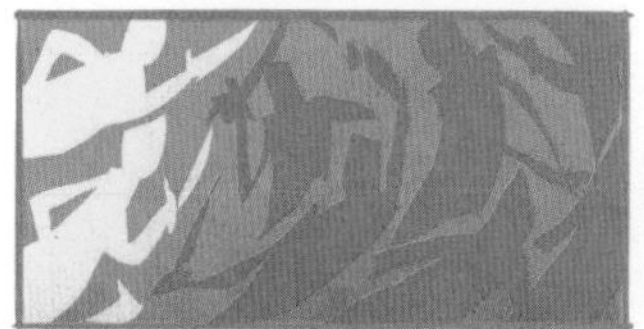

身形呈曲线

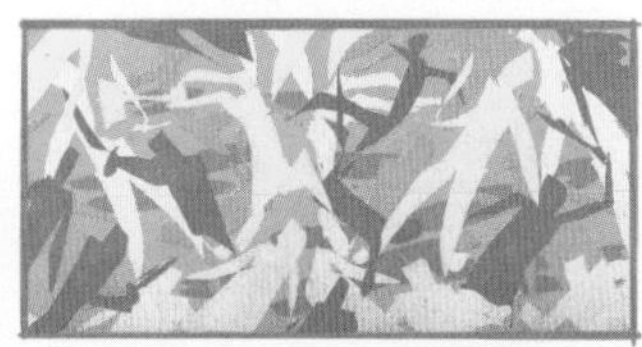

通过分层制造混乱

混战中的争斗

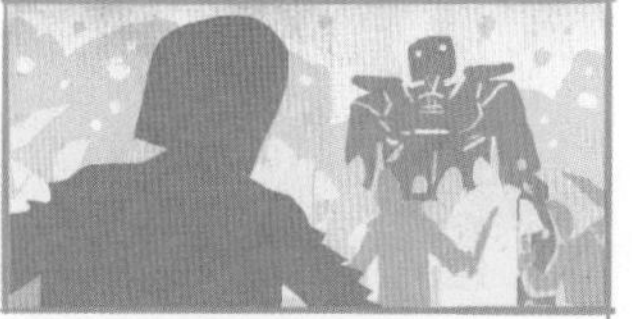

发现对手

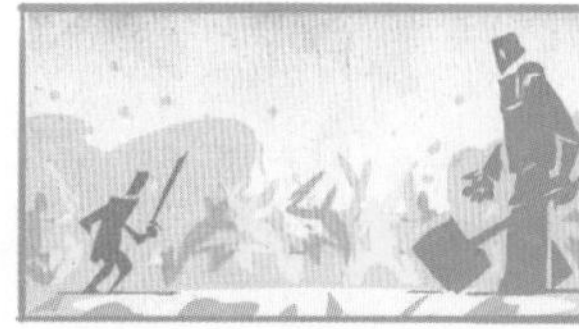

侧视

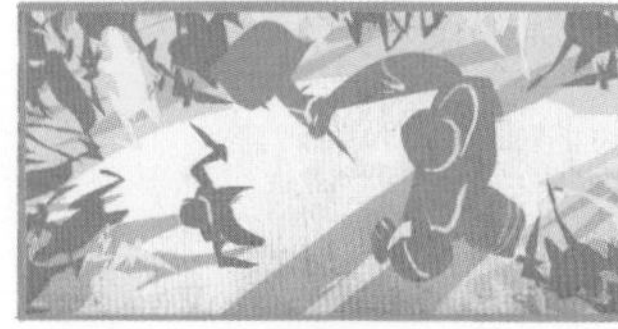

俯视

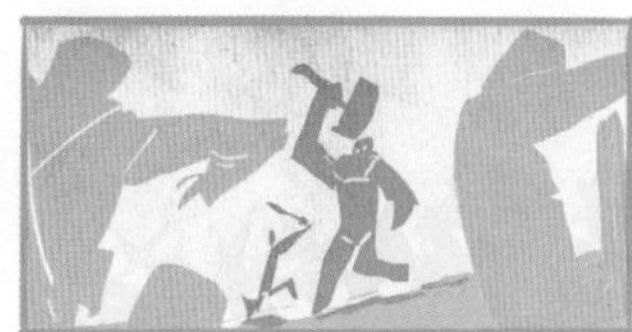

打斗作为边框

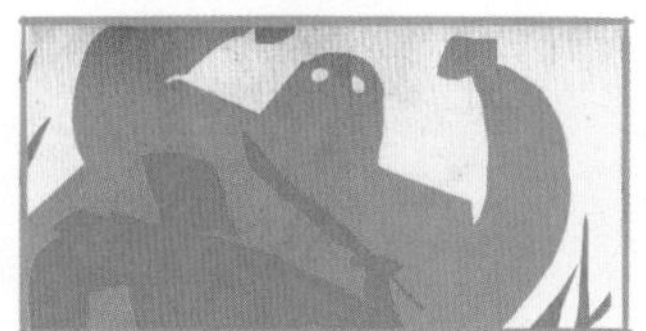

压倒式战斗

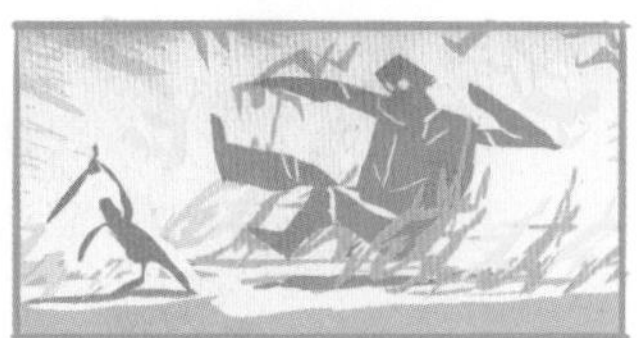

撞击式战斗

战后

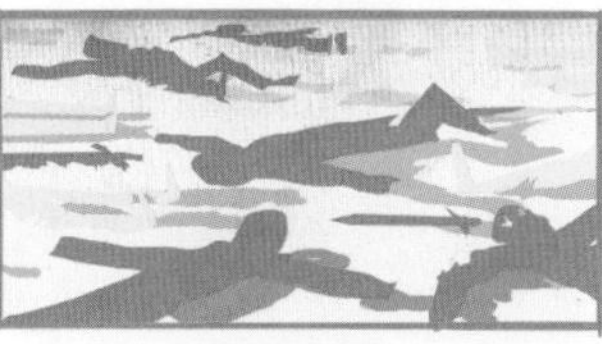

横尸遍野

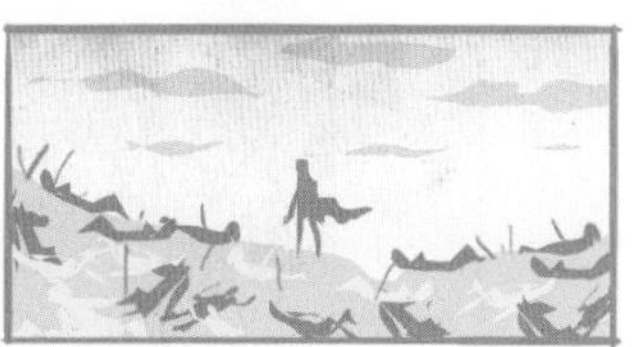

独自一人

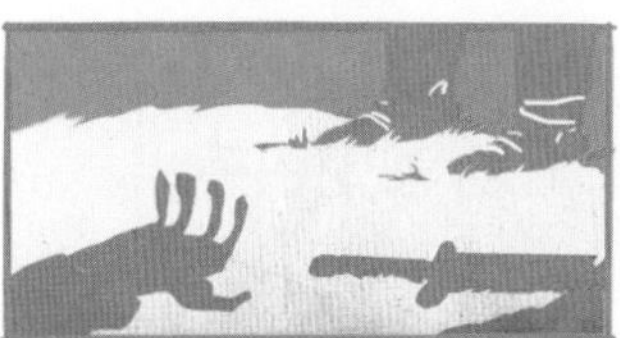

细节裁剪

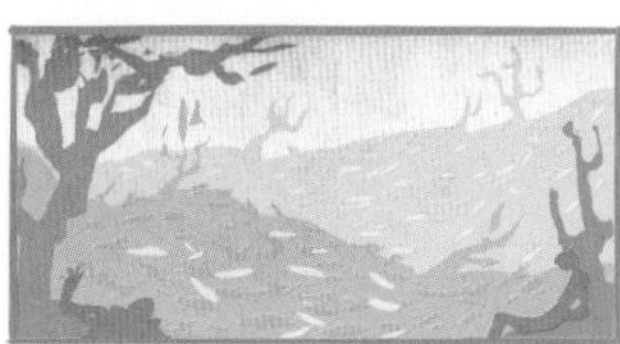

呈现规模

另外要注意使用视觉对比,比如在战斗中选择有角度的取景，而在战后采用水平取景，等等。

《斯特兰斯基》中的构图

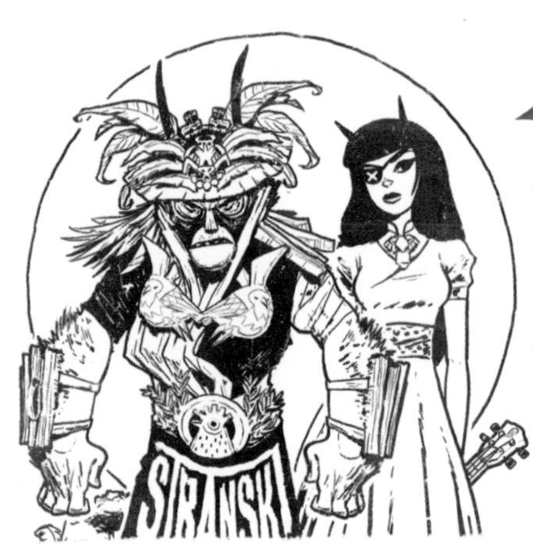

我在创作《斯特兰斯基》时，希望构图不仅在设计上有创意，还可以加强故事细节和人物关系。下面将介绍一些我用到的构图技巧。

在构图中，对同一形状进行重复，有助于将不同的元素从视觉上联系在一起。

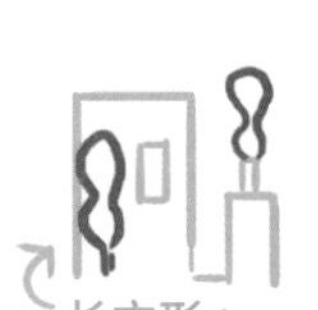

长方形＋“8”字形

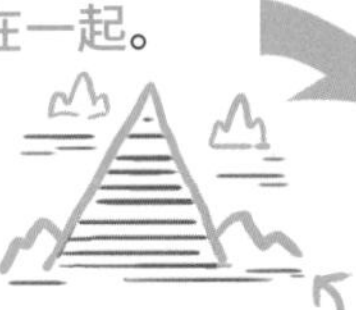

三角形＋水平线

圆形＋波浪

这些都仅由两种形状组成

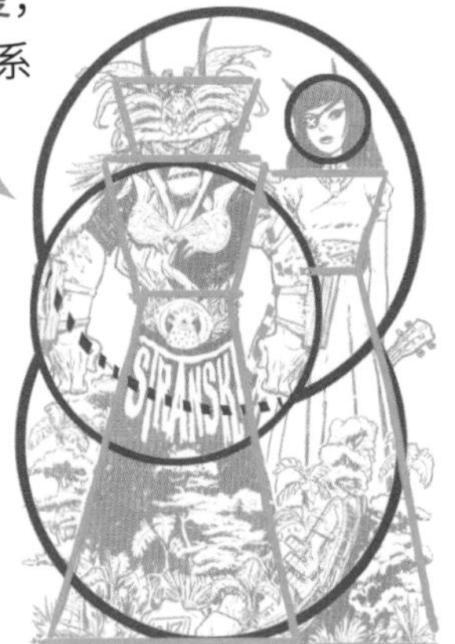

用两个交叠的圆锥体进行构图。过程是这样的：

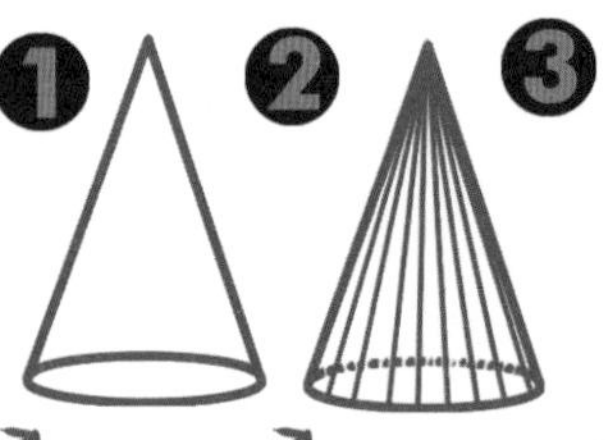

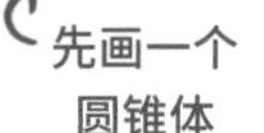

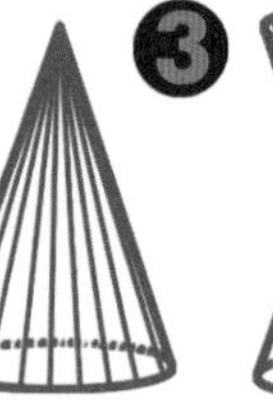

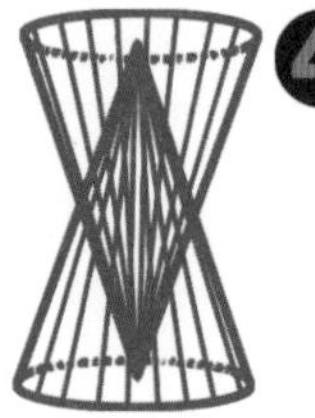

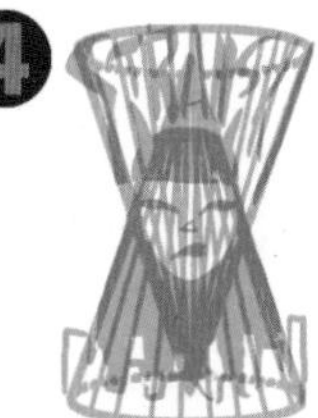

1. 先画一个圆锥体
2. 绘制其内在结构
3. 再添加另一个圆锥体
4. 最后在设计好的轮廓和结构中绘制

这种双圆锥体构图总能让人印象深刻

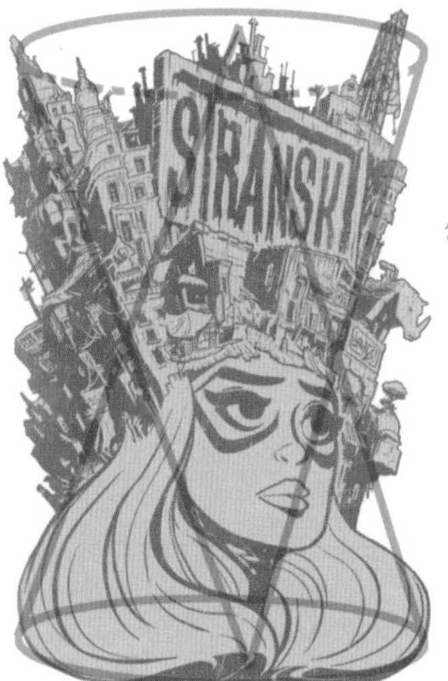

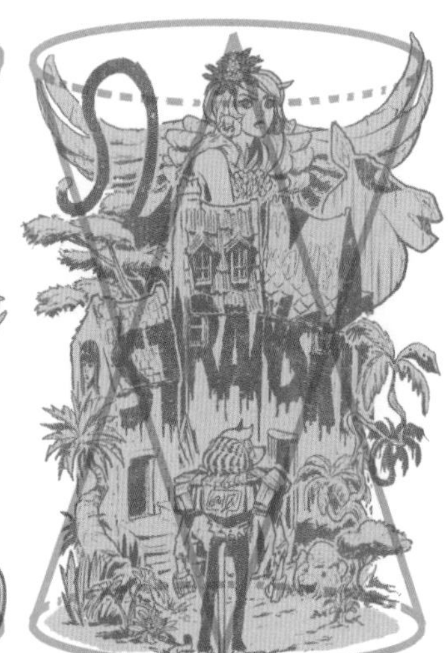

此外，对前景元素应用单点透视法，可以吸引人们的目光：

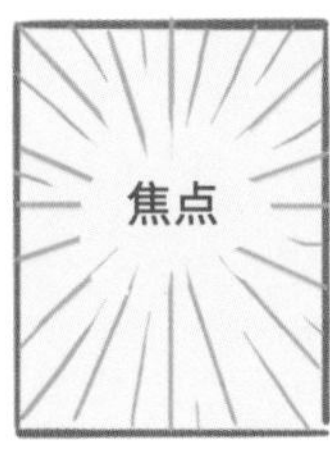

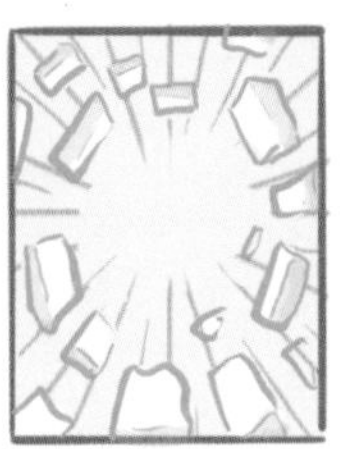

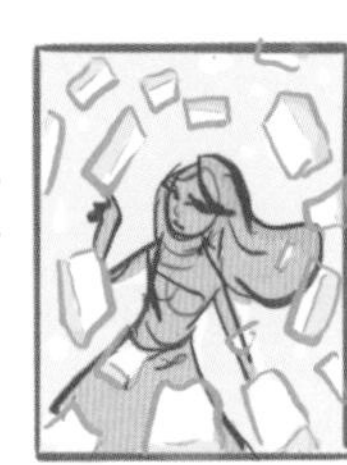

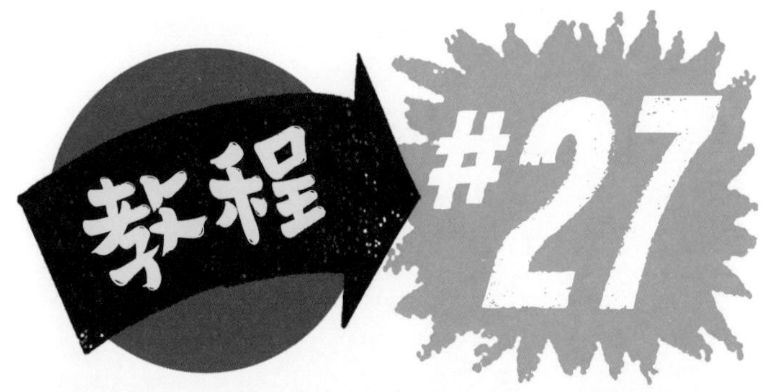

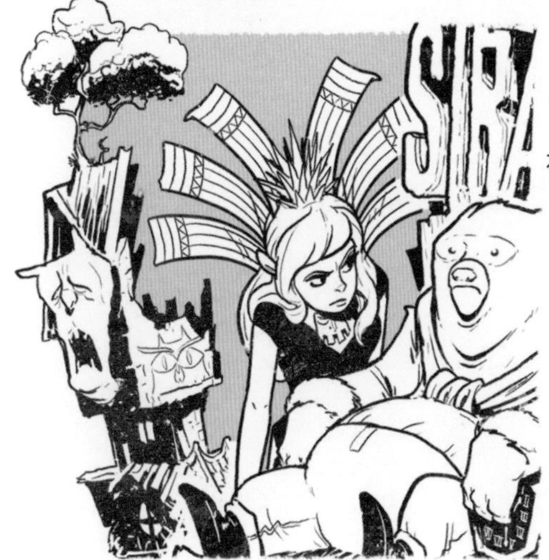

在《斯特兰斯基》中，留白被用来增强设计中独特的轮廓。

使用留白来平衡设计，并分散视觉中心点。

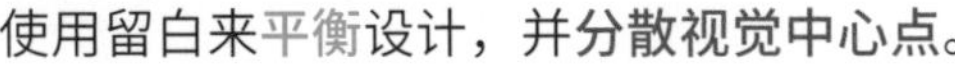
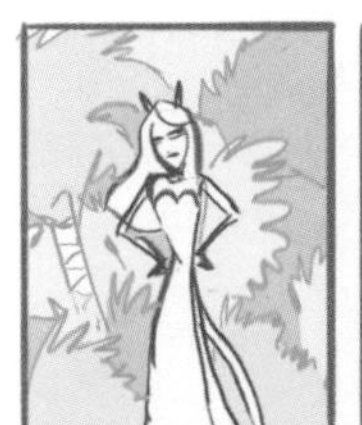
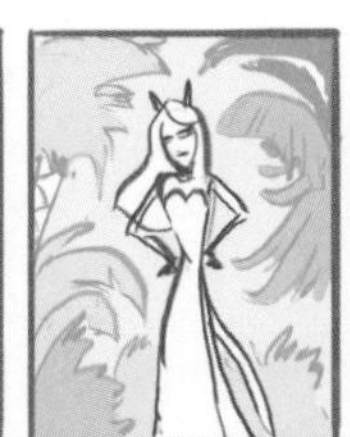
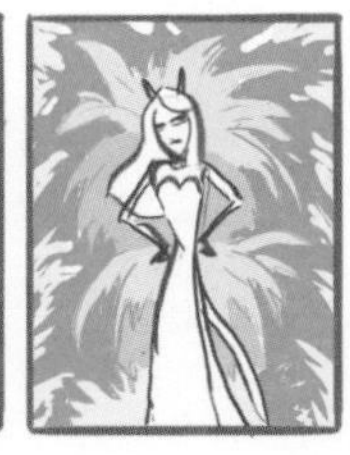
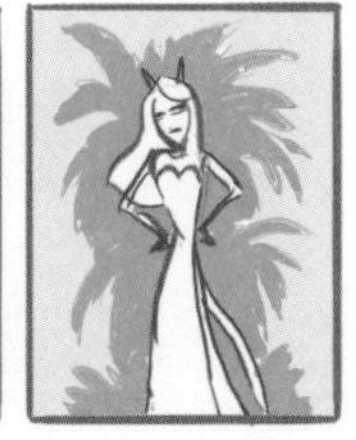

在同样的布局中采用了不同的留白方式

另一个厉害的构图技巧是对侧面轮廓分层。

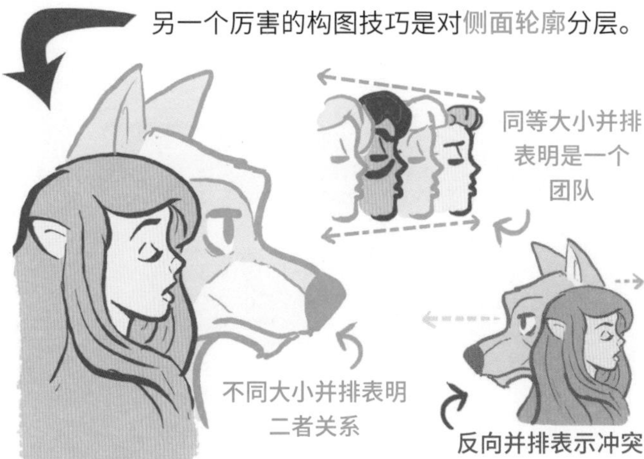

在设计中创造不同的两侧：一侧简单，另一侧复杂，视线焦点会被吸引到复杂的一侧。

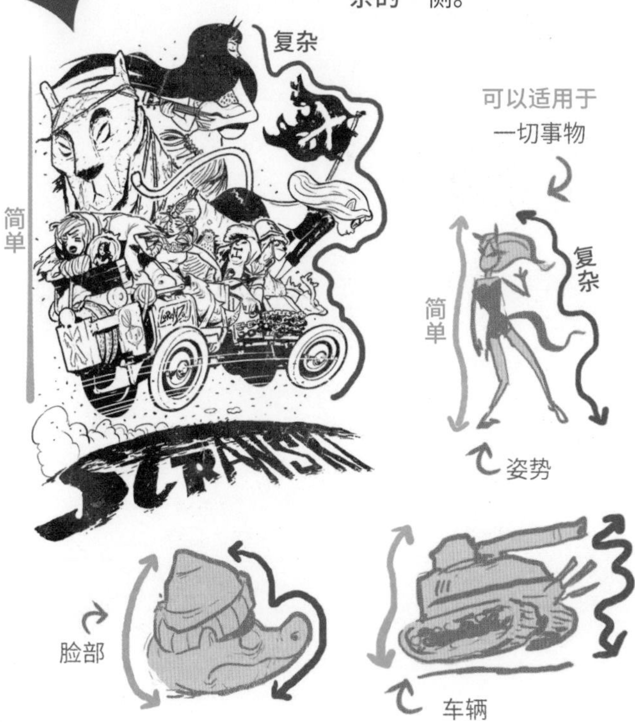

《斯特兰斯基》中的构图

素材集

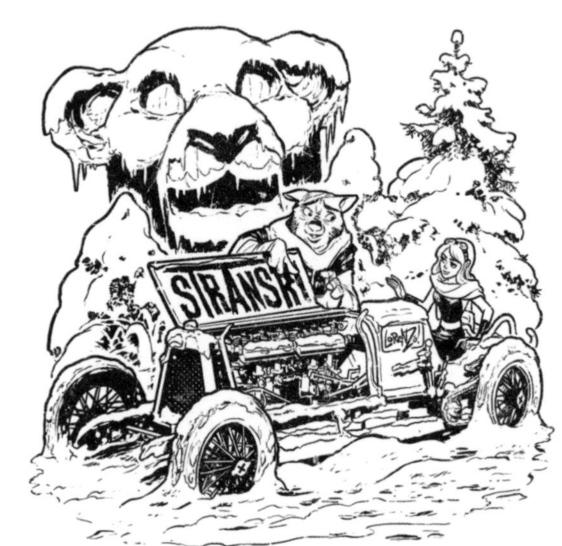

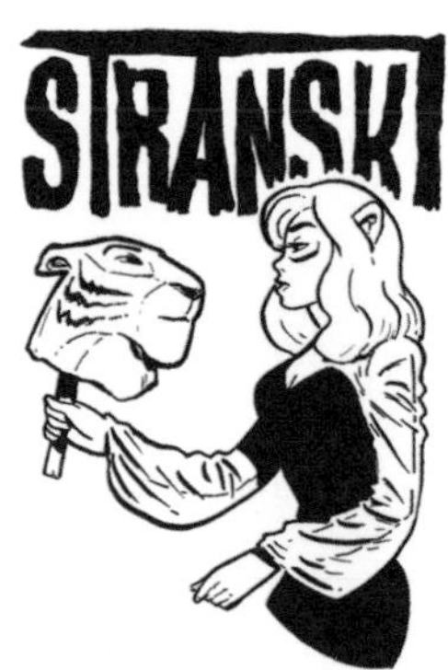

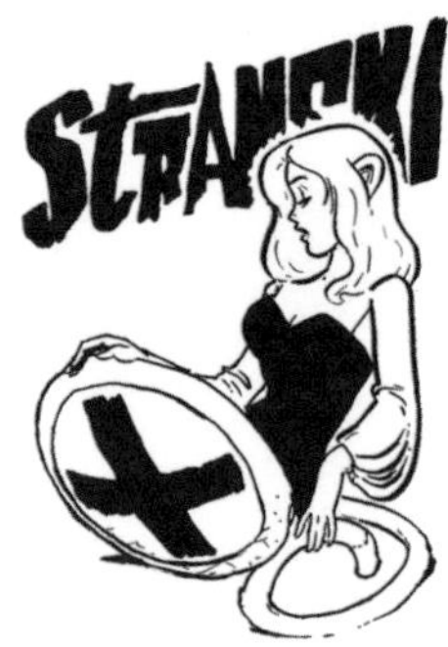

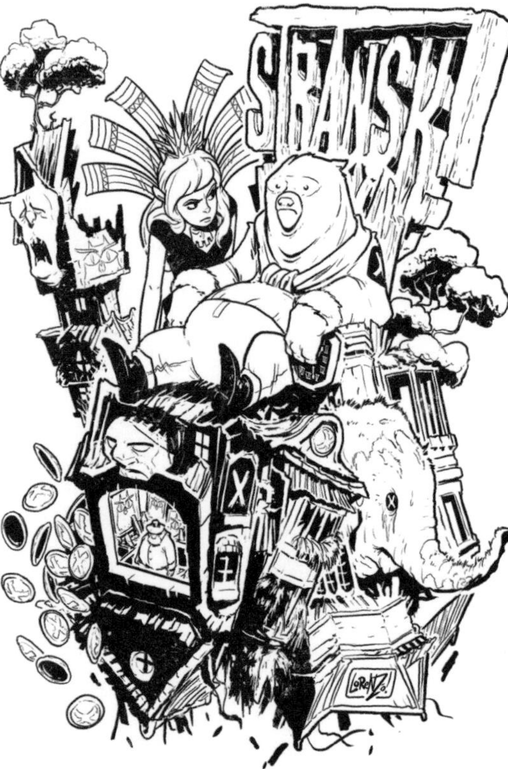

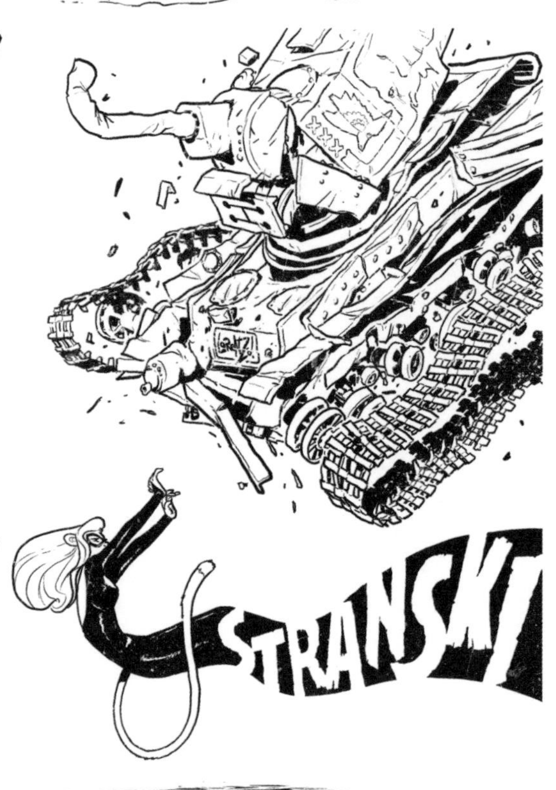

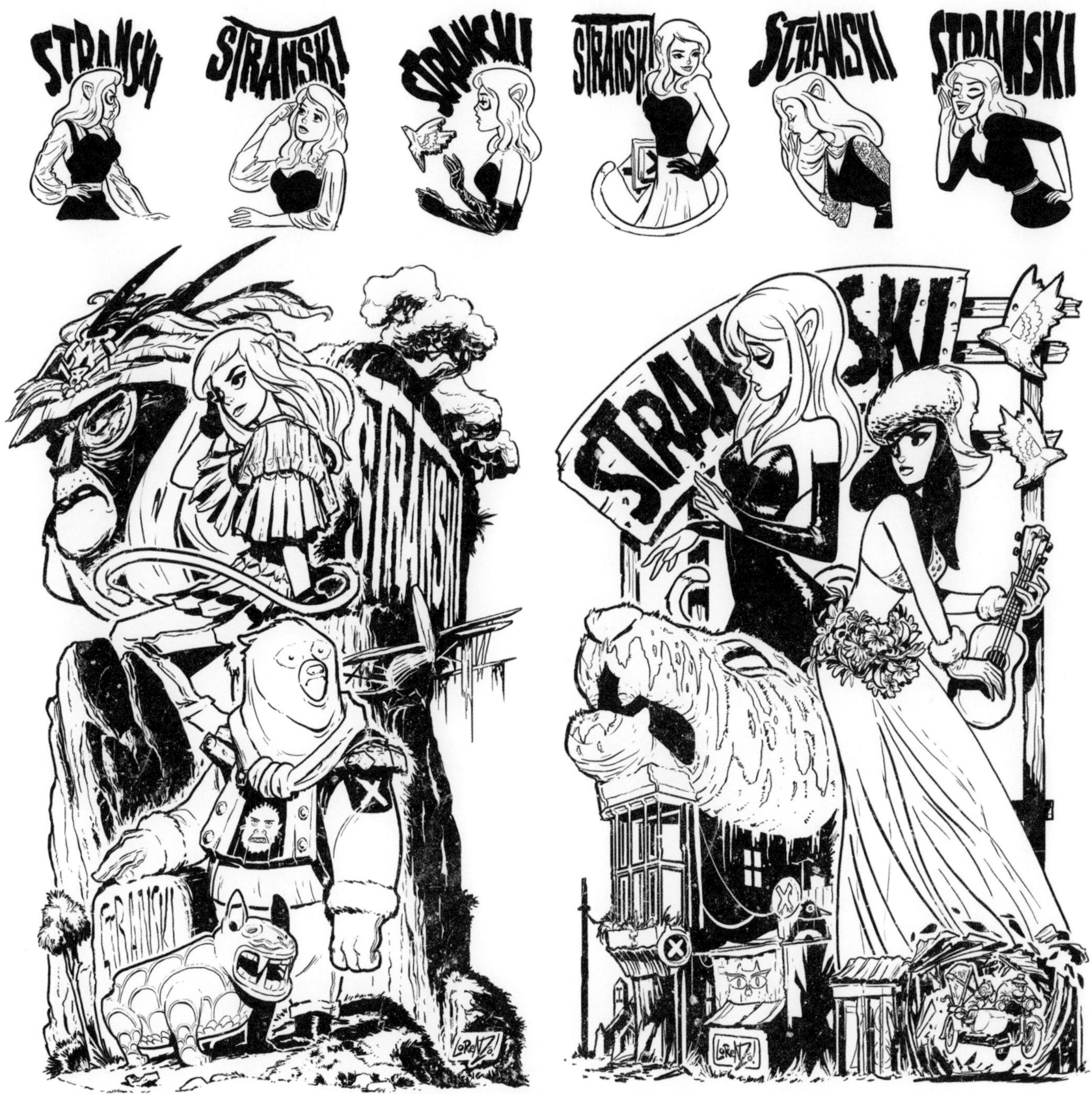
STRANSKI
STRANSKI!
STRANSKI
STRANSKI
STRANSKI
STRANSKI
STRANSKI
STRANSKI
LORENZO!
LORENZO!

第五章

透视与
整体设计

三维思维

为了让你的大脑思考体积，先试着画一些网格或线框。

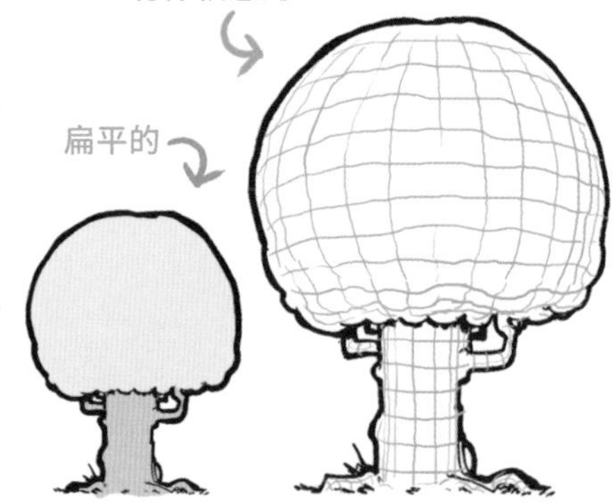

从简单的几何形状开始，如长方形、椭圆形、圆柱体、立方体等。

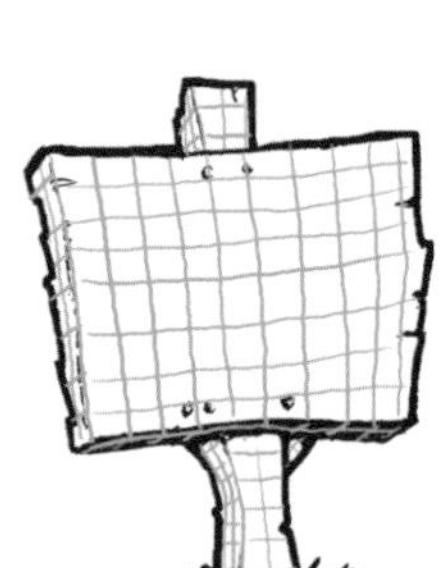

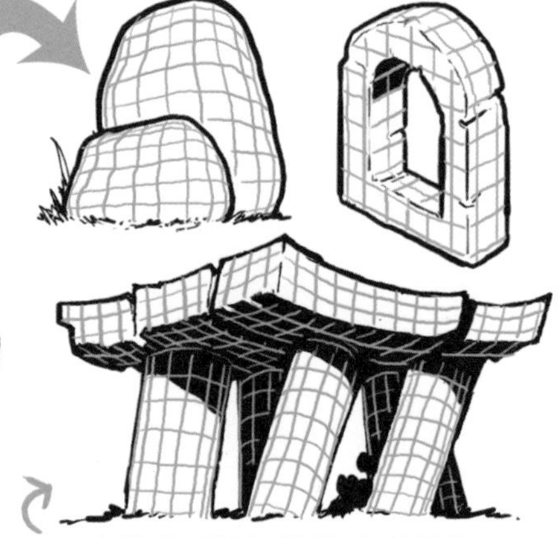

它们可以组合成更复杂的结构

生物的结构看起来很复杂，但它们往往只是一系列重复的形状。

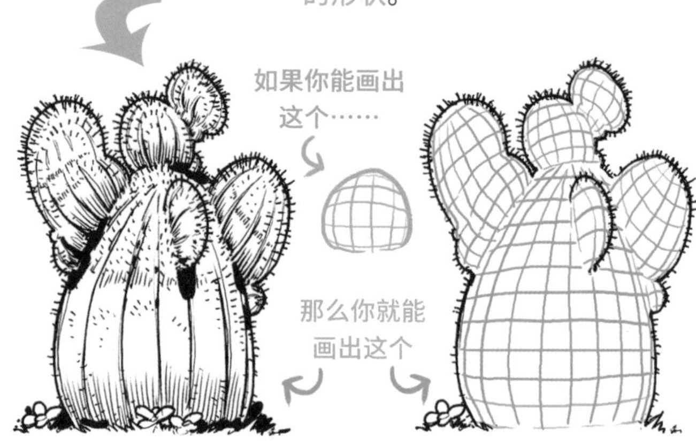

只要沿着形状加上一两条辅助线，就能很好地描绘出它们的结构。

先画出任何一个形状

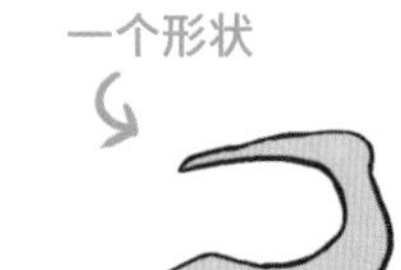

一条辅助线即可突显其结构

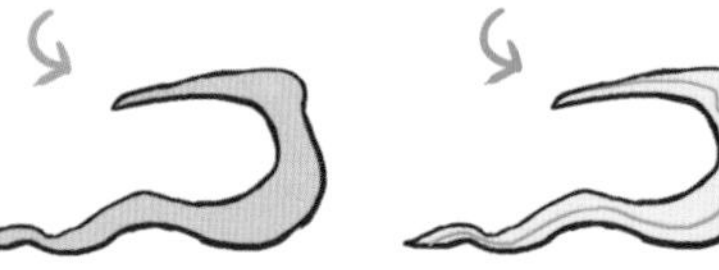

扭曲的线可突显它的深层结构

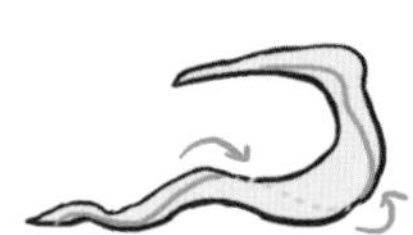

添加更多的辅助线

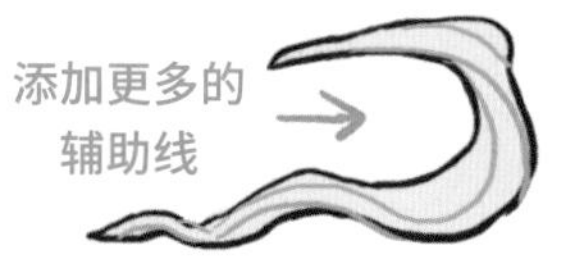

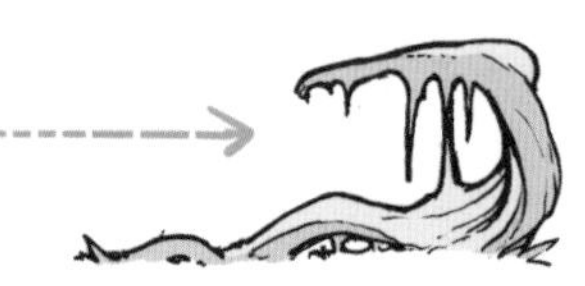

一个扭曲便可极大地增强立体感。

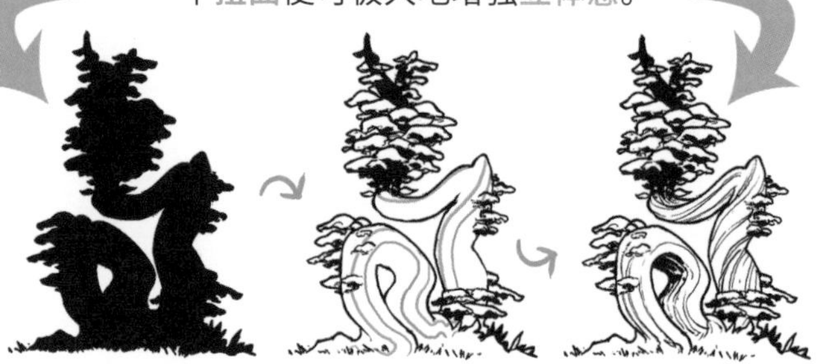

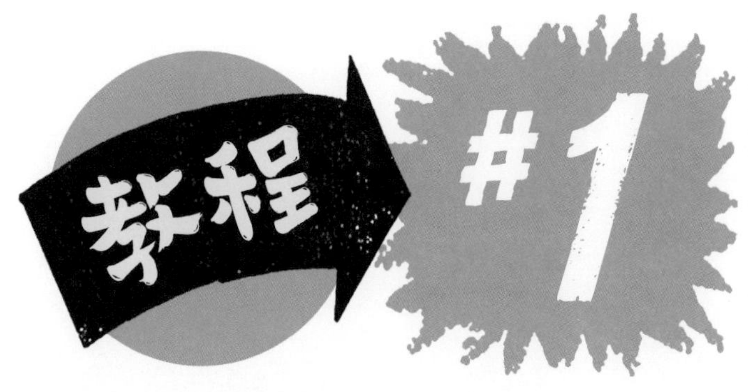

为了让你绘制的事物看起来真实可信（不管它是否真实存在），你需要用透视的方式去呈现它的立体感。

如果你绘制的对象又大又平，缺乏立体感，你可以为它添加一些小而立体的元素。

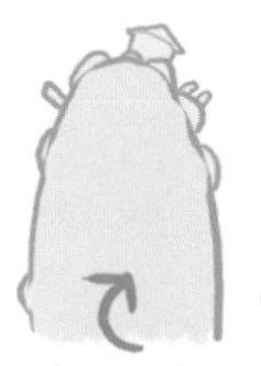

还可以　更好了！

想象网格线非常有助于表现立体感。虽然它是虚拟的，但有时它会真实体现在物体的轮廓线、纹理线上。

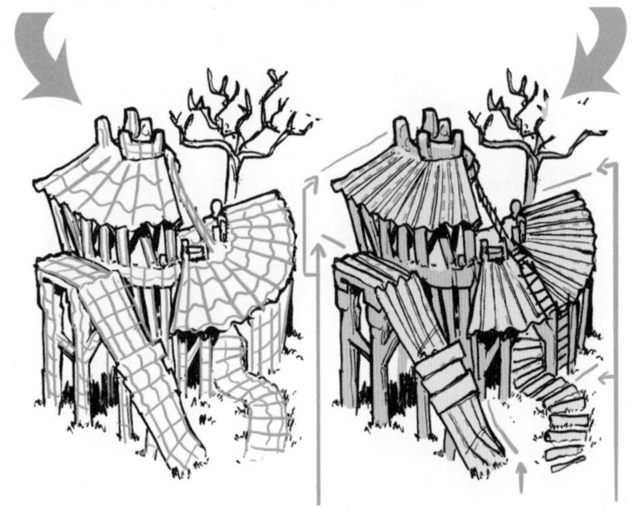

这些线条生动地描绘了物体的外观

许多物体的外观上有自然的纹理图案或轮廓。

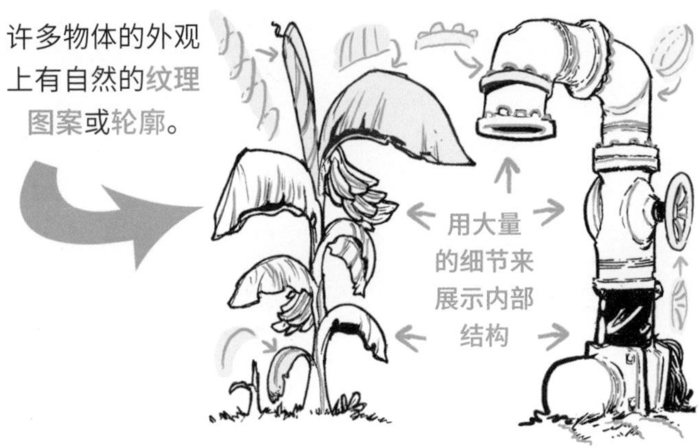

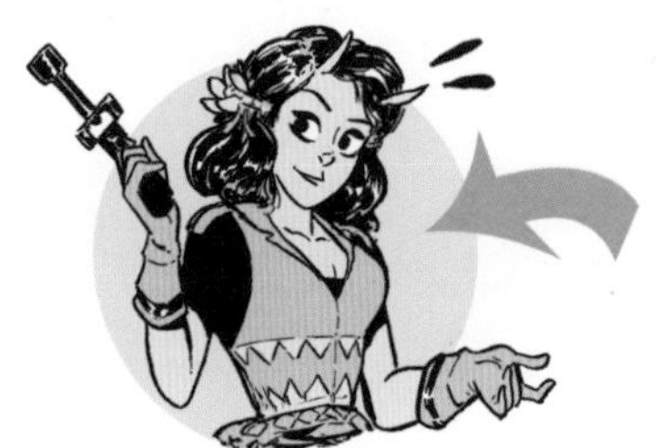

你可以在任何地方找到轮廓线，包括衣服和头发！

交叉辅助线

交叉辅助线是展现事物内部构造的线条，学会绘制它们对于理解任何事物的三维结构都是必不可少的。

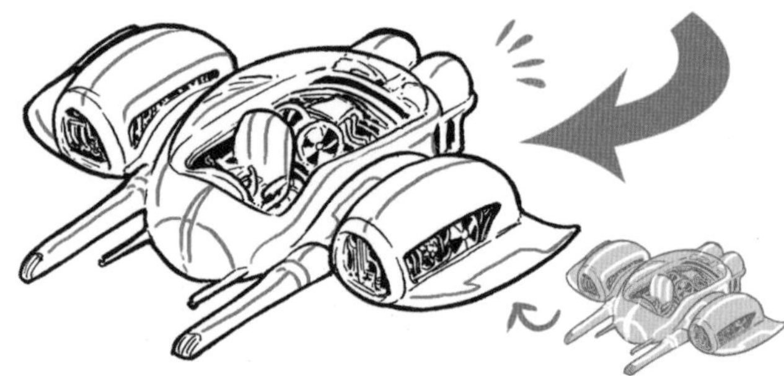

交叉辅助线可以是从三维构造内部穿越的任何线条。

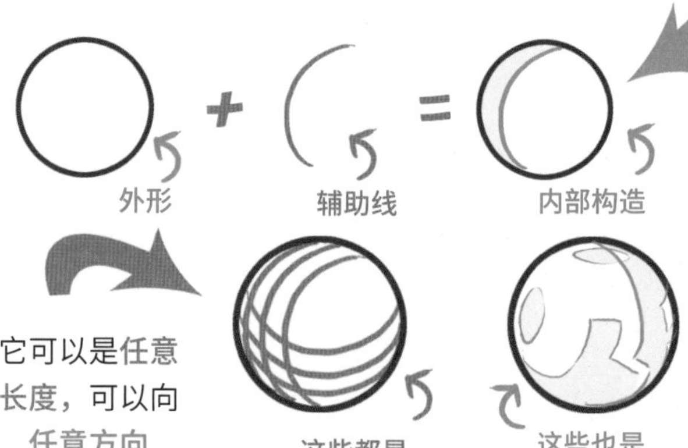

它可以是任意长度，可以向任意方向延伸！

这些都是辅助线

这些也是

使用交叉辅助线可以极大增强你描述和理解复杂构造的能力。

以下这些练习可以培养你画辅助线的技巧：

利用外部轮廓来画辅助线：

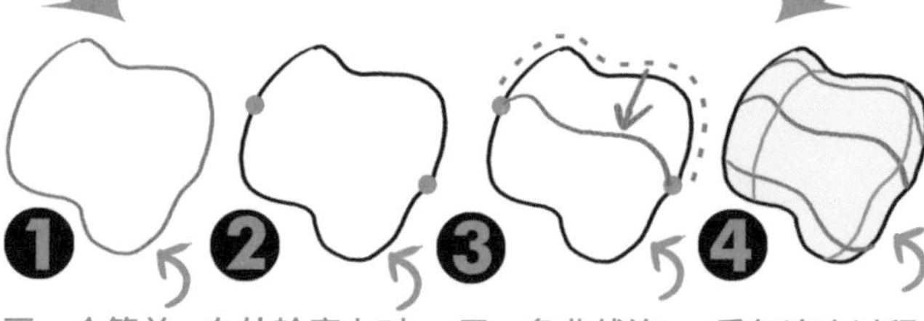

1 画一个简单的不规则形状

2 在外轮廓上对应的两侧各标记一个点

3 用一条曲线连接两点，形式可参考临近的外轮廓线

4 重复这个过程就可以画出多条辅助线

从一个形状内的任意一点出发：

靠近该点

交叉线中段

靠近边缘

1 画一个简单的形状，在内部任意标记一个点

2 添加两条穿过该点的交叉线。在每条线上做 3 种标记点，位置如图所示

3 依次连接这 3 种标记点，形状参考外轮廓线

4 在它们之间可以添加更多的辅助线

从一个洞开始：

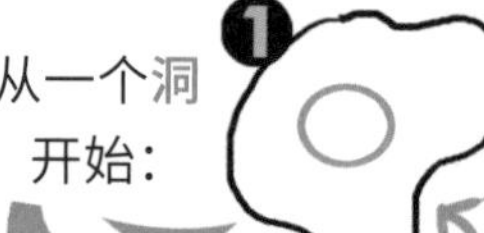

1 在随机的形状内画一个圆孔

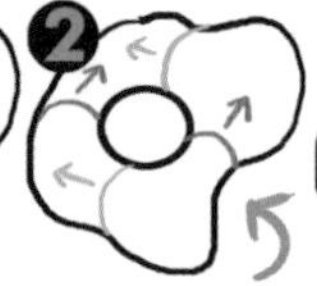

2 画出 4 条弧线：两条向上弯，两条向左弯

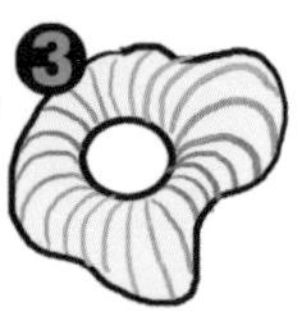

3 在两条弧线之间填充更多的线条

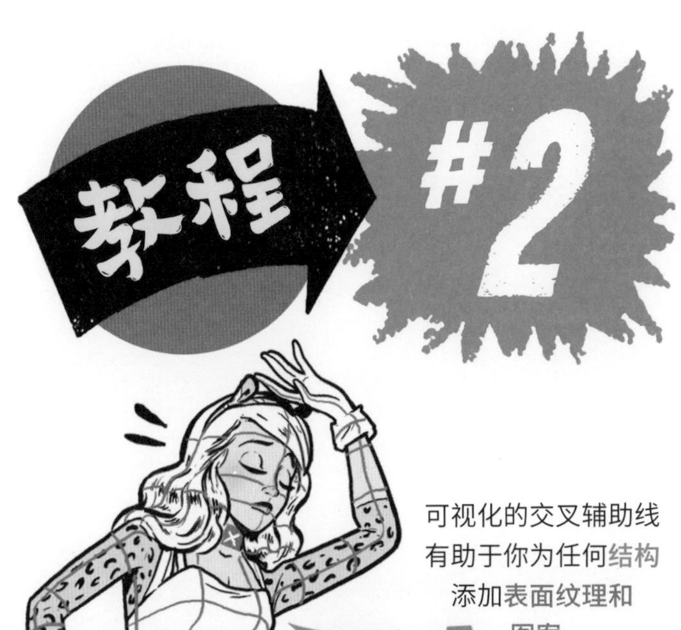

可视化的交叉辅助线有助于你为任何结构添加表面纹理和图案。

以下是更多关于交叉辅助线的练习：

尝试创造形状。

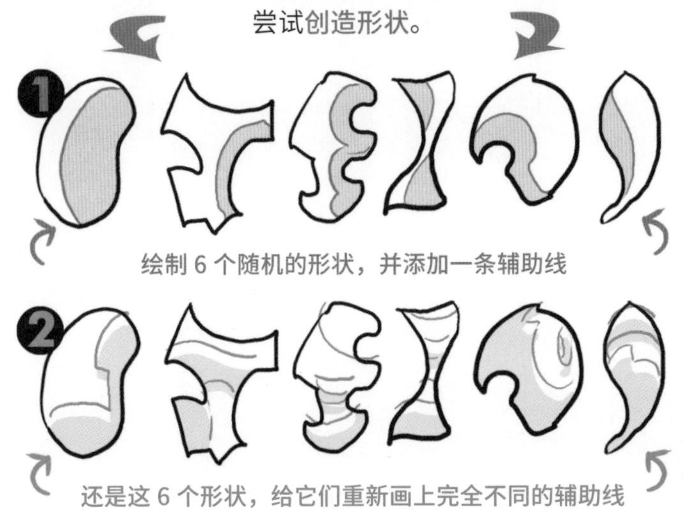

沿辅助线为角色画上浓妆。

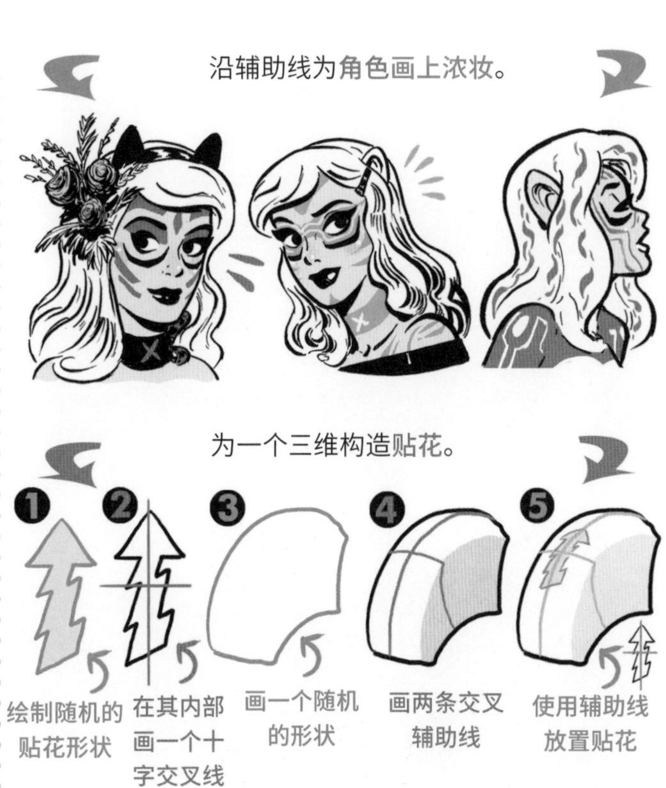

尝试在布褶上画辅助线。

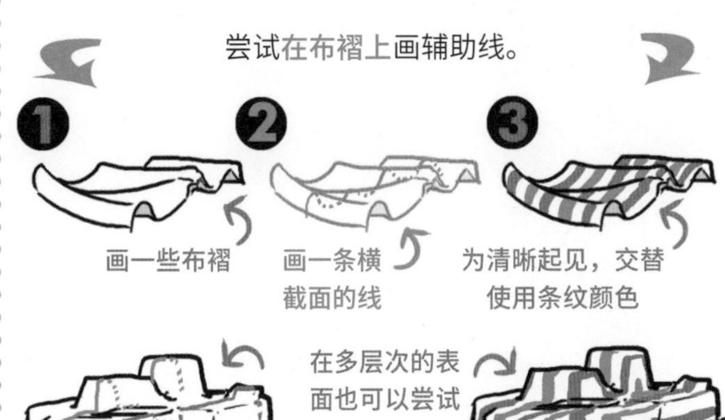

尝试将这些想法都应用到绘画中，你将能够不假思索地在任何构造上放置交叉辅助线！

破裂技巧

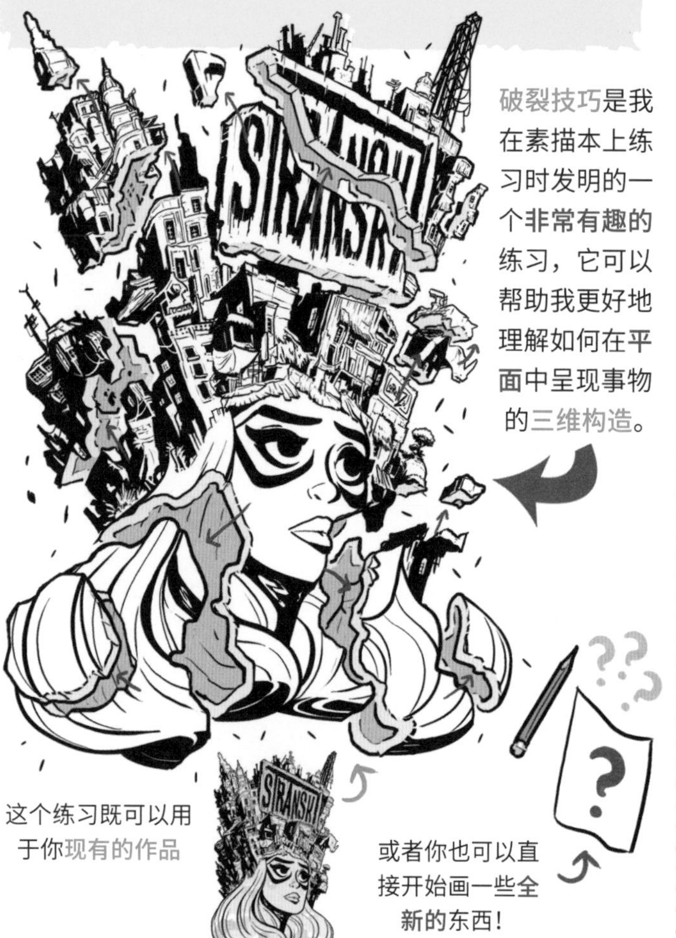

破裂技巧是我在素描本上练习时发明的一个非常有趣的练习，它可以帮助我更好地理解如何在平面中呈现事物的三维构造。

这个练习既可以用于你现有的作品

或者你也可以直接开始画一些全新的东西！

破裂技巧结合了辅助线（参考“交叉辅助线”教程）和一种被称为透视绘画的方法。

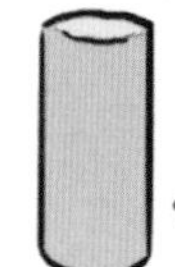

圆柱体的线稿

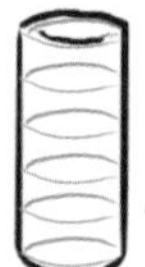

透视绘画：内部的线结构

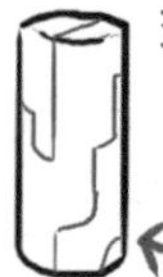

交叉辅助线：线条穿过物体的表面

当进行透视绘画时，你需要先草绘出一些透明的网格。

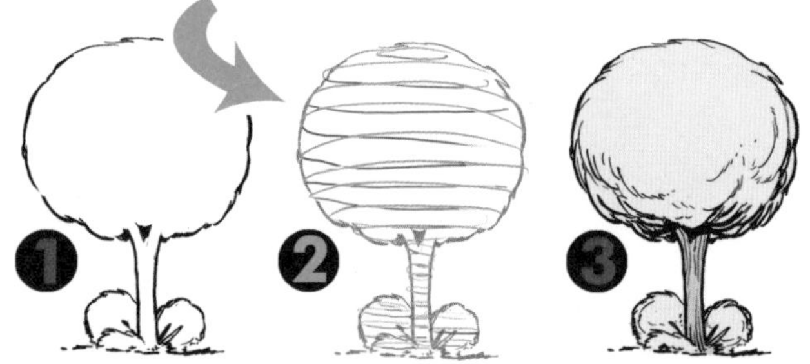

现在沿着一些随机的交叉辅助线将物体分开，思考一下进行透视绘画时它们会变成什么样子。

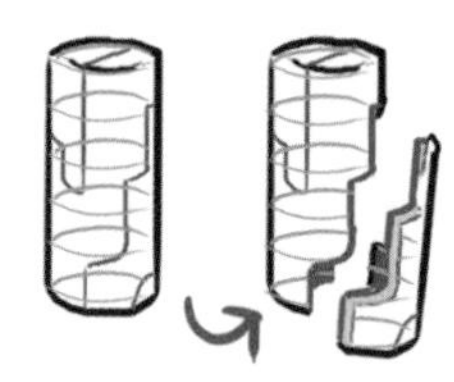

想象这个物体是由厚厚的巧克力做成的

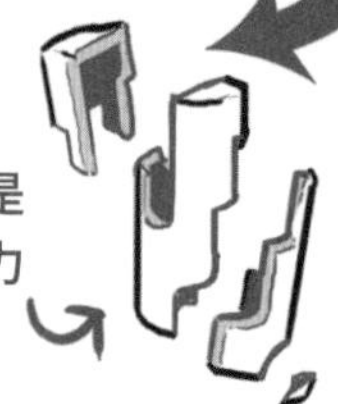

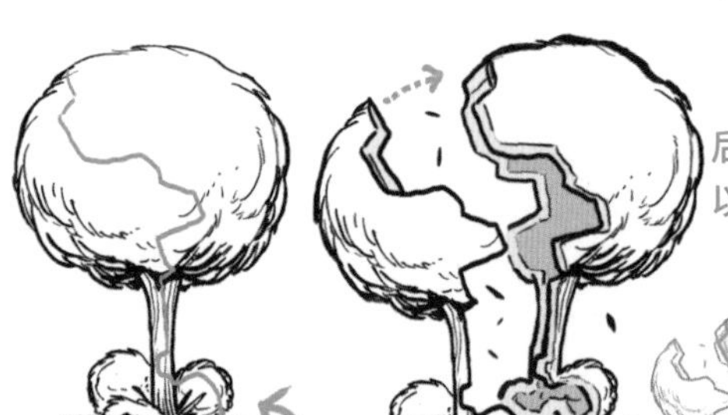

后面破裂的线可以不同于前面破裂的线

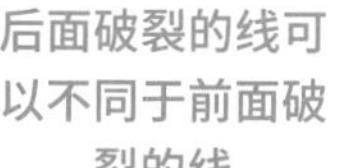

让辅助线穿过所有区域

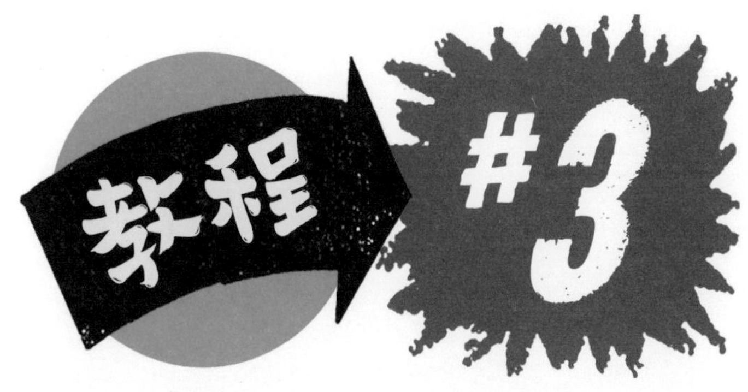

破裂技巧非常厉害！因为它鼓励你的大脑去想象物体被切开后的横截面。

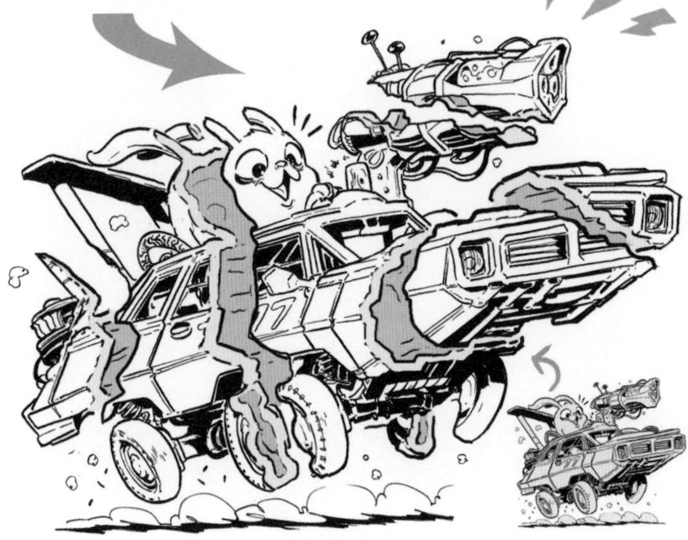

试着从不同的方向切割同一个物体。

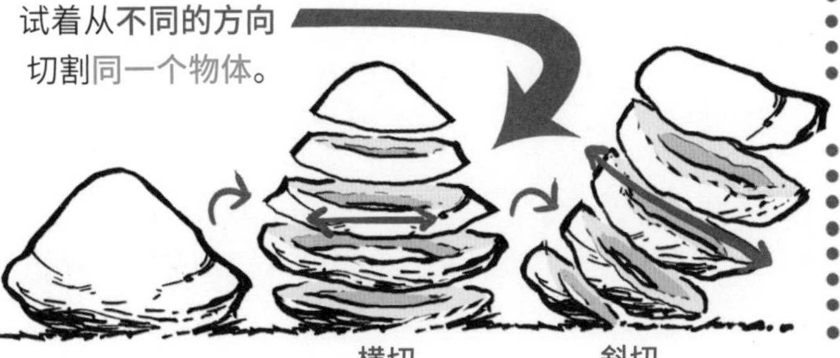

这个练习可以极大地帮助你理解服装和盔甲是如何贴合人物身材的。

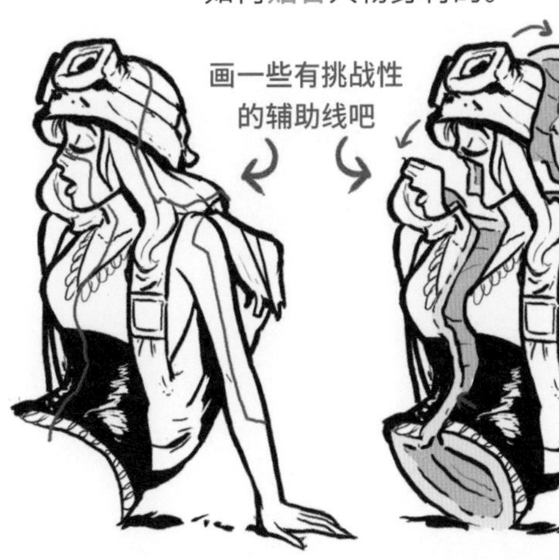

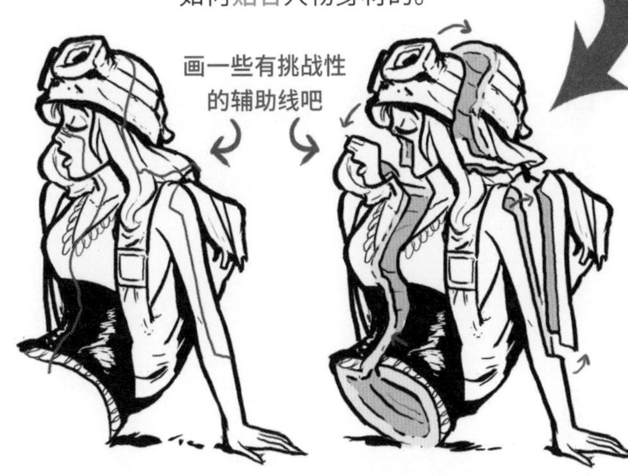

下面是破裂技巧的一个变式——从一个中心点向外扩散的碎片。

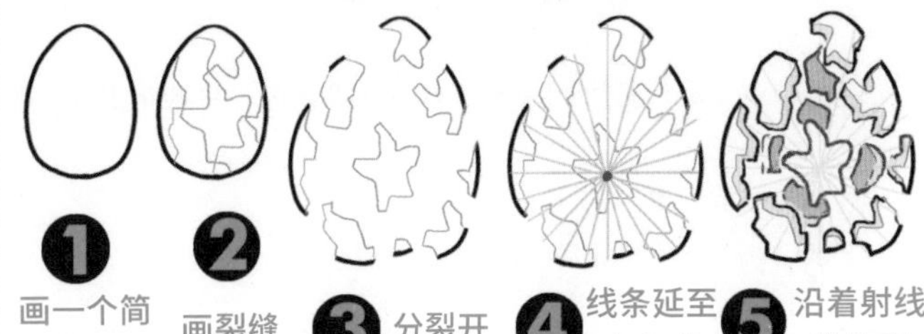

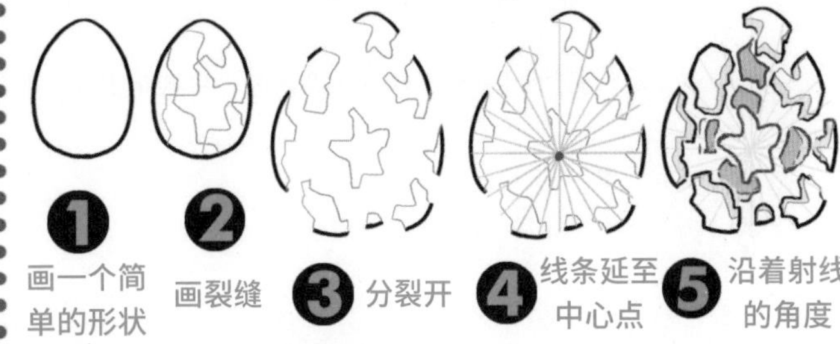

尝试用尽可能多的方式来“打破”一个设计吧！

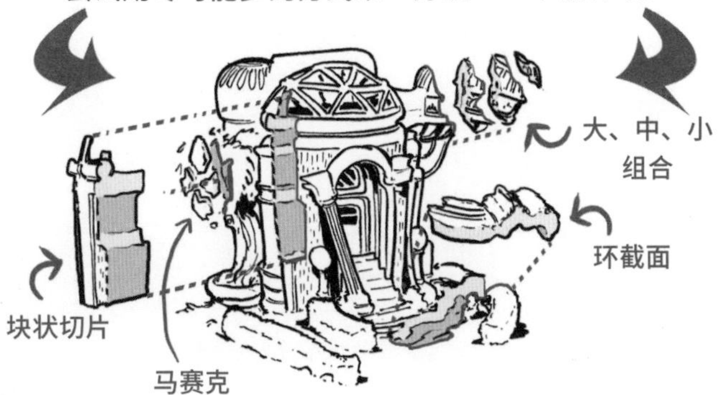

破裂技巧

素材集

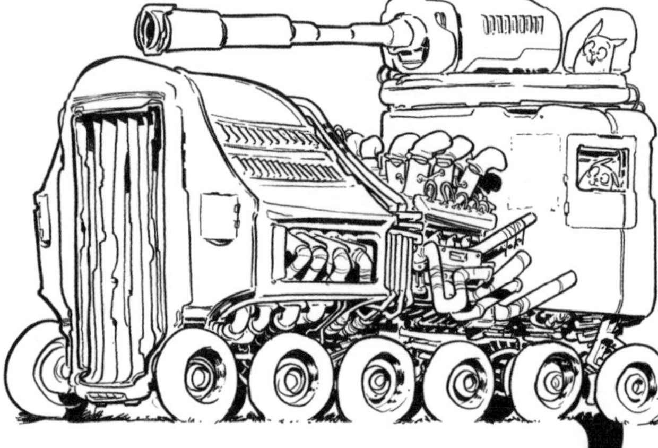

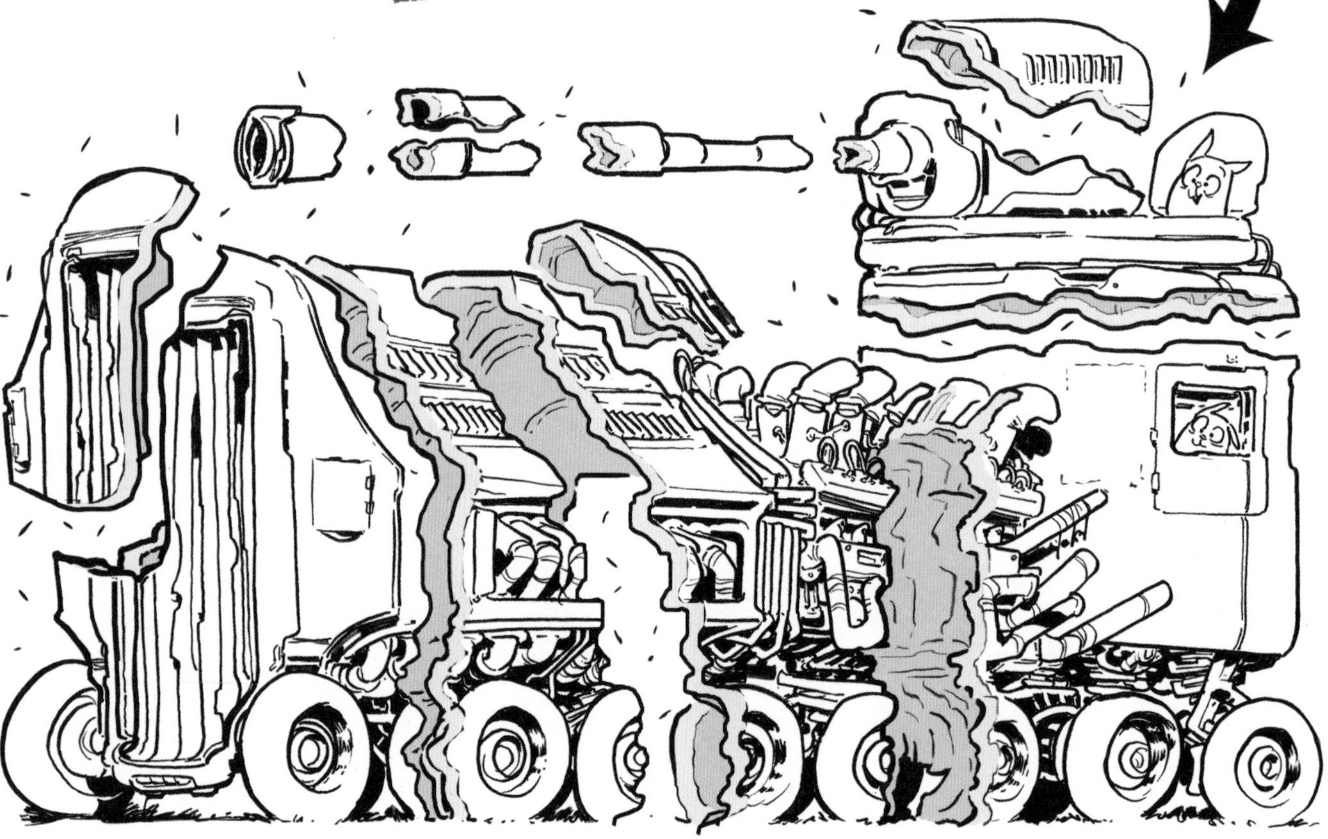

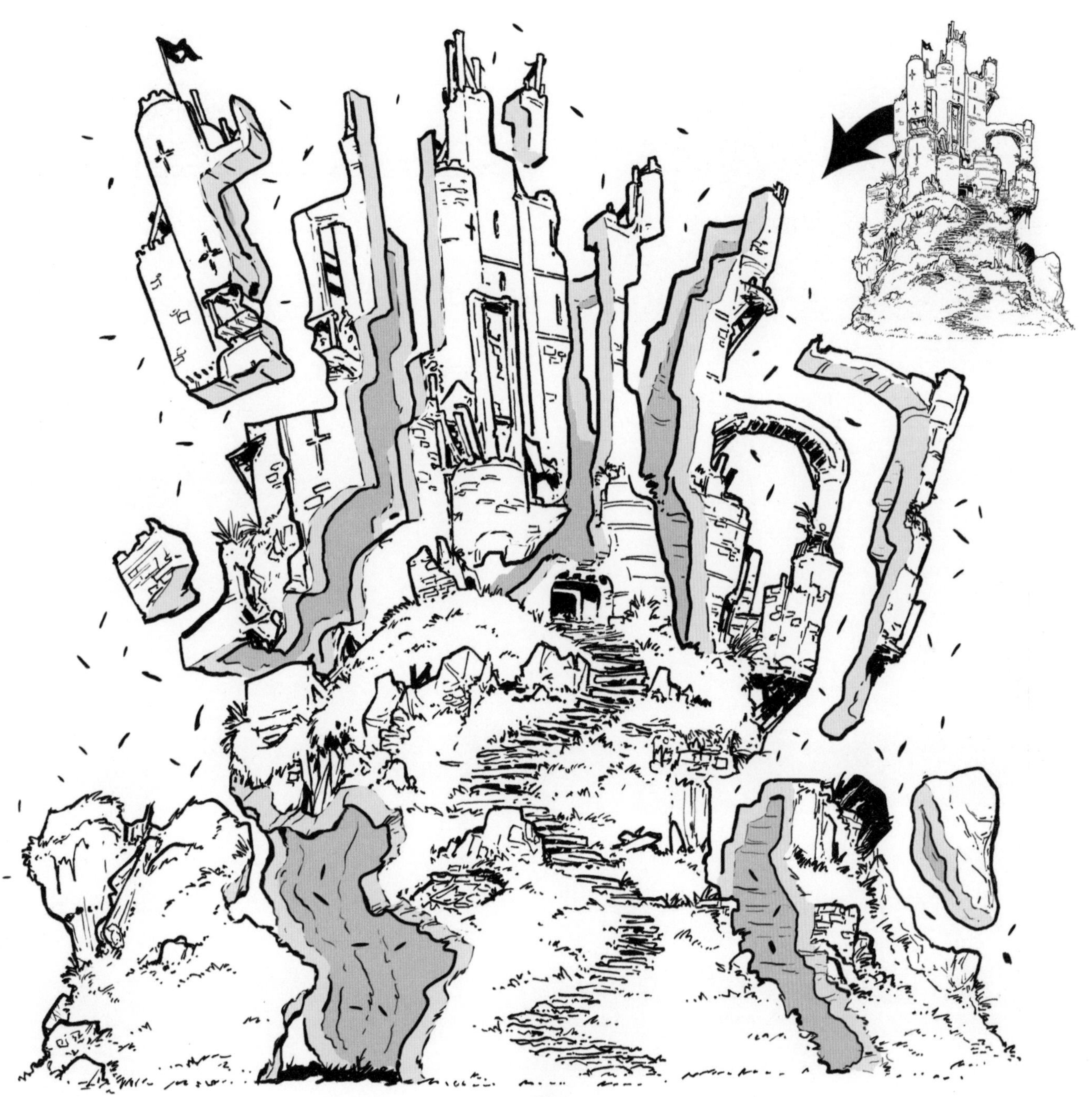

横截面和剖面图

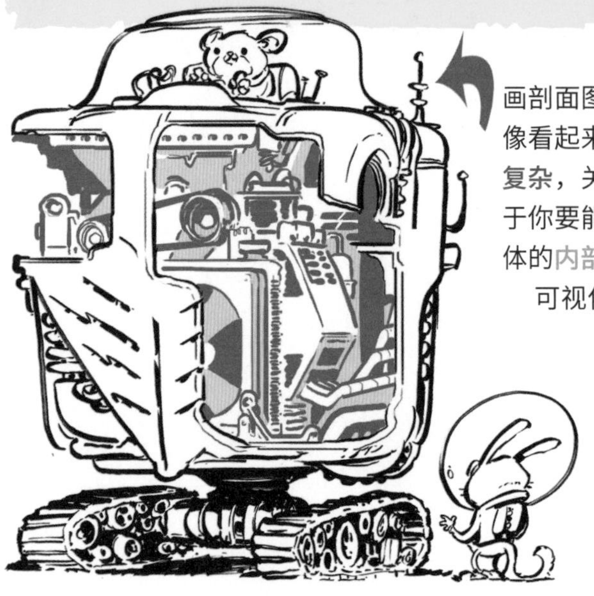

画剖面图并不像看起来那么复杂，关键在于你要能将物体的内部构造可视化。

为了帮助理解内部构造，让我们快速回顾一下破裂技巧：

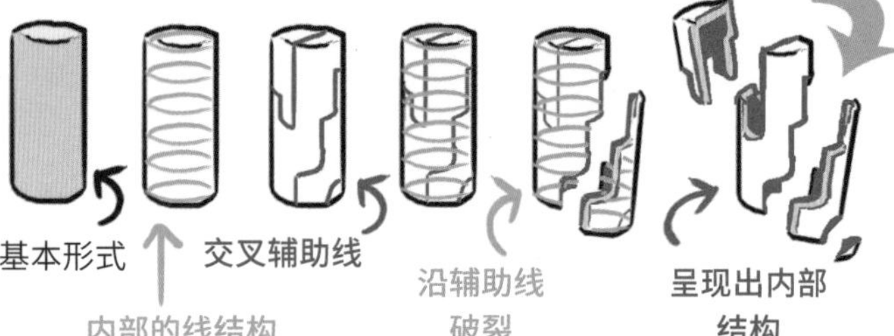

最好的剖面图实际上是一种讲故事的方式。

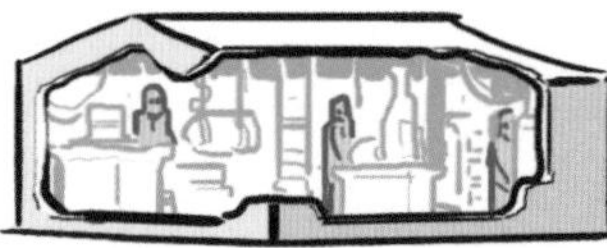

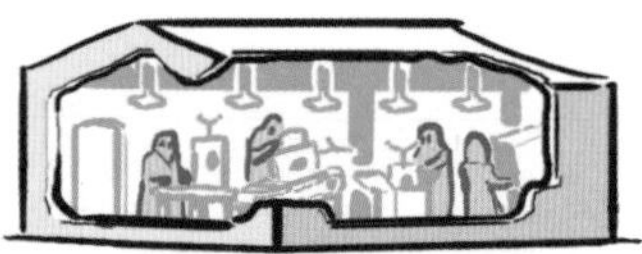

不错，但是行为不明确

很好，感觉在进行一整套流水线作业

我们试图展示的不仅仅是工作流程，如果可能的话，还要表现出按时间顺序进行的过程。

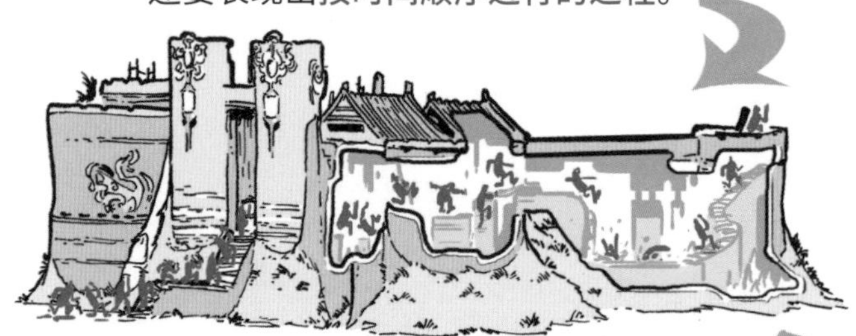

这是一个显而易见的例子。即使在机械剖面图中，目的也是一样的，即看看各个元素是如何彼此相连的

为了画出一个物体的内部，你需要能够在心里把它分割成横截面。

1 从简单的开始　2 拆解更复杂的结构

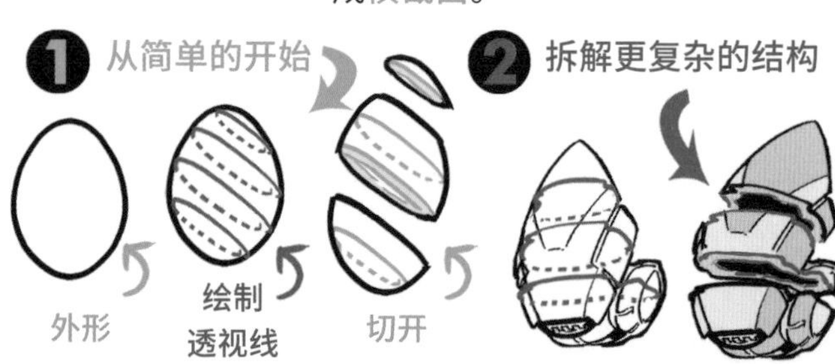

一旦你可以熟练地对横截面进行可视化绘制，你就可以把它加入剖面图中。

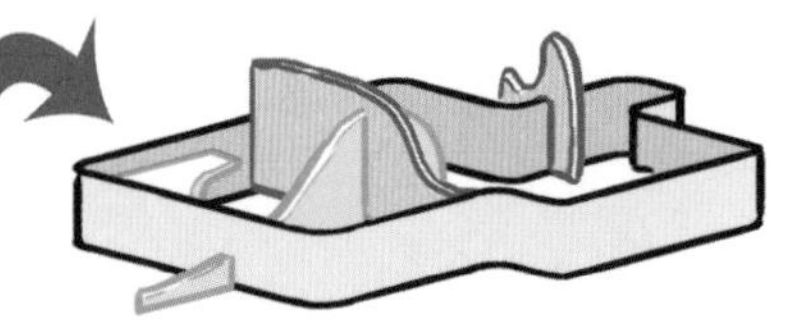

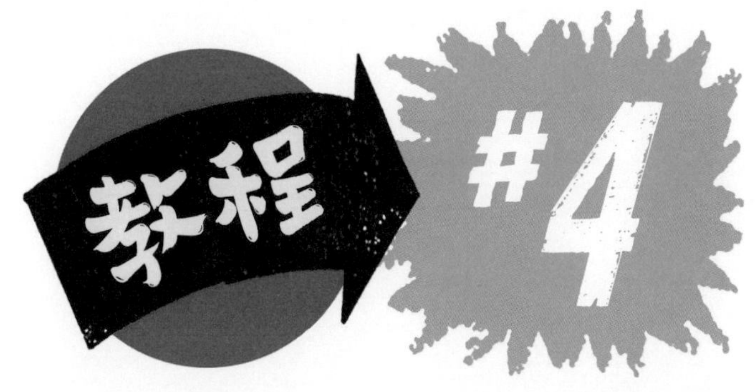

一个物体的剖面形状越不均匀，它的开口效果就会更好。

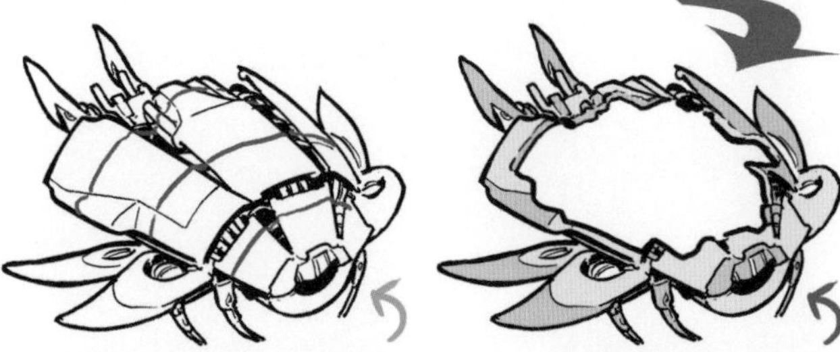

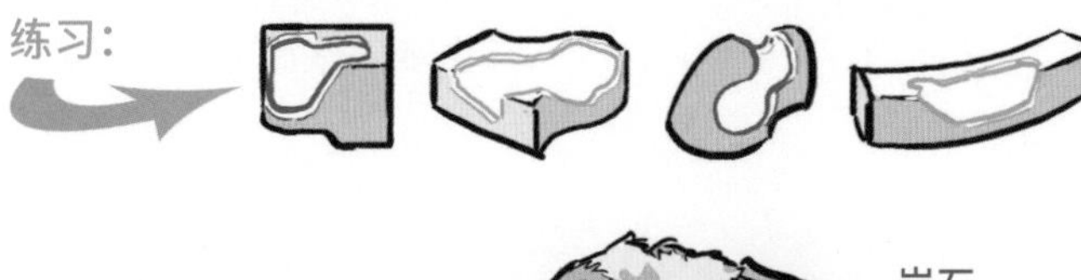

想想表面本身的横截面，它们由什么组成、它们的厚度，等等。

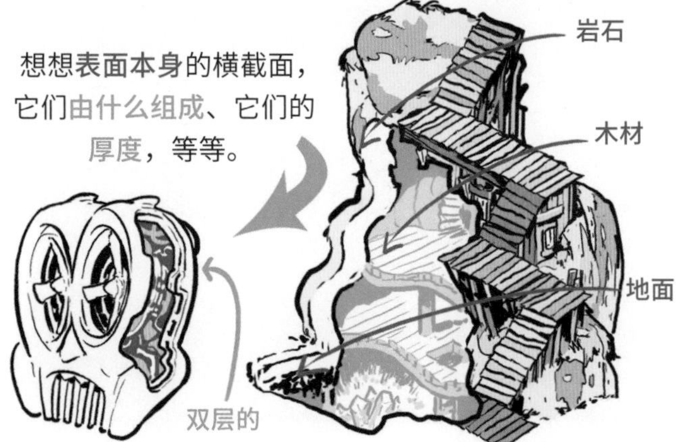

当你开始用细节填充剖面图时，记得从外部保持已建立的透视形状。

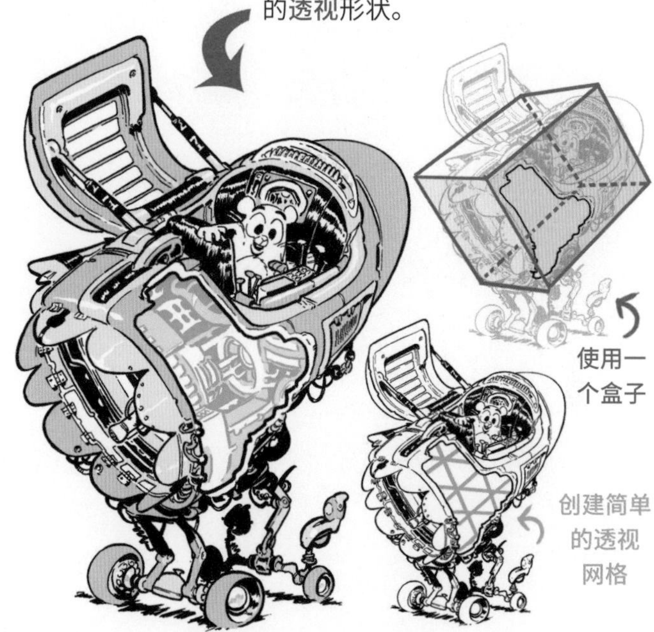

设计剖面图时注意使关键区域清晰可见。

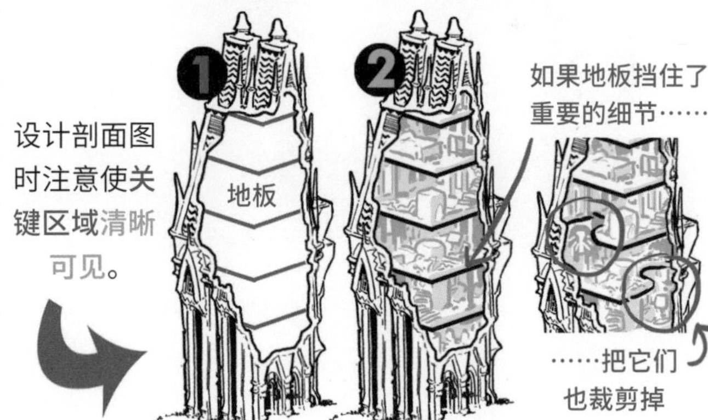

你可以应用上述技巧来创建任何东西的剖面图！

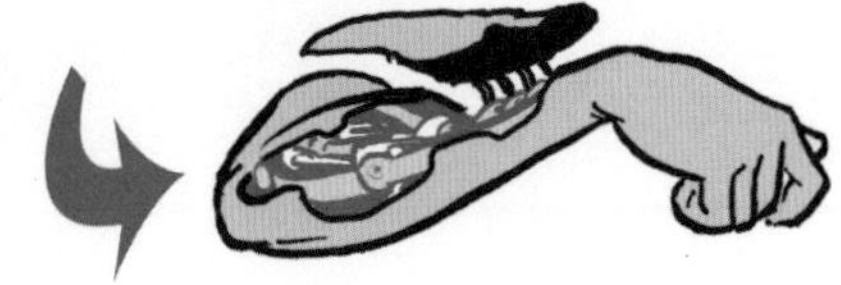

透视盒

透视盒是一个封闭的空间，它能增强你对物体结构和立体感的理解，你可以很容易地在其中进行三维设计和快速的透视练习。

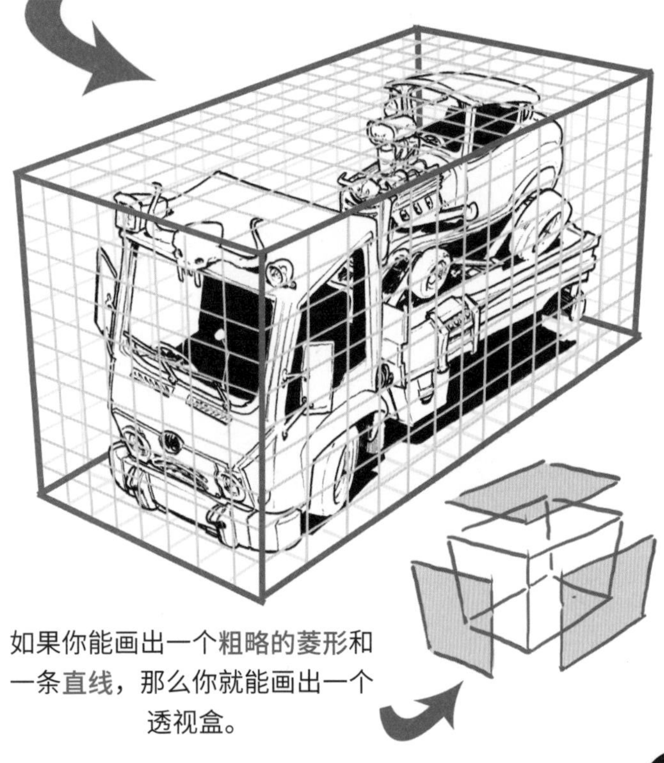

如果你能画出一个粗略的菱形和一条直线，那么你就能画出一个透视盒。

即使你还不了解透视，你也可以运用透视盒。

1 平缓地画出一条斜线

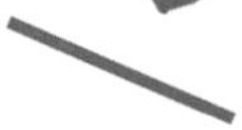

2 画出第二条线。与第一条线基本平行，但要稍微缩短，并将线的右端向上倾斜一点

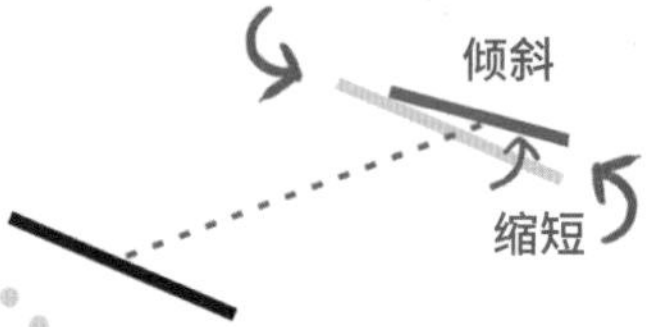

倾斜

缩短

3 连接

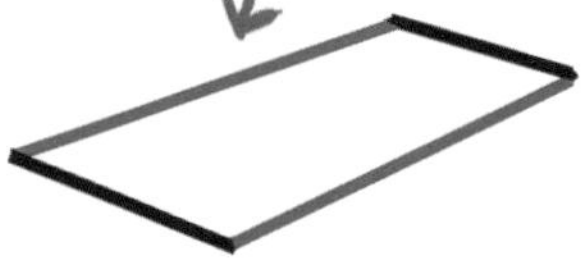

4 在这里画一条垂直线

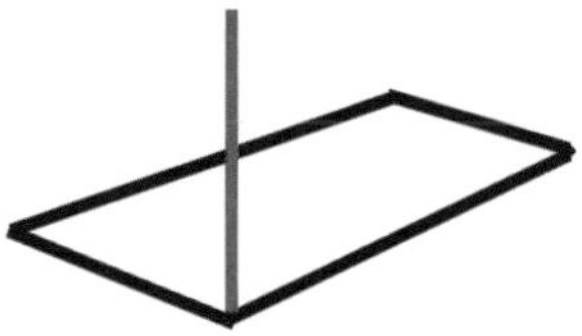

5 以同样方式再画 3 条垂直线

第 2 条线：稍短一点，向左倾斜

第 4 条线：最短，向右略微倾斜

第 3 条线：再短些，向右倾斜

第 1 条线

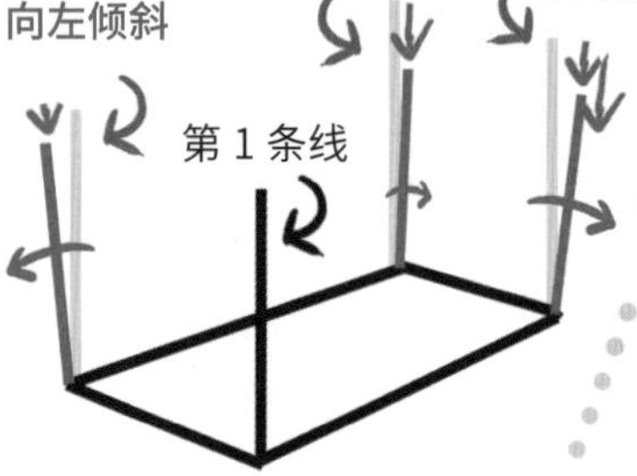

6 连接后完成！

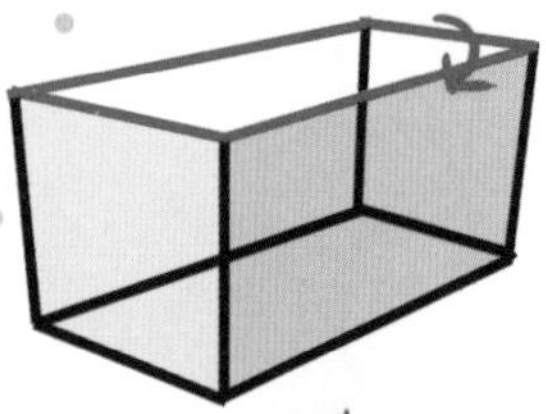

虽然这个结果并非完全符合透视法，但我们只是把透视盒作为一个辅助工具，所以它不完美也没关系！

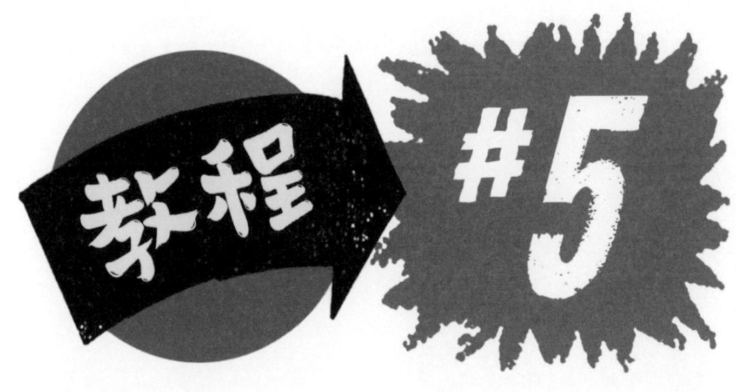
教程
#5

透视盒可以帮助你本能地想象空间维度，而不是条分缕析地去分析。

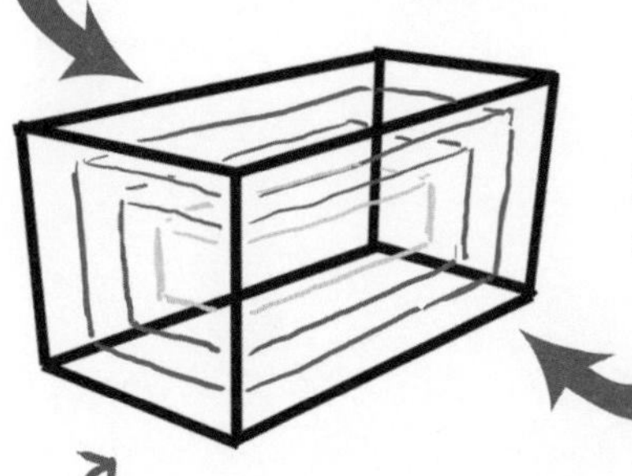

试着在透视盒里粗略地画一个较小的盒子，再在里面画一个更小的盒子，如此反复。

理解空间内的形状是如何逐渐缩小的

1 在透视盒里草绘出一些随机的形状。

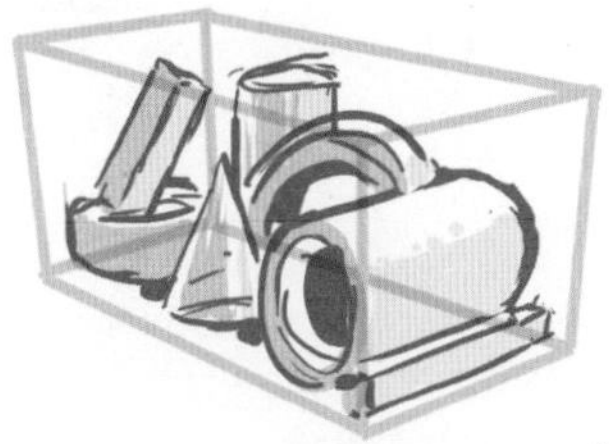

2 细化

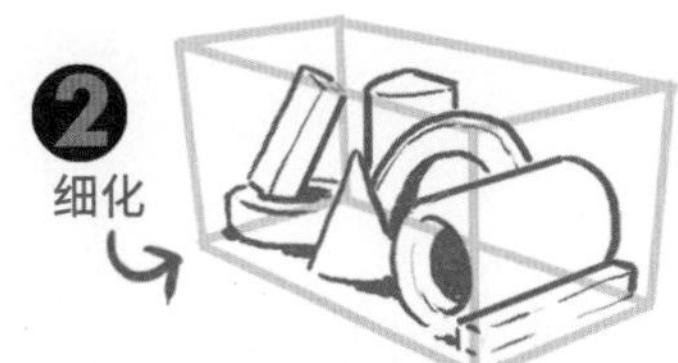

3 增加细节

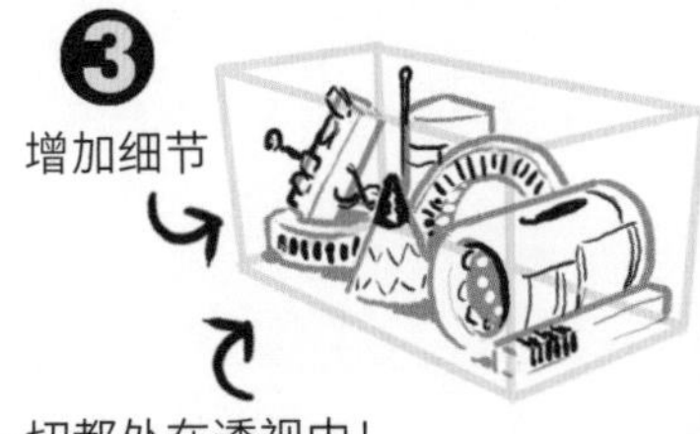

一切都处在透视中！

当你设计透视盒里面的内容时，首先要将其主要结构与透视盒空间相适配，就像你草绘随机形状时一样。

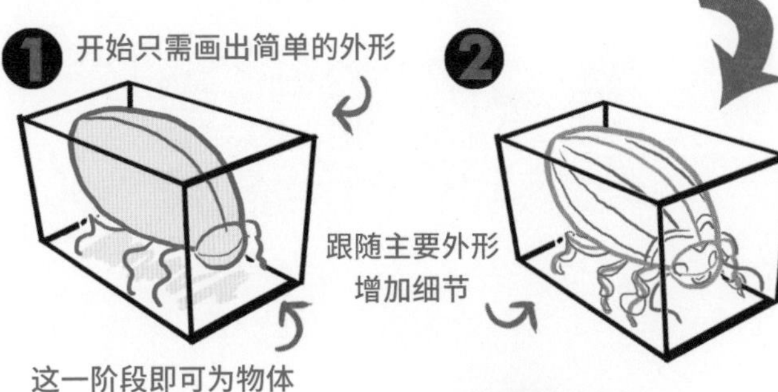
1 开始只需画出简单的外形
2
跟随主要外形
增加细节
这一阶段即可为物体
添加轮廓线

即使是非常简单的设计也可以有大量的细节，这样会显得更加真实

不同形状和角度的透视盒都遵循同样的规则。

CALVIN

我们将在后面的教程中研究更多的透视画法。

单点透视

A 部分

画出一个好的透视并不意味着要把物体严格固定在那些网格线上，而是要能够自信地将物体自由地放置在三维空间中。

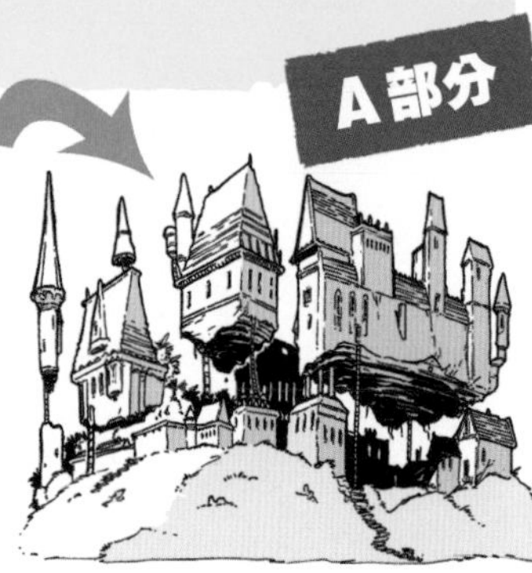

这种自信一方面来自对透视规则的理解，另一方面则来自于自我风格的坚持：很多时候，为了保持自己的风格，这些规则必须被忽略，甚至被打破！

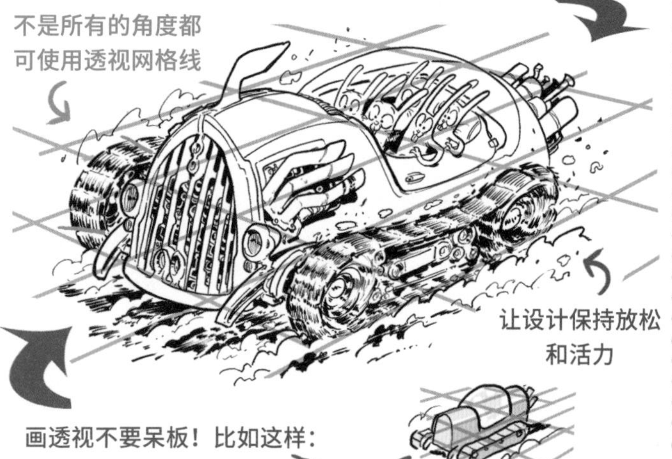

不是所有的角度都可使用透视网格线

让设计保持放松和活力

画透视不要呆板！比如这样：

最重要的事！
每一种透视都有不同的优势，它们不是在任何情况下都适用的。

这为我们引出了单点透视。下面是特别适用于这种透视的 9 种题材及构图：

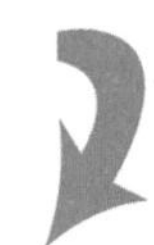

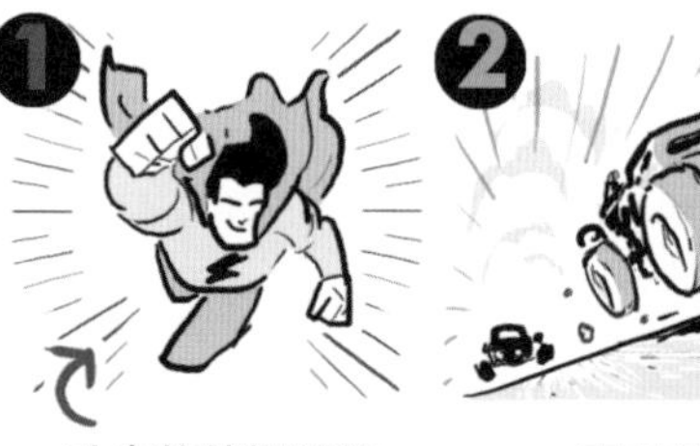

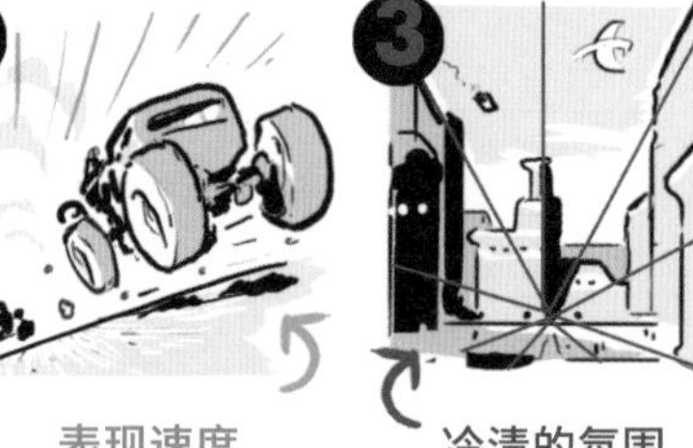

1 动态的缩短透视

2 表现速度

3 冷清的氛围

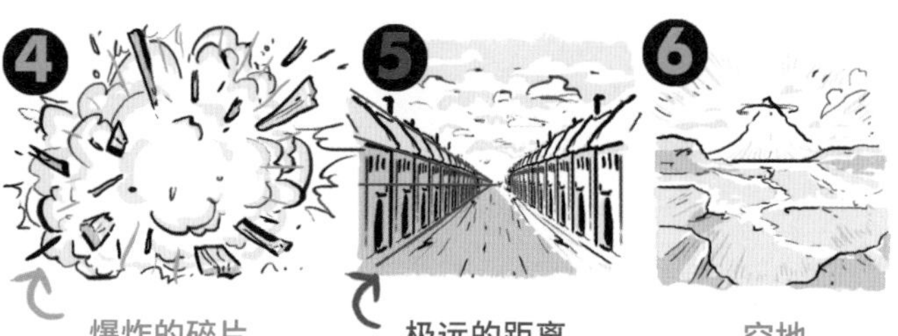

4 爆炸的碎片

5 极远的距离

6 空地

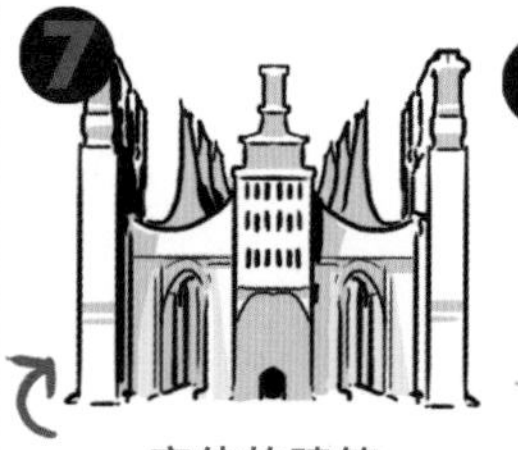

7 宏伟的建筑

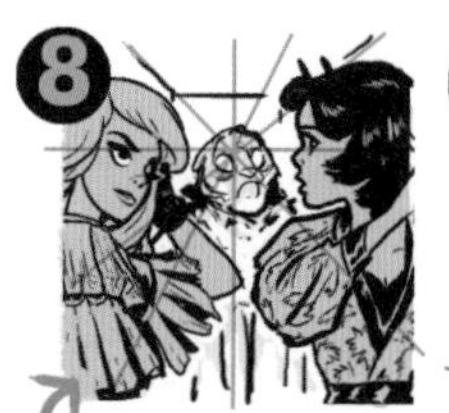

8 中心焦点

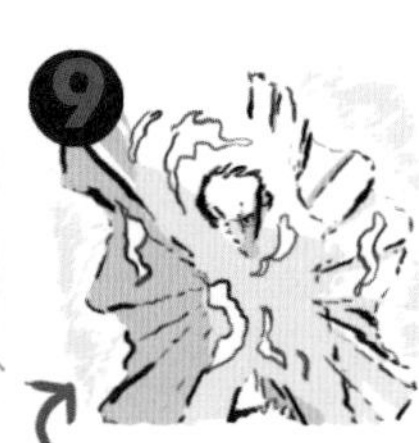

9 俯视

当然，单点透视还有许多其他有效的运用，但这些是在电影和各种视觉故事中最常见的。

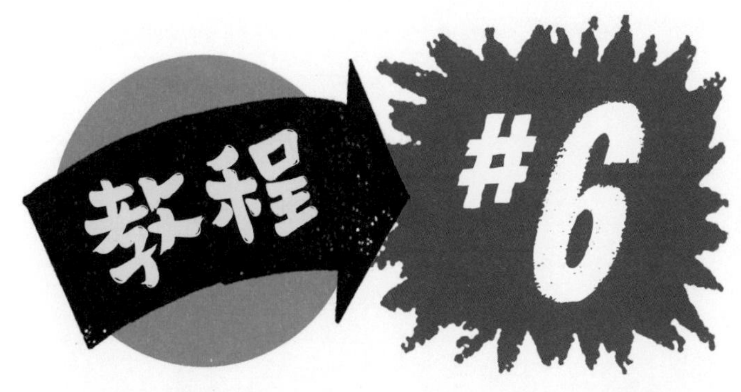

单点透视有两个基本逻辑：第一，面对观察者的平面看起来几乎就是它们真实的形状，几乎没有变形。

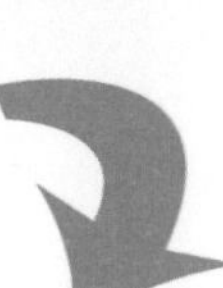

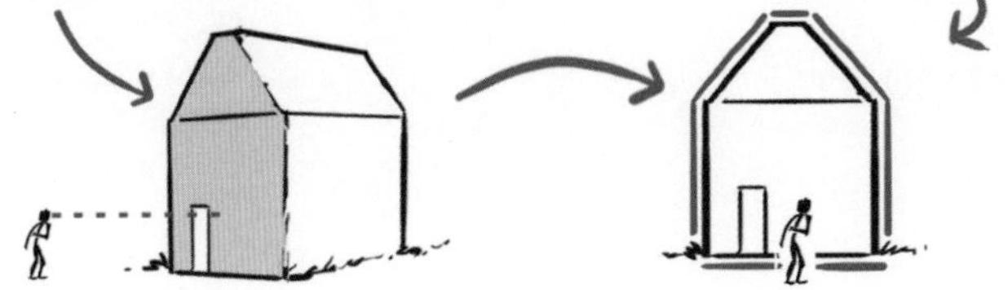

第二，所有远离我们的面都会在一个消失点相遇。

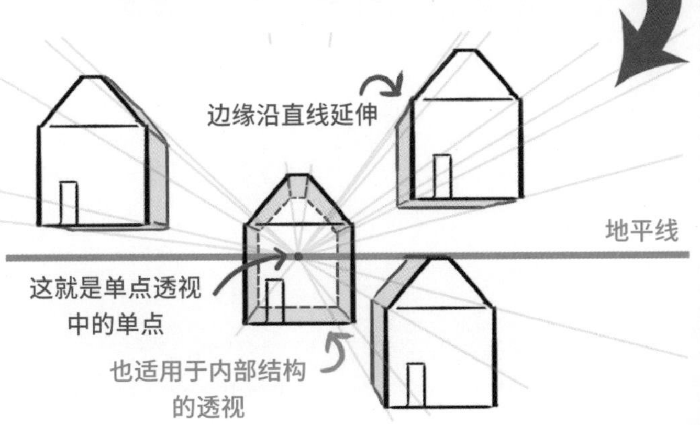

我认为通过观察来训练你的大脑感知“直观上正确的”长度，比精确计算这些边长要有用得多。

注意下面：从表面到消失点的距离是固定的。

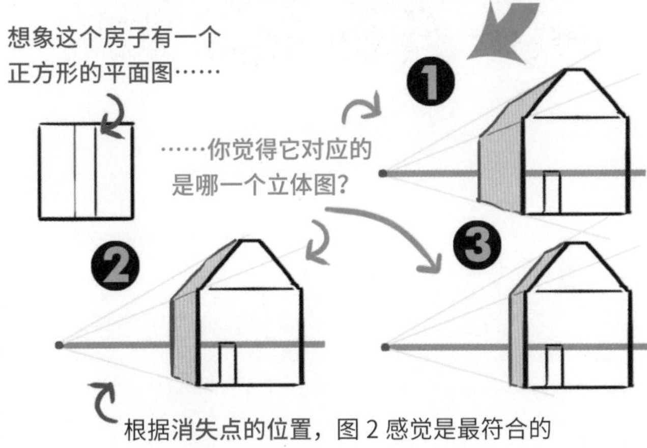

如果两个形状的侧面长度相同，由于透视效应，哪个形状离消失点更近，哪个就会在视觉上有更大的体量。

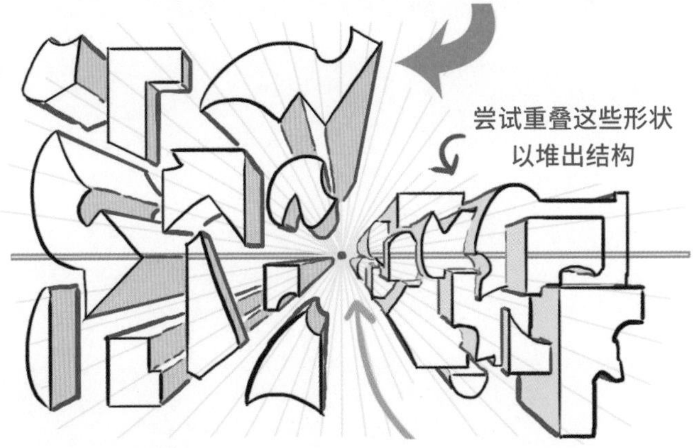

当线条越来越接近消失点时，尝试将线条画得更细一些

单点透视

B 部分

上一节中我们介绍了如何用单点透视法绘制基本形状，这一节我们来看看如何处理一些非常规的形状。

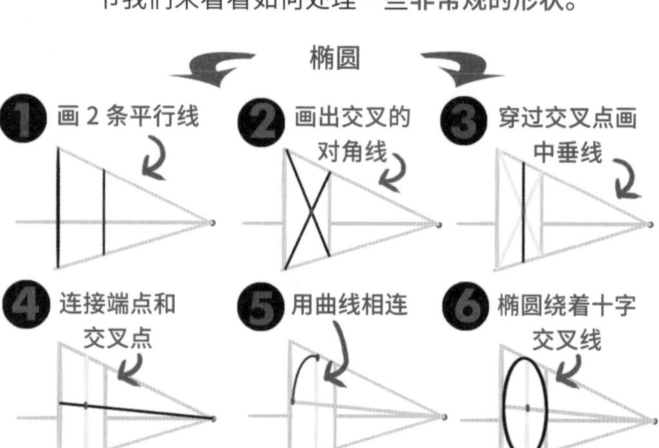

当你适应了以上这个简单的练习后，你就可以做到跳过 2~5 的步骤而直接画出椭圆的透视。

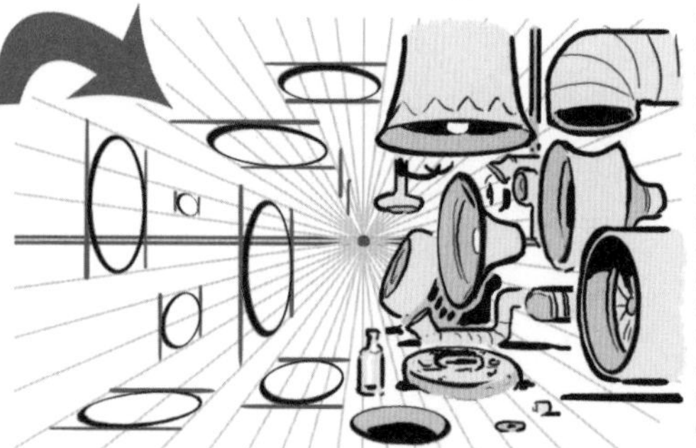

当你需要为具有复杂形状的有机物体绘制单点透视时，使用轮廓线会有帮助。

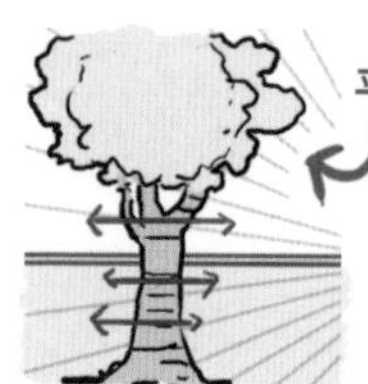

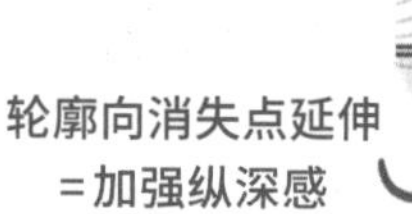

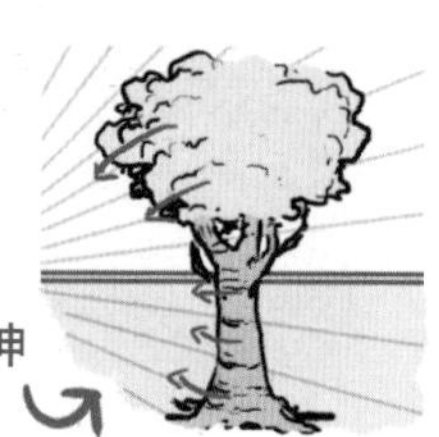

这同样适用于更大的形状。借助贯穿形状的元素，将其延伸至消失点：

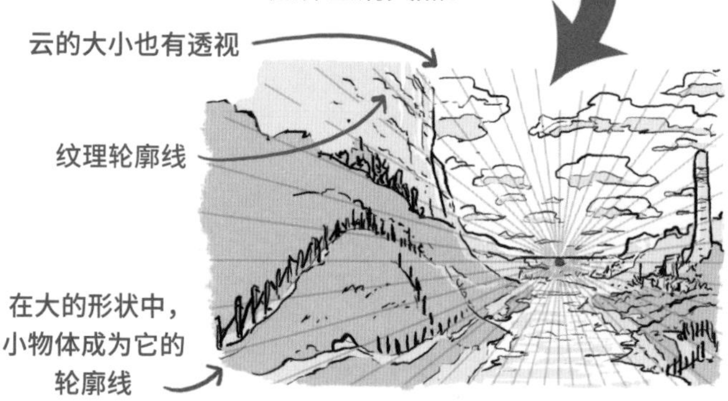

在消失点相反的角度绘制对象时，我们只需创建另一个消失点。

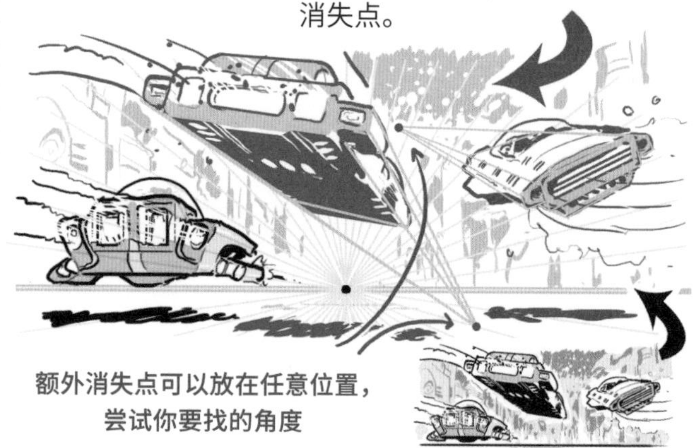

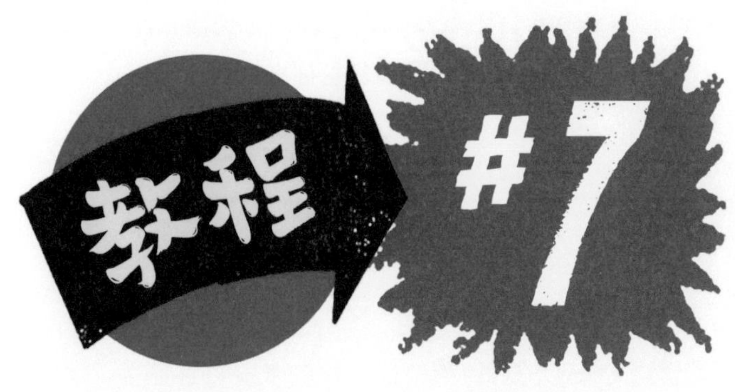

单点透视的问题是：有的元素似乎不太符合透视原理。这是因为现实中一些元素的表面实际上是崎岖的，而不像我们画得那样平滑。

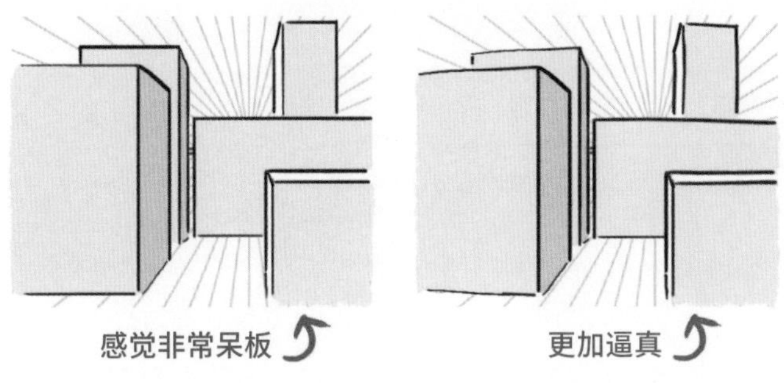

感觉非常呆板

更加逼真

我在上面右图中添加了曲线透视（也可以看作是轻微的鱼眼效果），但这有些复杂。很多时候，我们可以有两个更简单的选择：

1 接受这个造型

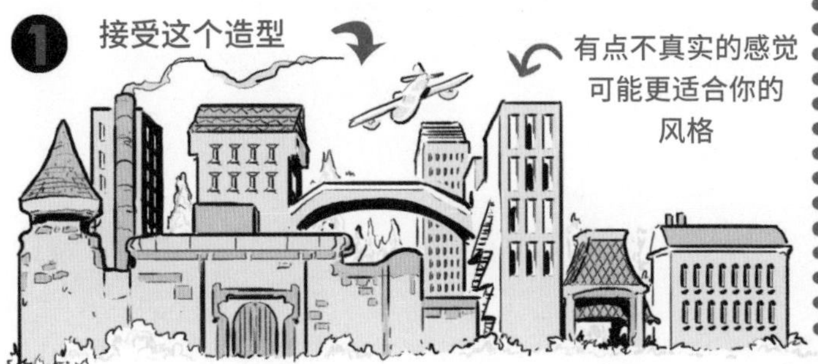

有点不真实的感觉可能更适合你的风格

或者，我们可以通过一些小技巧来展现更真实的效果。

2 发挥优势

下面这些技巧能帮你设计出更加生动的单点透视效果。

A 裁剪表面

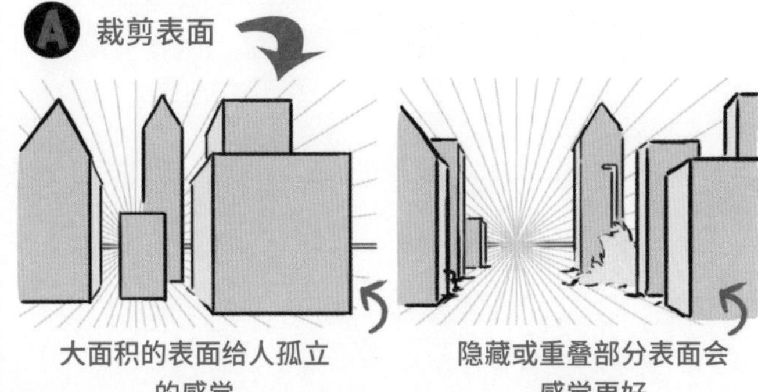

大面积的表面给人孤立的感觉

隐藏或重叠部分表面会感觉更好

B 避免太多相同的物体

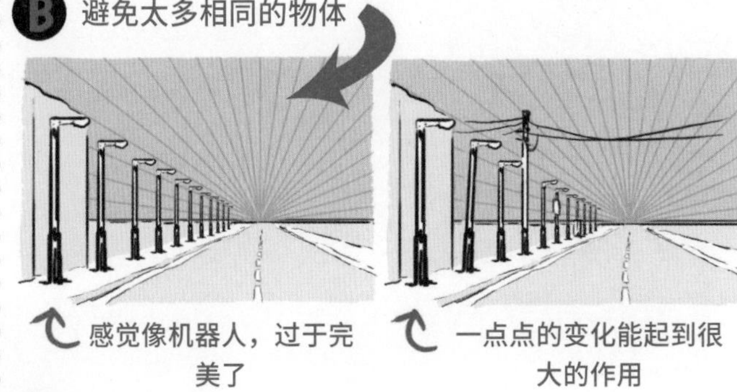

感觉像机器人，过于完美了

一点点的变化能起到很大的作用

C 曲线和直线的对比

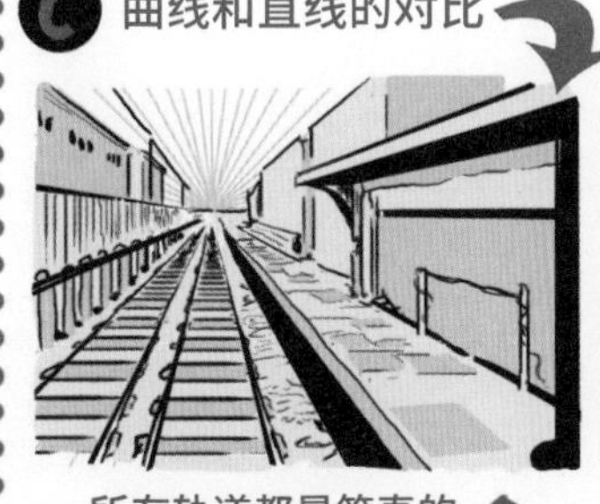

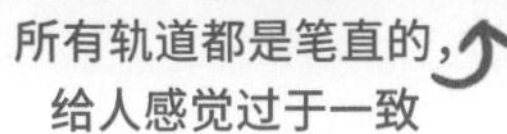

所有轨道都是笔直的，给人感觉过于一致

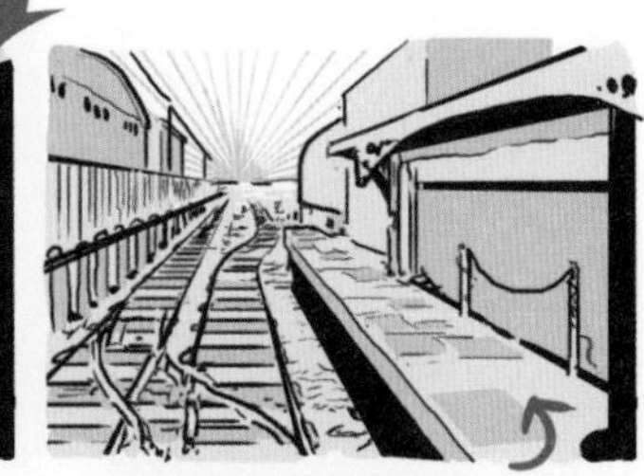

在直线中加入曲线以形成更顺滑的轨道

缩短透视

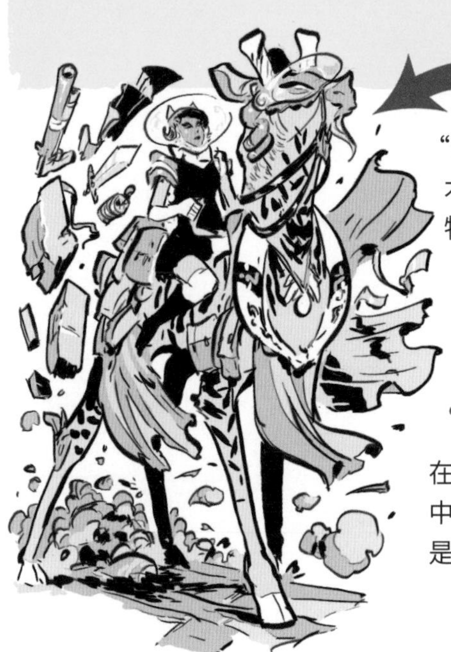

“缩短透视”是一个术语，指的是一件物体如何随着你的视角转变而改变外观。

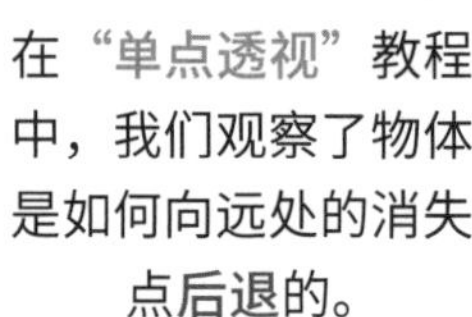

在“单点透视”教程中，我们观察了物体是如何向远处的消失点后退的。

本节课程将进一步教你运用这些透视法，学完后你将会用任何形状进行缩短透视！

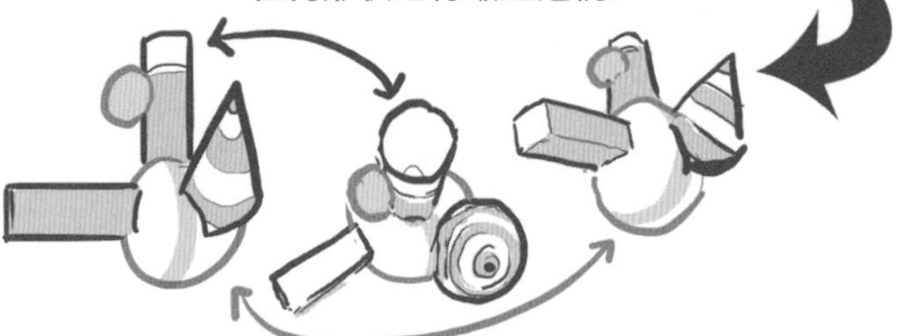

关于缩短透视，要了解的最重要的一点是一个形状的中心点的位置会发生什么变化。

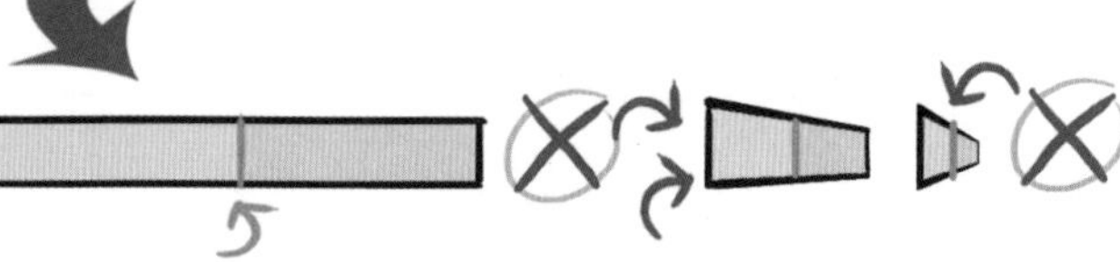

这是因为条形的后半段比前半段的观察距离更远，因此它在我们的视觉中占据更少的空间。

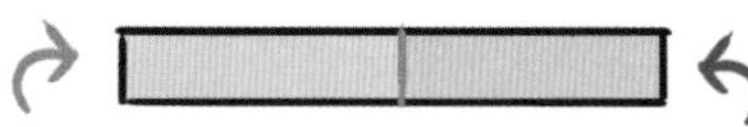

从任意角度寻找中心点的方法是：

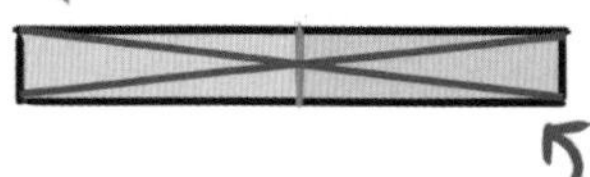

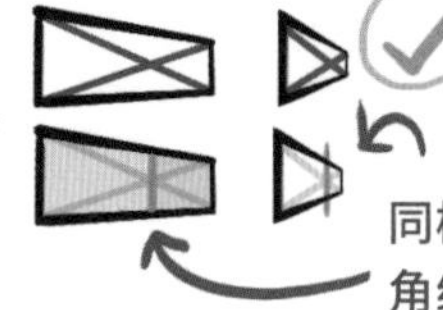

以第一个中心点为基础，你可以再找到无限个中心点：

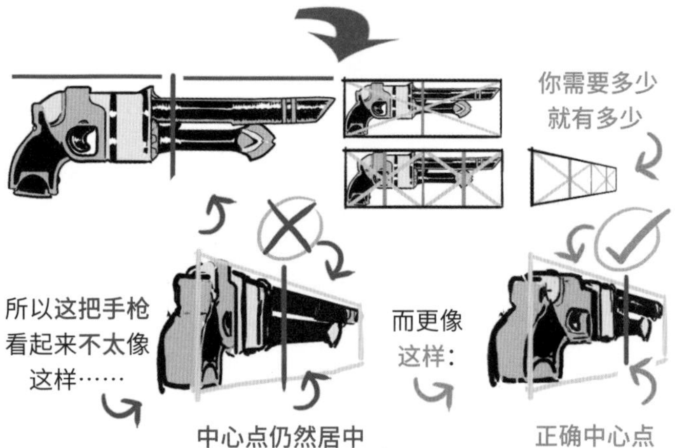

教程 #8

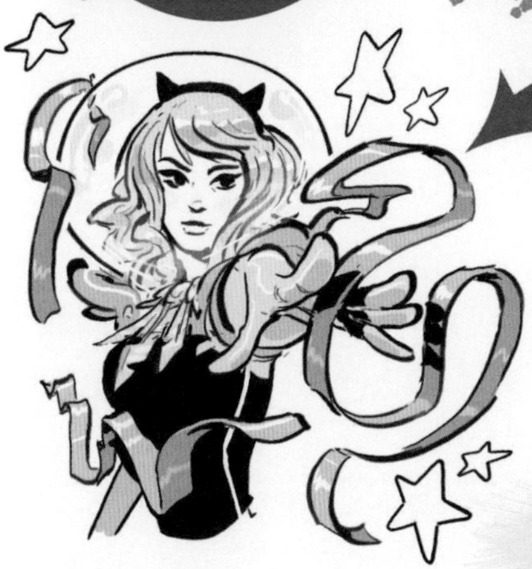

在本节教程的第一部分，我们研究了中心点如何随着透视移动，下面我们要结合一些技巧进一步应用缩短透视。

缩短透视的 6 个关键要素：

1 透视中的椭圆形

这在单点透视教程中有涉及，下面快速复习一下：

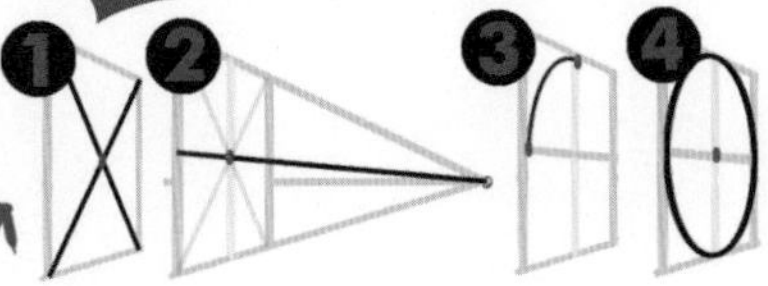

2 圆形运动范围

1 这里有一根杆子

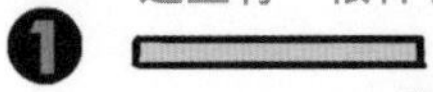

2 它的移动范围是一个大圆

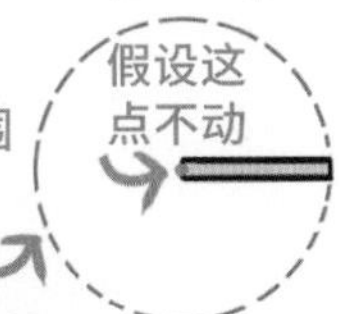

假设这点不动

3 围绕这一点的所有透视运动的范围都应该在大圆之内

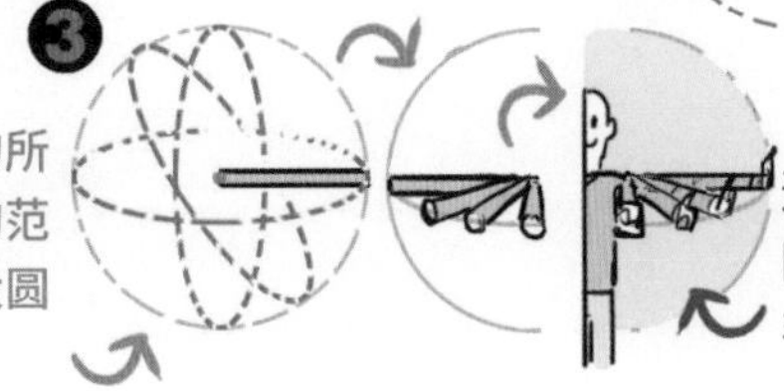

这对理解四肢运动非常有用

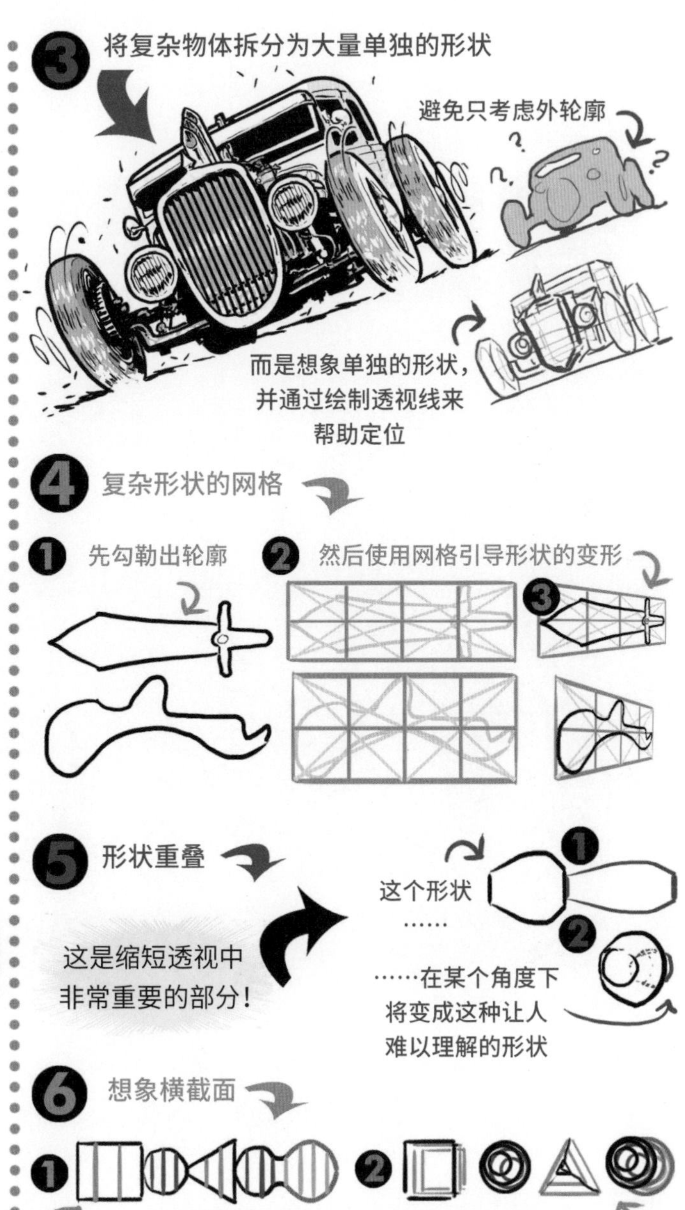

通过练习，你会发现自己不再需要引导线、中心点等就能呈现出缩短透视效果。

等角透视

A 部分

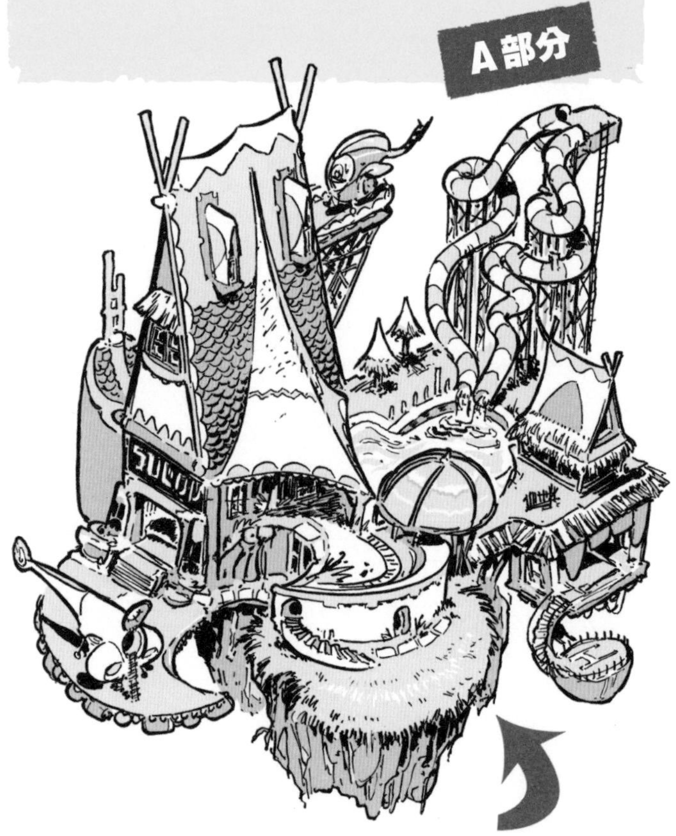

等角透视不是一种艺术风格，而是透视的形式之一。它是设计复杂构图的基础，也是帮你画出流畅、生动和自然的作品的好助手。

真正的等角透视中的网格实际上是基于一组非常具体的角度，但为了保持选择的开放性和创造性，我们将把“网格”作为一个覆盖所有角度的用词。

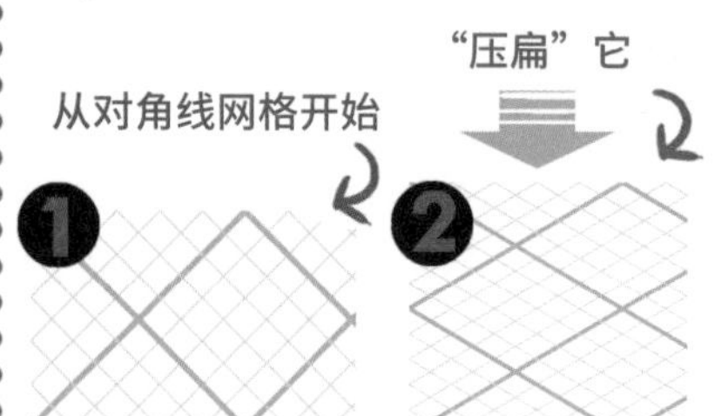

使用网格时，需要时刻记住两点：

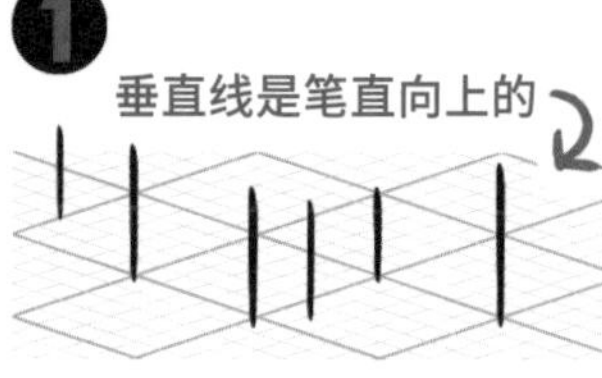

网格会在无意中影响你的绘图，导致物体被锁定在网格提供的几个角度，并缺少曲线，结果形成四四方方的设计。我们要避免这种情况！

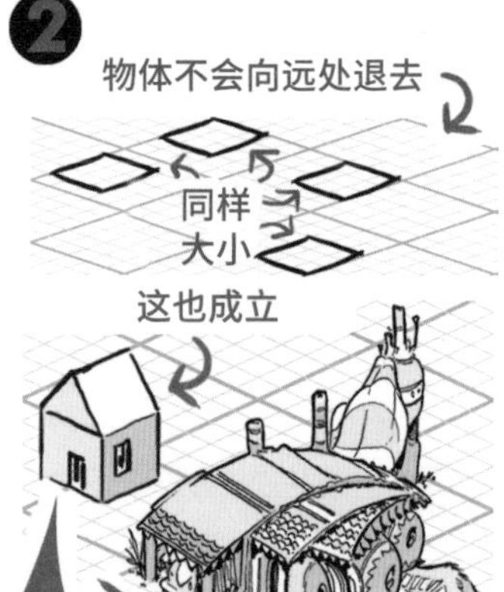

因此，我们的练习对象选择的不是那些规矩的几何形状，而是一些不规则的形状。

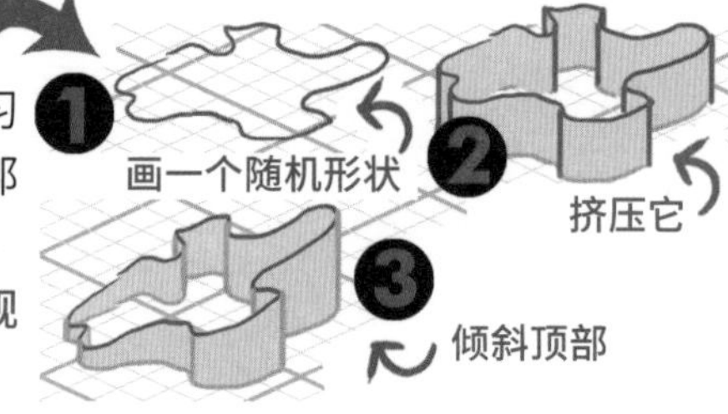

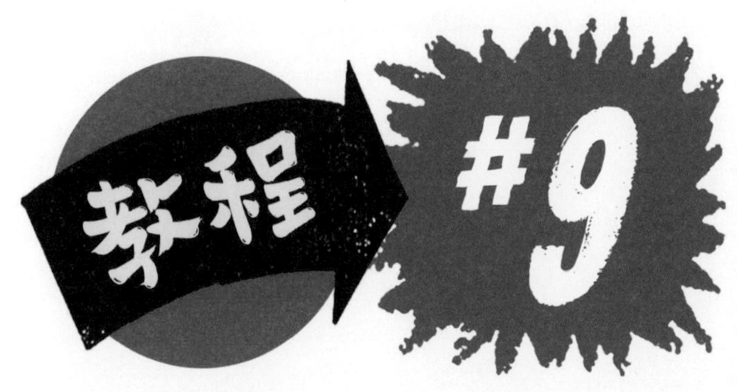

为了有更多的形状和形式选择，练习绘制不同的简单随机形状吧！然后以不完全符合网格的角度挤压它们。

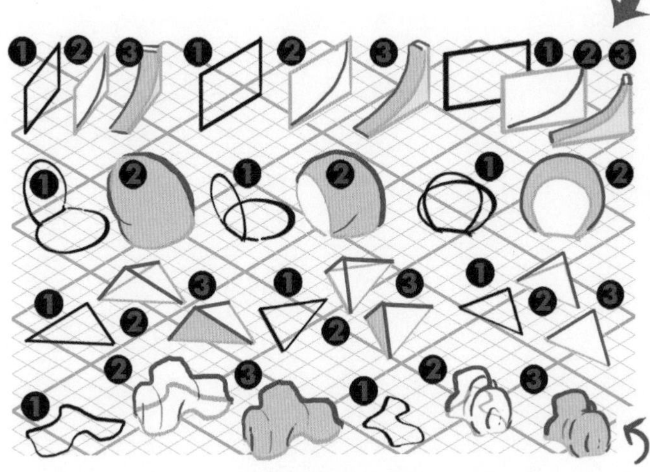

这将有助于训练你的大脑灵活旋转由网格引导的物体，同时不受网格的束缚

快速绘制岩石堆的方法：

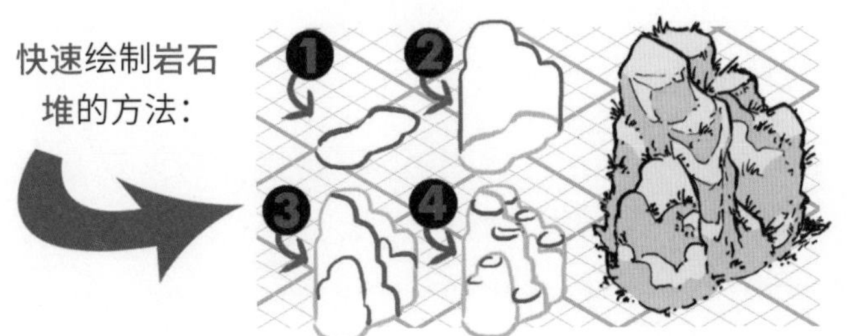

另一种快速堆叠岩石的方法：

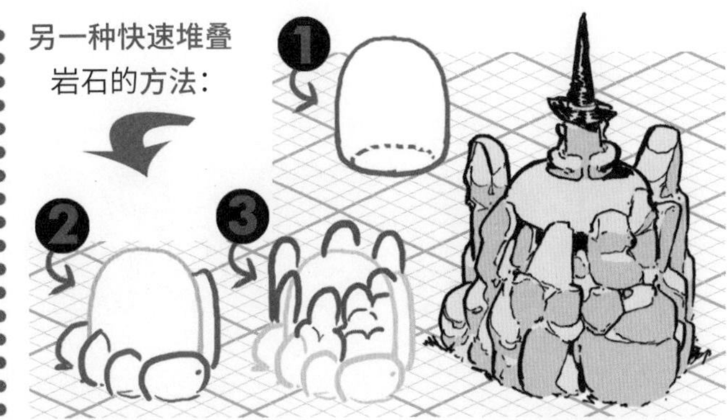

通常巨石的一部分埋在了地面之下，因此落在网格（相当于地面）的是它们的横截面。

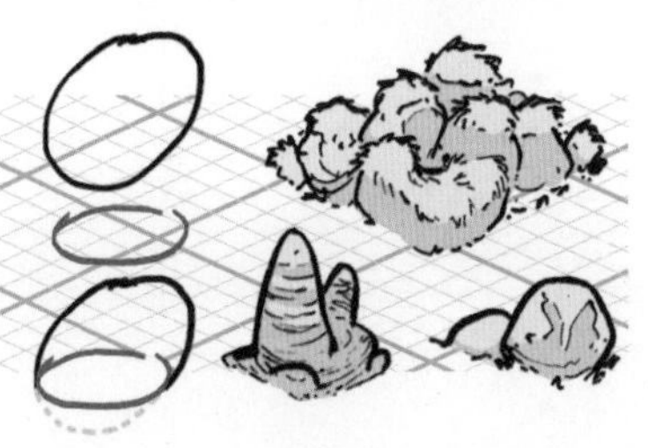

只要以一个自然的角度开始绘制，即使像树木这样的有机物也会在等角透视中保持自然的感觉。

如果你从这个开始……

你最终会得到这个……

但是如果你从这个开始……

……结果会更生动、自然

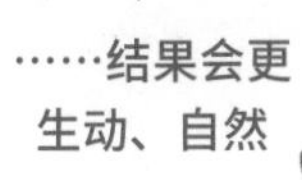

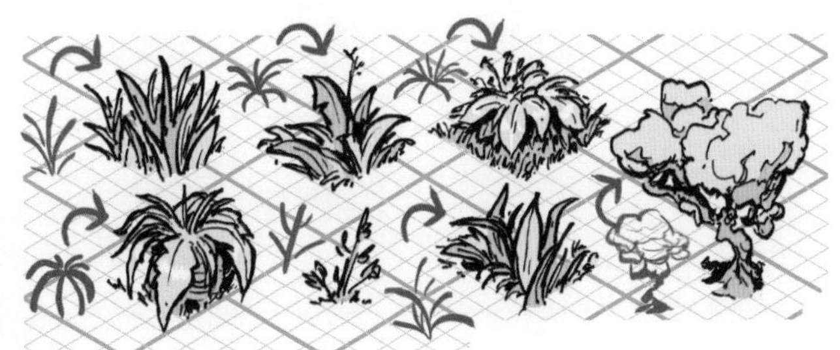

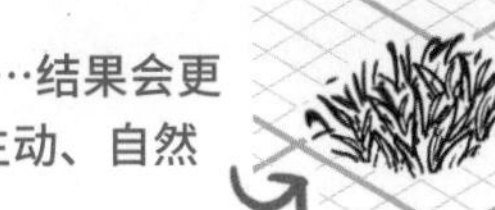

等角透视

B部分

当你构建复杂的设计时，使用等角网格可以帮助你“穿透”建筑内部。

1. 平面图
2. 主体
3. 较小的形状
4. 后面的形状
5. 曲线+镶嵌的形状
6.

使用圆弧去衡量没有与网格对齐的边的长度：

在等角透视中，等距没有后退变小，所以平行线保持平行

快速绘制复合的或不规则曲面的另一个方法是从一条主线开始：

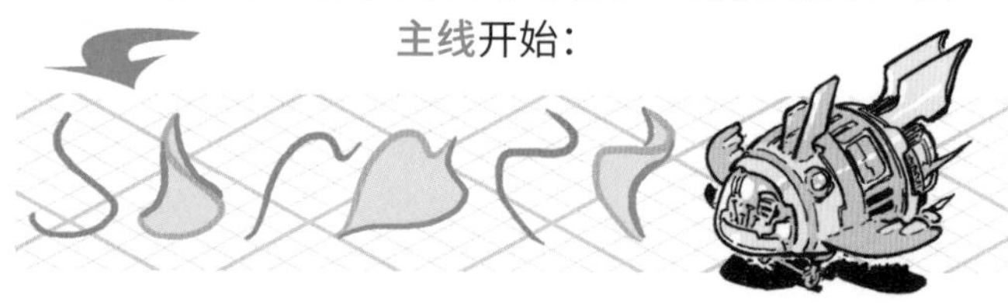

网格是指南，而不是模板。记住，地面不需要太平坦。

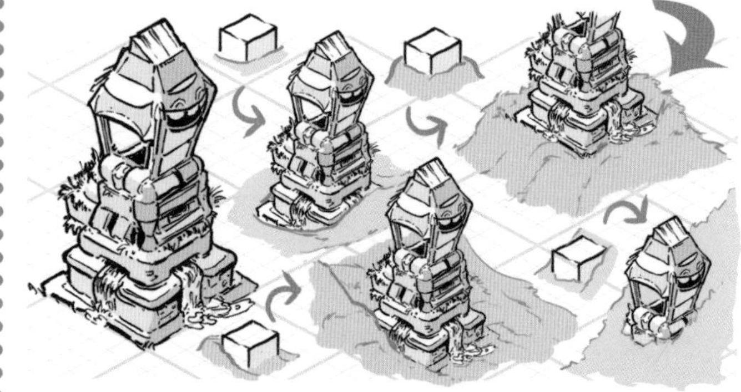

你绘制的地面可以向上，也可以向下。

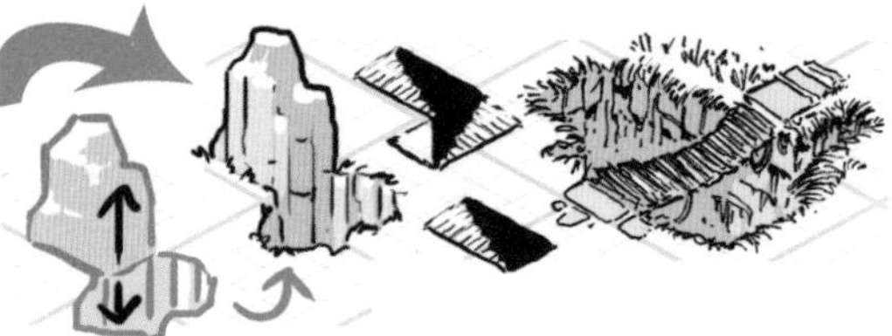

教程#10

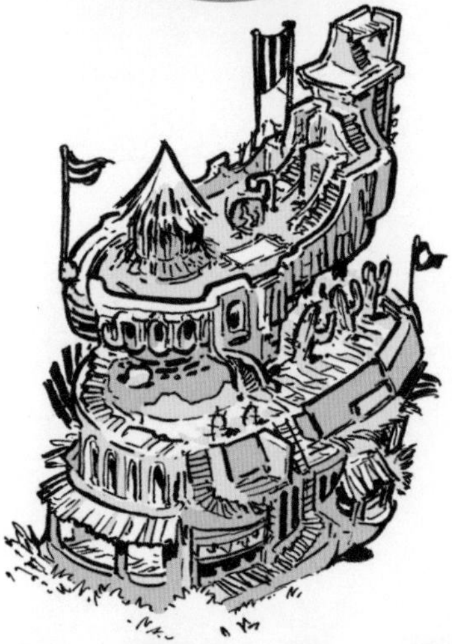

下面是一些常用形状在等角透视中的分解画法：

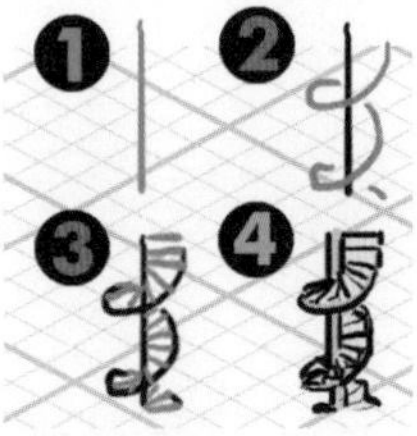

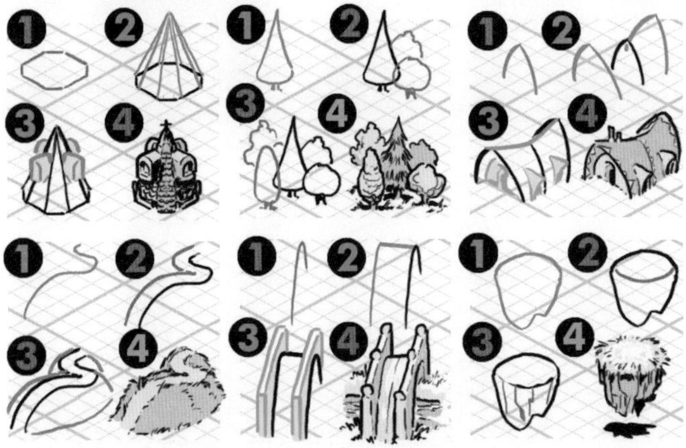

正确的基础线角度会使描绘细节变得更容易

是时候打破规则了！如果你想暗示更多的深度，你可以“仿造”透视，同时仍然保持整体的等角外观。

仿造透视技巧 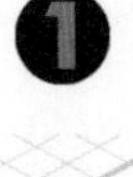 三角形

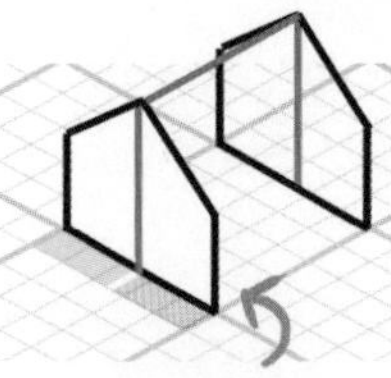

正确的等距中心点感觉离旁边的边缘太近了

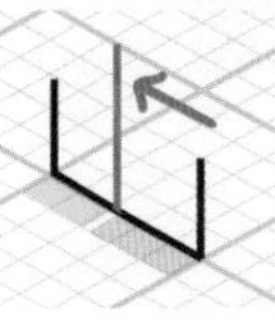

将“仿造”的中心点向后移一点

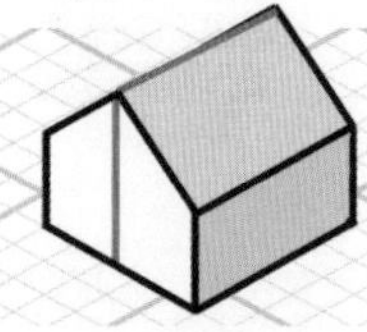

虽然三角形不在等角透视中，但给人感觉更好了

仿造透视技巧 2 缩放

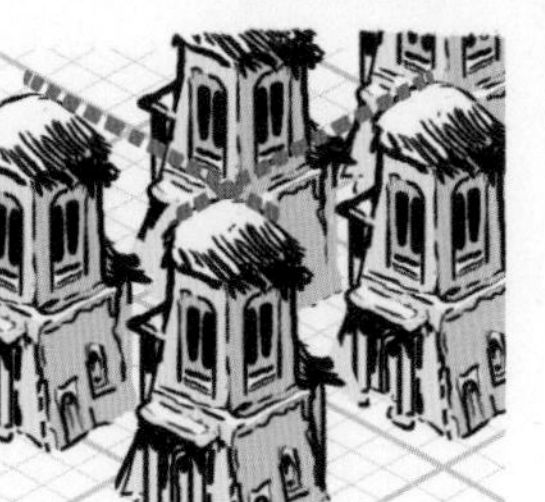

等角透视会让同样的物体保持同样的大小，因此看起来有些乏味

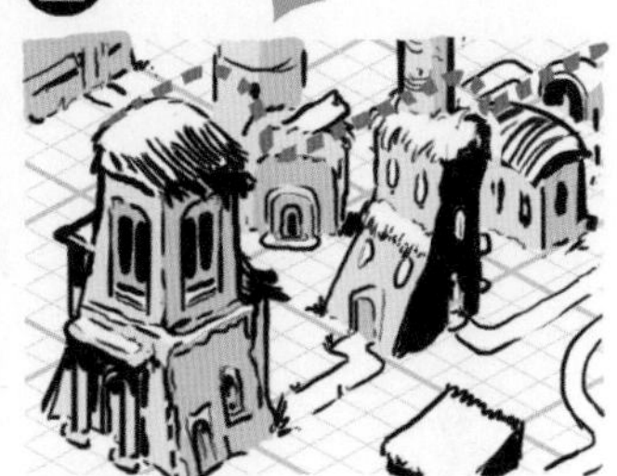

你可以通过在一个物体后面放置另一个较小的物体来“仿造”深度

堆叠、超出网格角度、使用自然的形式，以及增加深度，上述这些技巧放在一起用是最好的！

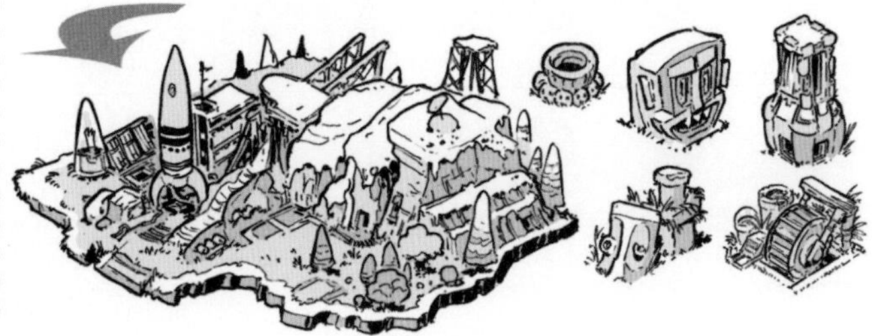

等角透视

素材集

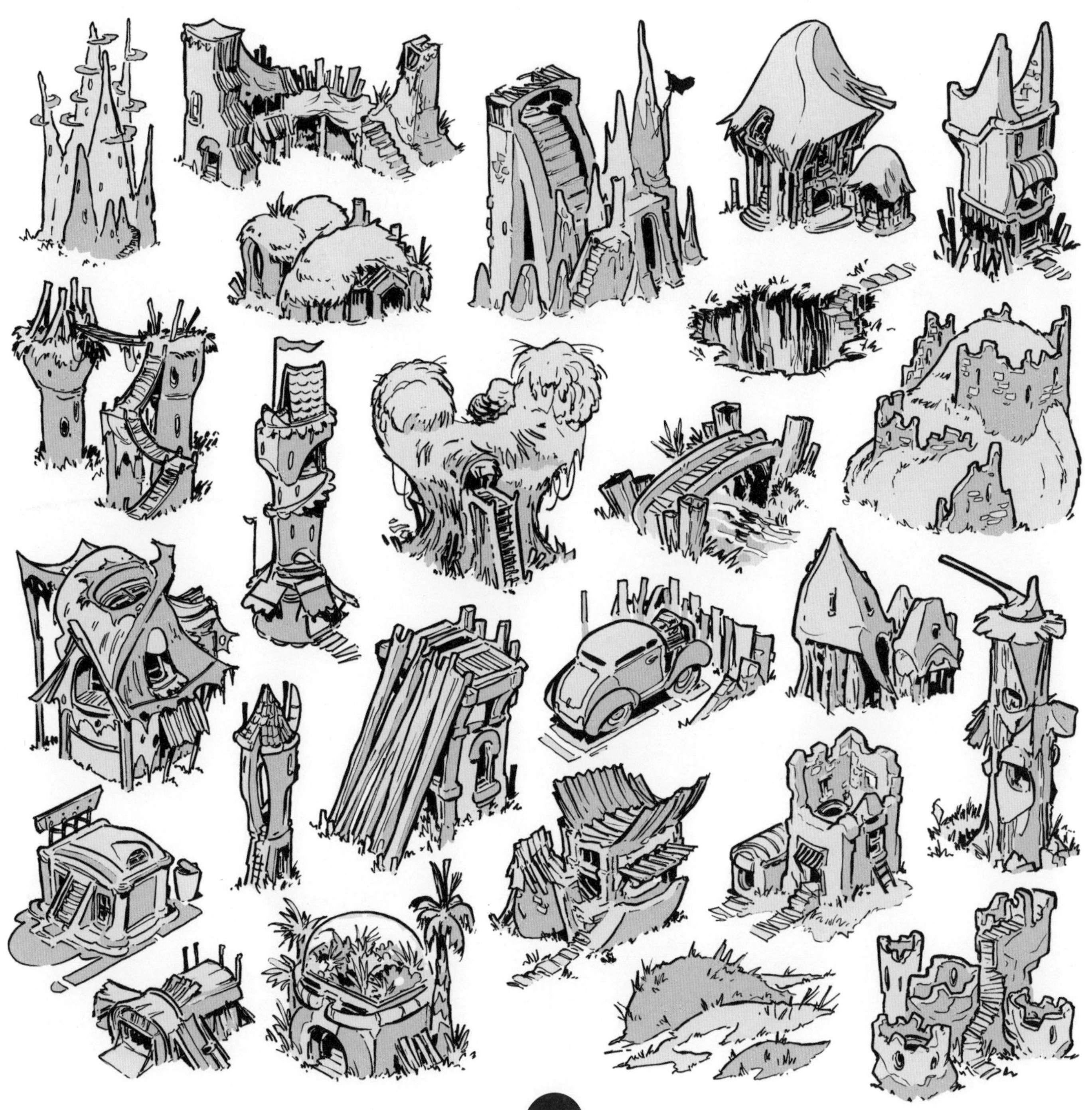

标志与作品结合

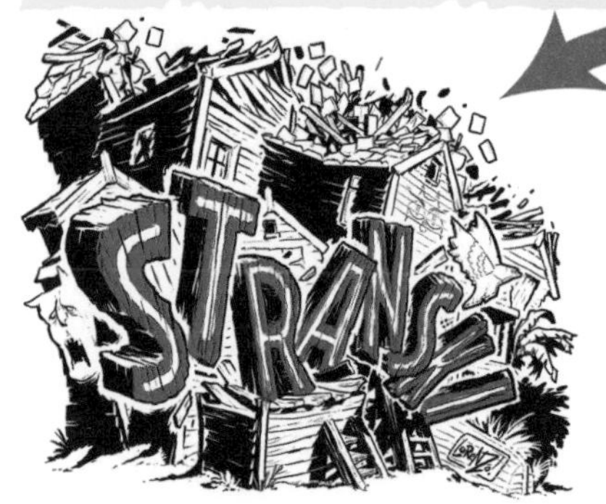

为了使你的标志与艺术作品和谐地结合在一起，你需要一开始就把它们计划进去，而不要等到作品快结束时再考虑这个问题。

为了帮助你解决这个问题，下面将介绍 6 大技巧！

它们帮助你在开始的时候就将标志和艺术作品结合在一起！

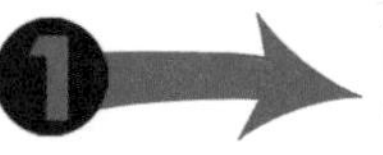

1 让你的作品浮于标志的上一层。

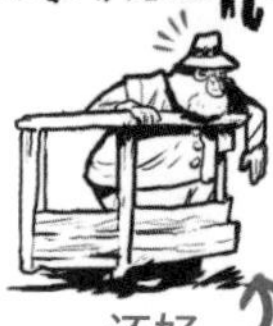

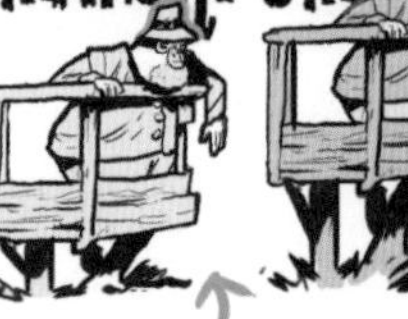

STRANSKI

还好　好点儿　很棒

2 让文字排版风格与图画艺术风格和故事类型相匹配。

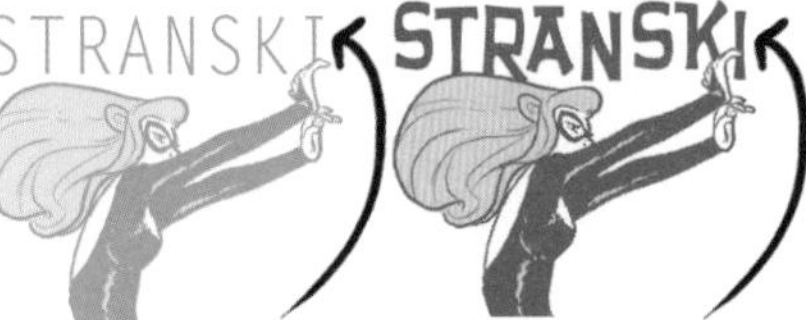

太纤细 + 太现代　比较合适

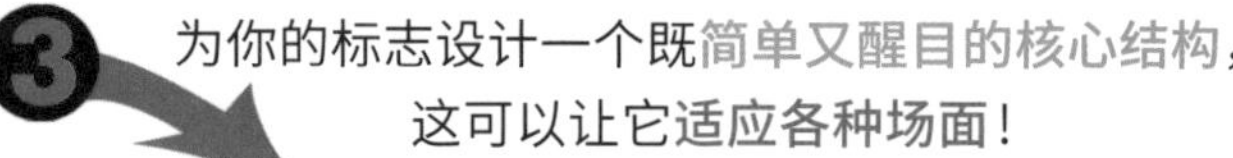

3 为你的标志设计一个既简单又醒目的核心结构，这可以让它适应各种场面！

核心结构，就是当你把它简化成一个单色平面后的部分

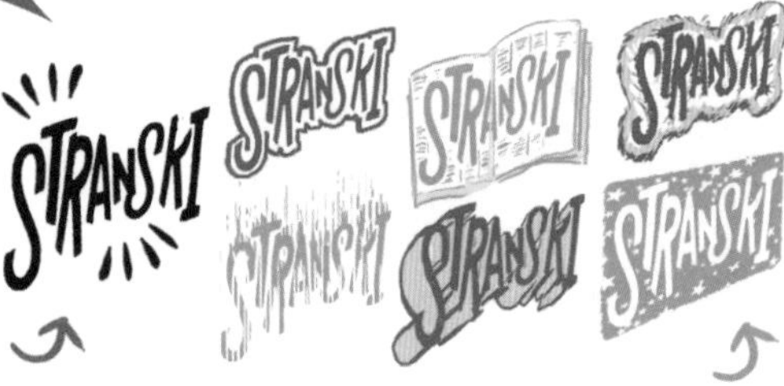

这样你就可以对它做任何调整了！

4 要至少把 20% 的画面空间留给标志，不要再少了！

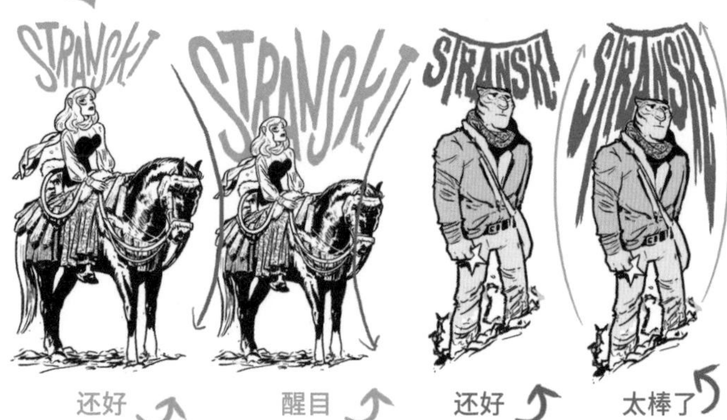

还好　醒目　还好　太棒了

5 让标志符合画面中物体的透视。

6 在空间中创造性地放置你的标志！

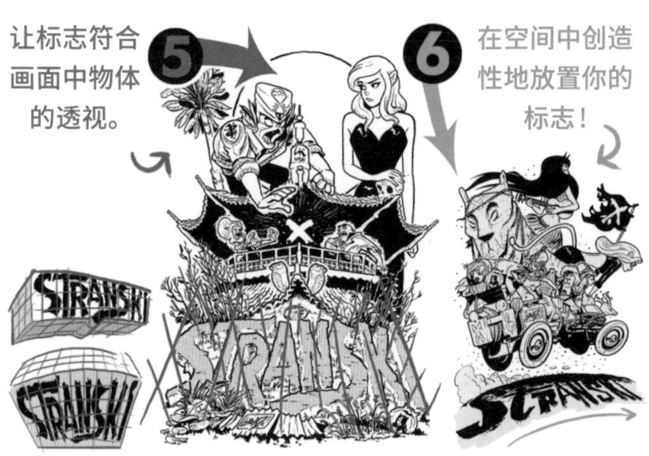

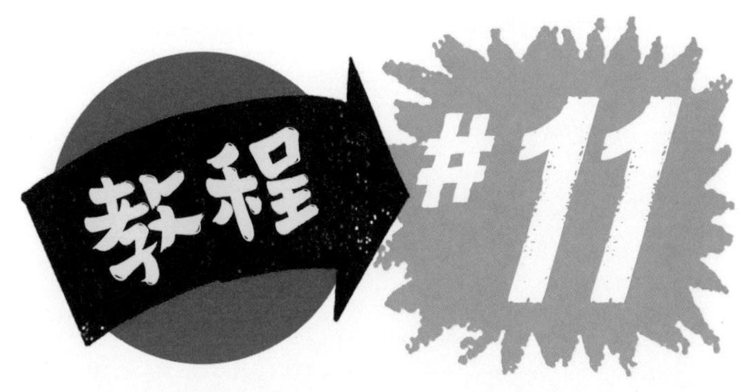

在标志中使用手写字体有助于彰显你的个人风格，然而，如果你不习惯用手写字体，可以用一种现成的字体为蓝本进行设计。

下面这个练习可能会有帮助：

1 找到一些适合你的艺术风格的字体

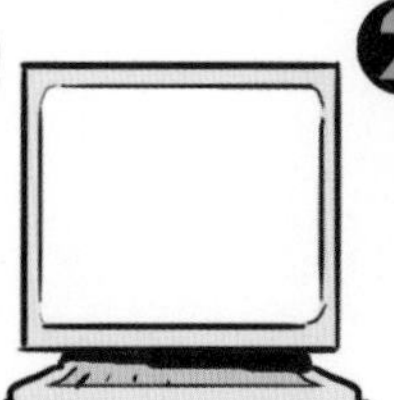

2 用很浅的色调打印，然后蘸墨水对其略加修饰

你可以试试下面这 6 种修饰技巧：

1 在石油里：

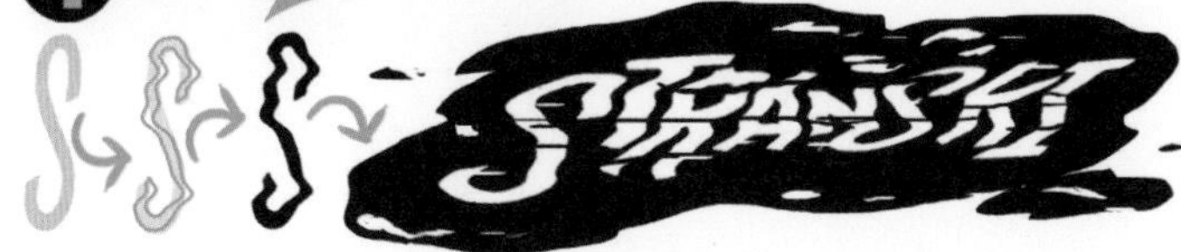

2 刻在石头上：

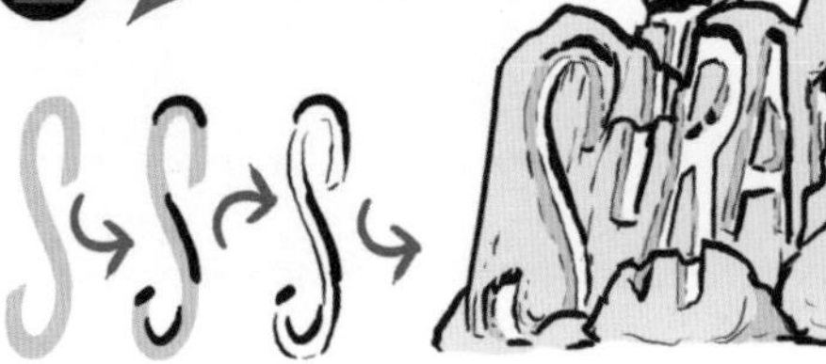

3 在火中：

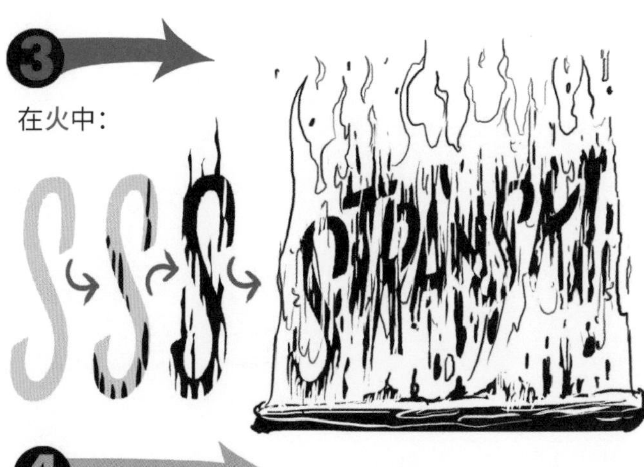

4 在石板路上：

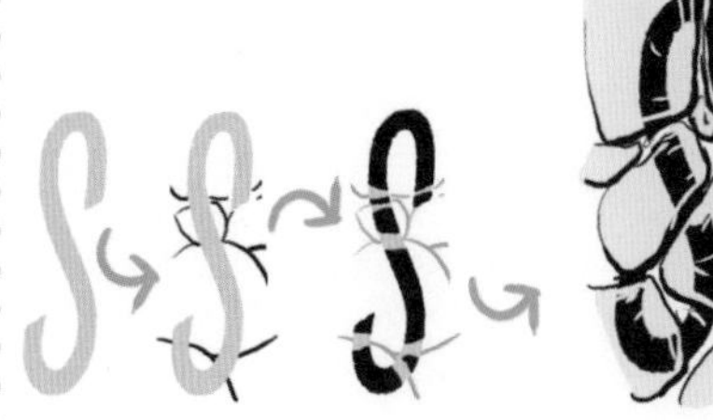

5 在织物上：

6 未干的油漆：

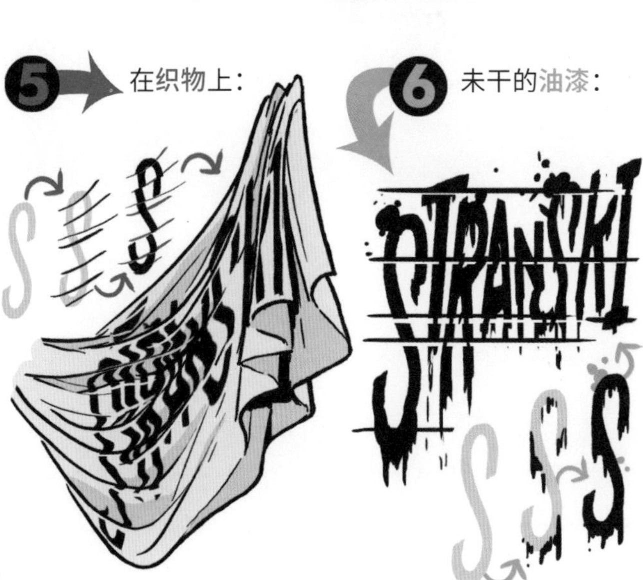

匹配世界设定的字体设计

标识和字体可以极大地增加所描绘世界的整体特征。

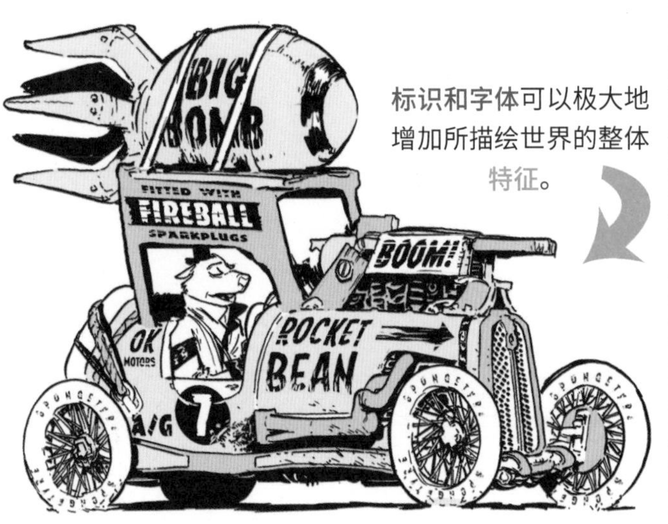

当它们被书写在平面上时，注意它们是如何被分置的。

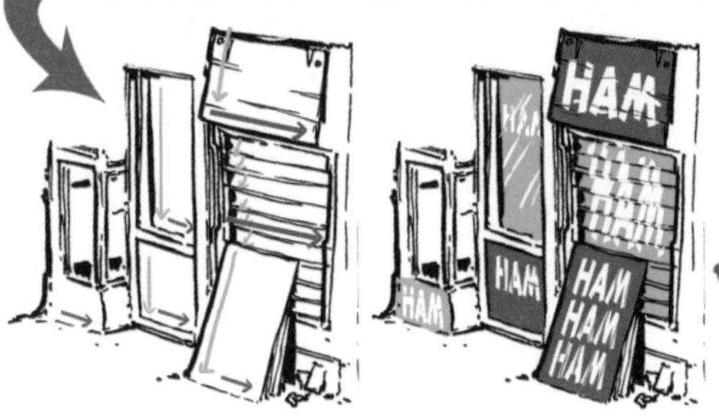

一些小的变化会产生极大的不同

当你面对一个弯曲的表面时，画出辅助线草图可能会有帮助。

即使是小的组合曲线也能产生一定效果

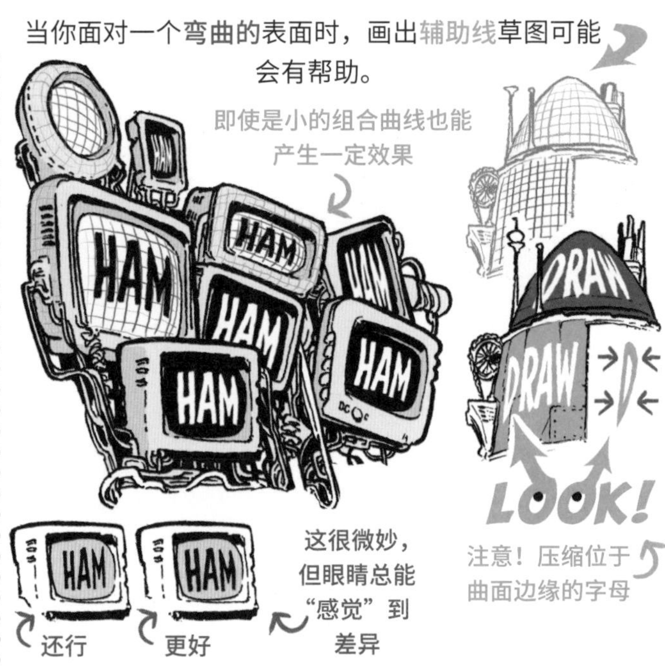

这很微妙，但眼睛总能“感觉”到差异

还行

更好

注意！压缩位于曲面边缘的字母

使文字融入画面的关键之一就是让字体与线条风格相匹配。

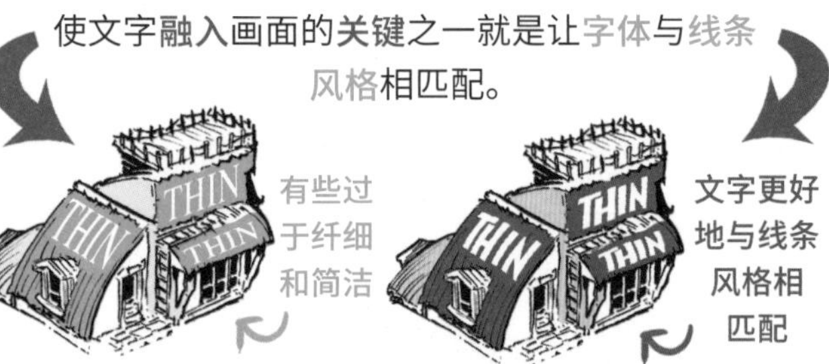

有些过于纤细和简洁

文字更好地与线条风格相匹配

你可以创造一些立体的字母。

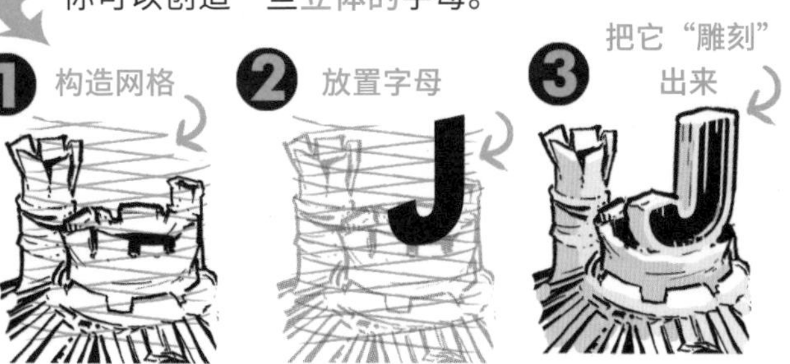

1 构造网格

2 放置字母

3 把它“雕刻”出来

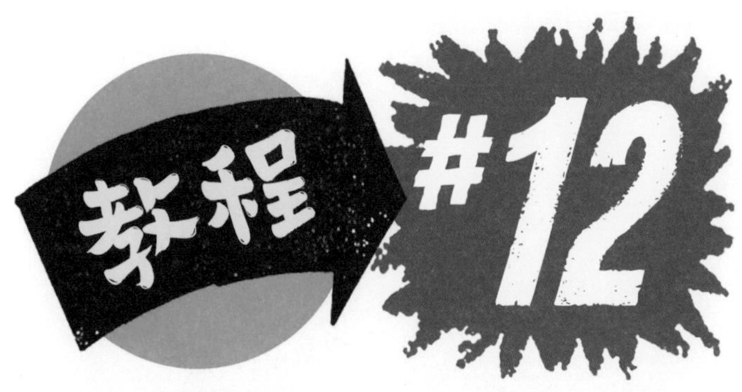

添加纹理

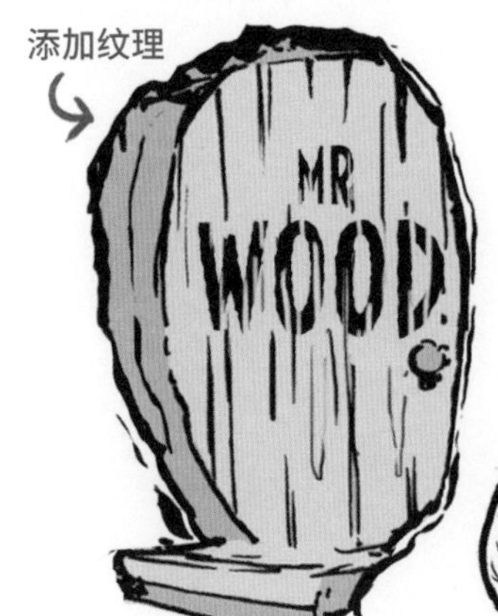

让材料的质地在文字上呈现出来。

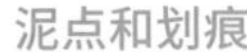

泥点和划痕

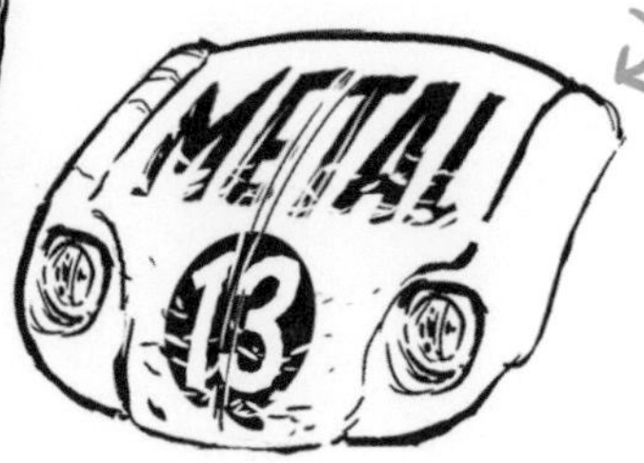

墙面粉刷时产生的中断

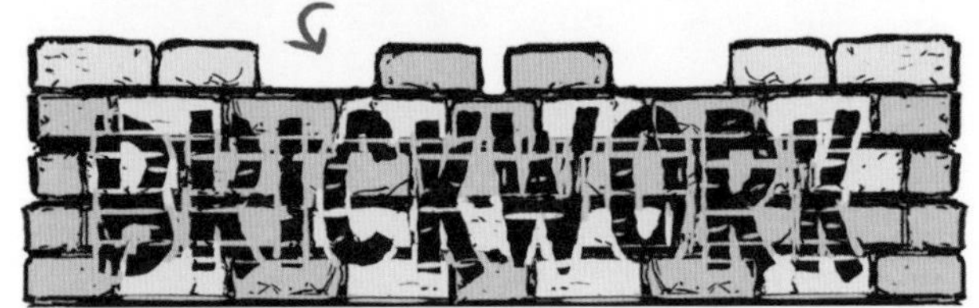

让材质真正影响字体

*不真实的生活场景

NOT TRUE TO LIFE

MUCH MORE LIKE REAL LIFE

*更像真实的生活场景

用一些标识掩盖其他标识，可以为画面增加真实感。

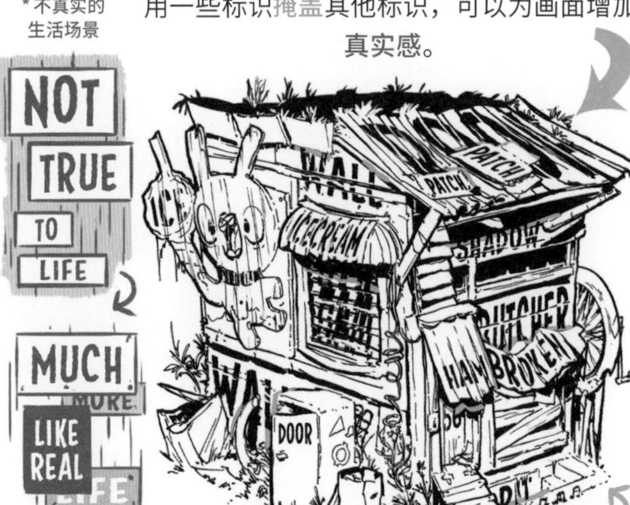

有很多遮挡文字的机会

不规整的字母会让标识更具雕塑感，并成为所描绘世界的一部分。

还行

HOTEL

更好

HOTEL

我们将在其他章节中进一步关注字体的特征。

STRANSKI

LORENZO

漫画封面

在创作漫画封面时，在手边准备一个关于设计概念的参考手册是很有用的，你可以混合和改编这些设计概念。如果你曾经因为缺乏思路而苦恼的话，我整理了下面这些设计概念供你参考。

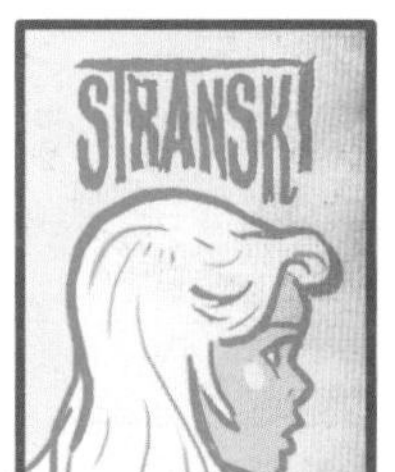

侧脸

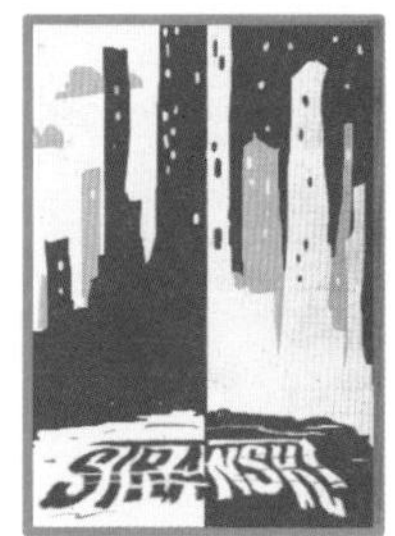

日夜对比

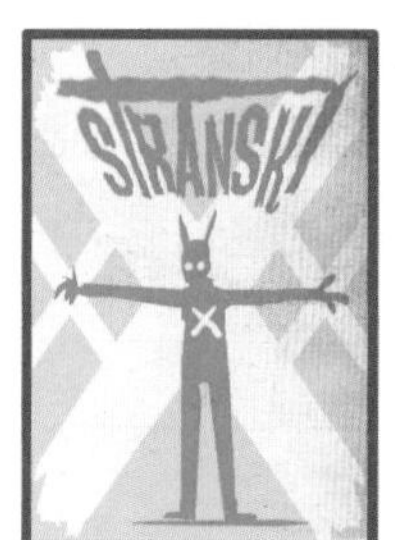

交叉

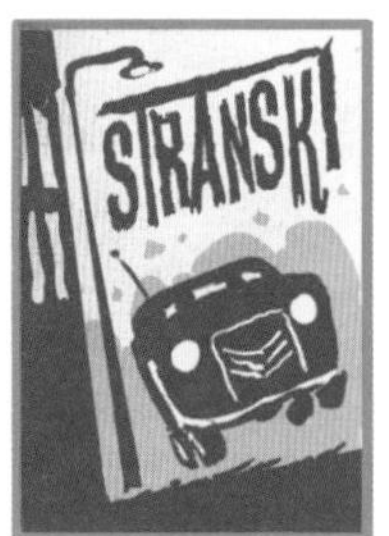

L型

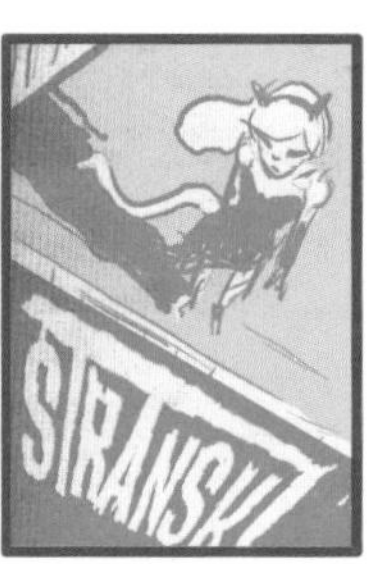

俯视

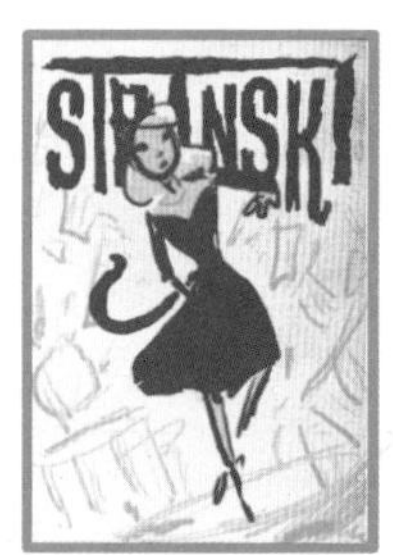

墨水涂染与素描

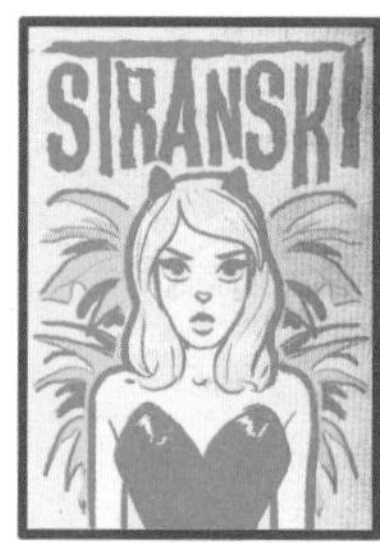

正面

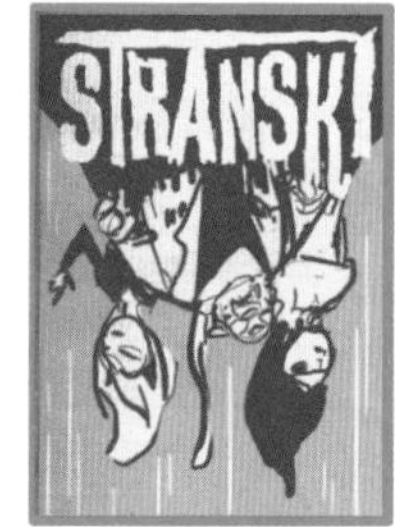

上下颠倒

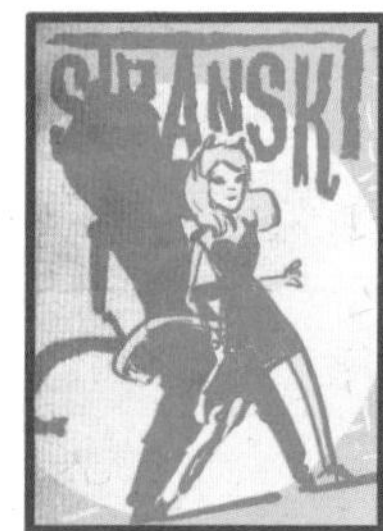

人物阴影

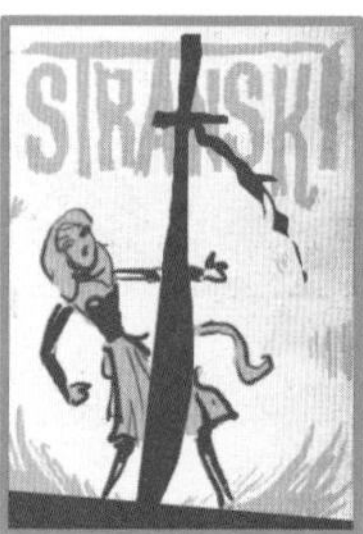

中心分割

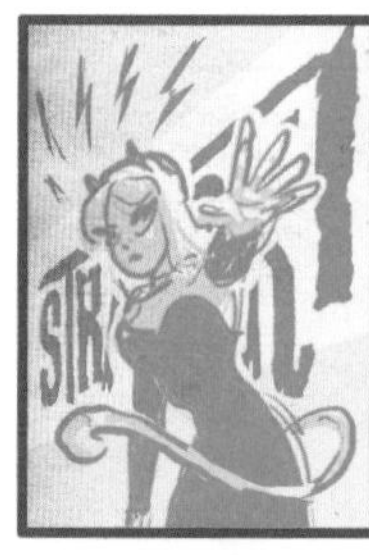

缩短透视

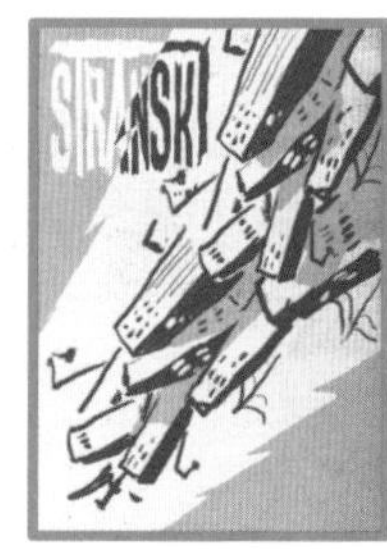

流瀑式

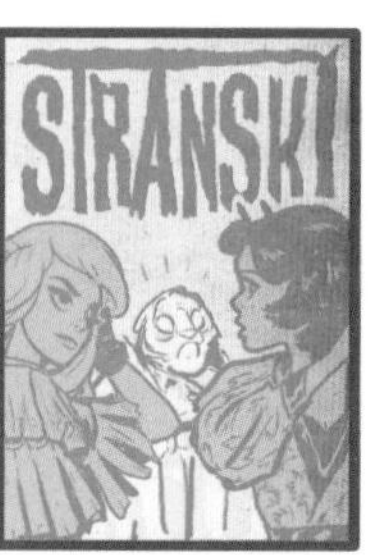

两侧前景

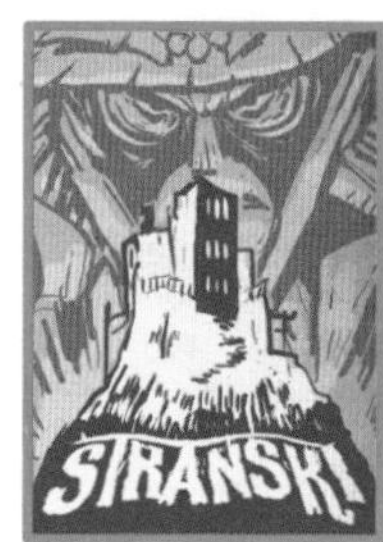

巨大的

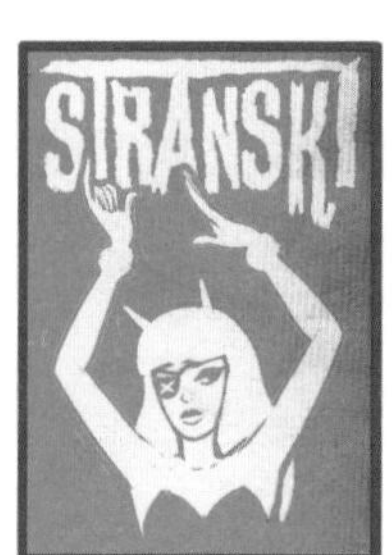

反向剪影

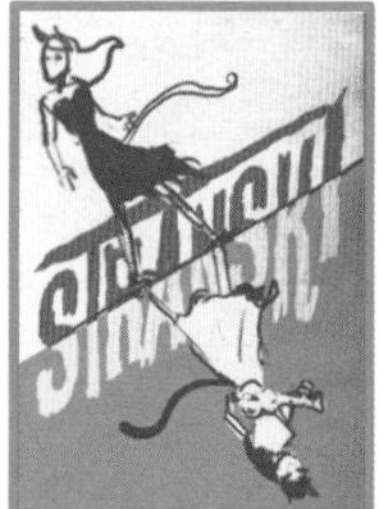

倒影

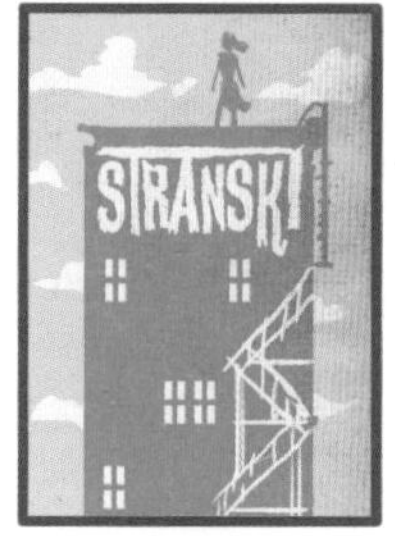

块状剪影

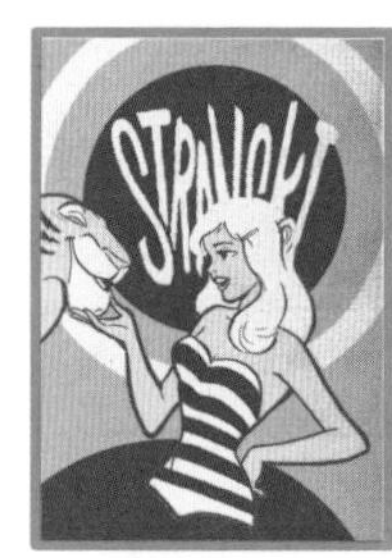

圆形图案

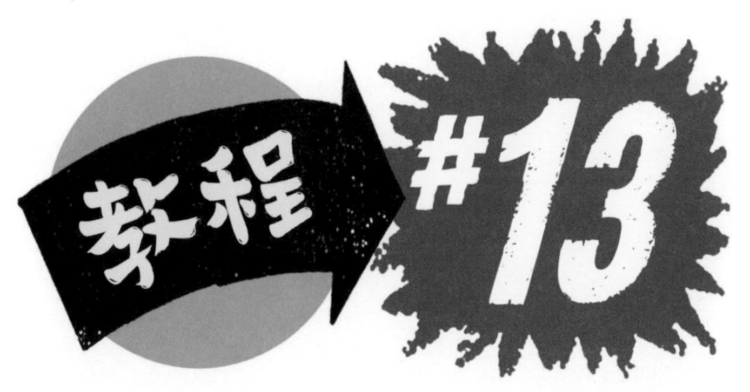

进行封面设计时，你可以先画出一些小的、粗略的草图，这样有助于检视构图：是否能够被很好地识别？是否有特色？是否抓住了故事的基调？然后从中选出最有个性的、富有感染力的设计，以便让它从众多其他封面中脱颖而出。

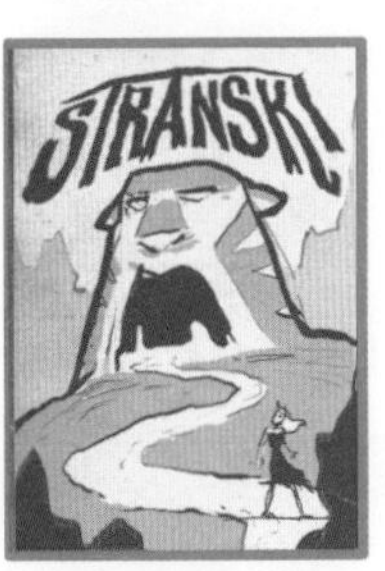

道路

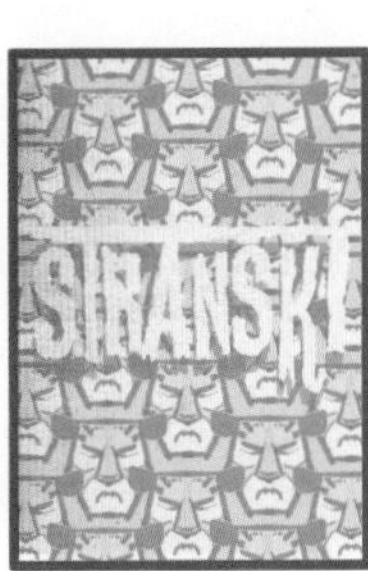

图案

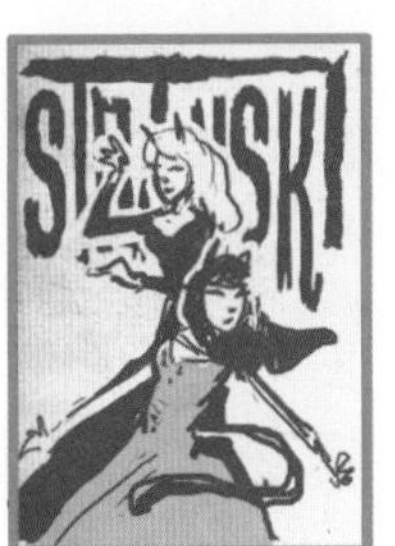

叠放

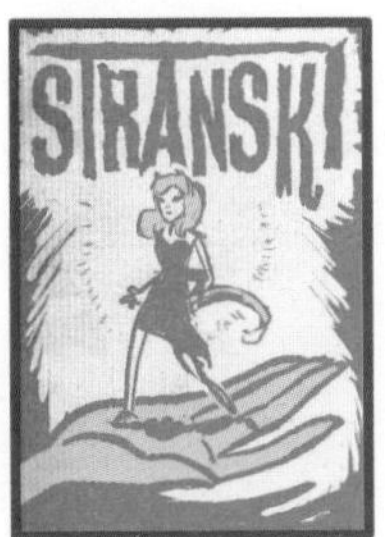

在手上

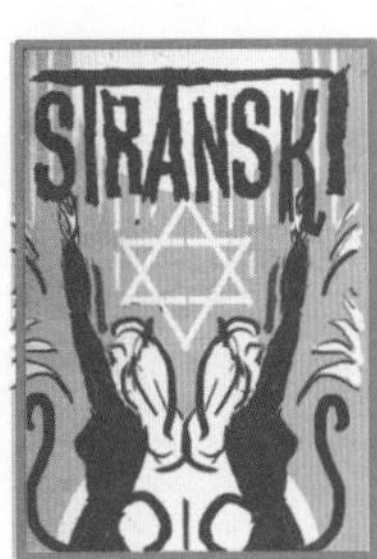

对称

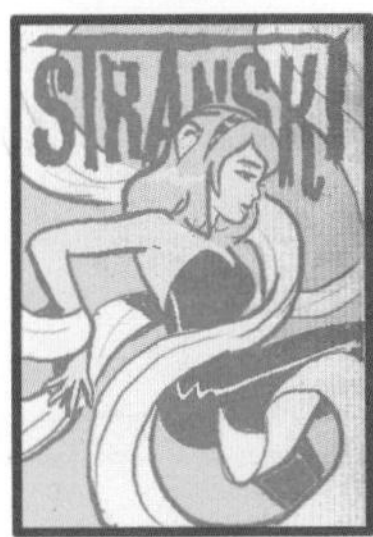

织物或丝带

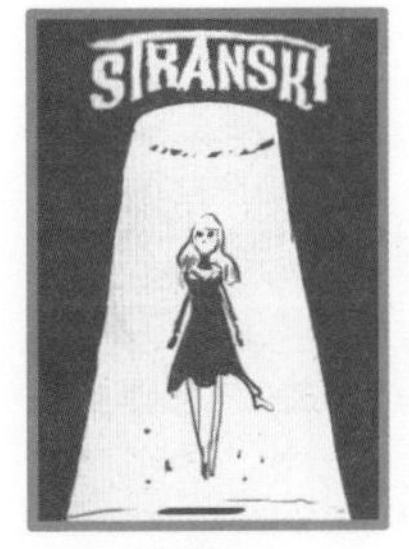

聚光灯

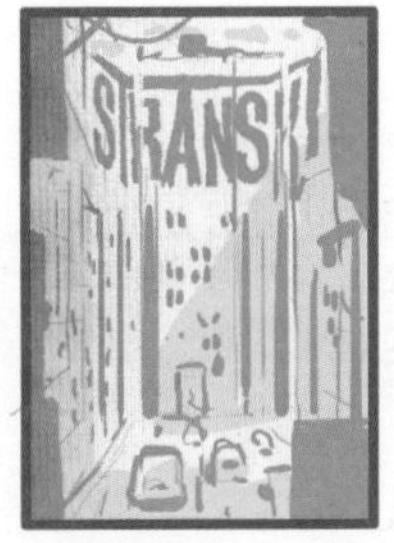

透视

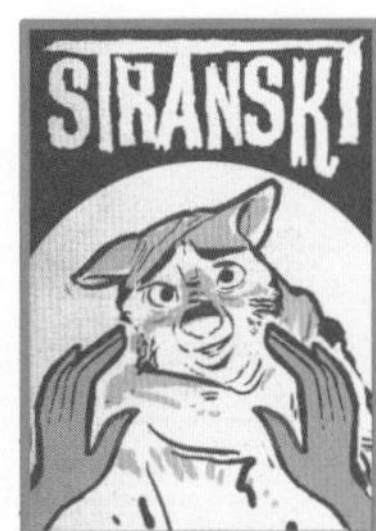

第一人称视角

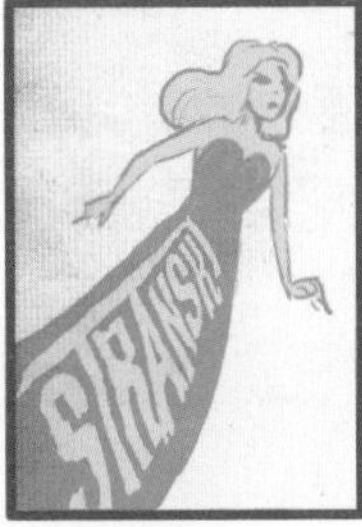

留白

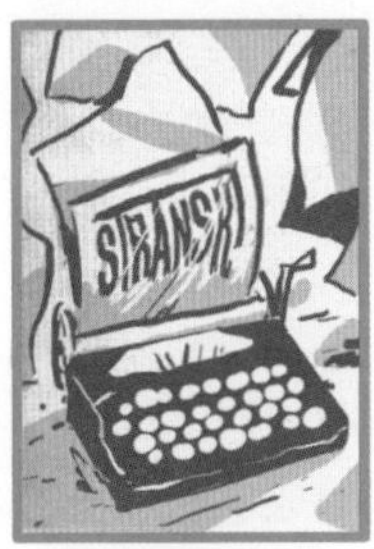

道具

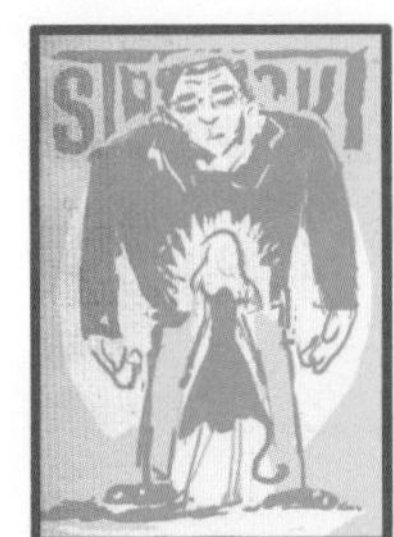

对比

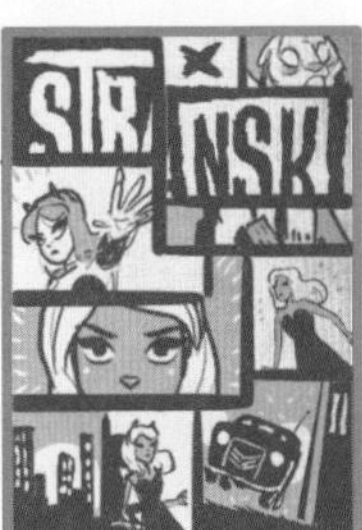

板块

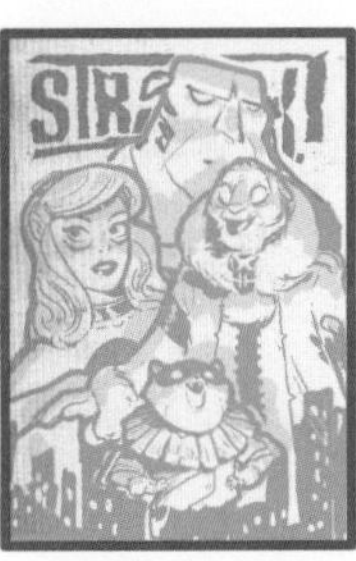

剪辑组合

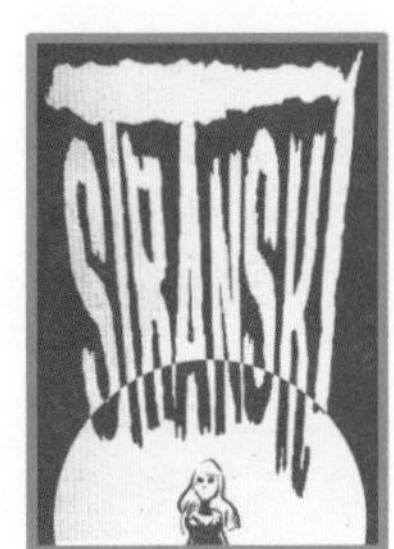

标志

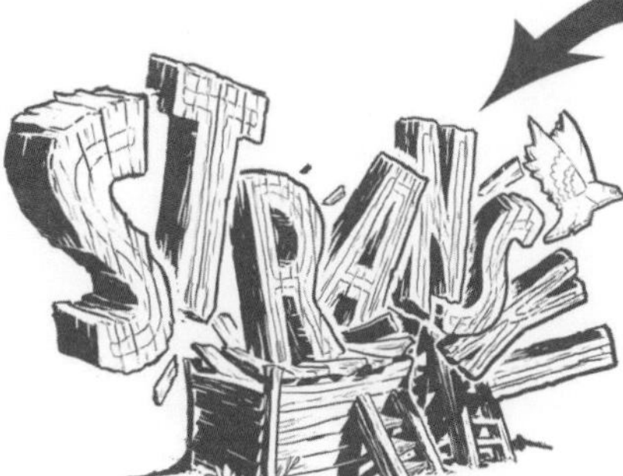

试着将标志设计（第 270-271 页）与字体设计（第 272-273 页）结合起来，设计一个独特的标题吧！

改变一个元素

是时候来点不同的了！这一节更像是一个绘画练习，而不是一个教程。建立这种自我改变的意识至关重要，尤其有助于艺术家们突破瓶颈！

方法很简单：从一个旧的设计开始，一步一步来，每次改变一样东西！不要担心它的发展方向，跟着它走就行了！让我们开始吧！

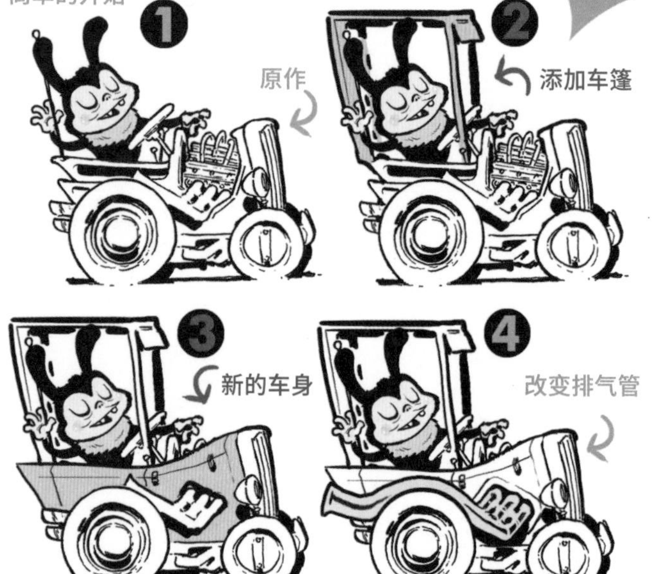

一旦你开始使用这种方法，就会发现在你的速写本上从一个创意跳到另一个变得容易多了！

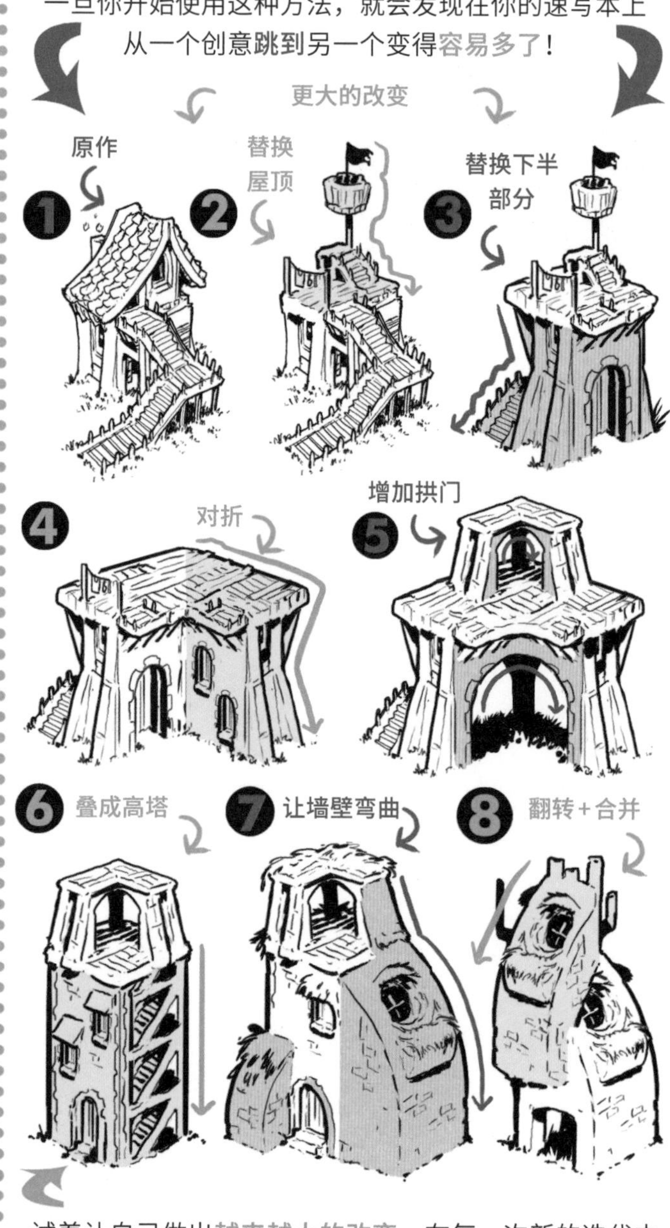

试着让自己做出越来越大的改变，在每一次新的迭代中只保留以前设计的一小部分。

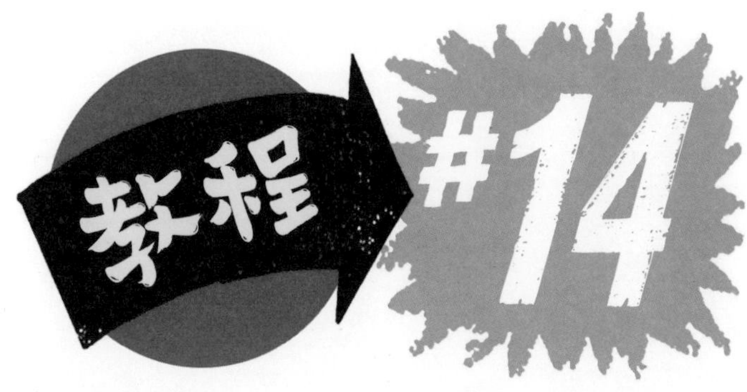

通过每次改变一个关键元素来对你的设计进行迭代是一项基本技能。

这种创作方式对于角色设计尤其有用，它可以使角色的重要特征得到强调。

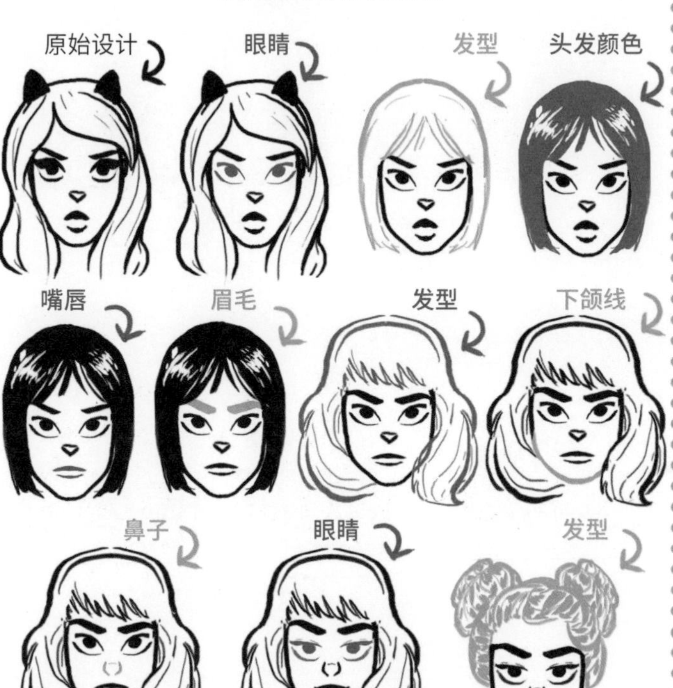

我们的大脑也乐于接受这种温和的改变方式，它会一边欣赏小变化（而不至于受到惊吓），一边为之后可能有的大的飞跃做好准备。可以说，这是一种四两拨千斤的技巧。

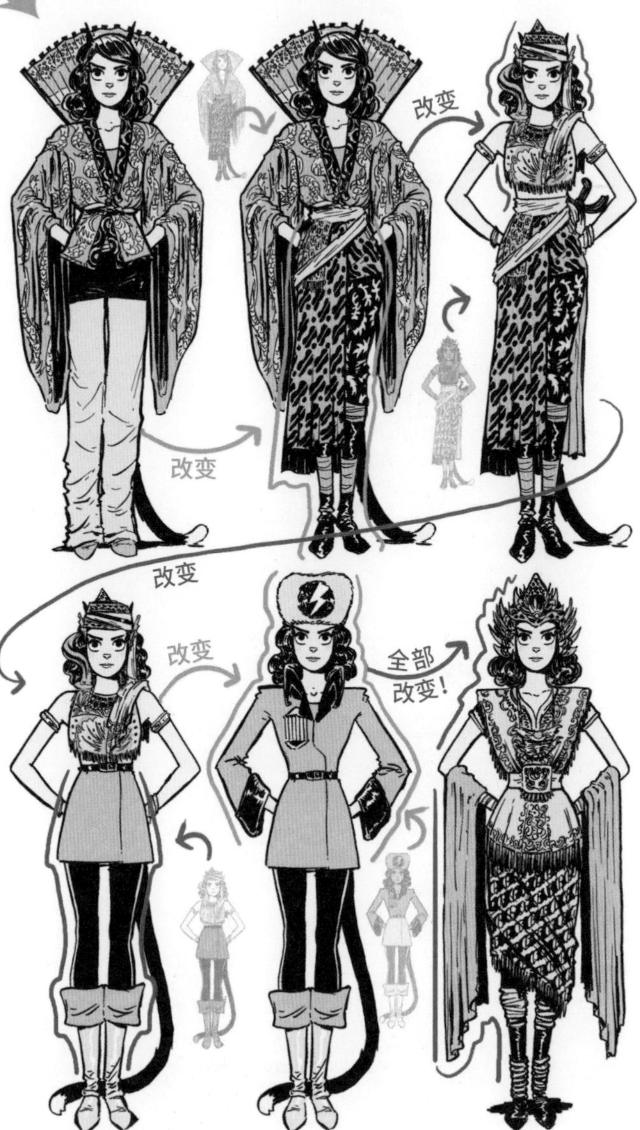

剪影缩略图

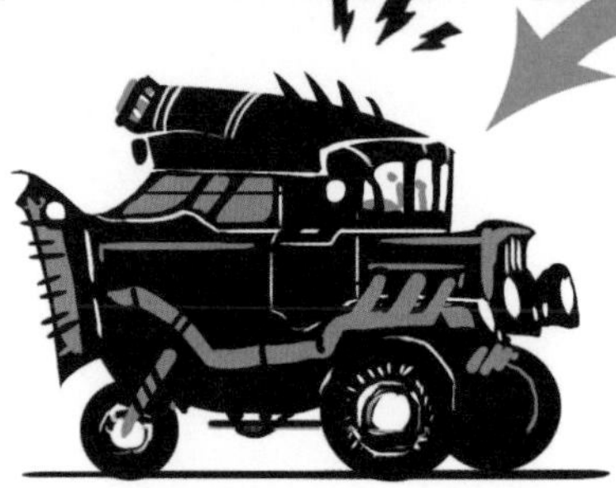

想让你的大脑产生无穷无尽的设计灵感？一个实用的技巧是使用剪影缩略图。

剪影缩略图可以帮我们对设计有一个整体把握，并且可以检视它是否具有较高的辨识度。

在你为一个设计增添各种细节前……

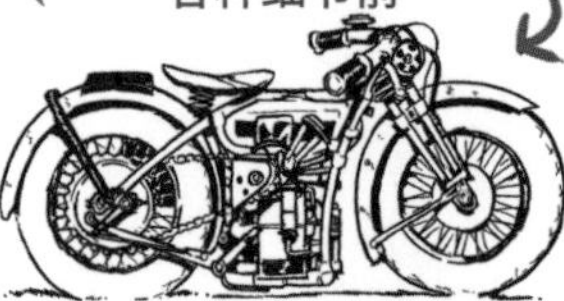

……最好先确定它的剪影缩略图

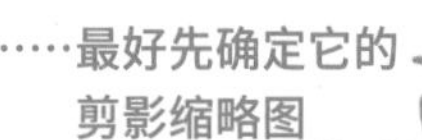

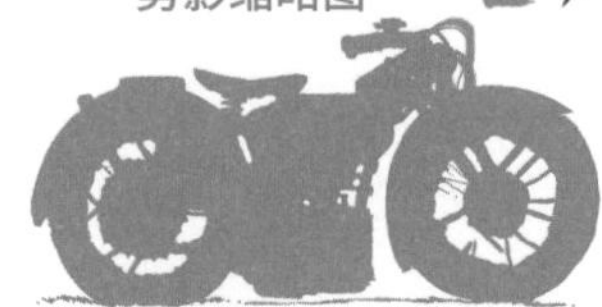

你可以用这种方法设计任何东西。

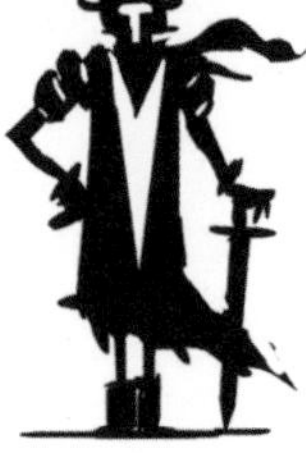

角色

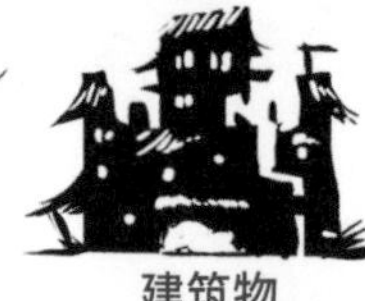

建筑物

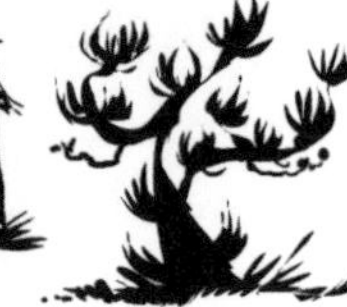

植物

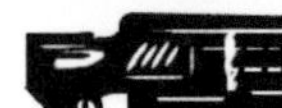

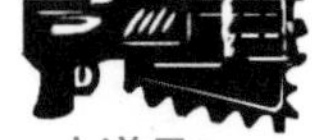

小道具

剪影缩略图会用到 3 种色调，使用下面 2 种方法都可实现：

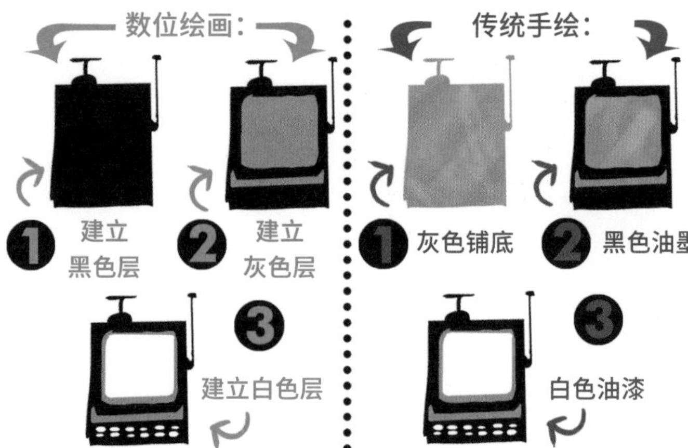

在开始使用 3 种色调之前，可以先练习使用单色。下面这个练习非常有趣，可以帮你放松：

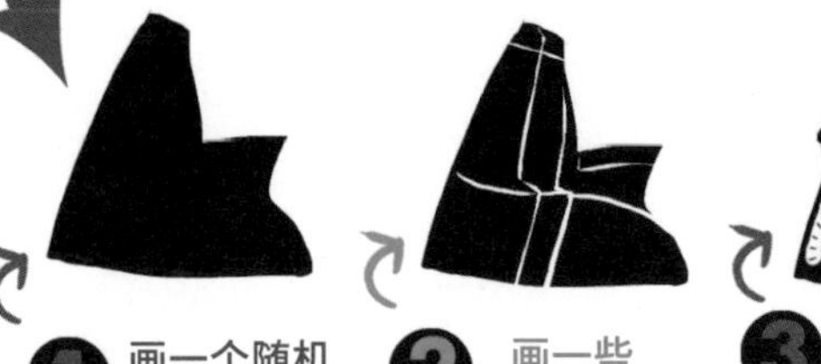

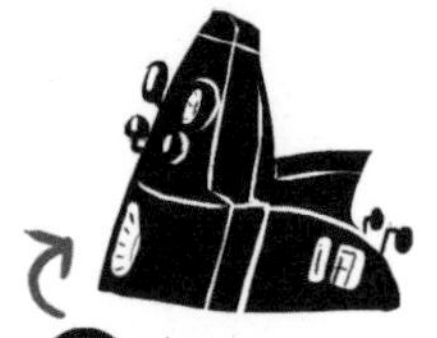

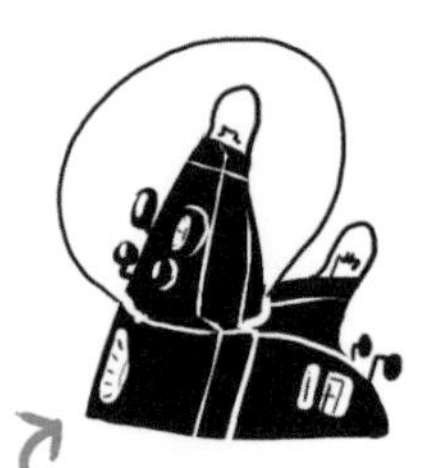

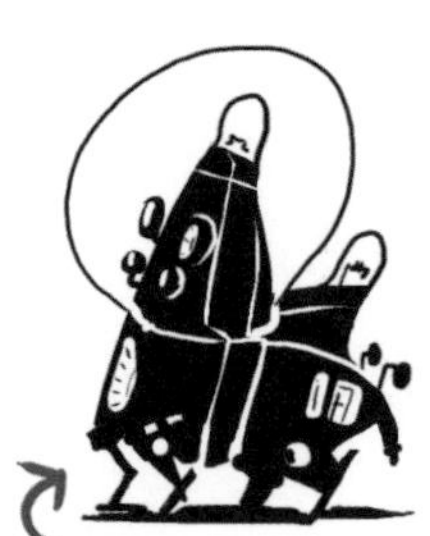

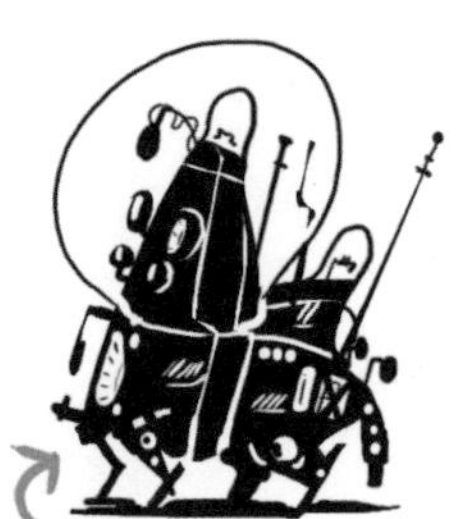

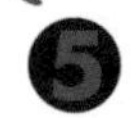

最终得到什么并不重要，只是玩一玩，用形状来设计！

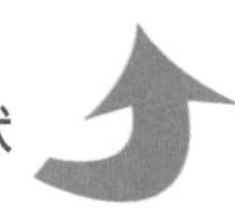

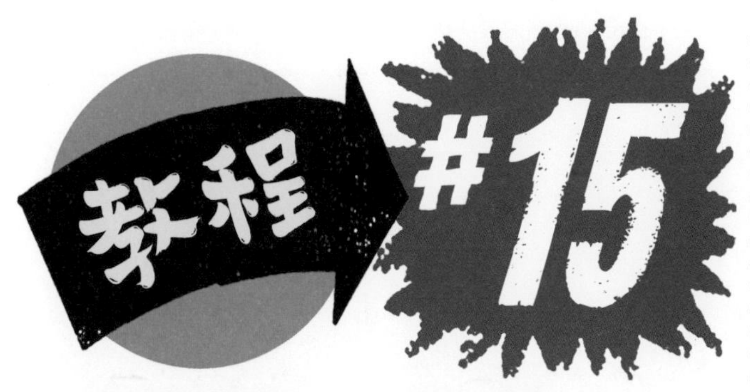

你也可以把基础形状想象成一块块的陶土，然后在上面雕刻、减去或添加几块。

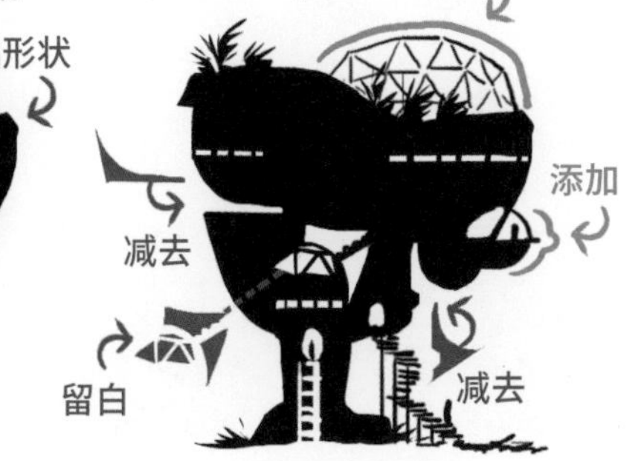

添加中间色调将为剪影缩略图增添两个新元素——剖面和维度。

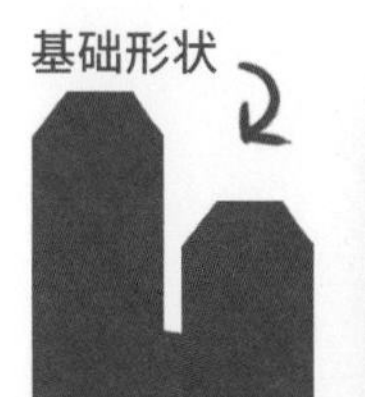
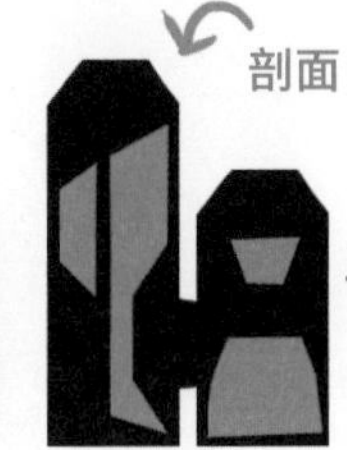

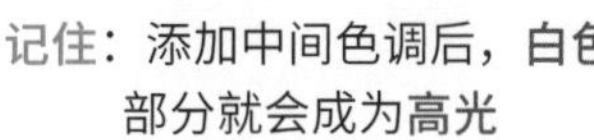

记住：添加中间色调后，白色部分就会成为高光

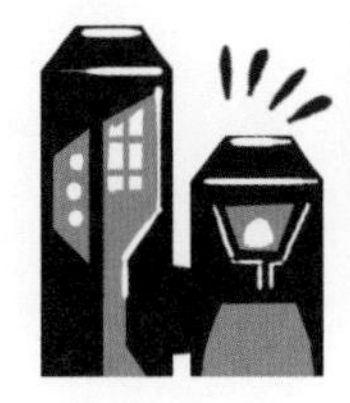
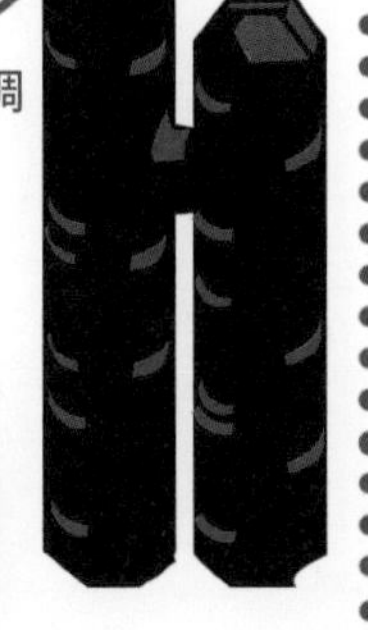

很重要的一点是：不要仅仅为了展示光影效果而使用中间色调和白色！应该用它们同时体现光影效果和剖面。

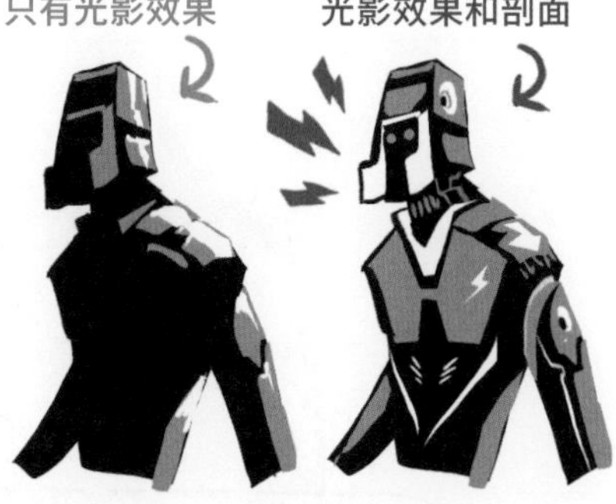

剪影缩略图对小型和大型结构都适用。

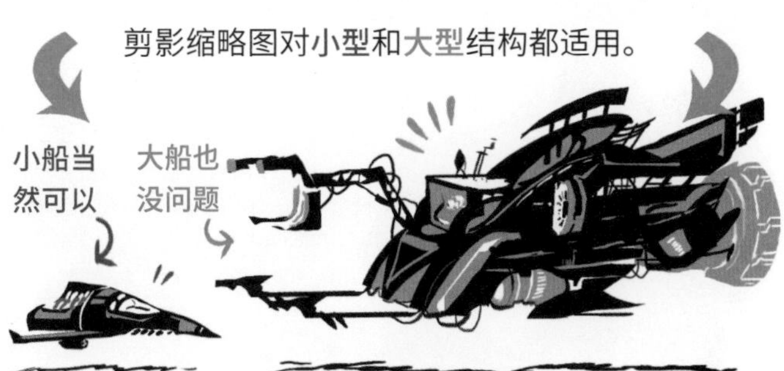

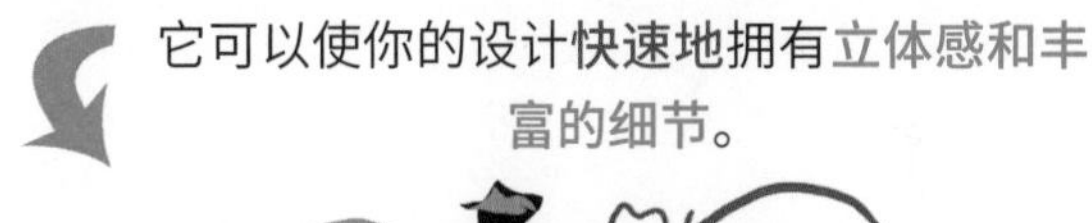

它可以使你的设计快速地拥有立体感和丰富的细节。

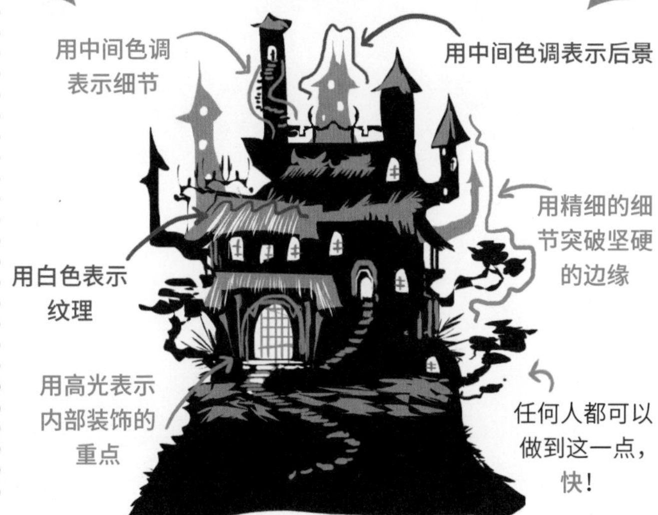

你的风格

一些艺术家会在他们的职业生涯中发现并确立一种风格，而另一些艺术家则会继续实验和尝试新的风格和技巧。不同的方法适合不同的创作者，但无论是哪种情况，掌握如何全方位地绘制一种特定风格都将是非常有帮助的。

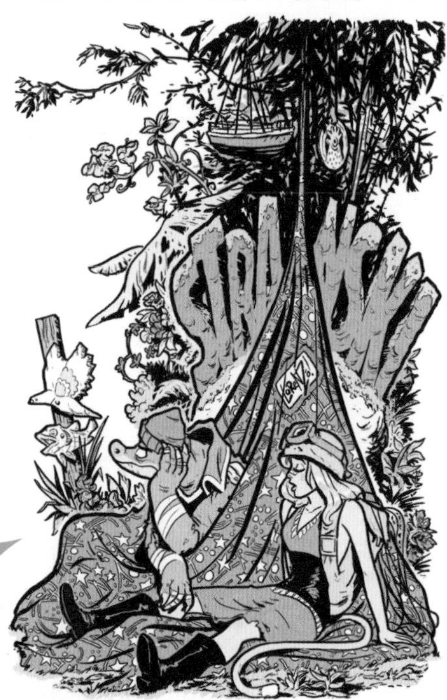

一个很常见的问题：

或者换种问法：

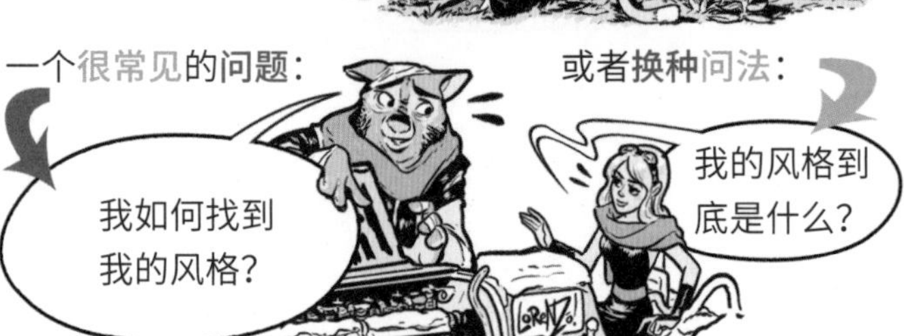

关于风格，首先要明确的是：它是一种演变。真正独特的风格不会完全定型。你创造得越多，它就越会向你展现它自己。

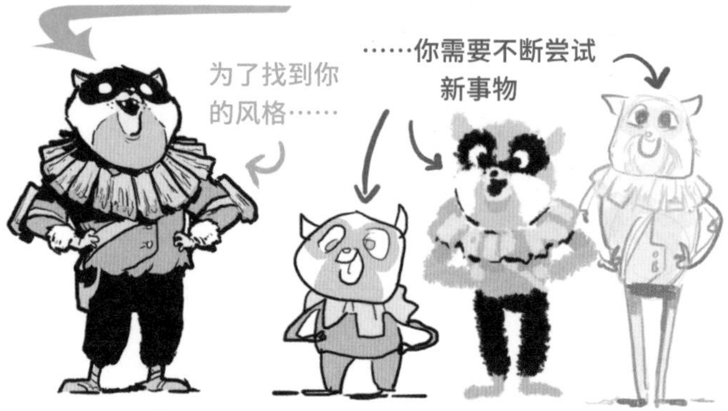

不管你有没有意识到，在这个过程中有大量的外界影响。这些外界影响有 3 种类型，它们各有利弊，由此产生的艺术效果也不尽相同。

1. 特定类型的构思：它们都有着相似的艺术形式和相似的风格——由于需要解决的问题较少，所以它可以快速帮你建立一种风格，但也会导致看起来缺乏独创性

2. 广泛的构思：它们都来自一种艺术形式——混合了来自各种常规艺术形式的元素，有助于建立一个更具有独创性的艺术风格

3. 开阔的构思：它们来自多种艺术形式、流派、物品、文化和生活经历——创造这样一种基于品味和兴趣的风格需要走很长的路，但是这种方式所创造的风格是最与众不同的，是属于你自己的风格

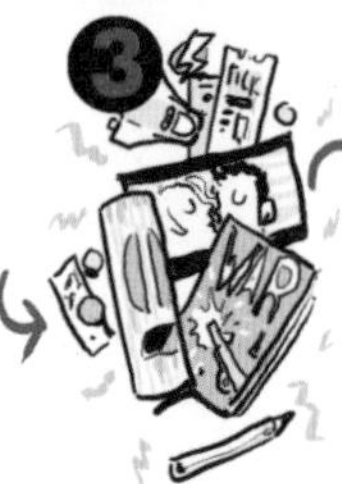

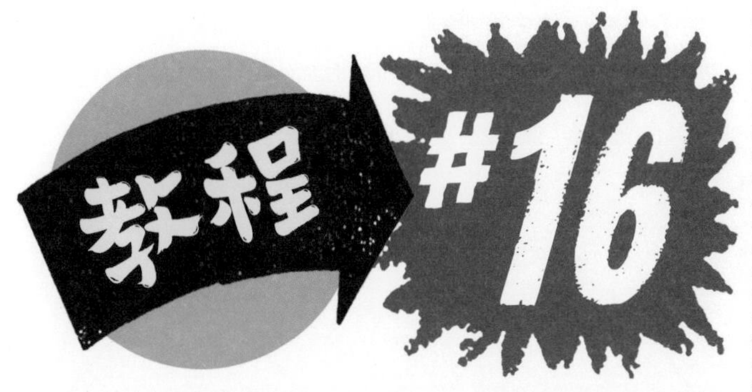

无论如何，建立你的风格的最佳方法是对素材进行有洞察力的选择。

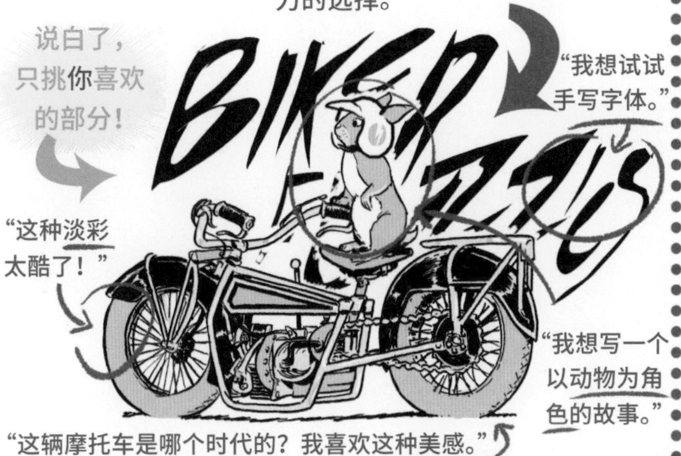

当你绘画时，如果作品融合了你所有受到过的影响、你的兴趣和想法，你会发现这种情况：

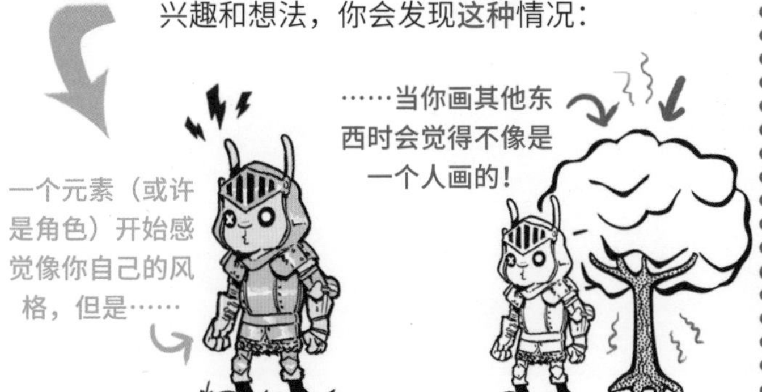

这没什么好担心的！这意味着你已经具备了你个人风格的所有元素，只是你现在还不能把它们应用到所有地方。

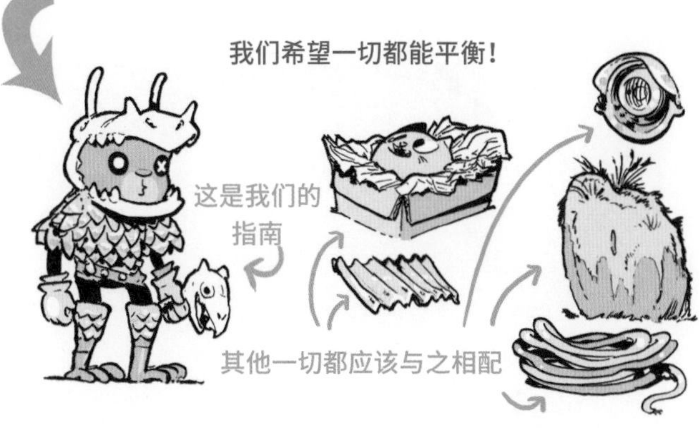

去研究一下你的风格中最独特的部分，思考这部分在技巧层面是如何做到的。然后，尝试举一反三，将这些想法应用到其他元素中。

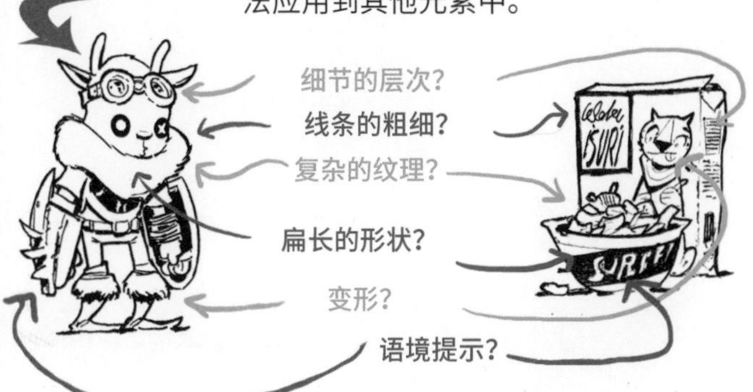

不断将自己推出舒适区。你处理的主题种类越多，你就越容易通过你的风格来看待这个世界，你的风格也会变得越来越成熟，并得到认可。

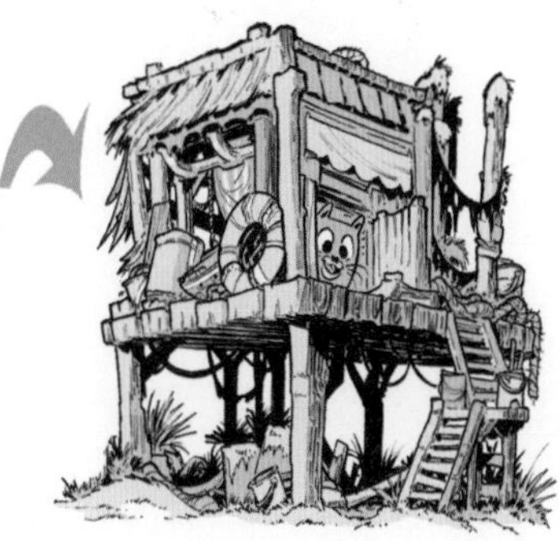

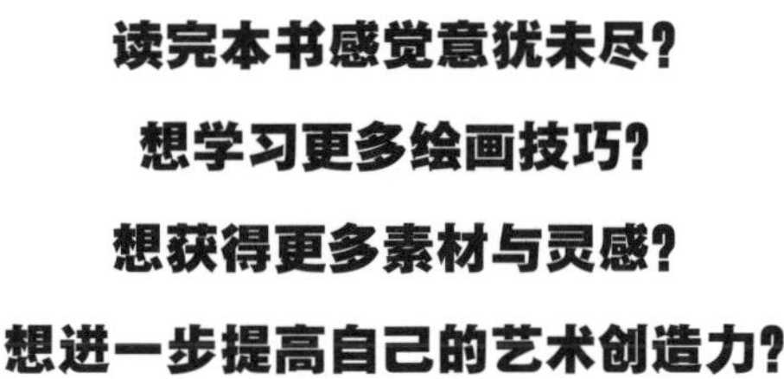

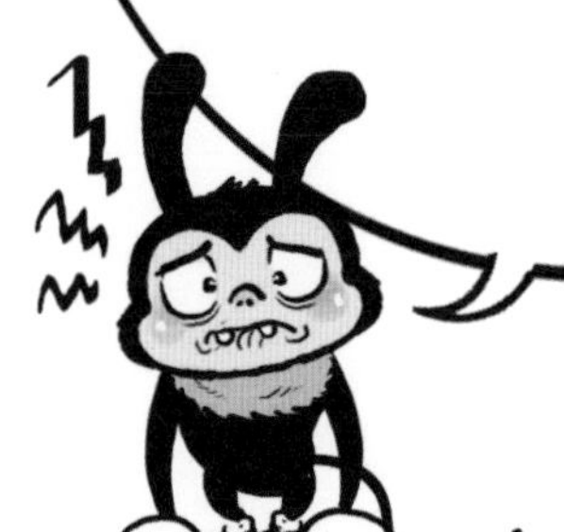

《洛伦佐绘画创作教程》系列
三册图书同步上市！更多教程见
《洛伦佐绘画创作教程：人物·动物·怪物》与
《洛伦佐绘画创作教程：元素·大自然》！